八千年历史的中国玉
是天地之灵气的结晶
是中华文明之曙光

杨震华

二〇二〇年二月二十日

国家文物鉴定委员会委员
北京大学、清华大学兼职教授
央视文物鉴定专家

中国古代玉器代表作品

新石器时代《玉双虎首璜》

新石器时代《玉神人纹多节琮》

新石器时代《玉龙》

新石器时代《玉兽形玦》

商代《玉兽面纹韘》

商代《玉蝉形出牙环》

商代《玉跪式人》

西周《玉龙纹璜》

西周《玉饰纹卧虎》

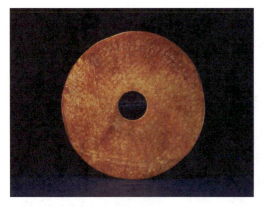

西周 《玉大璧》

战国 《玉螭凤云纹璧》

战国 《玉云纹㻞》

战国 《玉勾云纹灯》

战国 《玉镂雕龙形佩》

战国 《玉镂雕双龙首佩》

秦 《黄玉虎纹璜》

汉 《玉单柄杯》

汉 《玉夔凤纹樽》

汉 《玉镂雕谷纹"长乐"璧》

汉 《玉辟邪》

汉 《金缕玉衣》

南北朝 《青玉朱雀纹玉佩》

唐《白玉莲瓣纹碗》

唐《青玉童子骑象》

宋《白玉骑凤仙人》

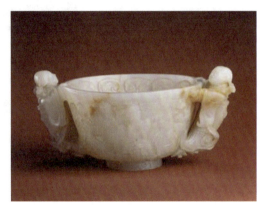
宋《白玉双立人耳礼乐杯》

宋《金玉海东青啄雁饰》

宋《青玉双鹤佩》(1)

宋《青玉双鹤佩》(2)

元《玉镂雕双狮》

元《白玉龙钮押》

明《"子冈"款茶晶梅花花插》

明《"子刚"款青玉合卺杯》

明《鳌鱼花插》

明《白玉微浸单耳荔枝匜》

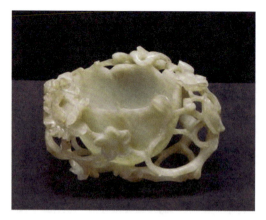
明《青玉镂雕枝叶葵花杯》

明《青玉角端薰炉》

明《玉八出戟方觚》

清《白玉藏文碗》

清《白玉龙凤灵芝如意》

清《大禹治水图玉山》

清《翡翠白菜》

清《黄玉兽面纹盖尊》

清《黄玉双联璧》

清《会昌九老图玉山》

清《青玉蟠龙纹贯耳瓶》

清《青玉十二生肖》

清《青玉王羲之爱鹅图意山子》

清《秋山行旅图玉山》

清《玉器饕餮纹贯耳壶》

清《珊瑚狮子》

清《玉双婴耳杯》

清《象牙十八罗汉》

清《玉羊首提梁壶》

当代苏州玉器精品赏识

蒋喜 和田籽料《云天下》

杨曦、张军 和田籽料《秋语江南》

瞿利军 和田籽料《方鉴》

葛洪 和田籽料《天龙至尊》

侯晓锋 南红玛瑙《弥勒》

曹杨 和田籽料《五台山》

俞挺 青玉《薄胎碗》(十件套)

吴金星 和田籽料《逐鹿》

程磊 和田籽料《玉兰素馨》

陈冠军 和田籽料《姑苏十景·虎丘夜月》

赵显志 和田玉《水城三阙》

马洪伟 青玉《颂壶》

朱玉峰 和田籽料《双耳八角炉》

孙林泉 和田籽料《枯木逢春》

李剑 和田玉《清欢》

林光 和田籽料《宏博远古》

庞然 和田籽料《孝经》

尤志光 和田籽料《福盘吉地》

范同生 和田籽料《熟视无睹》

唐伟琪 和田玉《镂雕茶壶》

孙永海 和田籽料《扭转乾坤》

仝杰 和田籽料《马到成功》

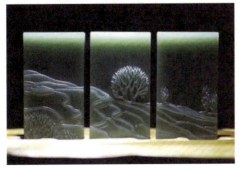

卢伟 和田籽料《一曲上天梯》

宋德利 和田籽料《喜事连连》

蒋皓 和田籽料《观音》

李卓 和田籽料《龙纹博古牌》

韩庆龙 和田籽料《禅·缘对牌》

孙永海 和田籽料《和谐》

张寿宴 和田籽料《锦上添花》

聂子翔 和田玉《伴侣》

房军建 和田籽料《关公把件》

钱建良 和田籽料《清香寒韵》

主编 房余龙 毕建钢

副主编 仝 杰 胡仲珠

中国玉器赏识（上册）

苏州大学出版社
Soochow University Press

图书在版编目(CIP)数据

中国玉器赏识:上下册 / 房余龙,毕建钢主编. — 苏州:苏州大学出版社,2020.5
 ISBN 978-7-5672-3052-1

Ⅰ.①中… Ⅱ.①房…②毕… Ⅲ.①古玉器—鉴赏—中国 Ⅳ.①K876.84

中国版本图书馆 CIP 数据核字(2020)第 059750 号

书　　名:	中国玉器赏识(上下册)
	ZHONGGUO YUQI SHANGSHI(SHANGXIA CE)
主　　编:	房余龙　毕建钢
责任编辑:	史创新
装帧设计:	董艳玲　吴　钰
配　　图:	李梦晨　仝　杰　胡仲珠
书名题字:	钱玉清
出版发行:	苏州大学出版社(Soochow University Press)
社　　址:	苏州市十梓街1号　邮编:215006
印　　装:	苏州工业园区美柯乐制版印务有限责任公司
网　　址:	www.sudapress.com
邮　　箱:	sdcbs@suda.edu.cn
邮购热线:	0512-67480030
销售热线:	0512-67481020
开　　本:	787mm×1 092mm　1/16　印张:33(共两册)　字数:611千
版　　次:	2020年5月第1版
印　　次:	2020年5月第1次印刷
书　　号:	ISBN 978-7-5672-3052-1
定　　价:	168.00元(上下册)

凡购本社图书发现印装错误,请与本社联系调换。服务热线:0512-67481020

"苏州历史文化研究丛书"编委会

编委会主任: 王国平

编委会委员:(按姓氏笔画为序)

马一平　王玉贵　戈春源　孙中旺　叶文宪
朱小田　任国强　李　峰　李嘉球　吴建华
吴恩培　陈　镞　林锡旦　房余龙　俞　前
昝金生　姚福年　凌文斌　徐　静　徐刚毅
曹培根

《中国玉器赏识》编委会

编委会主任: 吴恩培

编委会委员:(按姓氏笔画为序)

王国平　卢　伟　仝　杰　汤建东　孙永海
毕建钢　李　锋　宋德利　房余龙　胡仲珠
蒋　明

总目录

上 册

第一章 玉和玉石 …………………………………………………… （1）
第二章 玉文化 ……………………………………………………… （52）
第三章 玉器概要 …………………………………………………… （97）
第四章 辉煌的古玉 ………………………………………………… （165）

下 册

第五章 玉石雕刻工艺 ……………………………………………… （223）
第六章 玉材和玉器质量的判别 …………………………………… （288）
第七章 玉器的选用和养护 ………………………………………… （333）
第八章 玉器的欣赏 ………………………………………………… （393）
第九章 玉工及其行业组织 ………………………………………… （434）

上册目录

序言一

序言二

第一章 玉和玉石 / 1

- 第一节 概说 / 2
    - 一、玉的概念 / 2
    - 二、玉的条件 / 3
    - 三、玉的形成 / 4
    - 四、中国玉的种类 / 5
    - 五、玉石 / 7
- 第二节 玉的类别及特征 / 13
    - 一、硬玉与软玉 / 13
    - 二、玉料的四大类别 / 18
    - 三、玉的特点和性质 / 21
    - 四、羊脂玉和翡翠的特性 / 25
- 第三节 中国玉资源和名玉石 / 29
    - 一、中国五大玉资源 / 29
    - 二、中国四大名玉石 / 30
    - 三、天下美玉之王 / 42
- 第四节 玉意、玉说、玉语 / 45
    - 一、玉的文化意蕴 / 45
    - 二、玉的学说 / 47

三、玉器行话术语 / 49

第二章　玉文化 / 52

- 第一节　概说 / 52
  - 一、玉文化释义 / 53
  - 二、玉的文化基因 / 54
  - 三、玉文化的渊源 / 57
  - 四、玉文化的智慧 / 58
  - 五、史前文化与玉文化变迁 / 60
  - 六、玉器文化时代 / 64
- 第二节　史前玉文化板块 / 66
  - 一、三大玉文化板块 / 67
  - 二、五个玉文化亚板块 / 73
  - 三、史前玉文化板块的交融 / 79
- 第三节　玉文化发展的三个阶段 / 80
  - 一、巫玉文化阶段 / 81
  - 二、王玉文化阶段 / 82
  - 三、民玉文化阶段 / 89
- 第四节　中国玉文化的历史分期 / 91
  - 一、神巫文化时期 / 91
  - 二、礼佩文化时期 / 92
  - 三、仙道文化时期 / 93
  - 四、融会文化时期 / 94
  - 五、草原文化时期 / 95
  - 六、吉祥文化时期 / 95

第三章　玉器概要 / 97

- 第一节　概说 / 98
  - 一、玉器的类别 / 99

二、玉器的题材 / 100

三、玉器的优劣 / 100

四、玉器的时代 / 103

● 第二节　玉器发展概貌 / 108

一、中国最早的玉器 / 109

二、古玉发展的六个阶段 / 112

三、独领风骚的中国玉器 / 116

● 第三节　玉器的品名和价值 / 119

一、玉器的品名 / 119

二、玉器的价值 / 128

三、玉器的价格 / 128

四、21世纪初的玉器拍卖行情 / 133

● 第四节　中国玉器市场 / 146

一、北方玉器市场 / 147

二、东方玉器市场 / 152

三、南方玉器市场 / 158

四、玉器电商市场 / 162

第四章　辉煌的古玉 / 165

● 第一节　概说 / 165

一、史前时期的玉器 / 166

二、商周至隋唐时期的玉器 / 167

三、宋元时期的玉器 / 172

四、明清时期的玉器 / 174

● 第二节　古玉的风格特色 / 176

一、中国玉器的艺术风格演变 / 176

二、新石器晚期的玉器 / 177

三、春秋、南北朝时期的玉器 / 179

四、汉宋时期的玉器 / 181

五、明清时期的玉器　/ 182
● 第三节　古玉的功能　/ 184
　　一、古玉器的政治功能　/ 185
　　二、古玉器的经济功能　/ 185
　　三、古玉器的教育功能　/ 186
　　四、古玉器的实用功能　/ 187
　　五、古玉器的历史功能　/ 189
● 第四节　古玉的品种及代表作　/ 193
　　一、古玉的种类　/ 193
　　二、历代玉器的材质　/ 196
　　三、玉龙的历代变异　/ 201
　　四、古代玉器代表作　/ 210

序言一

认识房余龙已有二三十年,甚至更长时间了,房余龙写作,也有几十年了。

据我的粗浅的了解,他写过小说,写过散文,也写报告文学,还写了电视连续剧剧本并且被拍摄成电视剧播放了。

这就是说,房余龙的创作,虽然门类蛮多样,但都没有脱离文学,他一直从事的是文学的写作,他始终走着的,是文学创作的道路。

却没想到,许多年后,房余龙写出了一本如此厚重的字数多达五十几万字的关于玉的大书——《中国玉器赏识》。

房余龙要我为他的这本关于玉的大书写几句,我一听,吓了一跳,赶紧说,不行不行,关于玉,我是纯外行。可房余龙说,他倒是研究了几年玉,但也仍属于新兵。

他这是在鼓励我呢。

可新兵好歹也是兵呀,外行却是一点也不行的。更何况,一下手就敢写五十多万字,这可不是什么普通新兵敢做的,没有胆量,没有积累和储备,没有执着和挚爱,那是上不了路的。

是的,功力,耐力,努力,毅力,还有很多很多,恐怕都是缺一不可的。房余龙是做足了准备的,是有足够力量的。

房余龙的这部关于玉的大书,被定位为科普类书籍,我想,这样的书写,对一个长期从事文学写作的人来说,应该是一个考验,还是很严峻的考验。我也设想了一下,假如我同他一样,研究了几年玉,我会写出这样一部科普类的书吗?

肯定写不出来。

但是房余龙写出来了,他心无旁骛,单纯专一,写玉就写玉,专攻就专攻,不会东张西望,不会三心二意。我不太清楚这部书他写了多久,但是我想,在他的写作过程中，在创作的同时，更多的恐怕是排除。

排除几十年文学写作的经验，排除文学写作中所擅长的手法，比如腾飞的想象力啦，比如生动的比喻、夸张的形容啦，比如故事的跌宕起伏啦，等等，对于一本科普书籍，这些是不适用的。

这里的专业知识，必须是严谨的，是经得起推敲的，它的"实"，容不得半点文学写作中的"虚"来掺和。

我不得不佩服房余龙的胆识和勇气。

这是创新高走新路的胆识和勇气，这是开辟新战场的胆识和勇气。

就这样，五十多万字的《中国玉器赏识》就实实在在的、一字一句、一行一页地积累起来了，进行下去了，最后，终于完稿了。

洋洋五十余万言，涵盖了玉器知识的方方面面，林林总总，从玉是什么写到玉体现出来的文化，从古玉的辉煌写到玉器的艺术、玉雕的工艺，从玉的选用写到玉的养护，还有玉的欣赏、玉的资源、玉的特征、玉的行业行规，等等，之前我虽然没有接触过此类的书籍，但是我想，《中国玉器赏识》的内容，应该与这个书名是相称的。

但是且慢，虽然这是一部科普类的书籍，虽然它无法采用，也没有采用文学写作的手法来展示有关玉的一切，但是我们从这部书的字里行间，却又能感受到文学的品位，在玉意、玉说、玉语中，我们能够体悟到文字之外的意韵、文学的质地，在一部科普书籍中展示出了它的魅力。

科普类的、文化研究类的书籍，对于喜欢玉、懂玉的读者，无疑会是爱不释手的，对于与玉无缘、对玉不甚了解的读者，很可能会觉得枯燥。但是《中国玉器赏识》却不枯燥，有可读性，引人入胜。显然，这得益于作者长期文学写作培养出来的文字功力和文学品质。

当然，《中国玉器赏识》一书的成功面世，离不开毕建钢及仝杰、胡仲珠等同人的支持和帮助！

范小青

2019 年 8 月 20 日

（范小青，中国作家协会委员会委员、江苏省作家协会主席）

序言二

近几十年来，有关中国玉文化研究和鉴赏的论著不胜枚举，汗牛充栋，但论述全面、特点鲜明、具有原创性者甚少。最近阅读了房余龙先生和毕建钢、仝杰、胡仲珠合著的《中国玉器赏识》一书，获益颇丰，觉得这是一本目前少见的关于玉文化的高水平之作。

该书作者写作历时四年余，倾注了大量精力，广泛搜集阅读了古今众多有关资料、文献，认真进行分析研究、加工整理，融入了自己的思考和认知。其书主要特点：一是内容丰富多彩。书中所述玉、玉器、玉文化的相关知识门类齐全。从玉的形成、性质、资源，到玉的类别、四大名玉、玉石之王；从玉器的种类、题材、品名、价值、奖项，到玉器的雕刻技法、工艺流程、制作工具、质量优劣；从玉和玉器的作伪伎俩、真假鉴别，到玉和玉器的欣赏、选用、养护方法；从玉的文化基因、渊源、智慧，到玉文化板块、发展阶段、历史分期；从玉的设计、作品的流派、职称的评定，到玉器行业的国家及地方社会组织，等等，不一而足。二是广度深度兼备。为了寻求玉、玉器、玉文化的八千年发展踪迹，作者不拘一格，广征博引诸多专家、学者、玉雕高人的一些真知灼见和学术成果，结合玉雕匠人的实践经验，向读者展示了玉、玉器、玉文化研究的大视角，有广度亦有深度。三是图文并茂悦目。书中有彩色插图480多幅，五彩缤纷，夺人眼目。这些图片的实物大多为故宫、博物馆里的藏品，少数为名家个人收藏的精品，它们是我国自新石器时期以来的高古玉、古玉、新玉的代表作，记录了中国八千年辉煌的玉器史，不少图片难得一见。四是书的编写有道。本着科普类读物的写作要求，全书架构恰当、层次清晰、条理分明，文字表述朴实无华，力求准确精到，恰如其分，避免歧义、误导。而且，作者有一定的文学功底，带来的是全书雅俗共赏、图文并茂的可读性。

如此深入浅出的著作，适应的读者面必然广泛。无论是学习、研究玉和玉器、玉文化的人，还是从事玉器设计、雕刻工作的人，或者是爱玉、用玉、藏玉的人，包括涉及玉和玉器素材写作的人，开卷有益，定能从《中国玉器赏识》中有所收获。

是为序。

古　方

2019年8月27日

（古方，中国文化艺术发展促进会收藏文化专业委员会主任、中央民族大学民族学与社会学学院文物考古研究所客座研究员、国家发展和改革委员会价格评估中心专家）

第一章

玉和玉石

　　玉和石都是自然界的一种矿物，它们都采自山川，来于海底。从矿物学上看，它们之间的区别主要是元素的化学组成、物理学上的密度和比重上的差异。从美学上看，玉以其存在着质美、色美、音美、触美等四种本质美感而在石中称王。质美是质地致密、坚实；色美是色彩晶莹、璀璨；音美是制成器皿叩之有动听之声；触美是触摸有温润之感。

　　最早的时候，先民们不认识玉，玉和石是不分的，只有石之名而无玉之称，因为它们都属于岩石。直到新石器时代，人们才完成了"玉与石分开"的认识，把"石之美者"称为玉，从而开创了玉的时代。

　　现实生活中的有些人，包括玉器从业者在内，常常把玉器称为玉，此乃玉的延伸义。譬如下面这段文字中的"玉"字，显然指的便是玉器：

　　玉在中国的历史十分悠久。2001 年，内蒙古敖汉旗兴隆洼遗址的发掘表明，玉从被人类先民用于祭祀天地、敬献鬼神的活动以来，已有 8000 年的历史。玉用于巫，是对神的敬畏；玉用于王，是王权淫威的结果。古人刻符求神，后人谓之巫玉；古人赋型于礼，后人谓之礼玉；今玉藏之于民，又称之为民玉。可见，玉的称谓是随其用途变化而变化的。

第一节 概 说

一、玉的概念

"玉"字始见于中国最古的文字——商代甲骨文和钟鼎文里。在古文字中,"玉"字并没有一点,和帝王的"王"共用一个字。《说文解字》中有说到帝王的"王"字时,认为王者即"天下归往也"。董仲舒也说:"古之造文者,三画而连其中,谓之王。三者,天地人也。而参通之者,王也。"《说文解字》这段注解释玉的字形为"三玉之连贯也",即三横一竖象征一根丝线贯穿着三块美玉。

古文中"王""玉"字形相同,绝非是偶然的巧合,"天地人三通"与王之连贯,两者关系奥妙,意味深刻。许多经典著作中有众多的描述,证明"三玉之连"实际上就代表"天地人三通"。《周礼·春官·大宗伯》记载,以玉作六器,以礼天地四方,意思是玉能代表天地四方,通过它便能沟通天、地、人。

据统计,偏旁从玉的汉字近500个,而用玉组词的更是无以计数,汉字中的珍宝往往都与玉有关。"玉"字在古人心目中是一个美好、高尚的字眼。古代诗文中,常用玉来比喻和形容一切美好的人或事物。例如,以玉的洁白、美丽喻人的词有"玉容""玉面""玉女""亭亭玉立"等;以玉之美喻物的词有"玉膳""玉食""玉泉"等;用玉字组成的寓意美好、高尚、高明的成语有"金玉良缘""珠联璧合""抛砖引玉"等。有关玉的民间传说和故事也不少,如《和氏之璧》《鸿门宴》《弄玉吹箫》《女娲补天》等。

关于玉的概念,历来没有严格的定义,古今不同文献对玉的定义有所不同。《说文解字》释玉为"玉,石之美者"。《辞海》则将玉简化定义为"温润而有光泽的美石"。何为美?心有所仪即是美。玉是集天地灵气于一体的结晶,是古今人类所仪之物,是高贵和纯洁的象征。《周易正义》云:"玉者,坚刚而有润者也。"玉的坚硬不言而喻。玉的润泽是灵性,人与其越是亲近,其越发圆润,越有光泽,此乃玉之灵性也。《新华字典》定义玉为细腻、光泽柔润之岩石,并谓一般指硬玉和软玉。《中华人民共和国国家珠宝玉石鉴定标准》对"天然宝石"的定义是"由自然界产出的具有美观、耐久、稀少性和工艺价值的矿物集合体,少数为非晶质体"。

中国文化学上的玉，内涵较宽，并不只是其在矿物学上的意义。汉代许慎在《说文解字》中说，玉，石之美兼五德者。所谓五德，即指玉的五个特性，凡具有坚韧的质地、晶润的光泽、绚丽的色彩、致密而透明的组织、舒扬致远的声音的美石，都被认为是玉。可见，广义上的玉就是玉石，不仅包括和田玉、翡翠，而且包括玉髓、岫岩玉、南阳玉、水晶、玛瑙、琥珀、珊瑚、绿松石、蛇纹石、青金石、孔雀石、黄龙玉等。

从色彩上分，玉有白玉、碧玉、青玉（图1-1）、墨玉、黄玉、黄岫玉、绿玉、京白玉等。从地域上分，玉有新疆玉、河南玉、岫岩玉（又名新山玉）、朝鲜玉、澳洲玉、鲍温玉、独山玉、南方玉、加拿大玉等，而其中新疆和田玉是我国的名特产。

我国古代玉器大多采用软玉。在远古时代，绿松石、水晶和玛瑙都纳入玉的范围。清代以后，翡翠逐渐成为玉雕重要的材料。近现代玉雕常用材料，基本没有太大变化。由于珍贵材料渐渐稀缺，更多的新出产的玉石也成为玉雕可以选择的材料，如现代新出的玉石有贵州玉等。

图1-1　《青玉壶》（张静）

二、玉的条件

（一）美丽

玉石的首要特性是它的可鉴赏性。这种可鉴赏性主要表现在：玉石经过加工后，光润细腻，美不胜收，对任何国家和民族的人来说，它都是美的。鉴赏玉石会使人感到愉悦，获得美的享受。

（二）耐久

玉石是由一种或几种化学元素以一定的结构方式形成的矿物集合体，这些集合体均有较为固定的物理性质，如硬度、韧度等，用于抵抗外力的摩擦和撞击。一般而言，绝大多数高档玉石，其物理性质通常独特而优越：硬度越高，韧性越好，越耐酸碱腐蚀（化学稳定性好），玉石的价值就越高。故众多高古玉器历经千年依然完好。

(三) 稀少

自然界形成的岩石有百余种，但目前被用作玉石的只有三十余种。而且，真正作为珍贵玉石的翡翠和软玉等仅几种而已。即使发现玉石矿，从矿床中开采出来的也多数是普通矿石，达到玉石级且具有工艺价值的少之又少。物以稀为贵，玉石独特的稀有性，决定了其较高的价值。

(四) 无害

玉石必须对人体无害。天然玉石，一般不含对人体有害的放射性元素，对人体无害。但是，少数经优化处理的玉石，存在对人体有害的风险，对此应引起重视。

(五) 良好的工艺性能

常言道："玉不琢，不成器。"具有良好的加工性能，经过艺术创作与雕刻之后的玉石，具有不同于璞石的艺术价值。透闪石岩无法被称为玉石，即是由于不能被雕琢。

玉石的科学定义应当为：自然界产出的具有美观、耐久、稀少性、无害等条件和工艺价值的矿物集合体，少数为非晶体。正是由于普通岩石既不美观，也很少具有工艺价值，从而与玉在本质上有区别。

三、玉的形成

在漫长的地质历史时期，地球上部分地区长期处于变动状态。在熔浆活动、构造挤压等复杂的地质条件下，地球往往难以提供稳定而持续的成矿元素以及足够充裕的成矿空间，温度和压力条件更是瞬息万变，愈发使其没有足够的时间和条件生长出大尺寸的完美晶形。大量的矿物在构造应力作用下被碾压破碎，或结成显微尺寸的矿物晶体，它们细小到必须借助高倍显微镜甚至电子显微镜才能观察到。在构造运动提供的空间、压力和一定的温度下，这些细小的矿物晶体，或互相交错，或彼此粘连在一起，从而成为只有在显微镜下才能够看得到的细微甚至纳米级的矿物微晶集合体，即为"玉石"的母体，其中达到玉石质量标准的成为玉石。

玉石的成因是复杂的，多种多样的。除去地质作用成因外，岩浆活动等内生地质作用，沉积作用等次生地质作用，均可形成玉石矿床。许多品质上乘的玉石，由次生地质作用形成，如和田玉籽料和田黄等。

科学研究表明，玉是经过白云岩沉积、白云岩区玉变质、白云岩交代蚀变至成玉等几个阶段的地理、岩石改变之后才慢慢形成的，其间历时 10 亿多年。

白云岩沉积阶段。中元古代晚期，塔里木古陆南缘，也就是今天昆仑山脉北缘所在的位置，曾是一片浅海地带，有大量的碳酸盐沉积。其中，含镁质的白云岩为成玉的主要物质来源之一。

白云岩区玉变质阶段。在元古代末期震旦纪，塔里木运动造成全区强烈的褶皱断裂活动，从而最终形成了塔里木大陆。在广泛的区域变质作用中，白云岩变质为白云石大理岩。此后，该地区的陆块隆起，成为我国最早露出海面的陆地之一，上面没有原层沉积物覆盖。

白云岩交代蚀变阶段。在 2 亿多年前的古生代晚期的石炭纪晚期至二叠纪晚期，发生了一次世界性的地壳运动，被称为"华力西运动"。华力西晚期，在塔里木大陆的南缘，古陆块的陆缘地块和活动带中间地块中，有强烈的断裂活动和岩浆活动，沿断裂带有中酸性侵入岩侵入白云石大理岩。在侵入体顶部残留的白云石大理岩捕虏体或舌状体，与岩浆侵入体和热液接触交代后，形成透辉石化、镁橄榄石化和透闪石化蚀变，此为成玉的物质条件之一。

成玉阶段。华力西晚期侵入体派生的浅成中酸性岩脉，侵入白云石大理岩蚀变带时，再次发生接触交代作用。在 300—350 摄氏度、2.5 千巴以下和一定的扭压应力等适当的地质条件下，和阗玉最终形成。

集天地日月之精华，历经十多亿年时间形成的玉，是中华民族之宝。在人类历史上，从没有一个民族像中华民族那样，不但将玉融入整个精神文化中，还将玉融入语言文字中，仅汉语中和玉有关的文字就有 2000 多个。可见，中国的文字和语言渗透了玉的历史和文化内涵。

四、中国玉的种类

根据中国古代疆域的发展和因地质情况不同而形成的抽象地域概念，中国玉大体上分为东方玉、西方玉、南方玉等三个种类（系统）。这三个系统的中国玉，不仅产地不同，而且各具特色。

（一）东方玉

东方玉是一种与变质大理岩共生的透闪石矿物。这种玉最早进入中国人的生活圈，产于中国中原及沿海地区。这种玉的成分，一般含有 85% 左右的蛇纹石及其他类的变质大理岩，15% 左右的透闪石，以及其他微量的铁、锰、钴、铬等着色氧化物。从新石器时代到商代中期的古玉，都属于这一类的材料。这种玉以岫岩玉为代表。

东方玉的特色：（1）玉质从半透明到不透明。（2）磨光后有蜡状光泽。（3）玉料以杂色为主，混色的情况很普遍，即古籍中所谓五色石者。（4）色彩有白、淡绿、苹果绿、暗绿、黑、深棕、黄褐、淡黄色等，偶尔有紫色和蓝色，但不多见。（5）硬度：4—5.5度（指摩氏硬度，下同）。（6）主要产地：辽宁岫岩、北京昌平、吉林集安、河南南阳、陕西蓝田、广东信宜，以及祁连山脉和江南的太湖流域一带。

（二）西方玉

西方玉俗称"软玉"，是一种透闪石和阳起石的混合矿物。从商代晚期开始，这种玉加入了中国玉器制作的行列，其主要产于中国西部，所以称为"西方玉"。这种矿物又称为角闪石，故此玉又称"闪玉"，以新疆和田玉为代表。

西方玉的特色：（1）玉质为半透明。（2）磨光后有蜡状光泽。（3）多数为单色玉，少数有杂色。（4）色彩有白、青、黄绿、青绿、青白、黄、深绿、黑、黑绿杂色。（5）硬度：5.5—6.5度。（6）产地：新疆南部和贝加尔湖一带。

从商代晚期开始，少量出现西方玉。其后，经西周、春秋战国到汉代，它在中国玉器中所占的比例逐渐增多，成为中国传统玉材的主流。宋代以后，中国人对玉器材质的审美趣味，逐渐从"石之美者"的五色玉，转而为"羊脂白"的纯色玉。

（三）南方玉

南方玉俗称"硬玉"，是一种钠铝硅酸盐的混合矿物。清初顺治以后，云南和缅北盛产玉石的地区处于清廷控制之下，于是，这些地区所产的玉材开始大量进入中国。由于产地处于中国的南方，因此称这类玉为"南方玉"，亦称"辉玉"。以云南玉、缅甸玉为代表。

南方玉的特色：（1）多数不透明，俗称"玉根子"，少数半透明。这其中绿色系的称"翠玉"，红色系的称"翡玉"，二者常常连称为"翡翠"。（2）磨光后有玻璃光泽。（3）多数为单色玉，少数有两种或两种以上的杂色玉，俗称"福寿禄"。（4）色彩有白、灰、粉白、淡褐、绿、翠绿、黄绿、紫红等。产于云南的色暗，清代早期使用较多，常切成薄片，面上满工刻花成镂空花，俗称"云片"。晚清则多缅甸玉，色泽较淡，透明度高。（5）硬度6.5—7度。（6）南方玉的品相条件，第一为透明度，以"玻璃胎"为高。其次为色泽，依其品类高低，翡色有紫罗兰、藕粉地两种，翠色有糖心翠、玻璃绿、鹦哥绿、黄阳绿、水绿等。

五、玉石

玉石是远古人们在利用、选择石料制造工具的长达数万年的过程中，经筛选确认的具有社会性及珍宝性的一种特殊矿石。我们的先祖在远古时期散居于各地，在经受各种地理环境挑战的同时，也因地制宜地找到了征服自然的第一种利器，即石头打制或磨制的工具，以此战胜天敌，获取食物，维持生活。随之，他们对石头的性能有了一定的了解，还通过观察某些石料的质地、色调、光泽等，形成了初步的、朴素的审美，那些外观美丽、质地优良的石头，就成为原始先民心目中的玉石。随着文化的发展，人们慢慢地将玉石区别于一般工具石料，转而多用于非生产性的社会活动，玉和普通岩石从此分道扬镳。

中国人把玉石看作天地精气的结晶，使玉具有不同寻常的宗教象征意义。人们又把玉石本身具有的一些自然特性比附于人的道德品质，作为"君子"应具有的德行而加以崇尚歌颂，这更是中华民族的伟大创造。

玉石是玉器用材的总称。"玉"用作玉器原材料的总概念时，即为玉石。"玉"和"石"均属矿物集合体。玉石分为单矿物集合体和多矿物集合体两大类。单矿物集合体主要是由同一种矿物的微晶结合而形成的玉石，如翡翠、和田玉等；多矿物集合体是由两种或两种以上不同种矿物的微晶结合而形成的玉石，如鸡血石为迪开石与辰砂等微晶集合而成。

（一）玉石品种

我国出产丰富的玉石，像新疆的白玉（图1-2），云南的翡翠，东北的玛瑙、岫岩玉，江苏的水晶，湖北的松石，台湾、南海诸岛的珊瑚，河南的密玉，等等。近年来，还发现了一些新的玉材，如北京的粉翠、杭州的昌化石等。随着国际经济文化交流的扩大，还增加了一些外国的玉材，如阿富汗的青金、巴西的芙蓉石等。

玉石品种众多，丰富多彩，常见的玉石有玉、玛瑙、石、晶、翡翠、珊瑚等六类。

图1-2　和田玉籽料《子非鱼把件》(崔磊)

（1）玉，其品种和产地如前所述。

（2）玛瑙，从色彩上分，有白、灰、红、蓝、绿、黄、羊肝、胆青、鸡血、黑玛瑙等。从花纹上分，有灯草、藻草、缠丝、玳瑁、玛瑙等。我国的东北、内蒙古、云南、广西等地均有出产（图1-3）。

（3）石，有绿松石、青金石、芙蓉石（图1-4）、木变石（又名虎皮石）、桃花石（又称京粉翠）、孔雀石、蓝纹石、羊肝石、虎睛石、东陵石及金星石（人工合成的，又名金星料），其中绿松石是我国湖北郧阳一带的名产。

图1-3　南红玛瑙《弥勒牌》（侯晓锋）

（4）晶，有水晶、紫水晶、黄水晶（图1-5）、墨晶、茶晶（又名烟水晶）、软水晶、鬃晶、发晶。我国南北各地均有出产。

图1-4　寿山芙蓉石《平安仕女》（郑继）

图1-5　黄水晶《辟邪书镇》（张清雷）

（5）翡翠，有紫、红、灰、黄、白等色，但以绿色为贵，它是我国近邻缅甸的名特产（图1-6）。

（6）珊瑚，分红、白两色，是一种海底腔肠动物化石，我国台湾出产的质量很好（图1-7）。

图1-6 翡翠《寿桃》（杨光）

图1-7 天然珊瑚

（二）玉石与宝石的异同

玉石与宝石不能混为一谈，东方人与西方人对玉石和宝石的认识不尽一致。《红楼梦》中有言，"至贵者宝，至坚者玉"。可见，"宝""玉"并非一物。从字面上理解，宝石显灵气，而玉石则以坚韧称著。然而，"贵"与"坚"并非客观的评判标准，宝石和玉石究竟有何异同？宝石的广义和狭义该作何释？东西方人对此又有着怎样不同的见解呢？

西方学者认可的广义上的"宝石"，包含"玉石"在内。在这个定义中，色彩瑰丽、晶莹剔透、坚硬耐久，经过切割琢磨后能够作为首饰和工艺品的材料，均称为"宝石"。简单地说，就是能够满足美丽、稀罕、耐久等条件，具有市场需求性的矿物、岩石及有机材料，都是"宝石"。

受中国悠久的传统玉文化影响，国人更倾向于采用狭义的宝石概念，并将宝石和玉石严格区分开来。狭义的宝石，是指具备美观、耐久、稀少、无害等条件，经过切割琢磨后能够作为首饰和工艺品的矿物单晶体。如素有珠宝界五大珍贵宝石之称的钻石、红宝石（图1-8）、蓝宝石（图1-9）、祖母绿和金绿宝石（猫眼石），以及市场上常见的彩色宝石，如海蓝宝石、托帕石（图1-10）、碧玺

图1-8 红宝石吊坠

图1-9 蓝宝石戒面

等。狭义的玉石，是指自然界产出的具有美观、耐久、稀少和无害等条件，并可琢磨雕刻成首饰、艺术品和工艺品的矿物集合体，少数为非晶体，如素有中国玉文化杰出代表之称的和田玉等。

在地质学上，广义的宝石属矿物学范畴，狭义的玉石属岩石学范畴。通常来说，宝石取材于天然单晶体矿物。晶体用我们的肉眼就可以看见（所以又叫显晶质）。宝石通常是透明的，光线进入切割后的宝石内部，经过一系列的反射折射，我们就可以看到宝石的闪光，如红宝石、蓝宝石、祖母绿等；还有一些有机质，如琥珀（图1-11）、珍珠、珊瑚、象牙等也包括在广义的宝石之内，它们又被称作生物宝石。而玉石则由无数细小的肉眼无法看到的晶体组成，只有在高倍电子显微镜下才能看清它的结构。所以，人们把玉石称作隐晶质矿物。从广义上说，这些微小晶体的集合体都可以称作玉石。

图1-10　蓝色托帕石（孙梓元提供）

图1-11　琥珀吊坠

（三）玉石与珠宝的差异

玉石与珠宝也有不同。珠宝是珠和宝两种物质的统称，常见的"珠"有珍珠（海水珍珠、淡水珍珠）、养珠（海水养珠、淡水养珠）等（图1-12）。常见的"宝"有钻石、红宝石、蓝宝石、祖母绿（图1-13）、海蓝宝石、猫眼宝石、变色宝石、黄晶、欧泊、碧玺、尖晶、石榴石、锆石、金绿猫眼、长石宝石等。

图1-12　珍珠胸针

图1-13　祖母绿戒指

玉石之美与钻石和彩色宝石有明显的差异，钻石之美在于它的坚硬、清澈、明亮，彩色宝石之美在于它的艳丽多姿，而玉石之美在于它的细腻、温润、含蓄、幽雅。

通常人们提及的玉石，主要是指和田玉（白色为典型颜色）和翡翠（绿色为典型颜色），这两种玉石是目前国际上公认的比较有价值的玉石。宝石的透明性是由于其表面极光滑，反射光线的能力比较强，并且光线可以进入宝石内部经过反射和折射再离开宝石到达我们的眼睛。所以，我们看到的净度高、切割好的宝石，总是闪闪发亮。而玉石由于它是由无数个细小的晶体组成的，晶体之间总是有缝隙的，所以加工师傅抛光得再好，也不可能达到宝石表面的光洁程度，光线在玉石表面形成的轨迹如同阳光洒在有波浪的湖面上，这种效应又称作漫反射。

（四）世界"玉石之王"

"玉石之王"是单个质量最重玉石的桂冠，出产玉石的国家都有本国的"玉石之王"。随着玉石的不断发现，同一个国家在不同时期的"玉石之王"质量也有所不同，往往原有的"玉石之王"被新的"玉石之王"所替代。

1971年，美国加利福尼亚的芸特雷附近的海底开采出来一块重5吨的玉石，时为世界上最大的玉石，被命名为"玉石之王"。

1977年，加拿大沃森湖发现一块重达28吨的软玉石，一举取代美国的"玉石之王"而为世界第一。

1978年，缅甸地区发现了一块更大的玉石，重达90吨。虽然其重量是加拿大"玉石之王"的3倍多，但只能成为本国的"玉石之王"。因为这个时候，我国公布了1960年在辽宁省岫岩县采掘出的一块体积为106.8立方米、重达267.76吨的特大玉石，它比国外三大玉石总重量还多144.76吨，且质地细腻，透明度好，当之无愧地成为世界上真正的"玉石之王"。

2014年，我国辽宁省丹东市宽甸满族自治县发现一巨型单体，是色泽碧绿温润、整体完好的透闪石玉，其玉材硬度达摩氏6—6.5度，与新疆和田玉的玉质相同，显露在外的部分直径8米、高4米、厚3米，体积96立方米，估重约600吨。由此，这块玉石成为全球体积最大、分量最重的新"玉石之王"。

（五）玉石品质的鉴别

玉石的品质，一般是从质地、硬度、透明度、比重和颜色等五个方面来判断的。玉石的质地是指玉石的细密、温泽程度。玉与石的区别之一就是玉入手细腻，温润坚洁，呈半透明状，光泽如脂肪，而石则粗糙干涩，缺乏光泽，也多不透明。

硬度是指玉石抗外来作用力（如压、刻、磨）的能力。硬度越高，加工难度越大，玉石的品质也越好。玉石硬度指标虽可通过仪器检测其内部晶体结构得知，但操作上一般多采用刻划硬度法。我国常见玉石的摩氏硬度介于4—6度之间，也就是说，玉石不一定都能在玻璃上划刻出痕迹。

玉石、宝石、彩石的硬度也有所不同。一般而言，宝石的硬度在7度以上，如钻石、红宝石、蓝宝石，但欧泊宝石比较例外，其硬度仅为5.5度；高硬度玉石的硬度为6—6.5度，如和田玉、南阳玉、翡翠；低硬度玉石的硬度在4—6度之间，如绿松石、岫玉（部分蛇纹理石玉的硬度更低，能低到2.5度）。低于4度的矿物质，一般不再称为玉石，而叫彩石了。

除了刻划硬度之外，还有一种硬度标准叫抗压硬度或者压入硬度，即绝对硬度，它指的是抗外界打击的能力，在玉石行业中也叫韧性。自然界中抗压硬度最高的乃为黑金刚，标记为10度；其次就是和田玉，抗压硬度为9度；翡翠、红宝石、蓝宝石为8度；钻石、水晶、海蓝宝石为7—7.5度；等等。用另一种方法表示，和田玉的抗压硬度为1000，翡翠则为500，岫玉为250，而玛瑙仅为5。和田玉具有如此高的韧性，是由于其晶体分布犹如毛毯一样编织而成，分子间的作用力十分巨大。

宝玉石的光泽，同样是鉴定宝玉石真伪、档次高低的基本标准。一般来说，宝玉石的光泽在光亮度上可简单分类为"灿光""灼光""闪光""弱光"几种。灿光是最强的光亮度，人必须把眼睛眯起来，如磨好的钻石全反射面就具有这样的光亮度；灼光的光亮度也很高，有耀眼的光辉，硬度高的宝石抛光之后一般具有灼光亮度；闪光是一般玻璃光亮程度，分为强闪光与弱闪光，硬度高的玉石一般是强闪光，硬度低的玉石为弱闪光；而硬度低的石料面抛光之后则具有弱光的光亮强度。

除了光亮程度，光泽也是宝玉石的鉴定特征之一。它分为四类：半金属光泽，折射率在2.6—3之间，如针铁矿；金刚光泽，折射率在1.9—2.6之间，如金刚石；玻璃光泽，折射率在1.3—1.9之间，如翡翠；油脂光泽，似动物油脂，最有名的是和田玉中的羊脂白玉。每一种特定的宝玉石具有特定的折射率，代替物质是很难在硬度、密度、折射率、光亮度这些条件下均做到与其一致的，因此，通过这些标准的鉴定，便能确认一块宝玉石的身份与初步价值。

白玉的白色之中常微泛青色，极为洁白、纯白色者少。匀净的洁白、纯白色和灯下微有橘黄色光亮者往往是假玉。白玉的比重在2.9—3.1之间，假玉往往比重低，在手中感觉轻飘，不及真玉分量重。现在市场上出现的以玉粉经人工高压合成的伪玉，其颜色和硬度都近似和田玉，鉴别时要特别小心。真古玉有土沁、石灰沁、水银沁、尸血沁、朱砂沁、铜沁、表面氧化层等，赝品的沁斑有些是油炸的，有些是火烤的，有些是用化学药水浸蚀的。分清真品和赝品在颜色、光泽、厚薄等方面的差异和区别很重要。玉器表面的雕刻线条断面也不同，有V形、半圆形和U形等，U形是现代机器加工的重要特征。雕刻的线条槽口和表面皮亮，在颜色、包浆等方面一致的是真品；线条槽口两侧边有毛道崩裂现象，则是现代"机器工"的特点（玉的真假在本书第六章中有专门介绍）。

第二节 玉的类别及特征

一、硬玉与软玉

19世纪中叶，著名的法国矿物学家A.德穆尔首次对八国联军从中国圆明园掠夺至欧洲的玉石艺术品，进行了矿物研究。他发现中国传统玉器的材料主要有两种，并将这两种材料统称为Jade（中国人称作"玉"）。同时，他将主要由透闪石矿物组成的玉器材料命名为Nephrite（即"和田玉"），将主要由辉石矿物组成的命名为Jadeite（即"翡翠"）。日本明治维新后，日本学者把德穆尔的研究成果引入日本，他们根据德穆尔的研究成果及Nephrite和Jadeite两种材料在硬度上的微小差别（相差0.5度），并借用汉字将Nephrite译为软玉，将Jadeite译为硬玉。以后，这一翻译名称传入中国，因此"和田玉"在相当长时间内也有软玉的称谓。

（一）软玉

软玉，英文写作Nephrite，它源于希腊语，有"肾脏"之意。

软玉是由角闪石族矿物中的透闪石及阳起石矿物组成的细密块体。以透闪石为主的矿物组成的纤维状结构是软玉具有细腻和坚韧性质的主要原因。软玉呈现的颜色有青、绿、黑、黄等色或杂色。今天我们所说的"玉"，指的就是软玉。

1. 软玉的品种和颜色

软玉称真玉，可划分为白玉、青玉、黄玉、糖玉、碧玉和墨玉等几个品种。其中，黄玉色如机油是佳品，紫玉颜色通常为淡粉，墨玉实为碧玉上多黑点的玉，青玉实为暗淡发青的白玉。通常以白玉为佳。

从历代玉器来看，我国用玉以软玉为主，古软玉在我国被称为传统玉石。软玉常见颜色有白、灰白、绿、暗绿、黄、黑等色，多数不透明，个别半透明，有玻璃光泽，软玉的品种主要是按颜色不同来划分的。白玉中最佳者白如羊脂，称羊脂玉。青玉呈灰白至青白色，现在也有人将灰白色的青玉称为青白玉（图1-14）。碧玉呈绿或暗绿色，有时可见黑

图1-14　和田青白玉《荷叶童子》

色脏点，是含杂质如铬尖晶石矿物等所致。当含杂质多而黑色时，即为珍贵的墨玉。黄玉也是一种较珍贵的品种。青玉中有糖水黄色皮壳的，现有人称为糖玉，白色略带粉色者有人称为粉玉，虎皮色的则称为虎皮玉，等等。

2. 软玉的标准及软玉与硬玉的区别

软玉颜色以白色为佳，羊脂玉为最佳。其他各色也有佳品。黄玉、紫玉色浓的好，墨玉墨点多的好，玉颜色内蕴通透的好。种类以和田玉为最佳，其他玉种亦有佳品。

软玉与硬玉的不同之处在于：软玉颜色比较均匀，有白色、暗绿色、黑绿色等，无鲜绿色；软玉呈油脂光泽，无翠性；软玉的比重（3.00）比翡翠的比重略低；软玉的折射率（1.62）亦比翡翠的折射率略低。

3. 我国的软玉产地分布

我国玉石资源丰富，有"玉石之国"的美誉。目前，全国有25个省、自治区出产玉石89种。其中，山东、山西、吉林、福建各出产一种玉石，依次分别为泰山石、玉髓、橄榄石、寿山石；河北、黑龙江、江苏、湖南、陕西、甘肃等地各产两种玉石，依次分别为橄榄石、宣化玛瑙，红宝石、蓝宝石，东海水晶、雨花石，桃花石、菊花石，蓝田玉、墨玉，酒泉玉、七彩石；湖北、浙江、广西、青海、贵州等地各产玉石三种，依次分别为黄蜡石、青田石、昌化石，柳州草花石、大化彩玉石、太古石，青海玉、墨绿玉、昆仑冻，贵翠、罗甸玉、紫袍玉；广东、西藏两地各产玉石四种，依次分别为台山玉、广绿玉、孔雀石、黄蜡石，紫水晶、象牙玉、醋天珠、仁布玉；内蒙古、辽宁、河南、四川、云南等地各产玉石五种，依次分别为奈太翠玉、筋脉石、阿拉善玛瑙、戈壁石、东部巴林石，阜新玛瑙、岫岩玉、蜜蜡、河磨玉、绿冰石，国画石、牡丹石、密玉、梅花玉、独山玉、岫玉、孔雀石、冰山南红、绿冻石、黄冰玉、保山南红、祖母绿、绿柱石、绿冰石、黄龙玉；台湾地区出产玉石七种：丰田玉、红珊瑚、桃花玉、

蓝宝、白玉髓、绿玉髓、珊瑚玉；安徽出产八种玉石：霍山玉、黄山玉、金星石、黄铁矿、虎眼石、灵璧石、太湖石、菊花石；新疆出产十种玉石：戈壁玉、碧玺、金丝玉、和田玉、玛纳斯碧玉、丁香紫玉、阿拉善玛瑙、海蓝宝、国画石、玉髓。

（二）硬玉

硬玉是翡翠在矿物学中的名称，它是由硬玉矿物组成的纤维状致密集合体，基本化学成分为钠铝硅酸盐，形成于6000万年前，结构紧密，韧性极高。它是最珍贵的玉石之一，人称其为"玉中之王"，受重击后不易破碎，硬度为6—7度，比重为3.25—3.4，通常为3.33。玻璃至油脂光泽，不透明至透明，组成翡翠的细小粒状矿物的品面及解理面会反光，因而翡翠内部常有星星点点的内光，珠宝界称之为"蝇子翅"，这是区分翡翠与其他玉石的重要标志。

1. 盛世珍宝翡翠

翡翠主要产自缅甸乌龙江流域及密支那地区。清朝乾隆南进打开国门后，翡翠沿茶马古道从缅甸经云南德宏州、保山地区进入我国。其时，中国玉石行家认为，此玉与新疆的玉不同，称其为"非翠"。后人用红色羽毛为雄性、绿色羽毛为雌性的红翡绿翠鸟之名，称"非翠"为"翡翠"，延续至今。

张竹邦先生1995年考证认为，缅甸翡翠发现时间可追溯到500年前的明朝。在元明两代，翡翠产地的当地人仍处于刀耕火种的部落时期，不能把翡翠当作宝藏。在明朝洪武开边三征麓川后，汉人涌进高黎贡山及以西地区，带来大量玉文化知识，才使翡翠的发现有了经济和文明根底；在明朝晚期，翡翠作为一种工艺品和装饰品，其质量判定、加工、价格体系已逐步成熟；而在清朝时期，随着上至帝王百官、下到黎民百姓对翡翠的喜爱，翡翠成为十分珍贵的玉石宝藏，其珍贵程度甚至胜过了流传百世的新疆和田白玉，成为盛世珍宝。牛秉钺先生在其《翡翠史话》一书中认为："虽然从周朝时我国就有了翡翠玉，但是直到明朝末年还是鲜见的稀奇宝物。"翡翠制品在我国盛行是清朝的事。

翡翠成为盛世珍宝，让传承了几千年的白玉文明观念发生了转变，其原因与翡翠的自身特征和翡翠出现的社会背景有着密切联系。

首先，翡翠的性质与白玉有天壤之别。翡翠具有亮堂的光泽。翡翠是玉石种类中少有的显现玻璃光泽的玉石种类，外表光滑亮堂，十分惹人注目。而白玉为油脂光泽，外表光泽温润，没有翡翠那么明锐和夺目。另外，翡翠的绿色是生命的表现。翡翠最吸引人的是它的碧绿的色彩。翡翠的翠绿色主要是由组成翡翠的硬玉矿物中含有铬元素引起的，绿色艳丽明亮，犹若草木的嫩芽，朝气蓬勃，是一种生命的表现。白玉中也有绿色，称为碧玉，但主要是由其间所含的铁元素引起的，色彩深重，偏灰、偏暗。

其次，萨满文明对杨柳枝的崇拜，表现了北方民族对绿色的期望和对生命的寻求。在北方民族文明中，萨满文明为其要。萨满文明有三种原始崇拜：一是对雄鹰的崇拜。雄鹰在草原上飞得高，看得远，面临狂风暴雨也能搏击翱翔，展翅高飞，是英豪的标志。二是对北极熊的崇拜。北极熊生长环境极其恶劣，在酷寒的冬天也要出来觅食，表现了面对困境勇于斗争的精神和坚强无畏的气魄。三是对杨柳枝的崇拜。杨柳枝尽管没有根茎，但只要将它埋在土壤里，就能生根发芽，表现了极强的生命力；而杨柳枝的绿色新芽，也表现了生命的开端与复苏，是人们对生命的渴望与寻求。北方到了冬天，一片白雪皑皑，万物幽静，生命犹若中止一般。只有到了春天，万物复苏，草原上小草重新发芽，大地出现了绿色，人们才能够走出野外进行畜牧与劳动。因此，北方民族把绿色的出现当作生命复苏的标志。萨满文明对杨柳枝的崇拜，也充分印证了北方民族对绿色的期望和对生命的寻求。因而，萨满文明对绿色的期望，可以说是翠玉文明能在清朝快速传播的文明根基之一。

再次，传统中华文明的个人崇拜思维，推动了翠玉文明观念的发展。清朝帝王受萨满文明的影响，对绿色的期望诱发了对翡翠特别的喜爱。尤其是慈禧太后对翡翠的酷爱，达到了几近疯狂的程度，在她居住的长春宫里，随处可见各种翡翠玉器用品：喝茶用的是翡翠盖碗儿，用膳使的是翡翠玉筷，头发上插的是翡翠簪子，手指上戴的是翡翠戒指。民间还一直流传着慈禧太后喜爱的一对翡翠西瓜玩件和一颗翡翠白菜摆件（现藏于台北"故宫博物院"内）的故事。慈禧等清廷统治者和达官显贵们对翡翠的喜爱，引发了全国上下对翡翠的寻求与崇爱，迅速推高了翡翠的知名度，造就了中华玉石文化以传统的白玉文明道德观和翠玉文化时髦观齐头并进的局面，从而构成了中华玉石文化的干流。

翡翠是东方的瑰宝，从缅甸来到我国清朝的帝王手中的一刻起，就注定它不是一般的宝石。在日本，翡翠是神道教的圣物。我国清朝的皇孙贵族将翡翠视为珍宝；在民国初期的上海，一块好的翡翠比大屋更值钱；而近几年的翡翠价格，也是屡次飙升，演绎了真实的"疯狂的石头"。

2. 翡翠的质量

翡翠的质量，最主要的体现在颜色和透明度上。翡翠的颜色有白、灰、黑、黄、紫、红和绿等。以翠绿色最为珍贵，红和紫次之。翡翠的透明程度在宝石界称为"水"，水好即透明度佳。水最好时的形容词为"冰种"或"玻璃地"，这种翡翠如果再有翠绿色，那就是价格极其昂贵的珍品了。

常见的翡翠，多数不透明，个别半透明，有玻璃光泽。按颜色和质地分，有宝石绿、艳绿、黄阳绿、阳俏绿、玻璃绿、鹦哥绿、菠菜绿、浅水绿、蛙绿、瓜皮绿、梅花绿、蓝绿、灰绿、油绿，以及紫罗兰和藕粉地等二十多个品种。翡翠的典型色泽有翠绿色、苹果绿、雪花白和娇嫩的淡紫色，而翠绿者质地最佳，故在中国又有"翡翠王"的雅称；有白、紫、绿的也称为"桃园结义"或者"福禄寿"。

翡翠的种气很重要，关系到其质量高低、价格贵贱。翡翠的"种"是依据透明度、颗粒粗细程度及结晶结构来确定的。目前，市场上的翡翠有下列 13 种：

老坑种翡翠 其颜色纯正、浓郁、明亮、均匀，水分充足（即"水头长"），透明度高，在光的照射下呈透明或半透明状（玻璃光泽），是翡翠中的上品或极品。

冰种翡翠 质地与老坑种有相似之处，但"水头"不及老坑玻璃种长。常见冰种翡翠为"蓝花冰"，其间有絮花状的或断断续续的蓝色脉带状的"水头"。

水种翡翠 其光泽、透明度与冰种相近，玉质结构略粗于老坑玻璃种。上档水种翡翠的质量相当于稍次的老坑种。

紫罗兰翡翠 又称"椿"或"春色"，其色泽如紫罗兰花。根据紫罗兰翡翠的紫色、色调和质地粗细、透明度的好与差区别，分为高、中、低三档，相对应的是粉紫、茄紫和蓝紫。

白底青翡翠 质地较细，底色雪白，表面欠平整，相间绿色鲜艳，产地面广量多，整体档次不高。

花青翡翠 不规则的脉状色彩翠绿，深浅、密疏不一，底色有淡绿、浅灰、豆青等。细分品类有豆底花青、马牙花青、油底花青。

红翡翠 色为鲜红或橙红，在硬玉晶体生成之后由赤铁矿侵染所致。色有亮红、深红之别。

黄棕翡翠 红色层之上，透明度较低的色泽为黄、棕黄、褐黄的翡翠为黄棕翡翠。此类黄棕翡翠中，黄色、棕黄色、褐黄色的档次由高到低。

豆种翡翠 透明度较差，晶体颗粒较粗，多数呈短柱状，其边界清楚之处可见一粒粒绿豆状，故谓之"豆种"。

芙蓉种翡翠 一般颜色为淡绿色，较纯正清澈，不带黄，品种分芙蓉油青种、花青芙蓉种，前者颜色中可见深绿色的脉，后者可见不规则分布的绿色。

金丝种翡翠 浅底色中含有平行排列、一丝丝分布状的黄色或橙黄色的一种翡翠。绿色条带粗、占比大又鲜艳的档次高、价格贵。

油青种翡翠 绿色较暗（沉闷）、不纯且渗有灰色或蓝色的一种翡翠，其光泽油亮的属中低档。

墨翡翠 于透射光下呈半透明状，且黑中透绿的一种翡翠。薄片状墨翡翠在透射光下颜色喜人，故有"墨翠"之名。

3. 翡翠的产地

翡翠的产地除缅甸外，还有俄罗斯、危地马拉、日本及美国。其中，日本和美国的矿区开采已停止。比较各地开采出来的翡翠，高档的均产于缅甸。俄罗斯是资源丰富的国家，黄金、钻石在世界的供应链上占有重要位置，其翡翠资源也很丰富，品种多样，三大产区以西萨彦岭最为出名，主要均是原生矿（即新坑）露天开采。目前开采出来的原料质量较粗粒，也不乏质量好的原料。气候适宜开采的时间短、运输比较困难等原因，影响了俄罗斯翡翠原料进入中国的数量，但对中国低档翡翠市场仍有一定冲击力。而且，有些品种与缅甸原料类似，不易区分。

危地马拉有三千多年历史，翡翠不仅具有较高的价值，而且有它本身的文化象征的意义。在钢铁尚未炼成的年代，翡翠是古代玛雅人目所能及的最坚硬的物质。人们用翡翠制成兵器和生产、生活所需的各种工具，翡翠也被用于祭祀时与祖先通灵。玛雅贵族去世后，会随葬大量翡翠，放在死者口中的翡翠球则象征灵魂不灭。如今的中美洲，仍有一些"神医"用翡翠推拿和治疗多种疾病。但在16世纪，翡翠被视为异类之物，遭毁灭性打击，翡翠亦跟随着文明的消失而被淹没。直到1975年，一对美国夫妇在危地马拉的一河谷深处发现了翡翠的原生矿体，从而使这一宝藏得以重见天日。

二、玉料的四大类别

玉料的类别，是按照玉料原矿产出的状态来划分的。我们以和田玉料为例，可分为山料、山流水料、籽料、戈壁料四大类别。

和田玉的形成，多与造山运动相伴。起初，它们都被掩埋在数千米的高山下。经过长年累月的自然风化作用，覆盖在和田玉矿脉上方的山石被剥蚀夷平，和田玉矿脉逐渐剥落至地表附近。一些已出露地表的矿脉，甚至进一步被剥蚀搬运至山坡和山脚下的河流中，和田玉的各种产状类别便在这个过程中形成了。

（一）山料

和田玉原生矿形成于距今约三亿年的华力西运动晚期，后来中新生代的造山运动形成了昆仑山并不断隆起，原本深埋于昆仑山内部的和田玉矿床也随之抬升到了雪线之上，形成了"山料"（图1-15）。

山料又名山玉、碴子玉，或称宝盖玉，指其自形成后未曾崩塌及搬运，最终于山上进行开采的和田玉矿石。目前，大多数山料均采用爆破式开采，从而导致矿石破损严重，大料、整料罕见。山料的主要特征：因受开采方式影响，外形多呈不规则块状，棱角分明，基本无风化壳层。

山料虽不及籽料珍贵，但是得来十分不易。史料记载，昆仑山采玉人曾说："千人往，百人返；百人往，十人至。"在生产条件十分艰苦的时代，采玉人的确十有八九有去无回。即使是在科技手段高明的今天，和田玉的开采依然十分不易——在根本没有"道路"可言的条件下，每一块开采出来的玉石，都只能通过人力，从海拔4000米的高山峻岭上背下来！为了保证安全，每个背玉人只能按规定背25千克下山，每天一趟。

图 1-15　山料《鹅如意》

如果为了多挣点钱选择多背，那便要签下协议，一切后果自负。由于下山的道路实在危险，稍有不慎便会连人带玉跌下悬崖，为了保护珍贵的玉石，每个背玉人都必须按要求使用特定的绳子、打特殊的活结，一旦人不小心摔倒，重力之下，装玉石的袋子系扣便会自动打开，脱离人的身体。所以，当地人常讲：和田玉是用鲜血和生命换来的。

（二）山流水料

一些已出露地表的矿脉受太阳辐射、气候变化和雨水等综合作用，发生崩解，形成大小不等且松散的和田玉碎块，后经冰川和洪水等间歇性流水作用的搬运，最终堆积在半山腰及山脚而形成残坡积矿。于此类矿中开采出来的称为山流水料。山流水料的主要特征：外形常呈次棱角—次圆状，表面具风蚀、水蚀痕（图 1-16、图 1-17）。

图 1-16　山流水原石

图 1-17　山流水料《螭龙佩》

(三) 籽料

籽料又称"子料",它是自然力搬运至山口的山流水料。高山上的玉石矿经过长期的水蚀和风化,表面的部分逐渐变成了大小不一的碎块,滚落山脚下的山谷河流中,并被激流冲击而慢慢磨去了棱角,变得光滑椭圆。当水流经过宽阔的地带时,流速变得缓慢,裹挟其中的玉石便沉积了下来。号称和田玉精灵的籽料就这样来到了人间(图1-18)。

图1-18 籽料(何孝楠提供)

图1-19 和田籽料《龙龟献瑞》(吴金星)

籽料之所以比山料珍贵,是因为在风化、水流等作用下,其疏松粗糙的地方被磨去了,只剩下了细腻温润之处,即进行了天然的优胜劣汰,整体玉质非常高(图1-19)。目前,主要在新疆和田与俄罗斯发现有籽料产出,贵州罗甸也有发现。籽料的主要特征:外形常呈次圆—圆状,部分具厚薄不一的风化皮壳。

籽料为和田玉料中的佼佼者,皮色籽料又是和田籽料中的精品。因为皮色籽料的形成年代更为久远,一些名贵的品种如枣皮红、黑皮子、秋梨黄、黄蜡皮、洒金黄、虎皮子等均出自皮色籽料。籽料的外皮构成有两种情形:一是砂眼麻皮坑原生皮,即表皮布满皮肤毛孔一样的细小砂眼,犹如凹凸不平的麻皮坑,分细性、粗性两种。二是色沁原生皮,即籽玉在河里受到其他矿物质浸润、渗透,不仅表皮光滑,而且出现许多色彩,故称之为"沁皮"。

籽料的成色有优劣之别,成色好的和田玉籽料肯定好,而成色差的籽料就是垃圾料。玉的好坏,主要看玉质,不干涩、不裂、细腻、无贼亮之光、荧而无瑕者为好玉。除成色好、玉质好的和田玉籽料以外,也含有其他具有收藏价值的美玉。

(四) 戈壁料

早期形成的籽料或山流水料,由于河床改道而遗留在河流冲积扇或戈壁滩上，经亿万年戈壁风沙的吹蚀风化而形成，称为戈壁料（图1-20）。目前，戈壁料仅发现于新疆。戈壁料的主要特征：磨圆度差，次棱角状，块度较小，表面具风蚀痕，基本无风化皮或局部地方残留原次生风化皮（图1-21）。

图1-20　戈壁滩上的各色石子（何孝楠提供）

图1-21　戈壁料《苍天泪》（高人老师）

三、玉的特点和性质

玉石材料的特点和性质，即为玉的特性。玉石材料的特性，主要表现在玉石的质地、颜色、透明度和光泽四个方面。认识玉的特性，对于玉器的设计以及质量的评判意义重大。

（一）玉的质地

玉的质地是指玉石结晶所表现出来的物理特性和结构变化。玉的质地主要包括玉质的晶体、纹理、硬度的特性。

1. 玉质的晶体特性

世界上任何物质都由很微小的分子组成，分别呈气体、液体和固体状态。固体中的分子不能自由活动，它们之间离得很近，互相制约，有一定形状的称为晶体。晶体中的点叫质点，质点之间距离和角度的不同变化，决定了晶体的性质。一般来说，晶体的同一性（即质点同方向，距离近，且等距离）表现的硬度大，并且紧密细腻；晶体的异向性（即质点距离远近不同，且间隙不等）表现的硬度低，并且粗糙。

作为固体晶体的玉石，同样表现出晶体的这两种性质。在硬度上，有的面好切好磨，有的面难切难磨。不好切磨的面称为"硬面""硬性""顶性"，好切磨的面称为"软面""软性""卧性"。

在结晶的性质中,玉石很不喜欢晶体的异向性。因为异向性的影响,玉石出现了许多性质不均匀的现象。除去软、硬性外,有的还表现为鳞片状,叫"爆性";有的表现为层层片状,叫"千层板";有的表现为结粒状,行业中叫"盐粒子性";其他还有"鸡爪性""鸡皮性""斜性""拧性"等。这些特性均和微晶发育、结构变化有关。玉石的这些特性,关系到玉石的使用。

2. 玉质的纹理特性

玉质的纹理大致可以划分为解理纹和自然裂纹两种。

解理纹,指有规律的纹理,沿着纹理裂开的面叫解理面,其特点是有顺性方向,裂开的面平整光滑,如鳞片状、成片状、千层板状等。

自然裂纹,指没有一定的形状、方向、规律的纹理,是受自然力冲击、受冷热变化和压力而形成的。其裂纹程度各不相同,有的严重,有的轻微,但都与玉石的韧性、脆性等性质密切相关。一般来说,韧性玉石的自然裂纹少,脆性玉石的自然裂纹多。

裂纹是影响玉石质地的一个重要因素。行业中称裂纹为"绺",极微弱的裂纹称"纹线"或"水线",裂纹的处理方法称为"躲绺或遮绺"。在选用玉石时,我们应特别注意掌握解理纹和自然裂纹的玉性特点,研究它们的规律,以达到物尽其用的效果。

3. 玉质的硬度特性

玉石的晶体质点之间有引力和斥力,这种力处于平衡状态之中,要想把质点分开,就必须给一个外力以破坏它们之间的引力和斥力,外力的大小,就是硬度。

在采选玉石时,一定要试验它的硬度,因为只有有一定硬度的石头才能作玉器。质细而硬,才能有较强的光泽,硬度小就不能磨得很光亮,反映不出玉器的晶莹质地。

玉石的硬度可按摩氏硬度计定为10级(1—10度),玉石中以琥珀硬度最低,大约2.5度。其他玉石一般都在4度以上,集中在5—7度。钢刀划得动的叫低硬度玉石,如青金石、松石、珊瑚、孔雀石、岫岩玉、萤石等;钢刀划不动的叫高硬度玉石,如玉、翡翠、玛瑙、水晶、芙蓉石、木变石、东陵石、河南玉等;大于7度的属于宝石,如红宝石、蓝宝石、祖母绿(图1-22)、金刚石、尖晶石等。

利用玉石硬度的这一特点,可鉴别玉石的真假。如金刚石、水晶、玻璃均为无色透明,但它们的硬度各不相同,在看不出真假时,可使用硬度试验来鉴别它们。又如紫水晶和软水紫晶,色质相似,但紫水晶硬,而软水紫晶软,故紫水晶称"硬水",软水紫晶称"软水",这就是以硬度来区分两种玉石。

玉石的硬度,决定了它的加工方法不能用金属工具直接雕刻,只有借助于其本身的粉末来研磨。金刚石的加工依靠金刚石粉,其他玉石的加工依靠金刚石粉和刚玉粉,俗称"金刚砂""磨玉砂"。

在加工玉石时,除研究玉的硬度外,还须注意玉性。因为有的玉石硬度虽不高,但由于其性韧,也

图1-22 哥伦比亚祖母绿戒指

(孙梓元提供)

会显得很硬,琢磨起来很费工。这一点将直接影响到玉石的加工效率。

(二) 玉的颜色

玉石是大地产出的骄子,有着漂亮的颜色:有的单纯鲜艳,有的绚丽多彩,有的滋润雅洁,有的斑斓耀眼。这些漂亮的颜色,把玉石推上世界珍品的地位,以其自身的自然之美引人喜爱,受人珍视。

1. 料色的价值要求

玉石的颜色变化的微小差别,可以成倍地影响到玉石的价值,因此,它是玉石极其重要的特征。首先,它是能否成为玉石的先决条件。比如,有的石头很硬、很细腻,但颜色不好,而被排斥在玉石大门之外。其次,它决定了能否成为珍贵的玉石。每一种玉石按颜色分有很多种,各种颜色的玉石价值差别很大,其中,最艳丽的颜色价值最高,有的可以高到令人瞠目。

玉石的颜色总的要求是色正、纯、浓。色正就能艳,色纯就无瑕,色浓就漂亮。这几点相辅相成,缺一不可。

2. 料色的利用

首先,要分清玉石上哪些是好颜色应当保留,哪些是次颜色应当去掉。对于藏于内部的好颜色,一定要使它露出表面;对于不好的颜色,宁可使产品小一些,也要去掉它;旺色应用于显眼的部位,可以提高产品的艺术价值。

其次,玉石颜色要和产品内容表现一致,什么样颜色的玉石表现什么样风格的产品,适于哪方面的内容,是有一定规律的。颜色可以烘托产品,产品可以保护颜色。例如白玉贵在色白如脂,不宜做得很薄,以免减掉白玉之脂色。青白玉则适合做些薄胎产品,胎壁薄了,青色浅淡,近似白玉。芙蓉石和紫晶,透明度

大，为保住颜色，产品应尽量做得浑厚，如果单薄会使颜色浅淡。青金石色深重，宜做庄重古气的器皿。虎睛石、孔雀石花纹好看，宜做素中俏的产品，把好看的花纹用大抛光面亮出来，使人一眼就能看出它那美丽的色彩纹理。

另外，首饰特别需要艳色，贵重的宝石常以颜色起名，一般色彩的玉石多制作成玉器摆件。

（三）玉的透明度

玉的透明度即物质透过光强弱的表现量。玉石的透明度使我们在背部能见到光亮。玉石透明度产生的条件，主要是光源、玉石对光的吸收强弱及玉石的厚薄三个方面。行业内把透明度叫作"水头""地子"。对于某一种材料，表示其透明度好的叫"水头足""地子灵""灵坑"；反之，透明度差的叫"没水头""地子死"。

1. 透明度和颜色

透明度对玉石的质地和颜色有烘托作用，有透明度的玉石能反映内里的颜色，这个特点对玉石的选用、鉴定、价值有很大的影响。一般质细、色美、透明度好的就是质量好的玉石，反之就不好。

颜色的深浅对透明度影响也很大，颜色深则透明度减弱，颜色浅则透明度增强。比如，水晶和墨晶都是透明体，都能做眼镜，而水晶的透明度比墨晶就好得多。

2. 透明度的鉴定

玉石的透明度，要把玉石抛光后才能正确地鉴定。一般玉石的透明度可分为透明体、半透明体、微透明体、非透明体等四级。

透明体，指产品在一般厚度下，能完全清晰地透视其他物体，如水晶、琥珀等。半透明体，指在一般厚度下只能模糊地透视其他物体的轮廓，如玛瑙、芙蓉石等。微透明体，指在一般厚度下能透过光，但看不清透过的物象，如玉、翡翠、河南玉、岫玉等。非透明体，指在比较薄的情况下，有强光源照射，也只能透些光或根本透不过光，看不见物体，如孔雀石、珊瑚等。

3. 透明度的利用

玉石有了透明度，可以利用内里的颜色增加产品的透色美。透明的程度对内里颜色的色相、色度、色形有不同的反映，利用这一特点可以较好地发挥色相、色度、色形的优点，使好颜色范围扩大。在鉴定和估计玉石价值时，也应用透明度来检查颜色、质地的变化，以分辨真假和估算价值。

（四）玉的光泽

玉的光泽，指的是玉石的光泽，亦即玉石对光的反射能力。例如，白玉的光泽特别滋润。

1. 光泽的区分

光泽有强弱之分。由于各种玉石的质地、硬度不同以及对光能吸收、反射的程度不同，所以表现的光泽也不相同。一般来讲，质细而硬必然光泽强，质糙而软必然光泽弱；对光吸收多、反射少则光泽弱，而对光吸收少、反射多则光泽强。

光泽的强弱一般用折射率来表示，通常可分为四级。折射率大于3的称为金属光泽（如金、银、铜），2.6—3的称为半金属光泽（如乌刚石），1.9—2.6的称为金刚光泽（如金刚石），1.3—1.9的称为玻璃光泽，绝大部分玉属于玻璃光泽。

玉石因质地、硬度、透明度等因素的影响和光的作用，表现出许多光泽效应，并产生不同的特点，成为天然玉石的重要特征。

2. 光泽的观察

观察玉石的光泽，必须使玉石有一个光滑的面，这个光滑面的平整度称为光洁度。而光洁度受面的平整程度和材料质地、硬度、颜色、透明度的影响。检验玉石是否能使用，要看玉石抛光后的亮度如何。亮度高而均匀就好，亮度低或有光不亮的道道、点点、块块，就应考虑是否有利用的价值。亮度是指抛光后的明亮程度。如以对人的视觉刺激为衡量标准，可将亮度分为灿光、灼光、闪光和弱光四种。

玉石产品有亮度才显得晶莹可爱，才能反映出玉石的质地、颜色和透明度，它可以烘托玉石的内在美。亮度受抛光度质量的影响，这一点应注意掌握。

四、羊脂玉和翡翠的特性

（一）羊脂玉的特性

羊脂玉是和田玉中的宝石级材料，是白玉中质纯色白的极品，具备最佳光泽和质地，表现为温润坚密、莹透纯净、洁白无瑕、如同凝脂，故名。羊脂玉和普通白玉最简单的区别方法是在白色的日光灯下观看。羊脂白玉对着日光灯，所呈现的是纯白半透明状，并且带有粉粉的雾感。而一般的白玉，虽然对着日光灯也呈半透明状，但没有粉雾感。两者最大的区别是，白玉无论档次等级的高低，以肉眼看均很白，但在白色日光灯下，必定带有深浅不一的微黄色。因此，在日光灯下若有一丝丝微黄色的白玉，就不能称为高档的羊脂白玉，只能是低档的羊脂白玉或者一般白玉了。符合苛刻标准的珍稀名贵的羊脂玉，是绝对容不下丝毫杂质的珍宝。

具体地讲，羊脂玉具有颜色白、油性重、水头足、结构细、质地纯且硬度高等特性。

1. 颜色白

羊脂白不是纯白，而是带有油脂光泽的白，有的可在白色中透出微微的黄色，质地差的也可在白色中透出微微的浅灰色调。羊脂白玉和其他档次的白玉放一起时，给人的感觉是，这块玉十分白润剔透。羊脂玉并不贵在白，而在它那晶莹无瑕的羊脂玉籽料。

2. 油性重

羊脂玉的油性程度如同羊油一样晶莹细腻，看不到一点白花和杂质，透光程度是半透明，表面犹如包裹了厚厚的油层，有入火即化的感觉。羊脂玉在人们手掌中触摸的时候，渐渐地会呈现出明显的油脂光泽，给人油性的手感，极少量体脂即可使反光增加；越细润的表面，越容易被擦出光泽。一些和田白玉也有此现象，但不及羊脂玉明显。当羊脂玉坠于水中，提起玉体，可滴水不沾。因此，油性重的羊脂玉绵性也特别好。所谓绵性，也就是韧性。

3. 水头足

水头、灵地，都是玉石透明度的称谓。在透闪石玉中，常以厚度 2 毫米为标准，依这一标准，白玉呈现半透明—不透明状。羊脂玉的水头足，呈半透明状。

4. 结构细

羊脂玉中透闪石呈显微纤状变晶结晶，在电子显微镜、光学显微镜下，可对透闪石结晶粒度进行测定。羊脂玉中透闪石纤维状长度（纵向）0.033—0.01 毫米，宽度（横向）0.0006—0.001 毫米，这些显微纤状、绒毛状、毡状透闪石晶体，互相交织在一起，形成毛毡状交织结构。因籽料细密、温润、光泽如脂，故其晶体颗粒相当均匀细密。

5. 质地纯、硬度高

羊脂玉中透闪石矿物含量达到 99%。羊脂玉存在于围岩蚀变最完美的地段。当花岗闪长岩体与白云岩接触，产生一系列接触变质岩系，白云岩变为白云石大理岩，岩浆晚期热液沿白云石大理岩构造裂隙通道发生交代作用形成透闪石岩。围岩蚀变形成了白云石大理岩、透闪石化白云石大理岩、透闪石岩三种岩相，羊脂玉就赋存于透闪石岩中。羊脂玉硬度为 6—6.5，仅次于翡翠，韧性、耐磨性是玉中最强的，质地致密，化学性质极其稳定。

羊脂白玉，分为三等九级。但是，谁也无法清楚地划出个标准来，只是在比较中得出等级的结论。白玉就怕比，两块白玉一比，立刻见出高下。但雪白的白玉不是羊脂白玉，羊脂白玉的颜色是白中带浅粉色，所谓"白如割脂"。

（二）翡翠的特性

翡翠只有从形态、质地、颜色等多方面来察看，才能全面、正确地认识其多种特性。

1. 从形态看翡翠的特性

从形态看翡翠的特性，应从籽料外形和外皮来看，且可以"开门子"看。籽料的外皮形态有粗皮、细皮、沙皮之分。

粗皮是皮黄、土黄、米黄、暗黄、棕黄、黄白等色，皮质较粗，石性，砾粒性，外表可见结晶颗粒。皮层厚，如土石状，称为土子、新坑。此种料质地较粗，透明度低。

细皮是皮红、褐、黑或红黑混染状，有的呈烟袋油、菜皮、枣红、树皮色，有浅色的，但以深色为多。表皮光滑如卵石，且薄而坚实。近皮层内有一红线，里面是质地细腻、半透明状的翡翠。因其坚实、细腻、透明，这种料被称为水、老坑。

沙皮是细皮沙粒性的外皮，皮的表现介于新、老坑之间，其中翡翠的质量变化较大，也称为新老坑。

从籽料外皮来看翡翠的绿色和绺的状况。翡翠的绿色反映在表皮上。表皮绿色明显呈瓜皮色的称为瓜皮绿。有的是呈线绿，即绿色为一条线状，线绿可深入内部，行业中称"宁买一线，不买一片"。另外，表皮绿位置在鼓包处的是好绿，在凹进部位的不是好绿，行业中称"宁买十鼓，不买一瘆"。翡翠的绺，尤其是恶性绺，在外皮上有反映，要仔细观察绺的形状、大小、走向、数量，以估计其深入内部的情况。

"开门子"看，指的是为显示翡翠的质地和颜色，将翡翠外皮切除一局部，抛光后称为开门子。翡翠的绺受皮的质地、颜色、光滑度和杂物的影响，有隐蔽的可能，尤其要注意凹处的绺。

2. 从质地看翡翠的特性

从质地看翡翠的特性，主要是看它的"性""地"、杂质和绺裂。

就"性"而言，翡翠的质地不如软玉质地均匀，这是翡翠和软玉的明显区别之一。翡翠有翠性和盐粒子性。翡翠微晶呈柱状、尖状，在剖面上有结晶面闪光的为翠性。新坑、新老坑这种现象明显，老坑仔细观察也有，但特点不突出，翠性不影响翡翠的质地本质。微晶晶粒粗大，能用肉眼明显地分辨出的为盐粒子性。此种料质地粗糙，翠性明显。

就"地"而言，质地细腻透明如玻璃的，称玻璃地。玻璃地的翡翠透明度不是真如玻璃，而是比拟，呈半透明以上的为玻璃地。最好的玻璃地也不是全透明体。衡量玻璃地用"水头"，即用肉眼看翡翠的透明深度。透明度用一分水、二分水区分，一分指市尺的一分，约3毫米。翡翠一般达到二分水就是很好的玻璃地了。次于玻璃地的是灵坑翡翠，呈微透明以上的全是灵坑翡翠。最次的是干地翡翠，即非透明体。地子的透明度是翡翠非常重要的性质，要特别细心地观察、鉴别，即使是微弱的差别，可能质量级别就差很多。

翡翠的杂质，一般表现为不透明白色的点或絮状，大小不均，被称为石花、石脑、芦花、棉花性等。一般在灵坑翡翠中反映突出。

黑是翡翠中最忌的杂质，灵坑以上出现黑绝对不能保留使用。干地黑被称为狗屎地，利用价值很小。黑有点状、斑状、带状、丝状。翡翠的透明度愈大，黑点对其质量的影响就愈大。

经验证明，翡翠的绿与黑有一定的关系，有绿时不一定有黑，但有黑很可能有绿，绿随黑走，绿靠黑长。黑与绿的界限有的不清楚或为黑变绿的过渡。

翡翠的"绺裂"有大绺、碎绺、水线三种情形。大绺，即明显的裂纹，有的通天地，称为通天绺，绺将料一分为二。有的是半截绺。严重的称恶绺、大绺，这种绺有直线、曲线、十字交叉、平行、分散等不同表现。大绺易于发现，也较好处理。碎绺是自然形成的小裂纹，如果表现为嵌皮或暗茬，可在加工时剔除，则影响不大。这种绺出现在高绿上，会降低高绿的价值。水线在一般情况下常不被注意，单薄时，光下则出现水纹，这种现象称为水线。

3. 从颜色看翡翠的特性

翡翠的颜色分为地子色和其他色两种。

翡翠的一般颜色称为地子色，它又分为白地、油青地、藕粉地和深（花）绿及其他几种。白地称为"白杆翡翠"，灵坑白杆和干地白杆常见，并大面积存在，多出现在藕坑、新老坑翡翠中。油青地为青绿色，是老坑翡翠的主要地子色，有的色浅如蛋青、鼻涕青、水青，有的色深如油青、豆青、灰暗青、蓝绿青等。翡翠中大面积的紫罗兰色称为藕粉地，有淡藕粉和浓藕粉之分。深（花）绿有浅水绿、江水绿、散绿、黑和绿相间、白和绿相混以及丝丝绿等。其他的种类包括灰地、灰黑地、紫灰地、池青灰等不好的地子色。地子色上的其他颜色称为"其他色"，主要是指绿色和黑色。绿色是翡翠中的宝，绿色的每一微小变化，几乎全不雷同，均关系到翡翠的质量。绿有灰绿、纯绿、蓝绿、黄绿、黑绿等调子变化、色级的浓淡变化和色的形状变化。以浓色正绿为最好，向蓝或黄略偏一点的绿也属高档好绿。最忌灰或黑色调的绿。在形状上以团块状绿为好，称为疙瘩绿,也有带条状、丝状、点状、花絮状、网状、均匀状的。

翡翠的绿虽好,但一定要和质地结合。干地绿称干疤绿,玻璃地绿称宝石绿。干疤绿反映在表面,有多大是多大;玻璃地绿在内里,可映照的体积很大。

黑色是翡翠中的污点。新坑翡翠的黑多呈斑块状,界限还较清楚。灵坑和玻璃地的黑多呈点状、丝状或呈界限不清的团块状。

第三节 中国玉资源和名玉石

一、中国五大玉资源

古代,我国东北、东南、长江中下游及西北等地区玉资源十分丰富,主要集中产地为辽宁的岫岩,江苏的溧阳,陕西,山西,内蒙古,新疆和田白玉河、墨玉河,四川的汶川等地。各地所产玉的名称、品性、颜色等不尽相同。

(一)珣玗琪

"珣玗琪"即东夷玉,主产地在今岫岩县西北的偏岭乡细玉沟的山上,产于元古界辽河群大石桥组富镁碳酸岩(白云石)中,属于层控型中低温热液交代矿床,有黄、白、绿、青黑色等。

(二)瑶琨

"瑶琨"即东越玉,主产地在今溧阳市平桥小梅岭村的东南部和茅山。梅岭玉产于燕山期花岗岩古生代镁质碳酸岩接触的外带中,野外新发现的青玉、青白玉和碧玉是一条穿插在简单卡岩中的脉矿。白玉不透明,为纤维状变晶结构,未见和田玉中出现的毛毡状结构;绿玉透明度较好。

(三)鬼玉

"鬼玉"即狄玉,产于陕西、山西的西北部和内蒙古中部等地,主产地在今俄罗斯东萨彦岭、维基姆河流域,它与和田玉生于同一生成带,但质略差。据化验,贝加尔湖地区闪石玉含闪石95%,存在一定比例的过渡性结构和中粗粒变斑晶结构以及碎裂结构,从而影响了该地区闪石玉的品质。白玉为透闪石玉,绿玉为阳起石玉。

（四）球琳

"球琳"即羌玉，主产地为今新疆和田白玉河和墨玉河。广义的和田玉分布于塔里木盆地之南的昆仑山上，西起喀什地区塔什库尔干县之东的安大力塔格及阿拉孜山，中经和田地区南部的桑株塔格、铁克里克塔格、柳什塔格，东至且末县南阿尔金山北翼的肃拉穆宁塔格。和田玉矿带断续长1100多千米，有18个矿区（实际远不止），昆仑山东段从青海省柴达木盆地之南到玉石主产地格尔木，向东至四川西部亦发现玉矿。和田玉矿床为典型的接触交代矿床，它产于中酸性侵入体与白云大理岩接触交代蚀变带中。和田玉一般在高山雪线上，次生砂床乃为坡积型、冲洪积型、冰碛型。和田玉是一种由微晶透闪石集合体构成的单矿物岩，含极少的杂质矿物。大多数所含透闪石量大于99%，少数在98%左右，以毛毡状结构为主，颜色有白、青白、青、绿、墨、黑、黄。韧性强，微透明，油脂光泽，亦有蜡质光泽和玻璃光泽。

（五）璆

"璆"即巴蜀玉，主产地为今四川西部汶川县龙溪及缅甸勐拱。龙溪玉也为变质成因的闪石玉，亦称"马灯玉""荣玉""岷玉"。闪石玉由98%以上的透闪石变种和2%的方解石组成，含微量金红石和透闪石。呈淡绿或油绿色，油脂光泽，质地致密细腻，当地称为"菜玉""米玉"；呈灰白或淡绿色，有半油脂光泽或玻璃光泽，质地较粗。

二、中国四大名玉石

我国的玉石种类很多，彼此的自然属性大相径庭，质量高低、价格贵贱差别也很大。古往今来，一般所称我国软玉中的"四大名玉"，指的是新疆的和田玉、辽宁的岫岩玉、河南的独山玉、湖北的绿松石。可见，"四大名玉"实为三大名玉和一大名石，即"四大名玉石"。玉石是玉雕的原料、玉器的载体，其质量优劣左右着玉器的市场、价格和社会影响，对玉雕业的发展起着重要作用。

（一）和田玉

原先我们讲的和田玉，指的是产于我国新疆和田地区的玉石，又称昆仑玉、昆山玉。古时，透闪石质玉主要产于西域莎车国、于阗国（今中国新疆和田地区），有"汉使穷河源，河源出于寘，其山多玉石"（《史记·大宛列传》），"莎车国有铁山，出青玉"（《汉书·西域传》）的记载。因此，古人们便借用其产出地的山料之名，将此地所产之玉命名为昆仑玉或昆山玉。2010年重新修订的中国国家标准中的"和田玉"一词，采用了更为宽泛的定义，即"和田玉"不再具备产地意义，这就使得和田玉有了广义和狭义之别（图1-23）。

1. 和田玉的广义和狭义

广义的和田玉，是根据玉的成分和结构来确定的。只要其成分和结构符合国家标准中的定义，即可称为和田玉。广义的和田玉产地较多，不同产地的和田玉，其历史文化内涵和品质、特点不同。"一方水土养一方玉"，自然界中各矿物形成的时、空及地质环境的不同，往往造成该矿物在宏观或微观性状上的差异，这种差异即所谓的产地特征。不同地区的和田玉产地特征主要包括化学成分、显微形貌、结晶度等三个方面。

图1-23　和田玉《大日如来》
（仝杰）

化学成分：不同产地的和田玉成矿母岩不同。如青海和田玉赋矿母岩为富钙白云岩，新疆和田玉则为富镁白云岩，在其形成和田玉的过程中，前者亦显示出富钙贫镁的特点，后者则相反。以此类推，不同产地和田玉的常量、微量元素存在的差异性成为其产地特征。

显微形貌：不同产地的和田玉形成时所受构造应力环境不同。如青海和田玉矿区构造应力以定向压力为主，新疆和田玉矿区则以压扭性作用力为主，从而导致前者透闪石纤维定向排列的有序度更好，其折射光相对有序，内光增强，透明度偏高，并进而使得整块玉料普遍显灰色调。

结晶度：研究发现，溧阳、青海和田玉的结晶度（0.95—0.98）要远大于新疆和田玉（0.85），这反映了和田玉在成矿过程中，遭受了强烈的构造压扭作用。这种压扭作用，使得新疆和田玉的透闪石纤维碾得更细、交织得更加紧密，从而质地更显细腻。

广义上的和田玉分布，从现今已发现的和田玉矿点情况来看，世界上共有两条巨型和田玉成矿带：一条顺延昆仑山脉发育，另一条顺延北美西海岸科迪勒山脉发育，且均位于造山带内。研究发现，造山带内各种流体（包括岩浆）汇聚矿源丰富，又有巨大的地热异常，这两者的长期活动，有利于成岩成矿作用的反复发生和成矿物质的多次富集，使它们汇聚在同一有限空间，从而使形成大型、超大型和田玉矿床和巨型和田玉矿带成为可能。

目前，已知的广义和田玉的矿床或矿点众多，然而质量优异、真正具有商业开采价值的，多集中于中国、俄罗斯及韩国等有限几个国家。最受市场欢迎的和田玉料,是来自俄罗斯和中国境内的几个矿区。韩国和田玉产于朝鲜半岛南部春川当地的蛇纹岩中,多显青黄色和棕色,市场上俗称"韩料"或"川料"。

中国的和田玉产地,主要分布在新疆、贵州、江苏溧阳、台湾等地。

新疆和田玉 专指新疆维吾尔自治区境内昆仑北坡出产的和田玉,其分布于新疆莎车—喀什库尔干、和田—于阗、且末—若羌,绵延长达1500千米的昆仑山北坡,共有9个产地。新疆拥有目前产出颜色最为丰富、品种最为齐全的和田玉矿带,出产了闻名天下的和田玉籽料。

贵州和田玉 因矿区位于贵州省罗甸县,所以又被称为罗甸和田玉。2010年底,当地在开辟山林种药材时,不经意间发现了该矿,村民们于次年年初自行开采,因对环境及玉料破坏严重,该矿于2011年年底被禁止开采,由当地政府统一规划。2012年起,桑郎、罗悃等地区又陆续发现了和田玉矿点。贵州和田玉以白、浅绿白色为主,其特征是具有瓷状光泽。

江苏溧阳和田玉 矿区位于江苏溧阳小梅岭。1984年,江苏省地质科技人员在开展的地质调查找矿过程中,首先发现了透闪石岩露头。20世纪90年代初,经南京地质矿产研究所分析,确定为纳透闪石。为了与其他地区产的和田玉相区别,以产于江苏省溧阳市小梅岭地区而命名"梅岭玉"。梅岭玉以白玉、青白玉为主,也有极少量的浅蓝色和田玉。

台湾和田玉 产于花莲县丰田村,故又名丰田玉或花莲玉,多呈绿色,少量白色及黄褐色。1932年,日本人在西林山区发现石棉矿露头。但在1960年之前,这些只被看作是石棉矿场采矿的废石。1965年,成功大学的师生来到矿区参观,发现这些废石可能是和田玉,在送检美国后最终确定了和田玉的身份,这才开始了台湾和田玉的正式开采。台湾和田玉以其猫眼效应显著而成为特色。

狭义的"和田玉",是指原产于西域莎车国、于阗国的"和田玉"。本书中的"和田玉"未注明广义的均为狭义。

从地质科学观点看,和田玉有明确的科学含义。它是指分布于中国昆仑山,有镁质大理岩与中酸性岩浆接触交代而形成的玉矿,有白玉、黄玉、青玉、墨玉等一系列品种,尤以白玉为代表。它的成因、品种,在世界软玉中具有典型意义。世界软玉品种单一且多为碧玉,而和田玉品种较多,有世界罕见的白玉,玉质居世界软玉之冠。世界矿床为蛇纹岩型,与超基性岩有关,而和田玉矿床为非蛇纹岩型,其成因不是区域变质形成,而是典型的接触交代形成,这在世界上都是非常独特的。

和田玉又名和阗玉,俗称真玉,是最有名的软玉石品种,也是中国玉文化最主要的载体。和田玉位居"四大名玉"之首,是玉石之王、玉石之冠、玉石之精。和田玉晶莹细腻、滋润光洁，是其他玉所无法比拟的，深受琢玉高手和业界的推崇，古今概莫能外。迄今为止发掘最早的中国兴隆洼文化玉器，用的就是和田玉料。还有千古传诵的"完璧归赵"中的和氏璧，也是和田玉所制，后秦始皇将其制成传国玉玺。众所周知的"玉痴"皇帝乾隆收藏的玉器，也基本上都是和田玉料。商代为了取得和田玉的所有权，不惜派遣军队到新疆去，与当地少数民族鬼方族打了三年仗，在几乎灭绝了对方的情况下获得了胜利。最早的时候，和田玉被称为"国玉"，这恐怕是历史原因之一。后来，为把和田玉从新疆运进中原，开辟了一条"玉石之路"，也就是后来的"丝绸之路"的雏形，有人据此称其为"玉器之路"，倒恰如其分。

新疆出产和田玉的主要河流是玉龙喀什河。玉龙喀什河即古代著名的白玉河。这条河源于昆仑山，流入塔里木盆地后，与喀拉喀什河汇合而成，河流长325千米，有不少支流，流域面积1.45万平方千米，河里盛产白玉、青玉和墨玉。

和田玉的矿物组成以透闪石和阳起石为主，并含有微量的透辉石、蛇纹石、石墨、磁铁等矿物质，形成白色、青绿色、黑色、黄色等不同色泽，多数为单色玉，少数有杂色。玉质为半透明，抛光后呈脂状光泽，硬度5.5—6.5度。和田玉夹生在海拔3500—5000米高的山岩中，经长期风化，剥解为大小不等的碎块，崩落在山坡上，再经雨水冲刷流入河水中。待秋季河水干涸，在河床中采集的玉块称为籽玉，在岩层中开采的称山料。另外，还有戈壁料、山流水料。

新疆和田玉自商代开始大量进入中原地区，其独特的外观，加之其产地昆仑山的神秘性，以及与中国古代政治、文化、艺术的密切联系，使之在中国人心目中地位神圣且经久不衰，并成为特有的中国玉文化的最主要载体。和田玉为所有古代玉材之首，是人们心目中当之无愧的"国玉"。

2. 和田玉的类别

根据和田玉的颜色和质地的不同，可以将其分为白玉、青白玉、青玉、碧玉、墨玉、黄玉、糖玉、香花玉等八大类。

白玉类

白玉含闪透石95%以上，颜色洁白，质地纯净、细腻，光泽温润，为和田玉中的优良品种。在汉代、宋代、清代几个制玉的繁荣期，玉器制作都极重视选材，优质白玉往往被精雕细刻为"重器"（图1-24）。

和田白玉虽然都属于白玉类，但因微量元素的含量不同和结构、构造的异常以及绺、裂、杂质的不等，会呈现不同的颜色、质地、光泽，如糙米白、鱼肚白、石蜡白、梨花白、月白、葱白等。颜色洁白、质地纯洁细腻、光泽莹润者为优良品种。从理论上讲，白玉是越白越好。但是，太白了会变成"死白"，白而不润并不是好白玉。白玉一定要润，温润脂白才是上等白玉。

白玉中的特级为羊脂玉，色似羊脂，故又称"羊脂白玉"（图1-25）。质地次羊脂白玉的为一级白玉，呈洁白色，其色柔和均匀，质地致密细腻，油脂—蜡状光泽，半透明状，其成品、工艺品基本上无绺、裂、杂质及其他缺陷者，是和田玉中之上品。质地次于一级白玉的为二级白玉，白色，其色较柔和均匀，偶见泛灰、泛黄、泛青、泛绿，油脂—蜡状光泽，质地较致密，细腻滋润，半透明状，偶见细微的绺、裂、杂质及其他缺陷。白玉中最差的为三级白玉，其颜色白中泛灰、泛黄、泛青、泛绿，蜡状光泽，半透明状，具有石花、绺、裂、杂质等。

青白玉类

青白玉是白玉和青玉的过渡品种，质地与白玉无显著差别，仅玉色白中泛淡淡的青绿色。其上限与白玉靠近，下限与青玉相似，是和田玉中数量较多的品种。青白玉质地中最好的为一级青白玉，其颜色以白色为基础色，白中闪青、闪黄、闪绿等，柔和均匀，油脂—蜡状光泽，质地细腻坚韧，基本无绺、裂、杂质，半透明状。质地次于一级青白玉的为二级青白玉，其颜色以白、青为基础色，白中泛青，青中泛白，非青非白非灰之色，较柔和均匀，油脂—蜡状光泽，质地致密细腻，半透明状，偶见绺、

图1-24 白玉《如意活环耳瓜棱对瓶》（陆元康）

图1-25 羊脂白玉

图1-26 青白玉《祥龙》（赵琦）

裂、杂质、石花等其他缺陷。质地最差的青白玉为三级青白玉,其颜色以青、绿为基础色,泛白、泛黄,不均匀,较致密细腻,较滋润,油脂—蜡状光泽,半透明状,常见有绺、裂、杂质、石花及其他缺陷(图1-26)。

青玉类

青玉的颜色由淡青到深青,颜色匀净,质地细腻,含闪透石89%、阳起石6%,呈油脂状光泽,储量丰富,是历代制玉采集或开采的主要品种。青玉颜色种类较多,有虾青、竹叶青、杨柳青、碧青、灰青、青黄等,以青、竹叶青为基本色者最为普遍。青玉是和田玉中最多的一种,质地最好的青玉为一级青玉,其色青,柔和均匀,质地细腻,坚韧,滋润光洁,油脂—蜡状光泽,基本无绺、裂、杂质等其他缺陷,半透明状,为青玉中佼佼者(图1-27)。

图1-27 青玉《容华薄胎瓶》(俞挺)

质地次一点的青玉为二级青玉,其色青,闪绿、闪黄等,质地细腻,滋润光洁,坚韧,半透明状,油脂—蜡状光泽,偶见绺、裂、杂质等。质地最差的为三级青玉,其色青泛灰、泛绿、泛黄等,色不均匀,质地较致密细腻,蜡状光泽,半透明状,常见绺、裂、杂质等。

碧玉类

碧玉产于准格尔玉矿,又称天山碧玉、绿玉,有灰绿、淡绿、鹦哥绿、松花绿、白果绿、葱绿等。以颜色纯正的墨绿色为上品;夹有黑斑、黑点或玉筋的质差一档。碧玉含闪透石85%以上,质地细腻,半透明,呈油脂光泽,为中档玉石。

质地最好的碧玉为一级碧玉,其颜色以菠菜绿色为基本色,柔和均匀,质地致密细腻,滋润光洁,坚韧,油脂—蜡状光泽,半透明状,基本无绺、裂、

图1-28 碧玉《弥勒佛》(侯晓锋)

杂质等（图1-28）。质地差一点的为二级碧玉，其颜色以绿色为基本色，有闪灰、闪黄、闪青，较柔和均匀，质地致密细腻，油脂—蜡状光泽，半透明状，偶见绺、裂、杂质等。质地最差的为三级碧玉，以绿色为基本色，泛灰、泛黄、泛青，不均匀，蜡状光泽，半透明状，常见有绺、裂、杂质等。

墨玉类

墨玉是闪透石中夹石墨、磁铁成分，多为灰白或灰墨色，依玉中夹黑色斑纹的形状，命名为"乌云片""淡墨光""金貂须""美人鬓"等（图1-29）。

墨玉由全墨到聚墨再到点墨分三级。质地最好的一级墨玉为全墨，通体"黑如纯漆"，柔和均匀，质地致密细腻，坚韧，滋润光洁，油脂—蜡状光泽，半透明状，基本无绺、裂、杂质等。差一点的为二级墨玉（聚墨），其黑色呈叶片状、条带状、云朵状分布在白玉或青白

图1-29　墨玉籽料《居高声远》（房文杰）

玉或青玉体中，均匀者可做俏雕利用，其价值更高。聚墨玉质地致密细腻，坚韧，油脂—蜡状光泽，半透明状，偶见绺、裂、杂质等。质地最差的为三级墨玉（点墨），其黑色呈星点状分布，影响玉质，当俏色利用者尚可。点墨玉质地致密，蜡状光泽，半透明状，常见绺、裂、杂质等。

墨玉颜色不均，不宜雕琢纹饰，多用以制成镶嵌金银丝的器皿。

黄玉类

黄玉基制为白玉，因长期受地表水中氧化铁渗滤在缝隙中形成黄色调（图1-30）。根据其色度变化，分别定名为栗色黄、秋葵黄、鸡蛋黄、蜜蜡黄、桂花黄、鸡油黄、虎皮黄等色，由淡黄到深黄，蜜蜡黄、栗色黄极罕见，以"黄如蒸梨"色者为最佳。质地好的黄玉为一级黄玉，其颜色呈深黄色，柔和均匀，质地致密细腻，坚韧，滋润光洁，半透明状，油脂—蜡状光泽，基本无绺、裂、杂质等。质地差一点的为二级黄玉，其颜色由淡黄到深黄，较柔和均匀，质地致密细腻，油脂—蜡状光泽，偶见绺、裂、杂质等。质地最差的为三级黄玉，其颜色淡黄，柔和不均匀，质地较致密细腻，蜡状光泽，常见绺、裂、杂质等。

在清代，由于黄玉与"皇"谐音，又极稀少，一度经济价值超过羊脂白玉（图1-31）。

图 1-30　黄玉原石

图 1-31　黄玉籽料《龙凤呈祥牌》（吴金星）

糖玉类

糖玉是氧化铁渗入闪透石形成深浅不同的红色皮壳的玉石，深红色称"糖玉""虎皮玉"，白色略带粉红色的称"粉玉"，亦即和田玉中有"糖色"（似红糖的颜色）分布的玉为糖玉（图1-32）。糖玉常与白玉或青玉构成双色玉料，故在玉雕中多制成俏色玉器，很有利用价值；以糖玉皮壳籽料掏腔制成鼻烟壶，称为"金裹银"，亦能增值，备受青睐。如果"糖色"在玉石中占有30%以上的比例，可称为"糖白玉""糖青白玉"等。如果全为"糖色"，可命名"和田糖玉"。

图 1-32　糖玉《财神圆牌》（昆吾精舍玉雕工作室）

香花玉类

香花玉是和田玉家族新成员。根据第五届中国（湖南）国际矿物宝石博览会新闻发布会介绍，湖南省地质科学研究院在郴州市临武县香花岭地区发现一种新的玉石资源，即香花玉。经过鉴定，组成香花玉的主要矿物为透闪石及阳起

图 1-33　香花玉摆件

石，呈纤维交织结构，与和田玉特征极其相似，故将其命名为"香花玉"。香花玉色泽沉稳浓艳，质地细腻温润，以原生山料居多，体量大，玉质好，少绺裂，以青色、墨绿色为主，韧性极强，是加工制作玉器的高档优质原料（图1-33）。

经湖南省地质科学研究院测定，香花玉产于接触交代型玉石矿床，富含钙、镁、铁等元素，矿化带宽0.5—2.5米，平均宽约1.5米。

3. 和田玉皮色分类

和田璞玉的外皮，按其成分和产状等特征，可分为色皮、糖皮、石皮三类。

色皮 和田籽玉外表分布的一层玉皮有颜色，谓之"色皮"，玉石界以其各种颜色而命名，如黑皮子、鹿皮子等。皮色可以看出籽玉的质量，黑皮子、鹿皮子等多为上等白玉好料。同种质量的籽玉，如带有秋梨等皮色，价值更高。玉皮很薄，一般小于1毫米。色皮的形态各种各样，有的成云朵状，有的为脉状，有的成散点状。色皮由和田玉中的氧化亚铁在氧化条件下转变成三氧化铁所致，所以它是次生的。

糖皮 糖皮是指和田玉山料外表分布的一层黄褐色及酱色的玉皮，因颜色似红糖色，故称为糖玉。糖玉的糖皮厚度较大，从数厘米到二三十厘米，常将白玉或青玉包围起来，呈过渡关系。糖玉产于矿体裂隙附近，系和田玉形成后，由残余岩浆水沿和田玉矿体裂隙渗透，使氧化亚铁转化为三氧化二铁的结果，糖皮即为氧化铁浸染的结果。

石皮 石皮是指和田玉山料外表包围的围岩。围岩的一种是透闪石化白云大理石岩，在开采时同玉一起开采出来，附于玉的表面。这种石包玉的石与玉界限清楚，当它经流水或冰川的长期冲刷、搬运后，石与玉可以分离。围岩的另一种是透闪石岩。如和田玉在形成过程中交代了粗晶状的透闪石，由于交代不彻底，在玉的表面常附有粗晶透闪石，这种石皮与玉的过渡层叫阴阳面，阴面是指玉外表的这种石质。

（二）岫玉

岫玉，也叫岫岩玉，以产于辽宁省岫岩县而得名。岫岩玉是一种分布广泛的蛇纹石质玉，也是我国最早使用的玉材品种。除了东北，我国甘肃祁连山、广东信宜、台湾花莲等地均有产出，但因辽宁省岫岩县产区最为出名，故名岫岩玉。历来，岫玉的使用量都很大，对中国玉文化产生了深远影响，从新石器时代红山文化中产于辽宁的岫岩玉器，到"葡萄美酒夜光杯"中用酒器岫玉制成的夜光杯，以及2006年9月，国际小行星中心将中国国家天文台新发现的一颗小行星命名为"岫岩玉星"，2006年12月中国矿业联合会正式命名岫岩为"中国玉都"

等情况，足以见得岫岩玉的影响之大和人们对岫岩玉的喜爱。

岫岩玉有着悠久的历史，如在距今7200—6800年的辽宁沈阳新乐文化遗址中，就出土有用岫岩玉制作的刻刀。河南安阳殷墟妇好墓出土的大量玉器和河北满城西汉早期中山靖王刘胜墓出土的"金缕玉衣"的玉片，也都有一部分是用岫岩玉制作的。

根据岫岩石中所含的主要矿石成分来划分，岫岩玉主要分为岫岩蛇纹石玉和岫岩透闪石玉两类。

图1-34　岫岩玉《暗香疏影》

岫岩蛇纹石玉　即传统的岩玉，包括碧玉、岫玉。碧玉，亦称瓦沟玉引，其质地坚实而温润、细腻而圆融，多呈绿色至湖水绿，其中以深绿、通透、少瑕为珍品。岫玉产于岫岩哈达碑镇瓦沟村，国际上又称其为"新山玉"，硬度较低，在4.7—5.5度，颜色多种多样，其基本色调为绿色、黄色、白色、黑色、灰色等五种，每一种又可以根据其色调由浅到深的具体变化而分为多种。岫玉的特点是质地细腻，晶莹温润，外表呈玻璃状光泽，颜色绚丽多彩，透明度较高，适合雕制比较大型的工艺品（图1-34）。

岫岩透闪石玉　即广义上的"和田玉"，包括老玉、河磨玉、石包玉，属珍稀玉种，定名岫岩软玉。由原生矿开采的俗称"老玉"；由河流中捞取或河岸砂矿床掘出的璞玉俗称"河磨玉"或"石包玉"，产于岫岩县偏岭镇细玉沟。明代宋应星在《天工开物》中，把"河磨玉"称为"千年璞玉"。岫岩软玉主要有黄白玉、黄玉、青玉、碧玉、糖玉、墨玉六种类型，其硬度为6—6.5度，质地坚韧，细腻温润，属微透明体，具油脂光泽，历来被视为玉中精英之材。其中黄白玉、鸡油黄玉为上品，"外包石皮，内蕴精华"的河磨玉为至珍。岫岩透闪石玉中的岫岩斑斓花玉系名贵玉石特产，它有别于一般传统意义上的岫岩花玉，具有品质更为优良、色彩纯度更高、成色更为恒久、体积更为庞大等优点。经过实际开采探明，斑斓花玉多产自深山根脉之处，且大部分被浸于清澈寒冷的山水之中。其玉质表面呈油脂玻璃光泽，质地致密，水头足，不易跑色，抛光度好，可雕性强，色泽极为艳丽丰富，有绿、黄、白、蓝、红、褐、橙、黑等多种颜色，形成变化多端的天然花纹，或形成红、绿、蓝大幅色调的和谐过渡，充分体现大自然鬼斧神工的天然之妙，一石一款，佳趣天成，绝无雷同，给人们提供了广阔的遐想及鉴赏空间。

"老玉",主要有黄白玉、青玉、碧玉和墨玉等四种,其中以黄白老玉最为珍贵。它的特点是,质地异常细腻、温润,外表微透明,呈蜡状、油脂状光泽,耐高温和抗腐蚀性强,抛光性好,适合雕刻大型玉件。

(三) 独玉

独玉即独山玉,又称"南阳玉""河南玉"。独玉矿物成分主要为基性斜长石、辉长石等,成分复杂,因产于河南省南阳市东北约6千米处的独山而得名。独玉品种多样,质地坚硬致密、细腻柔润,光泽透明、斑驳陆离,有绿、红、白、黄、紫、红等6种色素77个色彩类型。高档独玉的翠绿色的品种,与缅甸翡翠相似,故有"南阳翠"之誉。一般独玉主要用于雕琢各种陈设件以及手镯、戒指、项链等饰物(图1-35)。

图1-35 独玉《大吉大利》(薛天空)

考古发现,独玉的使用历史可上溯到新石器时代。黄山发现的一件独玉玉铲,距今已有6000多年。商朝遗址和墓葬中,也发现过不少独玉的玉器,说明在3000多年前,独玉的使用已较为普遍。

独玉是一种多色玉石,以绿、白、杂色为主,也有紫、蓝、黄等色。独玉按颜色可分为下列九个品种。

绿独玉 绿至翠绿色,包括绿色、灰绿色、蓝绿色、黄绿色,常与白色独玉相伴,颜色分布不均,多呈不规则带状、丝状或团块状分布。质地细腻,近似翡翠,具有玻璃光泽,透明至半透明。其中,半透明的蓝绿色独玉为独玉的最佳品种,在商业上亦有人称为"天蓝玉"或"南阳翠玉"。矿山开采中,这种优质品种产量渐少,而大多为灰绿色的不透明的绿独玉。

红独玉 又称"芙蓉红"。常表现为粉红色或芙蓉色,深浅不一,一般为微透明至不透明,质地细腻,光泽好,与白独玉呈过渡关系。此类玉石在整个独玉中的占有量少于5%。

白独玉 总体为白色、乳白色,质地细腻,具有油脂般的光泽,常为半透明至微透明或不透明。依据透明度和质地的不同,又有透水白、油白、干白三种称谓,其中以透水白为最佳。白独玉约占整个独玉的10%。

紫独玉 色呈暗紫色，质地细腻、坚硬致密，玻璃光泽，透明度较差。紫独玉的品种依颜色划分，俗称亮棕玉、酱紫玉、棕玉、紫斑玉、棕翠玉。

黄独玉 为不同深度的黄色或褐黄色，常呈半透明状，其中常常有白色或褐色团块，并与之呈过渡色。

褐独玉 呈暗褐、灰褐色、黄褐色，深浅表现不均。此类玉石常呈半透明状，常与灰青及绿独玉呈过渡状态。其中，浅色的比较好。

黑独玉 色如墨色，故又称"墨玉"。呈黑色、墨绿色，不透明，颗粒较粗大，常为块状、团块状或点状，与白独玉相伴，为独玉中最差的品种。

青独玉 呈青色、灰青色、蓝青色，常表现为块状、带状，不透明，为独玉中常见品种。

杂色独玉 在同一块标本或成品上，常表现为两种或两种以上的颜色，特别是在一些较大的独玉原料或雕件上，常出现四至五种或更多种颜色，如绿、白、褐、青、墨等，相互呈浸染状或渐变过渡状，甚至在不足1厘米的戒面上，亦会褐、绿、白三色并存。这种复杂的颜色组合及分布特征，对独玉的鉴别具有重要的指导意义。杂色独玉是独玉中最常见的品种，占整个储量的50%以上。

河南省地质工作者经过近几年的研究，探明南阳玉是一种蚀变斜长岩，组成的矿物除斜长石外，还有黝帘石、绿帘石、透闪石、绢云母、黑云母和榍石等。经过显微镜鉴定，玉质含有多种蚀变矿物，蚀变作用以黝帘石化、绿帘石化和透闪石化为主。由于玉石中含有各种金属杂质电离子，所以玉质的颜色有多种色调，以绿、白、杂色为主，也有紫、蓝、黄等色。

（四）绿松石

绿松石又称松石。古代欧洲人所用绿松石，是通过土耳其的伊斯坦布尔这一古代国际商贸城市，而从原产地波斯（即今伊朗）进入中东及欧洲的，故有土耳其玉、突厥玉之称，英文名称 Turquoise。章鸿钊的《石雅》一书中说，此石形似松球，色近松绿，故以为名。绿松石是最古老的宝石之一，也是最早用作饰物的矿物之一，距今已有6000多年历史，其独特的蔚蓝色被视作"蓝天和大海的精灵"，在国际上有"东方绿宝石"之称。它多呈天蓝色、淡蓝色、绿蓝色、绿色、带绿的苍白色。含铜的氧化物时呈蓝色，含铁的氧化物时呈绿色，色彩是影响绿松石质量的重要因素。

绿松石以天蓝色的瓷松（犹如上釉的瓷器）为最优，称"瓷松石"。绿松石受热后易褪色，也容易受强酸腐蚀变色。白色绿松石的价值，较之蓝、绿色的要低。在块体中有铁质"黑线"的称为"铁线绿松石"，在国外称"蓝绿松石"。

优质绿松石主要用于制作弧形戒面、胸饰、耳饰等。质量一般者，则用于制作各种款式的项链、手链、服饰等。块度大者用于雕刻工艺品，多表现善与美的内容，如佛像、仙鹤、山水亭榭、花鸟虫鱼、人物走兽等。绿松石玉雕工艺品是中国独具风格的出口玉雕品种之一，在国际市场上素享盛誉，是世界穆斯林和美国西南部人民特别钟爱的宝石。我国蒙古族、藏族也视之为珍宝（图1-36）。

图1-36 绿松石《驾云将军牌》

（黄文中 胡玮）

绿松石按颜色分类，有蓝色绿松石（有时为暗蓝色），浅蓝色绿松石，蓝绿色绿松石，绿色绿松石，黄绿色绿松石，浅绿色绿松石。中国是绿松石的主要产出国之一，湖北郧县和郧西县、陕西白河、河南淅川、新疆哈密、青海乌兰、安徽马鞍山等地，均有绿松石产出，湖北郧县、郧西县竹山一带为世界著名产地。

三、天下美玉之王

天下美玉之王——和氏璧。

和氏璧，中国历史上著名的美玉，又称和氏之璧、荆玉、荆虹、荆璧、和璧、和璞，为天下奇宝（图1-37）。

相传，和氏璧在唐后失传，真正的和氏璧模样，今人无法得知，只能通过有限的文

图1-37 历史上的和氏璧

字记载（包括文学创作）中的描述加以想象。但是，从秦始皇用和氏璧造玉玺的故事来看，和氏璧与出土的常规文物相比，至少从外形来看，应有明显的不同。经初步推算，和氏璧的厚度至少为10厘米，很可能仅仅是一块经过简单粗加工的璞玉。

关于和氏璧的最早记载，见于《韩非子》《新序》等书，情节大致相同：

东周春秋时，楚人琢玉能手卞和在荆山见凤凰栖落在一块青石之上。俗话说"凤凰不落无宝地"，据此他将这块青石视为宝璞石，于是把它献给楚厉王。玉工辨识后，认为这是普通石块。卞和以欺君罪被砍掉左足。楚武王即位，卞和又去献宝，仍以前罪被断去右足。至楚文王时，卞和抱玉痛哭于荆山下，直至眼泪干涸，流出血泪。文王甚奇，问之何故。卞和说，我并不是哭我被砍去了双脚，而是哭宝玉被当成了石头，忠贞之人被当成了欺君之徒，无罪而受刑辱。文王闻之，命人剖开璞石，果得宝玉，经良工雕琢成璧，人称"和氏璧"。

在春秋战国时期，许多诸侯国都有自己的镇国之宝。据《战国策·秦策三》载："周有砥厄，宋有结缘，梁有悬黎，楚有和璞。"和璞即和氏璧。

和氏璧面世后，成为楚国的国宝，从不轻易示人。后来，楚国向赵国求婚，使和氏璧传到了赵国。公元前283年，秦昭襄王闻之，"遗书赵王愿以十五城请易璧"。当时，秦强赵弱，赵国恐献璧而不得其城，左右为难。蔺相如自请奉璧至秦。献璧后，见秦王无意偿城，乃当廷力争，宁死而不辱使命，并以掷璧于柱相要挟，终致秦王妥协，得以"完璧归赵"（此事在司马迁《史记·廉颇蔺相如列传》中有详细记载）。数十年后，秦灭赵，和氏璧终于落入秦国。

秦嬴政统一中国，称"始皇帝"。命宰相李斯以和氏璧作皇帝玺，并令其篆书"受命于天，既寿永昌"八字，形同龙凤鸟之状。咸阳玉工王孙寿将和氏之璧精研细磨，雕琢为玺，代代相传，称为"传国玺"。

公元前219年，秦始皇乘龙舟行至洞庭湘山，风浪骤起，龙舟将倾，秦始皇忙抛传国玺于湖中，祀神镇浪。8年后，使者过华阴平舒道，有人持璧献上。传国玺夫复归来。其事真假难辨，也是一千古疑案。

秦子婴元年（公元前207年）冬，沛公刘邦军灞上，秦王子婴素衣白马，系颈以组，在咸阳东面十三里的积道亭投降，献上始皇玺，刘邦遂以此宝随身佩戴，并"代代相受"，号曰"汉传国玺"。

西汉末年，王莽篡政。小皇帝刘婴仅两岁，玺由王莽姑母汉孝元太后代管。王莽派北阳侯王舜进宫索玺，太后见舜怒斥："而属父子宗族，蒙汉家力，富贵累世……乘便利时，夺取其国，不复顾恩义，人如此者，狗猪不食其余！"（《汉书·元后传》）。随即将玺"投之地"，传国玺被摔缺一角，后经黄金镶补，但终难天衣无缝。天下至宝，从此留下瑕痕。后王莽败，带玺绶避火于渐台，商人杜吴杀死王莽，取其绶而不知取其玺。公宾就见绶，问明绶的主人所在，就前去割了王莽首级并取得传国玺，交与王宪。王宪自乘天子车辇，有称帝意。李松入长安，斩王宪，把玺送到宛，献给更始。赤眉杀更始，玺归刘盆子。东汉建武三年（公元27年），刘盆子败于宜阳，奉传国玺降光武帝刘秀。

东汉末，宦官张让、段珪作乱，汉少帝夜出北宫，与掌玺者走散。让、珪既诛，少帝回宫，六玺俱在，而独失传国玺。不久，"十八路诸侯讨董卓"，长沙太守孙坚攻入洛阳，从城南甄宫井中捞出一宫女的尸体，在项下锦囊中金锁关闭的朱红小匣内取出玉玺。孙坚获传国玺，心生异念，将其秘藏于妻吴氏处。谁知传国玺并未给孙坚带来好运，不久他就在岘山阵亡。袁术乘孙坚之妻归乡之机，派兵于半路截得玉玺，称帝。袁术死后，其妻扶棺奔庐江，又被荆州刺史徐璆把传国玺抢去献给了曹操。

晋统一三国，玺归司马炎。晋怀帝永嘉五年（公元311年），王弥攻入洛阳，俘晋怀帝并得传国玺。作为少数民族统治者的刘聪，还不懂得传国玺的意义，他把传国玺带到平阳"保管"起来。刘聪死后，大将军靳准作乱，要把玺交给胡嵩，说："自古无胡人为天子者，今以传国玺付汝，还如晋家。"（《资治通鉴》卷九十《晋纪十二》）。胡嵩宁被靳准杀死，也未敢接受。不久靳准被杀，传国玺归于刘曜。

公元328年，石勒攻杀刘曜，得传国玺，在玺的一边刻上了"天命石氏"四字。后赵传至石鉴，内乱，冉闵杀石鉴，夺玺，传子冉智。

公元352年，慕容俊克冉魏邺城，宣称闵妻已献传国玺，封其为"奉玺君"，改年号为"元玺"，建大燕国（即前燕）。而慕容俊只是导演了一场骗局，妄想以所谓"天命"来维持其统治而已。

其实，当时晋濮阳太守戴施以出兵救援为名，从冉魏大将军蒋干手中赚得玉玺，遣都护何融怀玺至枋头，交给晋安西将军谢尚，谢尚又送至建康（今江苏南京），时为东晋穆帝永和八年（公元352年）。至此，传国玺历四十二年而复归于晋。从晋元帝东渡以后，历数帝都没有传国玺，以至北人嘲笑说："司马家是白板天子。"（《太平御览》卷六百八十二《仪式部三·玺》）。及永和得玺，人们才把东晋视为正统。玺至建康，百僚毕贺，玉玺其重若此。

公元420年，晋恭帝禅位于刘裕，玺入宋。后历齐、梁，至梁简文帝时，侯景叛乱，夺传国玺。侯景兵败，部下侯子鉴定其玺，走江东。因怕追兵赶上，将玺投入建康栖霞寺井中，为寺僧永行所得。陈永定二年（公元558年），永行弟子晋智乃以传国玺献陈武帝。

隋文帝灭陈，从陈后主处得传国玺。隋朝末年，隋炀帝携带传国玺南下扬州，在江都被缢弑，玺属宇文化及。宇文化及兵败，隋亡。萧后和皇孙政道携传国玺遁入漠北突厥。

贞观四年（公元630年），李靖率军讨伐突厥。同年，萧后与皇孙政道返归中原，传国玺归于李唐，太宗龙颜大悦。

唐传二百七十余年至昭宗。唐天祐四年（公元907年），朱全忠废唐哀帝，夺传国玺，建后梁。十六年后，李存勖灭后梁，建后唐，传国玺转归后唐。又十三年后，石敬瑭引契丹军至洛阳，后唐废帝李从珂与曹太后、刘皇后携传国玉玺登玄武楼。石敬瑭陷洛阳，李从珂自焚，于是流传一千六百余年的传国玉玺和氏璧从此不知所踪。

后周太祖郭威时，遍索传国玺不得，无奈镌"皇帝神宝"等印玺两方，一直传至北宋。宋太祖"陈桥兵变"受禅后周，仅获后周两方宝印，未获传国玺。由于历代封建统治者极力宣扬获得传国玺是"天命所归""祥瑞之兆"，因此，宋、元、明、清均有"传国玺"不断问世，真真假假，难以分辨。清初，故宫藏玉玺39方，其中被称为传国玺者，却被乾隆皇帝看作赝品。

那么，和氏璧到底流落到何处呢？现有两种推测：一种推测认为和氏璧被作为随葬品埋在了秦始皇陵墓内，并没有作为传国玉玺流传后世。如果这样，将来有朝一日发掘秦始皇陵墓地宫，我们还有机会一睹和氏璧的风采。另一种推测认为和氏璧可能在秦末战争中丢失或者被项羽掠夺而去。秦末，项羽率兵进攻咸阳，焚烧秦宫殿，挖掘秦陵墓，掠夺宝物、美女，和氏璧可能就在其中。但随后而来的楚汉战争中，项羽兵败，又使和氏璧下落不明。玉玺或许藏在项羽的都城彭城（今江苏徐州），或许遗落在项羽败死的垓下（今安徽固镇）。

第四节　玉意、玉说、玉语

一、玉的文化意蕴

玉的文化意蕴既是古老文化发展的产物，又是支撑玉文化升华的理念基石和精神支柱。早在兴隆洼、查海文化时代（公元前6200年—前5400年），原始先民在打制和使用玉工具的过程中，发现玉质地细腻、色彩美丽，可使用于非生产性的装饰。从此，揭开了中国玉文化的序幕。纵观中国文化悠久的历史，我们发现玉的文化意蕴与中国人的审美、宗教崇拜和君子、财富观念等密切相关。

中国人对玉的审美观，是中国人审美观的基础。远古人如果没有长期的、充分的对玉的审美活动，并得出相应的结论和观点——"温"，那么，今天中国人的审美观将是另一种类型。玉的审美观是一面镜子，它反映出古人整体的审美方式与原则。

特别是秦汉以后，文学、音乐、戏曲、建筑、绘画、雕塑以及工艺美术的高度发展，大大丰富了中国人审美观的内容及其表现形式，玉的色彩美、韵律美被重新探讨、逐步深化，古玉的欣赏与收藏成为新的社会风尚，由此派生的沁色美、残缺美等新的审美视角被爱玉者察觉。当然这仅仅是某些社会群体在特定文化领域的审美要求，不能与上古审美观相提并论（图1-38）。

图1-38　《玉虎》（徐智策提供）

玉与宗教崇拜休戚相关。红山文化、大溪文化时期，远古先民把玉从石头中剥离出来，使玉成为一种特殊的物质，其中已经蕴藏着玉是山川之精英的意思。同时，玉也成为先民崇拜、祭祀的对象。人们以玉为媒介去沟通神灵，以求获得其保佑，趋吉避凶，祛除灾难。到了良渚文化时期，神的旨意被琢刻在玉器（琮、璧、璜）上，即留下了契刻的诸多符号。在长期的祭祀神灵过程中，大家推举善解人意、擅长歌舞、能与精灵（神）沟通的人（即巫）作主祭，巫便成为集神权、政权、兵权于一身的原始部落最高统治者。此时正是母系社会，巫都由女人充当。巫捧玉，载歌载舞以事精灵，将神的旨意传达给先民们。这是一种精灵崇拜或玉崇拜，还不是宗教，或者可以认为是中国土生土长的土著原始宗教，它由巫觋（古代称女巫为巫，男巫为觋，合称"巫觋"）来主持，故也可称"巫教"。

汉代方士崇拜神仙，主张食玉轻身以求成仙。东汉，佛教正式传入中国，东汉朝廷于洛阳白马寺建立了第一座佛教寺院。南北朝时期，佛教与中国传统文化整合，方与玉发生了联系，以玉造像。这种观念在印度佛教中是不存在的。在佛教影响下，中国道家在民间秘密结社中发展成道教，也主张食玉以轻身成仙。人们死后殓玉，以保全尸体不腐的习俗，大概也与道教相关。

将君子比德于玉，是孔子赋予玉有十一德的结果。君子，指才德出众、爱国爱民、高尚正派的人。这个社会知识群体，在早于孔子生活的年代中，已经找到玉作为自己象征的物质，以标榜自己是德行高尚、文质彬彬的正人君子。所以，孔夫子云"夫昔者，君子比德于玉焉"（《礼记·聘义》）。于是，君子必佩玉在身，以规范自己的言行，不越规出格，不遇凶丧之事不能将玉佩解下来。

文人以佩玉来证明自己是一位理应受到信任和尊重的君子。换而言之，君子与玉可以画一等号，君子就是玉，玉就是君子。君子与玉朝夕相伴、形影不离。玉是德的载体，也是君子的化身，故君子以玉比德。其中的真谛，孔子讲得最为明确。他举《诗经》中的一句话"言念君子，温其如玉"来说明"故君子贵之也"。君子性情温顺纯粹、宽缓和柔，与良玉"温润而泽"之美正相契合。

玉作为宝贵的财富，早已见诸历史。远古时代，各部落、联盟、酋邦的统治者，便将玉收贮珍藏起来。红山文化、良渚文化的有权势人物，无不占有大量玉器，并视之为最贵重的财富。先秦文献记载"珠玉为上币"，这说明在特定的历史阶段内，某一地区曾将玉用作货币。但玉的蕴藏不多，不可能广泛用来制造通货。商周墓曾出土玉贝，贝是货币，玉贝是否在社会通用尚不得而知。

中国原始社会后期以及文明时代，各诸侯国和帝国的统治者都收藏有大量的玉器，作为镇国之宝或当作财富保存起来。中国古代，最大的玉器占有者是殷纣王。他一生收藏了多少件玉器已无法查明，但周武王灭纣时焚玉4000件，同时缴获殷旧玉14000件。清代宫廷收藏的玉器，主要是乾隆后期积累的，流传至今者多达30000件。

玉作为财宝，为历代统治者所关注。中国有个"价值连城"的成语，就是指秦昭襄王愿以十五城（一说五十城）易赵"和氏璧"。可见其璧价格之昂贵。当今，众多玉器收藏家悉心收藏古今玉器，其目的多数也是为了积累财富、保值增值。

二、玉的学说

从文献记载上看，先秦两汉除了记述政治、思想、军事、邦交方面的内容外，对物质文化与作用的评述极少，大多语焉不详。唯有玉器例外，文献中不惜笔墨。如《论语》《管子》《说文解字》《说苑》《荀子》等古代文献中，阐明玉有"十一德""九德""六德""五德"等多种德性。提倡"比德于玉"的《诗经》《春秋》《左传》等文献中，用玉形容品德高尚的君子，把玉作为立朝为官、处世为人的标准，用作祭祀、礼仪、财货、信盟等。如此看来，至今没有哪种自然物质可与玉比肩。这种充满人文精神和伦理道德的玉文化，既是商周社会对史前玉神观念的继承、发展，又是世俗社会对高尚人格的要求，是儒教社会所树立的道德、人格"标准"。

在长达数千年传承的内容丰富多彩的玉文化中，形成了诸多有关玉的学说观点，概括起来有"五说"。

（一）万物主宰说

认为玉代表天地四方神明以及人间帝王，能够沟通神与人，传达上天的信息和意志，具有神奇的力量，是天地宇宙和人间祸福的主宰。如《正中形音义综合大字典》云：玉，本义作石之美者，即色光润、声舒扬、质莹洁之美石名之曰玉。帝王之王，一贯三为义，三者，天地人也，中画近上法天地也。珠玉之玉，三画正均，像连贯形，近俗不知中上（三横笔画均衡的为玉，中横靠上的即王）之义。"玉"于"王"字加点于旁，以别之。故珠玉之"玉"，本作"王"，俗作"玉"。也就是说，最早的文字中"玉"字没有一点，与"王"字通用。《说文解字》中解释帝王的"王"字时，认为王者即"天下归往也"，解释王的字形为"三玉之连贯也"，即三横一竖象征一根丝线贯穿着三块美玉。董仲舒也说："古之造文者，三画而连其中，谓之王。三者，天地人也。而参通之者，王也。"《周礼·大宗伯》记载，玉作"六器"，以礼天地四方。本质上就是指玉能代表天地四方，沟通天、地、人之间的愿望和意识（图1-39）。

图1-39　玉勒子（徐智策提供）

（二）天地精华说

该学说用天地精华、化生万物的思想来解释玉的起源，用阴阳对立的观点来说明玉的本质和作用，从而把玉推崇为事物之尊者，赋予其神奇的魅力。这一论点广见于各种古代文献中，例如《周礼正义》引郑注曰："货，天地所化生，谓玉也。金玉并天地所化生，自然之物，故谓之货。"此外，《白虎通义·考黜篇》《财货源统》《玉纪》等著作中，也均有相同论述。

（三）玉德说

玉德说把"仁、智、义、礼、乐、忠、信、天、地、道、德"等内容，与玉石天然的物理性质相比附，于是形成了玉有"十一德说""九德说"等多种说法，典型的是"五德说"。《五经通义·礼》里说："玉有五德：温润而泽，有似于智；锐而不害，有似于仁；抑而不挠，有似于义；有瑕于内，必见于外，有似于信；垂之如坠，有似于礼。"古人将君子之德比喻为玉质，早在孔子之前就有论述了。《说文解字》中描述"玉"为："石之美者，有五德：润泽以温，仁之方也；鰓理自外，可以知中，义之方也；其声舒扬，专以远闻，智之方也；不挠而折，勇之方也；锐廉而不技，絜之方也……"

（四）辟邪除祟说

认为玉有超自然的力量，人们随身佩玉，可以增加自我保护力量，防御邪气入侵，消除鬼祟的祸患，保护佩玉人的安全和吉祥。对此，古文献上屡有记载。如《拾遗记·高辛》载："丹丘之地有夜叉驹跋之鬼，能以赤马脑为瓶盂及乐器，皆精妙轻丽，中国人有用者，则魑魅不能逢之。"

（五）延年益寿说

认为玉具有使人延迟衰老、增添寿命的功能，人们通过佩玉、食玉等可以青春永驻。宣扬和使用这一观念最多的恐怕要推道家了。东晋葛洪《抱朴子》中《仙药》一卷载，"玉亦仙药，但难得耳"，"服金者寿如金，服玉者寿如玉"。

三、玉器行话术语

玉器是博大精深的中华文化的重要载体。精美绝伦的玉器精品，被许多收藏者青睐，也因此被赋予了神秘色彩。行有行规行话，玉界同样如此。对于爱玉、用玉、藏玉的人们来说，学习和掌握玉器基础知识，了解玉界常见名词、行话、术语是必不可少的。作为一个藏家，更必须熟知和用好这些行话术语。

玉界业的行话和江湖术语很多，不胜枚举。现就其中较为常用的一些行话术语作一简介。

三十六水、七十二豆、一百零八蓝　这是用来说明翡翠水底种色的变化十分复杂，种类繁多，较难鉴别，并不是说翡翠的种色有三十六水、七十二豆、一百零八蓝之别。实际上，它们是明清时代帮派"天地分""洪帮"等组织的帮会语言，借用于翡翠的水底种色的对比，说明翡翠质量变化的复杂性。这些数字来源于三十六天罡、七十二地煞，合计一百零八天地，仅此而已。

开门　由成语"开门见山"演化而来。通常形容那些一看便知的真品。不开门，则指的是仿品。

捡漏　指慧眼识宝，以较低的价格买进了价值较高的收藏品。

包浆　器物表面长时间氧化形成的光泽。

走眼　指把赝品看成了真品。

掌眼　请别人帮着看看玉的真假、好坏。

有一眼　东西不能确定为仿品，有真的可能性。

国宝帮　特指家里收藏着满眼望去尽是国宝重器，实际却全是赝品的人群。

沁色　指玉器在特定的环境中，长期与水、土壤以及其他物质相接触，以至这些物质侵蚀玉体，使其部分或整体的颜色发生变化的现象。常见的沁色有水沁（白色）、朱砂沁（红色）、土沁（土褐色和红色）、水银沁（黑色）、铁沁（暗红色）、铜沁（绿色）等。

鸡骨白　一种沁色，因像鸡骨头的颜色而得名。鸡骨白的成因多种多样，有的是天然的玉料颜色，也有的是玉器入土后受沁造成的，还有的是人为火烧形成的。

水银沁　即黑色沁，古人称为水银沁。实际上，没有充分的证据证明水银能沁蚀玉体，但古玩圈内约定俗成，把黑色沁称为水银沁。

朱砂红　玉器表面有朱砂附着物。

铁沁　铁氧化生锈后对玉器造成的沁色，多呈暗红色。

灰皮　玉器入土后受沁呈灰白色，有深有浅，浅的就像一层皮。

土咬　玉器表面遭到土壤中的酸性物质侵蚀形成的凹坑，又称土吃、土蚀。

生坑　指的是玉器出土后，基本保持出土的原始状态。

熟坑　指的是玉器出土后，经过清洗盘玩的状态。

提油　一种人工染色的方法。

绺裂　玉料里面的裂纹称绺，表面的裂痕称裂，合起来称为绺裂，泛指玉料上的裂纹。

绷价　在市场上坚持要高价，从字面上即可理解。绷价一般有两个原因，一是想卖个好价钱，二是吓走顾客。

新货　不管什么藏品，总有好赖，甚至有赝品。这时候，内行人会说"这个东西有点新"，给摊主留点面子。

俏货　物美价廉的藏品。购买俏货须凭自己的眼力。

到代　收藏品达到相应的年代。

品相　就真品而言，品相越好，价格相对越高。

虫儿　指的是压箱子底的藏品，能够让观者眼睛一亮的东西，甚至一屋子藏品也抵不过这一件。

走宝　这是针对卖主而言的，指一件好东西很便宜地出手了。此时，收藏爱好者便是"捡漏"了。

搬砖头　不花本钱搬弄别人的物品，依仗自己信息灵通、渠道广泛做生意，类似于上海话"掮客"。

埋地雷　有些人以为去农村从农民手里买的货不会有错，却不知道这些货是作伪的商人故意和农民合伙"埋地雷"的。

看不好　倘若卖家说货绝对到代，而买家看出是新仿，又要顾及店家的脸面，就只能说"看不好"。

铲地皮　自己不开店，专跑农村收货的人，或者是盗古墓的人，拿到东西后再卖给各商家，行里人称他们"游击队"，又叫"铲地皮"。

吃仙丹　买了便宜、喜欢的藏品叫"吃仙丹"。

拦一道　抬高竞买者的价钱抢先买来，对手就说他被拦一道。

包袱斋　行内有的人眼力好，但没钱开店，便用蓝色布包袱到各家古玩铺"搂货"，然后转手卖出，这种经营现象被称为"包袱斋"。

行价　成交的价格利润很低，有时甚至是"蚀本"，这就叫"行价"。

上货　古玩商从农村市场或者收藏者手中购买或征集来的藏品，叫上货。

压堂　主人店堂里最好的镇店之宝。

砸浆　从同行中买来打眼货"没年代"或价钱过高，掌柜可请行内公会帮忙调解，要求对方让价或退货，行内话称为"砸浆"。

旧仿　明清时期的仿旧叫"旧仿"，而现在的仿旧就是"新仿"。

拉纤　即中间人、介绍人。中间人收取佣金，一般是卖方出3%，买方出2%，俗称"成三破二"。

看新　指的是这个东西不到代，现代仿的。

包上　买家决定将藏品买下，请卖主将藏品包起来，意思是这件东西我要了，请您包上。

伙货　两人或两人以上合伙买卖古玩。售价早已商定，卖时可由一家出售，但必须将实售价格公开，平均分配利润。

棒槌　看不出东西的新与老、好与坏，老是被骗的人，行内人就说他是"棒槌"。卖家卖新货给他，背后还称呼他"棒槌"。

抓货　到市场去购买古玩。

吃　我是"吃"玉器的，意思为我是买玉器的。

纳　买进藏品，叫纳入。这是较早的古玩术语。

第二章

玉 文 化

第一节 概 说

中国是世界四大文明古国之一,有着漫长而悠久的文明史。中华文明起源的主要特征之一就是玉器的出现,玉文化是中华民族文化的基石之一,这是区别于世界上其他文明起源的一个重要标志。在中国人的文化中,玉是文化构成的一个重要基因。玉文化是东方精神的物化体现,是中国文化传统精髓的物质根基。

党的十九大报告指出:"文化是一个国家、一个民族的灵魂。文化兴国运兴,文化强民族强。没有高度的文化自信,没有文化的繁荣兴盛,就没有中华民族伟大复兴。要坚持中国特色社会主义文化发展道路,激发全民族文化创新创造活力,建设社会主义文化强国。"中国玉文化,是中国优秀传统文化中的典型代表,不仅有丰富的艺术表现形式,而且其蕴含的思想观念、人文观念、道德规范,被誉为中华民族的玉魂国魄,不仅是我们中国人的思想和精神内核,对解决现实社会问题和人类问题也有重要意义。

玉文化具有无穷的魅力。因为玉器是我国最古老的文化遗物之一,收藏界、学术界对它的关注也由来已久。然而,我国对玉器的研究起步较晚,主要是文献和实物资料缺少，20世纪80年代前尚未形成完整的玉器学体系。近年来，通过深入研究科学考古发掘出土的大量玉器，方才逐渐形成了新的科学门类——玉器学，玉文化研究才逐步热了起来。可见，将玉器学或玉文化列为考古学的重要分支理所当然。

众所周知，铜器上升到铜器学或青铜文化，以及陶器上升到陶瓷学、陶瓷文化，我们从中看到的还只是物质文化史的上升，围绕着物质文化进行的探讨，比如商周青铜器，其雄浑厚重和花纹装饰的神秘气氛，使人觉得它的礼器功能、祭祀功能突出。但是，铜礼器在宗教祭祀时，仅为一种合乎制度的用（器）具而已，它的宗教性质要比玉祀器差得多。玉器上升到玉器学或玉文化，尽管也有玉料的物质成分，更多的却是精神内涵，因为玉器具有的"通神"功能，是其他物质器具所不具备的。铜器在祭祀时是用具，陶瓷器多为生活用品，唯有玉器是"通神"吉祥物，在宗教礼仪活动中，与铜器相较，它有着更加直接的作用。玉器身上所拥有的诸如此类的种种社会观念，是中国传统文化中最富有魅力的文化现象之一。

一、玉文化释义

玉，是一种质地细密、色泽淡雅、温润光洁的美石，以玉制成的物品称为玉器。以玉器的各种形式、蕴涵、观赏、寓意和审美所形成的独特文化及文化现象，称为玉文化。

玉文化是我国民族文化的重要组成部分，是我国劳动人民在长期社会实践中创造的以玉器为主要内容的物质财富和精神财富的总和。弘扬玉文化是传承发扬中国优秀传统文化的需要，也是助推地方经济发展的需要。

以玉石、玉器为中心载体的中国玉文化，历史悠久，源远流长，它的持续不断地发展，缔造了精美绝伦、独树一帜的艺术王国。中国玉文化有着无限的生命力而又永葆青春。2008年北京奥运徽宝（俗称"中国印"），就是古老的玉文化传统与当代奥林匹克人文精神和谐发展的时代要求相结合的、纪念碑式的杰出作品，也是古老而又年轻的中国玉文化的有力见证。

中国玉文化是在历史上有着极为重要地位的独特文化现象，在人类没有文字的史前时期，它便以独有的渗透力，影响着世俗社会的方方面面。中国玉文化对中华文明、华夏文化的奠基作用，是任何其他社会意识形态都无法替代的。它是中国传统主流文化之一，是中华文明区别于世界其他文明的一个显著特点，是中华民族文化宝库中的珍贵遗产和艺术瑰宝。

玉文化是研究玉石、玉器的文化，亦即玉器学。玉文化研究的主要内容，是玉器发展的历史。中华文明起源的主要特征之一就是玉器，在中国文化中，玉是文化构成的一个重要基因。中国玉文化是中国文化史上的一颗瑰宝，它是人类依托于对美石、玉器的鉴赏和审美而赋予其人文、社会属性，使之不断升华而形成的一种独特文化现象；它又是各个历史时期的政治、思想、经济、文化和审美学等各种价值取向，在玉器上的综合体现。我国玉文化博大精深，底蕴厚重，代表着中华民族的一种精神、一种境界、一种智慧。它与西方的宝石文化的概念不同，西方人所热爱的宝石，一般是指那些色彩瑰丽、晶莹剔透、可雕琢成精美配饰的单晶体矿物，其关注点仍停留在宝石本身的视觉美和巨大的财富价值上，而在我国的玉文化中，人们对玉的理解是感性的，赋予其神秘的信仰和精神寄托，宛如一种生命，带有意境、玄妙和深深的禅意。

二、玉的文化基因

玉之美，玉之神，玉之德，玉为瑞符、珍宝，这是我国玉特有的五种文化基因，也是中国玉定义的特殊面。在西方，以矿物学方法界定的透闪石玉，根本没有如此内涵。

（一）美

玉的概念、定义的形成，经历了漫长的过程。到了东汉，许慎在《说文解字》中将之界定为："玉，石之美者。"这是属于矿物学的玉的物理性能和显微结构的反映。玉的质地、色泽确实是美的，也是玉、石分化的首要标准。

史前时期，玉、石分化的初步完结在兴隆洼、查海文化时期，其后的红山文化更是如此，玉、石已分，诸如玛瑙、水晶、松石之类已被排除在玉之外，这是玉的首要的美学基因，也是玉的第一个文化基因。从距今8200年的敖汉兴隆洼文化及阜新查海文化出土的玉玦、玉匕形饰上可以看出，在玉、石分化过程中，人对美的追求起到了决定性作用，玉的首要功能是为了满足人的美欲，所以此玦、匕形饰均为玉美的载体。

（二）神

"玉，神物也。"出自东汉袁康《越绝书》卷第十一《越绝外传·记宝剑》。在黄帝时期，巫将玉与神联系起来，为玉披上了神秘的外衣，玉遂成为巫手中事神、媚神的工具。从此，重要的玉神器由巫专用，归巫所有，玉被巫所垄断。在笼罩着万物有神的原始宗教气氛之下，玉神物这一观念支配着玉的雕琢和使用。在人们心目中，玉就是神，祀玉就是事神，玉由过去的美物摇身一变成了神物，这是人们在认识玉的过程中形成的玉观念的一次关键性的转化和升华。发掘出土玉器中出于红山文化的玉器，确有不少堪称事神用的玉神器，如赛沁塔拉玉龙及牛河梁积石冢出土的玉勾云形器、玉兽首玦、玉圜形边刃器、玉束发器、玉鳖等，均可视为巫事神的玉神器。江淮地区的凌家滩出土的玉龙、玉觋像、玉龟壳、玉刻图长方形片、玉鹰等，也都是玉神器。太湖地区良渚文化的玉琮、玉钺、玉璧、玉梳背、玉带钩、玉三叉形器、玉锥形器等，均堪当晚期玉神器代表。在玉神物观的指导下，巫和玉人雕琢了事神的重器，并推动玉雕业出现第一个高潮，攀登上玉文

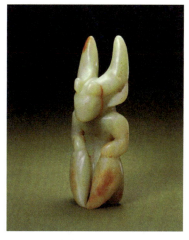

图2-1　神人形玉佩（红山文化）

化史的第一座峰巅，且促成了夷、越两大玉文化板块的交流（图2-1）。

（三）瑞符

史前晚期的玉器变化，时间虽然短暂，不过二三百年，这在史前时期的历史长河中，不过是无足轻重的一瞬间，但从玉文化角度来看，这短暂的一瞬间却很重要。因为在这个时期的巫与酋长的权力斗争中，获胜的酋长成了最高统治者"王"或其前身。王，集政、军、神、族等大权于一身，巫在王之下分管神职活动，先前之玉神器降为祭器，如璧、璋、琮。此时，玉文化呈现出多元化、复杂化，如山东海岱龙山文化的东夷，有玉钺、玉圭、玉璋、玉冠饰；陕北神木石峁遗址出土的玉器有玉圭、玉刀、玉牙璋、玉人面；北方鬼国玉器的代表作，有甘青地区的齐家文化遗址出土的玉琮、玉璧、联璜璧、圭、多孔刀；湖北荆州、湖南北部澧县等地出土的石家河文化玉器，有玉巫头像、玉獠牙面、玉虎面、玉鹰、玉凤、玉镂空龙纹饰、玉镂空凤纹饰等；还有相当于夏域的晋东南陶寺文化遗址出土的玉器玉璧、琮、钺、步摇等。这五个玉文化亚板块，既有各自独立的面貌，又有相互交流、互为影响的迹象。往昔的神器仅有璧、琮传留下来。新的造型有玉圭、玉璋、玉牙璋、玉刀、玉獠牙面、玉凤、玉冠饰、玉璇玑等，这些玉器可能均为酋长的权威标志或祀神所用的祭法器，但与红山、良渚的玉神器不能同日而语。玉由神器又返回人间，转变为王者之玉，为夏玉文化奠定了坚实的基础。巫以神器事神而垄断玉器，酋长以树立统治者威严的瑞符玉器而控制玉器，既为祭神，更为慑服所属部众或威震敌对的部落。其目的非常明确，是为巩固并加强对现实世界的控制能力和统治权势。此时的玉器，也就是服务于这一现

实目标的工具。

（四）珍宝

玉的珍宝观，至迟于玉神器时代已经形成，如巫事神陈玉神器事毕，玉神器必藏于一个特定地点，收藏时也要恭而敬之。此时，玉神器自然而然地也就成了宝物，其原因是多方面的。首先，玉是稀有的矿物，不易多得，这是玉之所以能成为宝物的物质条件；其次，玉在史前社会是最为优质的材料，被视为珍贵之材，所以玉可称为宝石。西周设天府，除了掌祖庙之守藏外，还收藏"国之玉镇"，玉镇即镇圭。《尚书·顾命》记载，西周有越玉、陈宝、赤刀、大训、弘璧、琬、琰、大玉、夷玉、天球、河图等，均为各地之宝器，这些来自古扬州、东夷、雍州等地的玉，也成了西周朝廷珍藏的国宝。再以出土玉器来说，红山文化的玉龙、玉勾云形器、玉兽首玦、玉鬬形边刃器，凌家滩出土的玉巫觋像、玉龟壳、玉刻图长方片，良渚文化的玉琮、玉梳背、玉三叉形器、玉璜、玉牌饰等这些不同时期的玉器，既是玉神器，又是宝玉和珍宝，平时设专人守护，专室收藏。

玉具有丰富的宝物内涵，从而成为人们的珍贵收藏品。殷商时出现了两个玉器收藏家，一是妇好，二是帝辛纣王。妇好墓已被发现，出土了755件玉器，除了王室宝玉外，尚有方国玉和红山文化、石家河文化的古玉，堪称玉宝。妇好是现知最早的玉器收藏家。

（五）德物

德，是我国古代社会美好的政治理想和行为规范。《正韵》释德为"凡言德者，善美正大光明纯懿之称也"。施德政是人君的政治抱负，身为人君者，便应"施实德于民"（《尚书·盘庚》）。古人善于将一些抽象概念，以某种喜闻乐见的物品作比兴，《诗经》中这种例子甚多。《诗经》云"言念君子，温其如玉"，是以玉比喻君子之美德。孔子亦云"夫昔者，君子比德于玉焉"，说明早在孔子之前，君子已经以玉来比照自己的德，即德政、德行、人品。孔子具体解释了玉德十一说。此外，还有管子"玉有九德"、汉刘安"玉有六德"之说，东汉许慎则规范"玉有五德"。这种玉有德的说法，比起"玉神物"是一次解放，将玉从神学领域解脱出来，与"君子"这一社会阶层人士的政治纲领、行政措施以及个人的思想品格、修养等联系起来，不仅干预社会、干预政治，而且干预个人的思想和行为，使玉变为活生生的榜样和圭臬，规范人们的思想品德甚至生活起居、待人接物等各个方面。

玉德的内容，由孔子到许慎这六七百年间不仅起到规范化的社会作用，而且成为金科玉律。

三、玉文化的渊源

我国是世界三大玉作中心之一，在旧石器时代末期，随着人类审美意识在符号层面上的凝聚，史前艺术开始沉积、建构和萌生。原始艺术品，是人类在当时文化教育中所创造、使用的物质媒介，体现了原始先民"同化"自然、改造自然的文化功能。

在原始人类看来，自然万物本身都蕴藏着自身固有的生命本源或生命潜能。作为生命本源的"力"，弥漫于各种物质本身，这种"力"通过接触、感应等形式，能够达到主体（人）与对象物的互渗和传感。于是在原始宗教的驱使下，他们营造出一种充满"灵"与"力"的神秘氛围，在这种氛围中，除纹身和服饰外，原始先民们还创造了佩戴的方式，取得与互渗对象的沟通。最早的佩戴物大多为实物，诸如动物的骨骼、牙、皮、羽毛等，他们认为佩戴此物，便可具有该种动物的灵性与力。

到了新石器时代，佩戴实物逐渐发展为佩戴实物的替代品，于是便产生了原始的雕塑。在雕塑实践中，先民们逐渐认识了石中的精品——玉，并赋予其集天地之精华的神奇功能，致使新石器时代玉的雕琢和制作达到了相当高的水平。从辽宁阜新胡头沟红山文化遗址发现的龟形玉饰、凌源牛河梁红山文化出土的玉猪龙，到陕西神木石峁龙山文化遗址中发现的玉蚕等考古资料来看，原始先民们已能熟练地运用切、割、凿、挖、钻、磨、抛光等工艺技术。到新石器时代晚期，在原始巫术失去文化环境之后，这些佩饰便演化为一般避邪攘灾的护符瑞玉，并出现了组合玉饰。

到了商代，玉器制作工艺已逐步成熟。随着奴隶主专制国家的形成和民族宗教的兴起，玉器的地位越来越高，制作工艺越来越精巧，社会对玉材的要求也越来越严格。由于殷人尚玉，商代玉器汇聚西部之玉材和东部琢玉的技术而蔚为大观，殷墟妇好墓中随葬玉器就多达 755 件，可见商代贵族尚玉之风之一斑。

西周初，玉器制作继承了商代之遗风，仍以动物类玉饰为主流，中期以后形成了自己的特征。周代玉器做工精良，造型优美，线条流畅，品类齐全，较商代玉器有了长足的进步。

春秋战国时期，诸侯蜂起，经济繁荣，各区域新兴文化异彩纷呈。随着各区域文化的交会和融合，玉器制作和工艺走向成熟和趋同，玉的品类大量增多，玉文化也出现了繁荣昌盛的新局面。鉴于玉的美是一种天然之美，是由内向外慢慢透射的蕴藏深厚、柔和含蓄、魅力无穷的美,其外表温和柔软,本质却坚刚无比,能使人产生一种特殊的审美理念。于是,在春秋战国诸子先哲们的作用下,玉又被赋予了吸纳日月山川之精华、凝聚人间之美质的特征,成为评价人物的道德标准。贵族士卿受"观物比德"思维方式的影响,宣扬"君子如玉""君子比德于玉"的道德观念,把玉的色泽、质地、形状等比附为人的德、仁、智、义等品德,于是玉具五德、九德、十一德等学说应运而生,乃至"君子无故,玉不去身",玉佩饰成了显示贵族身份的标记,玉玺成了国家和王权的象征,甚至出现一块美玉竟用十五座城池去换取的事件。

先秦典籍中,对玉的使用也有严格的规定,《礼记·玉藻》载:"古之君子必佩玉,右徵角,左宫羽……故君子在车则闻鸾和之声,行则鸣佩玉……居则设佩,朝则结佩……凡带必有佩玉……佩玉有冲牙。君子无故,玉不去身,君子于玉比德焉。"《诗经·卫风·木瓜》亦云:"投我以木瓜,报之以琼琚……投我以木桃,报之以琼瑶……投我以木李,报之以琼玖……"这里的琼琚、琼瑶、琼玖,均为佩玉。《诗经·秦风·终南》:"君子至此,黻衣绣裳。佩玉将将,寿考不忘。"《诗经·秦风·渭阳》:"我送舅氏,悠悠我思。何以赠之,琼瑰玉佩。"这些都说明士庶用玉之普遍,这个时期的玉,不仅寓意人的道德品行,传达一种精神境界,而且是从君王到士庶赏赐和结交友好的贵重礼品。特别是知识阶层,还将自己对理想道德境界的追求,比附于玉之精美坚洁;将高尚人格的砥砺磨炼,寓之于美玉的琢磨精雕。因此,玉又是君子规范道德、约束行为的标志。

古人辨玉,首先看重的是玉所寓意的美德,然后才是美玉本身所具有的天然色泽和纹理。这种首德而次附说,使得玉由单纯的佩饰变为实用、审美与修养三位一体的伦理人格风范的标志。所以,郭宝钧先生在《古玉新诠》中认为,我国的玉器是"抽绎玉之属性,赋以哲学思想而道德化;排列玉之形制,赋以阴阳思想而宗教化;比较玉之尺度,赋以爵位等级而政治化"。

总之,先秦时期的玉崇拜和玉文化是我国传统文化的重要组成部分,此时玉器的绚丽纹样中,显示出先民们的复杂心理和追求艺术的足迹。无论是源于护符的玉佩饰、源于用具的玉礼器,还是源于原始宗教的玉祭器,都是从不同层面积淀着七八千年前的氏族文明沃土中养育出的传统文化的神秘性和象征性艺术之源本。

四、玉文化的智慧

我国玉文化内涵丰富,蕴含着爱国民族气节、团结友爱风尚、无私奉献品德、清正廉洁气魄，这在由玉字组成的许多词句中均有体现，如"宁为玉碎不为瓦全""玉洁冰清""金玉良缘""亭亭玉立"等。植根于中华大地的玉文化，暗合的阴阳合一、天人合一、中和中庸、修身克己等许多中华传统文化的智慧尤为显著。

阴阳合一，即世界万物离不开阴阳，阴阳相互对立又相互变化，最后阴阳合一。伏羲八卦圈告诉我们一个宇宙最基本的秘密——阴阳是构成宇宙万物最基本的元素。玉文化中，同样体现阴阳合一的思想。玉既能表现女性高贵典雅、温柔善良的阴柔之美，又能表现男性坚忍不拔、粗犷豪放的阳刚之气，玉的阴阳合一，是玉的本质所在。

天人合一，即宇宙自然是大天地，人则是一个小天地。人和自然在本质上是相通的，故一切人、事均应顺乎自然规律，达到人与自然和谐。老子说："人法地，地法天，天法道，道法自然。"只有"人爱鸟，鸟爱林，林涵水，水涵人"这样的良性生态循环，维持好由每一条密不可分的食物链组成的自然生态系统，才能营造和谐统一的生态家园。玉吸收日月山川之精华，凝聚人的美质特征。它是天地精气的结晶，是古老的东方文明史中的一颗璀璨明珠，是天人合一思想的见证者和实践者。它身上印刻着历史漫长而沉重的烙印。"玉不琢不成器"，每一块精美的玉，都经过了能工巧匠的精雕，才释放出夺目的光彩，这也正是自古以来玉对天人合一思想的传承。

中和中庸，即和文化。和文化是体现中华民族文化的核心理念，它要求不同事物聚在一起，能够相互协调、相互并存、相互促进。所谓"中庸"，就是要求处理问题时不偏不倚、公正公平、恰如其分。但是，中庸并非和稀泥、不讲原则，总的要求是恰到好处，把握好一个"度"。一个家庭，家和才能万事兴；做生意的，讲究和气生财；搞政治的，要政通人和；干事业的，要和衷共济；与人相处，要以和为贵。玉的质地润泽、和顺、包容，足以见得它的中和、中庸品性。

修身克己，即克己以修身。修身就是修语言、姿态、内心等，使人言语谦恭，心态平和，行为合乎规范，从而做到言行一致、身心合一。孔子曰："杀身成仁。"孟子曰："舍生取义。"孔子还说："君子喻于义，小人喻于利。"当然，修身首先应做到克己。只有不断战胜自己、超越自己，做一个淡泊名利的人，才是强者，才能成就事业。需要强调的是，修身克己包含意商、情商的锻炼。克己即修身养性，就是要克服极端礼仪和极端任性。"己所不欲，勿施于人"，这是做人的道德底线，人人皆应如此。玉从"器玉"到"王玉"至"民玉"，都为社会进步、人类文明做出贡献，其精神可嘉，故"比德于玉"。玉器成为君子修养、磨炼品行的象征。而君子是才德出众、爱国爱民、高尚正派之人，正如《诗经·卫风·淇奥》所言："有匪君子，如切如磋，如琢如磨。"说明君子的修养，就像美玉一样，需要一番磨砺的功夫，君子须经切磋琢磨的繁复工序才能成为"器"。

五、史前文化与玉文化变迁

（一）史前文化

在新石器时期的漫长演变发展过程中，史前各地区文化之间既存在着相互传承的关系，又直接影响到玉器即玉文化的发展。史前地区文化代表性的有兴隆洼文化、崧泽文化、含山文化、红山文化、良渚文化、龙山文化。

兴隆洼文化 兴隆洼文化因首次发现于内蒙古的敖汉旗宝国吐乡兴隆洼村而得名，距今约 8000 年。其时期的经济形态，除农耕外兼狩猎、采集。考古学家从兴隆洼文化中发现了中国最早的玉器：一座墓葬中的死者两耳处，各有一件精美的玉玦（图 2-2）。

崧泽文化 因崧泽文化的遗址位于上海市的崧泽而得名。崧泽文化由马家浜文化发展而来，其后又发展为良渚文化，年代约为公元前 3900 年—前 3300 年。文化遗物中，有陶器及少量玉器。崧泽文化居民主要从事农业生产，以稻谷为主要产品。

图 2-2　扁形玉玦（兴隆洼文化）

含山文化 20 世纪 80 年代末，因在安徽省含山县凌家滩发现其遗址而得名，时间距今五六千年，至今已先后出土了几批重要的玉器，以实用器和装饰器为主，包括玉环等几十种器形。玉质以当地产的阳起石类矿物为主，具有软玉的特点。

红山文化 1935 年，因发现于内蒙古自治区赤峰市红山而得名，距今 6000 年左右。红山文化居民定居生活，进行农耕生产及畜牧、狩猎等活动。红山文化在西辽河流域融合了中原仰韶文化和北方草原文化的精粹，内容丰富，形式多样，玉雕工艺也有了大幅提高。至今公认的已发现的红山文化玉器不过数百件，品种 10 多个，其造型多为现实生活中的动物或作为神灵的动物。其形象古朴浑厚，注重造型的神奇而不讲究图纹的华丽，具有北方民族文化质朴、豪放的风格。其高等级墓葬"惟玉为葬"的特点，显示了玉器在红山文化时期的崇高地位，是新石器时代北方玉器的典型代表（图2-3）。

图2-3　带齿兽形玉佩（红山文化）

良渚文化　最初发现于浙江余杭良渚镇而得名，是马家浜文化、崧泽文化的发展和继续，距今四五千年。良渚文化主要分布在长江下游的太湖流域，出土玉器内容极其丰富，包含着深刻的内涵，其雕刻之精和出土量之大都是空前的，代表了新石器时代晚期治玉工艺的最高水平，展现出古代社会文明发展的曙光，是新石器时期南方玉器的典型代表。良渚文化玉器除玉琮、玉璧等少数玉件为单件外，多为复合件，工艺细腻，浮雕与阴刻完美结合，雕琢工艺十分精湛，纹饰雕琢尤为精细，尤其以良渚文化的象征——神人兽合体的"良渚神徽"为最。良渚神徽表面用细密的阴刻线纹琢出十分复杂的精细图案，可见当时琢玉技法的高超。神人兽合体的良渚文化典型图案多次出现在不同的良渚文化玉器上。

龙山文化　龙山文化泛指黄河下游地区新石器时代晚期的一种文化。因1928年首次发现于山东章丘龙山镇而得名。山东龙山文化是大汶口文化的延续。据碳-14断代法测定，其年代距今4500—4000年。

从玉器历史发展的全过程来看，史前玉器风格具有稚拙、神秘的特色，模仿的、示意的手法为其共同的主旨和艺术方法。其核心在于一个"意"字，而不在于形色，追求意的深邃，而不屑于器形的似与不似。史前时代的中国玉器，深受史前文化影响，以其特有的艺术形式，从一个侧面展示了当时的社会面貌，是我们研究中华文明起源的宝贵资料。

（二）玉文化演变

根据考古发现和传世古玉的研究，我们可以把中国历史上用玉的过程分为神器时期、礼器时期、世俗器时期，它分别是玉器的神灵化、政治化、生活化的客观体现。

1. 神器时期的玉文化

中国史前文化玉器的高潮，属于新石器时代晚期（距今6000—4000年）。该时段在中国区域的几个方向，同时出现了大规模使用玉器的文化。它们集中在东北地区、黄河中下游地区和长江中下游地区，包括红山文化、龙山文化、良渚文化、齐家文化、石家河文化。此时的玉器已经十分丰富，除了璧、玦、环等圆形器和斧、锛、钺等斧形器外，琮、璜等器也已出现。同时，象形的人像类和动物类器均有大量的制品。于是，中国用玉的第一个高峰时期来临，玉文化初步产生，也就是所谓的神器时期。

神器时期，是从原始文化中巫、玉合一的文化形态以及玉器的主要功能来命名的。玉器在那个时代首先是神器。那是一个王权还没有建立，尚处于萌芽状态的时期，我们现在把它称为部落时期。部落中已经形成了等级，部落有首领，他同时还是巫师，部落时期也就是巫的时代。换而言之，因为他具有所谓的通神的能力，才有可能成为首领，两者是相辅相成的。

国之大事，唯祀与戎。那时候还不是农耕时期，整个部落能不能活下来，能不能更好地生存，基本上取决于两件事。一件是神允不允许你活。我们有没有做错事，会不会招致神的惩罚。神决定了我们的生死。另一件是我们有没有足够的生活资具。生活资具的来源，除了渔猎外，还有抢。抢就是戎，就是打仗，就是抢生活资具，抢人过来作为奴隶，从事渔猎生产。同时，女性本身也是一种资源。原始社会人的死亡率很高，必须要大量生孩子才能发展部落，于是便发展成抢女性回来生孩子。这两件大事里，戎体现王权，是否发动一场战斗由首领的世俗权力来左右；祀体现神权，由首领的巫师身份来扮演。那个时代都认为玉是通神的，巫师处在人与神之间，是神在人间的一个代言者。他跟神灵沟通，需要借助通神的媒介，那就是玉。因此，玉是神器，那个时期的玉是至高无上的物品。

2. 礼器时期的玉文化

玉器用作礼器是"礼制"社会的必然，从帝王将相到诸侯官爵，已形成了一整套严谨规范的象征等级权力的用玉制度，谁都不可越雷池半步。

北宋的道君皇帝赵佶和清朝的乾隆皇帝弘历，是中国古代皇帝里的两位"玉痴"。徽宗对古玉的喜爱，带动了一批饱学之臣研究古玉和古物，从而兴盛了金石学，同时，催生了古玩的作假行当。乾隆皇帝非常喜爱收藏、研究古玉，在故宫档案里的乾隆藏玉名录中，有大批的古玉被登记为"汉玉"，这是汉代处于中国玉文化顶峰的缘故。其实，这些古玉应该被准确地称为战、汉玉器。战国与两汉，在玉文化里是不能够分家的，从用料到工艺、风格乃至用途，它们都一脉相承。这个顶峰时期，是玉的礼器时代典型，考古发现了大量战国和两汉的玉器。其主要原因是从西周开始，中国以礼立国，进入封建宗法制的时代。王国维先生在《观堂集林》中有一篇论文，讲的就是商周立嗣的故事。周人战胜商人以立国，关键是解决了嫡庶的问题，坚持嫡长子继承制，即兄不传弟，父传子，子是嫡长子。并且，全社会遵从尊卑有序、长幼有序。礼，从此开始作为国家架构的重要的基础层，成为所有人必须严格遵守的秩序。国家如同一栋建筑，所有人都是这个建筑的构件，构件有大有小，都要按一定规矩来定位，这种安排构件位置的规矩就是"礼"。把各个构件榫卯衔接牢固，国家就能安稳。汉代便是这种思想的具体物化。孔子说："器以藏礼。"玉作为藏礼之器变换了历史角色，于是"六器"与"六瑞"登上历史舞台，是以玉器数量大增。

事实上，封建宗法制度有其历史贡献。金庸说，英国的一位对20世纪影响最大的历史学家汤因比，写了一部《历史研究》，书中分析说明，世界上的很多文明都在历史进程中衰退或消失了，直到现在仍旧真正兴旺发达的文明只有两个：一个是西方欧美的文明；一个是中国的文明。而中国文明历史悠久且连续不断，则又是世界唯一。这其中的原因有二：一是中国一开始就是农业社会，生产力比较高，技术比较先进，有强大的经济力可以发展文化。二是从西周开始，中国已是一个严密的宗法社会制度，它束缚人们的思想行为，但也有其历史作用。中华民族由于有严密的继承制度，从而避免了内部争斗和战争。所以，历史上没有一个国家能够成功地吞并中国！

另外，从张骞通西域，卫青、霍去病驱匈奴开始，和田玉料源源不断地供应长安，使汉代玉器制作从不缺乏高等级材料。加之两汉实行厚葬，特别是诸侯之葬，用玉极多、规格极高，所以，战国、两汉时代出土的玉器自然就多而好，它们生动地诠释着"礼"的内涵，展示着玉的礼器时代。

3. 世俗器时期的玉文化

玉从神器、礼器演变为世俗器，不再是祭祀神明的工具，不再为皇亲国戚、公子王孙所专享，而成为美的象征、历史的印记，为广大人民群众所拥有，这不是玉的地位下降，恰恰是民玉的一种升华。

从"五胡乱华"开始，经过南北朝长达三百多年的民族大融合和思想大融合，东汉以来的世族政治和著于私门的学术传统被彻底打破。第二帝国（隋、唐、宋）的框架是汉代儒学传统被打破后再次重建起来的，虽然核心没有变化，但经过了血统的混合、文化的冲击，这个新兴帝国从政治制度、经济制度甚至服饰制度，都发生了深刻的改变。

唐代，实际是由汉化后的鲜卑贵族建立的朝代，虽为中华正朔但风气开放，如唐代的服饰就与汉服完全不同，是彻底的胡服进化品。同样，自唐代开始，玉的礼器功能逐步退化，只剩了一部分在国之祭礼上用用而已。绝大部分玉器，转而为广大民众服务，生活用的玉制品逐渐增多，一些玉器上的图案开始出现带有生活情趣的内容，玉开始不停步地走下神器的神坛和礼器的圣坛，成为一种不用太过仰视的世俗之器。贪图享受是人之天性，一旦为民众享乐服务的大门打开，玉就再也不能回头，与神坛渐行渐远了。

六、玉器文化时代

各个不同时期的玉器，其风格、特点、形制、用途等均有所区别，它体现了玉文化在各个不同时代的发展变化。中国的玉器文化有着八千年的历史，早于中国文字起源三千年，它贯穿了中华五千年的文明，是中国文化的传承。在源远流长的历史长河中，玉器文化历经六个时代的流变，从神坛走进了人间。

（一）神玉时代

在红山文化和良渚文化时期，玉被认为具有通灵之能，故玉都被制作为祭祀、祈福的礼器，只在重要时刻或重大事件中用来进行"天人沟通"。这个时期，玉器的形制和纹饰比较特别，大都有着宗教意义和实用价值。典型的文物包括玉璧、玉猪龙、玉琮、玉璜、玉斧等（图2-4）。

图2-4　玉斧（新石器时代）

（二）国玉时代

自春秋到汉代初年，玉被看作是统治权的象征。这个时期，以和氏璧的出现为标志。和氏璧制成于战国时期，后由秦始皇将其制成传国玉玺，历经汉、三国、晋、唐、宋诸朝，最终不知下落。

在那个时期，得玉玺者得天下。谁有传国玉玺，就被认为是一国之君，便可以号令天下，不知有多少战争和生命为的是争得这"传国玉玺"。正是这种深深认知，使得历代王朝和君主，无不以玉为材质制成"国印"即玉玺。时至今日，北京故宫博物院内依然珍藏着乾隆时期的二十多方玉制的宝玺。2008年北京奥运会上，奥运徽宝正是借喻了玉玺的至高无上的象征意义（图2-5）。

图2-5　青玉《千潭月印玺》

（三）冥玉时代

汉代，玉的使用比较特殊，其标志便是金缕玉衣和玉蝉的使用。迄今为止，我们能看到的玉衣都是汉代的。玉衣仅限于王侯，用于死后包裹尸体下葬。不仅如此，还有"玉握"和"玉塞九窍"的讲究。其中，玉蝉是最为重要的一件。它用于放入死者口中，故又称"含蝉"，有"蜕变转世"之意。而且，玉蝉的雕刻具有显著特点，俗称"汉八刀"（图2-6）。

图2-6　汉八刀《蝉》

（四）官玉时代

唐代，三品以上的官员按官级差异被授予不同玉质的玉带，它是官阶的象征。玉带在使用过程中，越来越追求华美，从出土的唐早期和晚期的玉带中就可看出这种转变。随着玉的功能的转变，玉的自身物理特性开始被认知，对玉的审美也逐步形成。

唐代以来，玉逐步进入实用器阶段，同时，人们通过构思和加工来展现玉的美。在中国的玉文化史上，唐代是一个重要的转折点，玉器从虚幻的象征性器物时代，开始进入贴近现实生活的实用和赏玩时代。

（五）赏玉时代

唐宋时期，出现了玉饰、玉质器皿以及赏玩玉器，至明清时期已经盛行，在乾隆时期达到了高潮。这个阶段，玉器所呈现出来的是天然质地的自然之美与巧思制作工艺之美的完美结合。

赏玉时代是中国玉文化的一个巅峰时期，玉从此与人更加亲近。它不仅仅被观赏和使用，还开始被把玩。至此，也就有了"人养玉，玉养人"的说法，玉的神秘色彩逐渐被淡化，玉的观赏、使用和把玩成为玉的新注解。

（六）藏玉时代

随着社会体制和人们宗教信仰的改变，虽然现在也有神玉、德玉的象征意义存在，但是当下，玉更多地以物质、财富的化身进入我们的生活，它已成为物质和财富的象征。至于玉本身承载着的深厚的文化内涵，则另当别论。

玉和玉器的特质，决定了它能成为人们的珍藏之物。史上最大的收藏家就是乾隆皇帝，他爱玉达到了痴迷程度，后人送其"玉痴"的雅号。乾隆的如此作为，对当时的上层社会产生了巨大的影响，带来第一波玉器收藏的高潮。当然，那时真正拥有玉的也只能是达官显贵。

中华人民共和国成立后，在计划经济时代，玉的开采、加工和销售同样是被计划的，即统购统销。直到20世纪80年代初，玉和玉器才开始市场化。进入新世纪，我国玉和玉器市场迎来了史无前例的最好的发展时代，生产、销售出现了空前的兴旺发达景象，形成了前所未有的收藏热潮。无论是出于经济利益的短期收藏，还是出于艺术爱好者的长期收藏，玉和玉器的收藏人数之众、藏品之多均创造了新纪录。

第二节　史前玉文化板块

中国玉器的发展历程，揭示了史前6000年的玉器发展，逐步走出了实用的生产领域，由群体普遍自发地采用个体玉件打扮自己，到精心组合的玉饰的出现，说明玉已经不是纯物质的东西，而成为初步具备意识观念成分的特殊的物质文化体，进而被原始宗教领袖及神学贤哲——巫觋攫取用以事神。于是，玉被罩上"神物"的外衣，供天神以食以飨，或制之为"神器"。巫、玉、神三位一体的神秘氛围，笼罩着当时的整个群体。同时，它也表明玉由为生产服务、满足人们的美感享受，而进入为天神食飨或充作天神的化身（神器），为广大人群顶礼膜拜，最终跃进天神的境界，标志着史前玉文化已达到高峰，进入了黄金时代。之后，有些爱美尚武的群体，以武力征服四邻，并夺取巫的事神权，出现了将神界的主宰和现实的统治两大权力集于一身的"王"。他也从巫那里学到赋予玉以"神物"的神秘哲理和巫魔法，进而用玉制成"瑞符"，标志他自己及其身边一伙人的权威和功绩。至此，玉文化已接近走完了它的史前社会的光辉历程。虽然这离文明社会仅有一步之遥，但它怎样也无法越过这一步，仅仅为文明奠定了一块基石。

为了形象地说明史前玉文化的多样性、复杂性、延续性、爆发性的状态，姑且借用地质学上的"板块"一词，以说明史前玉文化的宏观性质与微观特点。

中国史前玉文化板块的划分及其发展变化，是建立在古文献记载、考古发掘出土的大量玉器、考古学文化宏观研究、玉器考古学研究、玉资源及古矿的调查研究，以及玉器、玉文化、玉学理论的探讨与研究成果的基础之上的。它属于玉文化的科学范畴，并与文献学、历史学、考古学、地质学、矿物学、工艺学等都有着密切关系；它又是独立的分野和新颖的课题。

中国史前玉文化是分散的、散漫的、自发的、突变的。在全国分布不均匀、不平衡，早期偏于东部，晚期分散于北方，在时间序列上有迟早之分，有的成为谱系，也有的来去不明。其发展水平也有高低之别，有的无所作为，有的登峰造极。玉器的土著性与移入性并存，以及群体的移动像火花四溅一般各奔一方，都说明古玉文化板块处于运动状态，频生碰撞。其碰撞的动力，有的来自大自然的惩罚，也有的来自人们互通有无、公平交换或人为扩张，甚至是掠夺和冲突。其实，我国史前文化的起讫兴衰的历史，也紧地与各板块的碰撞联系在一起。依我国史前玉文化板块的位置、布局，及其玉器的起源、从北向南运动和互为碰撞的状况，可分为前后两个阶段。前段出现三大玉板块，后段形成五个亚玉板块。

我国出土玉器已证实，北方玉器露头时间早于南方1000多年。如果仅仅着眼于国内各地出土玉器的时间早晚是不够的。一种适时的做法是，迅速地将目光转向我国周边的玉资源矿藏和玉器出土的情况。早已得知，在我国四周都有古玉出土，特别值得注意的是，我国以北的俄罗斯西伯利亚出土玉器，要比我国兴隆洼出土古玉器早得多，约早一两万年。这就要求我们，必须将我国北方、东北方的古玉研究，纳入东北亚的宏观环境，从总体发展历程上来探讨我国玉器的源头，以及在社会生活中所起到的积极作用，从而对中国史前玉文化板块有深入的研究。

20世纪下半叶，随着我国文化遗址的考古发掘，新石器时代的玉器也大量出土，据此研究发现，我国玉文化是由"珣玗琪""瑶琨""球琳"三大玉文化板块组合而成的。"珣玗琪"即东北地区发现的古玉器；"瑶琨"即东南地区发现的古玉器；"球琳"即西北地区发现的古玉器。中国玉文化由北向南出现了红山文化、凌家滩文化和良渚文化相互辉映的三大玉文化板块；龙山文化、齐家文化由西向东紧随其后，又形成五个玉文化亚板块。

一、三大玉文化板块

（一）东夷玉文化板块

东夷是居住于我国东方的古老族群，包括生活在今内蒙古东部、东北三省、河北、山东，直至江淮的一大片土地上的先民。东夷玉文化板块所处时代以狩猎经济为主，兼种植，距今10000—5000年，以红山文化为代表，代表性玉器有玦、匕形器、勾云形器、箍形器（图2-7）、圜形边刃器等。工艺特点为无平面，呈凹凸状，形不规整，具有象征性、示意性、粗犷性的风格。东夷玉文化板块的玉名为"珣玗琪"，其主要矿源为今辽宁省岫岩县细玉沟山顶；其次生玉料，出于沟内溪流及其坡地。另外两个蕴藏丰富的玉矿，在外兴安岭和东萨彦岭，即今产于贝加尔湖东北及西南的"俄罗斯玉"。在远古时期，此地的原始文化与我国黑龙江省原始文化有一定的相似性，有玉材交流的可能。因为我国史前东夷玉文化板块的玉资源矿藏偏于东部，与北、南两地诸夷交流多有不便，故东夷很有可能与东北亚西伯利亚古文化群体在玉材与玉器方面已有了交流。

图2-7 箍形器（红山文化）

该玉板块内，各爱玉群体可能也是由北向南迁徙。现今已发现的古文化有：内蒙古东部及辽西有兴隆洼文化、查海文化、红山文化、小河沿文化；辽东有新乐文化、小珠山文化；吉林、黑龙江省有左家山文化、新开流文化、小南山文化、昂昂溪文化等。内蒙古赤峰及辽西距今8000—6000年的兴隆洼、查海遗址，出土玦、匕形器、管、凿。按功能分类，玉玦、玉匕形器和玉管均为装饰品，只有玉凿是生产用工具，说明玉用作生产工具之外，主要用作装饰，戴在耳朵上或系于身上，增添了人体之美，打扮得更漂亮、更美丽。此时的原始人，对玉的审美是建立在长期积累的对自然物质和人体的美感基础之上的，已有升华了的自发意识，并非审美的萌芽状态。这是离开了生产而进入人自觉的创造玉装饰的文化领域。姑且称这些玉玦、玉匕形器、玉管为玉美器，说明该地先民继其他自然物之后，已认识到玉的美感价值和装饰功能。这比将用其作工具从事生产获得物质资料的实用功能，已有所进步。这些玉美器的占有者和使用者，是掌握着诸多特权的巫觋。所以，玉美器的社会功能，绝非仅仅是一个美字，很可能与神已经挂上了钩。

到了距今6000—5000年的红山文化时期，玉器功能又有所变化，器形大为增加，代表性玉器有玉龙、马蹄形器、玉勾云形器、兽首玦、边刃圜形器、兽面纹丫形器、鹗、鸮和龟等。以边刃圜形器为例，已知其分布状况北起小南山，南抵新沂花厅，其连体边刃圜形器，向南传播可达凌家滩。说明这种器形的生命力是十分强劲的。红山文化玉器中，直接事神、飨神、媚神的玉器，从其出土状况判断，上述马蹄形器、勾云形器、兽首玦、边刃圜形器，均为墓主所佩之器，也就是巫事神时所用的玉器。玉龟是占卜或行巫时用的，也可算作玉神器。上述神器，均发现于赤峰的那斯台、赛沁塔拉，凌源，建平的牛河梁、三官甸子，阜新的胡头沟等重要遗址，大体上距今5500年。这些玉神器，说明红山文化中巫觋是主要的统治者，除了神权之外，同时掌握着猎物分配权和政治统治权。军权虽不在握，但他可借神来控制军事指挥权。牛河梁积石冢是巫的陵寝，女神庙即其祖宗庙堂。红山文化是以神来维系部落群体的繁衍壮大、巩固加强及防御自然灾害和外来侵略的。神权、政权、军权、族权皆集于巫一身。这就是以神灵为核心的红山玉文化的主要特点。

辽东地区的玉文化，起于沈阳新乐文化至小珠山上层文化，以工具和饰品为主。玉工具有斧、锛、凿，饰品有珠、坠、璇玑和勾玉。其中，璇玑和勾玉是辽东半岛玉文化的新器形。璇玑本为夷玉中的牙饰圜形器，勾玉系移用日本出土玉器之名，亦通行于韩国，其形为一端尖一端圆的弧形玉器，类似我国的阴阳鱼。此勾玉来自郭家村下层文化，距今6000—5000年，大大早于日本所出土者，其形亦属弧状，但孔钻于尖部，与日本勾玉孔位相反，然此勾玉仍堪称日韩两国勾玉之鼻祖。

辽东史前文化是东夷文化的一支，出土了具有地方特点的玉器，可能停留在工具、饰品的阶段，尚无进入玉神器阶段的任何迹象，反映出其原始性与停滞性。即使如此，也不能忽视或否认巫觋对玉器的实际控制和应用。吉林、黑龙江两省出土的玉器，约距今7000—5000年。边刃圜形器、连体边刃圜形器、匕形器与辽西、赤峰地区出土的近似，椭圆形孔椭圆形器是其代表性器形。其玉文化也是处于工具、饰品阶段，其形制、工艺也带有一定的原始性和古拙性，其发展趋势似乎是缓慢的、低调的。

大汶口文化当为海岱文化之源，其年代为距今5900—4500年，大体与红山文化相当，应为海岱早中期玉文化，族属为东夷。唐兰先生生前有言，大汶口文化相当于太昊少昊时期。其器形仍有相当多的边刃圜形器、连体边刃圜形器及其衍生的牙饰圜形器（璇玑），故划归于东夷玉文化板块之南端。大汶口文化器形多样，主要有玉钺、锛、刀、镞、圜形器、镯、珠、管、璜、坠、锥形器、琮形镯、圆孔方形器以及人面等，也是以工具、饰物为主的玉文化，制玉工艺精致化是重要特点。此玉文化地处青、徐二州之交界处，其玉材可能是就地取材。《尚书·禹贡》记，"海岱惟青州……岱畎丝枲，铅松怪石"，无玉。颜师古曰："怪石，石之次玉，美好者也。"徐州亦无玉。暂且可认同大汶口文化玉器之材来自泰岱的"怪石"。泰岱之"怪石"也是夷玉的第二来源，其矿点、产状、质色，均不见矿物学勘探及检测资料。

（二）淮夷玉文化板块

淮夷玉文化板块所处时代的经济是农耕兼狩猎，距今约5300年，分布于今长江中下游的安徽、江苏之南部，以凌家滩遗址为代表，代表性玉器有觋像、龟壳、长方形片饰等。玉为透闪石组成，透闪石有两期，早期为柱状、针状，晚期为纤维状及隐晶状,后者较前者致密坚硬,质地较好、较润泽,有的稍次。工艺中的磨工、抛光尚精。

淮夷玉文化板块,包括考古学文化的江淮宁、镇地区的薛家岗文化、凌家滩文化、龙虬庄文化、青墩文化、丁沙地文化、北阴阳营文化、昝庙文化等古文化。按《尚书·禹贡》论,该地属徐州南部及扬州偏北。此地西部江淮地区玉器,多少带有东夷玉的特点。宁、镇地区玉器以玦、璜为代表,然尤以璜最为突出。其璜形与大溪、薛家岗、马家浜、崧泽都有一定的联系,呈现出长江中下游各考古学文化玉器的互相交流及南北夹冲之势。考虑到年代、气候、环境、玉矿藏量时空关系以及考古学文化等条件,我们将其视为距今6000—5000年的一个较小的约千年的玉文化板块。其早期玉文化为薛家岗文化,距今6000—4700年,主要器形有玦、璜、环、镯、珠、管、坠、锥形器以及钺等圆曲系器。凌家滩除了璜、玦、环、边刃圜形器之外,还以玉龟甲腹(图2-8)、长方形玉片、玉巫、玉鹰、玉龙等为代表。此玉板块以玦、璜、环为主体,与马家浜、崧泽两文化的玉器非常接近,唯有凌家滩所出玉龟甲腹、长方形玉片、玉巫及玉鹰是其独特产品,不见于此期其他考古发现。

图2-8 玉龟甲腹

因此,肯定其为北南之间的淮夷玉文化板块。需要特别正视的是凌家滩出土的土著性甚强,玉龟甲腹、长方形玉片可能是占卜的法器;玉巫,即女性巫者;玉鹰,展翅的鹰,其翅端有兽头,很难诠释,也是一件具有神秘色彩的玉器,可能与巫卜有关联。由此可以了解,这些玉器可能都是直接、间接地用以事神的"玉神器",与东夷牛河梁积石冢出土的玉器,北南呼应而又各得其所。

(三) 东越玉文化板块

越,泛指我国南方的庞大族群,战国时称"百越",地处《尚书·禹贡》中所言的古扬州,包括今江苏、安徽南部、湖北偏东地区、浙江、福建以及江西、广东北部、台湾地区。现已发现的考古学文化有河姆渡文化、马家浜文化、崧泽文化、良渚文化等。起止年份为距今5500—4300年。以太湖地区即江苏南部、浙江北部为中心区,马家浜文化、崧泽文化、良渚文化一脉相承,创造了高度发达的玉文化。玉器有玦、璜、环、镯、珠、管、坠、串、璧、琮、钺、梳背、带钩、柱形器、牌饰、三叉形器、锥形器、觿、纺轮、鸟、蛙、鱼、龟、蝉等,器形多样，工艺精致，特点鲜明。继红山玉文化之后，在古扬州地区形成了史前玉文化极其辉煌壮观的又一个高潮（图2-9）。

图2-9 兽面琮（新石器时代）

河姆渡文化，首先发现于浙江余姚河姆渡遗址，主要分布于杭州湾南岸宁绍平原，年代为公元前5000—前3300年，是南系玉器中最早者，主要器形有玦、璜、环、管、珠、饼、坠等小件佩饰。玉材有玉和萤石，萤石较多，约占第一期文化玉器中的75%。工艺较简单，器形不够规整。玦有圆形和椭圆形，孔偏于一端，可保持稳定。可见玉美器中的玉玦，在北南两系玉器中共存，都是最早的耳饰。璜，多为单孔，呈半环形或弧形。单孔璜形器也是用于装饰，从其单孔来看，只能作为坠饰，可用于颈胸的装饰。玉工具尚未发现。上述玉器都是装饰品，属玉美器类，尚处于玉文化的初级阶段。

马家浜文化主要分布于太湖地区，南抵钱塘江北岸，西北到江苏常州一带，其年代约始于公元前5000—前4000年。出土玉器多为玦、璜等小件饰品。玉玦缺口部位稍薄一些，孔多在正中，也个别有偏于后端，多为璧式，少有瑗式，也有算珠形。材料有玉、玉髓、冻石，有白色和黄褐色。玉很少，多用白、浅黄、黄褐等色玉髓制成。马家浜玉文化实质上也是处于玉美器阶段。

崧泽文化由马家浜文化发展而来，其年代为公元前3900—前3300年，约六七百年。崧泽文化玉器中，玦已少见，大量的是璜，分为半璧形和条形，多为对称，少有不对称者，其中还有兽头者。此外，还有环、瑗以及琀、项饰等。琀有心形、璧形和圆饼形，标志着已出现以玉为殓葬器的新趋势。崧泽玉器玉质较好，多为闪石玉。崧泽玉文化仍属以璜为主体的玉美器阶段。当然，也不能排除玉美器的主人公是巫觋。

良渚文化分布于太湖地区，南以钱塘江为界，西北至江苏常州一带，以今余杭反山、瑶山及其附近为中心。它是从崧泽文化发展而来的，其年代为公元前3300—前2200年。可分为两期：早期以钱山漾、张陵山等遗址为代表，出土玉器有琮、璧、钺、梳背、璜、镯、觿、蝉、管、环、锥形器、猪形坠、串饰。晚期以良渚遗址为代表。所出玉器精美异常，器形在早期的基础上更精致化、完善化，有的镂空化。新器形有琮、璧、带钩、龠、钺、镦、柱形器、半圆形饰、杖端饰、双孔管形器、梳背钩、纺轮、牌饰、三叉形器、璜等；重器有玉琮和玉钺两种。良渚早晚两期玉文化表现了它的成熟及其登峰造极的水平。良渚玉不仅器形丰富多彩，工艺精湛优美，而且功能上由崧泽瑶文化转到以玉事神的高级阶段，如直接事神的琮、璧以及巫所服用的梳背、三叉形器、璜、锥形器、牌饰、带钩等玉器均为玉神器。这都说明，此时巫觋的势力无限膨胀，已牢牢地掌握神权，还攫取了政治、军事等大权。此时，原始宗教——巫术已笼罩全部生活的方方面面，发展到狂热而失去理智之程度，巫觋也成了万能的主宰者：既是神的化身和使者，又是现实社会的最高统治者。毫无疑问，玉器生产直接为他所控，他成了玉器的最大占有者，甚至还在神器上镌刻他事神的图案。如过去释为"族徽""神徽"的"神人骑兽"图案，可释为"巫骑兽事神纹"，也就是巫以玉事神时的自我写照。所谓神，就是巫戴面具——"傩"，"神兽"也是如同"汉百戏"上常见的花虎之形的道具，留下了巫觋头戴面具、骑坐在由人扮演的兽身上事神时的形象。琮上面的多层人面、兽面图案，也都是巫骑兽事神图案的简化形式。不论是"神人骑神兽"还是"神人面""神兽面"等图案，都不是巫的真实形象，而是巫的示意性的形象符号。玉器为他事神服务，这开创了玉器从多数或部分人手中，集中到少数人之手的先例，也是后世帝王玉的鼻祖。巫在推动史前玉文化高度发展的同时，又与玉人共同创造了史前的第一座玉文化高峰。所以，巫在史前玉文化的发展中建立了不朽的功勋。如果不承认原始宗教的狂热，没有以玉事神的巫为现实的万能主宰的使者的话，良渚玉文化的内涵及其载体将成为不解的谜团。

上述情况表明，史前中后期三个玉文化板块的发展及结局都是巫觋始料未及的，其繁荣成为昔日的追忆，他们所面临的是人为的或自然的灭顶之灾。在这场灾难中，他们并未得到天神庇佑，而是突然消逝了。其原因主要是天灾，北方的干旱和南方的水灾，以及由此引起的厮杀火拼，造成红山文化解体、南下受阻，良渚文化酋邦解体、四处逃窜，随之神巫彻底毁灭。之后，迎来的是重现实的崇武的强力集团所创造的史前新文明前夜的社会和新的玉文化，即山东海岱玉文化、山西陶寺玉文化、陕北神木石峁玉文化、甘青宁齐家玉文化及石家河玉文化等五个新石器晚期玉文化亚板块。这五个新石器晚期玉文化亚板块，虽然时间短、面积不广，其玉器的形饰却发生了很大变化，面貌一新，令人刮目相看。此时，掌握政治军事大权的酋长，剥夺巫事神的权力，将其归为己有，也成为集政、军、神三权于一身的新的统治者，推动了社会的转型——新的父权制社会和新的玉文化的建立。

二、五个玉文化亚板块

(一) 海岱玉文化东夷亚板块

海岱,包括《尚书·禹贡》中所言之青、徐二州,今山东省及江苏、安徽两省北部地区。海岱玉文化亚板块的源头在大汶口文化,已列入东夷玉文化板块,此不赘述。此亚板块的考古学文化仅指龙山文化,年代为距今4500—4000年。出土玉器除钺、锛、锥行器、圆形器、璇玑、圆孔方形器、镯、管、珠、坠之外,尚有新型玉器圭、刀、戚、矛、璋、琮、鸟形饰、簪、冠饰等。玉质较好,白色、乳白色较少,多为青色、灰青色、淡绿色、翠绿色、墨绿色,偶可见黄玉和黑玉,制玉工艺较大汶口文化有所改进与提高,在切制、镂空

图2-10　玉圭(商)

及抛光上均堪称精致;器形多规整、平薄,光泽晶莹。海岱玉文化的玉器与其前大汶口、红山等玉文化之最大不同处是玉兵器类增多,如玉戚出土数量增多,器体较薄,实用性减弱,仪仗性增强。大量的直方系单孔或双孔,可能都是军事指挥的权力标志,还出现了将下弧刃切割为四个上弧刃的玉钺,其功能待考。玉圭是海岱玉文化最重要的新型玉器,长身锛形,下端两面均饰阴线兽面纹,与良渚文化兽面纹类似。其刃部无使用痕,兽面纹方向可证实刃部朝上,应定为玉圭(图2-10)。圭的功能《周礼·春官·大宗伯》记载甚详,如"王执镇圭,公执桓圭,侯执信圭,伯执躬圭",它是王侯的瑞器,其源在海岱。玉璋也是海岱玉文化的新型玉器,已见4例。其中1例邸斜杀与《周礼》璋邸射相符,"以祀山川,以造赠宾客"。这由山东五莲县五场乡上万家沟山顶龙山文化祭祀坑所出之璋邸射所证实。只有一件在内上两侧饰有钼牙,极不突出,易被忽略,可能是牙璋之祖型。牙璋"以起军旅,以治兵守",是兵符,可用于调兵遣将等军事行动。玉冠饰由白玉镂空嵌绿松石扇面形饰和青玉竹节状梃组成,应为头上发或冠之插饰。其扇面形饰的图案为夔龙,这也是首见之玉夔龙图案,商殷青铜器上大量使用的夔龙纹的源头,当是此玉冠饰上的夔龙纹。此器构思之巧、组合之妙、雕琢之精、品质之美堪称史前玉头饰之冠。另有管心圆形器,即环、瑗等圆形器之圆孔周边凸起好似圆管,妇好墓、大洋洲扬越墓、三星堆祭祀坑以及云南古滇

国墓均有出土。此器出于海阳司马台龙山文化遗址，是迄今所见年代最早、纬度最北的一件，可能是一种手镯，这也是值得注意的新器形。

海岱龙山玉文化由其圭（图2-11）、璋的出现带来了由巫统治的玉神器时期进入由政军首领统治的玉瑞器的社会转型期，并传递了统治权已经易手的新信息。

（二）陶寺玉文化华夏亚板块

陶寺遗址位于山西襄汾县陶寺村南，属龙山文化的一个类型，其年代约为公元前2500—前1900年，也是夏禹区域，《尚书·禹贡》中属冀

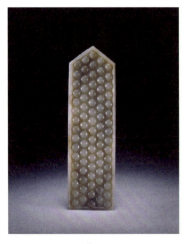

图2-11　玉圭（龙山文化）

州地，可能是先夏文化的一支，故列于早夏区域。出土玉器有钺、钺形器、圭、璧、复合璧、璜、琮、双孔刀、梳、笄、步摇、项链、指环、服饰等，不少为透闪石玉。其玉钺、玉斧刃钝，又无使用痕迹，已非生产中的实用工具，应用作军政首领的瑞信之器，与海岱玉文化的钺、斧是一致的。琮是良渚文化玉神器，而此玉琮身矮，为外方抹角内圆和外八方内圆两种形状，饰横槽数道，已去良渚玉琮甚远，说明其功能已转化。产玉地尚不清楚。从所见少量玉器可知，军政首领掌握了全社会的统治权。

由于陶寺文化遗址发掘工作尚未结束，出土玉器不够丰富，其玉文化的属性、地位，都有待今后探讨和研究，但是考虑到该遗址处于夏墟之内，出土了鼍鼓、特磬等重要礼器及玉钺等信物，应列为龙山文化时期的古华夏区域的玉文化亚板块。

（三）石峁玉文化鬼国亚板块

鬼国是载于《山海经·海内北经》的北方古国，殷称鬼方，相当于《尚书·禹贡》中九州之冀州北部，即陕西北部、山西以及内蒙古中部，其尽头可以直至今俄罗斯西伯利亚、贝加尔湖以北之地。鬼玉文化距今约4200年，重要遗址有陕西神木石峁。石峁遗址玉器，自20世纪30—80年代屡有出土，估计共出土玉器1000余件，大部分已散失。陕西省考古研究所戴应新研究员于1976—1979年在石峁征集了整件玉器126件，是研究鬼国古玉的重要资料。这些玉器的玉色有黑玉、烟色玉、青玉、黄玉、绿玉、杂色玉、布丁玉、鸡骨白色玉，玉质有透闪石玉、阳起石玉、蛇纹石、玉髓等。器形有圭（9件）、斧（1件）、钺（5件）、戈（3件）、玉刀（近40件）、璋和牙璋（28件）、璧（1件）、异形璧（2件）、璜（10件）、人头

像(1件)、玉蚕(1件)、玉虎头(1件)、玉蝗(1件)、螳螂(1件)。此外,还有一些残器或半成品未计。这是一批出土范围尚属明确的采集品,有一定的科学性和研究价值,但与正式发掘出土的玉器不同,具体地点及其层位不明,令人稍感惋惜。其价值高于一般的传世玉器,按情况可作以下分析:

第一,黑玉甚多,专用于璋、牙璋以及圭、多孔刀等由石兵器转化而来的玉礼器。黑色在阴阳五行观中代表北方,而石峁遗址正是史前北方古国。这种有选择地使用黑玉不是偶然的,与黑色代表北方的阴阳五行观,可能有着密切关系。

第二,牙璋出现。牙璋的萌芽形式,已见于山东海阳司马台龙山文化遗址。而石峁牙璋发育定型,以兽头锄牙为特征,传至二里头、二里岗以至四川广汉三星堆祭祀坑等地。

第三,玉戈稍有增多,均为长援斜尖刃,一无孔,另一有一孔。玉戈是殷商、西周时期的重要仪兵,疑其直接的源头亦在石峁文化。

第四,圭、璋、钺、戈、刀等玉兵器的大量发现,说明石峁文化的社会结构,也是以掌握政治、军事、巫卜三权的酋长,占据最高统治者的位置。而巫觋退出政治舞台,屈居于次要位置,专为酋长祀神。

第五,初步查明,在陕北的米脂、靖边、府谷及内蒙古准格尔旗等地,也发现了石峁文化遗址,但其分布范围并不很大。延安芦山峁出土的玉器器形与玉质表明,此地似不属于石峁文化类型。故石峁文化南到米脂,未跨过延安地区,西至靖边,北到府谷,出省境几十千米就是准格尔旗。

这一石峁文化分布的考查结果,受到普查与发掘不足的局限,疑其并非昔日鬼国所控的实际区域。因为出土上千件玉器的古文化群体,需要广阔的空间、较发达的生产力、强力统治集团、较高的社会文化层次等多种条件。以今天所知的狭小的区区三角形区划范围内,何以能磨治上千件的各式玉器?这是令人难以理解的。应该相信石峁文化的实际区划比我们今天所发现的地点要多,面积要广,其延续时间要长达几百年。所琢玉器比我们已知的上千件还要多,其玉材也非采自附近,而是要经过山川阻隔、远途运输来到石峁。

鬼国历史的起讫虽有文献记载,但甚朦胧,有待考古发现加以证实。鉴于这些情况,我们对鬼国玉文化亚板块的估计也很有限。

(四) 齐家玉文化氐羌亚板块

齐家文化分布于甘肃省大部、青海省东部和宁夏回族自治区南部(固原地区)古氐羌人活动的地区,相当于《尚书·禹贡》中九州的"雍州",其玉名"球琳",产地为昆仑山及青海格尔木、祁连,甘肃临洮、榆中交界的玉石山。

昆仑山是我国玉资源最为丰富的地区，玉质最为精纯，帝王认定为"真玉"。此区玉文化的发育较迟缓，始见于仰韶文化大地湾遗址，距今约6000年。出土玉器均为仿石斧、石铲等直方系器形，小的只有手指头大小，穿一孔供系佩之用。出土的马家浜文化（公元前5000—前4000年）时期玉器，有细长条刀、圭等。齐家玉文化（公元前4200—前3800年）玉器的主要器形，有璧（图2-12）、琮、环、玦、璜、联璜璧（玉围圈）、圭、多孔刀、斧、锛、铲、钺、璋、凿、纺轮、球、珠、管等。玉材有透闪石、阳起石、蛇纹石、绿松石、水晶、玛瑙等。玉璧、玉琮均来自良渚文化，但又有很大的变化。玉璧比良渚文化玉璧形体小，大部分加工极粗糙，多用透闪石，往往给人以半成品的感觉，出土数量很多。玉琮仍保持着良渚文化玉琮外方内圆的基本形体，分为高矮两种，光素者较多，刻纹的极少，还有刻瓦棱纹者，良渚文化玉琮上的人面、兽面纹饰已不复存在。

图2-12　玉璧（良渚文化）

图2-13　玉琮（新石器时代）

也可以说，齐家文化璧、琮（图2-13）仅仅保留了良渚文化璧、琮的影子，而面目不同。璜也不少，也都是光素无纹，呈扇面形或弧曲形，两端各钻一孔。联璜璧又称玉围圈，多以三件等长或不等长的弧曲形玉片，每端钻一孔或两孔，连缀成圆圈，似璧环或瑗。还有用四片、五片或六片连缀一圈形器，有的呈椭圆形。这种联璜璧是"小玉大作"，即用零星的小块玉材或下脚料做成璜形，每端钻孔，连缀成圜形器璧、环或瑗；另有一种解释，为仿石圆圈状祭坛。不论作何解释，有一点可以肯定的是，从其形制、加工、玉材及数量等几个方面来看，可以认定其为齐家文化玉器的重要器形和独特器物，其寓意值得认真研究。

齐家玉文化虽有优越的资源条件，但萌芽的时间并不早，其发展水平不算高，工艺也不够精，精美件甚少，其发展处于迟缓状态。齐家文化玉器的功能有多面性、广泛性的特点，如具有生产功能的玉器有斧、锛、铲、凿、纺轮。玉的生产功能是玉进入人们视野的第一步，见于距今8000—7000年的新石器中期，之后逐渐退出生产领域。而齐家文化已处于新石器时代晚期和金石并用时代，这是其玉文化发展滞后性的一种表现。属于装饰功能的玉器有璜、玦、笄、珠、管等，还有联璜璧、环、瑗。玉的装饰功能，或许紧跟其生产功能而步入人们朴素的文化生活。其玉装饰以璜为主，形式单一，不见有配伍关系。具有神器功能的玉器，参照良渚文化的情况也只有璧、琮可列入范畴。最为精美的还是"静宁八玉"，即四琮四璧，也是良渚文化玉神器的孑遗。具有祭祀功能的玉器，有璧、琮、璋。璋仅见一例，循山东龙山文化，暂列入祭山川之器。玉的瑞信功能体现为玉圭、玉钺。玉圭的质地较佳，加工也较精，可知其品格不凡，认定其为墓主的身份标志是可行的。玉的殓尸功能，主要表现为大量的加工极简粗的玉璧，甚至被疑为半成品者，矮小的素琮也可能是殓尸之玉。如此玉之多功能性，同时显现于300—400年之较短的时间内，表明了齐家玉文化发展的迟缓性和突发性，很可能是外来冲击力发挥了催化作用。这是我国西部史前文化的特色，其高度发达的彩陶文化抑制了玉文化的抬头，待到彩陶文化业已衰落、青铜刚刚萌生之间隙，玉文化在外力刺激下，以巨能量爆发力在西北黄土高原上凝固了彩陶文化壁垒，建成了处于野蛮与文明之交的古羌玉文化。

（五）石家河玉文化荆蛮亚板块

石家河文化分布于两湖地区的湖北天门、六合、江陵以及湖南澧县。相当于《尚书·禹贡》中九州之荆州群蛮所居之地，故称荆蛮。其地正处于大溪文化的东部地区，应属长江中游原始文化的组成部分。大溪文化因四川巫山大溪遗址而得名，年代在公元前4400—前3300年，出土玉器相当丰富，有玦、璜、璧、手镯，以耳、项、腕等首饰为主，半璧形璜外缘作锯齿形切割纹是其特点。此外，还发现了黑玉人面形佩，嗣后辨认出在面纹周边以阴线刻出火焰纹，所以此像应为巫面。后继的屈家岭文化玉器甚少。再后的石家河文化出土了大约不足300件玉器，其年代为公元前2200—前2000年，前后大约200年。主要器形有纺轮、锛、璜、管、笄、锥形器、饼、坠、人面像、獠牙面像、虎面、鹿面、蝉、鹰、龙、凤，另于澧县孙家岗遗址中出土了璧、璜、笄、镂空龙和凤等。以其社会功能分析，生产用玉业已衰退，仅见玉纺轮和玉锛。装饰用玉有璜、笄、管、锥形器、饼、坠、镂空龙片和镂空凤片，都是头颈之饰。镂空龙片和镂空凤片，可能是插于笄上的装饰，或作佩饰。

肖生形玉器的功能可能是多面的，而不是在同一要求下生产的，用于何处因器而异。獠牙面像，头戴平顶中尖形帽，蒜头鼻，张口露齿，上下各二獠牙，耳大而尖，戴环，颊侧毛二绺，尖颊，长颈下宽（图2-14）。此为正式发掘出土的玉獠牙面中最早的一件，另两件一出殷大洋洲墓，一出沣西西周墓墓道。流散至国外的还有若干件，仅从形象判断应是面具，可能是傩驱疫追恶凶时所戴之面具。用玉来制傩的面具，有着驱疫追恶凶之法力。此獠牙面像，或许是石家河群体的保护神，由傩面衍进为拟人化的神。圆帽人面像、平帽人面像疑为巫觋的头像，可引导亡魂升天侍神。

此外，石家河玉器中尚有虎面、立鹰、玉团凤、玉蝉。虎，《说文》曰"山兽之君"，虎面之内涵正在于此。鹰，《诗经·大雅》曰："维师尚父，时维鹰扬。"玉立鹰正

图 2-14　獠牙面像

是其奋扬之像，或为大鹏。《集韵》："大鹏，鹍属。"《庄子·逍遥游》："鹍之大，不知几千里也，化而为鸟，其名为鹏。"《庄子·齐谐》："鹏之徙于南溟，水击三千里，抟扶摇而上九万里。"其展翅搏击之玉鹰，岂不是大鹏吗？凤，《说文解字》曰："神鸟也。"又《山海经》释："丹穴山鸟，状如鹤，五采而文。"《广雅》释凤凰"六似""五德"，正好说明凤是人创造的复合性瑞鸟，也就是图腾。妇好墓出土的一件黄玉立凤，也是石家河文化之图腾，后为妇好获得并珍藏。上述两件玉凤一作团状，另一作立状，都应是石家河文化群体的图腾，即悬于"庙堂"供巫崇拜的神器。蝉是饮露不食、鸣之啾啾的昆虫，但它又有一定的文化上的含义，如蝉蜕以喻解脱；禅通"蝉"，蝉纹禅美取其"居高饮清"之义，借其"饮而不食"之习，用作琀。又东汉时侍中、中常侍之英金蝉珰，取其"清虚识变"之意等，不胜枚举。这些都是来自古人诠释的记述，如能从石家河文化玉蝉中去寻求其古意，想必不会落空的。总之，石家河文化肖生玉的内涵是深刻的，又是隐喻的，绝非当时人的艺术游戏。

鉴于石家河文化玉器均出于二次葬的陶瓮棺内，它的层位关系已不足以解释其功能，所以只能以古文献记载来推断甚至揣摩其内涵。其玉文化也有着令人难以解释的神秘色彩，从宏观上看，可能仍跳不出玉神器的樊篱。

上述五个玉文化亚板块，其时已近夏纪，其地或为"冀州"，毗邻"王畿"，或离华夏文明的摇篮甚远，加以各自内涵的裂变力不同，它们在铸造夏代玉文化的过程中显示的作用也是不同的。相对地说，东夷海岱玉文化对夏代玉文化影响比较明显，如钺、戚、璋的遗传以及绿松石镶嵌工艺的传播等，而齐家玉文化和石家河玉文化两个亚板块，由于内在的发育水平等条件所限，其爆发力不够强

大，故对夏朝玉文化的形成与发展没有鲜明的辐射作用。此外，史前岛屿玉文化比较突出的有长海广鹿岛、香港南丫岛和台湾岛等三处，虽与大陆文化联系密切，但因其地理位置及有其特殊的文化面貌，对其情况尚知之甚少，有待今后另行讨论。

三、史前玉文化板块的交融

史前三个玉文化板块和五个玉文化亚板块，历经盛衰、碰撞而走向消逝。在漫漫历史长河中，它们均有着自己的玉材来源、加工作坊、社会功能、造型纹饰及分布区域，彼此之间互有交流、相互影响、共处并存。

以边刃圜形器、玉勾龙、兽首玦、勾云形器为代表的东夷玉文化板块分布辽阔，北接西伯利亚、贝加尔湖区域文化板块，南与淮夷、海岱诸夷玉文化衔接，其影响直抵长江北岸，东至滨海，西临华夏古冀州。其首创的玉玦遍布各玉文化板块，连锁反应比较鲜明，堪称玦文化圈之翘首。其独创的边刃圜形器、连体边刃圜形器及玉勾龙，辐射至长江北岸，成为东夷玉文化之玉器的首要特征。东夷玉文化板块不仅是玉文化的源头、玉器的发源地，很可能还是东北亚玉文化大板块的重要组成部分，需要给予充分的关注。

随着东夷玉文化板块的向南推移，之后紧接而来的则是东越玉文化板块向北推进，大约发生于距今4500—4200年。距今4500年的良渚文化某部，沿射阳河至阜宁一带，与大汶口玉文化碰撞，接着又通过江苏中部到达今苏、鲁边境之新沂花厅，又一次与大汶口玉文化相碰撞，出现了两种玉文化并存的现象。碰撞结局是取代还是融合创新，尚难断言，还需要更多的科学资料及其相应的科研工作的积累。

东南的东越玉文化板块以璧、琮为代表性玉器，其向东夷玉文化板块推进时，以输出璧、琮及璜、玉梳背和锥形器为主，形成了互为排挤、取代以至并存的局面，但尚未出现融合的迹象。此外，在江苏海安青墩、涟水三里墩，安徽省萧县金寨、肥东张集、定远得胜村，山东茌平、五莲丹土，湖北蕲春坳上湾、江陵枣林岗、石家河罗家柏岭，湖南澧县孙家岗、安乡杜家岗、临澧太上庙、怀化高坎垅等地，也可找到其足迹，最南端到了广东曲江石峡。距今4200年，江南遭到海侵和洪水等自然灾害，良渚文化区域成了一片汪洋泽国，先民局部逃离本地，迁徙至各地龙山文化区域，从而将良渚玉文化也迁徙到东夷、华夏、鬼国、氐羌等玉文化板块，为培养和壮大本地玉文化做出了应有的贡献，并为夏、西周两朝玉文化的发展奠定了坚实的基础，这使得璧、琮两种玉器长期流传，尤其是璧，一直延续至清代，可见其影响之深远。朝代更迭，文化衍变，并未影响璧的生命力，历代皇家朝廷都离不开它（图2-15）。

五个玉文化亚板块处于距今4200—4000年的社会巨变的时代，分别代表东夷、华夏、鬼国、氐羌、荆蛮五大族酋邦，均是以圭、璋、刀和肖生像为代表的玉文化，也就是政治、军事、文化、宗教为一体的"王"权的标志，继承良渚文化的玉璧、玉琮，仍然在巩固王权制度上发挥着新的不可替代的作用。五个亚板块之间的交流与碰撞从未间歇，也从未停顿，为在黄土地带的中原（关中）铸成华夏文明做出了贡献。众所周

图2-15 璧（良渚文化）

知，夏代玉文化因受夏代考古制约，尚在探讨之中，但确有迹象可寻，至少海岱玉文化已对其施加了影响。商代玉文化眉目尚清晰，其承袭东夷玉文化板块的传统基因非常醒目，其肖生玉特别发达，是荆蛮玉文化的移花接木、隔代相传，从妇好墓中发现的属于荆蛮系的黄玉立凤和立鹰，确是其有力的注脚。周族兴起于我国西部，毗邻氐羌，早期受到齐家玉文化的影响，灭商之后成立周王朝，形成了以圭、璋、璧、琮和肖生玉为主体的新的玉文化，最终排除了承传东夷玉文化的殷商玉文化的影响，而构成特点鲜明的西周王室玉文化。它以氐羌、齐家玉文化为本，兼收并蓄，对其有益的则加以采用，仍然显现出夷、越的东方玉文化及华夏、海岱、鬼国、氐羌、荆蛮等玉文化的朦胧身影。从这一角度来看，它是我国史前古玉文化诸板块空前的带有决定意义的一次大融合，为统一的中华玉文化的出现铺下了坚固的基石。这就是长达数千年的史前玉文化板块运动的终极和归宿。

第三节　玉文化发展的三个阶段

玉文化或玉器学是关于玉石、玉器研究的文化，玉器发展的历史是玉文化研究的主要内容。兴隆洼出土文物玉器中，斧、锛、凿等生产劳动工具类玉器特征鲜明，其形制与石质同类器相仿，但形体明显偏小，多数磨制精良，没有使用痕

迹。此类玉器距今12000年，它的具体功能尚待探讨，我们姑且称其为"器玉"。王亚明先生认为，每一件玉器的产生，首先考虑的是它的实用性，然后才是它的观赏性。中国玉器的发展始于原玉时期，其器形主要与早期人类生存有关，大体分为生产、狩猎等实用工具和生活装饰两大类，前者有铲、斧、锛、刀、钺、凿等，后者有钏、环、珠、镯、笄、璜等。也有一些璧、琮等，它们可能是用来祭祀的。形成这种现象之缘由，一是远古时期利用石器进行生产、狩猎或打仗，从石器中分离出来的玉器，较石器更为坚韧、锐利，一件玉兵器、玉工具的使用寿命较同器形石器打造的同类型器具要长得多，效率也高得多。所以，当时拥有一件玉工具、玉兵器，就如同当代拥有新式农机具、新式武器一样，效率要比一般石制器高出几倍，甚至更多。二是早期人类的任务，除了维持生存以外，就是种族的繁衍。这样，男女之间为了吸引异性的注意，本能地要装饰自己。玉以细腻的质感、美丽的颜色、温润的光泽为人们所喜爱。北京山顶洞人遗址出土了一些大小一致的白色小石珠和黄绿色卵形穿孔的美石，这是到目前为止发现的最早使用玉（泛义玉）的记录，这说明，早在18000年前，早期先民已经发现玉的独特美，并作为装饰品开始使用，以引起异性的关注。这便是人类社会的原玉时期。

原玉时期过后，中国玉器走上神坛，成为祭祀天地、敬献祖先的"神器"；随之，玉器又走入王室，作为官宦贵族士大夫享用的"礼器"；最后，玉器回归社会，进入寻常百姓家，成了民用的世俗之器。据此，一些专家学者把中国玉文化归结为"神器""礼器""世俗器"三个时期。其实，按照中国玉器在不同时代的主要服务对象来分析，把历经万年变迁的中国玉文化归结为神本主义的巫玉、人本主义的王玉和民本主义的民玉三个阶段更恰当。

一、巫玉文化阶段

巫玉文化阶段距今10000—4000年，始于石器时代。石器时代为原始社会的部落时期，人以狩猎为主，社会生产力低下，缺少科技知识，先民们对自然界的风、雨、雷、电等现象以及疾病的治疗方法等一无所知，总认为是神在左右着天气变化，人之祸福也取决于神灵。于是，人类为了避免和消除灾害、保持健康、维持生命，用丰富的美食和美玉礼器祭祀神灵。礼器有埋在地下的，有投之山野的，有陈设于礼堂的。祭祀的神由自然神祇到祖先神、宗教神。后来的《说文解字》把此祭祀称为"礼"："礼，履也，所以事神致福也。"也就是说，礼是祭神徼福的一种方式。祭祀活动的主持者和运作者是巫，巫即巫觋。巫觋及其集团在史前社会蒙昧或野蛮的背景下是唯一有知识、有文化的群体，巫为玉注入神性并通过以玉事神建立了神本主义、宗教与政治同一的社会生活。巫以玉事神的"玉神器"既是信仰的载体、血缘的纪纲，又是纪实记事的信物。

　　传说巫界于人与神之间，是神与人之间的代言者，有通神的能力。神是什么？神是天地。巫便理所当然地成为祭祀天地活动的主持人、运作者。祭祀天地敬献鬼神必须有用具，巫便赋予玉以神的属性，将其神话，认为它是神灵天地祖先的象征，使之成为通神的桥梁、祭祀活动的神器。玉器最早被巫师用于祭神，便构成了"巫、玉、神"三位一体的文化形态，即形成了史前社会巫占有玉器，为巫教事神的巫玉阶段。由此，巫师仰仗神的力量统治社会，进而成为部落首领统治现实社会。

　　祭祀是祭天地、敬鬼神的隆重活动，祖先们视为重大事件传承不变，最为重要的一次祭祀是泰山封禅，焚玉以告天地。玉器主要被巫用于祭祀活动的这个时代，就是以神为本的巫玉文化时期。祭祀时，巫师要穿戴上装饰有精心雕磨的玉器的服饰，使用玉石制作的祭祀器物玉玦祭拜天地和氏族祖先。巫则通过玉玦来听取神的指示并照此办理，帮助人们避免灾祸，获得幸福。巫玉大都具有宗教意义和使用价值，其典型玉器主要有玉猪、玉龙、玉璞、玉斧等。从古文献上看，当时最为重要的礼器是圭和璧，古人认为在祭神徼福时，这两种玉器能超脱自然，同祖先神灵相通，或能增加仪式的隆重程度。

　　从旧石器时代到两周时期，玉被当作巫觋祀神时沟通天地的媒介，在中国古代文明起源中扮演了一个十分重要的角色，从而，神明成为推动巫文化发展和繁荣的力量。玉—玉神器—玉文化，与现实生活发生了血肉般的密切联系。它们不仅具有神学基因，为巫教服务，而且走下神坛成为君子必佩的生活用器，丰富了玉文化的内涵，成为活生生的、现实的文化基因。这一基因，不仅贯穿于全部历史时期，其影响也浸透到现实生活中各个阶层人民的心灵之中。因此，我们可以认为，玉文化是原始社会族群的精神纽带和华夏民族的灵魂，也是中华文明大厦最坚韧的奠基石。

二、王玉文化阶段

　　人类进入封建社会，玉石的开采和玉器的使用被权力至高无上的国王和朝廷所掌控，巫玉由此变成了王玉。王权战胜巫，导致巫的神没有完整地形象化而形成中国的宗教，但巫玉留下了"人养玉，玉养人"理念，并流传至今。

　　王玉文化阶段为夏商周至南北朝（公元前21世纪—公元589年）时期。长达6000年的史前玉文化分区互有碰撞，相互交融，但并没有出现统一的玉文化。

夏代出现了第一个统一的中央王国之后，给玉文化带来了相应的变化，从此出现了统一的玉文化。从夏代开始到商周简称为"三代"，在我国历史上出现了以王为最高统治者的时代，王及王室占有来自全国的玉料或玉器，巫觋主要为统治者服务。和阗玉在王室玉器中所占比例日益增长，殷墟妇好墓出土的玉器即是例证。

王玉首先被用于王室的装饰、陈设，为国王享用。三代王玉到了秦汉，成为帝王玉。秦始皇将美玉制成传国玉玺，后为历代君主采用并制成"国印"（即玉玺）。汉代是玉的鼎盛时期，宫廷中有专门管理和制作玉器的营署。为了控制玉石的供应，在距敦煌10千米处的玉石之路上专门设立了玉门关，空前奢华的玉葬（后有专门介绍）也在此时出现。隋唐时代，玉石制作的精美玉器成为官阶的象征，玉带专供三品以上官员佩戴，金玉结合的玉带最为尊贵，以区别他们的不同级别。春秋战国，儒家赋予玉的德性（十一德、九德、五德）之后，玉又为贵族士大夫服务。孔子及儒家的一个重要贡献是将玉从神那里解放出来，交给"君子"，作为德的载体。君子比德于玉，用以作佩，无故玉不去身。至此，王玉便成为统治阶级实施礼制的工具。但在王玉阶段，玉器作为祭祀活动的功能没有改变，只是国王才用"六器"（祭器）举行国事的祭祀仪式。所以，人们常常把这个时期的玉称为礼玉、礼器（六瑞）。

礼制即封建宗法制。王国维在《观堂集林》中有一论文，讲的就是商周时期的封建宗法制度。"礼"是什么？礼是秩序：尊卑有序、长幼有序。尊卑长幼，一个为经，一个为纬，两者结合为"十"字，稳定成形就是制度。礼成为制度，服务于国家，构建尊卑长幼循礼而为的正常秩序。说白了就是君君、臣臣、父父、子子，不同等级、不同阶层、不同年龄的人，应当按照不同的规矩为人处世办事，不可逾越。设计官制蓝图、国之大事的著作《周礼》则把"礼"解释为"以吉礼事邦国之鬼神祇，以凶礼哀邦国之忧，以宾礼亲邦国，以军礼同邦国，以嘉礼亲万民"。后来的朝代将此"五礼"定为"礼法"以治国。

封建王朝期间的王玉，是封建礼制的一种工具，是历朝历代王公贵族的宠儿。玉不再只是用于祭祀天神，而成为封建礼制里德的载体。礼制在玉文化中体现的就是礼玉制度。郭宝钧《古玉新诠》中指出，在夏商周时代得到发展的玉文化，经过春秋战国时期儒家的整理加工并加以推衍，"抽绎玉之属性，赋以哲学思想而道德化；排列玉之形制，赋以阴阳思想而宗教化；比较玉之尺度，赋以爵位等级而政治化"，形成了有一套完整理论的儒家用玉制度，这就是中国古代特有的礼玉制度。礼玉制度的主要内容是，规定不同阶层的等级用玉（六瑞）、祭祀用玉（六器）和修身用玉（组佩），并把它们和吉、凶、宾、军、嘉"五礼"结合起来,以礼用玉,以玉节礼,把礼玉的使用和宗法、伦理、道德完全融合在一起,为封建等级制度服务。

据《周礼·春官·大宗伯》记载:"以玉作六瑞,以等邦国:王执镇圭(图2-16),公执桓圭(图2-17),侯执信圭(图2-18),伯执躬圭(图2-19),子执谷璧(图2-20),男执蒲璧(图2-21)……以玉作六器,以礼天地四方:以苍璧礼天,以黄琮礼地,以青圭礼东方,以赤璋礼南方,以白琥礼西方,以玄璜礼北方。"

图 2-16　镇圭

图 2-17　桓圭

图 2-18　信圭

图 2-19　躬圭

"六瑞"用玉体现等级用玉。《周礼·春官·典瑞》记载表明,"六瑞"主要是在"朝觐、宗遇、会同与王"和"诸侯相见"的场合才使用的。其他如仪仗用玉(钺、斧、戈等)、宴飨礼器用玉(簠、盘、敦等)、服饰修身用玉(服玉、

图 2-20　谷璧

图 2-21　蒲璧

佩玉、象冕弁用玉、组佩等）也都有标识权力、等级的作用，均应归于等级用玉一类。实际上，玉礼器在各种宗教活动、政治活动和社会活动中交互使用，其情形是非常复杂的。《周礼·春官·典瑞》说"辨其名物与其用事"的用玉方式就多至十几种。

"六器"属于祭祀用玉，显然是继承红山文化、良渚文化、龙山文化以来的祭祀传统，又结合当时流行的阴阳五行思想而建立的。古人以为天圆地方，苍璧像天之形之色，故以祭天；五行说以为中央戊己土，土色黄，黄琮像土色而又外方，故以礼地。

西周后期到春秋时期开始盛行的组佩——多件佩饰组合在一起的成套佩玉（全佩）是修身用玉，它标志着礼玉制度的深化发展进入最后阶段。而组佩的盛行又源于玉被赋予德性的玉德观得到社会认可。

春秋时期，百花齐放，百家争鸣。争鸣涉及文化艺术，人们对玉的属性认识不尽相同，仁者见仁，智者见智。政治家管仲首先提出玉有九德的观点。后来诸子百家论玉的观点差异很大，可归纳为三类：墨子以是否有利于解决人们温饱为价值标准，认为金玉宝器"费财劳力不加利"，是少数统治者的奢侈生活所需，持全面否定态度。法学思想集大成者韩非，用功利主义标准对玉器作取舍。他说："夫瓦器至贱也，不漏，可以盛酒。虽有千金之玉卮，至贵，而无当。不可盛水，则人孰注浆哉？"他认为玉器的好坏在于其玉质，不在于加工形式。儒家宗师孔子的玉德观是通过总结《诗经》以来人们对玉的认识，取中庸之道，强调玉对礼的内容表达，在与学生子贡的对话中体现出来的。儒家经典著作《礼记·聘义》对此作了如实记载，子贡问于孔子曰："敢问君子贵玉而贱碈者何也？为玉之寡而碈之多与？"孔子曰："非为碈之多故贱之也，玉之寡故贵之也。夫昔者，君子比德于玉焉：温润而泽，仁也；缜密以栗，知也；廉而不刿，义也；垂之如坠，礼也；叩之，其声清越以长，其终诎然，乐也；瑕不掩瑜，瑜不掩瑕，忠也；孚尹旁达，信也；气如白虹，天也；精神见于山川，地也；圭璋特达，德也；天下莫不贵者，道也。《诗》云：'言念君子，温其如玉。'故君子贵之也。"孔子的这段话，概括了玉的十一德，发展了管仲的玉德观，阐述了佩玉理论的核心——君子比德于玉，是儒家用玉理论的基础。

儒家以玉比德、比君子，既因为春秋时期战争不断、乐坏礼崩、社会缺德、秩序混乱；又因为玉为贵物，具有"仁、知、义、礼、乐、忠、信、天、地、德、道"等品德，与谦谦君子那外带恭师、内具坚韧，宽以待人、严于律己，光华内敛、不彰不显之德行十分相似；更因为"德"是好行为作用的成果，它对于推行社会礼制极其重要。正如孔子在《论语》中所说："道之以理，齐之以礼。"这种玉德儒家观是依据道德修养学说，对贵族士大夫的佩玉，从质地、形状、组合等各方面都加以人格化、道德化的阐释，把玉的自然属性和君子道德结合起来进行说教，由此产生了强调修身养性的佩玉理论，主张佩玉的本质主要不是表现外在的美，而是表现人的精神世界和自我修养的程度，也就是表现"德"。像《礼记·玉藻》所述："凡带必有佩玉。唯丧否，佩玉有冲牙。君子无故，玉不去身，君子于玉比德焉。""古之君子必佩玉，右徵角，左宫羽。趋以采齐，行以肆夏，周还中规，折还中矩，进则揖之，退则扬之，然后玉锵鸣也。故君子在车则闻鸾和之声，行则鸣佩玉，是以非辟之心无自入也。"这里强调的不仅要用佩玉规范人的道德，还要用鸣玉之声限制人的行为动作。而要使得佩玉按照一定的音阶节奏发音，首先是佩玉的质地、形状、组合要规范和考究，其次是佩玉者的行为举止要稳健并合乎"礼"的要求。只有这样，才能用佩玉的锵鸣之声，屏除"非辟之心"。由此可见，佩玉修身的形式和内容的要求是多么严格、谨慎。

与祭祀用玉、等级用玉相比较，指导修身用玉的佩玉理论，更注重从思想道德和日常仪表方面贯彻"礼"的教化精神，即从个人的欲望要求、意志表达、感情宣泄、行为举止上加以思想束缚。这充分体现了儒家礼玉思潮向社会生活各个领域的渗透，也反映出儒家在修身用玉方面，身体力行孔子"克己复礼为仁"的思想。

总而言之，诸子百家中独有儒家顺应了数千年以来的用玉潮流，建立了一套完备的用玉理论和礼玉制度，从而赋予了玉器的人文、社会属性，大大地丰富了玉文化的内容。但在春秋战国时代，"时君世主，好恶殊方，是以九家之术，蜂出并作，各引一端，崇其所善"（《汉书·艺文志》）。各家都抱着"以其学易天下"的宗旨，他们也确实"皆有所长，时有所用"。而列国君主对各家又是"兼而礼之",不主一家。在这种历史条件下,儒家的学说包括用玉理论和礼玉制度未能在全国上下得到完全确立和普遍实行。

公元前221年秦始皇统一了中国,从此中国出现了帝王玉。帝王玉取自和田,于是和田玉便成为帝王玉的中流砥柱,支撑其发展演变长达两千余年,其他地方玉料在帝王心目中地位较弱。秦始皇结束了春秋战国诸侯割据的局面,在"东至海暨朝鲜,西至临洮、羌中,南至北向户,北据河为塞,并阴山至辽东"(《史记·秦始皇本纪》)的辽阔土地上建立了统一的、专制主义中央集权的帝国。但是,秦始皇对儒家持否定态度,他"焚书坑儒",玉德儒学观受到不小的负面影响。

公元前202年,刘邦建立了汉帝国,情况渐渐有了趋好的变化。尤其是汉武帝推崇儒术,实行"罢黜百家,独尊儒术"的思想统治政策,以儒家的春秋大一统思想、仁义思想和君臣伦理观念以及儒家道德学说来规范人们的言行,维护封建礼制,在思想上确立了儒家的统治地位。作为儒家学说体系组成部分的用玉制度和礼玉制度,随之就占据了中国用玉潮流中的主导地位,形成了完全意义上的中国玉文化。

需要指出的是,儒家的玉德观到西汉发生了变化,这表现在许慎所著《说文解字》中对"玉"字的诠释上,他继承了孔子的玉有德的观点,但对其十一德做了调整:"玉,石之美,有五德:润泽以温,仁之方也;䚡理自外,可以知中,义之方也;其声舒扬,专以远闻,智之方也;不挠而折,勇之方也;锐廉而不技,絜之方也。"

可见,许慎关于玉有五德的观点,较孔子玉之十一德精练简明。从此之后,"玉"的诠释及玉德的内涵,均以五德规范而固定下来。然而,始于孔子和儒家的赋德于玉人格化的贡献,是王玉得以持续发展且经久不衰的一个重要原因。

西汉时期,国力强盛,礼制隆兴,祭祀频繁,厚葬风行,为完整的玉文化的形成和快速发展提供了理想的土壤。在儒家用玉理论和礼玉制度的影响下,汉代的玉器在工艺水平和使用规模上,都达到了前无古人的程度。汉代玉器可分为礼玉、辟邪玉(图2-22)、饰玉、日用玉、葬玉等几大类,其中最有特色者为葬玉(后有专门介绍)。

图2-22 玉辟邪(汉)

西汉初年,玉衣正式用作皇帝和皇室贵族死时的特别殓服,且有金、银、铜三种缕制玉衣之别。据《后汉书·礼仪志下》记载,东汉皇帝死后穿金缕玉衣;

诸侯王、列侯、始封贵人、公主，使用银缕玉衣；大贵人、长公主用铜缕玉衣。西汉葬玉形成规制，是王玉文化期间的一朵冥玉文化之花。迄今为止，经考古发掘的汉墓遍布全国，出土玉器已达万余件，主要出自汉诸侯王及其亲属的墓葬之中。河北省满城县陵山上发掘的汉中山靖王刘胜墓及其妻窦绾墓，出土的玉器完整地再现了西汉盛世的葬玉面貌、王室贵族所用玉器的种类和工艺水平，葬玉使用的方法奇特有序，史无前例。

　　西汉形成的玉文化空前绝后，是中国上古文明中的一种灿烂夺目的古典文化。但至三国初年，随着东汉帝国的崩溃和儒家因"不周世用"而式微，礼玉制度渐渐衰落。

　　魏晋南北朝时期，社会动荡不安，战乱纷起，政权更替频繁，玉文化受到抑制，玉器业从汉代的辉煌进入发展的低潮期，王玉时代渐行渐远。这个时期的玉器，逐渐以装饰玉、实用赏玩玉为主，走进了民间商品流通领域。其原因和表现是多方面的，如战争连绵不绝，交通不畅，玉材来源受阻，数量不足，故《梁书·诸夷》曰："昆仑玉不能至矣！"以此动摇了玉器制作的物质基础。此时，玄学流行，佛教兴起，兼之时尚"服玉"，三国曹魏朝廷明令禁止厚葬，丧葬用玉大大简化。玉衣不再制作，九窍玉也很难见成套者，玉琀、玉握制作水平不如以往。礼仪用璧、琮、圭、璋、璜、琥等六种礼玉大大减少，不见璋、琮、璜、琥用于佩饰，只有璧、圭作为礼玉应用于朝仪、聘礼或祭祀等仪式中，传统礼玉的使用几近消失。装饰用玉数量较多的为玉璜、云形玉珩、梯形玉佩和半月形玉佩等组成的成套佩饰，是该时期常见的玉组佩形式。汉代完整全套的玉剑饰数量、种类大为减少，仅见玉剑首、玉剑璏。生活用具制作精致，既有实用价值，又有装饰意义，诸如玉印、玉钗、玉带钩（图2-23）、玉棋子、玉小方牌、玉樽、玉卮、玉耳杯和玉盏等。陈设用

图2-23　玉带钩（徐智策提供）

品随着东汉末年佛教盛行，出现了用玉制成的佛造像、玉辟邪、玉瑞兽。

　　魏晋南北朝玉器形制简单，琢玉简略，用途简化，多数器物的造型和纹饰延续汉代遗风，且逊色不少。不过，随着佛教东渐，来自西域的胡床凳椅等高位坐具，冲击席地而坐的起居习惯，随之而起的是足踏式琢玉砣机（水凳）的发明和应用，奠定了玉器制作更趋个体化、精巧化的技术基础。

　　魏晋以后，胡汉文化激烈冲突，传统礼乐文化受到历史上最严重的挑战。但

儒家礼玉制度的衰落并不等于中国玉文化的衰亡。在此时期，能够体现中国玉文化内涵的道教用玉方式（包括食玉、葬玉、法器等）展示出它的生命力，并在宗教的神秘氛围中得到加强。隋唐以来，随着更大规模的大一统国家的发展，儒、释、道合流，吸收了释、道思想的儒家又占据了绝对统治地位，中国的玉文化则继承了上古礼玉制度，从张骞通向西域，卫、霍驱匈奴开始，结束了400年战乱，和田玉又源源不断地流入中原，供应长安。多种因素促使此时期的玉器艺术水平空前提高，人情味与生活色彩极为鲜明。隋唐玉器尚有重量，其时代风格为刚健、凝重。宋、辽、金、蒙、元玉器，虽其社会背景、生活区域有所不同，但文化艺术上的联系尚属密切，用玉的观念和设计思想都是一致的。如宋玉对鹤佩、宋青玉人物山子、辽秋山玉、金春水玉、蒙古汗渎山大玉海等，都可以反映该时期玉器形神兼备的艺术特点和极其洗练生动的时代风格。

明清两代玉器受文人画思潮的影响，与社会生活拉开距离，在造型上鼎彝化，纹饰上绘画化，文人画和工匠画并行不悖。随着皇权统治的盛衰和城市工业的消长，玉器的碾琢形式出现了不同的做工和风格。如明初帝王玉继元风而严谨精练，明末却走向反面，进一步市俗化，寓意吉祥，缺乏文采，渐进粗俗狂放，不拘一格。清代经过休养生息，出现康乾盛世达百年之久，宫廷玉器碾琢也达到中国古代玉器史上的最后一座高峰，创造了典雅工整的帝王玉风采，做工精细秀雅。康熙绿玉鸡心佩、乾隆和田白玉镂空香薰以及扬州造密勒塔山子玉《大禹治水图》，都是这座玉文化高峰上的艺术丰碑。

三、民玉文化阶段

随着时代的变迁和社会的进步，王玉的功能也发生着变化，使用范围不断扩大。从专为帝王朝廷用作祭祀、饰品、器具、葬礼，到为官宦贵族士大夫所共用。鲜卑贵族建立起来的唐朝，用黄金代替玉，风气开放，玉的礼器功能逐渐退化，仅在国之祭礼上有所体现。而此时工商业发达，玉器商品繁盛，部分生活用品开始出现玉制品。玉走下神器的神坛和礼器的圣坛，开始走入民间。一些追求生活享受的工商、富户人家，置朝廷禁制而不顾，从店铺购买玉器，用于喜庆、佩戴、文房、宴饮、鉴赏、收藏等物质文化生活的方方面面。因此，唐朝以来，王玉演变为民玉。

民玉是民本主义玉器，又是商品玉，与人本主义的王玉有所不同，但在生活用玉上，出现渐趋混同的现象，有时不易廓清。民玉虽与王玉并行，并受其制约，但其特点是为庶民所用，与民间生活更加贴近，玉器的题材越来越多地出现带有生活趣味的图案，有着生动清新的艺术风格。这个时期的玉器，分为仿古与时作两大类，做工均趋向简化，精者较少，但流传至今的精品尚多。所见较好的民玉有：北宋青玉镂空折枝花佩、南宋青玉素碗、南宋青玉兽面纹卣、南宋白玉兔镇纸、元玉绦环、元玉鱼形饰、制渎大玉海等。

明代在意识形态上继续快速回归纯汉族文化，思想上也日趋禁锢和僵化。但在民玉文化的世俗上仍旧大步前行，玉器的题材愈发广泛，丰富多样，图式也越来越有生活气息，如明中期白玉观音插扦、白鱼玉佩等。到了清代，民玉世俗化的趋势完全不可抑制。究其原因，统治者是满族人，被称为马背上的民族，本性崇尚艳丽、热闹，所以才有瓷器的珐琅彩和粉彩以及家具的满眼螺钿，繁复而艳俗。这种审美观反映到玉器上也是如此，以至到了清代中后期，各种吉祥花卉都出现在了玉器上，各种有着民间吉祥寓意的词汇也开始转化成玉器的题材，如"吉祥如意""福在眼前""马上封侯"等，这标志着玉器彻底成为一种民间的世俗玩物。

1911年，孙中山先生领导的辛亥革命迫使清帝逊位，建立共和，终结了王玉的历史，并开辟了民玉独立发展的新阶段。1949年中华人民共和国成立，民玉注入了"全民共享，雅俗共赏"的新内涵，用和田玉琢制成的玉器珍宝，品种繁多，技艺精湛，既有气势宏伟的山子，也有传统的瓶、炉、薰等器皿，还有风姿多彩的人物和动物，显示出中国现代玉器的辉煌成就，并推动其迈进空前繁荣的崭新时代。

民玉之玉材除了和田玉、岫岩玉、南阳玉之外，翡翠越来越占据重要地位。至乾隆晚期，翡翠价值已超越和田玉。至今日，翡翠首饰已升为天价，受到广大女性的喜爱。

中国现代玉器建立在中国悠久的文化艺术传统基础上，融会了中华民族特有的民族气质和文化素养，蕴含了中国人民的聪明智慧，成为"东方艺术"百花园中绚烂的奇葩，是世界文明中一颗闪光的明珠。中国玉文化经过千百年历史沉积和精神升华，与西方的宝石文化不可同日而语。对待同样为自然界稀有矿产资源的宝石，西方人仅把它看作财富的饰物，中国人当今对其的认识和理解却有感性、意境在，有玄妙、禅意在，视宝石（玉）为财富、品德和美的象征，是个人乃至民族的精神寄托。所有这些，在有关玉的词语中均有体现，饱含赞美、颂扬之义。例如，表达个人美德的有"君子如玉""温润如玉""洁身如玉"；表现爱国民族气节的有"宁为玉碎"；表现团结友爱风尚的有"化干戈为玉帛"；还有"润泽以温"的无私奉献品质、"瑕不掩瑜"的清正廉洁气魄等，不一而足。

第四节　中国玉文化的历史分期

中国玉文化是中国漫长岁月里的各个历史时期的政治、思想、经济、文化和审美等各种价值取向在玉器身上的综合体现，随着历史的变迁而不断变化着其表现形式，反映出各个历史时期人们的价值取向。但是，中国玉文化从史前的新石器时期一直贯穿到当代，从来没有因为朝代的更替，或者中华民族大家庭的任何一个成员当权而中断过。中国玉文化影响了整个中华民族的"民族性格"，是中华民族的"文明之光"。

如果我们把玉作为一种文化现象来研究它的历史分期，可以简单地把它分为两段，即受"神秘意蕴影响的玉文化"和"受世俗文化影响的玉文化"。从时间上来划分，大致是新石器时期到南北朝为"神秘文化"，隋唐时期到明清时期为"世俗文化"。若是深入细究，那么，"神秘文化"时期又可以分为从新石器时代到商代的"神巫文化"时期，从西周到春秋战国的"礼佩文化"时期，从西汉到南北朝的"仙道文化"时期。而"世俗文化"时期则可以分为唐宋二朝的"融会文化"时期，辽金元三国的"草原文化"时期和明清时代的"吉祥文化"时期。

需要注意的是，"神秘文化"为"上游文化"，它会对"世俗文化"产生影响，但是，作为"下游文化"的"世俗文化"不会对"神秘文化"有任何影响，而且，在各个文化阶段，界限也不是整齐划一的，后期的文化会或多或少保存前期的时代气息，只是这种前期的气息不再是主流而已。

一、神巫文化时期

远古时代，我们祖先面临的最大问题就是生存危机，自然条件恶劣，毒蛇猛兽横行，没法解释自然界的闪电雷鸣、地震洪水，总以为这一现象的后面，一定有某种极其强大而神秘的力量，而掌握这种神秘力量的就是"神灵"。

先民们在生产劳动的过程中发现一种与众不同的更见莹润、硬度高、韧性大、不易破损的石头，认为其上存在灵气。于是，原本玉制的劳动工具开始转变为讨好神灵的器物。

在中国最早的地理著作《山海经》中，关于玉器讨好神灵的记载有20多处。

如《南山经》中的"鹊山"曰:"其祠之礼,毛用一璋玉瘗;糈用稌米,一璧,稻米,白菅为席。"《北山经》曰:"其祠,毛用一雄鸡、彘、瘗;用一璧一珪,投而不糈。""瘗"是埋入土中,"投"是"掷玉于山中以礼神"。先民们礼敬"神灵"时,除了奉上自己的精美食物之外,最重要的是同时奉上只有神灵能够享用的美玉。因为玉是由中华民族始祖黄帝所吃的玉膏生成的。密山之上,丹水出焉,其中多玉膏,其源沸汤,黄帝是食。玉膏之所出,玉色乃清,五味乃馨,坚栗精密,泽而有光,五色发作,以和柔刚,天地鬼神,是食是飨,君子服之,以御不祥。天地鬼神皆以玉为食的神话故事,就是这样记录在《山海经》中。先民用玉祭天地、礼鬼神,其发端应该是礼敬的自然神祇。但是,随后祖先神、宗教神也逐步走上了祭坛。

这种祭祀天地神灵的玉器,后来被称为"礼器"。再后来,这种祭祀的制度逐步完善,就有了《周礼·春官·大宗伯》中的记载:"以玉作六器,以礼天地四方:以苍璧礼天,以黄琮礼地,以青圭礼东方,以赤璋礼南方,以白琥礼西方,以玄璜礼北方。"汉儒郑玄所作的注说:"礼东方……太昊、句芒食焉。礼南方……炎帝、祝融食焉。礼西方……少昊、蓐收食焉。礼北方……颛顼、玄冥食焉。"他所说的太昊、炎帝等全部是祖先神。

在新石器时代的墓葬里几乎都可以看到这类现象。尤其是一些级别较高的墓葬内,发现了大量的琮、璧、圭、璋、璜、琥等玉器。先前的"贵族",死后已变成保护种族的神灵,也开始享受到了玉器的礼敬。在红山文化和凌家滩文化中,我们更是发现了沟通上天和人间的作祈祷状的玉人——原始社会的巫师。

夏的最后一代君王是夏桀,因暴虐无道而亡于商汤。从《史记》看,商最早能追溯到他们的祖先简狄,据说是黄帝的后裔。传说,简狄因食玄鸟之卵而生契,故《诗经·商颂·玄鸟》云:"天命玄鸟,降而生商。"因此,鸟是商代玉器的重要题材。

商代统治者自认为得到天下是"受命于天",以致昏庸的君王不知修为。到了纣王更加倒行逆施,被周武王讨伐推翻。

二、礼佩文化时期

"受命于天"的商被灭亡,周代先贤做出了"合理"的解释:即使是"受命天于",也要有德才能守之。如果丧失了"德",天下一样要丢失。于是,周代制定了"以德治国""保民敬天"的国策。同时,将玉器变成等第的信物,并且改变了商朝的"巫君合一"的统治方式。《周礼·春官·大宗伯》记载了当时的用玉制度："以玉做六瑞，以等邦国：王执镇圭，公执桓圭，侯执信圭，伯执躬圭，子执谷璧，男执蒲璧。"

这个时期，巫术观念地位下降，玉器成为以祖先崇拜为中心的原始宗教中祭祀神灵的礼品；同时突出了玉佩的装饰作用，曾经十分神圣的"礼器"如璧、琮、璋、圭、璜、琥等"六器"，也发生了巨大的变化，圭、璋、琮逐渐减少，甚至在战国晚期消失。璜、琥彻底退出"礼器"的行列，变成贵族佩饰。在西周的墓葬中，佩饰出土最多，璜、珩、串饰极丰富，就是一个证明。人们赋予玉更多的文化内涵，将玉人格化，如《诗经·秦风·小戎》："言念君子，温其如玉。"这是妇人把自己的丈夫比喻成温润的美玉。《诗经·卫风·竹竿》："淇水在右，泉源在左；巧笑之瑳，佩玉之傩。"这是以凝白的美玉形容女子洁白的牙齿，并用其身上的佩玉衬托她的婀娜多姿。儒家典籍《礼记》则认为，"君子比德于玉焉"，"古之君子必佩玉"，玉佩能起到令君子"行有节也"的作用，所以"君子无故，玉不去身"。

孔子更是提出了玉有"十一德"："昔者，君子比德于玉焉：温润而泽，仁也；缜密以栗，知也；廉而不刿，义也；垂之如坠，礼也；叩之其声清越以长，其终诎然，乐也；瑕不掩瑜，瑜不掩瑕，忠也；孚尹旁达，信也；气如白虹，天也；精神见于山川，地也；圭璋特达，德也；天下莫不贵者，道也。"将玉赋予了儒家的全部价值观。自此，以玉比德的观念形成，佩玉以自勉的风气得到发扬。在儒家的提倡下，玉器在早期宗教、政治的多重内涵中，又增加了道德伦理的广泛意义，把"玉德"的理论具体化。

在漫长的玉史中，对中国玉文化贡献最大的就是这一时期。玉曾经作为一种身份的象征规范着人们的行止，而"君子比德于玉"的价值观念深深地影响着中华民族的价值取向，形成了中华民族以中庸、仁爱为核心的温良淳厚的民族性格。

但是，到了春秋时代，周王朝出现了"礼崩乐坏"的局面，原先的用玉制度被破坏殆尽。到了战国时期，"三家分晋"，"田氏代齐"，这些新兴阶级要打破原先的规定，各诸侯国的能工巧匠也各逞其能，这就使得战国玉器出现了百花齐放的局面。

三、仙道文化时期

秦灭六国，统一了中国，但国祚太短，没有来得及把玉器从战国中剥离出来。到了汉代，政治上继承了秦，文化上却继承了楚。而楚是"战国七雄"中最多保存"神巫文化"的国家。经历了"文景之治"后，国力达到空前强盛，汉武帝根据董仲舒的建议，"罢黜百家，独尊儒术"，将儒家的尊玉、厚葬理念发展到了极致。

作为殓葬玉，西周还只是"玉覆面、玉塞"，玉器更多地是以财富的意义陪葬。到了汉代，变成了完整的"玉衣"，殓葬玉成为保护尸身不腐的屏障，使死者能进入一种神仙的境界。但是两汉末年，经历了农民大起义后，墓葬遭到严重破坏，既有民盗，又有官盗，当年曹操、孙权都曾经发兵挖墓，以充军饷。盗墓的结果是十墓九空，地下财宝惨遭破坏，同时发现玉器对尸体没有保护作用。

于是，到了南北朝时期，"殓玉护尸"的观念逐渐被"餐玉长生"取代。其实，"餐玉"始于远古时期，先民们出于对自然现象的无知，使用心中最美好的物品——玉，去祭祀鬼神，以求平安。时至魏晋南北朝，那些醉生梦死的王公贵族企图通过"食玉"的方法而长生不老。这一思潮影响最深的是汉民族统治的南朝。据晋人葛洪《抱朴子》一书记载，当时有一本《玉经》的书，专门指导人食玉，其方法是："以乌米酒及地榆酒化之为水，亦可以葱浆消之为饴，亦可饵以为丸，亦可烧以为粉，服之一年已上，入水不沾，入火不灼，刃之不伤，百毒不犯也。"故有"服玉者寿如玉"之说，而事实并非如此。南京曾经发掘过两座南朝的墓葬，墓主都是20多岁的年轻人，在他们的腹部位置，发现有石粉之类的块状物体，估计是长期服玉导致胃穿孔、肠梗阻，不治身亡。

南朝的这种玉的价值取向对玉器的发展带来毁灭性的后果，大量的古玉器遭到损毁，也使得南朝的玉器制作乏善可陈。由此可见，人们对玉的价值取向直接影响到玉文化的发展前景。

四、融会文化时期

中国的玉文化，在经历了"敬天地，礼鬼神""保护尸体不朽""吃了长生不老"等几个阶段之后，"发现与探索"让先民们逐渐地开始消除玉笼罩在人们心头的所有的神秘意蕴。至于儒家所提倡的"君子比德于玉"的观点，人们也认识到，这只是一种美好的意愿而已。但是，玉作为一种珍稀、美丽的材料，地位并没有降低，只是被唐人赋予了新的文化内涵，使玉器走出了受神秘文化影响的氛围，进入受世俗文化影响的境地。

唐朝疆域广大，对外来文化兼容。唐代的皇帝为了证明其血统高贵，将战国的哲学家老子认作了祖先，并将道教尊为国教。因此，对儒家关于玉文化的阐释并不在意。文化的兼容，使唐代玉雕的题材里开始出现了深目高鼻的"胡人"，且多以"献宝""歌舞"的形式出现。佛教艺术及西亚、中亚的艺术也开始出现在唐代的玉雕之中。

宋太祖用"陈桥兵变"取得了政权，因为怕别人仿效，用"杯酒释兵权"的办法解除了军人的武装，在政治上制定了"偃武修文"的国策，并彻底废除了历史上延续几千年的门阀制度，进一步完善了科举制度，使得下层人士能够通过读书走上仕途。正如《神童诗》中所说的："朝为田舍郎，暮登紫薇堂。将相本无种，男儿当自强。"这极大地刺激了宋代的文化发展，宋代书法、绘画、建筑、陶瓷、文学等方面所取得的成就令后人望尘莫及。但是，"偃武"的结果却使宋朝从立国开始就处在北方少数民族的压力之下，这种压力始于辽，继为金，最后被元朝亡。

"偃武"使宋边患不断，"修文"则刺激了广大读书人。因此，宋人既渴望安居乐业，又渴望改善而今的生活状态。宋代的墓葬中有一个普遍的现象，就是有陪葬砚台。这是宋人希望通过陪葬砚台来保佑自己的后代，通过读书改变命运的一个佐证。在玉器制作上，宋人将自唐代以来的世俗观念进一步推向高潮。宋玉中，童子、花鸟题材大量出现，充分反映了宋人期盼"莲（连）生贵子"，以改变家族社会地位的心态。

五、草原文化时期

辽代立国实际上比宋代还要早几十年。中华民族大家庭经过多年的糅合及文化渗透，少数民族也开始对玉产生兴趣。辽金人将本民族春秋狩猎的审美取向体现在玉器上，出现了大量的"春水玉"和"秋山玉"，以及一种镶嵌在帽子上的玉饰——帽顶。

元朝统一中国后，实行了倒行逆施的民族政策，将人分成四等：蒙古人、色目人、汉人（金人统治的北方地区的汉人）、南人（南宋统治地区的汉人）；把职业也分成十等：官、吏、僧、道、医、工、匠、娼、儒、丐，在宋代生活得最有滋味的读书人一下子变得连妓女都不如了，加之前期科举制度尽废，几乎断送了读书人的前程。为了生存，大批读书人纷纷涌入他们最容易操持的营生，进入工艺品制作队伍，为该行业输入了高品位的文化。在玉器制作上，元代继承了宋辽金的全部题材，显得更加气势磅礴。技术上是大处着眼，不太注意细节。

六、吉祥文化时期

明代的统治权回到了汉人手里，历史的脚步走到 15 世纪的时候，中国开始再度出现了自宋代就开始萌发的资本主义萌芽，社会上涌现出了大批市民阶层，他们有钱，水平却有限，缺少历史文化知识，对眼前的事物喜欢跟风。明人文震亨的《长物志》记载了明人喜欢当代艺术品的状况。当时，陆子冈的玉雕、时大彬的紫砂壶、张鸣岐的铜手炉，都被吹得神乎其神。明人喜欢玉雕，整个社会的需求却品位不高，做工粗放的玉雕被称为"粗大明"，连江西王墓里出土的部分玉器都是今天的收藏家不屑一顾的粗劣货。当然，明代也有精品，如陆子冈所代表的"南细工"，但明朝玉器的雕工粗放是其主流。

清朝执政的满族人是金人的后裔，金人是一个全盘接受汉文化的民族，连官印都全是汉字。清初期，内乱外患持续不断，"三藩作乱"，噶尔丹反叛，直到乾隆二十五年（公元1760年）才最后平定叛乱，新疆回归中国版图。从此，和田美玉直接进入中原地区，解决了玉雕的原料问题，精美的玉雕得以大量出现。

然而，清代的玉雕题材并没有重温"春水秋山"的旧梦，而是全盘继承了自宋代以来的充满生活意味的题材，并将明代出现的"谐意隐喻"题材推向高潮，如：雕一只鹤站在海岛上，面向太阳，叫"一品当朝"；雕两只螃蟹夹了双芦苇，叫"二甲传胪"；雕三只羊加一个太阳，叫"三阳开泰"；雕一条枝干几个荔枝，叫"一本万利"；雕一支笔、一个银锭、一支如意，叫"必（笔）定（锭）如意"等。和上古时代相比，玉器已降到一般工艺品的地位，丝毫没有了神圣感，完全被低俗化了。这种状况一直影响至今，未有大的改变。

第三章

玉器概要

　　自古以来，玉在人们的心中就是神圣而美好的象征。"玉魂国魄"，这四个字便是玉器在中华文明中独特地位的最好诠释。虽然各个历史时期，玉器会呈现出各自的时代特征，代表不同的文化内涵，但玉器始终与中华文明的发展主线紧密相扣，成为研究中国古代文明发展演进历程的重要途径。

　　玉器，经过无数能工巧匠的精雕细刻，经过理学家的诠释美化，成为高尚人格的象征、美丽形象的代表，融合在传统文化与礼仪之中，能比较系统地、完整地反映出地方风貌、生活习俗等，具有极高的历史、文化、艺术价值。

　　中国有8000年用玉历史，玉器品种繁多，产量巨大，精美绝伦。由此，中国赢得了"玉器王国"的美誉。中国古代玉器出现时间之早、延续时间之长、分布之广、器形之众、做工之精、影响之深，为世界上任何国家所不能及。

　　业内专家指出，玉器在中华文明史中的地位十分重要，远远超过青铜器。玉器在问世之初用于祭祀，不仅时间早于青铜器，而且玉祀器的宗教性远远胜过青铜器，主要是体现在精神内涵上，具有通神之功能，这是其他物质所不具备的；在宗教礼仪等功能方面，玉器比青铜器有更加直接的作用、更多深邃的内涵。直至如今，玉器在玉文化中所拥有的社会价值观，仍然是中国传统文化中最富有魅力的文化现象。

　　中国考古学者中，有人最新研究考证并提出，在石器和青铜器、铁器时代之间，存在着一个玉器时代，有着3000多年的历史。这个玉器时代，也就是中国文明的起源时代。迄今为止，中国最早的玉器是于2001年从内蒙古敖汉旗兴隆洼遗址发掘出来的兴隆洼文化玉器，距今8200—7400年。其主要器类有玦、匕形器、弯条形器、管、斧、锛、凿等。这些玉器主要出自居室墓葬内，皆为阳起石—透闪石软玉类，色泽多呈绿、黄绿、深绿、乳白或浅白色，器体偏小。

第一节　概　说

　　玉器亦称"玉雕"。它是在被人们称为"玉"的天然原石上，经人工雕琢而形成的器物。简而言之，玉器是指用玉石雕刻而成的器物。玉石是玉器的原材料。玉不琢，不成器。玉器并不单单局限于和田玉、翡翠等某一种材质，凡是天然玉石通过磨制、雕琢制成的装饰品、礼器等具有特定用途的器物，均可以称为玉器。

　　玉器具备三个特点：一是材料上符合"美石"的要求；二是形制上具备典型玉制器的基本样式；三是制成的玉器必须是用碾磨、钻孔等制玉的特殊制作方法、技术完成的，而不是一般的制石工艺所能完成的。玉器有大小美丑之分，亦有巫、神、王、民玉器之别，辛亥革命以前雕琢成的玉器，谓之古玉或古玉器。八千年浩瀚历史，九万里云涌天地，中华儿女千秋万代无不与玉息息相关，玉器故有"玉魂"之论，成为人们喜爱的珍宝之一。

　　从不同的角度去理解，玉器的定义是多元的。譬如玉乃自然之造化，工乃人文之精华，工玉结合谓之玉器；玉器是石器时代先民们所制造的物质文化与精神文化相结合的精髓；玉器是体现民间文化博大精深的一种特殊手艺；玉器是彰显历史文化精神的一种造型艺术；等等。但从本质上来说，玉器是琢玉人的生活情感、审美追求与自然界的美石相结合所凝练成的手工艺结晶，并由情感与审美衍化出所有想象、追求和向往。著名人类学家和社会学家费孝通在《中国古代玉器和传统文化》一文中说："玉器应该是属于石器的一部分，不过它是美的石头。这些美的石头——美玉，从普通的石器发展成为玉器之后，这些器物本身就不再是普通的工具了，它被注入了更高一级的价值观念和意识形态。从历史上看，在石器逐渐演变成美玉的过程中，中华民族的文字也逐步形成，中国古代的社会组织又有了变化，出现了一个从事文化事业，靠文字、靠脑力劳动谋生的士大夫阶层，正是这一批人，对历史文化传统的传承起到了很重要的作用，他们赋予了文化以新的价值观念。"

一、玉器的类别

玉器的类别，古今无法统一划分。按古代玉器的用途可分为玉工具、玉兵器、礼玉器、丧葬玉、佩饰玉、玉器皿、玉摆件等七大类。到商代，玉兵器（如璧戚）和玉工具（如琬圭）随着制造业的发展，绝大多数已失去实用价值，而成为一种身份、地位的标志和礼仪的象征。早在新石器时代，我们的祖先就已大量使用玉礼器。丧葬玉亦称葬玉，指的是专为保护尸体而制造的礼器，如玉晗（蝉）、玉衣、玉握、玉塞等，而不是泛指随葬玉器。佩饰玉是古代玉器中重要的一种，是古人挂在衣服上或戴在身上作为装饰用的玉器，体小、精巧、轻便而质佳，为古人身份和修养的象征，材质上佳、雕工精湛的珍品较多，是玉器收藏中的重点（图3-1）。玉器皿最早见于商代，因其制作难度大，直到明清时期才成为玉器生产的主流产品，数量庞大，种类繁多。玉摆件又称观赏陈设性玉器，主要包括玉雕动物、玉人、大型玉牌、玉屏风、玉山子（图3-2）、玉如意等。

图3-1　和田玉《多子多福》

图3-2　和田玉籽料《松风图山子》

当代玉器按用途分类，有佩饰玉、摆件玉、器皿玉（图3-3）、赏玩玉等四大类。前三类因与古代玉器中同名的三类大同小异而不再作介绍，赏玩玉则在此稍作说明（后面有专门介绍）。赏玩玉是挂在或置于手中摸搓赏玩，供仔细端详、反复观赏、慢慢品味的小件玉器，这是赏玩玉器高手对赏玩玉下的定义。玉有灵性，非附会也。玉质温润，触之如婴儿肌肤，瞬间引起人的共鸣；玉色如畅，观之如静雅美人，顿时令人血脉偾张；玉声悦耳，听之如天籁之音，立即让人浑身舒畅。此等天赐神物，与人意是如此和谐，能不让人在把玩之余，感叹其通灵神授矣！这里需要说明的是，古代赏玩玉归在佩饰玉一类。

图3-3 青玉《缠枝花纹抱月瓶》

图3-4 和田玉籽料《一鸣惊人》

二、玉器的题材

中国玉文化源远流长，玉器的题材内容极为广泛，上至天文地理、宗教文学，下至花鸟虫鱼、走兽飞禽，可谓无所不包，无法予以一一细说。但是，我们可以把它概括为"天、地、人、神、鬼"五大类。"天"者，日、月、星、云、风、雷等诸多自然现象，琢玉人将其艺术化地构思，表现为玉器上的各种图案。"地"者，山、川、河流、花草、鸟、鱼、虫及虎、狮、猪、獾等各种动物（图3-4），以及人们想象臆造出来的凤凰、神龙、貔貅、麒麟等神物。"人"者，人类社会的民间习俗、吉祥英雄美人、辟邪求财的护身符、生肖属相等。"神"者，观音、罗汉等神仙。"鬼"者，最为常见的是捉鬼的钟馗。

三、玉器的优劣

美石经过设计、雕琢而成的玉器，其质量优劣的评判依据是多方面的。除了玉器用料档次高低的差异外，还包括玉器的造型、意境、俏色等。正如一位大师所说的："一流作品与二流作品的分界线，是设计，是意境，是构图的精彩布局，是对俏色的独特利用。但是，二流作品与三流作品的分界线是雕工。"

雕刻属于美术范畴，是绘画与雕塑的融合。一件玉器的雕工好坏，总的来说应从整体、细节、形象、雕技等四个方面来评判。

（一）看整体

看整体就是看玉器的整体布局，包括构图、比例、形象等。

看玉器犹如看画，应当首先看它的构图、作品中物体的方位以及相互之间的节奏和关系；其次看雕刻图案的比例大小。好的作品比例应该协调，观感很舒服；而好的节奏，应该疏密有致，不杂乱无章。反之，任何形体若比例不当，都会失去美感。比如，人物（图3-5）、动物的头、身之比，头、肩、臀宽之比，手臂、四肢与身体的粗细之比，五官之比，臂、腿与身体的长度之比，都要讲究适度。

图3-5　黄玉《观音》（张静）

中、低端玉品市场上，绝大多数玉雕的比例是失当的。有的是头、身比例不协调，有的是玉臂粗细与身体不协调，还有的是五官比例不协调。如某地的貔貅，头与身的比例基本上都是1∶3。虽然貔貅是想象出来的神兽，但是，完全忽视现实生活中猫、狗、兔、狮、虎的正常比例，绝对是没有美感的。

（二）看细节

玉器的细节，可以简单地从点、线、面三个方面去看。

点。玉器中越细小处，雕刻就越难。因此，可以从最为细微处进行观察，在合理构图的基础上，比较各个点上的雕工差异。譬如，一个玉雕的龙，龙鳞雕工应该整齐自然，刀痕如行云流水。再如人物玉器，要看五官是否清晰、精致，表情是否富有气韵等（图3-6）。

图3-6　和田玉籽料《弥勒佛》（张克山）

线。线是条。玉器的线条好坏，是看它是否流畅。具体到实际的线条上，是去看它的精细度。"食不厌精，脍不厌细"这句话在玉雕中同样适用。精细，就是对线条的讲究程度，首先指的是线条应该饱满、均匀、流畅，其转折滑润舒服、干净利落、深浅得当、虚实结合。我们不难发现，市场上为数较多的玉器，轮廓像是斧子劈出来的，毛发像是菜刀砍出来的，衣褶像是糨糊抹出来的，粗制滥造，不一而足。其次就是线条的精准，也就是线条的处理是否准确、恰当。一件玉器如果多出一根线条，或者少了一根线条，甚至是线条的长短、粗细处理不当，都会影响到作品的整体质量。好坏作品的差异，就在于能否做到干脆利落，没有多余的刻画，把每一根线条都雕出韵感来。

面。面是指玉器的层次感。看"面"就是看玉器整体的层次是否分明，打磨是否到位。玉器的层次感，源于妥善处理好玉器图案的高低层次与凸凹弧面。以花瓣为例，盛开后呈现的是向外微卷的花瓣，各个花瓣的高低错落有致，层次清晰分明。再如衣褶，佛像、仕女的衣褶与飞天的衣褶就有所区别，不尽一致。每一个层次，每一个曲面，分解开来看，都是立体的而非平面的。精细处理好多个立体面，并相互关联，构建出整体的效果，这样的作品才能称为好雕工。

有些玉器，层次之间含混不清，没有起落，也没有精磨，分不清底面与浮雕的交线等，就是"面"上常见的问题。机工雕刻出的玉器，往往线条生硬，细节处理不到位，层次感差。

（三）看形象

玉器的形象美不美，不仅要看玉器的整体和细节，而且要看图像的对称，尤其是神韵如何。对称，以人物、动物为例（图3-7），失去了对称性，就失去了美感。例如，佛像的眼睛一高一低，手臂一长一短，动物的四肢一粗一细，头部五官没有中分线，这些都是不合理的。还有脑袋大、脖子粗的四不像玉器，其形象的刻画看上去别扭，很不准确。

神韵是一个很难把握也很难描述的词汇。对于一件作品的表现力来说，神韵是很关键的，能够区别这是一件作品

图3-7　和田玉籽料《吉祥如意》（黄罕勇）

还是一件"东西"。比如，大家最熟悉、最喜欢的题材观音，要端庄慈祥，关公则要刚烈，貔貅要呆萌或凶猛。神韵出来了，才能惟妙惟肖。

（四）看雕技

玉器看雕技，就是看雕刻技法运用的合理性。雕刻有阴雕、阳雕、镂空雕、圆雕等各种技法，可单独使用，常见的是综合运用。雕刻技法没有捷径可走，内

行的人一看作品，就能看出玉工的功力。

高明的技法，能让一件作品生动逼真；糟糕的刀法，再绝妙的构图也无法呈现好的效果。而技法中难度最大的是皮色的俏雕和瑕疵的巧雕。

俏雕和巧雕，关键是会巧用皮色和瑕疵。会用皮色，是适应如今人们对皮色的追求，所以籽料作品上都会带有皮色（图3-8）。然而，不少作品也会因此出现一个问题，那就是滥用皮色。

图 3-8　和田玉籽料俏色《钟馗》（杨曦）

皮色，是证明籽料的一个方面，在于精而不在于多。但是，很多人雕琢时都会想着留的皮色越多越好，而不管皮色的位置、质量好坏，结果弄巧成拙，适得其反。

瑕疵，是玉石材料的毛病，比如一道绺裂、一些棉点、一个僵等。这些瑕疵，玉工一般会想方设法将其清除掉或加以掩盖。然而，瑕疵如果利用好了，也会令人惊叹。大师的作品能巧用瑕疵，变废为宝，靠的是高超的技艺。

大智若愚，化繁为简，是非凡的技艺。"简"是给玉器做减法。就像人物的衣褶，如果用三根线条能表现出来的话，就不用五根、六根线条。不过，做这种减法一定要有基础。雕工到位，每一根线条的表现力有了，才能去做减法。这些看起来很简单的玉雕，却能留给人更多的想象空间。而有的玉雕作品，看起来线条很多，雕工很烦琐，却费力不讨好，雕得太多，匠气就重。

需要特别注意的是，雕琢简单的玉器，一定要有意境，要有表达的内容，线条处理要到位。如果只是一味地想要做得简单，那么它就是一个稚嫩的玉器，或者就是偷工减料的拙作了。

关于玉器的优劣，评判的角度有很多，而且不同作品的评价角度也有所不同，要想真正把握它，需要一个慢慢培养的过程，看得多了，好与美就能有所感触，就像看字画一样，假如你极少接触，那再怎么看也捉摸不透。

四、玉器的时代

文化寻根是20世纪以来风起云涌的全球文化潮流。无论是文学方面的超现实主义和魔幻现实主义，还是艺术方面的原始主义流派，如毕加索、达利的画，音乐方面的摇滚乐和披头士运动，还有欧美民间文化复兴方面的新萨满主义，影视方面的《达·芬奇密码》《阿凡达》等，共同汇聚成一种反资本主义和反现代性的文化认同取向。2008年的《现代性危机与文化寻根》一书将全球普泛性的寻根潮流归纳为五种表现，即"黑色"风暴、原始情结、凯尔特复兴、女神复兴和东方转向。文化寻根大潮在学术方面的体现，有人种和民族的源流谱系研究、文明探源研究，以及形形色色的本土地方文化研究和非物质文化遗产热潮。

（一）"玉器时代"说

半世纪前，为华夏文明寻根的学术研究范式与理论建构集中在考古学界，有苏秉琦先生的"满天星斗"说和美籍学者张光直先生的"中国青铜时代"说。国内学者针对性地提出"玉器时代"的命题，意义深远，国际学界把青铜器和文字的出现作为区分原始社会与文明社会的重要标志，这便是张光直把研究中国文明发生的主要精力放在商代的理由。比商代更早的夏代，在国际学界尚未得到公认，而早于商代的青铜器虽然在二里头遗址有少量发现，但缺乏铭文铜器，也没有找到先于甲骨文的更早期汉字，若是拘泥于国际通行标准，华夏文明探源的聚集点只能是商代前后的青铜时代，而"玉器时代"命题的出现，则针对华夏文明特有的玉礼器系统的源流关联，将玉礼器作为承载信仰和意义的神话符号物，将研究视野大大拓展到整个新石器时代，以2017年黑龙江饶河县新发现的小南山玉器群为证据（图3-9），年代距今9000多年。这就意味着，中国玉文化的发展要比中国文明国家的形成至少早5000多年。最早出现的玉器比最早的青铜器要早4000年。青铜文化在铁

图3-9 小南山出土的玉器

器兴起后基本中断，而玉文化传统及相关的信仰和意识形态则一直流传至今，演化为中国独有的巨大产业。

文明寻根得出的一个重要空间认识是：华夏文明国家崛起在中原，但是无论是玉礼器还是青铜器，二者的起源地都不在中原地区，而是远在长城以外的边缘地区。如果说冶金文化发生发展的源流方向是自西向东的，那么玉文化的发生发展方向则是先自北向南传播，然后再自东向西传播，到距今4000年之际，分别抵达广东的珠江流域和河西走廊的武威。"玉文化先统一中国"的理论命题，正是依据距今4000年前后，玉文化传播和覆盖东亚诸多地区的情况而提出的。

再看玉器时代与青铜时代的时间差。就中国考古发现而言，迄今所知最早的一件青铜器是马家窑文化的青铜小刀，距今约5000年，出土地点甘肃东乡县。最早的黄金器是玉门火烧沟出土的四坝文化金耳环，距今约3700年。铜器和金器起源的时空定位，大致上透露出其与自西部传播而来的冶金文化系统有关。直到距今3700年的中原二里头文化二期批量生产的青铜礼器登场，这才真正进入青铜时代。此后，还要再过几百年，才能进入以甲骨文为代表的文字记载的历史时期，关键问题是，如何聚集无文字也无青铜器的更早年代的华夏文化源流呢？

"文化大传统"理论就此应运而生，一旦将甲骨文的出现作为文字历史即文化小传统的开始，那么先于文字的时代就被重新界定为大传统，考古学给出的大量材料足以构成有关大传统的全新知识谱系。

（二）"玄玉时代"说

2017年，借助于坚持五年多的玉帛之路田野考察的新发现，在大传统的文化源流探究方面取得重要进展，叶叙宪提出"玄玉时代"说，专指中原与西部的玉文化起源的第一个时代，距今5500—4000年。"玄玉"一词，取自《山海经·西山经》，原指华夏共祖黄帝在山上所播种的最优玉石的名称，又称为"瑾瑜"，其品质被《山海经》作者推崇到无以复加的程度。可惜的是，因为自古没有调查研究，《山海经》一书自战国时代问世以来，玄玉为何一直是无解的疑难问题。根据2006年河南灵宝西坡仰韶文化大墓出土的十余件墨绿色蛇纹石玉钺，辅之以陕甘宁三省区数十个县市的田野考察，以同样材质的一批史前玉礼器，复原出玄玉分布的泾渭流域地理空间系谱，并顺藤摸瓜找到渭河上游的武山鸳鸯玉矿的所在地，再结合2017年9月第十三次玉帛之路考察大地湾遗址二期出土的蛇纹石玉料（系采自河流中的籽料原石），终于可以重建出"西玉东输"多米诺运动的6500年辉煌历程，堪称举世无双。如果要进一步追问，是什么因素导致8000年玉文化传播和6000年来西部玉石资源向东传播的伟大历程？"神话观念决定论"和"玉成中国论"的理论命题，对上述问题给出了理性的解答。要知道，从中国文化原有的格物致知的认识传统看，"玄玉"之颜色，不只是一般的物理颜色指标，而且包含着深厚无比的本土文化大传统神话思想。简言之，即以"玄"为天之色的象征，构成从《周易》到《千字文》的国学常识观念——"天玄地黄"，下启道家宇宙的"知其白守其黑"，《道德经》"玄而又玄，众妙之门"神秘哲理，兼及老子之后产生的墨家为何以墨色为名的文化底蕴。玄玉即墨绿色蛇纹石玉之所以被五千年前的中原先民启用，根本原因就是玉石神话的信仰，即以玄玉代表天和神。

玄玉时代之后的发展，概括为"玄黄赤白"四色变迁，体现的是中原玉礼器生产的玉色演进历史程序，从五六千年前的尚黑之玄玉（蛇纹石），直到商周以下的白玉（透闪石）崇拜和白玉独尊现象，结合新疆昆仑山和田玉中相对稀少的玉种——羊脂玉——东输中原的过程和路径，给中国文化寻根的研究落实到出土实物系列证据上。这样一来，今人终于可以不再像古人那样，面对炎黄时代的神话传说内容，迷失而无所适从。神话传说年代真伪难辨的国学困局，在四重证据法的检验下，在大传统新知识逐渐系统化的条件下，也就此宣告终结。今日学者也不再像近百年前的古史辨学派那样，以考证和判定传说古史为层累堆积之"伪史"见长，而缺乏正面探究无文字时代历史内涵的方法论和理论建构。

从时间上看，截至2019年，文化大传统理论的提出仅有8年，而四重证据法的提出也仅有13年，玄玉时代论问世尚不足2年，尽管这些都还是新兴的本土理论诉求，有待发展和完善，但可以预见它们是指向未来的，能够引领传统知识的当代大变革。

（三）"玉器新时代"说

"玉器新时代"说是殷志强先生通过分析21世纪之初的玉事活动情况而提出来的。他指出，20世纪末，针对田野考古层出不穷的玉器发现，根据东汉袁康《越绝书》中"以玉为兵"的记载，学术界提出了中国在"石器时代"与"青铜时代"之间，存在一个"玉器时代"的观点，并且为世界六大文明系统中所特有。据学者们对"玉器时代"的研究，其主要特征有三：一是玉器是各文化圈的重要内涵，不少地方的玉器数量与质量均超过石器；二是玉器是重要的礼仪用具，礼仪形态与玉器形态可以配套，进入礼仪社会；三是玉器是社会生产力、文化发展水平以及社会结构发生变化的重要标志，一些玉器形态和玉器内涵，为青铜文化所吸收。

历史的发展是曲折向前的。时隔4000多年，中国仿佛又进入了"玉器时代"。当然，如今的"玉器时代"与4000年前的"玉器时代"不能相提并论，性质不完全一样，但玉器在社会生活特别是精神生活中的重要性是一致的。

我们观察新"玉器时代"，可以发现具有五个方面的特点。一是玉器国际化。通过现代奥运会将中国玉文化传播到世界各地，这是中国玉器史上空前的大事。二是玉器标准化。北京2008年奥运会、残奥会奖牌总数超过4000枚，每个品种都超过300枚。同时，还生产了2008方北京奥运会"典藏版"玉徽宝供藏家收藏。这是中国琢玉史上第一次大规模的标准化生产，为今后玉器的标准化生产积累了经验，铺平了道路。三是玉器市场化。玉器的市场化是随着玉器的世俗化、大众化逐步出现的，但历史上的玉器产业从未有过现在的规模，市值已达数千亿元。四是玉器货币化。历史上，玉器曾具备货币的功能，或者直接当作货币使用，至少是作为财富的象征。近年来，玉料、玉器价格屡创新高，玉器早已超过"黄金货币"，被人们加以珍藏，作为财富保值、增值的重要"硬通货"，似乎重现了历史上的"玉币"。五是玉器偶像化。玉是神器，玉是法物。玉器在中国漫长的历史文化长河中一路高歌，连绵不断，最重要的原因是玉文化的"基因"在起作用。基因的外在表现形式是形态，形态的核心是"精气神"。当下中国玉文化正发扬光大，文化精神已被大大物化，玉成为超级"偶像"，物质文明和精神文明达到一定程度的国人，往往都以拥有美玉为时尚，为殊荣。

  2007年以来，中国玉器进入新时代的另一个显著标志是中国玉器探源有了新进展。众所周知，无论是玉文化的传播还是玉器市场的规范，均离不开玉文化的研究和探索。这一年，中国玉器考古发掘进一步拓展，国际性学术会议相继召开，研究专著时有出版。特别令人兴奋和注目的是凌家滩遗址的第五次考古发掘，在前四次大规模考古发掘获得大批玉器资料的基础上，2007年5月18日，安徽省文物考古研究所开始对凌家滩遗址进行第五次考古行动，发掘面积约450平方米。经过3个月左右的田野考古努力，此次行动取得了重要成果，发现凌家滩文化墓葬4座、灰坑3个，还有可能与制作玉器、石器有关的大面积石块分布场所，出土各类玉器、石器和陶器近400件。据初步披露的材料分析，这次玉器考古探源研究至少取得了六个方面成果，有的还是突破性成果。一是遗址内继续发现大量的玉料或边角料，还有大面积石块分布场所。这就表明，凌家滩遗址不仅是一个礼仪玉器聚集使用场所，也是一个规模很大的玉器生产场所，全国罕见。二是玉器、石器品种仍以钺璜、环（图3-10）、芯、锛为主，说明凌家滩遗址玉器使用有特定的组合和规范，社会文明程度达到了一定的水准。三是出土特殊形玉器与墓葬的特殊关系，尤其是出土8件保存完整的玉钺墓葬，以及与巨型玉猪相关的随葬200多件器物大型墓的发现，清楚地表明凌家滩遗址的社会分工、社会分化以及特殊人物甚至利益集团的出现。四是成群玉钺墓葬的出现，把巢湖流域新石器时代文

图3-10　玉双连环（新石器时代）

化与太湖流域良渚文化交流和影响的时段定得更正确。五是全长72厘米、重达88千克的"中国第一玉猪"的发现,把中国大玉器制作使用历史提早到5000年前,需要改写中国玉器史、雕塑史、动物史等。六是这些玉器资料及相关遗存的发现,不仅清楚地显示巢湖流域是中国古代文明的重要源头之一,同时也显示江淮流域是中国古代南北、东西文化的重要交会点,是一条异彩纷呈的"文化走廊",是中国玉文化起源的重要探索地。

第二节　玉器发展概貌

玉器的发展演变与人类活动密切相关。人类的生活足迹遍布世界各地,最早可追溯到距今200万年的原始社会时期。中国从原始社会开始生产玉工具,随着社会生产力的发展,逐步形成了独立的专业,多集中于畿、都邑。从世界文明发展史来看,中国玉器的萌芽、发展仅仅是个分支,新西兰、中美洲的墨西哥、俄罗斯西伯利亚的贝加尔湖等地均有玉器出现,但能够走到今天还保持活力的,却只有中国玉器。

中国玉器的历史,若从源头的旧石器时代算起,距今两万余年。而在距今60万年的"北京人"遗址,考古人员就已发现了水晶、蛋白石制作的工具,其功能与石器一致,是生产和生活工具,先民们此时还没有将玉、石分开。到了旧石器时代晚期,由智人向现代人的进化已经发生,先民们的认知能力有了很大提升,人类掌握了石器工艺的琢击、磨制、钻孔等技术。在距今18000年的北京山顶洞人遗址,考古人员就发现了钻孔的小石珠、小石球以及绿色火成岩制成的椭圆形佩饰,一面磨光,中间穿孔;距今约15000年的河北虎头梁遗址,亦出土了由鸵鸟蛋皮和鸟腿腿骨制成的带孔珠。这些原始装饰品的出现,标志着人类自我认识能力有了提高,朦胧的审美观念开始出现。中国玉器由此蓄势待发,一步步走向世界玉器文化的顶端。

中国玉器是蜚声世界、独步天下的工艺美术品,它以其独特的艺术风格和

图3-11　老柿子红缠丝玛瑙带孔珠(清)

浓郁的民族特色，在世界上赢得了"东方艺术"的盛誉，成为中华民族灿烂文化的重要组成部分。尤其是它那源远流长的发展史和在中国政治、宗教、思想、文化等方面扮演的特殊角色，更是其他工艺美术品无可比拟的。悠久的玉器史表明，中国人对玉器有着特殊的感情，而玉器对中国人来说，也具有某种特殊的意义（图3-11）。

一、中国最早的玉器

到目前为止，考古发现中国区域内最早的用玉记录是在兴隆洼文化。兴隆洼文化因内蒙古敖汉旗兴隆洼遗址的发掘而得名。

2001年6月—10月，中国社会科学院考古研究所对敖汉旗兴隆洼遗址进行了首次发掘，此次正式发掘出土的兴隆洼文化玉器仅有5件，其中玉匕形器1件（图3-12），出自房址堆积屋内玉玦4件（图3-13），成对出自2座居室墓葬内，其中4号居室墓内玉玦的出土位置十分重要，一件出自墓葬的填土内，另一件镶嵌在墓主人的右眼眶内。经鉴定，墓主人是一位女性儿童，下葬前经过肢解，头骨立置，其余部位骨骼凌乱，从而排除了后期压入的可能性。眼眶内嵌玉玦的习俗，在中国史前时期尚属首例，学

图3-12　匕形器（红山文化）

图3-13　玉玦（兴隆洼文化）

术意义重大。联想到牛河梁红山文化祭祀址出土的陶型女神头像，双目内嵌入圆形的绿色玉片，可能具有一脉相承的文化关系。4号墓主可能生前右眼有疾，死后嵌入玉玦，起到以玉示目的作用。从现有的考古资料来看，兴隆洼文化时期的先民已经形成了较规范的用玉制度，以佩戴玉玦为例，虽然没有男女性别和年龄大小的差异，但均双耳佩戴，讲究对称美。匕形器和弯条形器在墓主人身上也有固定的佩戴位置。

经碳-14断代法测定，兴隆洼文化的年代为距今8200—7400年，由此认定兴隆洼文化玉器是迄今所知中国年代最早的玉器，开创中国史前用玉之先河。另

外，在这个中国玉器的源头，还有个重要的文化线索，就是玉玦的形状是圆的。8000年前的生产条件下，把河磨玉这种硬度的石头做成圆形，远比把它做成方形或梯形要难得多，而且，做成圆形之后，还开了一个口子，这又多费一道工，在那个时候意味着可能多干几个月的时间。再从兴隆洼之后的史前文化玉器来看，圆形占了极大的比例，这个选择很难说不代表着某种古先民的朴素哲学思想，也很难说后来成为中国哲学核心的阴阳圆转认识论，没有它上古的源头。

诸多兴隆洼文化遗址出土玉器的现象表明，玉器的雕琢和使用并非单一遗址的特殊或偶然现象，它已构成兴隆洼文化的重要内涵之一，代表了中国史前雕琢和使用玉器的初始阶段。在欧亚大陆诸多旧石器时代晚期的遗址中，往往能够见到斧、锛、凿等玉质的生产工具，且大多留有明显的使用痕迹。尽管从质料鉴定看应属于玉器，但并不意味着玉文化的产生。因为这些玉质工具属于实用器，与同类石质工具的使用功能并无显著差异，旧石器时代晚期的居民尚未真正掌握辨识、加工玉材的技术，玉器的人文特征也无从体现，因而不能作为玉文化起源的证据。

尽管兴隆洼文化时期玉器的种类略显单一，器体也明显偏小，但当时的人已具有了较成熟的用玉理念，对于人体外在装饰美的追求成为玉雕业发展的直接动力。兴隆洼遗址4号居室墓内以玉玦示目的做法，则反映出更为深刻的用玉理念，应视为人格玉化的初级表现形式。联想到后期红山文化、良渚文化玉殓葬的形成，两周时期佩玉之风的盛行，两汉时期玉衣的出现等，对玉器赋予浓重的人文属性，应是玉文化得以形成和发展的强大动力，也是探索中国玉文化起源的核心要素之一。

20世纪，经过较大规模发掘的同类文化性质的遗址，还有内蒙古林西县白音长汗、克什克腾旗南台子、辽宁阜新查海遗址等，正式发掘出土玉器的总数已达100余件。

兴隆洼文化玉器皆为阳起石—透闪石软玉类，色泽多呈淡绿、黄绿、深绿、乳白或浅白色，器体偏小。主要器件分为饰品、兵器两类，有玦、匕形器、弯条形器、管、斧、锛、凿等。玉玦的出土数量最多，是兴隆洼文化最典型的玉器之一，常成对出现在墓主人的耳部周围，应是墓主人生前戴的耳饰。一类呈圆环状，另一类呈矮柱状，体侧均有一道窄缺口。

匕形器的出土数量仅次于玉玦，亦为兴隆洼文化玉器中的典型器类之一。器体均呈长条状，一面略内凹，另一面外弧，靠近一端中部钻一小孔，多出自墓主人的颈部、胸部或腹部，应是墓主人佩戴的项饰或衣服上的缀饰。弯条形器和玉管数量较少，均佩戴在墓主人颈部。斧、锛、凿等工具类玉器特征鲜明，其形制与石质同类器相仿，可形体明显偏小，多数磨制精良，没有使用痕迹，其具体功能尚待深入探讨，但不排除作为祭祀用"神器"的可能性。

兴隆洼文化玉器主要出自居室墓葬内，探讨当时的用玉制度应以充分揭示居室墓葬的内涵为基础。兴隆洼遗址和查海遗址均发现有居室墓葬，可见此种葬俗已成为兴隆洼文化的重要组成部分。

兴隆洼遗址经过大面积发掘，先后清理出半地穴式房址170余座，一期聚落是迄今所知保存最完整、年代最早的原始村落，所有的房址均成排分布，秩序井然，面积最大的两座房址并排位于聚落的中心部位，各达140余平方米，居住区的外围环绕一道椭圆形的围壕。居室墓共有30余座，均为长方形竖穴土圹墓，墓主人多为单人仰身直肢葬，有成年人，也有儿童。居室墓葬仅限于少部分房址内，墓穴在居室内的位置比较固定，并且一座房址内通常仅埋一位死者，极少数房址内有埋两位死者的。

由此可见，居室葬并不是普通社会成员的埋葬方式，具有十分特殊的意义。兴隆洼二期聚落中心房址内发现的118号居室墓，是所有居室墓葬中规格最高的一座，墓主人是一位50岁左右的男性，其右侧葬有一雌一雄两头整猪，均呈仰卧状，占据墓穴底部近一半的位置，具有明显的宗教祭祀意义，是祭祀祖灵与猎物灵魂合二为一的真实见证，该墓内出土2件矮柱状玉玦。

鉴于多数房屋埋入墓葬后继续被居住的情况，可以认为，聚落内部的少数人物可能因为生前等级、地位、身份或死因特殊，死后被埋在室内，成为生者祭祀、崇拜的对象。这里需要指出的是，并非所有的居室墓葬内都有出土玉器，玉器的使用还仅限于少数人物。由此推断，兴隆洼文化玉器除装饰功能外，可能还具有标志墓主人等级、地位、身份的功能。

近年来，倡导多学科合作对玉文化进行全方位研究成为大家的共识，考古学因其独特的获取资料的手段和研究方法，在玉文化研究中的地位日益突出，对玉文化起源的探索将更直接依赖于考古学本身的发展。在西辽河流域，小河西文化应早于兴隆洼文化，该文化因内蒙古敖汉旗小河西遗址的发掘而得名，聚落规模明显偏小，房址均为半地穴式建筑，大体成排分布。

从聚落形态和出土遗物的比较看，小河西文化是兴隆洼文化的直接源头，其年代应在距今8500年以上。小河西文化遗址的发现数量较少，发掘规模偏小，对于小河西文化整体内涵的认识尚不充分，目前尚未发现玉器，但可成为探索玉文化起源的重要线索。

中国地域辽阔，不同区域之间的史前文化面貌差异较大，对玉文化起源的探索也不能仅局限在一个地区，但西辽河流域无疑应成为重点关注的区域。

玉文化是中国传统主流文化之一，兴隆洼文化玉器发现后，人们可能疑惑：为什么 8000 年前的玉器出自西辽河流域而非中原地区？现在研究的结果表明，主要有以下三个方面的原因：一是西辽河流域有较丰富的玉矿资源，这是玉文化起源的前提和基础；二是西辽河流域的远古居民拥有发达的细石器加工传统，致使他们能够率先将玉材从石材中分辨出来，同时拥有加工玉器的技术保障；三是特定的审美理念是玉文化起源的重要条件，兴隆洼文化玉玦是世界范围内最古老的玉耳饰，是当时人刻意追求人体外在装饰美的重要实证。

兴隆洼文化之后，红山文化的玉雕业迅猛发展，大型玉龙、勾云形器和箍形器等新器类的出现，标志着中国东北地区玉文化的发展进入鼎盛阶段，西辽河流域由此成为中国史前时期雕琢和使用玉器的核心地区之一，在中国文明起源进程中发挥了十分突出的作用，对夏商周三代文明均产生了深远的影响。

二、古玉发展的六个阶段

纵观中国古代玉器发展的全过程，根据其在历朝历代的兴衰成长路径和风格特点变化等情况，可以将其分为孕育期、成长期、嬗变期、发展期、繁荣期、鼎盛期等六个阶段。

（一）孕育期

玉器的萌芽始于新石器时代早期。中国的先民们认识和珍视玉石的美与坚实，将其磨之为兵（图 3-14），琢之以佩。史前民用玉的方式，已经延至美身、祭祀、瑞符、殓葬等诸多方面。现有史料证明，今辽宁西部和内蒙

图 3-14　玉兵器斧（新石器时代）

古东部是中国古代玉器最早的发源地。从那时候起，到夏代之前的这一时段是中国玉器的孕育期。考古发现，距今 70 万—20 万年的北京人，就以脉石英为原料，通过从一块鹅卵石上敲击出薄片来制造石质工具。周口店山顶洞人（约距今 25000 年），已经拥有比他们祖先更多的石器工具。那时的男性已经穿着用兽皮缝制成的衣服，女性则用穿孔石珠和涂抹赤铁矿粉末来化妆，这是迄今所知的中国文明史上最早的有意识的化妆行为。这个时期的玉器，是在精气、神灵、巫术等原始宗教气氛笼罩下成长起来的，用于装饰和礼制。先民们以玉为"神物"，视玉为山川之精灵，带有神秘色彩的崇玉、祭玉的观念与活动业已形成。

新石器时代的工匠使用解玉砂加工玉器,也用竹管钻具和沙子掺水在玉片上钻孔。该时期的玉器,除了在艺术上模仿石器生产工具的造型之外,受玉工主观理念的影响很大,以夸张、示意的手法碾磨了大量为巩固神权和世俗统治的作品,形成中国古代玉器艺术的第一个高峰。由此来看,玉器艺术早于其他工艺美术走向了成熟。

(二) 成长期

夏、商、西周(公元前21世纪—公元前771年)千余年,是玉器的成长期。此期玉器主要的艺术手法仍然为象征主义。以人形玉器为例,夸张双眼以突出其神采,动态或立或跽(跪)均合乎程式,形成了统一的时代风格。玉材来自各地,精美的和阗玉料明显增多,以至成为"王室玉"的主要玉材。

夏、商、西周三代玉器虽然没有摆脱象征主义的控制,但也各有不同。总体而言,从夏代出土的最精致的一件柄形器来看,有着浓郁的石家河文化玉器的影响。商代"王室玉"发现较多,其平面器采用的对称规律,朴实凝重(图3-15)。肖生玉多取正面,以"臣"字眼为特征,细部多用双钩云雷纹,装饰性趣味突出。尤其是安阳武官村大墓底部出土的石磬,见证了音乐在商王室礼制中的重要地位。西周的玉器,早期开始衰败,工艺传统守旧乏变。中期始受"君子比德于玉""君子无故,玉不去身"等社会思潮的影响,玉器有所发展,礼制和葬仪用玉较多,玉佩非常发达。它以玉璜为主,所用之玉多为片状小件,用粗细两种阴线对称的手法装饰图案,给人以清新、简洁的艺术享受。

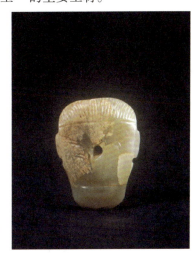

图3-15 玉人首(商)

东周时期的制玉是集复杂的设计、充满活力的韵律和强劲的轮廓于一体的艺术形式,当被视为中国工艺史上伟大的成就之一。这个时代,玉器不再专门用于对天地的崇拜或者丧葬,它已成为人们的生活用具之一。人们的生活中出现了众多的玉制装饰品,包括玉剑饰、玉发笄、玉佩饰和玉带钩以及玉璧、玉琮。铁钻和制玉圆盘等制玉工具的使用和谷纹装饰、浮雕技法的运用,将制玉工艺、治玉技术水平提到了新的高度。

(三) 嬗变期

从公元前770年的周平王迁都洛阳起,至公元前221年秦始皇统一中国,此间 549 年为中国古代玉器的嬗变期，史家称为春秋战国时期。这是王室式微，群雄峰起，诸侯国处于经济、政治、文化大发展的时代。铁器出现并普遍用于制造兵器和工具，制玉的铊机也换为铁铊，大大提高了碾玉的效率。

玉器在春秋时期就发生了一些变化，以小件为主，装饰细密化，多作隐起处理，艺术手法虽然为象征主义，但与现实生活贴近了一大步。如出土于河南光山宝箱寺春秋早期黄君孟墓的玉人头饰，戴垂角帽，大圆眼珠，大鼻头，口张微笑，耳戴环，颈甚长。其比例正确，与人面接近；面相自然，笑容可掬，富有人情味，跟商代严肃的妇好像相比，大有不同。战国晚期，玉器艺术发生了重大变化，装饰上出现了现实主义的萌芽。

（四）发展期

公元前 221 年至公元前 7 年的 200 多年，是中国古玉器史上罕见的发展期。萌芽于战国玉器中的现实主义艺术手法，在此期间有了巨大发展，完成了以气韵生动为特点的玉雕艺术品的创作。目前秦代玉雕虽在体量上远不能与秦武士陶俑相齐，但其艺术含量则堪与秦俑相媲美。"汉承秦制"，在玉雕上也构筑了中国玉雕史上一座光辉灿烂的丰碑，为唐宋玉雕艺术的繁荣打下了坚实的基础（图3-16）。

图 3-16　青玉褐浸土斑谷纹璧（秦）

汉代，宫廷里设立了专门管理和制作玉器的官署，各种宫廷活动的玉器形制层出不穷。为了控制真玉和田玉的供应，汉代在玉石之途中设立了玉门关。在制玉技艺上，两汉延续了战国时期的制玉技术并取得新进展，玉工可以大胆创作，刻制三维人物和动物形象；玉工不再挑剔有瑕疵的玉料，而是考虑充分利用颜色差异，将棕色的瑕疵变成白云之中龙的形象。这时期的玉器已失去礼制的意义，变成士大夫们赏玩的器物，玉器中的古意、色泽、质地的美感，是他们赏心悦目的源泉，玉佩饰、玉带钩、玉印章和其他陈设玉器，成了他们玩赏之器物。

汉代帝王以为可保全尸骨不朽且有灵气，能带领死者灵魂升天的殓葬玉，这个时期有了空前发展，帝王不惜耗费巨大人力制作玉葬具。汉武帝之弟刘胜（公元前 113 年去世）及其妻子官绾身穿的玉衣，预计耗时十年才制成。流传甚广至今仍有仿品的葬玉蝉和豚，玉质优良，做工简练，寥寥数刀便勾勒出蝉和豚的形象，神态栩栩如生，令人爱不释手，藏家称为"汉八刀"（图3-17）。

总而言之，秦汉时期的中国时作玉和殓尸玉得到了全面发展。但是，随着东汉的灭亡，出于对奢靡之风的鄙弃，玉葬具在公元222年被禁止。进入三国魏晋南北朝（公元221—589年），战乱与安定并存，佛教传入中原，于是大兴造像，秦汉现实主义玉雕艺术的正常发展受阻。

图3-17　玉豚（汉）

（五）繁荣期

隋唐（公元581—907年）时期的玉文化和玉器艺术，在秦汉现实主义思潮影响下，出现了非常繁荣的局面。玉器艺术日趋注重内心精神的刻画，以突出神似为己任，而又区别于汉。具有浓郁雕塑意味、重体量、重骨法的玉雕作品比比皆是，佛教进一步与传统的玉文化相融合。该时期于阗国的玉器工艺亦高度发达，在艺术上、形式上都有较大发展，非同凡响，经常向唐帝国进贡玉团和玉器。

宋代（公元960—1279年）的玉器，在继承唐代玉雕艺术的基础上又有了进步。在宋代画院影响下的宫廷玉器，多重画理和三远法，比例适当，出现了形神兼备的玉雕作品。如果说唐代玉雕是雕塑性的，那么宋代玉雕则是绘画性的（图3-18）。

辽代（公元907—1125年），是契丹族割据东北建立的地方政权，向中原纳

图3-18　青玉双鹤佩（宋）

贡称臣，接受中原的礼制和文化熏陶，创造了具有契丹风格的玉器艺术。

金代统治者为女真完颜部，于公元1115年反辽成功后建立了金国，进而创造了具有女真民族意识和描绘边疆生活的玉雕作品。

（六）鼎盛期

元、明、清三代（公元1271—1911年），均为定都北京的统一王朝。元朝玉器艺术仍在形神兼备的创作道路上前进，仅做工较为粗放。明代中期，玉器渐渐脱离元朝的做工之风，出现了远离生活的拟古主义倾向，商品生产盛行，粗制滥造成风，产生了狂放无章法、随意碾琢的扭曲现象。清代玉器艺术，沿袭明代中

晚期的拟古之风，做工转为力求工整精致，艺术和产量均达到新的历史高峰（图3-19）。这与康熙以来在宫中设立专门的玉制作坊和乾隆痴迷玉器有着密切的关系。清晚期遭受外侮侵略，国力衰竭，玉器行业一落千丈。1911年清帝逊位，清代玉器艺术也随之而告终。

此后，从辛亥革命到中华人民共和国成立前，政局不稳，社会动荡不安，经济发展停滞不前，玉器业遭到沉重打击，玉工们纷纷改行转业、玉雕式微，乏善可陈。

新中国成立后，公办的玉雕企业陆续问世，玉工队伍不断扩大，尽管产品以传统的小件为

图3-19　青玉双连樽（清）

主，仿古风格明显，但玉器行业获得了新生，产品走出了国门，满足了旅游业和外贸的需要。改革开放以来，社会经济的快速增长，尤其是公办、民营、个体等多种体制并存的经济模式，为玉雕业的大发展提供了机遇，玉雕制品在传承中不断创新，从业人员、生产规模都有了大发展，迎来了我国玉器史上又一个高潮期。

三、独领风骚的中国玉器

中国是玉的国度。从某种意义上说，玉是中国古代文化有别于其他地区古代文化的一个显著特点。世界上有三个地方以玉器的制作闻名，即中国、中美洲和新西兰，但中国延续时间最长，分布地区最广。

在用玉历史、碾琢技艺和用途方面，无论是日本古玉、新西兰毛利族玉器、印第安人玉器，还是阿拉伯玉器、西伯利亚古玉、欧洲古玉，都无法与中国玉器相提并论，中国既是产玉大国，又是琢玉大国，中国玉器在世界文化宝库中独树一帜，闪耀着迷人的光辉。

中国采玉时间最早，延续时间最长。早在大约12000年以前，我国辽南原始居民就开始用蛇纹石打制砍砸器。7000年前的新乐文化时期，出现了磨制较精的彩石石凿，河姆渡出现了彩石玉玦。距今6000—4000年的新疆罗布淖尔先民，已经采用和田玉磨制无孔石斧。此后4000年，我们祖先的制玉活动从未间断过。而国外最早使用玉器的时间，是公元前3000—前2000年的西伯利亚原始文化时期，用的是软玉制造工具和圆盘，此后便销声匿迹，未再重现。在日本，古代硬

玉大珠出现于绳文时代中期（公元前 2900—前 2300 年），碧玉管出现于弥生时代（公元前 300—250 年），到了古坟时代（公元 250—538 年），制玉工艺便衰落以至消亡。印第安人玉器，开始于公元前 1000 年，至公元 900 年趋于消失。

尽管因检测手段不同而确认的采玉时间的早晚可能出现一定的误差，但中国无疑为用玉最早的国家之一，且用玉持续时间最长。

中国玉器用材最好。从玉质、玉色来看，国外各产玉地点所出玉的色泽较为单调。如日本的印第安玉器，以翡翠为主，其软玉亦呈深浅绿色；欧洲软玉呈青、绿色；贝加尔湖附近所出的玉石上带有墨色。而我国的和田玉，除了青、碧、墨色之外，还有黄、白等色。其中，

图 3-20　羊脂玉《世代封侯佩》（吴金星）

尤以羊脂白玉最优（图 3-20）。日本的硬玉和碧玉、毛利人的碧玉、印第安玛雅的硬玉之质地，均缺少温润晶莹之感。而我国的和田玉，质地细腻缜密，是国外玉石所不及的。

中国古代琢玉工具在当时是最先进和最完善的；我国琢玉用的是旋转性工具，可能始于原始社会的红山文化与良渚文化，后来又逐渐发展为"水凳"（图 3-21）。而日本、西伯利亚、印第安玛雅等地情况不然。尽管日本学者从现行攻玉法推定，日本古代玉器也是用旋转性工具碾琢的，但此外不见其他论证材料。19 世纪印度玉工操作旋转性工具

图 3-21　水凳

的图示流传至今，为一老年玉工用右手推拉弓弦以带动圆砣旋转，左手执玉琢磨，效率较低。这幅图中的琢玉工具，比《天工开物》所描绘的水凳晚了 3 个世纪，其结构、传动装置也远比"水凳"落后。

中国的碾琢技艺超群，其他国家望尘莫及。这一方面是因为中国古代旋转性琢玉工具在当时是最先进、最完善的；另一方面我国古代玉器工艺有 8000 年的历史，积累了丰富而宝贵的经验。例如，痕都斯坦玉——莫卧儿玉的碾琢技艺，早已达到了相当高的水平，并对我国晚清及现代玉器工艺产生了较大影响。乾隆

赋诗曰："璞韫昆山，镂传印度"，"西昆率产玉，良匠出痕都"，并赞其玉器"莹薄如纸"胜似"蝉翅"；其琢磨精美，"叶簇见重层，刀斧浑无迹"，"细入毛发理，浑无斧凿痕"，"精镌本鬼工"。

  中国的古代玉器用途之广，涉及社会生活的各个方面，国外无法与之相提并论。中国玉器广泛服务于宗教、政治、经济、文化、卫生等方面。而欧洲人仅认为，软玉挂在腰间有治愈肾病的功效。日本人对玉和玉器的认识较欧洲人复杂一些，他们认为除了装饰功能外，玉尚有"咒术的、宝器的、祭祀的"功能。阿拉伯玉器，大致也仅限于生活用玉和瓶盆之类。印第安玛雅玉器，与神、官场的职司、祭祀有关，此外尚有生活用玉和装饰玉器。

  中国古代玉器形制相当丰富，远胜国外。日本古代玉器，限于珠、管、勾、枳形以及抽象化的动物，少见器皿；毛利人玉器，仅见神像、佩、斧；西伯利亚新石器时代，也仅有斧、凿、盘等工具和器皿，且造型较简单；阿拉伯玉器以器皿为主，其器形别致，独具一格，但类型较少；印第安玛雅玉器，形制比上述各地稍多，有工具、珠、管、片、人物浮雕和象生玉等，但与中国古代玉器形制相比，也显得相当单调。

  中国古代玉器的装饰图案繁多精美。根据已出土的古玉辨识，我国古玉有几何形、动物、植物、文字以及绘画性图案、综合性图案等多种题材。而日本、欧洲、西伯利亚、毛利等地玉器，则多呈光素状简单的几何形图案，装饰样甚少。其中，玛雅和阿拉伯等地玉器的装饰图案，有自己的独特风格，如痕玉之莨苕叶饰和"西蕃莲""铁线莲"等花纹。印第安玛雅玉器纹饰，以人物图案为精，但与中国古代玉器图案装饰相比，便显得黯然失色。尤其是中国古玉上的绘画性图案，在世界琢玉史上独具特色。

第三节　玉器的品名和价值

一、玉器的品名

玉器的品名是玉器内涵、外形的文字表现。不同题材内容、不同风格特点、不同用途、不同形制的玉器，所取的名称便不相同。古今玉器的命名和品名也有所区别。

（一）古代玉器的品名

古代玉器的品名今人难以理解，现就其中部分玉器品名做一简单介绍。

璧　也作"拱璧"（因须两手拱执）。形状为扁圆形，正中有孔。璧分大璧、谷璧、蒲璧。大璧径长一尺二寸，天子以礼天之器。诸侯享天子者亦用之。礼天须用苍色，盖璧形圆，象天苍，象天之色。谷璧，子所执，饰谷纹，取养人之义。蒲璧，男所执，瑑饰为蒲形，蒲为席，取安人之义。历代璧做工精良，用途有五种：一为祭器，用作祭天、祭星、祭地、祭神、祭山、祭祖、祭河等；二为礼器，用作礼天或不同身份标志；三为用作装饰、佩戴；四为砝码用的衡；五为用作辟邪和防尸腐（图3-22）。

图3-22　玉璧(龙山文化)

图3-23　玉琮(宋)

琮　外方内圆的管形玉器。琮的用途很多，祭祀时用于祭地，敛尸时放在腹部，朝聘时诸侯持以敬献君夫人等。今人据其形状及纹饰，认为是贯通天地的一种法器，是图腾柱，是巫师用于沟通神灵的工具等。玉琮以新石器时代良渚文化期间所见最多，大汶口文化、石峡文化等遗址中也有发现。到商代，玉琮亦较常见，但器形较短矮，不似良渚文化的那么细长高大。汉以后，似已不再制造（图3-23）。

圭 也作"珪"。古代帝王、诸侯朝聘、祭祀、丧葬时所用的玉制礼器，为瑞信之物。圭呈扁平长条形，下端平直，上端呈等边三角形。形制大小因爵位及用途不同而异。《周礼·春官·典瑞》载，圭有大圭、镇圭、桓圭、信圭、躬圭、谷圭、琬圭、琰圭等名称。商代有石圭出土，战国时玉圭方才盛行（图3-24）。

图3-24　玉圭（汉）

图3-25　玉璋（商早期）

璋 古代朝聘、祭祀、丧葬、发兵用以表瑞信之物。形如圭之一半，上端为一道斜边，下端平直。形制大小、厚薄、长短，因所事不同而异，有大璋、中璋、边璋、牙璋等区别。瑞信用大璋，通身施纹。祭大山川用中璋，十分之七施纹。祭小山川用边璋，施一半纹。发兵用牙璋，首似刀而无刃。商代有石璋出土，战国时玉璋盛行（图3-25）。

璜 一种弧形玉器。古代贵族朝聘、丧葬、征召的玉制礼器，祭祀北方礼器。璜穿孔为佩饰用，故有佩璜之称。新石器时代的佩璜，一般两端各有一孔，系以佩戴。商代的白玉璜，多由璧环类改制而成（图3-26）。

图3-26　玉璜（良渚文化）

图3-27　卷云纹玉琥（春秋战国）

琥　一种琢雕成虎形的玉器，古人用于祭礼西方之玉器。有孔者可称为虎形玉佩；无孔的应是玩器或陈列品，可称为玉虎。商代妇好墓中出土的玉虎有细孔，应称虎形玉佩，属装饰品类，而不作为发兵或祷告之用（图3-27）。

玦　"玦"通"决"，形如璧而有一个缺口。其用途有五种：一作佩饰；二作信器，见"玦"时表示有关者与之断绝关系；三作寓意，佩戴者凡事决断；四作刑罚的标志，犯法者处一定之所服刑，见"玦"则不许还；五用于射箭，使用时将其套戴在右指上，以作钩弦。

琀　古时入殓时，用来放在死者口中的玉器。《周礼·天官·玉府》载："大丧，其含玉。"大丧指皇帝丧。此外还有含璧、含珠、含瑁、含贝等，因死者身份不同而有所区别。含玉，多为禅形，故又称"玉蝉"。

瑁　古代帝王所执玉器，用以覆诸侯的圭，覆于圭上能契合者为证。古代交通不便，帝王诸侯不一定完全相识，有瑁、圭可以证明身份。

瑗　大孔的璧。召集人时所用器物，形状如璧，孔更大，类似今天的召集令，见物如见令。

璲　古代贵族佩戴的一种瑞玉。

环　中央有孔的圆形佩玉器，主要佩戴于身以显示身份。

珌　古代刀鞘末端的装饰玉器。

瑱　古代帽子上的结饰玉器。

玉笏　上朝时所执的玉制手板。

玉钩　玉制的钩器，有带钩、帘钩、帐钩等（图3-28）。

玉衣　玉制的葬服，又称"玉匣""玉柙"。把玉石琢成各种形状的小薄片，角上穿孔，按等级不同采用金缕、银缕、铜缕连缀而成。

图3-28　玉龙钩

玉带　官员所用的玉饰腰带，以之区别官阶之高低。唐制五品以上皆金带，至三品则兼金玉带。明代唯亲王及一品文官用玉带。清从三品以上服玉带，四品以下服金带。

玉剑饰　用于剑上的装饰玉件。常见的有剑首、剑格、剑鞘上带扣和鞘末玉饰（珌）四种。

玉带钩　有铜、玉两种，又名"犀比"，用以钩连腰带。

玉勒　玉饰的马衔，古代驾驭马匹用于横勒马口，俗称"马嚼子"。

玉磬　古代玉制的打击乐器。

玉轸　古代玉制的琴柱。

玉敦　古代歃血盟誓时用的玉制器皿。

玉漏　古代计时用的玉器。

玉辅首　古代用于驱邪的玉制门饰。

玉玺　皇帝的玉印。古代印、玺通称，以金或玉为之。秦以后以玉为玺，为皇帝所专用，指喻皇位。

（二）当代玉器的命名

当代玉器的命名，由琢玉者自行决定，故当代玉器的品名十分繁多，无法一一介绍。这里仅就当代玉器命名方法做一归纳。由于玉器品名会直接影响到作品的艺术效果，好品名可为之增辉升值，所以，琢玉者们普遍把作品命名列入创作内容之一。纵观当代玉器的品名，其命名方法大致可以归纳为如下七种：

器物命名法。即以作品所展示的器物的形制、特色、类别来给玉器命名。器皿件、仿古件、人物件（图3-29）、动物件等玉器，大都用此方法命名。如《观音》《貔貅》《仿古瓶》《葫芦瓶》（图3-30）《兽首炉》《草香花碗》《薄胎茶壶》等。

称谓命名法。即根据作品约定俗成的称谓来为玉器命名。如《辟邪》《寿星》《三足蕉叶鼎》等。

图3-29　和田玉籽料《寿星》（曹伟）

图3-30　和田玉《凤耳葫芦赏瓶》

故事命名法。即对以移植传统书画或图案为题材的玉器，借用其构成的历史人物故事命名。如《竹林七贤》《关羽擒将图》（图3-31）《清明上河图》等。

情节命名法。即用作品题材的情景来取名。如《苍龙出海》《枫桥夜泊》《独钓寒江雪》（图3-32）等。

图 3-31　《关羽擒将图》

图 3-32　和田玉籽料《独钓寒江》（胡锡涛）

概念命名法。即以琢玉者对作品的理解和感情而形成的概念来取名。如作者为表达事业成功都需要经过磨砺的主题而创作的《历程》玉器等。

谐音命名法。即契合大众的美好诉求，"讨个口彩"的传统命名方式。如刻画一只猫在房屋前嬉戏蝴蝶的场景的作品《耄耋富贵》，就是用"耄"与"猫"的谐音和"耋"与"蝶"的谐音来取名的（图3-33）。

图 3-33　和田玉籽料《耄耋富贵》（张克山）

图 3-34　和田玉《雨归》

艺术命名法。即将作品与名称有机结合，以鲜明地突出作品的创作主旨，烘托作品的艺术境界，给予观者以震撼。如作品《雨归》取料黑皮白肉，刻画甲壳虫在细雨中的蘑菇上爬行的场景（黑皮色上雕琢甲壳虫、白肉质蘑菇状，上有数粒细珠随意分布），表现细雨中甲壳虫欣然前行的状态（图3-34）。

（三）类名玉器

玉器界流行着另外一种特殊的玉器名称，它所指的不是某一件玉器，而是采用同一类特殊技艺制成的一类玉器，我们称这样的玉器名称为"类名"。常见的使用频率高的"类名"主要有俏色玉器、薄胎玉器、女真玉器、仿古玉器、"乾隆工"玉器等。

1. 俏色玉器

俏色玉器是指采用俏色雕技法，对玉料上面的两种或两种以上的皮色，做出完美处理而制成的一类玉器。俏色玉器的产生有两个因素：一是玉石给定的颜色（皮色）条件；二是设计者用色和造型相结合的能力。创作俏色玉器，一般以玉石的主色作底，兼色作俏，色不混不靠，物象逼真为佳。主色，即玉石中基本、大体积的色彩；兼色为杂于主色中的其他颜色（图3-35）。

图3-35　和田玉籽料俏色《日月同辉》（曹扬）

2. 薄胎玉器

薄胎玉器是指采用薄胎技法创作的胎体特别薄而透的一类玉器。古代器皿玉器中，此类玉器早有发现，如唐代玉莲瓣纹杯、明代玉花形杯等，清代薄胎玉器较为多见。薄胎玉器轻巧、秀丽，薄如蝉翼，轻若鸿毛，亮似琉璃，让人爱不释手。因为薄胎玉器吸收了西部"蕃作"工艺技术，作品更加精致，具有"痕玉"（痕都斯坦玉）特点（图3-36）。薄胎玉器以盘、碗类最多，瓶、壶类次之。薄胎精品可使沉重的玉件变得轻巧，使玉料青原色返白而透光，反映玉质的

图3-36　和田玉缠枝纹薄胎瓶

均匀美、透度美，给人以鬼斧神工之感。薄胎玉器要求薄胎厚度一致，它依玉质、玉色和造型而定。青玉越近白玉，胎体反而要厚一些，深色青玉和碧玉的胎体要薄一些，如此薄胎玉器方为上品。因为薄胎玉器源于印度北部的痕都斯坦，

当时该地隶属于蒙兀儿帝国，故薄胎玉器又有"蒙兀儿玉器"之称。

3. 女真玉器

女真玉器是指代表金朝时期女真族玉器风格的一类玉器。金朝（公元1115—1234年）是中国历史上由女真族建立的封建王朝，共传十帝，享国120年。玉器是金朝贵族身份的标志物，材料主要来自西域，以青玉、白玉为主，少有玛瑙器。工艺技法与宋相似，但其功能、主要内容略有不同。资料显示，宋辽金玉器的艺术风格和制玉技术具有较强的共性，但因区域文化不同，其创作题材以及工艺的粗细、社会功能有主野之别。

金朝玉器善用草原民族熟悉和喜欢的飞鹅、鸿雁、海东青作为造型和装饰图纹。工艺集阴刻、镂空、叠挖、碾磨于一体，不仅使多数平面玉器装饰增添了极强的艺术魅力，而且也使多层次的作品更加活泼而富有生命力。在艺术题材方面，金朝玉器颇有特色，如"春水""秋山"等，都是女真玉器较为典型的作品。

所谓"春水玉"，就是指以鹘鹰捉鹅为主题的玉器，一般为椭圆形，通体以镂空加饰阴线纹雕成。图案多为一只天鹅躲藏在水草中，上有一只鸽子大小的鹰（又称海东青）向鹅俯冲而下，作追逐状；或直接雕刻一只海东青展翅攫住鹅首，欲食鹅脑。所谓"秋山玉"，是指以山林虎鹿为主题的玉器，图案为山石、柞树、虎或群鹿。这两种题材表现了北方草原山林天高地阔，禽兽翱翔驰骋的自然风貌，是契丹和女真弋猎生活的真实写照。这两种玉器的背面都有穿孔或系环，应是随身的佩饰（图3-37、图3-38）。

春水玉和秋山玉虽都充满了北国林野的情趣，但在艺术处理上是不同的。目前所见的春水玉比秋山玉多得多，雕琢水平及表现手法都稍胜一筹。一般来看，春水玉艺术格调激昂、热烈，琢刻细致，飞禽形象逼真，富有动感；而秋

图3-37 春水玉

图3-38 和田玉籽料《青山独钓山水牌》
（赵显志）

山玉表现内容均为野兽共处山林，相安无事，营造出一种宁静恬淡的境界。早期的春水玉和秋山玉碾琢粗犷，图像朴拙，颇有民间艺术不求形似、突出特点的格调；而中晚期则雕琢细致，注重写实，刻画逼真。

需要指出的是，春水玉和秋山玉对元明清三代玉器艺术风格影响较大，如江苏无锡元代钱裕墓中，曾经出土一件春水玉，说明这类玉器已推广到江南地区。明清时期，"春水"题材的玉器虽沿袭不绝，但在形神方面，已不及金元时期。清朝统治者虽为女真后裔，但生活环境及经济面貌与金朝有天壤之别，制作者缺乏亲身体验，没有见过鹘与鹅相搏斗的情景，只能靠想象发挥，原有的那种浓郁的生活气息，已被形式上的装饰所替代。

4. 仿古玉器

仿古玉器是以继承某个时代玉器特征为基准，追求在纹饰、题材、造型等方面相似传神，在雕琢创作艺术风格上惟妙惟肖、颇具神韵而制作的玉器，是对传统文化的一种尊崇和传承。玉器仿古的第一要素是纹饰。纹饰是玉器上的符号，或朴实无华或精雕细刻或繁缛复加，每一个朝代的玉器都有其独特的纹饰，主要有神话、兽类、动物等多个种类。各种纹饰均有特定的含义：云纹是对云的崇拜；谷纹象征五谷丰登；兽纹是为了辟邪；饕餮纹是为了戒贪。每个朝代都会有新的纹饰出现，有些纹饰几乎跨越整个玉文化的历史，有些纹饰则往往只在一个朝代使用，纹饰的种类和演变，从一个方面反映了古代玉器的特征（图3-39）。

图3-39　和田玉籽料《仿古龙凤呈祥牌》（蒋喜）

仿古玉器之风起于宋，盛于明清。明代玉雕纹饰，开始大量出现民俗和故事性的内容，并盛行以万字、寿字、喜字、流云、海波、回纹、卷草等图案为底纹或边饰。清代在纹饰上更加繁复精细，集各个时代之大成，不但可以仿制以前的历朝历代玉器，而且有很多创新。仿古玉器抒发着古风的魅力和内涵，融入现代化的新鲜元素，将古玉文化的精髓加以继承和运用，赋予当代审美观念及设计理念，既有继承又有创新，使其更加符合现代人的审美需求，让玉器文化不断传承和发展。常见的仿古玉器有仿良渚玉、羊玉、狗玉、梅玉、风玉等。

5. "乾隆工"玉器

"乾隆工",就是乾隆时期玉器的工艺,其用料考究,精雕细刻,不惜成本,极富有时代特色。"乾隆工"玉器是乾隆时期玉器精品的代名词。准确地说,乾隆工专指乾隆时期专门为宫廷制作的玉器。这里面包括清宫造办处做的玉器,也包括清宫发出指令让地方为宫廷制作的玉器,比如苏州制造、扬州制造。能代表清宫用玉最高水平的玉器,才能真正称为"乾隆工"玉器(图3-40)。"乾隆工"代表了一种皇家气派,一种"内廷恭造"之式。可以说,"乾隆工"是玉器巅峰时期的巅峰工艺,它从小到大,从造型到纹饰都是一丝不苟、精工细作制成的。相传,玉料来了乾隆要审料,他审料十分细致,会根据玉器的色泽、纹理、绺裂程度来设计。笔筒常用碧玉来做,他会把一幅山水画围绕在这个笔筒周围,让玉工用镂雕、浮雕、阴刻等技法,搭配颜色制作而成,相当于将一幅山水画刻在了这个笔筒上(图3-41)。

图 3-40　碧玉乾隆工笔筒

玉器从虚幻象征性器物进入贴近现实生活的实用和赏玩时代,始于唐宋年间的玉饰、玉质器皿以及诸多赏玩玉器的出现。到了明清时期,天然质地的自然美玉与巧思精作的工艺美的完美结合而形成的玉器,越来越受到社会百姓的欢迎,收藏玉器也渐成时尚。乾隆二十四年至嘉庆十八年(公元1759—1803年)是中国玉器史上的鼎盛时期,"乾隆工"是对当年玉料好、雕工好、抛光好的玉器工艺的最高肯定和最大褒奖。"乾隆工"玉器的特点是精细、多层次、薄而巧。精细指的是玉器上所有线条流畅分明,刀法一脉贯穿有力,无不连续之刀工。多层次指的是浅浮雕的所有凸起的弧面皆圆润光滑,无扎手感,每个细部一层层顺着玉石肌理向内刻,层次分明,井然有序。薄而巧之"薄",指的是将玉材处理得薄如纸,使上面雕刻纹饰可以透光而视,清晰可见;薄而巧之"巧",指擅长度量玉材,表现其最好的一面,物尽其用。

图 3-41　碧玉《风起笔筒》(冯铃)

此外，把好彩头和吉兆象征尽心尽致地表现在工艺美术上，在乾隆时期的玉器上极为普遍。而玉器上的纹饰，可谓言必有意，意必吉祥。无论是帝王将相还是平民百姓，无不祈盼健康长寿、幸福吉祥。玉工们顺应大众心理，运用不同的工艺方式，处处表达众生渴求生命、向往延年益寿的意愿，佳作迭出。诸如蝙蝠象征福泽，梅花鹿象征功名利禄，佛手象征富贵在握，月季象征青春常在，诸如此类，不一而足。为了表情达意，迎合人心，"乾隆工"的用料不惜成本，实现"工就料"原则；工艺上精益求精，看不出雕琢痕迹，达到了尽善尽美（图3-42）。

图3-42　白玉籽料精雕立体《竹叶蝙蝠钱币》

二、玉器的价值

商品价值是体现在商品里的必要劳动，价值量的大小决定生产这一商品所需要的社会必要劳动时间的多少。但是，玉器商品不是一般的商品，它的价值不仅要看生产玉器所需劳动量的多少，而且在很大程度上受到石料质量、艺术家对石料艺术处理手法和人们的审美观念及物质条件等诸多因素的影响。另外，提供给社会的玉器量和社会需求量的变化，对玉器价值的影响也很大。优劣不同的玉石虽然同属一个品种，价值却有天壤之别。人的技术条件、加工技术、处理手法是否得当，也都对玉器效果产生影响，使玉器在造型上千变万化，产生的价值自然也就有了不同。人们在选用玉器时，由于民族、社会习俗、传统观念以及信仰的差异，对玉器的价值有不同的认识，这些是玉器价值变化的主要原因。总而言之，玉器的价值包括玉石价值、劳动价值、艺术价值。古玉器还有其历史文物价值。

玉器的价值与玉器的价格既有联系，又有区别。

三、玉器的价格

玉器价格是玉器价值的货币表现。玉器价值是客观存在的，而玉器价格是在玉器交易中体现出来的，又是商品卖出去后所获得的货币金额数字。从市场上来看，玉器价格是由玉料、工艺、品相、稀缺性、传奇色彩等五个部分组成的。玉料，以无绺裂和杂质为佳，特别是细腻光洁的白玉和黄玉最受欢迎；工艺，素面玉器一般来说最便宜，纹饰精美的价高，而圆雕玉器价格最高；品相，不残、不裂、抛光好、沁色漂亮的为佳；稀缺性，市场少见的、拥有量小的、级别高的为贵，比如红山文化的猪龙、良渚文化的玉琮、战国两汉时期的出廓璧、清代造办处制作的玉器等；传奇色彩指的是有故事的玉器，比如乾隆皇帝用过的、某大名家收藏过的或者某大拍卖公司拍过的等。

玉器的价格，从理论上来说比较容易制定，但在实际的市场买卖中确实难以准确把握，用俗话来说，就是"黄金有价玉无价"。

"玉无价"指的是玉材、玉器至今没有规范的定价标准和体系，以致玉市场上坐地起价、见势加价、无端涨价的情形时有所见。从理论上讲，玉是有价的。就一件玉器而言，它的价格是由材料价格、创作工时价格、艺术价值所决定的。材料价格包括原始材料、辅助材料和雕琢工具耗费等价格。创作工时价格包括作品设计和雕刻成器的用工费用。艺术价值应考虑的因素较多、较复杂，包括作者地位、设计造型、工艺技巧、作品意趣、艺术品位等。高档次、大师级玉器的艺术价值，还得从独特的风格、市场的接受度及美誉度三方面考量，其主要体现为琢玉人的艺术地位、市场的影响力、作品的艺术性、个性化创作、原创以及巧雕工艺的运用等。

从另一角度来分析，玉器价值如前所说，是由许多因素决定的，这些因素包括玉器质地、玉料种类、造型意境、雕琢工艺、年代远近、稀罕程度等。所以，玉器价格不易简单而准确地确定。具体而言，玉器估价的难处在于三个方面：一是玉石种类很多，不仅一种玉石一个价，而且同种玉料的质地有优劣、颜色有深浅、块度有大小，其价格也就名不相同。二是玉器雕琢有优劣，选材和题材适宜与否，以及雕工的名气、水平都是与玉器价格紧密相关。三是玉器是否为精品、珍贵、稀有之物，古玉的历史背景、文物价值又不一样。诸如此类因素，决定了玉器定价之难。于是，"黄金有价玉无价"就广为流传，这在一定程度上也促使了玉价的上涨。

深入分析"黄金有价玉无价"这句俗语，我们可以发现，黄金价格有国家统一的标准（纯度），无论何种黄金及其物品，都可以按此标准计算出它的价格，而玉料和玉器至今尚无国家统一标准计算其价格，这是由玉石的文化性、特征性、工艺性、不稳定性所决定的。

玉石的文化性，指的是玉文化。玉文化是亚洲人，尤其是华人文化的一个重要组成部分。由于玉石质地细腻，易于雕琢，人们常把一些民间传说、文化习俗、宗教信仰和生活信念等形象化地融入玉石中，使之不仅成为一种装饰和保值的物品，而且成为一种信物，赋之以特殊的文化内涵。玉石的文化性，使得玉石不仅仅以物质形式而孤立存在，它是人们思想情感的一种表现形式和精神的寄托，受人们的传统习俗、宗教信仰及地理环境、风土人情等的制约。不同的人、不同的环境，由于思想观念、文化修养、传统习俗的差异，对玉文化的欣赏角度和追求也有所不同，因此，玉文化的价值难以准确评定。

玉石的特征性，指的是玉石不同于黄金。国家早就颁布了以黄金的纯度来衡量黄金品质的标准，黄金的纯度和标准有了，黄金物品的价格便容易计算出来了。就黄金饰品而言，其价格是金的克价＋工费（有明确规定）。而玉的情况不可同，既无国家标准，又有诸多影响其价格的微妙因素。以翡翠为例，它以种、水、色、工来评价优劣，单单种、水、色就千变万化，"色差一等，价差十倍，水多一分，银增十两"。这说明，翡翠价格十分难以评定。和田玉价格的情况更加复杂，它的品种繁多，价格不一，要看结构、润度、油脂感、白度，以及是否闪灰、闪青、沁糖等，它的价格是由许多方面因素综合决定的。再说工费，玉的工费因人而异，无法统一标价，不是名家雕刻的普通玉器，工费按行业通行的约定俗成标准收取；若是大师级或玉雕师雕刻的，那工费可能就是普通玉器工费的十几倍甚至上百倍。种种情况表明，玉的价格实在难定（图3-43）。

图3-43　和田玉《镇守相安》(崔磊)

玉石的工艺性，指的是"玉必有工"。玉石是一种工艺品，是工艺师对玉材的艺术创造，它融入了工艺师们对玉材的理解和思想感情，是玉石文化的具体表达。玉石的工艺性，对玉器起到了画龙点睛的作用。俗话说"七分料，三分工"，讲的是一般情况下，玉料与工艺在玉器价格中的占比，但是同一块料，出自不同的设计和加工工艺，其价值会千差万别。出自工艺大师之手的玉石加工，可取其精华，避其糟粕，将玉石中最好的部分充分展示出来，使造型惟妙惟肖，图案出神入化，给玉石加入灵气，使之变活，让人欣赏起来真正能够进入艺术境界。这时，工艺所创造的价值，可能远远比玉石自身的价值要高得多。但若加工者不能对玉石的特征进行正确理解和再创造，设计、加工质量低劣，即使是再好的玉料也无法提高其价值。还有，人工雕刻的作品与机器加工出来的玉器价值又不一样。可见，即便同样的玉料、同样的题材和规格，因为工艺性的差异，其价格往往也相差很大。

玉价的不稳定性，指的是玉石价格变化大。俗话说"乱世黄金，盛世玉"，指的是作为一种硬通货的黄金，平时值钱，战乱中因为能当货币使用，所以更加值钱。然而，玉石的价值不一样，变化实在大。时世不稳、兵荒马乱的时候，玉器往往无人问津。到了盛世，社会稳定，人们生活水平提高了，玉器就身价倍增，成了大家的宠爱之物。

此外，黄金加工无风险，玉石雕刻则不然。因为，黄金是熔铸加工出来的，理论上讲只要打个模型出来，要黄金变成什么样都行，没有风险可言。但是，玉石雕刻存在风险，雕坏了就是废品，打碎了便成为石碴子一堆，无法回炉重铸，经济损失不可避免。

综上所述，"玉无价"并不是说玉的价格高得没有上限，而是说玉的价格难以把握和确定，不是一个标准能够计算出来的。当然，玉与中华民族有着深厚的渊源，古人把玉喻作道德、修养，说明它既是器物又是艺术，还是精神载体，有感情，有文化涵养。从这个层面上讲，玉确实是无价的。玉所蕴含的文化、历史和价值观，都是玉的无形价值，难以估量。

现实中的玉器价格，随着社会经济的不断发展，总体上处于往上走的势头。特别是21世纪初，经济热带来的玉器热又拉高了玉器的价格。

2006年进入了"玉无价"时代，玉器价格一路高涨，原材料、设计加工、市场销售等各个环节的价格全面上涨。首先是玉料，特别是和田玉的价格，是2006年中国市场涨价幅度最大的商品之一。

据业内人士介绍，20世纪80年代实行的是计划经济，玉器生产单位主要是国营玉器加工厂，玉料进货都是按吨论价。到了90年代，玉石交易是用8—10千克的箱子交易，按箱论价，玉料价格开始微涨价。世纪之交，玉料交易开始按斤计价，玉料价格开始快速上涨。2003年以来，优质玉料，特别是新疆和田白玉价格，大料论块交易，籽料按克计价，玉料价格开始进入暴涨时期，一年一个价，月月有变化，以至有人把刚从新疆和田采购到的和田玉料，拿到北京、上海等地的市场，而货源地和田玉的价格涨幅就超过了这些目标市场，于是，刚到目标市场的玉料又重新回流至新疆和田，价格进一步上扬，扣除来回差旅费用、运输成本，还能赚上一笔。

玉料价格的上涨，不仅反映在交易方式上，也体现在原料的单价上。1千克的普通和田玉料，20世纪80年代价格为1000元左右，2006年涨到10万元左右。和田白玉涨价更大，2003年前开始"按克计价"时，与黄金持平，被称为"金玉良缘"。2006年，和田白玉全面涨价，1克和田白玉相当于黄金价格的4—

10倍。若是带有红、黄色皮的籽料,价格还可上涨数倍。带色的和田玉籽料皮,成了单位面积内"世界上最贵的皮"。据2006年10月9日《扬子晚报》报道,安徽某公司董事长用160万元"赌"到一块长近1米、重达90.2千克的和田玉原石,通体包裹一层枣红皮天然沁色,天窗部分露出洁白细腻玉质。近期,这块"赌石"估价1.8亿元。2007年新疆和田玉原石在扬州新世纪大酒店公展,宣称展品国内顶级。其中一块重达十余千克、形似"金元宝"的红皮白玉原石,持有者20年前以万元价格收藏,现在出手价格至少1200万元人民币。新疆和田玉料价格的疯涨,由此可见一斑。

  近年来,我国经济发展开始转型升级,GDP增幅回落。多重因素影响下的玉器市场,出现了价、量齐降的理性回归。但是,和田玉原料的玉器,价格仍比其他玉器高得多。这不仅因为和田玉为"玉中之王",还由于和田玉的开采较为艰险。古人云:"取玉最难,越三江五溱至昆仑山。千人往,百人返;百人往,十人返。"这两句话,道尽了古代采玉人的辛酸无奈和对逝去生命的惋惜。如今,采玉条件虽有改善,但是仍有"三险"(探险、艰险、风险),采玉人伤亡的不幸,仍旧时有发生。采玉人在岩石下作业,在矿洞口生活,不仅要有强壮的体魄,还要有对严寒、高原反应等风险的抗击能力。矿区也不是所有地方都能爆破作业的,有些地方采玉人必须上去作业。道路难行,有的不通车辆,只能用毛驴作运输工具。上山运行李,下山驼玉料。有的路段特别危险,骡子驮物都不能走,只得人力解决,肩扛手提在盲肠小道上慢行。美玉自古出深山,深山之处空气稀薄,气候寒冷,交通极为恶劣,40千米路程,两天才能到达,翻山越岭,山道崎岖难行。山料开采难,籽料开挖也不易,采集到的少,市场需求量大,供求不对称,加上整个物价上涨因素的影响,昔日的和田玉价格永不可企求(图3-44、图3-45、图3-46、图3-47)。

图3-44 采玉难,难于上青天(何孝楠提供)

图3-45 寻玉人(何孝楠提供)

图 3-46　采玉人住的帐篷（何孝楠提供）

图 3-47　骡子运送山料（何孝楠提供）

四、21 世纪初的玉器拍卖行情

近年来，中国艺术品市场基本与国际同步，拍卖场上的玉器价格，是玉器市场走势的晴雨表，是玉器是否受市场欢迎的试金石。

从 20 世纪末至 21 世纪初的二三十年间，中国玉器在世界著名拍卖行的成交价不断攀升，同类同质玉器价格的上涨幅度每年超过 30%，精品玉器价格几乎每年翻番，有的甚至狂涨数十倍。这是因为随着世界性的中国传统文化热的再兴，"小家碧玉"独领风骚，它不以体大取胜，不以艳丽惊奇，而以滋润的品质、优雅的色泽、精细的雕工、深奥的文化内涵展示于世界大博物馆，展销于世界著名艺术博览会、拍卖会，深藏于挚爱中国文化的名斋深阁中，受到越来越多人的青睐，在世界文化艺术宝库中占有一席之地。

中国玉器流传到欧美的确切时间难以确定，但是，最早记载中国玉器的是英国驻华大使马卡蒂尼爵士（Lord Macartney）。他于 1792—1794 年驻中国期间，记述清乾隆皇帝送给英王乔治三世的一个礼物时写道：皇帝送给陛下的第一件礼物是一件玉如意，长 12 英寸，中国人非常喜爱如意，它代表和平与吉祥。这件玉如意后来出现在 1822 年詹姆士·克利斯蒂（James Christie）编写的拍卖图录中。中国玉如意进入英皇室，为日后中国玉器大量进入英帝国埋下了伏笔。

法国巴黎吉美博物馆是一座专门收藏东方艺术的博物馆，其中一件明代双螭龙耳玉杯，可能是最早进入欧洲皇室的中国玉器。这件明代中晚期玉器，先为法国红衣大主教马萨林所有，后纳入路易十四（公元 1643 年—1715 年在位）典藏目录中第八十号，为法国皇室收藏，这也是中国玉器进入欧洲皇室的历史见证。

圆明园被劫，使大量中国玉器流传到欧美，并引起西方人的注意。具有"人类奇迹""万园之园"之称的圆明园，于 1860 年 10 月 18 日被英法联军一怒之下焚毁。自康熙以来清代帝王在圆明园内藏的商周青铜器及历代瓷器精品、名人书画、帝皇玉玺、玉器、漆器、牙雕珐琅、珊瑚等总数逾10万件绝世宝物，大部分被英法联军盗劫。法国拿破仑三世在枫丹白露宫专门建造中国文物馆，用以收藏圆明园珍宝。欧洲其他国家也有类似特藏。

　　大量中国文物流落到欧洲，中国古董文物市场也由天津、上海等口岸城市，悄然地向欧洲转移，伦敦这个有代表性的欧洲大都会，也就成为继北京之后的中国古文物重镇，成为中国古董文物的集散地，成为中国古董文物价格的晴雨表。

　　具有200多年历史的英国著名拍卖行苏富比和佳士得，看到中国古文物的诱人前景，早早地介入了中国古董文物的拍卖。苏富比和佳士得拍卖公司的介入，使中国古董文物的市场价格开始由英国人掌控。苏富比是全球最大的艺术品拍卖公司，在不少大都市设立分公司。目前，这两家公司每年拍卖的艺术品多达几十万件，占有全球艺术品市场的40%，举世瞩目的重大文物、艺术品拍卖，几乎全被这两大拍卖公司垄断。中国艺术品包括中国玉器工艺品也不例外，公司有专门负责中国艺术品的中国部。

　　1996年开始，中国古董文物另一重要展销形式开始在美国出现，这就是一年一度的纽约国际亚洲艺术博览会，也称"亚洲周"，是名副其实的中国古董艺术大聚会。这个构想最初开始于1992年的纽约苏富比，苏富比希望创造出一个让人们能够同时看到来自不同区域的亚洲艺术品的机会。"亚洲周"已成为纽约一个非常受欢迎的艺术活动，拍卖公司每年3月与9月，定期举办两期"亚洲周"拍卖活动，吸引了世界各地的买家。

　　中国玉器大量流入欧美，推动了20世纪末以来国外的玉拍市场，从著名拍卖行玉器成交价分析，同类同质玉器价格的上涨幅度很大。2000年伦敦苏富比、佳士得进行秋拍，虽然以传统中国"瓷器工艺品"项目为主，以满足大多数欧美收藏家的欣赏口味，但是增加了玉器的比重。苏富比56件玉器成交了37件，成交率较高。最高成交价是一对清乾隆白玉碗，口径13.6厘米，以4.42万英镑成交。佳士得清乾隆白玉流云编双耳带盖芦瓶，高20.8厘米，拍卖时独领风骚，以高出估价三倍多的4.7万英镑卖出。2000年伦敦苏富比、佳士得中国玉器成功拍卖，可以说是拉开了新世纪中国玉器拍卖的大幕，从此，中国玉器一路高歌猛进。

　　2001年9月23日，法国巴黎拍出两件（组）清代御用宝玺，其中一件清乾隆碧玉交龙钮"太上皇帝之宝"宝玺，以460万法郎成交。该宝玺是乾隆传位给嘉庆帝成为太上皇后所刻制的玺印（图3-48）。

　　2003年夏天，伦敦举行的一次艺术品拍卖会上，一件私人收藏的乾隆玉花瓶，最终以 28 万美元拍出，冲刷高价。同年 7 月 11 日，伦敦 Bonhams 拍卖行，举行了 Mr and Mrs RHR Palmer 玉器专拍，38 件拍出 34 件，成交率达 90%，而且落槌价超出低估价的比比皆是。其中，清乾隆松蝠白玉笔洗，腹径 20.5 厘米，是 1936 年 7 月在伦敦以 325 英镑购得的圆明园遗物，此次拍卖以 48 万英镑天价成交，成为玉拍新星。同年，伦敦秋拍于 11 月登场，佳士得与苏富比各显特色，媒体以"佳士得玉器领衔，苏富比宋瓷出击"为题进行报道，将中国玉器作为

图 3-48　碧玉交龙钮（清乾隆，并非真拍品）

一个著名拍卖行一季拍卖的主打艺术品，在世界艺术品拍卖行史上前所未有，反映了中国玉器市场的日益红火。

随着全球经济发展的提速，特别是亚洲经济的繁荣，珠宝行业领军蹿起，加上珠宝知识的普及、设计的改进、款式的流行、工艺的精巧，珠宝翡翠市场一片利好，极大地带动了翡翠价格的上扬。在 2003 年上海举办的一场国际时尚珠宝首饰展示会上，一件来自境外的翡翠手镯，标价高达 2000 万元人民币。

世界著名拍卖行资料显示，受到收藏家格外青睐的玉器既不是考古出土的高古玉器，也不是文人爱好的宋元玉器，更不是市民看好的明清白玉，而是清代帝王玉。帝王宝玺以及带有帝王印款、诗文的清代御制玉器，更是拍卖市场上的抢手货。

2002 年，北京中贸盛佳春拍乾隆玉版《御制十全老人之宝说》，新疆和阗玉制，7 厘米×10.7 厘米，共 8 片 16 面，记载了乾隆皇帝对自己一生的全面评价，随乾隆入葬，陈于乾隆床侧方几上。后乾隆墓被毁，流落到日本，回归参拍，参考价为人民币 500 万—600 万元。

2002 年，北京瀚海秋拍带有"乾隆年制"篆书款的白玉狮钮鼎式长方炉，高 22.5 厘米，以 22.5 万人民币落槌，高出底价 2 倍多。清康熙御用田黄玉石印章一套 12 方，为难得的康熙佩文斋御用十二宝玺盒装套印，多钤盖于御制诗文以及内府所藏历代书画上，其中有寿山石"坦坦荡荡"朱文长方印、寿山石"戒之在得"朱文方印、碧玉"中和"葫芦印、青玉"康熙宸翰"朱方和"稽古右文"白方连珠印、青玉"保合太和"朱文方印、白玉"佩文斋""畅春"白文长方印等，印材质优，印钮雕刻精美，印文刻画自然，并可于《宝薮》中找到

十二方印的记录。全套印章于 2003 年 7 月 7 日在香港佳士得以 1900 万港元拍出。成交价钱之高，惊动了文物界、收藏界。

2003 年 10 月 26 日，在香港苏富比 30 周年秋拍会上，一套乾隆帝玉石御宝钮玺，包括乾隆皇帝"宝亲王宝""随安室""长春居士"三方一匣钮玺、"太上皇帝之宝"青玉玺、"德日新"田黄螭龙钮玺，以 2918.24 万港元成交，刷新了中国清朝工艺品拍卖世界纪录（图 3-49）。一件高 85 厘米的清乾隆青白玉罗汉山子，在峭壁悬崖间，以浮雕、镂雕、圆雕等多种技法，雕刻手持不同法器、神态各异的十六罗汉，以 902.24 万港元成交，刷新中国白玉拍卖世界纪录。

图 3-49　"太上皇帝之宝"青玉玺（清）

清代宫廷御制玉器在国际艺术品拍卖市场上高价猛进，一方面因为清代的帝王玉，特别是"乾隆雕"，无论是玉材还是雕刻工艺，都确实是中国玉器艺术的黄金时期，料好，工好，型也好，既有明确的艺术主题，又有很好的观赏性。另一方面与近年世界热烧"皇帝热"有关。帝王玉，特别是皇帝的宝玺，是古代皇权的象征，宝玺即皇权，代表了国家，代表了至高无上的权力，因而是全球收藏家梦寐以求的珍藏瑰宝。收藏了皇帝文物，也就沾了皇帝光，收藏家的身价似乎也提高了。这与中国官窑瓷器、宫殿旧藏书画走红拍卖市场是一个道理。

这些年来，由于东方巨龙的觉醒，经济的繁荣，政治地位、经济实力的迅速提升，全球中国艺术品市场主导权由二十多年前以英国为主的欧美，移至中国为主的亚洲似乎已成定局。虽然，伦敦每年仍有春秋两季拍卖，纽约有越来越红火的亚洲艺术博览会，但货源已由亚洲取得，东方买主的比重也日益增大。尤其中国的新兴藏家，拥有较强的购买欲望和经济实力，近年在国际拍卖会上表现不俗，其锋芒不但取代了 20 世纪 80 年代的日本，还能与欧美大古商及企业买主进行实力较量。国家博物馆的参与，更将全世界中国艺术品拍卖的眼光引向东方。一个由中国人购买、珍藏自己祖先艺术品的时代已经到来。

2000 年，香港佳士得珠宝部和器物部与伦敦市场互相呼应，共同策划的"白脂翠绿三百年专拍"，推出珍稀的白玉雕摆件与翡翠首饰 150 件，是近年少见的大规模玉器拍卖专场。这些玉器拍品更符合东方收藏家的欣赏口味。北京翰海拍卖行凭借与全国文物商店的热络关系，货源充足，是国内玉器拍卖的领头羊，成功举办了数次玉器拍卖会，屡破玉器拍卖纪录。翰海已成为玉器市场卖家热心供货、买家热衷进货的品牌拍卖行。瀚海跟踪国际拍卖市场，于 2000 年春季举行了玉器专场拍卖会，推出拍品 219 件，成交率为 89%，成交总额 618 万元人民币。这次玉器专场拍卖人气虽旺，但成交价不高，平均单件不到 3 万元，一件汉代谷纹玉璧仅拍 3.6 万元人民币。但是，这次瀚海专场拍卖活动大大激发了国内藏家对玉器的热情。2000 年 12 月 12 日是中国玉器市场值得记住的一天，一件无可争议的红山文化猪首玉龙，在北京瀚海以 264 万元人民币的成交价刷新了红山文化玉器拍卖纪录，终于走出了由于假古玉器事件而影响高古玉器价格的阴影，

图 3-50　猪首玉龙（红山文化，并非真拍品）

红山文化玉器重新得到了市场的肯定，恢复了高古玉器的市场信心（图 3-50）。

北京瀚海 2001 年春季拍卖会中国玉器专场，成交 176 件，成交率为 81%，成交总额 1048 万人民币，很多玉器拍出了历史上的最好价位。如商代人面纹黄玉饰，以 69.3 万元人民币交割；战国双犀玉璜，以 110 万元人民币成交；清三童白玉洗，以 99 万元人民币出货。

据有关人士对 2002 年玉器成交价"百大"排行榜观察，超过人民币百万元成交的就达 17 件，其中中国内地 9 件，伦敦、中国香港地区各 3 件，纽约 2 件。排名"百大"的 100 件玉器拍品中，内地各地拍场就有 50 件，香港 27 件，纽约、伦敦仅占 20% 多的市场份额，这似可证明，中国已成为目前最大的玉器销货市场。

2003 年的瀚海春拍玉器专场，更是场面火爆，只嫌玉器少，不嫌价格高，不少拍品均以近年最高价成交。一件红山文化猪首玉龙，虽然品相远不如 2000 年拍出的那一件，但仍以 154 万元人民币成交，其他玉器价格更是一路高扬。一件清中期白玉双龙簋，以 88 万元人民币竞拍；一件清乾隆黄玉龙凤佩，以 63.8 万元人民币标下；两件龙山文化玉刀被同一人以 14.3 万元和 17.6 万元夺走。不仅帝王玉继续高开高走，高古玉也极具市场吸引力，这预示着中国玉器市场的黄金时期开始到来。

2004 年玉器专拍好戏连台，出现新的走势，单价不断攀升，市场全面启动，需求不断调整，趋势日益明朗。无论是数量还是质量，或是成交比率、总成交价，均好于近年。同时，2004 年中国玉器拍卖有个显著特点，就是中国工艺品、

玉器专场拍卖都取得骄人业绩，卖家与拍卖行均获利颇丰。香港苏富比、香港佳士得、北京瀚海等拍卖行的中国工艺品、玉器专场拍卖尤其值得关注。

香港苏富比举行的2004年春季"帝苑文玩"专拍，拍品包括宫廷使用的毛笔、笔筒、纸、纸镇、印章以及玉器文玩等140件，总成交金额近亿港元，多件清代玉器拍出高价。编号11的清乾隆碧玉"太平有象"笔筒，预估价120万—160万港元，自85万港元起拍，受到十位买家竞拍，后由台湾藏家以342.24万港元得标。编号12的清乾隆碧玉"石室藏书图"御题诗笔筒，以高出预估低标4倍的价格163.4万港元成交。佳士得是香港另一家著名艺术品拍卖公司，在2004年春拍中，同样推出专场拍卖，最先登场的是"德馨书屋"玉器专场，包括摆件、文房、配饰、动物圆雕等品类，年代跨度由唐至清代，70余件玉器大多拍出，总成交金额达3000万港元。

北京瀚海是较早将玉器列入主打拍品的国内拍卖公司，2004年是瀚海艺术品拍卖十周年，春、秋季两大拍卖均有玉器专场。瀚海春拍玉器专场有历代玉雕218件，成交175件，成交总金额2300多万元。其中，元代白玉雕龙钮方玺，边宽6.6厘米，出自御制，印文是藏文，为朝廷颁赐佛教领袖用的玉玺，估价人民币30万—50万元，由28万元起拍后，一路向上，最后以165万元成交，高出低预估价5.5倍。玉器专场是瀚海秋拍的强项，共推出玉器225件，品种齐全，成交170件，成交比率75.55%，总成交价5144.9万元，是瀚海自玉器开拍以来业绩最好的一次，多件玉器拍出高价。封面主打拍品是一件清乾隆白玉坐佛像，玉质洁白无瑕，法相庄严，低预估价280万元，最后以495万元成交。另一件清乾隆白玉活环香炉，以308万元成交。

国际拍卖行也热拍中国玉器。2004年6月9日，伦敦苏富比举行中国瓷器与工艺品拍卖，封面拍品是一件明末或清初的黑斑灰青玉水牛，长36.5厘米，是此次估价最高的拍品，以高出预估价53.2万英镑成交，不但成为此拍场的第一高价，也创下中国圆雕玉兽拍卖价的世界纪录。研究者认为，玉牛可能原是热河避暑山庄一组玉雕中的一件，曾在1952年7月18日的伦敦苏富比会上拍出。玉牛的新主人为香港藏家。

2004年，多场国内外玉器专拍的成功举办，再次说明玉器市场在前几年看好的基础上，继续一路走高，玉器越来越得到市场的认可，而且也说明，玉器拍卖的品牌、名牌效应也很重要。一件同类品质的艺术品，在不同信誉的拍卖行拍卖，价格虽不会有天壤之别，但相差也是很大的。苏富比、佳士得之所以能在艺术品拍卖行中独领风骚，连创佳绩，得益于品牌经营。同时，中国玉器高价位拍卖成功，与流传有绪的收藏著录密切相关，这与近年以高价拍卖成交的油画、中国书画、瓷器的情形完全一致，因为这样可以增加拍品的可信度。如乾隆和田白玉活环双耳万寿纹碗，最大径围31.7厘米，不仅玉质精美，造型设计与雕琢工艺精益求精，而且自20世纪40年代起，多次在美国等地展出并见于著录。此碗于1992年4月1日，在香港佳士得春拍中现身，当时预估价为280万—320万港元，结果创下462万港元的高价。时隔12年，此碗在香港佳士得2004年春拍中再次登场，又创玉器拍卖新高，自500万港元起拍，受到多位藏家的激烈竞标，价格直线上升，最后一位神秘藏家用电话委托以1932.775万港元购得，创下中国白玉雕刻最高成交价的世界纪录，让

图3-51　白玉活环双耳万寿纹碗（并非真拍品）

藏家、商家兴奋不已，12年的投资回报率约为4.2倍。此碗的拍卖价格，也基本上反映出近十几年间中国玉器市场的价格曲线，即每年以20%—30%的幅度上扬（图3-51）。

"乾隆雕"在2004年艺术品市场上继续受青睐，拍卖场上独领风骚，屡创玉器拍卖新高。当年，瀚海玉器春季专拍封面拍品为乾隆黄玉出戟螭龙纹瓶，和田上等黄玉雕琢，莹润如肌，器身浮雕商周青铜器纹样，雕工精细，极具金属刚强之美感，底阴刻"乾隆年制"款，高18.3厘米，是件难得一见的黄玉精品，估价人民币150万—250万元，由低预估价150万元起拍。经过一番较量，仅剩香港经纪商与电话委托买家，结果由一位场外买家以484万元拍得。

2004年的香港苏富比春季"帝苑文玩"专拍中，一件乾隆御制痕都斯坦玉御题诗贝式白玉洗，被称为这次专拍的"明星拍品"，预估价500万—700万港元。最终，由中国台湾买家以924.64万港元拍得，成为此拍价格最高的一件玉器。

"乾隆雕"是中国玉雕名牌，"乾隆玉"是中国玉器名品，市场青睐乾隆玉器，不仅仅是对帝王玉的向往，名牌、名品同样在起作用。

高古玉在玉器拍卖市场走俏，经历过一个曲折过程。众所周知，20世纪末，以中国台湾为龙头的玉器市场的走红，是从"高古玉"开始的。由于害怕碰到法律纠纷，高古玉在大陆进入拍卖行的并不多，而在港台及海外其他地区的古玩市场，高古玉确实风光过一段时间。但自从台北一著名收藏机构传出"古玉"事件后，高古玉风光不再，并殃及整个玉器行情，导致玉器市场一蹶不振。高古玉市场经历艰难寒冷的一段时间后，一些有意识之士重拾高古玉，毕竟高古玉才

是中国玉文化的源头，才能真正体现中国玉文化的真谛。2003年，玉器市场上的高古玉已有复苏迹象，2004年基本苏醒，一些时代可靠、文化特征明显的高古玉器，逐渐地受到市场的欢迎。在2004年纽约苏富比中国陶瓷与工艺品拍卖中，一件出自美国收藏家之手的新石器时代晚期至早商的玉刀，以预估价2.9倍的23.2万美元成交，继续由美国藏家拍得，显示真正的高古玉趋热市场。2004年，瀚海春拍一件龙山文化玉璇玑，长13.9厘米，以高出低预估价3.5万元的4.7倍16.5万元成交。一件西周跪人玉璜，长11.7厘米，再次引起激烈竞价，由18万元起拍，自始即由场内及电话委托的两位买家竞争，出价阶梯颇快，最后由一位北京买家以132万元得标。2004瀚海秋季玉器专拍，高古玉器有较多出现，较为可靠的有东周玉璜、春秋玉龙凤饰件、汉玉人面、汉玉龙纹四孔摆件等，拍卖结果较为理想。一件战国双龙玉璜，以209万元成交；一件汉代虎纹四孔摆件，以220万元换手。最让人看不懂的是六件套汉代玉人面，明显不是原创器，而是一件早期改制器，且形制少见，艺术水准并不高，但仍冲出286万元的高价。此拍表明，高古玉市场奇货可居，一扫玉器市场"老玉不如新玉"的怪相。可见，高古玉是玉器收藏市场的一棵常青树，中间可能会波澜起伏，但终究会一浪高过一浪，挺到最后，笑到最终。

种种迹象表明，2004年中国玉器市场一路走高的重要原因之一，是和田白玉起了重要的带动作用。和田白玉深受欢迎，价格越来越高，一件乾隆和田白玉活环双耳万寿纹碗，成交价近2000万港元，把和田玉的市场价格推至极高，直逼中国书画、瓷器甚至青铜器。市场又把我们拉回崇尚白玉的时代。

在2004年中国玉器市场中，和田玉的地位得到进一步确立。无论是拍卖还是专卖，人们对和田白玉求之若鹜，不嫌价格贵，只嫌货源少。2004年香港佳士得春拍"德馨书屋"玉器专场中，拍得最好的几乎都是白玉。一件和田白玉罗汉摆件，成交价140.775万港元，为预估低标的6倍。一对乾隆和田白玉山景人物图插屏，分别浮雕"太平有象"与"太狮少狮"吉祥图案，为文房珍玩，尺寸24.8厘米×18.5厘米，以252.775万港元拍出。

2004年香港苏富比秋拍一件清乾隆白玉茶壶，高19厘米，预估价500万—700万港元，与清乾隆御制痕都斯坦玉御题诗贝式白玉洗估价相同。壶身深圆而于肩部略宽，足部外敞。美在材质，玉质通透，白得耀眼，乳白中略带青色，以致无法将玉材的质地拍摄好。精在壶盖，盖钮呈三层花苞状，犹如一朵含苞待放的白花。另一件清代白玉双耳带盖瓶，高36.3厘米，体量较大，玉质乳白通透，几近无瑕，难得一见。预估价800万—1000万港元。两件和田白玉器的最后成交价，都高出预估价许多。

如果说2004年玉器市场存在异常现象，那就是清帝玉价有些离谱。据统计，2004年全球中国工艺品（瓷器除外）拍卖十大排行榜，玉器有3件，分别排列第三、第五、第十名。第三名是清乾隆和田白玉活环双耳万寿纹碗，宽31.7厘米，4月26日由香港佳士得推出，成交价1932.775万港元。第五名是清乾隆御宝"纪恩堂"交龙钮白玉玺，宽10.4厘米，10月31日由香港苏富比推出，成交价1406.24万港元。第十名是清乾隆御制痕都斯坦玉御题诗贝式白玉洗，直径19.5厘米，4月25日由香港苏富比推出，成交价924.64万港元。

2004年清帝玉价一路高涨的势头影响到2005年。2005年春拍中国工艺品（瓷器除外）前十大排行榜，清帝玉器也有三件。清乾隆白玉阴刻填金二龙戏珠图《学诗堂记》御制诗册，排名第二，5月2日由香港苏富比推出，成交价1692万港元。清嘉庆御制白玉交龙钮方形玺，排名第四，5月30日由香港佳士得推出，成交价908万港元。清乾隆碧玉交龙"万泉庄宝"玺，排名第九，5月30日由香港佳士得推出，成交价437.6万港元。

上述几例，是中国玉文化被世人重新认识的一个重要信号，也是中国玉器价值被重新发掘的一个重要表现，预示着玉器广阔的市场与价格空间。但是，在清代帝王玉价格冲天的同时，专家们不免有些忧虑：这些玉器都是清代帝王用玉，都在香港拍卖成交，多少反映出大中华地区玉器市场与藏家的不成熟，对中国深厚的玉文化缺乏精深的了解。清代帝王用玉，仅是中国帝王用玉的落日余晖，艺术品位与文化内涵均不高，品种也单调，有的玉器虽有帝王款，但不能完全确定是皇帝用过的，即使用过，与中国历史大事关系也不大，无论从哪个角度看，都不能代表中国玉器的真实价值。所以，专家们认为，清帝玉价已经虚高，有点离谱，价格不能真正反映玉器的价值。

2006年的中国艺术品市场如火如荼，鱼龙混杂。在这个五彩缤纷、令人眼花缭乱的艺术品市场中，玉器市场表现得比往年都好，而且是出奇的好，不仅货源充足，品种多样，购销两旺，而且价格趋向合理，价值获得认可。

中国玉器市场原料的价格，在历经20世纪80年代以来的按吨论价、按箱论价、按斤论价、按克论价之后，继续一路上涨。2006年和田玉籽料价格是一月一个价，天天在变化，其中以和田玉原产地的价格涨得最快。20多年前，1千克的普通和田玉料价格为1000元左右，2006年涨到10万元左右。2006年，1克和田白玉价格是黄金的4—10倍。水涨船高，玉石原料价格持续走高，玉器加工费和玉器价格也持续上扬，从而带来的不是哪一个玉种的时兴和火爆，而是玉器生产行业的全面复苏，从玉料开采、玉器加工到市场营销，玉器行业越做越大，成为文化产业的重要组成部分，前景宽广。过去中国软玉的年总产量不过几千斤，现在每年产量超过千吨，行业产值数百亿元。

2006年玉器价格普遍高涨，但并不是所有的玉石都在涨，一些中低档玉器的价格基本没涨，有的甚至还下跌。精品珍品玉器是买方市场，而一般玉器是卖方市场，价格当然上不去，有时只能低价倾销。这一年玉器价格高涨，除了玉料、加工价格行情外，还有三个玉器市场动向值得关注。以北京瀚海拍卖行为例，可见一斑。瀚海是国内最早举行玉器专场拍卖的公司，1995年在国内率先推出中国玉器专场拍卖会，具有市场品牌效应。有人说，瀚海"中国玉器"专场拍卖是一枝独秀，这话并不过分。2006年春季，瀚海进行了"中国玉器"专场拍卖，尽管由于文物法规对玉器拍卖有诸多限制，上拍的精品珍品玉器不多，但是成交总额仍令人欣慰。该专场上拍玉器275件，成交总额1946万元，成交率为58％，虽然单件均价只有7万多元，但仍有一些精品拍出了理想的价钱，其中4件玉器成交价超过百万元，2件是清乾隆白玉佛塔内藏的金佛、玉佛各一尊，塔内还藏有9颗舍利子，以440万元成交，成为该专场成交价最高的玉器。另一件是清中期白玉云龙纹双耳瓶，以198万元出仓。还有一件是过去很少拍上百万元的玉佩，即清乾隆白玉诗文佩，以134.2万元易手。此场拍卖会反映出中国玉器市场的三个动向。其一，高古玉价值与价格相背离。由于国家对高古玉拍卖没有放开，所以精品不多，价格不高，一些精品在私下交易，拍卖场上高古玉的成交价不能反映其真实价值。其二，明清玉器，特别是清代乾隆玉器，继续成为玉器市场的热点、亮点，成为卖家追捧的对象，价格持续走高。其三，用和田玉雕琢的精美玉器，持续受到藏家的青睐，说明玉的品质成为影响玉器价格的重要因素，这与和田玉料市场价格大涨的趋势是相一致的。

香港是国际大都市，拍卖市场经常会放"卫星"，因为它资本充足，买家众多，法制健全，市场环境好。2006年11月28日上午，香港佳士得在香港会议展览中心举行"阿伦·哈特曼玉器珍藏"专场拍卖会，一件清乾隆御制白玉雕上方山角杯，以1132万元成交，创造了中国玉器白玉杯的世界拍卖纪录。与香港毗邻的深圳，步香港后尘，中国玉器买卖兴隆，市场规模逐年扩大。2006年11月19日，深圳古玩城举办了玉器珍品拍卖会，精品玉器琳琅满目，莹润生辉，拍卖会上气氛热烈，竞购者众多，98号神秘买家独得十余件玉器珍品。一些精品、珍品拍出了好价钱，一件清乾隆碧

图3-52　白玉《立象》（清，并非真拍品）

玉大瑗拍出价80万元，一件清乾隆十二章纹圭璧拍出价150万元，一对清乾隆白玉立象拍出220万元的全场最高价。此对立象成对相配，左回眸，右俯首，奇趣各异，仪态万方。据说，此为乾隆宫内四时专用供奉之物，左象主大清帝国荣华传万年，右象主母后福德泽天下（图3-52）。

在玉器"大拍""专拍"的引领下，一些"小拍"玉器，也获得了较为理想的成果。在2006年末苏州东方艺术拍卖有限公司举办的秋季拍卖会上，玉器的成交率相当高，价格也呈快速上升趋势。过去上千元一件的玉器，现在成交价大多过万元。一只白玉带皮手镯，从6000元起拍，以14万元定音。一枚英雄玉佩，以无底价（100元）起拍，最后举牌到7000元。"东方拍卖"一向被业内人士视为大众拍卖，玉器拍卖成绩不俗，说明中国玉器市场日趋兴旺。

2007年的中国玉器市场，在2006年跨入"玉无价"境界之后，开启了新的"玉器时代"。其主要标志，一是第29届北京奥运会的奖牌采用了"金镶玉"的风格，此为中国玉文化史上继东周"和氏璧"后的又一历史性大事，是全球瞩目的世界大事、盛事，拉开了全球"中国玉热"的序幕，促进了中国玉器的国际化。二是玉石成为"疯狂的石头"，玉器成为财富保值、增值的"硬通货"。2007年的玉器生产、经营人员普遍反映，玉器需求从未如此大过，玉市从未这样旺过，玉价从未如此高过，玉器行业前景从未这样看好过。总之，玉器市场一片利好，以至于和田玉料疯涨、优质玉器通涨、乾隆玉雕高涨、古代玉器普涨。

前几年价格一路高涨的乾隆玉雕，在2007年又不断创下新高。在香港苏富比2007年秋季拍卖会上，一件清乾隆帝御题"太上皇帝"白玉圆玺，以46247500港元成交，超出预估价的2倍，亦破了中国玉器拍卖的世界纪录。此圆形玉玺，以温润乳白的羊脂白玉精琢而成，印钮高浮雕围绕寿山图符游动的双螭龙，印面以篆体浅阳雕"太上皇帝"四字（图3-53）。据印体侧面阴刻文字可知，此印是乾隆皇帝85岁卸任后改当太上皇帝时制作，有200多年历史。拍卖现场

图3-53 "太上皇帝"白玉圆玺（清）

竞投相当激烈，第一口叫价900万，于5分钟内叫价42次，有十多个买家参与竞投，最后被一位中国藏家收入囊中。此件玉器尽管同时兼备了珍贵文物的历史、文化、工艺价值，同时也具备了珍贵文物的权威性、独特性和唯一性，但是拍出如此高的价格，除了收藏界继续厚爱帝王文物外，与2007年新疆和田玉料价格的高歌猛进也有很大的关系。

　　古玉的价格，前几年一直处于不温不火甚至走下坡路的状态，2007年情况大为改观，上涨幅度较快，只是没有和田玉料那么疯狂。其主要原因是，国家文物政策限制，国内古玉市场受控制，除个别拍卖公司特许拍卖外，大多拍卖行、古玩经营部门不能经销古玉。这种表面上保护文物而实际上不起作用的政策，并没有限制古玉的交易，更无法阻挡古玉价格上涨的趋势，仅是改变了交易方式而已，由明变暗，由公开变私下。国家文物征集部门反映，现在品质好一点的古玉根本看不到，即使找到，开价也是高得很，上百万元的古玉还达不到三级文物的标准。相反，2007年海外中国艺术品拍卖市场，古玉几乎都是主打拍品。纽约佳士得2007年"中国陶瓷、玉器及工艺品"秋拍，特别推出来自多个私人珍藏的玉器，皆是不可多得的艺术珍器。其中，一件编号84的18世纪"瓜瓞绵绵"纹耳白玉盘，估价18万—22万美元，盘内运用浮雕技法刻了两个结在藤蔓枝叶上的瓜果，以及展开翅膀的蝴蝶。另一件编号68的明代大型卧牛玉摆件，估价20万—30万美元。此卧牛用大型玉石雕琢而成，玉质呈灰绿色，带浅褐及黑色石纹，表面部分带褐色皮。玉匠巧用天然不规则的石形，刻画出扁平的牛头，牛身屈膝卷起，牛头搁置于盘绕身下的后足旁，牛头上的五官及尾上的毛发刻纹细致，神态栩栩如生，可归入巧色玉雕范围。

　　香港历来是中国玉器市场的福地。2007年除创造中国玉器拍卖价世界纪录外，中等规模的古玉拍卖专场也时有举办，一批非常好的古玉纷纷面世。"崇源抱趣2007年秋季艺术品拍卖会·中国古玉精粹"专场，所有上拍玉器真实可靠，品质上乘，估价适中。其中所收商周至汉前古玉59件组，造型独特，含义深刻，有极高的历史与收藏价值。镂空和圆雕古玉估价普遍较高，一件商代白玉鹦鹉佩估价150万港元，一件西周黄玉镂空龙纹佩估价45万港元，一件战国至汉代白玉双龙首谷纹璜估价70万港元，一件汉代白玉出廓镂空螭龙纹玉璧估价150万港元。一件罕见的商代白玉圆雕虎，更是不愿将估价和盘托出，而是要估价待询，卖家不花数百万港元是不会到手的。总而言之，无论是国内新玉料、新玉器市场，还是海外古玉市场、缅甸翠玉市场，中国玉器2007年全面进入"黄金有价玉无价"的历史新时期，优质和田玉的价格首次接近甚至超过优质缅甸翠玉。

　　2008年中国市场玉器的表现，可用"几家欢乐几家愁"来形容。对于爱钱胜于爱玉的人来说，这是一个"失望年"。因为，中国玉器市场没有像他们期望的那样达到预期值。玉价虽一路高升，但有点像"过山车"，悬在空中，进退两难。相反，对于想用玉符号、玉形象、玉文化来提升自己形象、品位的人来说，2008是个"幸运年"，玉器不仅成为时尚文化，而且成为文化的时尚，多彩的玉器市场、玉事活动，成就了多彩的玉文化，人们从中获得了意想不到的效果。

和田玉在涨，其他软玉的价格也在涨。同样产于绵延数千千米的昆仑山脉的青海玉，品质略次于和田玉，日益成为和田玉的替代品，价格同样不断攀升。2000年，每千克青海玉的苏州价格为100元左右，2007年涨到7000—8000元。同时期上等青海白玉每千克价格在1万元以上。有"中国翠"之称的南阳独山玉，过去市值不大，大多只能做中低产品，因而价格不高。但由于独山玉的开采就此一山，占地面积不过5平方千米，加上国家已限量开采，玉料供不应求，近几年价格几乎一年翻一番。

玉料价格持续走高，玉器加工费用和玉器价格也随之跟着上涨。业内人士举玉炉、玉牌为例：20世纪80年代加工一只玉炉几百元钱；90年代初，雕一个玉炉加工费2000元；到了90年代末，玉炉的加工费是1万元；2006年的价格是3万—5万元。一块标准玉牌的加工费，在90年代初是200—300元，90年代末就涨到1000多元，2003年以来的加工费是5000—6000元。若请玉雕高级工艺师、大师设计加工，加工费更贵，但贵得也有道理，因为他们从事的不是一般的玉器生产，而是玉雕艺术创作，作品可以传给子孙后代，流芳百世。一般的玉器价格涨得也不少，以优质白玉器为例，以往300元左右的普通小件玉饰，现已涨到3000元以上。一些玉雕工艺师的作品更贵，白玉把玩件10万元以下的基本见不到。

上述是国内市场的行情，国际市场和田玉售价也不菲。据2006年9月17日美国《洛杉矶时报》报道，国际市场上的优质和田玉，每克售价达120美元左右，占到每年国际市场上中国玉器商品交易额的10%。报道还说，和田玉价格"在过去10年中的增长速度似火箭一般，短短几年内涨了20倍"。

2008年，在大众爱玉风气的影响下，一些"玉乡"的政府官员越来越重视玉文化在整个文化建设中的地位和作用，采取加大力度保护玉雕品牌、商标和通过申报非物质文化遗产、扩大玉器市场规模、推进玉文化交流、设立玉文化研究机构、举办玉文化论坛等方式方法，不断促进玉器产业的发展，努力提升玉雕的文化影响力，取得了较好的社会效益和经济效益。与此同时，国外学者对中国玉器的喜好也有新进展，他们已经不再限于学术层面，而是朝着大众化方向前进了一大步，视中国玉器为时尚中国的重要元素、重要符号。美国在这方面表现尤佳，一些名牌博物馆、艺术馆都特别重视中国玉器的展出，前往参观的除了专家、收藏家外，更多的是普通美国民众。此外，美国的玉器市场也已起步，在许多大商场的销售玉器首饰店里，中国玉器开始亮相，并受到一些美国女性的喜爱。此外，我国的玉器研究队伍不断扩大，出版读物日渐增多，玉器展览日趋多样，玉事活动日益丰富。一言以蔽之，玉器风雨兼程，一路走来，已经走到时尚玉器的新时代。

2008年的金融风暴，导致世界经济滑坡，玉器的拍卖市场价格持续上升的势头也因此受到遏制。但是，近年来随着人们对玉文化认识的与时俱进，玉器的价值又有所提升，却不稳定。这里，我们以清乾隆"御览之宝"玉玺为例。

根据乾隆的印章大全《宝薮》和现藏实物来粗略统计，他一生所刻制的玺印数量多达1800余方。但是经过一百多年的流散，如今能够在全球拍卖市场上看到的乾隆印玺并不多。一方青玉螭龙"乾隆御览之宝"玉玺（尺寸最大者），2010年在台北宇珍拍卖"庆丰银行珍藏"专拍中释出，成交价1.018亿元人民币。2011年，北京保利秋拍古董夜场"忘情乎太上——清乾隆、嘉庆玺印艺术"中，清乾隆六十年（公元1795年）的一方白玉御题"太上皇帝"圆玺，以1.61亿元成交，刷新御制玉玺和白玉拍卖世界纪录。2019年6月5日晚，北京保利2019春拍禹贡Ⅲ——乾隆御制"信天主人"宝玺·五福五代清宫秘玩专场在北京四季酒店举槌，共推出45件拍品。其中，彰显乾隆皇帝一生文治武功的重要纪念物——乾隆五十一年（公元1786年）御制白玉交龙钮"信天主人"宝玺，最终以9430万元成交（折合港币1.0662亿元）。此方白玉"信天主人"宝玺玉质温润，印钮雕刻十分精细，且体量巨大，印面达到12.9厘米见方，是乾隆帝所有"信天主人"宝玺中印面最大、雕刻最深，同时有着非凡含义的一方重要印玺。早在2010年，它就在香港苏富比拍出1.2162亿港元的高价。

第四节　中国玉器市场

中国先人视玉石为珍贵的材质，尤胜金、银、铜。早于新石器时代，中国制玉和石雕的技术已相当精良。有人类学家认为，对玉之喜爱，乃中国文化的重要特征。著名学者李约瑟在《中国科技史》中指出："对玉的爱好，可以说是中国的文化特色之一，启迪着雕刻家、诗人、画家的无限灵感！"时至今日，中国人依然对玉情有独钟,也因此带来了玉石和玉器市场的兴旺发达。

从全国范围来看,主要的中国玉器市场有北京市潘家园旧货市场、河南省南阳玉雕大世界、江苏省苏州市相王路玉器市场、广东省佛山市平洲玉器街等 20 多家,我们将这些玉器市场按地处方位划分为北方、南方、东方三大块分别做一简介。至于近几年蓬勃兴起的玉器电商,则单独概述。

一、北方玉器市场

北方玉器市场包括位于北京、天津、辽宁、河南等省、市的 8 家主要玉器市场。

(一) 北京古玩城

北京古玩城位于朝阳区东三环南路 21 号华威桥西侧,其归属的北京古玩城有限公司,是北京首都旅游集团的全资子公司,为目前亚洲最大的古玩艺术品交易中心,主要从事古玩艺术品市场的经营,为入驻商户提供优质的服务和经营平台。古玩城建筑面积 26400 平方米,可出租面积近 11000 平方米,建筑古朴典雅,装饰富丽堂皇。目前,驻店民营古玩经销商 600 余户,主要经营古玩杂项、古典家具、古旧钟表、古旧地毯、古旧陶瓷、名人字画、白玉牙雕等十大类上千个品种。其中,白玉、水晶饰品、寿山石雕、鼻烟壶、古旧地毯、铜器佛像、古旧钟表、古陶古瓷、藏传文物、民族织绣服饰等十大商品的经营,保持全国之最的领先优势。而且,商品档次之高,国内难出其右,其龙头地位得到业内一致认可。

图 3-54 北京古玩城

北京古玩城集中华文明于一隅,融现代化设施和先进的经营理念为一体,是中外收藏家、古玩爱好者的乐园,是中外旅游观光者领略中华文明的艺术殿堂(图 3-54)。

(二) 潘家园旧货市场

潘家园旧货市场形成于 1992 年,是伴随着民间古玩艺术品交易的兴起和活跃而逐步发展起来的,现已成为一个古色古香的传播民间文化的大型古玩艺术品市场。该市场地处北京东三环南路华威里 18 号潘家园桥西南,占地 48500 平方米。市场分为地摊区、古建房区、古典家具区、现代收藏区、石雕石刻区、餐饮服务区等六个经营区。主营古旧物品、工艺品、收藏品、装饰品，年成交额达数亿元。市场经营的主要物品有仿古家具、文房四宝、古籍字画、旧书刊、玛瑙玉翠、陶瓷、中外钱币、竹木骨雕、皮影脸谱、佛教信物、民族服装服饰、"文革"遗物等。市场内拥有4000余家经营商户，从业者近万人，其中60%来自北京以外的省、市、自治区，涉及汉、回、满、苗、侗、维、蒙、朝鲜等十几个民族。市场坐店商铺全年天天开市，地摊每周末开市，日客流量达六七万人，其中外宾近万人。不同肤色、不同语言、不同阶层、不同信仰的游客在这里交融。

潘家园旧货市场是全国各地的民间工艺品集散地，这些民间工艺品包括衡水的鼻烟壶、杨柳青的年画、江苏的绣品、东阳的木雕、曲阳的石雕石刻、山东的皮影、江西的瓷器和水晶饰品、宜兴的紫砂、陕西的青铜器、云南的服饰、西藏的佛教用品、新疆的白玉、台湾的交趾陶等。2004年首届中国收藏界年度排行榜上，潘家园旧货市场被评为全国十大古玩市场之一。潘家园旧货市场已成为地域文化的载体，成为一种有特色的文化象征，成为一个牵动乡土情怀的称谓，成为中华民族文化宝库的一笔无形资产（图3-55）。

图3-55　北京潘家园旧货市场

（三）天雅古玩城

天雅古玩城坐落于交通便利的北京东三环南路华威里6号，这里是2008年北京奥运十大特色商圈之一，八层建筑面积45000平方米，其中，一、二层经营白玉、翡翠、宝石，三层是半宝石、半古玩杂项经营区，四到六层主要经营古玩杂项，七层是书画、古玩杂项经营区，八层汇聚海外回流文物。

古玩城在整体形象设计上，突出了深厚的历史感，古朴而庄重，1309块刻有甲骨文象形文字的钢板镶嵌在外立面，玻璃雕刻工艺制成的《清明上河图》画卷在楼体上延绵展开，并用青铜器编钟、爵、历代瓷器嵌入楼体，可观、可感、可触，具有标新立异的商业创意，也体现出建筑设计的文化韵味。楼层内的设计更具特色，无数雕廊玉柱把各楼层打扮成古代街市的格局，唐、宋、明、清不同朝代的装饰风格，将具有中国文化韵味的古代街市演绎得淋漓尽致，涵养几千年的历史余韵，为经营者和消费者营造出深厚的文化氛围，一切浑然天成。漫步其间，历朝历代的书画、白玉、翡翠、瓷器、古玩、杂项竞相辉映，现代生活与历史场景交融成趣。

天雅古玩城现有资深古玩经营商家670余户，主要经营翡翠、白玉、奇石、古玩杂项、瓷器、书画、牙雕、佛像、海外文物等上千个种类。对于中外收藏爱好者而言，天雅古玩城成为尽享古玩乐趣与品味传统文化的极致所在（图3-56）。

图3-56　北京天雅古玩城

（四）南阳玉雕大世界

南阳玉雕大世界建在河南省南阳市卧龙路，原南阳市烙画厂院内，占地25亩，总建筑面积27300平方米，其中商业用房200套，经营玉雕、烙画、根雕、陶瓷等工艺品，是南阳城区最大的玉雕工艺品专业市场。市场东临工业路，西临卧龙岗、武侯祠和汉化馆，近临白河游览区，位于南阳玉雕一条街的中心地段，是游客观光购物的好去处。

南阳玉雕大世界是南阳市烙画厂投资2000多万元兴建的，自2003年建成以来，已进驻南阳当地和来自全国各地的商家数百户。作为南阳玉雕大世界的业主单位，南阳市烙画厂适应社会主义市场经济的需要，按照"多元投资，股份经营"的原则对企业进行改制，组建了股份制企业——南阳市三宝工艺品有限公司。

南阳的独山玉雕，历史悠久，1959年在独山附近的黄山新石器时代遗址出土的玉铲证明，早在5000余年前，先民们已认识和使用了独山玉。安阳殷墟妇好墓出土的玉器中有不少独山玉的制品。西汉时曾称独山为"玉山"。独山脚下"玉街寺"遗址为汉代雕刻玉器的地方。清《新修南阳县志》载："故县北居民，多治玉生。"旧中国，南阳玉雕已形成一大行业，城内有作坊80多家，多是后设作坊，前面开店，自雕自销。玉雕品主要有人物、花卉、鸟兽、山

图3-57　河南南阳玉雕大世界

水、神像、炉薰、首饰等120多个品种（图3-57）。

（五）天津古文化街

天津古文化街是一个AAAAA级旅游步行街，位于南开区东北隅东门外，海河西岸，北起老铁桥大街（宫北大街），南至水阁大街（宫南大街）。南北街口各有牌坊一座，上书"津门故里"和"沽上艺苑"，长687米，宽5米，系商业步行街。

作为津门十景之一的古文化街，一直坚持"中国味，天津味，文化味，古味"的特色，以经营文化用品为主，古文化街内有近百家店堂，还有一座享誉几百年的古庙，它原名"天妃宫"，后改称"天后宫"。天后宫是在漕运大发展的情况下，为庇佑漕运建立起来的祭祀海神天后的庙宇。

纵览古文化街，无论建筑风貌、店铺装修、匾额楹联，还是经营商品，都带有浓郁的艺术气息。漫步古文化街上，足以赏心悦目；古玩、字画、文房四宝、碑帖、古籍、杨柳青年画、泥人张彩塑、天津风筝等专业店铺丛聚本街，供游客观赏、选购。至于中西乐器、艺术陶瓷、装潢小件，也都有专店出售，工艺品种繁多（图3-58）。

图3-58　天津古文化街

（六）沈阳道古物市场

"先有天津沈阳道，后有北京潘家园。"天津沈阳道古物市场成形于1987年，经过30多年的发展，由最初的旧物交换市场，变成了今天全国闻名的古物交易场所。沈阳道之于天津，就如同北京之于潘家园。但其最初只不过是一个居委会为安置居民家中的闲置物品的"旧物交换会"。后来，有人把家中珍藏的旧首饰、旧金石玉器拿来试卖，沈阳道就渐渐成为一个真正的古物市场。

如今，这里有数以百计的各种古玩商铺，地摊更多，云集了全国各地的古旧珠宝、瓷器、字画和新出的各种玉雕、木雕、佛像、杂项等收藏品、工艺品；还有琥珀、绿松石、青金石、珊瑚、核桃、葫芦等，应有尽有；也有不少假冒青铜器或高仿名家的瓷器、玉雕、木雕等工艺品，以及做旧的瓷器、字画；还有俄罗斯的锡器、缅甸的翡翠、阿富汗的白玉、非洲的象牙等工艺品。

与其他的古玩市场有别，每个星期四是沈阳道的大日子，平时不见的地摊云集在此，像开了锅一样，买货的、卖货的、砍货的，人声鼎沸。甚至一些国外的收藏者，把星期四看成了"天津日"。地摊是沈阳道的一道风景，摊主可以漫天要价，买家可以就地还价。没有什么底价、成本，要的就是一个眼力。"捡了漏"凭的是真本事，"打了眼"也只能怪自己才疏学浅（图3-59）。

（七）辽宁岫岩玉器市场

改革开放以来，驰名世界、资

图3-59　天津沈阳道古物市场

源丰富的辽宁省岫岩县岫玉的开发备受关注和重视，其规模、质量和影响都达到了空前的程度。目前，岫玉产地已形成全国最大的玉石矿山，年产量达数千吨，占全国玉石用料的70%以上，在各玉种中独占鳌头。

20世纪80年代后，除历史悠久的著名老玉雕厂家外，集体、合资、个体玉雕厂遍地开花，辽宁省岫岩县从事玉石加工的企业多达3070余家，全县50万人口中，有近6万人从事玉石加工、销售或与其相关的职业。与此同时，承前启后的玉雕高手辈出，工艺愈加完美，精品、珍品迭出，玉雕品种亦由传统的五大类增加到十多类（图3-60、图3-61）。

图3-60　辽宁岫岩玉器市场　　　　　图3-61　辽宁岫岩玉器市场

另外，辽宁阜新市十家子镇是专业批发战国红的大市场。每月逢3、6、9的日子是当地的大集。市场内，卖的主要是来自周围的加工文玩品，除战国红外还有玛瑙等，货源充足。平时，十家子镇也有一些固定摊位。

（八）镇平县玉文化产业市场

镇平玉雕历史悠久，历经唐、宋、元、明、清，玉雕产业逐步壮大，渐成气候，先后被国家授予"中国玉雕之乡""国家级文化产业示范基地""中国珠宝玉石首饰特色产业基地""全国特色百佳产业县"等荣誉称号。

镇平玉文化产业是一个开放、包容、多元的市场，玉料买天下，产品卖天下，玉人遍天下，风格融天下。镇平市场玉料种类众多，玉雕人才济济，拥有国家级大师24人，省级大师335人，数万熟练的雕刻技工和各类人才。依靠人才优势，镇平玉雕高峰时期有玉雕专业户近1.5万户，各类玉雕精品门店、摊位2万多个，专业村50个，所谓万户柴扉内，红砂琢玉玑，这使镇平玉雕拥有雄厚的实业基础。

在历届镇平县委县政府的领导下，镇平玉文化产业得到蓬勃发展，规划和建设的有玉文化博物馆、珠宝玉雕学院、中国玉雕大师创意园、中原石雕文化产业园、玉文化（粤港文化）创意产业园、国际玉城、天下玉源、中华玉都、真玉天地、隆茂玉器市场、玉之友商贸城、玉雕湾商贸城、玉苑原石市场、万玉批发市场等专业的玉文化基地、玉器批发销售集散地，既相互关联，又各具特色，为镇平玉文化产业提供了有力的支撑。"镇平玉雕"技艺也被评为国家级非物质文化遗产，涌现出了一大批以玉雕精品闻名的玉器特色品牌，代表性的品牌有博奥玉器、金江源玉器、嘉豪珠宝、玉神工艺、醒石工艺、春风德玉等（图3-62、图3-63）。

图3-62　河南镇平博奥玉器

图3-63　中国玉雕大师创意园

据资料显示，镇平玉雕年产值近200亿元，年销售额近230亿，年创增加值30亿元，是中国最大的玉石加工销售集散地。

二、东方玉器市场

东方玉器市场包括上海和江苏扬州、苏州等地的12个玉器市场，其中，经济发达、玉器业兴旺的苏州，就拥有大小不等的玉器市场8个。

（一）上海中福古玩城

上海中福古玩城，归属上海中福（集田）有限公司。它集传统古玩市场的种种优势于一身，既有独立的店铺产权，又有统一的市场管理，经营内容涵盖古今珍玩、瓷器杂件、奇石、木刻、书画、珍宝、古典家具以及欧美古玩等，是名副其实的财富聚宝盆。中福古玩城共有铺位两百余个，不同于传统的古玩市场，采用统一规范的管理模式，强调经营的专业性、行业的规模性，并以多种集市模式致力于对福州路文化街的再造。古玩城内的所有商铺均有优质的安保配置、客户服务中心，并提供全球打包快递服务。

中福古玩城位于全国闻名的文化街——福州路，与南京路平行且只有一步之遥，同属于上海市的中心区域，并与浙江路、湖北路、汉口路交界，地理位置极佳。今天的福州路已成为集商业、旅游、文化于一体的城市文化坐标，与人民广场、上海博物馆、上海大剧院、上海市工人文化宫相互辉映，共同构成了上海亮丽的文化风景线。

中福古玩城引进艺术、古玩、民间收藏品拍卖行和展示中心等各种经营内容和经营模式，有来自全国各地的各类收藏、经营古玩的商家，瓷器、杂件、家具、书画、珠宝应有尽有，城内有多功能报告厅、展示区可供专业鉴赏、报告、展览（图3-64）。

图3-64 上海中福古玩城

（二）虹桥古玩城

虹桥古玩城号称是中国规模最大的古玩城，地处大虹桥中心地段，面积近十万平方米。古玩城坐拥消费层次高端的"贵族领地"，周边高档公寓与别墅群云集。韩国、日本和中国台湾地区的客商钟情于此居住、购物。随着虹桥综合交通枢纽和虹桥商务圈的建成，古玩城将成为

图3-65 上海虹桥古玩城

古玩的集散中心，辐射江、浙经济发达地区（图3-65）。

（三）扬州湾头玉器特色小镇

扬州湾头玉器特色小镇位于扬州市广陵区湾头镇，南起建新路，北至茱萸湾公园，东以壁虎河西岸为界至万福闸，西至京杭大运河东岸，总规划面积3平方千米，核心区规划面积1.8平方千米，总投资57.73亿元。为了完成扬州湾头玉器特色小镇项目建设任务，中国铁建投资集团、青旅城市商业管理（北京）有限公司、扬州市运和新城建设有限公司和中铁第五勘察设计院等单位，共同组成扬州市湾头玉器特色小镇有限公司，具体负责项目的整体策划、规划、设计、建设和运营，誓把扬州湾头玉器特色小镇打造成为具有国际影响力的玉器文化小镇，打造成为享誉海内外的玉器雕刻艺术创意特色小镇，最终建设发展成为游客向往的玉器文化旅游度假胜地（图3-66）。

图3-66　扬州湾头玉器特色小镇

（四）扬州工艺坊

扬州工艺坊是扬州市委、市政府为振兴扬州传统工艺美术优势产业而规划的集商贸、旅游为一体的重点建设项目。其总规模面积62000平方米，位于扬州市古城区盐阜东路北护城河南岸，与中国著名园林之一的个园相对。扬州工艺坊在展销扬州玉器、漆器、刺绣、剪纸、古玩、字画、古筝、金属工艺等扬州工艺美术品的同时，还入驻商家经营全国著名珠宝、玉器、陶瓷、木雕等工艺品及旅游工艺品。

园区占地总面积158亩，规划分A、B、C、D、E五个区域。近年来，以工艺坊A、C区（工艺美术大楼）、工艺美术馆、玉器博物馆、工艺品交易中心、玉石料交易市场等为代表的园区主体项目相继建成，标志着扬州市工艺美术集聚区已初显芳姿，对非物质文化遗产传承发展起到了较好的吸附、集聚

图3-67　扬州工艺坊

作用。园区内已形成国企和民营多元荟萃的格局，现有300多家商户入驻，已具备了产业融合发展的重要基础和优势，成为扬州市展示传统非遗文化的主阵地（图3-67）。

（五）苏州玉器市场

苏州玉器市场，有别于全国其他各地的玉器市场，其特点主要表现在四个方面：一是点多、线长、面广。苏州玉器市场地域分散，由散布在姑苏区（三个古城区合并而成）、吴中区、吴江区、相城区的八个板块大小规模不等的玉器市场组合而成。它不像外地的玉器市场，往往都是集中在城镇的某一地域。二是苏州玉器市场内的生产经营业务门类多。它既有玉雕工作室和经营玉器的商店，又有全国销售量最大、营业额最多的和田玉（新疆产）原石市场，还有多种经营的超大规模的玉器城。八个板块的玉器市场在市场定位、经营品种、销售模式和从业人员结构上，各有侧重，独具特色，形成了相互倚重、互为补充的格局。三是苏州玉器市场的形成，并不像其他城市的玉器市场那样大多由政府专门为玉器交易而创建起来的，除了吴中区的光福一条街和虎丘高新区的东渚石匠街是乡镇人民政府创建的外，其余六个板块的玉器市场，无一不是在玉雕人（企业）自发聚拢的基础上形成的。四是苏州玉器市场的生产经营者来自五湖四海，以外来"工匠"为主。数万从业者中，出生于苏州的约占五分之一，其余来自上海、浙江、福建、安徽、广东、山东、河南、湖南、新疆等九个省（市）。

苏州玉器市场的八个板块分布在四个城区。其中，姑苏区有相王弄、园林路、观前街、文庙、桃花坞等五个玉器作业集群，吴中区、吴江区和高新区分别有光福、东渚、八坼三个经营玉器市场。这些地方的玉器市场，除东渚、八坼两地规模只有数百米长的一条街外，其余六个玉器市场都有多条街（巷、弄）组合而成，玉器的生产经营活动均具有较大规模。据不完全统计，苏州有玉器工作室、加工场、经营商户3000户。

相王弄板块的玉器市场兴起于20世纪末，从南石皮弄的几家玉器店起步，逐渐往相王弄、相王路、十全街发展延伸，不仅设计、生产、经营的人员逐步增多，而且在相王路与十全街交界处的一幢大型建筑内，形成了融原石销售、玉器设计制作和营销于一体的相王玉器城。如今，相王弄板块的玉器市场聚集了全国八个省（市）的玉器从业人员设立的玉器工作室、玉器加工场、玉器经营户1000多家。这里的店面多数较小，十平方米以内的店面不在少数。玉器生产主要以自制和来料加工为主，产品以低端为主，兼顾中高端。玉料以新疆和田玉为主，兼有翡翠和玛瑙等硬玉。销售对象主要是来此采购的外地为主、本地为辅的商家，批零兼营，营销方式灵活，价格相对实惠。有人说，相王弄玉器市场因体量和影响大，其经营状况是国内玉器市场的晴雨表。相王玉器城位于相王路和十全街交会处，开办于 2011 年 9 月，由时任执行总裁费万钧先生建成。该玉器城占地面积 8800 平方米，营业面积 29000 平方米，拥有 298 间商铺（部分为前店后坊的铺位），并拥有 500 平方米的精品展馆，是目前华东地区规模最大的玉器和原石经营市场。一楼是和田玉精品市场，南北两个区共有商铺 150 多个。二楼是原石交易市场，营业面积达 3000 多平方米，同时提供 1000 余个玉石摊位，销售来自新疆的和田玉料。旁边还有玉器商铺 31 家，玉石商铺 9 家，玉石加工作坊 22 家。距相王路不远的莫邪路上，近几年由新疆人在此开设了和田玉玉楼，形成了又一家新的玉料原石市场（图 3-68、图 3-69）。

图 3-68　苏州相王玉器城

图 3-69　苏州相王玉器城内商家

园林路板块玉器市场，包括附近的狮林寺巷、齐门路和皮市街花鸟市场等地的玉器商店共 300 多家。这里的经营者，绝大多数是小有成就的玉器人，他们一部分为苏州本地人，另一部分是来自相王弄经营多年的佼佼者。园林路玉器店面开间一般较大，装修也比较高档，玉器经营范围广，档次较高。这里的商家与相王弄板块商家的相

图 3-70　苏州园林路玉器市场

同之处在于以"玉雕工作室"名义打出玉雕师的个人品牌。产品是小件为主，山水、仕女、花鸟、人物、禽兽等题材的作品应有尽有，价格一般较高。来园林路的顾客以玩家和藏家为多（图3-70）。

观前街是苏州市久负盛名的商业中心街区，多家百年老店聚集于此，人流量一直为苏州之最。因此，观前街板块玉器市场聚集了大大小小、层次不同的玉器商铺二三百家，散见于粤海广场、玄妙观文化广场、大成坊玉器古玩城、鑫福玉器城以及观前街上的老凤祥银楼等一些黄金珠宝商城之中。这里的商户以苏州本地人为主，他们销售的玉器除少数高档商铺自己购玉料、聘设计师设

图3-71　苏州观前文化市场

计和玉雕商户琢制成器外，多数从相王弄或其他玉器市场购得，经营品种庞杂多样，软玉硬玉兼而有之，水晶、玛瑙、珊瑚、珍珠也较为多见（图3-71）。

苏州文庙古玩市场地处苏州古城核心区，是当今苏州一类商圈——南门商圈的中心，并以独特的文庙商圈闻名遐迩，商业区位价值极高。苏州文庙古玩市场现有商业占地面积1.6万平方米，建筑面积1.8万平方米，商户506家。周边商旅配套设施周全，有历史悠久的苏州工人文化宫、五星级喜来登大酒店、苏州三元宾馆和高端零售百货商场泰华商城、韩国商品城等。苏州文庙古玩市场是由政府支持背景的文创商旅园区，2009年6月，由苏州文广局、姑苏区政府牵头，配合文庙南迁和扩展工程，成立了苏州文庙创意园有限公司，全新建设文庙古玩市场，并于2009年9月盛大开业，商户入住率达99%。苏州文庙古玩市场以古董文玩和文创工艺产品的收藏、交流、经营、鉴定为主，商户经营类别多，包括古玩杂件、玉器、翡翠、明清家具、古籍书画、文创设计、工艺品、邮币卡等各大类别。日均客流量数千，周六、周日的客流量高达1万多人，是苏州

图3-72　苏州文庙古玩城

乃至华东地区规模最大、持续性最久、知名度最高的文玩古董工艺品经营集散中心之一（图3-72）。

苏州文庙古玩市场以其浓郁并独特的商旅文化氛围，日渐成为苏州文创产业的地标，成为苏州古城一道亮丽的文化风景线。在持续优化传统业态的店铺租赁、合作经营的基础上，苏州文庙古玩市场新一轮规划布局和战略合作模式已经开始，江苏省明式家具研究所、中国玉文化体验中心、苏州新文化艺术培训中心等文创科研机构已经入驻，酝酿已久的苏州文博馆正在筹建之中。

光福和东渚的两个乡镇是苏州玉器的重要产地之一，早在20世纪中后期，这里就是苏州玉雕厂的主要外包加工点。改革开放后的20世纪90年代，光福迁里、山墩、邓尉、府巷等几个村逐渐成为琢玉专业村，进而形成了以玉器经营为主的长达380多米的光福工艺特色街，大大小小300多家商店分布其间，从业人员最初全为苏州本地人，后来吸引大量外地玉雕师在此从事玉器制作经营。最近十多年来，光福镇塔山路上建起了一座占地1500亩、建筑面积100万平方米的规模庞大的中国工艺文化城，该城现已聚集了近百家前店后坊式的玉雕商铺。当下，苏州中国工艺文化城携手中国工艺美术集团，正在现有行业交易模式的基础上，创造性地开发第六代专业市场，规划建设华艺品国际交易中心、中国工艺第一街、工艺文化产品创意研发暨版权保护基地、国际会展中心、大师原创作品博览馆、休闲娱乐公园、华意酒店、仓储物流中心、工艺品基地中心及其他配套的公共服务体系等九大功能分区。

近邻光福镇的东渚镇上有条石匠街，虽然不以玉器经营为主，但也开设了数十家玉器商铺。光福、东渚两大板块的玉器市场，经营方式与相王路、园林路板块的玉器市场大致相同，基本上自产自销，而经营品种多为新疆碧玉制作的薄胎器皿件和仿古件，不同于上述两大市场的以挂件、手把件为主，原料以和田白玉为主。

相对而言，苏州玉器市场的八个板块中，桃花坞和八坼镇两个板块市场规模较小，但发展势头值得期待。

根据前几年中国玉器兴旺发达时期的市场调查和粗略估算，苏州从事玉器业的人员有10万人左右，其中包括设计、琢制、打磨等琢玉工艺生产者4万多人，与之配套从事原石采购运输、毛料加工切割、机器设备生产、产品经营销售、陈设包装的约6万人。苏州全市拥有规模大小不一的商铺3000多家，玉器的年净产值早已超过30亿元人民币，包括原石交易在内的苏州玉器业交易额已突破百亿大关。近年来，随着国家经济政策的调整，玉器经营状况有所回落。

三、南方玉器市场

南方玉器市场包括广东、广西、云南三省的五个玉器市场。

（一）平洲玉器街

平洲玉器街位于广东省佛山市南海区桂城街道东部，毗邻港澳，地处广州、佛山、南海、顺德、番禺五市交会地带，地理位置得天独厚，水陆交通十分方便。该市场兴起于20世纪70年代中期，主要特点是以加工中低档翡翠手镯为主。中国最大的缅甸翡翠玉石集散地在平洲玉器街从东到西2000余米的

图3-73　广东平洲玉器街

主要街道两边。这里的居民几乎家家户户都有加工玉器的作坊，是典型的前店后厂营销模式；也有代客开料、代客雕琢、代客抛光的专业加工作坊。现有玉器单位1000多家，从业人员8000多人，每年采购加工的缅甸翡翠约5000吨，翡翠玉石成品的市场总销售额超过20亿元。现场还提供检测服务，保证货真价实。

目前，玉器街已形成经营翡翠玉石成品零售、批发的一条街，加上正在建设中的平洲玉器城，未来不久，平洲玉器街将建成华南地区最具特色和吸引力的翡翠玉器购物地（图3-73）。

（二）阳美玉都

阳美玉都位于广东省揭阳市区西部的阳美、乔南、乔西三个村，享有"金玉之乡""中国玉都""亚洲玉都"等美称，它是个"三村一体"的翡翠、白玉综合市场，自1905年起，村民们就从事玉器加工生产贸易，迄今已有百余年的历史，拥有中国乃至亚洲最高档、最大型、最集中的中高档翡翠营销专业市场和生产加工基地。产品销往包括港、澳、台地区在内的全国各地以及东南亚等地。这里是翡翠集聚地，据不完全统计，产自缅甸的翡翠中高档原料，每年大约有80%从此流向各地（图3-74）。

图3-74　广东阳美玉都

目前，全村共有大小玉器加工及贸易商店500多家，相当于全村总户数的八成多，专业从事玉器加工贸易的达到1500多人。如今，阳美村已拥有大型油锯

玉机、中型夹钻抛光机、小型雕刻机等3000多套先进的加工生产设备,拥有一大批玉器琢磨及贸易人才。阳美玉都主要是向国内外批发销售翡翠原石及玉器。2000年后,阳美村玉器一度在数量和质量上都超过香港,成为世界最大的高档玉集散地,许多原先在香港取货的世界珠宝商,纷纷直接来阳美收购玉器。如今,阳美有百余名玉商,奔走在缅甸各大玉料公司之间进行采购。来自美国、新加坡等国家和我国港、澳、台等地区及深圳、北京、广州、辽宁等地的上千名客商,聚集阳美从事玉器设计、加工贸易等业务,甚至有缅甸人来到阳美长驻,从事玉器加工贸易。另外,阳美独创的"公开股份制",即合伙购玉模式深受欢迎:在一块玉料矿石锯开之前,许多人都会来自由参股,没有合同和协约,结果是好玉大家共享,废料彼此分担损失,透明公开。阳美玉器设计师还发明了"浮雕托地机",把雕刻玉器的机械由传统的"侧刻"改成"竖刻",速度快了十倍以上,成本则大大降低。

(三) 四会玉器街

四会玉器街位于广东省肇庆市下辖的四会市,距广州67千米。周边村屯分散着几千户以家庭为单位的玉器小作坊,在市内形成玉器街、玉器城、天光市场三个玉器销售板块。"街"是四会城东一条500米长的小巷子,两侧有近500户玉器经营档口,每户10平方米左右。"城"由九栋楼房组成,底层是玉器档口,二楼以上是住宅和雕刻加工作坊。每天午夜时,都能听到街上"吱、吱"的玉器加工声音。天光市场是全国唯一的农贸集市型的地摊玉器市场,规模和东北农村集市差不多。凌晨三四点钟开市,天亮后七八点钟散集,集上的玉器经营者每天都能看到天亮的过程,故取名为天光市场。这里每天聚集着1000多个摊位,以批发翡翠小件为主,多数是没有经过抛光的毛坯货。采购者凭

图3-75 广东四会玉器街

经验批发成交后,大多数人就地选择专业门店进行抛光,再让店主邮寄或托运到货主目的地(图3-75)。

(四) 腾冲玉雕城

腾冲,自古就是西南边陲的重要通商口岸,古代的南方丝绸之路和著名的史迪威公司,就是经过腾冲进入缅甸的。早在500多年前,腾冲商人就已开翡翠加

工先河。明清时期，大量腾冲人到缅甸"走厂"，使缅甸玉石产量大增，带来了翡翠交易的兴旺。当时，从永昌、腾冲至缅甸密支那一线，曾有"玉石路""宝井路"之称。由于腾冲地理位置得天独厚，距玉石产地只有358千米，故在相当长的历史时期中，腾冲几乎成为缅甸翡翠进入中国的唯一通道，玉石交易量几乎占全世界的九成。1902年，腾冲的玉石进口量为271担，1911年增至628担，1917年达801担。每年，有2万多匹骡马穿行于腾冲与缅甸之间，缅甸珠宝玉石源源不断进入腾冲，腾冲翡翠加工达到鼎盛时期。当时，腾冲城内的

图3-76　云南腾冲玉雕城

"小月城"是珠宝商人的聚散地，家家铺面里红蓝宝石、翡翠雕件琳琅满目，高中低档货色齐备，被人称为"百宝街"。"昔日繁荣百宝街，雄商大贾挟资来""琥珀牌坊玉石桥"就是腾冲当时繁荣景象的真实写照（图3-76）。

腾冲翡翠交易的兴旺，带来了翡翠加工业的繁荣，涌现出了毛应德、寸尊福、张宝廷等多位"翡翠大王"，诞生了段家玉、绮罗玉、正坤玉等美玉、名玉。经过历代无数商人的不懈努力，腾冲成为历史上曾经兴盛一时的"翡翠城"。1981年，国家恢复边境小额贸易，腾冲边贸企业逐步走向缅甸进口玉石。20个世纪90年代初期，随着腾密公路的修复通车，腾冲玉业得以重振。1996年，玉石进口达到顶峰，进口量达34.8万千克，进口额达1.4亿元，约占当时全国进口量的70%。全县经营玉石的企业有100多家，加工户600余户，从业人员1万多名，城乡玉器产业随之蓬勃发展，相继在县城创建了珠宝交易中心和腾越珠宝城两个交易市场，玉石成为支撑腾冲边贸进口业务的主打产品之一，玉石加工经营成为全县边贸加工的主导产业。1998年以来，一度繁荣的玉石交易转入低谷。近年来，随着经济社会的发展，腾冲拥有翡翠经营权的公司、商行50余家，玉石加工户400余户，经营门市店铺180余户，年加工产值1亿多元，年销售金额约2亿元，基本形成了集加工、销售、理论研讨、文化培育于一体的翡翠商贸园区。

（五）瑞丽姐告玉城

姐告，傣语，意为旧城。瑞丽姐告玉城是中国云南省最大的边贸口岸，云南50%左右的边贸物资从这里进出，是云南省瑞丽市的新经济开发区。姐告位于瑞

丽市南面 4 千米处，面积 1.92 平方千米，是 320 国道的终点，有"天涯地角"之称。它对面是缅甸的木姐市。玉城位于姐告边境贸易区内，占地 10 余亩，有店铺 60 多家，以玉石、毛料批发和树化玉销售为主。每天上午 8 点至 10 点，是玉城最繁忙的时候，人们集中在这里买卖玉石、毛料（图 3-77）。

图 3-77　云南瑞丽姐告玉城

四、玉器电商市场

中国电商市场起步于 20 世纪末 21 世纪初，根据 2001 年中国互联网协会公布的统计数据，中国互联网用户仅 1500 万。这个阶段，网民的网络生活方式和内容仅仅停留于收发电子邮件和浏览新闻。网民未成熟，市场未成熟，以 8848 为代表的 B2C（Business to Customer，即企业对消费者）电子商务网站，可以说是电商模式的先驱，萌芽期的电子商务环境里，玉器企业参与的较少，都是一些 IT 企业在发布产品信息，用户也对互联网购物比较陌生。

2003 年之后的三四年，玉器电商市场高速发展，易趣、当当、卓越、阿里巴巴、慧聪、淘宝，这几个响当当的名字成了互联网江湖里的热点。这些生在网络、长在网络的企业，在短短的数年内崛起，和网游、SP 企业等一起搅翻了整个通信和网络世界。以阿里巴巴为例，从最开始专业的 B2B（Business to Business，即企业对企业）模式，拓展出了淘宝网这样的 B2C、C2C（Customer to Customer，即消费者对消费者）模式。

这几年间，玉器电商发生了三个重大变化：一是大批的网民逐步接受了网络购物的生活方式，而且这个规模还在高速扩张。二是更多的玉器爱好者开始上网搜索玉器收藏的知识，玉器从业者也从最初的网民成为收藏知识提供者，进而发展成玉器产品提供商，网商的概念深入商家之心。三是电子商务基础环境不断成熟，物流、支付、诚信等瓶颈问题得到基本解决，在 B2B、B2C、C2C 领域里，不少玉器商家迅速成长，积累了大量的电子商务运营管理经验和资金。

2007—2012 年中国电子商务向纵深发展，最明显的特征就是电子商务已经不仅仅是互联网企业的天下，数不清的传统企业和资金流入电子商务领域，使得电子商务世界变得异彩纷呈。

首先，阿里巴巴、网盛科技上市，标志着B2B领域的发展步入了规范化、稳步发展的阶段；其次，淘宝的战略调整、百度的试水意味着C2C市场将在高速发展的同时，不断地优化和细分市场；再次，和玉论坛、翡翠.com、卫东翡翠、上海文玩的崛起，不仅引爆了整个收藏B2C领域，而且让众多传统玉器商家迫不及待地纷纷跟进。

这个阶段是整个电商的黄金时代，中国的电子商务发展达到了新的高度，改变了人们的生活习惯，使互联网用户看到了更多精彩绝伦的新鲜事，步入了一个现实社会与虚拟社会不断融合发展的新时代。

近年来，电商领域呈现多元发展态势，又出现了"微商"这样的新名词。随着微信用户的普及，利用社交软件进行玉器销售的商家如雨后春笋一般崛起，在微信、微博、抖音、快手、斗鱼等App上，都有大量的玉器商家，或传播知识，或展现行业内幕，或提供商品，各式各样的营销手段层出不穷。至今为止，这些平台仍是重要的玉器营销端口。

2017年出现了直播，电商迈入了视频互动营销的新时代，珠宝玉器的成交额度有了井喷式的提高。根据淘宝网发布的数据，2017年之前，珠宝这个大类目排在淘宝销售数据的十名之后。而这年5月的一天，珠宝类目借助直播，单日销售额突破5000万元，之后的销售额就一直上升。2018年全年，珠宝类目有7个月超过了排名第一的服装类目，成为全淘宝网销售额排名第一的大类。

根据电商消费数据，珠宝类目里排名前五的分别是黄金、琥珀蜜蜡、翡翠、和田玉、珍珠这五个品类。借助淘宝、京东这样庞大用户基数网站提供的消费讯息，玉器商家之间根据消费者的需求，也在进行着调整和变化，O2O（Online to Offline，即线上到线下）的概念开始影响整个玉器市场的框架结构。

但是，由于珠宝品类的消费增幅巨大，随之而来的质量问题和产品投诉也与日俱增，而提升质量仅靠电商商家远远不够，需要将目光投向供应链端甚至原产地端。2018年，互联网最大的电商平台阿里巴巴集团开始了珠宝产业带规划发展计划。传统的玉器批发市场，也是互联网+增长最快的地方。为此，阿里巴巴深入广东四会（翡翠）、云南瑞丽（翡翠）、广东揭阳（翡翠）、浙江诸暨（珍珠）、深圳水贝（黄金珠宝）、深圳松岗（琥珀蜜蜡）、河南镇平（和田玉）（图3-78）、

图3-78 河南镇平电商市场

江苏苏州（和田玉）、新疆和田（和田玉）这些一线的珠宝产业带，建立了电商服务基地，将这些产业带里线下传统的珠宝大品牌都扶持带入互联网上发展，打造优质的供应端。

以苏州玉器市场为例，苏州是传统艺术名城，有着优良的人文环境，传统工艺美术26个门类都在苏州发扬光大。其中"苏州玉雕"一直是淘宝搜索的一个热门关键词。2008年，苏州玉雕技艺入选国家级非物质文化遗产。2019年3月20日，在苏州市姑苏区政府的支持和监督下，苏州市相王路玉雕商会联合阿里巴巴，建立了苏州玉雕阿里拍卖产业带基地，结合苏州最大的实体玉器市场——苏州玉雕交易博览中心，打造线上线下一体式发展平台。苏州拥有大量玉器名家和工匠，其相对成熟的管理体系也使得商品品质与售后服务有所保障。从供应端发展产业带基地，阿里巴巴意在扩展供货链路，吸纳更多高性价比的货源，达成消费者、商家与平台的多方共赢。

阿里巴巴引领了发展方向，京东、微拍堂、东家手艺人、对庄翡翠、翡翠王朝、寺库艺术、苏州玉雕馆等专业玉器经营平台也纷纷进行资源整合，制定战略发展规划，发挥平台优势，结合互联网流量"助攻"和诚信发展原则，提高玉器电商市场的整体效益，展现出珠宝玉器电商的崭新形象（图3-79）。

图3-79 苏州玉雕阿里拍卖产业带基地

第四章

辉 煌 的 古 玉

在中国艺术宝库中，玉器自新石器时代以来绵延八千年而不衰，从史前到如今，始终与人们的生活关系密切，深深地融合在中国传统文化与礼俗之中，充当着特殊的角色，发挥着其他工艺美术品无法替代的作用，并打上了政治的、宗教的、道德的、价值的烙印，蒙上了一层使人难以揭开的神秘面纱。回顾中国玉器的发展历程，不同时代的玉器因为受到不同时期文化的影响而形成不同的形制和工艺风格特色，有着不尽相同的典型器。

第一节 概 说

根据考古学家对出土的大量玉器和中国历代传世玉器的研究，早在八千多年前的兴隆洼文化时期，中国已有玉器问世。其后至中华人民共和国成立前，中国玉器的进程中出现过三次大的高潮，分别为新石器时代晚期、汉代和明清时期。

从推动玉器发展的内在动力、社会需求和玉器外表特征等角度分析，各个时期、各个时代的玉器特征和功能等都有明显的区别。但是，推动中国玉器发展的社会内在动力和需求主要来自社会的上层建筑，来自统治阶层。因为，玉器在中国国家形成过程中具有重要的作用，加工玉器的原料稀缺性、制作工艺复杂性、器物美观性等因素，使得玉器成为历代社会不同政治需求的主要物质乃至精神载体，统治阶层的政治需求是推动中国玉器发展的强大动力。

一、史前时期的玉器

史前，包括从旧石器时代晚期到青铜时代中期，也就是整个夏及商代早期这么一个漫长的区间。这个时期是中国古代文明起源及形成时期，也是中国玉文化的起源时期，它前期发展是缓慢的、不明显的，而后期则是跳跃式飞速发展，社会由原始部落走向文明国家。早在近万年前的旧石器时代晚期，我们的祖先就发现并开始使用玉石了。一般认为上古时期的人们在制作、使用石制工具时，发现了玉这种矿物。它比一般石头坚硬，又有与众不同的色泽和光彩，晶莹剔透，惹人喜爱。于是，人们就用它来加工其他的石制品，慢慢地又用它来做装饰品，但由于它的数量不是很多，而且加工困难，因此只有族群里的少数人物如族长、祭师才有资格佩戴并使用它，这又使它渐渐演变成礼器、祭器或图腾。在这种长期缓慢的进化过程中，玉由原来仅仅是一种特别的石头（美石），转化为权力、地位、财富、神权的象征。

图4-1　玉斧（清）

史前早期的古玉，大多是玉工具，如玉刀、玉斧（图4-1）、玉针，然后出现了玉礼器（祭器），如良渚文化的玉琮、三叉形器，也有部分象形的玉器，如红山文化的玉龙、玉猪（图4-2）等，应是作为族群的图腾而制作的。此一时期的玉器，并不完全是由现代意义上所指的玉石制作的，它可以是玉，也可以仅仅是漂亮一点的石头，如与变质大理石矿共生的透闪石原矿。及至新石器时代晚期到青铜时代，在中国主流文化区

图4-2　玉猪（汉）

域内，已再难见到玉工具了，代之而来出现的是大量的玉冥器、玉佩饰，如商代妇好墓出土的玉龙、玉凤、玉鹤。此时，已广泛采用软玉来制作器物了。

到了青铜时代的全盛时期（即周早期），由于受到高度发达的青铜文化的冲击，玉器已不能如原始社会那样，在社会生活的诸多方面继续占据主流或垄断地位了，但它在美身、祭祀、礼仪、殓葬方面仍发挥着重要作用。商代妇好墓的玉器，分为礼器、仪仗、工具、用具、装饰、艺术品以及杂品等七类，反映出当时玉器用途甚广、地位至尊的历史面貌。其中，肖生玉器占很大比例。妇好墓出土的红山文化的玉勾形器（图4-3）及石家河文化的玉凤（图4-4），说明收藏古玉已经是古人的一种生活文化。

图4-3 玉勾形器（红山文化）

总而言之，中国史前玉器，特别是晚期玉器的时代风格及艺术手法，继承了原始社会玉器的成果而又有所发展。史前的北方以红山文化圆雕为主，以天然玉籽料为雕刻对象；南方以良渚文化线刻为主。因为有了发达的玉器线切割和阴刻线技术，玉器便形成表面阴刻线条的几何形造型特征。此时的玉器制作，通常采取夸大局部、不求形似、突出神韵的象征主义手法。富于装饰性、观赏性的俏色玉鳖的出现，说明崇尚自然、追求真实的写实手法仍在成长。另外，制玉

图4-4 玉凤（石家河文化）

工具也从石砣机进化为青铜砣机。工具的进步，使经其加工的玉器线条具有流畅婉转的韵律感。晚期，北方风格与南方风格渐次融合，形成了圆雕作品表面阴刻线条的新风格，这是此期玉文化的重要特色。

二、商周至隋唐时期的玉器

商周战国时期，周室衰微，社会动荡。各诸侯都大力制造青铜器、玉器，为其"挟天子以令诸侯"的僭越活动做礼仪上的准备。现存世的此期玉器数量颇丰，除东周王室玉器之外，还有春秋的郑、晋、齐、吴等以及战国的韩、魏、赵、鲁、楚、秦等诸侯国的玉器。这些玉器，或细密婉约，或粗犷豪放。物主生前所用及佩戴的玉器，大多数精致无比，令后人无法企及，这与使用铜铁砣及玉人操作更为熟练有关。由于统治者确立的玉器标准甚高，故玉人碾琢玉器的技艺

更加精进。可以说，商周战国时是我国玉文化的第一个高峰期。

西周进入贵族社会，玉器的功能发生了质的变化，成为贵族阶层用以显示身份、地位的标志，以及分别等级的礼制的重要载体。

西周时期的玉文化，沿着殷商的轨迹发展，在配饰上出现了新变化，如串饰形式多样，长度加大，贵族玉佩多以璜为主件，杂以珠管（图4-5）；也有以

图4-5　玉珠管（西周）

多种形式的玉片，配以珠管制成。西周玉器中玉璜甚多，说明西周时期盛行玉佩，此源于西周"君子比德于玉"思想。《诗经·秦风·小戎》云："言念君子，温如其玉。"此时，玉文化的沉淀已大大超过玉的自然属性，使玉成为君子的化身，人们赋予玉以德行化、人格化的内涵，将其从神权、王权的控制下解脱出来，大大地加强了玉的人文含量，使玉文化在中国传统文化中占有重要的地位。

周代是中国古代礼制形成和最兴隆的时期。礼制，是从王侯到平民，在社会活动和日常生活中所遵循的行为规范准则。也就是说，人们平时的衣食住行，乃至婚嫁丧葬都要受到礼制约束。于是，出现了一系列礼玉。这些礼玉形制不同，用途各异，名目繁多。其中最主要的是"六瑞"（璧、圭、琮、璋、琥、璜）。贵族阶层佩戴成组玉饰的习俗，在西周时期也已盛行。

春秋时期稍早的玉器，在器形、图案和做工上仍保留着西周玉器的遗风，具有典型风格的是隐起或阴线刻的细密装饰形玉器，如黄君孟墓出土的玉鸟兽纹璜、玉鸟纹环、玉虎形饰（图4-6）等。比较之后可以看出，春秋时期的玉器已由西周时的平面化、简约化向隐起化、繁复化方向演变，为战国玉器的发展打下了牢固的基础。

图4-6　玉虎形饰（春秋）

战国早期的玉器，具有由春秋玉向战国玉演进的过渡色彩。如曾侯乙墓出土的玉佩、辉县固围村王室墓出土的大玉璜、平山中山国王墓出土的青玉带钩及洛阳金村东周王室墓出土的玉耳杯、玉桃形杯、金龙凤饰玉卮等，都是战国中、晚期玉器的代表作，体现了战国玉器极高的工艺水平。此时期玉器的主要特点体现在以下几个方面：

玉质优良。战国时期王侯用玉多使用和田玉籽料，玉质细腻温润，光泽晶莹，青白色较多，偶见白玉。中小贵族均用地方玉材，是一些价格较低的本地或相距不远之地的美石。

琢玉技艺精湛。战国玉器上的线条，包括造型的轮廓线和纹饰的阴阳线，均锋利挺劲，准确流畅。

龙的形象占有突出地位。龙居战国玉器神瑞动物图案中的首位，其次是虎，再其次是凤。龙的形象有两种：一种是由虎豹等猛兽演化而来的，较多地保留了虎的形象与性格上的特征；另一种则头长、身细、尾尖、四足，是从蟒蛇变化而成的。

统一的时代风格。东周时，各地新兴的都邑已成为新的琢玉中心。由于各地制玉中心交流频繁，所以各地的玉器区别不甚明显，统一的共同的时代风格是其主流。

玉器使用范围扩大。当时的玉器不仅仅是最高统治者的生活器皿和自身装饰品，它的使用范围在逐步扩大，如有的武器已用玉饰，甚至还出现了祭玉。玉具剑于春秋晚期问世，其装饰常用玉标首和玉珌。至战国时期，新出现了玉剑格，在剑鞘上饰有玉璏。

玉器区分等级的作用十分明显。比如，用于贵族殓葬的玉衣，是汉代皇帝、诸侯王和高级贵族死后的殓服。因贵族等级不同，有金缕、银缕、铜缕、丝缕等之别，以显示不同等级的贵族尊贵的社会地位。后因社会分裂和动荡，厚葬的风气衰落，汉代帝陵都被盗掘等缘故，曹魏黄初三年（公元222年），魏文帝曹丕下令禁止使用玉衣殓葬。又如，始于两周时期的组佩，按贵族的等级分为三璜、五璜、七璜、九璜等四类，供不同对象佩用。古代成套玉佩的组合形式，在战国晚期至西汉早期达到了最为繁复的程度。一整套玉佩的长度和穿缀玉件的数量都空前绝后，这从广州南越王墓和徐州

图 4-7　组玉佩

狮子山楚王墓出土的玉器中可见一斑（图 4-7）。汉武帝时期，由于诸侯王势力衰落的社会因素，玉佩的种类和组合形式趋于简化。东汉，用玉制度逐渐完备，尤其表现在玉衣和组玉佩的使用上。《后汉书·舆服志》说："古者君臣佩玉，尊卑有度……至孝明皇帝，乃为大佩，冲牙、双璃、璜，皆以白玉。"

秦朝是我国第一个封建制统一国家，但仅存在了十几年就灭亡了，流传下来

的具有明确纪年的文物很少。由于缺少参照物，很难对秦代的文物做出明确的断代。从零星出土的玉器来看，与战国精细做工的玉器区别不大，尚未见具有代表性的作品。

到两汉时期，由于社会稳定，国力强盛，玉文化也日渐发展。从王公贵族到官宦人家，甚至绅士富商等阶层，日常用玉品种丰富，数量众多，加工工艺精湛。此时，出现了许多精美的作品，代表了这个时代的最高水平。汉代玉器，继承了战国时代玉器的传统，并有所变化和发展。玉礼器（所谓瑞玉）较前减少，已不再是玉器品种的重要组成部分，而各种作为装饰用的玉器大大增加，用于丧葬的玉冥器亦显著增多，玉用具也有较大的发展。在雕琢工艺方面，圆雕、高浮雕、透雕的玉器和镶玉器物较前增加（图4-8）。纹饰的风格由以抽象为主转向以写实为主，一些象生类玉器也有了现实感和生命力，形神能巧妙地结合于一体。这些都为先秦玉器所不及。

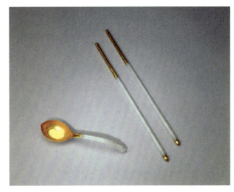

图4-8　青玉镶赤金筷（清）

我们如今能看到大量汉代玉器，其中尤以广州南越王墓出土的众多玉器为代表。另外，还有各博物馆收藏的传世汉代玉作，有高尾杯、角形杯、带托高足杯、盒、枕、带钩、印章等。装饰品可分为人身上的玉饰和器物上的玉饰两大类（图4-9）。人身上的玉饰主要是佩玉，计有璜、环、琥、珑和玉舞人等。玉环的纹饰优美多样，在佩玉中占有重要的地位。汉代还有一种专门用于辟邪的玉制品叫刚卯，除见于著录的传世品外，发掘出土的刚卯为数不多。从文献记载和考古资料考察来看，汉代用于礼仪的玉器比先秦时期有所减少，只有璧和圭仍然作为礼器使用。玉璧在

图4-9　和田玉玉帽（战国至汉）

汉墓中出土很多，玉圭则从西汉中期以后逐渐消失。汉代虽然还存在"六器"中的琥和璜，但已是作为装饰用的佩玉了。另外，璋和琮在汉代可能已不再制造和使用。汉代时，人们认为玉石能使尸骨不朽，故用于丧葬的玉器在汉玉中占有重要的地位。葬玉主要有玉衣、玉九窍塞、玉琀（图4-10）和握玉。玉衣是汉

代皇帝和贵族死时穿用的殓服，外观和人体形状相同。完整的玉衣由头罩、上衣、裤筒、手套和鞋五部分组成，每部分都由许多小玉片编成，是汉代制玉工艺高度发展的产物。玉九窍塞是填塞或遮盖在目、口、鼻、肛门和生殖器等九窍上用的，这些玉制品皆为素面。玉琀一般作蝉形，置于死者口中，制作简单，俗称"汉八刀"。至于死者手中的握玉，在西汉中期以前多作璜形，系用玉璧改制而成；到西汉中期以后，逐渐流行为玉猪。死者手握玉猪的习俗，在东汉直到魏晋南北朝都很流行。但玉猪造型变化不大，刻纹也都比较简单。

图 4-10　黄玉琀（汉）

　　魏晋南北朝时期，中国社会处在一个南北分裂、动荡不安、战乱频仍的大环境下，整个社会的发展受到极大的影响和限制。在这样的社会状况下，尤其是曹魏文帝下令禁止使用玉衣后，玉器的发展受到了抑制。从这个时期墓葬出土玉器的情况来看，大部分仅有简括的玉豚、玉蝉之类的玉器，而且使用范围有限。各种玉用具和玉佩饰不见出现，说明此时无论是玉器的加工制造还是玉器的社会保有量，都大大减少。南北朝时，佛教在中国大兴，到唐代达极盛，社会上形成了浓厚的尊佛风气。这一时期出现了大量佛教玉器，如佛像。我们现在还可以见到这一时期流传下来的玉雕佛像或从国外引进的玉佛。民间则多以曲阳白石和黄花石造的"玉佛"供养。因此，魏晋南北朝对于中国玉文化的发展来说是一个断裂带，玉器制作比两汉时期明显萧条，传世或出土玉器也寥若晨星。即使偶尔发掘出土少量玉器，也大多做工简略，精工者极少。这表明，魏晋南北朝时期的玉器发展已由高度发达的、处于巅峰地位的两汉时期渐渐滑落低谷。

　　在中国历史上，隋唐是我国封建社会的两大强盛王朝。这个时期，国家强盛，经济发达，国富民强。此时，东西方有着密切的政治、经济、文化交流，外来文化进入中国，给中国人带来了许多新鲜的事物与观念，这也反映在玉文化的发展上。受到波斯文化的影响，隋唐玉器上出现了一些新的造型和图案。佛教题材玉器，有塑造成娇柔妩媚女子形象的玉飞天，它是现实生活中的美女写照。肖生玉，有立人、双鹿、寿带、凤等，都受到当时绘画与雕塑艺术的影响。此时，玉器加工技艺已趋成熟，砣法简练遒劲，突出形象的精神和气韵，颇有浪漫主义色彩。尤其是立体肖生形象的肌肉转折处理，能获得天然得体的良好效果。这个时期，制玉已普遍采用产自西域的和田玉，也就是"西方玉属"。例如，从各地出土的唐代玉铐来看，产于西域于阗国所琢刻的纹饰以蕃人形象为主。和田玉温润晶莹的特征，在各种玉雕人像、动物造像中也得到了充分的体现，从而使形象美与玉材美和谐地融为一体，提高了玉器的艺术性和鉴赏性。隋至盛唐玉器，不论是简练还是精琢，其处理都恰到好处，均可达到气韵生动的艺术境界。

晚唐及至五代十国时期，中国再度出现分裂，战乱频仍，民不聊生，经济萧条，玉文化也受到极大的影响，现今出土的明确为五代十国的玉器少之又少。

总之，玉器制作到周代，已经形成了片状双面或单面、以双阴线雕刻为主的特征，该风格持续至两周之间。从春秋中期开始，阴线刻逐渐向减地浮雕发展，至汉以后形成镂空和圆雕风格。

三、宋元时期的玉器

宋代是一个手工业和工商业空前发展兴盛的时代，国富民强，文化发达。这一时期的玉器，正处在一个承前启后的转折阶段。随着不断发展、完善的科举制度而步入仕途的官僚数量日趋增多，形成独特的文官统治特征。上层统治者自幼饱读诗书，思想情感丰富，玉便成为他们抒发、寄托各种情感的载体。

两宋玉器承袭两宋画风，通常画面构图复杂，多层次，形神兼备，完成了由唐玉偏重工艺性、雕塑性向宋玉偏重绘画性、艺术性的转变，玉器作品显著的特点是写实性趋强，颇富情趣。此时的皇家用玉品种丰富多样，佩饰类有玉带、玉佩，用具类有玉辂、玉磬，礼器类有玉圭、玉册等。内廷专门设有玉作，玉料由西域诸国进贡。民间用玉也较前朝为盛，大量出现各种玉佩饰、玉用器。

从玉器的功能来看，这一时期的玉器成为文官生活当中的实用品。如装饰于腰带上的玉饰件，既是装饰品又是实用器。革带（图4-11）是系于棉服外面的一种代表身份、地位的饰物，革带上依等级不同，缀有玉、犀、金、银等，其中，以玉最为珍贵。还有作为个人爱好和情感寄托的挂、饰件，如玉牌及各种动物吉祥图案挂件；用于日常生活的实

图4-11　革带

用器，如玉炉顶、玉碗、玉杯等；用于室内装饰的各种陈设件，如玉屏风、玉山子等。自宋代以来，在皇家贵族、达官显贵和文人墨客中，盛行一股玩赏古玩的风气。他们广为罗致三代秦汉甚至更古的器物，作为珍爱之物收藏起来，古董行开始出现伪造或仿造古玉之风气。因此，宋玉被分为古玉、时作玉、伪古玉和仿古玉。

两宋及其同期或稍后的辽金玉文化，去除了隋唐五代繁杂的外来文化因素，又继承和发展了隋唐玉文化的市庶化、艺术化特色。作品题材大多是人物、花鸟形象。宋代肖生玉，在崇尚写实主义的院画影响下，追求形体及运动的准确表现，以显示其内心世界。宋代人物玉雕，题材主要是各种各样的童子，造型非常生动活泼，最为常见的是执荷叶童子。该玉器有祈子平安、望子成龙的寓意。根据《东京梦华录》的记载，折持荷花、荷叶是宋代社会生活中颇为流行的一种风俗。玉雕中出现了一种以花鸟为主题的新题材。这类作品，雕琢精细，玲珑剔透，刻画景物惟妙惟肖，生机盎然，散发出浓郁的生活气息。花鸟题材玉雕的出现，与当时绘画艺术的成熟有很大关系。花鸟玉佩多做隐起、镂空的对称处理，富有生活气息。双勾的经文诗词等铭刻玉器盛极一时。辽金玉器也由汉族玉工碾成，但其题材却富有边疆民族特色和游牧生活气息，以契丹、女真两族生活为主题的春水佩和玉秋山为其杰出代表，均有着形神兼备的艺术特点。宋、辽、金都出现了前所未见的有情节、有背景的景观式构图，以镂空起突等手法碾琢的悬塑性或立体的肖生玉器是这一时代玉器的新兴形式，有着鲜明的时代特点，还出现了受道教影响的神仙题材和"龟游"一类的祥瑞玉器。总之，两宋时期玉器的特点是玉如凝脂、构图繁复、情节曲折、砣碾遒劲、空灵剔透、形神兼备，是我国玉文化的第二个高峰期。

元代是一个由游牧民族主政的朝代，中华本土文化受到极大的压制。此时的玉器，虽然保持了宋玉的造诣和风格，但未能继续发扬光大，出现了回落，艺术性不高，加工工艺较为粗糙。元代除碾琢礼制用玉外，还将玉材广泛地用于建筑和家具，玉器应用范围扩大，数量有所增加。内廷的制玉机构及碾玉作坊规模空前庞大。元代内廷与官办玉器手工业特别发达。因为承袭金与南宋的官办玉艺的既成布局，大都和杭州遂成为两大玉器工艺中心。

元玉继承宋、辽、金玉器形神兼备的特点而略有小变，做工渐趋粗犷，不拘小节。元玉器中，有两种与蒙古族相联系：一是玉押，供签署公文、告示之用，一品高官方可用之，十分珍贵

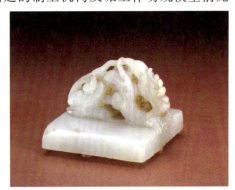

图4-12　白玉龙钮押（元）

（图4-12）；二是玉帽顶，元曾召西域国工碾治玉九龙帽顶，螭、虎形象的运动和曲线处理颇为灵秀细劲，均较为成功，但对细部的磨光注意不够，往往留下一些砣痕。文人用玉制造文具，仿古尊彝玉器继续流行，古玉的搜集、保存、鉴

赏，在文人中一如既往，风行不止。画家朱德润编写的《古玉图》，是我国第一部专门性的古玉图录。元代具有代表性的玉器是"渎山大玉海"，可贮酒三十余石，饰海龙、海马等十几种瑞兽，翻腾沉浮于波涛汹涌的大海，气势雄伟，动人心魄，神态生动，是元代玉器的代表作。

四、明清时期的玉器

明代，国家始终处在内忧外患之中。然而，承袭两宋特别是南宋以来的商业贸易飞速发展，民间变得富裕，由此影响到明代玉器的发展变化。明代渐渐脱离五代两宋玉器形神兼备的艺术传统，形成了追求精雕细琢装饰美的艺术风格。明代的皇家用玉，都由御用监监制，而民间观玉、赏玉之风盛行，经济、文化发达的大城市都开有玉肆，最著名的碾玉中心是苏州。同时，古玩商界为适应收藏、玩赏古玉器的社会风气，大量制造了古色古香的伪赝古玉器，不少仿制"古玉"手法高超，甚至清代乾隆皇帝也曾经被其所骗。

明代玉器工艺的发展，经历了早、中、晚三个时期。明初，玉器出土和传世的均有佳作，风格继承元代，做工严谨而精美（图4-13）。1970年，南京市明汪兴祖墓（公元1371年）出土玉带饰14块，碾琢隐起行龙，出没于祥云之中，玲珑剔透，有鬼斧神工之妙。但是，云龙的形象与布局均接近元代，玉带板数量不符合明制。

图4-13 玉龙纹带板（明）

1970年春至1971年年初，山东邹县朱檀墓（公元1389年）出土了冕饰、玉带、玉佩、玉圭、玉砚、玉笔架、玉杯等玉器，反映了明宗室亲王生前和殉葬用玉的状况。这类玉器所采用的玉材光泽较强，碾工遒劲，磨工精润，不重细部，明显保存着元代玉器的遗风。严格地说，明代早期玉器没有自己的风格，许多出土的精美玉器应该归入元代玉器的范畴之中，或者其原本就是元代遗留的玉器。

明中期的玉器趋向简略，承袭元末明初文人文化的兴盛，出现了具有文人色彩的玉器，如青玉松荫策杖斗杯等。明中期玉器的加工与集散多集中于东南地域，如南京、上海、江西等地。上海陆深墓出土的白玉铁拐李、白玉蝶、玉鸡心佩、白玉带钩、镂空寿字玉、玉戒指、玉道冠、玉簪等玉件，小巧玲珑，代表了地主、富商等用玉的品种和做工。这一时期的玉器，开始显现出明代社会的特点。

晚明前期，东南一带社会稳定，城市经济繁荣，民间富裕，玉器产量有所增加。当时，苏州制玉业代表着全国玉器工艺的发展趋势，著名玉工陆子冈就出自苏州专诸巷。此期代表性的玉器，有明十三陵定陵出土的玉带钩、玉碗、玉盂、玉壶、玉爵、玉圭、玉佩、玉带等，包括死者生前御用玉器和死后的殉葬用玉。其中，玉壶、玉爵等使用錾金或珠宝镶嵌工艺，更是绚丽多彩。当时，古玉已成为古董（或称古玩），是高价的特殊商品。商人为了获取暴利，便用劣质玉、掺色玉等廉价玉材，制造了大批假古董，玉器数量激增，艺术上明显粗糙，精工者较少，多与金银宝石镶嵌。

因明中晚期城市经济繁荣，手工业发达，海外贸易频繁，整个工艺美术为商品生产和外销所支配，于是出现了追求数量、忽视艺术品质的不良倾向。随之，玉器工艺也出现了商品化的趋势，玉器胎厚重、造型呆板、做工草率、装饰烦琐，流传至今的有大量的玉壶、玉杯。在图案方面，与晚明社会风气相符，符瑞吉祥的谐音题材甚为风行。这种"图必有意，意必吉祥"的图案，首先是为祈福，其次才顾及美。晚期陆子刚所琢玉器，反映了此期时作玉、仿古玉及文人用玉交错发展的情形。玉文化中的城市庶民、文人的成分与影响正在增加，这是城市商品经济繁荣、玉器生产商品化的结果，也是我国玉文化的新变化。

清人入关以后，顺治、康熙帝励精图治，扫清戡乱，发展生产，雍正帝肃整吏治，繁荣经济，出现了"康乾盛世"。康熙时，吴三桂追击南明永历帝入交趾，开通了缅甸翡翠进入中原的路线。乾隆时期在西域用兵，又打通了和田玉内运的道路，使和田玉大量运进内地，促进了玉器工艺的迅速发展，出现了我国古代玉器史上最为昌盛的时代，也是我国玉文化的第三个高峰。

总的来说，清代宫廷用玉直接受清内廷院画艺术的支配和影响，做工严谨，一丝不苟。有的碾琢细致，如雕似画；有的在抛光上不惜工本，以显示温润晶莹之玉质美。清代重白玉，尤尚羊脂白玉，黄玉极少，也受到爱重；民间用玉，以两江产量最多、最精。清朝，最负盛名的碾玉中心是苏州专诸巷。苏州玉器精致秀媚，内廷玉也多来自该地。扬州玉作发展很快，大有后来居上之势，其玉作豪放劲健，特别善于雕琢几千斤甚至上万斤重的特大件玉器，《大禹治水图》玉山即其代表作。清代玉工善于借鉴绘画、雕刻、工艺美术的成就，集阴线、阳线、平凸、隐起、镂空、俏色等多种传统做工及历代艺术风格之大成，又受到外来艺术影响，并加以糅合变通，创造与发展了工艺性、装饰性极强的玉器工艺，有着鲜明的时代特点和较高的艺术造诣。

此外，清代各个时期的玉作亦有所不同。顺治、康熙年间战乱频仍，民不聊生，玉器行业处于萧条状态，产量很少，但宫廷用玉仍不乏精品。雍正时期经济复苏，手工业大为发展，玉作也重新崛起。乾隆、嘉庆年间为清玉的昌盛期。这时宫廷玉器充斥各个殿座，主要大城市玉肆十分兴旺，民间赏玉之风兴盛，玉器的用途更加广泛，陈设、器皿、佩饰、祭器、偶像、文玩、用具、镶嵌等品类齐全。乾隆时所称的痕都斯坦玉器，是具有阿拉伯风格的莫卧儿王朝玉器，乾隆中晚期时已大量进入内廷，受到乾隆的喜爱，其风格波及北京、苏州、扬州等玉肆。新疆维吾尔族玉器有着鲜明的地方特色，与宫廷玉器和痕都斯坦玉器有所不同，虽属阿拉伯风格，但器形、纹饰均较单纯，光素器较多，不重磨工，稍显粗糙。道咸年间，战端又起，内忧外患，国家经济严重受挫，新疆玉贡完全停止，宫廷玉器日渐衰落，有时甚至停止碾制。地方大城市的玉肆，也因原料不足及经济衰退而逐渐衰落，特别是太平天国起义以及前后两次鸦片战争，战火遍布两江，苏、扬二地正好处在战争中心地带，所受祸害可想而知。从此之后，清代玉作就再也没有振作起来。

第二节　古玉的风格特色

相对而言，古代玉器的时代风格和特点是稳定的，变化速度是缓慢的。因为古代社会生产力水平低下，玉器制作大为不易。只有在制玉的加工方式发生大的变革时，玉器的时代特征才会发生明显变化。而玉器的时代风格一旦形成，即使"改朝换代"，如果制玉技术没有大的变化，新王朝的玉器一般也不会发生大的变化。这就是中国历代王朝更迭交替，却没有随时影响到玉器的风格特色的原因，此也证明玉器的时代风格有一定的滞后性。

一、中国玉器的艺术风格演变

在中国南方，良渚文化的大型玉璧和高矮不等的多节玉琮，标志着制玉工艺已与石器工艺开始分离。玉器造型较为复杂，已能碾琢阴线、阳线、平凸、隐起的几何形及动物形图案装饰，具有朴素稚拙的风格。

商周时代的玉器，以形象单纯、神态突出，多用双勾隐起的阳线装饰细部为特征，并出现了俏色玉器。春秋战国时期，玉器工艺有了较大的发展，各诸侯国竞相碾治，精益求精。秦汉玉器与精雕细刻的春秋战国玉雕相比，在艺术风格上趋向雄浑豪放。汉玉隐起处常用细如毫发的阴线雕饰，有如古画上的游丝描一般刚劲有力，以弥补其立体感不强的弱点。这是汉玉技法上的一个特点，对后世玉器有着深刻影响。唐宋玉器色如羊脂，光泽晶莹，质地精良，技术精湛，禽兽花卉的题材和玲珑剔透之器增多，写实能力大为提高，形神兼备，并开始出现世俗化的倾向，这与当时绘画、雕塑艺术的成熟有着密切的关系。

元明清时期，南北两地玉器普遍发展，是中国玉器史上极其光辉的时代。现存北海团城内的元代渎山大玉海，明王兴祖墓出土的玉带板，朱翊钧墓出土的玉圭、玉带钩、玉盂、玉碗、玉壶、玉爵、玉佩等，可以代表这时期玉器的特点，在继承宋代玉器特点的同时，此时出现加工粗放或碾琢烦琐两种互相排斥的倾向。元明玉器还受到文人书画的影响，发展了碾琢文人诗词和写意山水画的玉器，也往往镌刻名家款识，追求文人高雅的情趣。清代乾隆时期的玉器，因玉材丰富、皇家提倡和社会需要，技艺成熟，达到空前的高峰。

另外，中国维吾尔族的碾玉工艺富有地方色彩，是中华民族玉器艺术宝藏的组成部分。在封建社会后期仿古思潮的影响下，以"返朴"为目标，追仿"汉玉"风格而生产的各式玉器，被称为仿古玉。这种玉器始于明清，具有特殊的美学价值。

二、新石器晚期的玉器

中国玉器源远流长。公元前五千多年，南方河姆渡文化的先民们在选石制器中，有意识地把拣到的美石制成装饰品打扮自己，美化生活，揭开了中国玉文化的序幕。在新石器时代中晚期，辽河流域、黄河上下、长江南北，中国玉文化的曙光四处闪现，从现今出土玉器的考古研究来看，太湖流域良渚文化、辽河流域红山文化的出土玉器最为引人注目。

良渚文化玉器的品种较多，典型器有玉琮、玉璧、玉钺、三叉形玉器及成串玉项饰等。良渚玉器以体大自居，显得深沉严谨，对称均衡的美学观得到了充分应用。尤以浅浮雕的装饰手法见长，特别是浅刻艺术，达到了后世也几乎望尘莫及的地步。最能反映良渚琢玉水平的是形式多样、数量众多又高深莫测的玉琮和兽面羽人纹的刻画。

红山文化玉器较之良渚文化玉器，少见呆板的方形玉器，而以动物形和圆形玉器为多见。典型器有玉龙、玉兽形饰（图4-14）、玉箍形器等。这时期的玉器不以大取胜，而以精巧取长。红山文化琢玉技艺的最大特点是，玉匠能够巧妙地运用玉材，把握住物体的造型特点，寥寥数刀，把器物的形象刻画得栩栩如生，十分传神。"神似"是红山古玉的最大特色。

从良渚、红山古玉多出自大中型墓葬的情况分析，新石器时代的玉器除祭天祭祀、陪葬殓尸几种用途外，还有辟邪和象征权力、财富，区分贵贱等功能。可见，中国玉器一开始就带有神秘的色彩。

夏代进入阶级社会，其玉器风格显现出良渚、红山文化玉器向殷商玉器的过渡，这在河南偃师二里头遗址出土玉器中可窥见一斑。其出土的七孔玉刀之造型，源出新石器时代晚期的多孔石刀，而刻纹又带有商代玉器双线勾勒的滥觞，应为夏代玉器（图4-15）。商代早期产品琢刻一般比较粗糙。晚期玉器以安阳殷墟妇好墓出土的

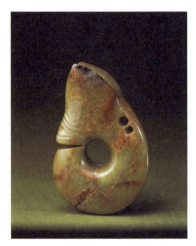

图4-14　玉兽形玦

755件玉器为代表，其用途分为礼器、仪仗、工具、生活用具、装饰品和杂器六大类，玉材以和田玉为多，出现了仿青铜彝器的碧玉簋、青玉簋等实用器皿（图4-16）。动物、人物玉器大大超过几何形玉器，玉龙、玉凤、玉鹦鹉神态各异，形神毕肖；玉人姿态多样，或站或跪或坐，主人、奴仆、俘虏皆有。商代出现了我国最早的俏色玉器——玉鳖。最令人叹服、最为成功的是商代开始有了大量圆雕作品。此外，精工巧匠们还运用双线并列的阴刻线条（俗称双勾线），有意识地将一条阴纹呈现在两条阴线中间，使得阴阳线同时发挥刚劲有力之作用，从而使整个图案的变化曲尽其妙，既消除了完全使用阴线的单调感，又增强了图案花纹线条的立体感。西周玉器在继承殷商玉器双线勾勒技艺的同时，独创一派坡粗线成细阴线镂

图4-15　七孔玉刀

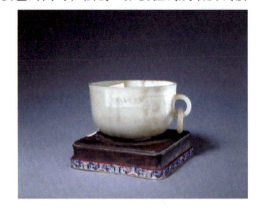

图4-16　白玉活环柄杯（汉）

刻的琢玉技艺。这一技艺在鸟形玉刀和兽面纹玉饰上大放异彩。但从总体上看，西周的玉器没有商代玉器活泼多样，显得有点呆板，过于规矩，这与西周严格的

宗法、礼俗制度不无关系。

三、春秋、南北朝时期的玉器

春秋战国时期，政治上诸侯争霸，学术上百家争鸣，文化艺术上百花齐放，玉雕艺术光辉灿烂，可与当时地中海流域的希腊、罗马的石雕艺术相媲美。东周王室和各诸侯为了自身利益，都把玉当作自己（君子）的化身。他们佩挂玉饰，以标榜自己是有德的仁人君子。"君子无故，玉不去身"，士大夫从头到脚有一系列的玉佩饰，尤其腰下的玉佩系列更加复杂化。所以，当时佩玉特别发达，能体现时代精神的是大量龙、凤、虎形之佩，造型呈富有动态美的S形，具有浓厚的中国气派和民族特色，纹饰出现了隐起的谷纹，附以镂空技法，地子上施以单阴线勾连纹或双阴线叶纹，显得饱满而又和谐。人首蛇身玉饰（图4-17）、鹦鹉首拱形玉饰反映了春秋诸侯国的琢玉水平和佩玉情形。而玉佩中工艺难度

图4-17　人首蛇身玉

最大的是湖北曾侯乙墓出土的多节玉佩和河南辉县固围村出土的大玉璜佩，均为由若干节玉片组成一完整的玉佩。玉带钩和玉剑饰（玉具剑）是这个时期新出现的玉器。春秋战国时期，和田玉大量输入中原，王室诸侯竞相选用，故宫珍藏的勾连纹玉灯即为和田玉制品。此时，儒生们把礼学与和田玉结合起来研究，用和田玉来体现礼学思想。为适应统治者喜爱和田玉的心理，便以儒家的仁、智、义、礼、乐、忠、信、天、地、德的传统观念，比对和田玉化学、物理性能上的各种特点。随之"君子比德于玉"，玉有五德、九德、十一德等学说应运而生。"抽绎玉之属性，赋以哲学思想而道德化，排列玉之形制，赋以阴阳思想而宗教化；比较玉之尺度，赋以爵位等级而政治化"（郭宝钧《古玉新诠》）是当时礼学与玉器研究的高度理论概括，这是中国玉雕艺术经久不衰的理论依据，是中国人爱玉风尚的精神支柱。

秦代出土的玉器十分有限，秦玉艺术面貌尚不够明确，有赖于地下考古的进一步发现。汉代玉器继承战国玉雕的精华并有所发展，奠定了中国玉文化的基本格局。汉代玉器可分为礼玉、葬玉、饰玉、陈设玉四大类，最能体现汉代玉器特色的是葬玉，但工艺水平不高；能够反映汉代玉器工艺水平的是写实主义的陈设玉，如玉奔马（图4-18）、玉熊、玉鹰、玉辟邪等，多为圆雕或高浮雕作品，体

现着汉代浑厚豪放的艺术风格。汉皇室装饰玉呈衰落趋势,多见小型的心形玉佩、玉刚卯、玉觿等。近年,偏居岭南的汉代南越王国出土大批装饰玉,以龙虎并体玉带钩、镂空龙凤纹玉套环最为精美,堪称稀世珍宝。东汉时,阴线刻纹复苏盛行,绘画趣味有所增强。

图4-18　和田青玉《奔马》　　　　　图4-19　龙虎玉带钩

魏晋南北朝时期国家分裂,战争不断,交通不畅,玉材来源受阻,数量不足,动摇了玉器制作的物质基础。该时期玄学流行,佛教兴起,兼之时尚"服玉"以及当权者提倡薄葬,大大地影响了玉器业的发展。这一时期的玉器,是高度发达的汉唐玉雕间的低潮,出土作品极少,且形制简单、琢工简略、用途简化,多数器物的造型和纹饰延续了汉代遗风,且逊色不少,器型变化明显,丧葬用玉大大减少,专用玉衣不再制作,九窍玉很难找到成套的,玉琀、玉握的制作水平不如以往;早期玉器的美术价值、礼仪观念和传统的六种礼玉使用几近消失,璋与琮不见,璜、琥主要用于佩饰,只有璧和圭作为礼玉应用于朝仪、聘礼或祭祀等仪式中。装饰用玉品种较多,玉璜、云形玉珩、梯形玉佩和半月形玉佩的数量较多,它们组成的成套的玉组佩形式较为常见;玉剑饰的数量与种类大为减少,仅有玉剑首和玉剑彘。玉印、玉钗、玉带钩(图4-19)、玉棋子、玉樽、玉卮、玉耳环和玉盏等生活用具都较精致,既有实用价值,又有装饰意义。东汉末年佛教盛行,陈设用品出现了用玉制成的佛造像和玉辟邪、玉瑞兽等。尤其值得一提的是,这期间来自西域的胡床、凳椅等高位坐具,冲击了数千年席地而坐的起居习惯,导致足踏式琢玉砣机(水凳)的发明和应用,奠定了玉器制作更趋个体化和精巧化的技术基础。魏晋南北朝时期创新并形成了对后世产生深远影响的两大类玉器:一是汉白玉佛像等体现佛教信仰的玉质造像和法器;二是贵族腰间扎系的玉带,以玉带銙下附着穿孔环(可悬挂物件)的蹀躞带为主。这蹀躞带原为北方草原民族的传统服饰,最初多见金属质地,北朝后期出现的玉带是高级贵族专用服饰。北周若干云墓出土的八环蹀躞玉带,由革带与钉在其上的带铐、偏心孔环（扣眼）、䤩尾和带扣以及革带所衬的鎏金铜片组成，是迄今发现年代最早的完整玉带。2013年扬州隋炀帝墓中出土的一幅完整的白玉十三环蹀躞带，等级更高，符合文献中北周皇帝御用蹀躞带的规格，且式样和材质与若干云墓玉带非常相似。有学者据此认为，隋炀帝所用蹀躞带为北周遗物（图4-20）。

图4-20　白玉十三环蹀躞带

四、汉宋时期的玉器

"汉八刀"是汉代玉器的整体风格，以刀法简洁而名。"八"为虚指，并非实数。许慎《说文解字》载："八，别也，象分别相背之形。""汉八刀"的代表作为"蝉"，蝉又分"佩蝉""冠蝉""琀蝉"（图4-21）。八刀蝉，通常用简洁的直线，抽象地表现蝉的形态特征，其特点是繁线平直有力，像用刀切出来似的，故俗称"汉八刀"。其"八刀"表示寥寥数刀，即可给玉蝉注入饱满的生命力。也就是说，"汉八刀"是指一种简练的工艺风格，而不是用工艺专用名称，更不

图4-21　和田玉《蝉形佩》（张静）

是专指某一玉器。其实，它是用水砣砣成的，而不是刀刻出来的。"汉八刀"艺术品是中国玉器史上的代表作，占有重要地位，具有很高的工艺水平和艺术价值。但汉以后，就不再见此风格之玉器。

唐宋以来，经济繁荣，文化发展，对外交往密切，长安成为国际性都市。这一时期，手工业极其兴盛，手工艺品也是对外贸易的重要商品。但隋唐时期玉器出土甚少，只有玉杯、佩饰、带扣、带板、玉簪、衮册等几种，但件件都是珍品，碾琢工艺极佳(图4-22)。隋代著名的玉器有李静训墓出土的金扣白玉盏，琢磨精细，质地温润，光泽柔和，金玉互为衬托，富丽高雅。唐代玉匠从绘画、雕塑及西域艺术中汲取艺术营养，琢磨出了具有盛唐风格的玉器。八瓣花纹玉杯和兽首形玛瑙杯既

是唐代玉雕艺术的真实写照，又是中西文化交流的实物见证。唐代玉器和器形与汉代、魏晋南北朝时期的风格不同，大量出现花鸟、人物饰纹，器物富有浓厚的生活气息，有实用价值的杯碗增多，并出现新型饰件和表示官阶高下的玉带饰物等。

宋代承五代大乱之余，虽不是一个强盛的王朝，但在中国文化史上却是一个重要时期。宋、辽、金既互相挞伐又互通贸易，经济、文化交往十分密切。宋徽宗赵佶的嗜玉成瘾，金石学的兴起，工笔绘画的发展，城市经济的繁荣，写实主义和世俗化的倾向等，都直接或间接地促进了这

图4-22　金扣白玉盏

一时期玉器的空前发展。在宋、辽、金玉器中，实用装饰玉占重要地位，"礼"性大减，"玩"味大增，玉器更接近现实生活，在社会上广为传播。与祭器典章文物相对而言，实用装饰玉被称为"玩物"，这些玉器的碾琢水平也很高。由于南北割据和受不同民族文化的影响，不同的玉器反映出不同的民族和地方特色。南宋的玉荷叶杯和北宋的花形镂雕玉佩，以及女真、契丹的"春水玉""秋山玉"，是代表这一时期琢玉水平的佳作。两宋玉器，以龙凤呈祥图案为多，因受工笔画影响，非常重视神态。宋代不仅工商繁荣，贸易发达，而且道教盛行，理学泛滥，这也对玉雕产生影响，以神龟、仙鹤、龙凤等为题材的玉雕，就是当时这些社会思潮的反映。

元代玉器承延宋、金时期的艺术风格，采取起突手法，其典型器物是"渎山大玉海"，随形施艺，海神兽畅游于波涛之中，颇具元人雄健豪迈之气魄。

总体而言，西夏、辽、金、元玉器，以花、鸟、虎、鹿和鱼水纹饰为主，而且佩饰和嵌件较多，实用品有杯、洗、带板等。以鸟、鱼、兽等为题材的工艺品增多，促使玉器的碾琢融入本民族的生存意识和乡土感情。

五、明清时期的玉器

明清时期，中国玉器达到鼎盛阶段，其玉质之美，琢工之精，器形之丰，作品之多，使用之广，均为前所未有。这个时期的玉器，借鉴绘画、雕刻、工艺的种种表现手法，汲取传统的阳线、阴线、平凸、隐起、起突、镂空、立体、俏色、烧古等多种琢玉工艺，融会贯通，综合应用，作品达到了炉火纯青的艺术境界。

从明清两代玉器的具体情况来看，明代的生产力因为得到了很大发展，城市手工业、商业繁荣，玉器制作随之也就发达起来。这时，玉雕的趋向是进一步走向世俗化。明代程朱理学泛滥，道教以及民俗信仰深入民间，人们要求社会安定，祈求神灵保佑，以获得今世的荣华富贵。这种社会要求反映在工艺领域，就是吉祥图案大为盛行（图4-23）。明代玉器的吉祥图案有八仙、三星等神仙，寿、喜等文字，桃、灵芝、梅、竹、兰、鹿、鹤、鸳鸯等动植物，以及龙、凤、

图4-23　白玉《仙人杯》

螭虎、角端等瑞兽异禽。吉祥图案有时成为主题图案，有时做装饰点缀，表现了它的普遍性与深入性。

明代喝茶饮酒之风弥漫，玉制壶杯随之出现并与日俱增。此种玉雕最富于时代感。同时，继宋之后，明代艺术仿古之风逐渐形成，影响到玉器生产上便是仿古玉昌盛。仿古玉滥觞于宋，盛行于明清，主要以青铜器和古玉器为主型加以改造琢成。明代的书法绘画艺术进一步影响了工艺美术的发展和提高。此时，玉器工艺也或多或少受到文人画的某些影响，碾琢写意山水和诗句、款识。这种反映文人趣味的玉器，前代是未曾见的。玉器与社会文化生活的关系也日臻密切，文人在书斋作画、书写，往往也使用玉制文具或以玉做陈设装饰。

明代统治者为巩固封建统治，沿袭旧制，在冠服制度上用玉来标志等级贵贱。与前代不同的是，系在官袍上的带板用玉数量增加，皇帝、公、侯、驸马和一品文武官员的革带，均以玉板做装饰标志。

明代玉雕具有时代风格，刀法粗犷有力，出现"三层透雕法"，镂雕十分精细。北京、苏州、扬州是当时的三大玉琢中心。宋应星《天工开物》认为："良工虽集京师，工巧则推苏郡。"苏州的玉琢工艺，在当时被推为全国之首，对明代玉器工艺的发展和提高，做出了历史性贡献。明代中期以后，玉琢技艺发展更快，出现了不少琢玉大师，以陆子冈最为有名，由他琢制的玉器，称为"子冈玉"。但明代玉琢在碾磨细研这最后一道工序上存在"求形不求工"的现象。

清代是中国封建社会的最后一个王朝，它对多民族的统一、国家的形成与巩固做出了很大贡献。在这一历史背景之下，玉器得到了空前发展，形成了中国古代玉器史上的最高峰。然而，在清初至乾隆二十四年（公元1759年）这百余年间，由于受到玉材来源困难的限制，玉器发展极其缓慢，这一时期玉器的做工与

明末相似，无所建树。至乾隆二十五年方才进入全盛时期，这与乾隆皇帝痴迷玉有着密切关系。他不遗余力地大力倡导爱玉，并试图从理论上为他爱玉如命寻找依据。这时期的玉琢水平达到高峰，远远超过了元代和明代。众多能工巧匠，继承和运用历代琢玉工艺的优秀遗产，创造与发展了具有鲜明时代特点的玉器艺术。尤其是传统的"比德于玉"的社会道德观，在乾隆时代有了进一步的发展，成为玉器发展的精神支柱和传统力量，以至形体丰硕、雕琢简练而又能显示玉质美的各种陈设性玉器纷纷登台亮相，把传统的玉材观充分地加以发扬光大。乾隆时代的玉工，出色地完成了继承与创新的重任，碾琢了丰富多彩的杰出作品，为中国古玉发展做出了不可磨灭的贡献。

乾隆时代玉器是清代玉器的代表，可概括为仿古玉和时做玉两大主流，此外还有仿痕都斯坦玉。仿古玉，一种是仿古彝（图4-24），即仿商、周青铜器的造型、花纹；另一种是仿汉玉，其形制多种多样，图案、做工均极其丰富。仿痕都斯坦玉的兴起，是由新疆地方大吏搜罗痕都斯坦玉器进贡内廷，受到乾隆皇帝欣赏并下达旨意之后开始的。痕都斯坦玉也称为印度玉，西方称为莫卧儿玉，具有阿拉伯风格的造型和花纹。其特点是"水磨"，抛光强烈，器薄如纸。乾隆皇帝御制诗中，有数十篇赞美痕都斯坦玉器技艺精湛的。随着清王朝的覆灭，中国古代玉器的历史也宣告结束。

图4-24　青玉兽耳仿古铜纹带座彝式炉

第三节　古玉的功能

玉界把玉器分为古玉器和新玉器两大类。古玉器指的是辛亥革命（公元1911年）之前的各个历史时期的玉器；新玉器则是其后至今形成的玉器。古、新玉器的价值和功能，因为不同时代的价值观等因素的差异而有所不同。从古代用玉的情况来看，古玉器具有下列五个方面的价值。

一、古玉器的政治功能

古玉器是社会等级制的物化，是社会道德文化的载体。以玉器显示等级差别的现象，始于新石器时代。如红山文化墓葬，以多件不同的系列化殉玉，表示出墓主身份的高低贵贱和掌握部落、神权、政权、族权的不同人物，从而形成我国古玉史上最原始的体现等级功能的玉器。

从新石器时代中期开始至商周时代，氏族首领就用精制玉器（如"柄形饰"等）作陪葬之物；春秋战国时期，明确规定了不同地位官员使用"六瑞"的制度。"六瑞"是古代以玉制作的瑞信之物，用于朝聘，计六种：璧、圭、琮、璋（图4-25）、琥、璜。"六瑞"形制大小各异，以示爵位等级之差别。《周礼》《礼记》等先秦文献记载了西周有关体现

图4-25　青玉璋（周）

等级功能的玉器的名称、型制、规格与用途，以圭的尺寸大小和璧面花纹的不同来区别职位的高低。另外，"君王以玉召见公侯大臣，公侯大臣以玉事君王"。历代帝王、大臣的冠服带履等均离不开以玉饰作为等级的标志。

秦以前，"九鼎"象征君权，秦以后，皇帝采用以玉为玺的制度，玉玺成了君权的象征；秦始皇制成一枚传国玺，以后各代帝王认为，得了此玺才是真命天子。以玉为玺的制度，一直沿袭到清朝（图4-26）。乾隆皇帝厘定的25枚宝玺，绝大多数为玉制。汉以后各代规定，达到某一等级的人，才有资格得到这一

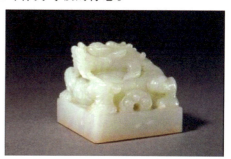

图4-26　乾隆二十五宝玺之一

等级形制的玉玺。唐代更是明确规定了各级官员用玉的制度，故宫现藏玉玺400多方。总之，为社会等级服务的玉器工艺受到历代统治者的极大重视，并加以严格控制，经不断充实改进而日趋完善，兴盛七千余年而不衰。

二、古玉器的经济功能

古玉器作为聚敛财富的手段，是显示富贵的一种标志，早在新石器时代的道

家用玉和佛教用的玉佛像以及河姆渡文化、良渚文化中已经初见端倪。到了商代，用玉作币以交换，或将玉用作贡品。西周时期，玉器便明码标价。如"玉璋价值80朋"，即相当于10块农田的价格。春秋时期，玉的价格昂贵到了令人不可思议的地步，名贵的玉器价值连城，出现以玉（如和氏璧）息战事、以玉求宽释、以玉得官爵等现象。白玉价最贵，甚至出现为了争夺新疆和田玉而爆发了一场战争的事件。宋代，已有玉肆经营玉器，但价格下行。明代以后，玉器商店更多。清朝，玉器身价普遍升高，有"古铜旧玉无身价"之说。

从另一方面来看，玉文化是开发玉文化旅游的重要组成部分。文化是旅游业发展的灵魂，文化旅游是地方旅游业品质、品位提升的关键。在中国诸文化的历史传承中，从文明发祥至今始终一脉相传、未曾中断的就是玉文化。数千年来，中华民族生息繁衍在亚洲东部这块广袤的土地上，在史前时期便用心血的结晶构建了属于中国自己的"玉器时代"和博大精深的玉文化，在改造自然中形成了卓尔不群的民族风格。民族的才是世界的，玉文化鲜明的个性、丰厚的底蕴，为玉文化旅游资源开发奠定了深厚的物质、文化基础。特色是旅游之魂，而旅游资源的特色是发展特色旅游的基础，是构成旅游吸引力的关键因素。开发玉文化旅游资源，有利于弘扬中国玉文化。

三、古玉器的教育功能

玉的教育功能主要体现在玉的道德观和玉的图腾崇拜上。古代玉器被赋予了道德、文化观念，这是从西周发展起来的，源于民众将纯洁、美丽的玉视为道德高尚之物，后经儒家学派宣传、推崇，被思想家理念化，进而为历代统治阶级巧妙加以利用，让民众逐渐形成了崇玉、爱玉、佩玉之习俗，此乃玉器长盛不衰的一个重要原因。

中国人把玉看作是天地精气的结晶，是人神心灵沟通的中介物，使玉具有不同寻常的宗教象征意义，古玉服务于宗教的主要表现为图腾崇拜。

原始先民在长期的生存繁衍过程中，对人的生老病死和部落之间斗争的胜败存亡等现象，以及对昼夜晴晦、冷热寒暑、风雨雷电等自然现象，逐渐产生了超人类、超社会、超自然的理解，认为自己的祖先是某种植物或动物，于是将其加以图腾化给予崇拜祭祀，并将此种图腾作为本民族族徽，以与邻近氏族相区别，进而产生各种崇拜。他们认为，任何事物都由神来主宰，这神可以是兽，也可以是人，或半兽半人，于是，便把它们当作偶像进行祭祀。这种原始图腾、偶像在玉器中可觅到踪迹，如凌家滩文化中的玉龙、玉猪、太阳纹饰玉片和红山文化的玉龙与龙玦（可能是该部落或部落联盟的立体形象），以及良渚文化中的神人兽面纹玉琮等。道教对中国传统玉的影响随处可见，而佛教对各种玉石的收藏和运用的影响是世界上任何宗教所不能及的，如玉佛、玉飞天等。

至奴隶社会，原始宗教发生了很大变化，由图腾、自然神和祖先神演变为以天帝为核心的诸神，天帝以下，天地四方，山岳河渎，甚至风雨雷电，均有了自己的神祇。比如"六器"，是商周时祭祀自然的玉器。《周礼》说："以玉作六器，以礼天地四方。"即"以苍璧礼天，以黄琮礼地，以青圭礼东方，以赤璋礼南方，以白虎礼西方，以玄璜礼北方"。这一祭祀制度，为封建社会历代帝王所承袭。另外，玉在丧葬方面的特殊作用，也使玉具有了无比神秘的宗教意义。

佛教传入之后，又逐渐与传统信仰融合，除依照外来的铜、石、泥、木造像等大量制作偶像之外，进而摄取中华民族崇尚玉器的传统观念，提倡用玉石造像。以玉造像之风气盛行于北魏至唐代四百余年。待到元代，还用玉制供品来供王塔、七珍八宝等。

玉器表现出来的是"天公之美"（质地）和"人工之美"（工艺）合而为一的社会美，是天地造化和精美工艺的融合。玉质感温润细腻，佩之则倍感舒适；玉的色感纯洁无瑕，赏之则净化心灵；玉的音感清脆悦耳，听之则涤荡胸怀。诸如此类美学要素结合起来，不禁会使人感叹玉石乃天地之精华。玉石的神秘美感与宗教相互联系，更加深了人们对玉的既爱又敬、不平凡中又蕴含神秘的独特审美趋向。"玉器时代"的玉器，是中华民族自己的艺术，是中华民族传统文化的基石和世界文化艺术的奇葩。

四、古玉器的实用功能

从古至今，玉（石）器被人们用于生产、生活中的范围越来越广，价值越来越大。从大的方面来讲，古玉的实用价值主要表现在玉服务于生产、生活等功能上。人类进入石器时代，玉石首先被用到生产劳动之中。在石器时代晚期，原始人类已经能够制造出比较定型的砸器、尖状器、刮削器等石器。其中，蛇纹石工具与其他石料的工具并无任何差别，都直接用于生产活动。从原始文化遗址中出土的物品来看，进入新石器时代以后，均出现过玉石或彩石制成的凿、斧等生产工具。有的带有使用痕迹，说明了曾用于生产或战争；有的没有使用痕迹，或许是因为使用不多而未留下痕迹。这些玉器或彩石器，还未从石制生产工具中分化出来，仅仅作为生产工具或战争武器而通用于原始部落社员之间，但它已有了脱离生产工具而独立存在的特征。从旧石器时代晚期至殷商时期，玉石或彩石生产工具及武器的诞生与发展，至少经历了八千年的时间。

玉用于生活中，主要是体现其装饰、玩赏的功能。原始文化遗址出土的璜、环、瑗即是耳饰，璜、管、珠、坠即是项饰，管、珠、镯可用作腕饰，还有大量动物圆雕形式的佩戴或插嵌用的装饰玉器。这种玉器的装饰功能与礼仪、祭祀等功能交织在一起的现象，一直延续至封建社会前期。

隋唐以后，玉器佩戴和陈设的装饰功能，日渐转化为社会功能，这种趋势兴于宋而盛于清。这个时期，属于佩饰类的玉器有戒指、手镯、管、扁方、项圈、环、玦、珮、鸡心璧、带钩等，属于陈设类玉器则有仿古葬器鼎、尊、簋、觥、觚、瓶、炉、盒、壶、山子、插屏、挂屏、花插、动物、人物及瑞兽等，作为器物或建筑装饰用的有器物之钮、柄、座饰、银嵌之类。我国古代装饰玉器至乾隆时代达到顶峰，装饰功能空前提高是我国封建社会后期玉器的一个特点。

玉石的自然属性给人以美感，经过艺术加工琢制的玉器具有一定的美学价值和供人玩赏之功能。

宋代，在复古思潮影响下，对古器物的搜集和研究已成为一门学问——金石学，对古玉的研究也受到重视。宋王室和一些王公大臣是古玉收藏大家。此期古玉被作为玩赏品和特殊商品流通于城市古董市场和收藏者之间。然而，古玉数量毕竟有限，不能满足日益增多的收藏者之需。于是，古董商们便趁机指使玉工仿制古玉，欺骗买者，以牟取豪利。相传，这种古玉仿制始于宋，经元、明至清，持续近千年之久。为此，出现了系列化的古玉仿制品，也创造了某些仿制古玉的特殊技法，从而形成独特的审美价值。这些仿制品具有与秦汉古玉不同的美感，在我国古代玉器艺术上别具一格。制作这些玉器的主要目的在于玩赏。民间玉肆也仿效宫廷，碾琢了一批仿古玉，以供王公大臣、富商巨贾、文人学士们玩赏。这种仿古玉，是我国玉器工艺长期发展的必然产物，在我国古代玉器史上别开生面，又促进了玉器工艺的进一步发展。

按照生活用玉的分类，主要有礼仪玉、佩戴玉、玩赏玉、陈设玉等几类，生活用具玉也有所见。

礼仪玉器是三代琢玉品，由原始古玉变化而来，指的是古人在祭礼（祭享天地四方）、朝会、交聘等礼仪场合使用的玉器，简称"礼器"或"礼玉"。从新石器时代晚期起，礼仪用玉一直占据中国玉器的主流。

佩饰与玩赏是玉器的最初价值，也一直是玉器最广泛的用途。新石器时代，东北、华北、江南的文化遗址中，均发现饰玉。商代国君武丁配偶妇好墓出土的七百多件玉器中，就有相当部分是佩玉。春秋时期，佩玉成为一种社会时尚，有"古之君子必佩玉""君子无故，玉不去身"的说法，足见佩玉为君子所好。隋唐以后，佩玉品种发生变化，主要为耳饰、腕饰、手饰、头饰（图4-27）。唐宋以后，作为陈设的玩赏玉器占据玉器的主要地位。

图4-27　玉孔雀衔花饰（宋）

图4-28　白玉《三羊执壶》（清）

古人认为，居家陈设玉器不仅可以观赏，还能驱灾辟邪，带来平安与健康。观赏陈设玉器的品类甚多，遍布生活的方方面面。至战国、秦汉时期，观赏陈设玉便成为玉器中较为多见的类别。其主要的观赏陈设玉器有大型的璧环类（包括出廓饰璧、圆雕摆件）和玉组板、镶嵌玉件、玉兽头牌饰等。此外，还有兼具实用和陈设功能的玉器，如容器、编钟、插屏等（图4-28）。这类陈设玉通常器形硕大，纹饰繁复华美，具有很高的艺术价值。到了明清时期，

图4-29　玉荷鹭纹炉顶（元）

代表性的陈设玉有玉炉顶（图4-29）、玉子山、玉插屏、圆雕人兽等。

此外，玉制生活用具在春秋战国后也时有发掘。如三国魏玉杯，就是用玉雕琢而成的一件生活用具，主要用来盛装饮料，是一种高贵的饮茶器具。1956年从北京郊外定陵万历皇帝墓中出土一只青玉金碗，推测为万历皇帝生前饮参类水汁等滋补品的用具，现藏于定陵博物馆。清宫中的好多器皿都是用青玉制成的。

五、古玉器的历史功能

中国玉器发展源远流长，最早出土的玉器是距今1.2万年的辽宁海城小孤山仙人洞古人类洞穴遗址出土的三件绿色蛇纹石制作的砍斫器。玉器的产生、发展和演变，贯穿于中国文化史的始终，与中华民族漫长的文明史同步。中国的玉文化，延续时间之长，内容之丰富，范围之广泛，影响之深远，是世界上其他文化难以比拟的，其成就和辉煌不亚于万里长城和秦始皇兵马俑。

玉器的历史价值就是古玉器的科学考古价值。自新石器时代以来，玉器作为一种重要的物质文化遗物，在中华文明史上形成了经久不衰的玉文化传统。玉器的研究、鉴赏、辨伪和收藏是相辅相成的，它是一种高雅的、学术氛围浓厚的文化活动，正是这种活动的经久不衰，将我国的玉器、玉文化研究不断推向更高的阶段。具体而言，清代以前的古玉器，尤其是汉代之前的高古玉器具有历史价值，是研究古代社会的物质实证。每一件古玉，都反映了当时不同地域的政治制度、经济状况、审美观念等。古玉的文化含量较高，与当时社会的装饰、审美、财富、权力直接关联，是贵族身份、地位的象征，它在表达其力量、意志和审美观的同时，也处处显示着历史痕迹。同时，古玉资源有限，文化内涵丰富，艺术价值独特，成为有价值的收藏品。

另外，玉的保健功能也早已广为人知。包括古代的欧洲人、美洲人在内，都认为佩戴玉石可以辟邪，可以治愈肾病。"人养玉，玉养人"是我国千古流传下来的古话。"人养玉"这一点毋庸置疑。和田玉、翡翠等玉器具有亲油脂的特性，它经人体皮脂的"滋润"后，会变得更加油润光泽，更加美丽养眼。

"玉养人"的说法，古人一直深信不疑。据传，各朝历代帝王嫔妃养生不离玉，如宋徽宗嗜玉成癖，杨贵妃含玉镇暑，慈禧太后持玉佛面……还有葛仙翁吃玉的传说，就连很多医学名师都非常看重玉的养生功效。比如《神农本草经》和李时珍的《本草纲目》中记载，玉石可以"除中热、解反感、润心肺、助声喉、滋气发、养五脏、安魂魄、疏血脉、明耳目"。书中还提出玉磨成粉，可以当药引子，与真正的中草药一起熬制，有"除胃热"等功效。甚至，药王孙思邈也提出了"石药"理念，连云母、钟乳石都可以入药。不过，根据当时的药学理论，并非只有玉石能够养人，就连最普通的磁铁矿都能"入肾脏，强肾气"。但这些玉和石头的功效还待考证。

道家玉观所谓的食玉即食具。食玉指的是使用玉器餐具而已。但是，使用玉器养颜在《御香缥缈录》中也有记载：慈禧太后有一套奇特的美容大法，就是每日用白玉尺在面部搓、擦、滚。白玉尺是用珍贵的特种白玉石制成的一根短短的圆柱形玉辊子。而清代嫔妃使用的太平车，采用的也是这种玉石。

玉还有鉴毒、消炎、杀菌、防腐、祛湿、净化水质等养生功能。古代马道上的商客路途遥远需在行程中用餐，见到有水处，往往是先用身带的玉餐具（碗、壶）盛水，试看有无毒性反应，生怕强盗用毒水作恶劫物。美女打耳洞时，耳洞一旦发炎，常用玉耳环或金银内包翡翠等物来促进伤口快速愈合。

医学研究表明，玉能杀死多种生物菌，对治疗感染性疾病、烧伤等有显著效果。草原民族接待客人，常常用玉碗献上羊奶，这不仅是最纯洁的、规格最高的礼节，而且玉碗具有防奶制品变质变味的保鲜功能，使之长时间鲜美香醇。针灸疗法早在钢针发明之前就已盛行，那时候用的是玉针，因为玉无毒，且能祛湿。

从科学的角度看待玉养人，情况较复杂，不能一概而论。玉石，无论是透闪石玉还是角闪石玉，都有一种有效成分 $Ca_2(Mg/Fe)_5Si_8O_{22}(OH)_2$，也就是"闪石"。根据分子式可以得知，玉至少含有钙、铁、镁等人身体所需的微量元素，且可转化为盐而溶于水，经常佩戴和使用玉镯、项链、戒指、玉席、玉枕等玉器，在摩擦皮肤与穴位时，玉内纳米级微量元素会透入体内，对经络、血脉、皮肤等均有好处，有益于人的健康，有助于防病、治病。但从闪石玉有碱根（OH^-）这一点来看，玩玉人体质偏酸偏碱，盘玉效果就不尽相同了。因为大多数产闪石的地方，包括玉龙河，它们的土壤和水都偏碱性，所以很多玉石在刚出土的时候，都会起点白灰，这是"返碱"现象。

客观地讲，有些玉作的物件或多或少有养生功效。乾隆、慈禧等几乎都用玉石做的枕头睡觉，他们认为玉石的硬度刚好能按摩颈椎，而且刺激后脑的风驰等穴位，有益于安神。这一点，按中医穴道的理论，有一定科学依据。根据玉对人体的保健功能，运用传统中医经典理论结合现代科技手段创新研制的玉枕（图4-30）、玉鞋、玉手球、玉项链、

图4-30　玉枕

玉坐垫、玉靠背和通过ISO 9002国际体系认证的保健玉石床垫，被公认是举世共享、造福人类、具有"世界意义"的发明创造。它的保健机理是，任何一种物质所能发射和吸收的电磁波的波长都是相等的，人体能发射和吸收的红外电磁波的波长一般在8—10微米，波峰在9.4微米处。光谱测量分析表明，天然玉石的特殊分子结构能使其发射红外线电磁波，波长刚好在8—10微米的范围内，波峰在9.9微米处，人体易吸收。这种作用，通常叫共振吸收，或叫匹配吸收。这种电磁波能产生极好的生物作用，即改善循环，刺激再生，提高酶活性，恢复生理功能，加强细胞吞噬功能和抗体的生成。

现实生活中，很多卖玉的商家喜欢用"玉养人"这个理念推销产品。比如玉镯和手腕的摩擦可以软化皮肤细胞，疏通皮肤的汗腺，有助于新陈代谢，还可以促进血液循环。这种说法基于经络理论，虽然没有被严谨地证明过，但也有点道理。还有一种说法：玉石中的有效成分可吸收放射性（浊气）物质，解除有害重金属如镉、铅等对人体的毒害，阻止其在人体内扩散。这是在玉石的吸附性

上做文章，也许人在盘玩玉石的时候，玉石确实会吸收脂肪，调节容貌。但至于对重金属吸附如何，还有待考证。至于玉镯能形成电磁场和谐振的说法，从物理学的角度来说是讲不通的。

玉能养心养魂的说法，源于玉的温润色泽象征仁爱仁慈，有益于培养人的坦然、豁达心态，能使人变得更随和，心境更宁静；玉的坚硬质地象征不屈不挠的勇气和智慧；玉的盘玩之道，能使人变得更有耐心，精神上更加富有；对玉的选择，能使人的价值观发生改变，懂得了没有完美的玉，没有完美的人，应以包容、开明的态度对待生活。而这些，都能让一个人成为更加美好的自己。其实，玉石最养人的地方，还是玩玉的那份安闲，那份恬静。

此外，相传玉能发出一种特殊的光泽，这种光泽白天不易见到，夜晚则可照亮方圆数尺之地，这种光泽是妖魔鬼怪最怕见到的。因此，历代皇帝常持笏以示威严并保健康，平民百姓也喜欢佩戴玉器以求平安。这就是中国民间传说"玉能辟邪"的源头。

特别需要提醒读者注意的是，佩戴假玉、劣质玉对身体有害，买玉时一定要谨慎选用质量好的玉。玉器分为A、B、C三种不同等级，A货指天然宝石，原石原色，不经任何化学处理，其构成元素相当固定，一般对人体无害，但价格较高；B货是经化学漂白后，再充填树脂的玉器，价格较便宜；C货玉色较差，加温至100摄氏度时放在铬盐溶液中浸泡一两天，使铬盐渗透进玉料中，达到染色效果。初看时晶莹剔透，一两年后就会褪色，此玉价廉"物美"，但无收藏价值，且对人体有害。现在市场上多见B货和C货，以及B货和C货结合加工而成的玉器；B货中的树脂不遇外力作用，一般不会有大的危害，而染色过的B＋C货或者C货，在酸溶液褪色后，往往会对身体皮肤造成损害。尤其是有些不法商人，用氢氟酸、硝酸、盐酸等强酸来仿冒古玉的古旧沁色，并在假古玉的表面涂上一层地板漆、水晶漆或环氧树脂等，这就可能会产生刺激性，人体接触后会患上接触性皮炎，出现红肿、刺痛、瘙痒和脱皮等症状。

第四节 古玉的品种及代表作

一、古玉的种类

古代玉器就用途而言，可分为礼器、兵器、佩饰、随葬玉、玉器、玉陈设等六类。其中，除了玉礼器在几千年中变化不大外，其他五类都依时代不同而发生了较大的变化。

（一）仪礼玉器

仪礼玉器即古人在祭祀或朝享、交聘等仪礼上使用的玉器。据《周礼》记载，古代的礼玉专指璧、琮、圭、璋、璜、琥等六种玉器。

玉璧 一种有孔的圆形玉器，早在新石器时代开始出现，为古代贵族所用的礼器。不同时代、不同境况下，也有作佩玉、礼仪、馈赠用品或随葬品使用。玉环、玉瑗也属于璧类玉器。玉璧是最重要的古代玉器，年代久长，品种之多是其他玉器不能比的。

玉琮 一种外方内圆的粗管形玉器，立方体，上下贯一圆孔，两端沿孔边有一周环状凸起。最早见于新石器时代，商周时较常见，战国到汉代玉琮明显减少，其用途主要作礼器，也有作葬器使用的。

玉圭 由原始社会铲形器发展而来的古代重要礼器。一般来说，商周前的圆形片状玉器通称为璧，长方形片状玉器通称为圭，有些圭顶部稍隆起。东周以后，长方形圭便不多见，出现一种既有长方形状又有玉戈之尖顶状的圭，这种圭为扁长形，顶部凸起尖形圭角。

玉璋 与圭相似，但端上只有一道斜边，故谓"半圭半璋"。

玉璜 出现最早的一种玉佩饰。其形状大体分为两类：一类为半圆形片状，圆心处略缺，形似半璧；另一类则为较窄的弧形，弧度120°左右。一般在两端穿孔的为佩饰物，故有佩璜之称。有些佩璜成形后再次进行雕琢，形成龙形，或在表面雕琢各种纹饰等。玉璜在原始社会是一种装饰，商周以后是重要的礼器和佩饰。

玉琥 最后加入瑞玉的一种玉器，汉儒都认为它是虎纹或伏虎形的玉器，一般有孔的称为虎形玉佩，无孔的为玩器或陈列品。

（二）玉兵器

玉兵器主要出现在商周两代，以商前期最突出，主要品种有玉戈、玉刀、玉戚、玉钺等。春秋战国乃至以后时代，除仿古玉器中有少量作品外，这几种器物就很少见了。

玉刀 产生于商代初期，一般指船形兵器，可作礼仪用器；商代中晚期分为佩玉，略呈弧形，装饰华丽，刀背饰有连续排列的凸齿，刀面也有复杂的装饰文。商以后玉刀不多见。

玉戈 重要的玉兵器，由"援"（刃部）和"内"（似柄、有孔能穿系）两部分组成，个别的嵌有铜质的"胡"（刃后端下弯部分）。

玉钺 其造型源于石斧，原为兵器。但精工制作的钺，已失去原有实用性，成为礼仪用舞乐器或丧葬器。

玉戚 一种类似石斧形状的古代兵器，其用途和玉钺一样，是礼仪或殉葬用的器物。

（三）装饰玉器

装饰玉器指人们随身佩戴用于装饰的玉器（主要是佩玉）和实用装饰物玉器（包括金属实用物上的玉制装饰品以及各种陈设玉器在内）两类。

随身佩戴的装饰玉器，是指戴在头上、颈间、腰间的佩饰物。此风俗开始于新石器时代晚期。殷商时代，佩玉也常见。东周战国时期，出现由多件玉器组成的"组佩"，即由不同类型的佩玉和璜、璧、珑（刻有龙纹的佩玉）等串联组成，佩在腰间，走起路来使玉相击有声，以节行止。汉代的组佩较简单，品种没有战国时多。此外，随身佩戴的装饰玉器还有玉璧、佩璜、龙形佩、心形佩以及扁平玉人佩等。

实用装饰玉器，包括下列16种玉器。

佩口 汉代常见的一种爪形佩玉，主要用于解结。其中，有的具透雕鸟兽纹，可能纯作人身侧面饰物，而不再是实用玉器了。

珥珰 一种耳饰玉器。其中"珥"由"珰"和坠珠组成。"珰"又名"瑱"，有横穿全身的细孔，可以穿线，用来下系一珠或一耳坠。

玉玦 一种耳环状、有缺口的玉器佩饰，产生于新石器时代。商代玉玦多为屈身兽头形，春秋战国玉玦为圆形片状，常饰兽面纹或勾云纹。古人使用玉有两种含义：一是能够决断事物；二是表示断绝之意。

玉带钩 初步认定为我国北方游牧民族的发明，用以钩连腰带。带钩有铜、玉两种，造型别致，纹饰华丽，流行于春秋战国和秦汉时期。

玉䩞 古代的射箭用具，又能作为佩饰。佩带䩞，是掌握射艺的标志。

玉梳　古代妇女头发上的装饰器。

玉磬　用玉材雕成的古代乐器，悬挂于架上，击之而鸣。

玉琮　从形状分，有圆口与方口两种。圆口形制源于骨管；方口外形是方柱状，中间均有通心穿孔，可以系组，它的形状由玉琮变化而来，也可以说是礼神玉的简化，系属佩饰。

玉珩　珩为组佩上的饰玉，形似磬而小，穿透成孔，用以系组，以连下饰。

长芴　其造型源于古代石镰，是古人的礼瑞器，上有小孔，用以结绳，以作佩带用。从型制观之，当属卿大夫所用。

翁仲　汉代用于人身佩玉，系用圆柱形玉简单几刀雕出，称为"汉八刀"。其造型是仿铜石翁仲形态，一般长不过寸许，作老翁站立状，宽衣博袖，两袖相合于前，头与须合成三角形，有穿孔，或从头顶上直达足底，或由首而下，合贯于两衣袖之中，也有横贯头部穿孔的。

玉刚卯　用玉制成的长方形柱状物，其中有贯孔，因制于正月卯日，故称刚卯。挂在革带上佩用，是护符的一种。刚卯四面各有八字，作两行书写。

玉剑饰　用于剑及鞘上的装饰玉器，分为五种，是剑柄端部、剑柄与剑身界部、鞘口、鞘身、鞘端五个部位的饰玉。

玉璇玑　产生于新石器时代，是一种环形片状、周围向外顺向出角的玉器。据说，是从璧演化而来的。

玉玺　也称玉印或玺印，有官玺和私玺两种。印玺始于战国或稍早。

玉冲牙　人身较下部佩饰的玉器，形状近似长牙，呈片状、弧形，下部略尖。一般都成双成对，一对冲牙的造型、纹饰大体相同。佩在人身上，同其他佩玉相撞，能发出悦耳的撞击声。

（四）随葬玉器

随葬玉器是指那些专为保存尸体而制造的玉器，而不是泛指一切埋在墓中的玉器。因此，一般的随葬玉不列为葬玉。葬玉器形主要有玉衣、玉塞、玉琀、玉玲和玉握等。所有葬玉都不是为了引起美感的装饰品，而多是器形简单、光素无纹的玉器，因其随葬主要是为了起到巫术作用。

玉衣　外观与真人体形相同，专为罩尸体之用。按部位可分为头罩、上身、

图 4-31　玉衣

袖子、手套、裤筒和鞋子六部分，各部分又均由小玉片加金、银或铜丝缀成，故又称"金缕玉衣"（图4-31）。

玉塞　汉代玉塞有九窍塞，即填塞或遮盖死者身上九窍孔的九件玉器：耳塞（2件）、眼塞（2件）、鼻塞（2件），口塞、肛门塞和生殖器塞（各1件）。

玉瑱　一种是悬于耳旁的饰物，上有小孔；另一种是塞在死者耳中的葬器，其上无孔，以作耳塞之用。

玉琀　亦称"抬玉"，是死者含在口中的葬玉，多为蝉形，故又称"玉蝉"。在汉墓中发现的玉琀较多，也有龙形或无一定形状的碎玉块玉琀。

玉握　死者握在手中的玉器。汉代初期，死者握的是无孔的璜形玉器。东汉初至魏晋南北朝时期，死者握的是玉豚。

（五）玉器皿具

早在商周之时就有了玉器皿，战国时期已广泛使用。目前见到的商代玉器皿是簋。战国及汉代，玉角杯、玉灯（图4-32）、玉羽觞等较常见。宋以后，玉杯、玉碗大量出现，餐具、文具、酒具等品种激增。到了清代，玉器具的品种、数量达到鼎盛。

图4-32　三嘴玉灯（维吾尔族玉器）

（六）玉陈设

玉陈设主要是玉山、玉屏、玉兽等器物，以清代最多见。

玉山　即圆雕山林景观，其上分别雕有山林、人物、动物、飞鸟、流水，层次分明，各具形态。这种山林景观的雕刻，同山水画的发展关系密切，从取景、布局到层次表现，都渗透着绘画的章法。

玉屏　即玉插屏，汉代插屏图案简单，屏面较小。明代以后的插屏，技巧有了极大的进步，一般开片较薄，两面浮雕图案，有些则有极细密的镂雕锦纹地子。这种插屏多为白玉制成，配有紫檀木座，陈设效果很好。

二、历代玉器的材质

从现存古代玉器实物来看，不同的时代，人们对玉材的选择是有所区别的。但是，古玉用材总的方向是由地方玉向新疆和田玉集中，最迟在汉代，古玉用材就主要是新疆玉了。学习和掌握历代古玉用材品种的差异，对于辨别、评估古玉的真伪和价值具有重要的作用。

（一）新石器时代

早期玉器是玉、石并用；晚期，制玉业从制石业中分离出来，各种玉材广泛使用，但玉材使用的区域性较强，一般是就地取材，就近取材，大都集中在我国东部，玉材类别较杂，具有区域特点。不同文化区域出现的玉器所用玉材也不同。如东北地区查海文化、红山文化玉器，多采用辽宁地区出产的岫玉，或含有透闪石成分的"老岫玉"。这种"老岫玉"较之岫玉硬度高些，透明度较低，更显湿润，玉色均匀，很少有瑕斑或雪花。其中，有一些近似于新疆玉，它的成分可能是阳起石，还有一些属蛇纹岩。玉器之色主要为深绿色，俗称碧玉，也有黄玉。山东地区的大汶口文化及其龙山文化玉器，由一种近似于细石的玉材（如日照、莱阳的岫玉）制成的，玉质细腻滑润，透明度很差，或泛青色或泛黄色，还有的在青色中带有褐色花斑。另外，出现了类似岫岩玉的制品。太湖地区的良渚文化，出现了大量用透闪石（如溧阳产的梅岭玉）制成的玉器，南京、常州、上海、浙江等地发现的良渚文化玉器颜色不尽相同，玉料或为暗绿色或为暗褐色，玉中有暗斑及云母质闪光，还有的完全呈现鸡骨白色，表面有一层亮光。此外，也有一部分属阳起石的玉器，玉呈浅淡的青绿色，较新疆和田玉色泽鲜艳，透明度高，还有部分石髓制品。

（二）商代

商代使用的玉材种类多样，有岫玉、独山玉、绿松石、玛瑙、水晶等，以河南南阳地区产的独山玉为主；晚商玉器用材，出现了新疆昆仑玉，使我国玉器开始进入以和田玉为主的时期。此期，新疆和田玉的玉材多为青玉（图4-33）。商代的兵器、礼器类玉器所用玉料，多为不透明的细石，可能是独山玉。刀、戈类兵器所用玉料特征最明显，常见的

图4-33　青玉兔（商）

材料有三类：一种为牙黄色细石，呈鸡骨白色；另一种为暗褐色带有花斑的玉材，这种玉材大量出现于四川广汉地区，河南偃师二里头商代遗址中也曾出现，有些呈青色，斑纹浅淡，近似斑状；还有一种为暗黑色微透明的玉料，多做成极薄的片状玉刀。商代的玉佩件，主要用新疆和田玉、岫玉、独山玉制成，和田玉多为青色，玉色发暗而有沁色，岫玉同现在见到的也有所不同。

（三）两周时期

周代玉器的品种及玉材都很复杂，玉琮及玉戈等用玉近似独山玉；玉佩多为和田玉，又以青玉为多，玉色于青中泛黄，也有白玉作品，但色泽昏暗，有沁色（图4-34）；还有一些小玉件，是由细石制成的。春秋战国时期的玉器用材依然复杂，但主要还是岫玉及和田地区产的昆仑玉料并用，和田玉用量明显增大。因为到了战国时期，玉文化的含义逐渐发生了变化，祭祀和礼仪的文化渐趋人格化，开始以玉比德。这个时候，铁器可以雕刻硬度比较低的玉，不符合"玉不琢，不成器"的理念，于是蛇纹石类的玉石逐渐被淘汰，剩下的就是透闪石、阳起石类的玉石，就是

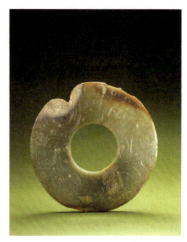

图4-34　青玉龙纹璧（西周）

我们说的昆仑玉料。战国时期的传世玉器，九成以上都是和田玉料所制。其中，玉质多为青玉和黄玉，白玉较少见。另外，玉器用材还有玛瑙、绿松石、水晶及河南南阳的独山玉等。

（四）秦汉时期

秦代，所留玉器不多。汉代张骞通西域后，玉器的材料以新疆昆仑山所产透闪石、阳起石玉料为主，天山以北所产玛纳斯碧玉，在西汉时也大量用来做陪葬品（图4-35）。西汉史书中对于蓝田玉非常推崇，但是发掘中得到的蓝田玉器并不多，很可能当时蓝田玉就像之后我们在建筑中使用的汉白玉一样，主要是用来做建筑构件的。东汉时期国力衰落，没有太多财力从新疆购买和田玉，战国时中断使用的蛇纹石玉料（岫玉），在东汉又开始使用。

图4-35　玉螭凤纹牒（汉）

东汉末年至三国魏晋南北朝时期，由于连年战争，政权频繁交替，通往新疆的道路受阻，玉路不通。这个时期的玉器制作大大衰落，所做玉器的玉料质量下降，甚至用玛瑙、琥珀、水晶、玻璃来代替玉料，制玉水平也大大下降，很多玉器品种消失，精品很少。隋代统一后，玉器制作水平尚未恢复，用料情况基本和魏晋南北朝时一致。

（五）唐代时期

唐代在经历了魏晋南北朝玉器的衰落期后，又开始恢复，主要有两个变化。一是唐代与西域交通频繁，比较容易得到和田玉石（图4-36）。这一时期的玉器，以和田青白玉料为主，也有很多玛瑙器、水晶器，还有西域的其他宝石也开始使用。唐朝的玉器，曾经出现过金玉并用的现象。二是玉器用作礼器和葬玉的趋势式微，逐渐开始走向民间，玉簪、玉梳、玉镯、玉带板等装饰以及佛教玉器、实用玉器慢慢增多，玉器上开始出现植物纹饰。

图4-36　玉花佩（唐）

（六）辽金两宋时期

由于民族不同，辽金和两宋的玉器，形成了不同的风格。宋辽金都有和田白玉的玉器，雕工精美，玉质很高，也使用玛瑙、水晶、琥珀等材料。其中，水晶器做得很精美。

北宋商业很发达，基本可以控制同西域的贸易通道，因此可以获得质量比较好的和田玉。民间用玉主要是地方杂玉。此时，辽国不控制玉路，得不到很

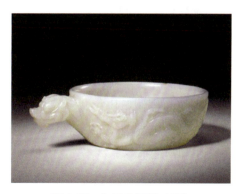

图4-37　白玉龙柄魁（辽）

多好的玉料，不能满足日常制玉需要，大宗玉器主要使用辽国境内出产的质量较好的玛瑙料，也有的玉器使用岫玉、水晶、琥珀（图4-37）。

金国崛起后，中原地区成为其领土，控制了贸易通道，得到了大部分玉料的来源。无论是宫廷用玉还是民间用玉，都选用质量上好的和田羊脂玉、青白玉、青玉、墨玉做成。所以，金国的玉器玉质最好。

退到南方之后的南宋，主要是就近取料制玉，开始使用地方杂玉，如水晶、玛瑙、琥珀，好的玉料极少。无论是皇室还是民间，用玉情况都是如此。

（七）元明时期

元代统一了国家，玉料获得比较容易，成立了很多官办的制玉场所，出现了体型巨大的玉器，包括重达数千千克的渎山玉海和全是玉石制作的玉台床，这是

之前所没有的。元代的玉器数量很多,以青玉为主,有白玉、青白玉和杂色玉。

明代对于西域的控制很薄弱,中期之后失去了甘肃以西所有地方的控制权,领土面积一直在缩小。明前期,皇宫制玉用的是元朝积存的玉料,官府没有正常的交易可以获得新的玉料,以至玉料价格上涨。民间则开始从西域私运玉料,好料留在自己手里等待涨价,差料放到市场上流通,所以明朝皇宫的玉料往往不如民间的好(图4-38)。

图4-38　玉镂雕凌霄花纹带板(明)

明晚期,政府衰落,玉料私运猖獗,现在出土的玉质较好的玉器多为此时作品,但是雕工粗糙,刻板拘谨。该时期,玉器仿古、作假的较为多见,出现了很多仿古玉和大批使用劣质玉、掺色玉等廉价玉材制造的假古董。从发掘出土的明代玉器来看,玉料也是以和田玉的青玉为主,有少量白玉、碧玉、青玉颜色发暗,似阴天之天色。由于明代玉料来之不易,故玉器以小件为主。

(八)清代玉器

早期,由于新疆和田等产玉地区并不在清朝的控制范围之内,皇帝又倡导节俭,对于玉器并不很喜欢,所以玉器的使用和制造不多。

清中期,平定西域打通了玉路,玉料来源有了保证。乾隆皇帝的喜爱促使玉器制作进入了一个繁荣期,所用玉料几乎全是优质的和田玉,有籽料也有山料,白、青、碧、墨等各种颜色均有,

图4-39　白玉刻诗碗(清)

玉器制作工艺也超过了以往的年代(图4-39)。另外,从乾隆时期开始使用翡翠,渐渐增多,占了玉料的不小比例。

清晚期至民国,玉器制作的工艺和玉料质量大大下降,也出现了很多作假的玉器。清代玉材多以新疆软玉为主,常见的有青玉、白玉。另外,绿松石、玛瑙及稍晚期出现的翡翠、青金石、珊瑚也被广泛使用。后来,翡翠上升到玉料的最高地位。

三、玉龙的历代变异

"龙"是我国古代传说中的神异动物，能兴云降雨。龙的起源，同中华民族历史文化的形成和文明时代的肇始紧密相关。龙的身上寄托了力量、希望和中国人对美好生活的憧憬，是中华民族精神的象征，是中华民族传统文化的重要代表。

龙形象的出现，源自史前时代的先民在生产力低下的状况下，对自然界缺乏足够的认识和了解，在想象和畏惧中创造出了超越世间万物的生物，最早应是作为史前部落的图腾而存在的。所以说，高高在上、不可一世的神龙，并不是人们凭空幻想出来的，而是原始人类在日常的生产、生活中，根据世间存在的万物创造出来的形象。根据传说，远古华夏部落联盟的首领黄帝，在战胜炎帝和蚩尤之后，将各部落的图腾形象分别取出一部分，"组装"成全新的最强大的、属于整个部落联盟的图腾——龙。从这个角度来说，龙乃是中华民族统一的重要象征，故而几千年后，才有了中国人是"龙的传人"这一得到广泛认可的说法。

（一）玉龙的含义

玉龙的本义，是指玉工在玉石上采用玉雕工艺技法，按照自己臆想中"龙"的形象而呈现出来的玉器作品。换而言之，玉龙就是龙形的玉器。玉器中龙的形象，最早见于新石器时代中原和东北地区的新石器时代文化遗址中，如距今7000年前的红山文化遗址就有玉龙出土：其玉质为岫岩玉；形体宽厚，素身蜷曲成图形；断面呈椭圆形，边缘有刃；头部较大，眼睛隐约凸起，触角边棱处不明显；颈部向后飘动一宽带式龙发；背部正中有一穿孔，用于配挂，属于装饰玉类。

玉龙的延伸义是多元的，常见于古代诗、词、曲、赋等作品之中。

（1）传说中的神龙。宋代刘克庄《清平乐·五月十五夜玩月》词："醉跨玉龙游八极，历历天青海碧。"金代高庭玉《天津桥同李之纯待月》诗："跳上玉龙背，抱得银蟾光。"清代袁枚《随园诗话》卷十四："永安寺壁上有梅田女史题诗云：'灵妃齐驾玉龙回，留得清阴满绿苔。'"

（2）龙形的漏壶。宋代张孝祥《菩萨蛮》词："玉龙细点三更月，庭花影下余残雪。"元代萨都剌《章贡道中》诗："忆得当年曾夜值，玉龙银箭漏声长。"

（3）比喻剑。唐代李贺《雁门太守行》："报君黄金台上意，提携玉龙为君死。"唐代吕岩《化江南简寂观磨剑赠侯道士》诗："欲整锋芒敢惮劳，凌晨开匣玉龙嗥。"

（4）比喻笛。宋代林逋《霜天晓月·题梅》词："甚处玉龙三弄，声摇动，枝头月。"元代张翥《孤鸾·题钱舜举仙女梅下吹笛图》词："闲拈玉龙自品，爱冰姿，与花争洁。一阕霓裳乍了，又落梅初叠。"

（5）比喻雪。唐代吕岩《剑画此诗于襄阳雪中》："岘山一夜玉龙寒，凤林千树梨花老。"宋代张元《雪》诗："战退玉龙三百万，败鳞残甲满空飞。"《水浒传》第十一回："玉龙酣战，鳞甲满天飘落。"秋瑾《齐天乐·雪》词："朔风萧瑟侵帘户，谁唤玉龙起舞。"毛泽东《念奴娇·昆仑》词："飞起玉龙三百万，搅得周天寒彻。"

（6）比喻泉水、瀑布。宋代梅尧臣《同永叔子聪游嵩山赋十二题·天门泉》诗："静若仙鉴开，寒疑玉龙蛰。"清代黄鹭来《赋得匡庐篇寿韩霍岳观察》诗："冰车转轴玉龙走，蒲牢出海铿华钟。"元代元好问《黄华峪》诗："谁著天飘洒飞雨，半空翻转玉龙腰。"

（7）比喻桥。元代盍西村《小桃红·市桥月色》曲："玉龙高卧一天秋。宝镜青光透，星斗阑干雨晴后。"

此外，玉龙用在文学作品中的还有唐代段成式《酉阳杂俎·物异》："梁大同八年，戍主杨光欣获玉龙一枚，长一尺二寸，高五寸，雕镂精妙，不似人作。"元代乔吉《水仙子·廉香林南园即事》曲："玉龙笔架，铜雀砚瓦，金凤笺花。"

（二）初见玉龙始末

红山文化玉器，著名的三星他拉村出土的红山C形龙（图4-40），是迄今出土最早时期的玉龙，刀法简练，造型生动传神，被誉为"中华玉雕第一龙"。

图4-40 玉龙（新石器时代）

国内首次发现玉龙的时间是1971年8月。那天下午，内蒙古自治区翁牛特旗三星他拉村农民张凤祥，在村子后面的果林里修梯田的时候，偶尔发现了一个好像是人工砌成的石洞。他好奇地走了进去，在石洞的底部摸出一块像钩子一样的东西，质地坚硬，拿在手里沉甸甸的。张凤祥以为是一块废铁，收工时便把它拿回了家，扔在地上。时年六七岁的弟弟张凤良见状，就找来一根绳子把它绑紧，拖着"铁钩子"外出与村子里的小伙伴们一起玩耍起来。一天又一天，大约过了一个星期，"铁钩子"竟然渐渐地显示出光泽来了，太阳底下一看，发现原来是一件玉器。于是，张凤祥就带着它来到翁牛特旗文化馆，馆里的干部王志富便用30元钱征集到了这件文物,办完入库登记手续之后,把它当成一件普通的文物锁到了箱子里。当时,他和文化馆负责人贾鸿恩都没有在意。1984年,牛河梁文化遗址发掘出土文物的消息传到翁牛特旗,贾鸿恩突然想起十多年前征集到的三星他拉村出土的这件玉器,极有可能是与牛河梁玉猪龙一样珍贵的文物。他立即把这件身份不明的玉器装进挎包,坐火车到北京,请苏秉琦先生鉴定。苏秉琦是中国著名考古学家、中国考古学会理事长,对红山的考古发现曾经给予过特别关注。贾鸿恩见到苏秉琦先生后,简要地介绍了这件玉器的出土地点和征集过程。苏秉琦仔细鉴定后告诉贾鸿恩,这是一件珍贵的玉龙,是一件重要的红山文化遗物。它可以上溯到五千年以前,由当时的红山人精心制作的。至此,"中华玉雕第一龙"得到了确认。

(三) 玉龙的前身

从至今出土文物中有关玉龙形象的器物来分析,玉龙的前身形象最早见于8000年前兴隆洼文化遗址中由石块、陶片组成的S形动物;后又见于7000年左右前的赵宝沟文化遗址中的陶尊上的猪、鹿、鸟透视画,以及5000年前的牛梁河文化遗址中的玉猪龙。

2003年,内蒙古赤峰市敖汉旗的兴隆洼文化遗址开始发掘,该遗址是目前我国发现的时代最早、保存最完整、遗迹十分清晰的原始村落,经过碳-14断代法测定,兴隆洼人生活在距今8000年以前,是红山人的先辈。是年10月21日,考古队发掘出一个面积为4平方米的灰坑,从中清理出了6个存放食物的窖穴,以及它们紧紧环绕着的一个大的灰坑,清理干净大坑中的灰土后,出现了一个由许多石块和陶片组成的S形动物。很明显,那是8000年以前龙的形象。更让人吃惊的是,在这条龙的头部,竟然放着一个野猪的头骨。兴隆洼先民为什么要用野猪的头颅当龙的头呢?有的学者认为,这充分说明了先民们对野猪的崇拜。内蒙古考古第一工作队队长刘国祥认为,这和兴隆洼文化时期的经济形态有关系。当时狩猎、采集经济占主要地位,农业经济所占比例非常小。人们主要把鹿、猪、鸟、狍子、熊这些动物作为肉食资源,其中,猪所占的比例非常大,而且,当时成群的野猪活动在这个植被条件非常好的地方。因此人们就开始对野猪顶礼膜拜,祈求猎物的繁盛和狩猎活动的成功。

20世纪80年代初,一批考古队员来到了内蒙古赤峰市敖汉旗距今7000年左右的赵宝沟文化遗址。他们在一个小坡上发现了一批用于传神的陶尊。其中一件陶尊上,竟然有一幅透视画,画中的动物分别是被古人神话了的猪、鹿和鸟(图4-41)。中国社会科学院考古研究所研究员刘国祥认为,三个动物采用高度抽象概括和夸张的艺术手法刻画而成，经过烧造，非常优美、细腻，纹样繁缛，给人一种栩栩如生的感觉。最重要的就是猪的形象，它的身子蜷曲着，呈飘逸腾飞状，已经超出了写实的范畴。

有的学者则认为，陶尊上刻画的是动物合体，它集中了多种动物的神通和特长。六七千年之前，野猪、鹿和鸟都是赵宝沟人最常见、最熟悉的动物，都是他们狩猎的目标和赖以生存的给养。赵宝沟人怀着虔诚的心，把这些与他们的生存密切相关的动物，精心描绘在神圣的陶尊上加以膜拜，目的是让它们成为沟通人与天的媒介，祈求丰衣足食。

图4-41　鹿纹陶尊（赵宝沟文化）

1984年，辽宁省凌源县和建平县交界处的牛河梁文化遗址的发掘，使得红山文化的研究有了重大突破。考古队在此挖开了一座5000年以前的、陪葬有玉器的古墓。最引人注目的是，在古墓主人的胸部，摆放着两件精美的玉器，它们是属于红山文化时期的玉猪龙（图4-42）。玉猪龙怒目圆睁，眼周圈纹，吻部前突，口微张，獠牙外露，背部弯曲如环，是猪首蛇身相结合的形态，辅以阴线细刻和压地隐起的手法，刀法精湛，形象生动。

玉猪龙通常又称兽形玉玦、玉雕龙等，是红山文化的另一经典形象，与红山文化玉龙没有造型上的演变或传承关系，二者可谓红山文化之"双璧"。

图4-42　玉猪龙（红山文化）

根据统计，至今通过考古发掘的红山文化玉猪龙共有4件，另有从民间征集而来的玉猪龙十余件。从玉猪龙的数量、类型和分布范围来说，它可被视为红山文化晚期的代表性器物。玉猪龙就如同辽西地区从原始社会走向文明时代的一道明媚曙光，亦是我们认识红山文化最后辉煌的一把钥匙。

至于说龙体的形状为什么源于蛇的身躯，有学者认为，这是由于古代先民对蛇特别崇拜。蛇的活动与季节的循环是相符合的，当春天到来时，冬眠中的蛇开始苏醒；秋季来临时，它入地而居。因此，古人以蛇象征土地和繁殖力。再加上当时发达的养猪业，于是，就出现了猪首蛇身龙的形象。红山文化玉龙的大量发现，使人们看到从兴隆洼文化到赵宝沟文化、牛梁河文化，在对猪的崇拜上的一脉相承。它们的出土，不但为人们解开了龙的起源之谜，也为人们展示了龙逐渐演化的轨迹和不断被神化的过程。

（四）历代玉龙的演变流程

从至今发掘的历朝历代玉龙的情况来看，其在体制、形态、纹饰、工艺等各个方面，都或多或少地存在着差异。这里，我们选择了出土的清之前的 12 个朝代有代表性的玉龙分别做一简单介绍。

商代玉龙，多出土于河南安阳殷墟文化遗址，以妇好墓中出土的圆身玉龙最为典型（图 4-43）。商代玉龙常呈片状，也有少数筒状，如妇好墓出土的玉龙就是圆身。这时代的玉龙，龙身短小，并出现单一的云雷纹、重环纹、菱形纹等装饰；龙尾似刃，薄而锋利，有一定的实用价值；龙头近似方形；龙角呈柱

图 4-43　商代玉龙

形，又似蘑菇，故亦称"蘑菇形角"；玉龙的眼部，商早期多为方形或菱形，中期后呈"臣"字形；商代玉龙以侧身形态为多；一腿一足，以阴刻线将身与腿分开；玉龙的穿孔多在尾部或阔口部，便于系绳携带。

周代玉龙的龙身较商代瘦长，一般呈环状或半圆璜形；龙背部出现锯齿状的脊；龙口上唇呈钺形，下唇向内翻卷；龙尾比商代厚而无刃；大多数玉龙不琢雕腿和足（图 4-44）。西周的玉龙常以单彻法雕琢，目一面斜入刀，另一面阴刻线，以产生阴纹凸起的效果，俗称"一面坡"法。周代玉龙的装饰较商代复杂，出现简单的组合形纹饰，阴阳线并用，多采用弯曲形线。直线雕琢纹较少。

图 4-44　周代玉龙

春秋时期，铁器的广泛使用，导致了磨具的改革，加之"解玉砂"（即水砂）的应用，促进了琢玉技术突飞猛进的发展。此时，儒家思想将君子之德与玉之特性比较，即"君子比德于玉"，使得佩玉之风盛行。

这一时期的玉龙亦多为佩饰，继承了西周玉龙的装饰意味，并创造出自己特

有的时代风格。造型以璜形器为主，两端作对称龙首，中间雕琢成曲折盘绕的蟠螭纹，纹饰繁简结合（图4-45）。雕琢时阴阳线并用，以阴刻线为主。此时的玉龙，边角处理圆润，特别重视玉器表面的质地抛光，选料较商、周时期精良，很少使用劣质玉材，常见的玉质为白玉和青玉。

图4-45　春秋玉龙佩饰

玉雕工艺至战国时期，创作与表现手法更为独特，一切迎合儒家的玉德理论，产品数量较前代成倍增长。此时玉器也更加重视选料，镂雕和套环技术日趋成熟，纹样装饰丰富多彩，雕工精细巧妙，生动传神，其琢雕水平几近极致，达到了前所未有的空前高度。战国玉龙的龙身很长，蜿蜒曲折，造型呈S形；一般成对出现，龙身上的装饰以谷纹或连云纹为主，也有云雷纹、柳条纹、前状滴水纹、"丁"字纹、"工"字纹等辅助纹饰，还出现了一条阴刻线横穿在两三个小圆圈中间的极为特殊的纹饰（图4-46）。战国中晚期的玉龙，口形相

图4-46　战国玉龙

似，均为大张口，形象凶猛，两个钳状獠牙对峙，下唇琢成钺形。另外，龙身躯为S形，头部近似马头；龙眼多琢雕成圆形带梢、菱形、腰圆形等几种；玉龙身常见的谷纹，运用了新的"减地突雕法"，即先将谷纹形状大致突显，再将四周地子减低，然后把谷纹出芽弯曲的尾部慢慢地用心琢磨，使每条尾巴均无痕迹，达到完美无缺的境地。战国时期的玉器，在抛光技术的运用上也非常独特，边角处理锋润，玉器的表面打磨平滑，抛光均匀，经过两千多年的流传，至今表面光亮度仍极高，被后世赞誉为"玻璃光"。

汉代玉龙的龙身，向盘形发展；玉龙的四足吸收瑞兽的特征呈尖爪状；龙的头部似马头，龙角似马鬃，细长犹如宽带；龙耳极小；汉代玉龙的眼睛基本是外方内圆，其形状多种多样，有方圆形眼、带梢椭圆形眼，不论何种龙眼，均炯炯有神，可谓画龙点睛（图4-47）。

图4-47　汉代玉龙

此时的玉龙身上,还出现了飞翼,有的龙近似蟠螭纹,龙尾呈单尾或分岔尾。而龙纹与其他纹饰组合的图案频频出现,这也成为汉代玉器的一大特点。

魏、晋、南北朝时期,战乱频繁,社会动荡,故这一时期的墓葬出土的玉器很少,并且玉饰的体积极小,大型玉礼器和成组玉佩饰几乎没有发现。所以,研究玉器的古书中极少见到这一时期玉器的著录,几乎形成了断谷期。从迄今所见到的少量玉雕龙饰看,其基本延续了汉代玉龙的风格。玉龙的龙身细长,一般刻有细鳞纹;头部呈方形,棍棒形长龙角,叶形耳;小腿细长,琢勾一两条阴刻线,突出表现龙的筋骨;龙爪宽厚,龙指尖利;龙尾呈虎尾形;龙眼往往运用重叠的阴刻线纹表现。

隋代玉龙出土较少,隋龙应以河北赵州桥石龙为典型。其特征是嘴很大,嘴角开到眼角以外,以双勾阴线勾勒眼睛,眼球突出,腿部粗壮,脚掌厚,爪尖。

唐代的玉龙,身体以两种形式出现。一种体形粗壮,圆润丰满,身上无纹,腹部似蛇腹,用一节节纹线表示身躯,背部琢雕出脊。另一种身躯细长,从上到下龙身饰斜方格鳞纹;龙角有单岔鹿形、花叶形两种;头部下颌处雕有龙须;龙嘴大张向上翘,如梳子背状;龙的大腿肌肉粗壮丰满,小腿细瘦,呈跪卧状,小腿与大腿之间成九十度弯曲,关节处

图 4-48　唐代玉龙

雕琢成片腿毛,呈飘拂状;龙尾部似蛇的秃尾(图 4-48)。唐代玉龙常伴以火珠或云纹,火珠光焰雕琢短小,同时迸发出五至七个火舌。

唐、宋时的玉龙姿态优美,富于变化,其特征是注意使用陪衬纹饰点缀主题玉龙,使玉龙活跃在特定的环境中,如龙凤成双成对在花丛中起舞,在祥云中腾跃行走、踏波戏珠、出海升天等,还有独龙在花丛中游戏的题材(图 4-49)。这些构思反映出当时人们赋予龙纹的一种现实主义的新的审美意识,变凶猛威武的神龙为出神入化的祥瑞之兽,使人们对龙的欣赏多于对龙的恐怖。宋代玉龙的龙身,较唐龙短小,大多素身,两侧勾勒阴刻轮廓线;龙嘴较唐龙小,下唇上卷;腿部细长弯曲,腿毛短而

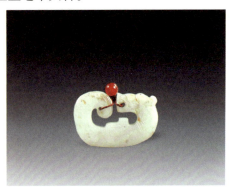

图 4-49　宋代玉龙

稀疏；龙爪肥厚，制作随意潦草。

　　元代时期的玉雕，沿着宋代开拓的世俗化、装饰化方向发展，雕技有出新之处，作品风格独特。元代玉龙大体模仿唐代玉龙，但身躯比唐细长，蜿蜒游动，显得威武而有生气；角琢雕为勾角或单岔鹿形角；张口、嘴角在眼角前，有的带火焰纹肉嗜；眼睛细长，如丹凤眼，紧贴在粗眉下，眉骨突起，显得很有神气；另外，嘴、鼻、眼占头部的三分之一。元代玉龙头型细长，发毛长长地飘拂在脑后，有的为一绺，有的分成两股，飘拂在龙头部的左右两边或上下。此时，玉龙尾多自后腿下穿过，尾尖上翘；元早期为秃尾，后期出现带五至七个光舌的火焰尾。腿部粗壮而长，关节处有细长腿毛向后飘拂。龙掌厚实，龙爪锋利，以三爪为多，爪部多团成球状。小腿上有表示筋骨毕露的短小阴刻线纹，这一特征为元代龙及其他兽纹的共同之处。另外，元代玉龙在脖颈部、大腿与身躯连接处，都留有深雕的痕迹，体现了元代玉雕技艺粗犷有力的风格。

　　明代玉雕工艺较前代进一步发展，作品精细规整，镂空雕刻更加复杂细致，出现了"三层透雕法"，并继承了宋元开创的"花下压花"技艺；元代使用的多向打孔的管钻镂空法在明代也得到更广泛的运用，最典型的是透雕玉龙游于众多花叶之间，工艺复杂，手法巧妙，令人叹为观止。明代玉龙的头部，线条刻画很深，鼻子上翘，在装饰如意云头后，鼻孔出现上卷的胡须；龙头多呈侧面，均刻双目；双目为小圈点眼，依龙头上下排列，或斜排列；玉龙的发型，随时间推移而演变；早期向后飘拂，中期向上冲，后期为前冲。龙尾分若唐龙式的秃尾和本朝典型的卷云式长须尾两种；明代龙腿较长，小胫细瘦，并布满了密集短小的直线，排列整齐；龙爪有三、四、五爪，但以四、五爪龙居多，呈风车球状，为明特有；龙腿关节处毛表现手法有许多种，如刻小云头，云头上再刻出短小的直线等（图4-50）。

图4-50　明代玉龙

　　清代的玉龙，头部发毛丛生，根根竖起，呈披头散发状，没有什么规律；头型较明代略短，双目的眼形及排列如明代，以上下排列为多；龙眼多为虾米眼，比明代更为突出；清代的龙眉、腮部以锯齿状线纹处理；龙身躯短粗，雕琢笨拙；腿尾多为锯齿状，有的雕为一绺；龙爪有三、四、五爪，但以四、五爪居多；龙爪是一爪在后、四爪在前，雕琢不如明代的有力；尾部延用明代的手法，但较明式龙尾宽大。此时还盛行仿古玉雕，由于过于讲究精工与规矩，造型与纹饰都显得较为呆板（图4-51）。

上述是中国各个历史时期玉龙的发展变化，从一个侧面反映了中国玉雕的发展。但纵观历史，玉雕工艺的发展均与国家盛衰关系密切。国盛，则玉业盛；国衰，则玉业不振。故有"玉雕，乃国事也"之说。

图4-51　清代玉龙

（五）历代玉龙的典型特征

对于中国玉器来说，玉龙是一个持续性强，且随时代变化明显的玉器门类，现选择七个时代有代表性的玉龙，简介其基本特征。

1. 新石器时代玉龙

新石器时代玉龙，具有原始性，造型简单、抽象。形体宽厚，断面呈椭圆状。背部有穿孔。多用浅阴线着重在龙头及五官部位琢磨。

2. 商代玉龙

商代玉龙突破了文化期局限，造型、纹饰多样化。多呈片状，龙身较小。龙首部加角，角有柱形、宝瓶形等。注重对眼部的刻画，商早期多为方形或菱形，中晚期多呈"臣"字形。龙身饰有复杂装饰图案，多菱形纹、三角纹等。纹饰多为短线条，线条刚劲有力，转折生硬。

3. 西周玉龙

西周玉龙承袭商代玉龙风格，在构图和线条上更舒展流畅，玉龙头部的角、"臣"字形眼、背部的凸棱等风格均有商代遗风，但区别明显。西周玉龙龙身较商代瘦长。龙口下唇向内翻卷。龙尾较厚而无刃。纹饰多为长线条或长短相济，转折圆润，线条流畅。

4. 汉代玉龙

汉代玉龙的龙首较长，龙嘴更开阔。嘴角长度几乎相当于整个头部。眉、额及腭部棱角分明。龙角向上、向后伸卷。龙体依然呈卷曲状，较之周代动态大、气势足，且线条婉转流畅，注重表现龙的神态和气势，在形态视觉上给人一种蓄势待发、威力无穷之感。

5. 唐代玉龙

唐代玉龙继承汉代玉龙的基本造型和神韵，更成熟、完善。注重写实。龙身似蛇，躯干粗壮丰满，四肢较长，龙角开始表现为似鹿角，龙爪肥硕，多为三趾，龙尾光秃且多被压在后腿之下。

6. 宋代玉龙

宋代玉龙，造型美观、线条流畅。龙身修长洒脱，一改以往卧龙、卷曲龙形象，呈腾飞状。角多为单叉鹿角形，头上有飘发。姿态优美，富于变化，喜用海浪、云朵、花草等点缀。

7. 明代玉龙

明代玉龙缺少了唐宋玉龙的神韵。龙首较为夸张；眼睛多凸起；尾部多云纹或火焰纹等装饰物；龙爪以四爪、五爪居多，呈风车球状。玉龙整体造型过分纤细，显得拘谨呆板。

8. 清代玉龙

清代玉龙的用料较前更加优良，其制作工艺比历代玉龙使用各种琢玉技术更繁多，造型艺术给人以纷繁杂乱、无从归纳的感觉。造型特征是须长发乱，老态龙钟，愁眉苦脸，缺乏底气。

四、古代玉器代表作

根据中国文化艺术网的推荐和民间认可度，我们选择了22件古代玉器为中国古玉代表作。其中，玉玦、管状玉玦、玉管、玉匕形器、玉锛、勾形玉佩、鸟形玉佩、C形玉龙等10件为史前的兴隆洼文化、红山文化时期的中国玉器传世之作。另外的神人纹玉琮、玉神人纹边璋、玉跪式人、玉活环龙纹挂饰、皇后玉玺、玉衣、渎山大玉海、玉刻诗大盘、《大禹治水图》玉山、兽首玛瑙杯、双婴耳玉杯、桐荫仕女等12件，民间称为中国玉器镇国之宝。

扁形玉玦 兴隆洼文化时期的这一扁形玉玦，直径3厘米、孔径0.7厘米，现藏于辽宁省博物馆（图4-52）。

该作品细腻温润，表面有凹坑和土沁。外廓为不甚规整的圆形，中央稍偏处从两面钻一孔，孔的两面均有喇叭口现象。再以线锯穿入孔中，并向玦体的一侧拉切出缺口。当接近完成时，线锯发生偏移，缺口弯曲，因此又从缺口外

图4-52 扁形玉玦

侧向内切割补救。从此玦的制作工艺看，尚处于朴素的原始阶段，略逊于查海和

兴隆洼遗址出土的玉玦，不排除其时代稍早的可能性。

管状玉玦 兴隆洼文化时期的这一管状玉玦，高4厘米，外径3.8厘米，现藏于辽宁省博物馆（图4-53）。

此件管状玉玦的玉质青黄色，细腻温润，局部有浅褐色土沁。外形近管状，外壁略外凸，横剖面近椭圆形。在管中央稍偏位置钻一孔，孔壁有明显的螺旋痕。从孔内以线锯向玦体较窄的一侧拉切出纵向缺口，口壁可见弧形的线锯拉切痕迹。

图4-53　管状玉玦

玉管 兴隆洼文化时期的这件玉管，高6.3厘米，外径2.3厘米，现藏于辽宁省博物馆（图4-54）。

这根玉管的玉质青黄色，局部有浅褐色点状沁斑。管体略扁圆，壁外凸，两端呈斜切的平面，孔从两端对钻，孔缘有磨痕，与查海遗址出土的玉管形制相同。

图4-54　玉管

玉匕形器 兴隆洼文化时期的这件玉匕形器，长6.5厘米，下端宽1.2厘米，现藏于内蒙古敖汉旗博物馆（图4-55）。

此件玉匕形器玉质青黄色，有黄褐色沁。器呈匕形，上端扁平，其下有一喇叭状图案，下端出弧刃，刃缘尖薄锐利。通体磨光。

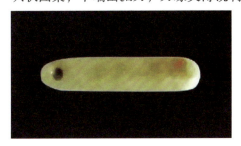

图4-55　玉匕形器

图4-56　玉锛

玉锛 兴隆洼文化时期的此件玉锛，残长3.3厘米，上宽2.4厘米，刃宽2.8厘米，现藏于内蒙古敖汉旗博物馆（图4-56）。

此玉锛系碧玉质，杂有黑斑及土沁。磨制。器上端残断不存。单面刃器较钝，并向一侧斜，侧边起棱，一面存有钻孔残痕。

神人形玉佩 红山文化时期的此件神人形玉佩，高14.6厘米，宽6厘米，厚4.7厘米，现藏于故宫博物院（图4-57）。

图4-57 神人形玉佩

神人形玉佩的玉质黄绿色，身上有大面积铁褐色沁斑。器形为一戴动物冠的坐姿人像。人像尖下颚，蛋形首，面部窄而前凸，头上戴一动物头形冠，动物眼睛圆凸，有两个竖直的长角，双耳镂空。动物两角之间有浅刻网格纹。人细腰长腿，呈坐姿，上肢弯曲抚于腿上。器背颈部有大的对穿孔，可以悬挂佩带。这种坐人形玉佩，尚未在考古出土品中发现，原来一直认为是兽面人身的造型，但仔细观察，可以看出是人戴着冠的形象，所戴冠似傩舞时戴的动物冠面。

带齿兽面形玉佩 红山文化时期的此件带齿兽面形玉佩，长16.5厘米，宽5.4厘米，现藏于天津博物馆（图4-58）。

图4-58 带齿兽面形玉佩

此件玉佩的玉质青绿色，有褐色沁。顶部单面钻一孔，兽面作圆目长齿，镂雕弧形眼眉，眉眼之外琢磨浅凹槽纹路。造型奇特，磨制技法粗朴原始，属红山文化典型器物。

勾云形玉佩 红山文化时期的此件勾云形玉佩，长16厘米，宽9.8厘米，现藏于天津博物馆（图4-59）。

该作品玉质为青绿色，器上杂有黄褐色沁斑。薄片雕，器边缘呈双面刃状，表面随器形磨出宽凹槽，槽底刻单阴线。此种独特技法，唯红山文化玉器多见。

图4-59 勾云形玉佩

鸟形玉佩 红山文化时期的此件鸟形玉佩，长9.1厘米，宽4.3厘米，现藏于首都博物馆（图4-60）。

这件鸟形玉佩的玉质受浸蚀呈青灰色，局部有黄白色斑。鸟作侧身飞翔状。

器中间厚，至边缘渐薄成刃状。以简单的粗阴线刻画出鸟的头、颈、喙、翅及尾部，并留有毛刀痕。鸟的胸、腹、尾部有三个对钻孔。

图 4-60　鸟形玉佩

C 形玉龙　曾有"中华玉雕第一龙"之称的红山文化玉龙，被中国考古学界视为红山文化的"首席代言人"，又有玉雕龙、蜷体玉龙之称，也有人根据其形状称为 C 形龙（见图 4-40）。玉龙通高 26 厘米，墨绿色，体卷曲，平面形状如 C 字母，龙体横截面为椭圆形，直径 2.3—2.9 厘米。龙首较短小，吻前伸，略上噘，嘴紧闭，鼻端截平，端面近椭圆形，以对称的两个圆洞作为鼻孔。龙眼突起呈梭形，前面圆而起棱，眼尾细长上翘。颈背有一长鬣，弯曲上卷，长 21 厘米，占龙体三分之一以上，与内曲的躯体相合，造成一种飞腾的效果。鬣扁薄，并磨出不显著的浅凹槽，边缘打磨锐利。龙身大部光素无纹，只在额及鄂底刻以细密的方格网状纹，网格突起作规整的小菱形。玉龙形象带有浓重的幻想色彩，已经显示出成熟龙形的诸多因素。整个龙体宛如一条即将出水的巨龙，正翻腾而起，气势雄浑。

玉龙以一整块玉料圆雕而成，细部还运用了浮雕、浅浮雕等手法，通体琢磨，较为光洁，这都表明了当时琢玉工艺的发展水平。其造型独特，工艺精湛，圆润流利，生气勃勃。玉龙身上负载的神秘意味，更为它平添一层美感。

此件玉龙的具体用途尚待进一步探讨，不过龙体背正中有一小穿孔，经试验，若穿绳悬起，龙首尾恰在同一水平线上，显然，孔的位置是经过精密计算的。考虑到玉龙形体硕大，且造型特殊，因而它不只是一般的饰件，而很可能是同我国原始宗教崇拜密切相关的礼制用具。

红山文化玉龙之后，虽然我们又发现了更早的龙形的踪迹，但 C 形玉龙的重大价值仍不容置疑。从形象上来说，红山文化玉龙的发现，为研究"龙"的起源问题，讨论中国古代宗教与文化的关系，乃至探讨中华文明的起源等都具有非凡的意义。

神人纹玉琮　神人纹玉琮是新石器时代良渚文化的典型玉器，1986 年出土于浙江省余杭市反山文化遗址。玉琮高 8.8 厘米，孔径 4.9 厘米，外径 17.6 厘米（图 4-61）。琮体四面各琢刻一完整的兽面神人图像。兽面的两侧各有浅浮雕鸟纹。器形呈扁矮的方柱体，内圆外方，上下端为圆面的射，中有对钻圆孔，留有台痕。下端有取料时形成的凹缺。琮体四面由中间的直槽一分为二，又由横槽分为两节，每节再分上下两个部分。四面直槽内上下各琢刻一神人兽面纹图像，共8个，用浅浮雕和细线刻两种技法雕琢而成。

玉琮上的这种人与兽的组合图是良渚文化玉琮纹饰的基本特征，其图案的名字叫"神徽纹"。相传，玉琮上雕刻的

图 4-61　神人纹玉琮

是一位戴羽冠的巫师或酋长，他骑在老虎身上作法。此玉琮被誉为"琮王"，因为它是目前发现的良渚玉琮中最大、最重、最精美的一件。

玉神人纹边璋　玉神人纹边璋（以下简称玉边璋）是商代晚期文物，为国家首批64件禁止出国（境）展览的文物之一。1986年出土于四川广汉三星堆遗址。玉边璋通长54.5厘米，遍体满饰图案，生动地刻画了原始宗教祭祀场面。

图案上下两幅布局对称，内容相同。最上一幅平行站立三人，头戴平顶冠，戴铃形耳饰，双手在胸前做抱拳状，脚穿翘头鞋，两脚外撇站成"一"字形。第二幅是两座山，山顶内部有一圆圈（似乎代表太阳），在圆的两侧分别刻有云气纹；两山之间有一盘状物，上有飘动的线条，状若火焰。山形图案的底部画有一座小山，小山的下部是一方台（疑似代表祭祀台）；山的外侧，一只大手仿佛从天而降，伸出拇指按在山腰上。第三幅是两组S形勾连的云雷纹。云雷纹下的一幅也是三个人，穿着和手势与第一幅相同，区别是这三个人戴着山形高帽，双脚呈跪拜的姿势。第五幅又是两座山，内部结构与第二幅相同，所不同的是山外两侧各立有一牙璋；右边的山头伸出一个钩状物横在两山之间。这些图案描绘了古蜀人在祭坛上举着牙璋祭祀天地和大山，天神已有反应，伸出拇指按在山腰上，要赐福于下界的情形。

玉跪式人　玉跪式人为商代玉器，1976年出土于河南省安阳殷墟妇好墓。这件圆雕玉人高7厘米，是妇好墓所有装饰品中最精美的一件（图4-62）。玉料为青色和田玉，通体有黄褐色浸痕。玉人双手抚膝跪坐，长辫盘于顶，头上戴箍形束发器，连接前额上方卷筒状装饰，像一个平顶冠。玉人的面形狭长，细眉大眼，宽鼻小口，方形小耳，表情肃穆，身穿交领长袍，衣袖宽长至腕，腰束宽带，腹前悬长条"蔽膝"，两肩饰"臣"字形动物纹，右腿饰S形蛇纹，背后插

图 4-62　玉跪式人

一卷云状宽柄器，气度雍容，显示的是一个上层奴隶主贵族的形象，抑或是妇好本人。

玉器中的玉人较为多见，但跪式玉人体量如此之大实为罕见。

玉活环龙纹挂饰 玉活环龙纹挂饰是战国玉器，1978年出土于湖北随县曾侯乙墓。这是一串可卷折亦可展开的玉佩，采用活环套链工艺，全长达48厘米，宽8.3厘米。挂饰整体为一条大龙，全器16节，玉饰是用五块玉料、一个玉环和一根玉锁钉，采用透雕、浮雕、阴刻等技法雕成的37条龙、7只凤和10条蛇，并饰有谷纹。其表现特色主要是：第二节玉璧上的云纹，采用压地手法，璧的四周攀附四龙，这种形制是战国晚期才广为采用的；第十一节雕成三条蟠龙相连的玉佩状，龙身为S形，这是春秋后期在中原开始流行的玉佩造型；第十二节、十三节的玉饰，分别由双首相向和双首相背的蟠龙构成，每条龙身上又各刻有一条龙；第十五节玉饰的两端分别刻有立凤和凤鸟衔蛇图案，这种图案是南方楚艺术品中常见的题材，在漆器等绘画品中屡有发现。

玉活环龙纹挂饰是目前面世的器形中最长、活环套链最多、纹饰最繁复精美、工艺最为精湛的活环套链玉（图4-63）。此佩的功能和定名目前尚有不同意见，一种看法是用作佩饰；另一种看法是联系同时出土的小件玉鸟禽，认为是冠上装饰，即"冠缨"。

图4-63 玉活环龙纹挂饰

皇后玉玺 皇后玉玺（图4-64）为西汉时期的玉器，1968年出土于陕西省咸阳市韩家湾狼家沟村。皇后玉玺高2厘米，边长2.8厘米，重33克，以新疆和田羊脂白玉雕成。玉色纯净无瑕，晶莹润泽。玉质坚硬致密，无任何受沁现象。玺体为正方形，钮为高浮雕的匍匐之螭虎。螭虎形象凶猛，体态矫健，四肢有力，双目圆睁，眼球圆而凸出，隆鼻方唇，张口露齿，双耳后耸，尾部藏于云

图4-64 皇后玉玺

纹之中，背部阴刻出一条较粗的随体摆动的曲线，6颗上齿也以阴线雕琢。螭虎腹下钻以透孔，以便穿绶系带。玺台四侧面呈平齐的长方形，并琢出长方形阴线

框，其内雕琢4个互相颠倒并勾连的卷云纹，每个云纹均以双阴竖线与边框相连。阴线槽内残留有部分朱砂。玺面阴刻篆书"皇后之玺"，字体结构严谨大方，笔画粗细均匀，深度一致。

皇后玉玺玉质之精美，螭虎造型之生动，玺文字体之规整大气，雕琢技法之娴熟，都是罕见的。《汉旧仪》载："皇后玉玺，文与帝同，皇后之玺，金螭虎钮。"此印形制与印文与汉制吻合。因出土地点距汉高祖和吕皇后合葬的长陵约1千米，推测为吕皇后吕雉之物。帝后直接使用的遗物发现很少，这枚皇后玉玺是汉代皇后之玺的唯一实物资料，对研究秦汉帝后玺印有着十分重要的价值。专家认为，这方玉玺印的发现创造了两项全国之最：一是我国最早发现的皇后印玺，二是玉玺的主人是年代最早的皇后，故被列为国家级文物。

玉衣 玉衣又称"玉匣""玉柙"，是汉代皇帝和贵族死亡时附体穿的殓服，象征穿戴者的身份等级，是汉代规格最高的丧葬殓服。玉衣形如铠甲，外观和人体形状相同，分为金缕玉衣、银缕玉衣、铜缕玉衣三种，分别用金、银、铜丝缕联结。皇帝和部分近臣用金缕玉衣，其他贵族等用银缕玉衣、铜缕玉衣，三者有严格的等级划分。玉衣流行400多年，最早追溯到东周的"缀玉面幕""缀玉衣服"，大规模流行于汉代中期。至三国时，曹丕倡导薄葬，下诏禁用玉衣，玉衣因此而终结。

玉衣由头罩、上身、袖子、手套、裤筒、鞋子等六部分组成，全部由玉片加金、银或铜丝缀成，玉衣头部有玉眼盖、鼻塞，下肢部有生殖器罩盒和肛门塞，周缘以红色织物锁边，裤筒处裹以铁条锁边，使其加固成型。脸盖上刻画眼、鼻、嘴形，胸背部宽阔，臀腹部鼓突，完全似人之体型。玉衣耗用玉片、金（银、铜）丝巨多，做工十分精细，玉片成衣后排列整齐，对缝严密，表面平整，无须协调，着实令人惊叹，反映出玉师杰出的技艺。

汉人认为，玉是"山岳精英"，将金玉置于人的九窍，精气不会外泄，就能使尸骨不腐，可来世再生。所以，用于丧葬的玉器在汉代占有重要地位。到目前为止，全国共发现玉衣二十余件，中山靖王刘胜及其妻窦绾墓中出土的两件金缕玉衣，是其中年代最早、做工最精美的。刘胜的金缕玉衣用玉片2498片，金丝重1100克，窦绾的玉衣共用玉片2160片，金丝重700克。而体量最大的由徐州楚王陵出土的金缕玉衣，长174厘米，宽68厘米，用玉片4248片，金丝重1576克，现藏于徐州博物馆内。玉握和玉塞九窍特别讲究，令人称奇。玉塞九窍，谓之"金玉在九窍，则死者为之不朽"，即死者眼中塞玉有一脉相承和以玉示目之义；口中含有"玉蝉"称之"琀蝉"，有"蜕变转世"之意。玉衣手套中，还握有玉璜两件，谓之玉握。跟过去不同的是，这些陪葬品并非墓主人的生前用玉，均为专制用于死者的葬玉。而玉衣的雏形,是春秋战国时期死者脸部覆盖的"缀玉面幕"和身上穿用的"缀玉衣服"。

渎山大玉海 渎山大玉海是元代的一件巨型贮酒器,又名玉瓮、玉钵。器体呈椭圆形,口径 1.35—1.82 米,高 0.7 米,重达 3500 千克,可贮酒三十余石,大约相当于 3600 瓶一斤装的白酒(图 4-65)。大玉海用整块墨玉雕成,采用浮雕和线刻相结合的表现手法,继承和发展了中国琢玉工艺上"量材取料"

图 4-65　渎山大玉海

和"因材施艺"的传统技巧,玉瓮内部空膛深 55 厘米,利用玉色的黑白变化来勾勒波浪的起伏,表现动物的眉目花斑,下部以浮雕加阴线勾刻的手法,表现旋卷的波浪,上部以阴刻曲线勾画旋涡作底纹。周身壁上随玉自然形状肌理雕饰有海浪以及腾跃出没其中的鱼龙、海马、海猪、海羊等神奇海兽。底座是一大一小两件叠置的八角石床,既粗犷豪放,又细致典雅,兼具写实手法和浪漫色彩。

据《元史·世祖本纪》记载:大玉海成器于至元二年(公元 1265 年),相传是元世祖忽必烈为犒赏三军而制,经常用它盛酒,大宴群臣及军中武士。最初放于元大都(今北京)太液(今北海)中的琼华岛(今白塔所在)广寒殿。元朝灭亡后的万历七年(公元 1579 年),广寒殿轰然倒塌,它被搬到了皇家专门制作宫廷器玩的御用监内的真武庙的殿前,充当观音像下的大号香炉。此后,大玉海沦为真武庙里道人们腌咸菜的菜缸。清康熙年间重修庙宇时,辅臣高士奇才发现这一沦落的珍宝。乾隆十年(公元 1745 年),皇上"命以千金"从真武庙赎得,置今北海团城承光殿中。其后四年内,乾隆皇帝先后命人将渎山大玉海重新修整了四次,尤其是对大玉海上的龙鳞纹与其他海兽的鳞纹没有尊卑之别做了重大修改。所以,现在的大玉海除了龙身颈外,其他的龙鳞纹都具有明显的清代特色。乾隆皇帝还为其配制了一个新底座,并在承光殿前修建了一座玉瓮亭,将大玉海与新底座一同安放在亭内。乾隆得意之余,诗兴大发,在玉海膛内碾刻《玉瓮歌》三首,连序带注共八百多字,详细地介绍了这件玉器的来历和流传经过。四十多位臣下奉和之作,则刻在玉海外的亭柱上。值得一提的是,1988 年人们才在北京法源寺内发现了失踪四五百年的大玉海的原配底座,该底座八面八足,双层雕刻有龙兽、浪花等图案,刀法圆润,气势雄伟。

元代的大玉海是现存最早的大型玉器,鲜有出其右者,且在历史上流传有绪,在我国传世至今的数十万件玉器中,它是唯一可以辨认的蒙古时期的玉器,堪称镇国玉器之首。

玉刻诗大盘 玉刻诗大盘为清代宫藏文物，高9.6厘米，口径65.3厘米。此盘圆形，浅腹，折沿，圈足，光素无纹（图4-66）。盘心镌刻1762年（乾隆二十七年）御制诗《玉盘谣叠旧作韵有序》，共189字。从文中可知，玉盘为乾隆二十二年（公元1757年）平定新疆贵族叛乱时缴获。玉盘体形庞大，打磨润泽，是新疆玉工的杰作。此盘的刻辞记录了重大的历史事件，有重要的历史文化价值，意义非同一般。

图4-66 玉刻诗大盘（清）

《大禹治水图》玉山 《大禹治水图》玉山（简称玉山）以清宫内藏《大禹开山图》为蓝本制作，先后历时13年，成品于18世纪清朝乾隆时期，高224厘米，宽96厘米，重约5000千克，是用最为名贵的密勒塔山和田（旧称和阗）玉雕成的。玉山被置于高60厘米的嵌金丝褐色铜铸座上，青白玉的晶莹光泽与雕琢古朴的青褐色铜座相配，更显得雍容华贵，互映生辉。玉山雕琢的内容是大禹治水的故事。整个玉山仿佛一座山峰，其上山石林立，石间飞流直下，石上人群聚集，挥锹舞镐，开山移石，疏洪导水，场面恢宏，气势非凡（图4-67）。作品巧妙地结合材料的原有形状，灵活安排山水人物，工艺之精美令人叹为观止。它不但是一部具有丰富内涵的壮丽史书，也是一件无与伦比的艺术瑰宝。乾隆题诗："功垂万古德万古，为鱼谁弗钦仰视。图画岁久或湮灭，重器千秋难败毁。"玉山《大禹治水图》是中国玉器宝库中用料最宏、运路最长、花时最久（8年）、费用最昂（银万余两）、雕琢最精、器形最巨、气魄最大的玉雕工艺品，也是世界上最大的玉雕之一。

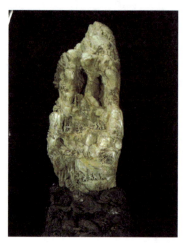

图4-67 《大禹治水图》玉山（清）

兽首玛瑙杯 唐代兽首玛瑙杯于1970年在陕西省西安市何家村出土，长15.6厘米，口径5.9厘米，现藏于陕西历史博物馆。此杯选材精良，巧妙利用玉料的俏色纹理雕琢而成。杯体为角状兽首形，兽双角为杯柄（图4-68）。上口近圆形，下部为兽首形，兽头圆瞪着大眼，目视前方，似乎在寻找和窥探着什么，兽头上有两只弯曲的羚羊角，而面部却似牛，所以不能认为造型完全出自写实的手法，但看上去安详典雅，并无造作感。兽首的口鼻部有类似笼嘴状的金冒，能够卸下，突出了兽首的色彩和造型美。眼、耳、鼻皆刻画细微精确。

唐兽首玛瑙杯是至今所见的唐代唯一一件俏色玉雕，是唐代玉器做工最精湛的一件，也是唐代中外文化交流的产物，列入《首批禁止出国（境）展览文物目录》。

图 4-68　兽首玛瑙杯（唐）

双婴耳玉杯　清代双婴耳玉杯，高 5.4 厘米，口径 6.5 厘米，足径 3 厘米，现藏于北京故宫博物院（图 4-69）。玉杯圆形，撇口，圈足。两侧镂雕童子，脚踏祥云，手扶杯沿，对称构图。杯体光素无纹。玉杯以双层套盒储之，内层有锦匣和檀香木托，外层为黑漆描金匣，并附有《御制玉杯记》册。

图 4-69　双婴耳玉杯（清）

双婴耳杯在宋代的银器造型中就出现过，此后成为一种固定的题材。在清代玉器中便发现多件，不过大多为清中期以后的作品。根据《御制玉杯记》的记载，这件耳杯制于清初。清初，宫廷新制玉器寥寥可数，有据可查的更加罕见，而此杯有乾隆的《御制玉杯记》记载制造经过，是非常珍贵的史料。

更有意思的是，此杯经过人为的作旧。据《御制玉杯记》载，乾隆起初以为此杯是"炎刘以上物"，而在询问了当时宫廷琢玉名匠姚宗仁后，才得知此杯及杯上的沁痕都是姚的祖父所为。做法是在耳杯玉质不佳的部位用细金刚钻打出细密"如蜂虿"似的小麻点，涂上琥珀，用微火烧烤。这是清代宫廷仿古玉器"做旧"与"烧古"工艺的真实记录。此杯对了解清代仿古玉器的制作有一定的价值。

桐荫仕女　清代桐荫仕女玉雕又称白玉雕桐荫仕女，成于乾隆三十八年（公元 1773 年），材质为和田白玉籽料，带黄皮，现藏北京故宫博物院。俏色玉是玉雕艺术宝库中技艺最为精湛、艺术价值最高的品种之一。桐荫仕女玉雕，更是俏色玉中的佼佼者（图 4-70）。

玉件的琢制者将和田籽料自带的天然黄皮俏色使用，巧雕成梧桐树的黄色叶子，惟妙惟肖，匠心独具。这件俏色玉雕反映的是美丽的江南庭院景致：上面是数轮圆筒瓦，微微下垂，庭院西侧垒筑瘦、漏、露、皱的太湖石，垒石周围树蕉丛生，繁密茂盛。院外着袍的妙龄少女，手持灵芝，轻盈地向徐开的院门走去。门内的长衣少女，双手捧盒，向门外走来。这一切都通过细细的门缝互为呼应，情景交融，把两个少女的心理

图 4-70　《桐荫仕女》（清）

活动刻画得生动传神，画面充满浓厚的生活气息，呈现出迷人的江南园林的安谧景象。

令人意想不到的是，这件乾隆皇帝珍爱的宝物，竟由一块废料琢成。原来，它是一位在清廷供职的琢玉高手，利用一块琢玉碗时剩下的弃料雕成，这原是一块黄白色的和田玉，整材雕成玉碗后，余弃的废料既有裂痕（后经匠师巧妙处理成门缝），又有橘黄色的玉皮子（匠师把它琢成梧桐、蕉叶与覆瓦、垒石），经匠师化拙为巧的处理，终成一件价值连城的珍品。

桐荫仕女玉件深得乾隆皇帝赏识，特制御题诗和御识文命人阴刻于器底。御识文叙述了玉材及雕琢情况。御题诗中，乾隆赞美这件稀世玉雕的"义重无弃物，赢他泣楚廷"句，意即玉工之"义"，比之下和在楚国宫廷上不怕断足致残，多次献玉璞之举还"重"，将爱玉的情感推向极致。

玉器的生产制造经过了一个漫长的过程，在这一过程中，人们不仅在认识玉料方面有一个从不自觉地发现、使用到有意识地寻找、选择的过程，而且在制造技术、形态选择上也都有觉悟、提高、进步的痕迹，涉及人类知识不断丰富、完善的许多方面。譬如在选料上，与矿物学、矿藏学、采矿学发生联系；在琢磨技术上，玉器受打制石器、磨制石器早期琢玉工具的影响；在形态及造型上，玉器受同时代易于制造的陶器、玉器、骨牙、蚌木器以及"肖生"形状的制约，一件玉器制造不是孤立的现象，在它身上折射出古代社会物质生产与意识形态的许多信息。尤其值得一提的是，由于玉料的稀少、制玉材料的硬度较高，以及工艺技术失传等原因，我们今天除了对那些精美绝伦、巧夺天工的玉器表示叹服以外，并不能搞清楚它是如何被制造出来的。事实上，玉器制作的不易，也体现在玉器的科技含量要比一般的陶器、石器大得多上。材料稀少、品质优秀、工艺难度大等是玉器在中国古代社会深受贵族统治阶级喜爱、欢迎的主要原因，也是古人把这种具有材质坚硬、品质稳定、色泽温润的自然物质视为天地之"精"之

"英",并进而根据稳定社会、推行礼制的需要,产生了"比德于玉"的社会观念。

纵观中国古代玉器的流变过程及其各时代所取得的成就,可以看到,中国制玉历史悠久,用途广泛,形式繁多,碾琢精湛,风格独特,具有鲜明的民族特点,在世界玉器工艺领域中独树一帜,充分地表现出中国古代劳动人民的聪明智慧和创造才能。作为中国古代玉器史重要组成部分的传世古玉,也是我们中华民族文化宝库中的珍贵遗产和艺术瑰宝,像一颗明珠那样永远放射着灿烂的光芒,照耀着正在蓬勃发展中的现代玉器工艺的宽广路程。

主编 房余龙 毕建钢

副主编 仝 杰 胡仲珠

中国玉器赏识（下册）

苏州大学出版社
Soochow University Press

下册目录

第五章　玉石雕刻工艺 / 223

● 第一节　概说 / 224
一、玉雕工艺概念 / 224
二、玉雕的因材施艺原则 / 226
三、玉雕的施艺方法 / 227
四、玉雕的基本规律 / 228

● 第二节　玉雕工艺史略 / 229
一、新石器时代的玉雕工艺 / 229
二、夏商周时代的玉雕工艺 / 232
三、汉唐时代的玉雕工艺 / 237
四、宋元明清时代的玉雕工艺 / 239

● 第三节　玉雕工艺类别 / 244
一、常用的玉雕工艺 / 245
二、独特的玉雕工艺 / 254
三、中国玉雕的流派 / 262

● 第四节　制玉工艺流程 / 268
一、传统制玉工艺 / 269
二、特殊制玉工艺 / 272
三、当今制玉工序 / 273

● 第五节　玉雕工具 / 277
一、古代的玉雕工具 / 278
二、现代的玉雕工具 / 281
三、当今的玉雕设备 / 285

第六章　玉料和玉器质量的判别　/ 288

- 第一节　概说　/ 288
  - 一、玉料、玉器鉴别的基本方法　/ 288
  - 二、古玉鉴定的标形器　/ 289
  - 三、古玉鉴定的步骤　/ 289
- 第二节　软玉料真假、质量的辨识　/ 292
  - 一、民间流传的简易识别法　/ 292
  - 二、假（软）玉石的辨别　/ 294
  - 三、软玉质量差异的判别　/ 301
- 第三节　传统作伪古玉器的鉴定　/ 303
  - 一、历代古玉器作伪的主要方法　/ 303
  - 二、作伪古玉的辨识　/ 308
  - 三、古玉器辨伪的一般方法　/ 313
  - 四、古玉鉴别的化学分析法　/ 321
  - 五、现代玻璃仿玉的识别　/ 322
- 第四节　翡翠的鉴别　/ 323
  - 一、翡翠真假的辨别　/ 324
  - 二、翡翠成品的鉴定　/ 324
  - 三、翡翠原石的辨伪　/ 326

第七章　玉器的选用和养护　/ 333

- 第一节　玉器的选用　/ 333
  - 一、选用玉器的原则　/ 333
  - 二、新老玉器的选择　/ 334
  - 三、佩挂件玉器的选择　/ 335
  - 四、赏玩玉器的选择　/ 338
  - 五、陈设玉器的选择　/ 339
  - 六、收藏玉器的选择　/ 341
  - 七、翡翠的选择　/ 344
- 第二节　玉器的用法　/ 348

　　　　一、玉的品性和功用　/ 348

　　　　二、佩挂件玉器的用法　/ 350

　　　　三、赏玩玉器的盘法　/ 353

　　　　四、玉器摆件的讲究　/ 356

　　　　五、玉器的收藏　/ 359

　●　第三节　玉器的保养　/ 386

　　　　一、人养玉的真谛　/ 387

　　　　二、软玉器的护养　/ 387

　　　　三、翡翠保养误区及"变种"后的处置　/ 391

第八章　玉器的欣赏　/ 393

　●　第一节　玉器之美　/ 393

　　　　一、玉器欣赏的"六要素"　/ 393

　　　　二、玉器的意境美　/ 394

　　　　三、玉器的材质美　/ 397

　　　　四、玉器的意象美　/ 401

　●　第二节　玉器的纹饰　/ 405

　　　　一、历代古玉纹饰概要　/ 405

　　　　二、古玉纹饰的时代特点　/ 406

　　　　三、古玉纹饰的主要种类　/ 416

　●　第三节　玉器形象、图案的寓意　/ 418

　　　　一、玉佛像的寓意　/ 418

　　　　二、人物图案的寓意　/ 419

　　　　三、动物图案的寓意　/ 420

　　　　四、植物图案的寓意　/ 422

　　　　五、神仙图案的寓意　/ 424

　　　　六、其他图案的寓意　/ 427

　●　第四节　玉佛像的鉴赏　/ 428

　　　　一、玉佛像的手印　/ 428

　　　　二、玉雕无相佛　/ 429

　　　　三、释迦牟尼佛涅槃像　/ 430

四、世界最大的玉石、玉佛 / 431

第九章　玉工及其行业组织 / 434

- ### 第一节　玉器的设计 / 435
  一、玉器设计的原则 / 435
  二、玉器设计的艺术要素 / 440
  三、玉器设计的造型构图 / 441
  四、玉器设计创新 / 444
- ### 第二节　玉器的雕刻 / 445
  一、一代"玉神"陆子冈 / 445
  二、宫廷里的苏州玉工 / 448
  三、新中国玉工的摇篮 / 453
  四、当下的地域玉雕工 / 458
- ### 第三节　玉工的职称 / 465
  一、玉工职称的类别 / 465
  二、玉工职称的评定 / 467
  三、中国工艺美术（玉雕）大师 / 468
- ### 第四节　玉器行业的社会组织 / 474
  一、玉器行业协会、商会 / 474
  二、玉文化学会、研究会 / 482
  三、中国玉雕研究院 / 486
  四、中国玉雕大师联合会 / 486
- ### 第五节　玉器的奖项 / 486
  一、全国性的玉器奖项 / 487
  二、始于地方的全国性玉器奖项 / 488
  三、一以贯之的地方性玉器奖项 / 492

参考文献 / 494

后记 / 495

第五章

玉石雕刻工艺

　　玉雕源于石雕又高于石雕，是石雕之精华部分。从广义上讲，玉雕也是石雕，是美石之雕件。石雕是人类社会最早的艺术形式，其产生是古代人类生产生活的需要。当第一只猿手打下第一把粗笨的石刀，古猿才被称为人，人也就开始有了文化。在长达两三百万年的石器时代中，人类的生产生活和石器密不可分。正是石器的制作、使用于劳动，使古代人类识别石材的能力及审美意识得到了提高。

　　事实上，人类是利用各种燧石制造的石器创造出了最早的石雕艺术品。它们的诞生，实为人类数十万年以来实践与智慧的结晶。这种用特殊加工技法制作的各色燧石石器，最早出现于距今一二十万年的旧石器时代中期，盛行于距今一万年左右的中石器时代。随后，当石器工具逐渐为金属工具所代替，玉器工艺渐渐地成为独立的工艺种类发展起来，玉器艺术形式便应运而生，不断发展，成就辉煌。面对那些难以企及的玉雕艺术创造，当今的艺术大师也不得不感慨万分，并从中吸取创作的灵感。玉雕艺术的出现，是人类文明觉醒的伟大里程碑，它是精湛技艺和高度抽象思维的结晶，它的出现给人类社会带来了十分深远的影响。

第一节　概　说

一、玉雕工艺概念

"玉雕"一词可用作名词，亦可用为动词，关键看用在何处。作名词用时，"玉雕"即玉器（后有详细论述）。作动词用时，"玉雕"指的是一种在玉石上进行雕刻的民间手工艺。这种手工艺与砖雕、石雕、核雕、骨雕、牙雕、木雕等其他民间工艺，都属于雕刻的范畴。玉雕是中国最古老的雕刻品种之一。

雕刻是一种在可塑物体上进行剥削、刻蚀、打磨、雕琢，以削减多余部分而留下部分材料来进行造型的一种塑形方式。雕刻采用的载体很多，常见的有砖头、石块、果核、骨牙、竹木、金属等。由于不同雕刻载体的质地结构有别，制作使用的工具和创作方式、造型手段各不相同，从而形成了各具特色的不同种类的雕刻。这些种类不同的雕刻名称，常常取决于载体，载体为玉石的雕刻谓之"玉雕"，载体为普通石头的谓之"石雕"。当然，石雕与玉雕的区别，还表现在雕刻的技艺和风格等其他方面。一言以蔽之，石雕较之于玉雕显得粗放、豪迈，而玉雕则精细、雅致。

玉雕是中国工艺美术的浓缩，其内涵丰富，艺术成就辉煌，经济附加值高。玉雕的独特在于"因料取材"和"因材施艺"。玉雕创作需要根据材料选择主题，由材料引发构思。以少胜多是玉雕创作的不二法则，要求做到简洁不单调、稳重不呆板、生动不烦琐。白玉玉雕则把圆雕置于首位，讲究"天然形，自然刀"，不让消费者看到作品的人工雕琢痕迹，这就需要巧雕。巧雕是一种高超的玉雕技艺，能把废料做成精品，实现"三巧"，即形巧、色巧、工巧，自然流露。俗语"无绺不刻花""月下美人灯下玉"，说的就是巧雕。巧妙地运用皮色的谓之"俏色巧雕"，则另当别论。

玉雕是中国工艺美术中的一个特殊品种，也是我国传统文化的重要组成部分。工艺师在制作过程中，会根据不同玉料的天然颜色和自然形状，精心设计，反复琢磨，把玉石雕制成精美的工艺品。

工艺是指劳动者利用各类生产工具，对各种原材料、半成品进行加工或处理，最终使之成为成品的方法与过程。工艺是绘画、雕塑和书法等工艺美术的艺术之母。工艺的范围广泛，品种繁多，通常有两种分类方法。一种方法是把它分为日用工艺和陈设工艺两类。前者指经过装饰加工的生活用品，如花布、茶具、餐具、灯具、绣花饰品、编织物、家具等。后者专指供观赏用的陈列品，如象牙雕刻、绢花、麦秆贴、金银首饰、装饰壁等。另一种分类方法是从制作特点和艺术形态的角度，将工艺分为传统工艺、现代工艺、装潢美术、民间工艺等四大类。可见，玉雕工艺属于民间工艺范畴，玉雕工艺的产品——玉器既有生活日用品（玉茶具、玉餐具），更有观赏用的陈列品（摆件玉器）。

图5-1　手工制玉

图5-2　恒玉玉雕手工制玉

图5-3　超声波玉雕机

图5-4　电脑玉雕机

玉雕工艺是玉器制作的方法和玉雕技法的统称。从制玉的方法来看，有手工、电脑工、超声波之分，这三者之间有着明显的差异。从制玉的工序来看，因玉硬度较高，加工时需要特殊的工具和方法，故加工过程大体有选料、画样、锯料、做坯、打钻、做细、光压、刻款等若干工序（图5-1、图5-2）。仿古玉还要增加"致残"和"烧古"等工序。从使用工具来看，超声波有固定的模具，借用机器压制而成，像印章一样便捷（图5-3）。电脑工是有一定模板的，机器需要一遍一遍地重复雕刻，像耕耘一样（图5-4）。超声波和电脑工都属于机械雕刻，主要成品为浮雕。它们与手工的区别是：电脑机器雕刻工具较少，仅两三种而已，而手工雕刻工具各式各样，有几十种之多；电脑工作品的边缘统一，很平整，没有内凹弧度，而手工作品的边缘有明显的向内凹弧度。这里讲的"弧度"，不是指工艺线条的弧度，而是指作品图案边缘的弧度。使用机器雕刻之后，再用手工进行修形加工，可以缩小它们之间存在的弧度差异。但是，机械制作的通常为浮雕，其修形既烦琐又费工时，经济上不划算。业内通常的做法是，"好料用重工"，不会为省时省工而用机械去雕刻好玉。当然，精明的电脑工也能研制出好的玉器模板，解决"弧度"差异问题。

"三分原料七分工"，玉石雕刻工艺的好坏，直接决定着玉作品的价格。好的玉料必须有好的工艺，才能将玉石的完美充分体现出来。工艺的好坏，体现为玉雕作品的图案、线条及比例是否和谐统一，特别是人像、鸟、花卉等图案是否符合题材表达的要求，雕工是否简洁有力或圆润，线条是否大方、清晰、流畅和富有表达力。因此，一件珍贵的玉器，不仅玉料宝贵，雕刻工艺更可贵。

二、玉雕的因材施艺原则

因材施艺是设计、制作玉器必须遵循的准则，它是指工艺美术的造型设计和制作必须根据原材料的特征、质地、纹理、形状、色彩及不同的加工艺术，巧妙地融合为和谐统一的艺术整体。同时，玉雕工艺品的原材料昂贵，种类繁多，色彩复杂，形质各异，因材施艺需要做到按质施艺、量形取材、玉色俏用。

玉雕的原材料由于其成分不同及其质地的粗细、质性的韧脆、色泽的艳润等因素，构成了玉质的优劣和玉值的贵贱。玉工在不同质不同价的玉材料上施艺必须有所区别，按质施艺以相适应。玉质的不同及其纹理上的差异十分复杂，归纳起来大致可以分为四类：一是质坚性韧的上等玉料；二是质坚性脆的中等玉料；三是质松性软的下等玉料；四是质不坚而价格高贵的玉料。玉工应根据具体玉料质地的粗细、软硬、韧脆和色彩的好坏，以及玉值的贵贱等因素综合考虑，恰当地施艺，做到物尽其用。

玉料形体各异，形态万千，经过人为的去绺、去脏、开料、加工后的料形，或方形或矩形或长方形或三角形等状，琢玉造型时应量形取材，在充分利用原材料形体的前提下进行构思设计，把原料体积高点用足，并根据料形酝酿取材，注意做到"破形留神"，即"去形"（破原材料形体）"成形"（成艺术造型）。当然，对于形体本身就具有某种造型特点的玉料，不必大动干戈"破形"，只需稍加巧妙处理，保留其原有神态，便可成为一件好作品。

玉料一般都有自身基本的主色调，如白玉的白色、墨玉的墨色、黄玉的黄色等，但有为数不少的玉料，在主色调外包含有其他的杂色。这就要求在琢玉造型时，妥善处理好各种不同的颜色。其中，俏色的运用即玉色俏用难度较大。实践证明，要运用好俏色，必须首先做好审料和去绺工作，然后采用"一绝二巧三不花"的方法在玉器创作上用色，表现三种不同的境界。绝，是玉器巧色技术中的最高境界。它在艺术上表现为绝无仅有、绝处逢生，犹如万绿丛中一点红，能出其不意地引得观赏者拍案叫绝。巧，是指对一件作品主色调外的一种或两种异色，或在琢制中突然出现的异色匠心独具的处理应用，即所谓的"返瑕为瑜"。不花，是指对含多色玉石如岫玉、玛瑙等的多色的运用能合情入理，十分贴切，而不使人看后有眼花缭乱的感觉。俏色巧雕另有具体介绍，在此不再赘述。

三、玉雕的施艺方法

玉雕的施艺方法，仅就"工"（玉工）与"料"（玉料）的两者主从关系而言，古今有"料就工"和"工就料"两种截然不同的方法。明清以来，多以"料就工"施艺，近现代却逐步向"工就料"施艺转化。"料就工"的施艺方法是"以人为主"，选用的玉料要完全服从琢玉的设计和雕琢的要求，谓之"因料取材"。其优势在于，琢玉者的制作具有较大的自由度，可以充分发挥自身在造型雕琢技法等方面的专业能力，尽情地施展高超的才艺，以取得动人的艺术效果。尤其在塑造各种形象上，能够彰显其造型艺术的无穷魅力。这种"料就工"的施艺方法更多地体现在以圆雕的技法刻画人物、花鸟、动物及器皿等多种玉雕品类上，并且各有其雕琢的技巧。采用"料就工"施艺方法的琢玉者，往往不太考虑玉雕使用的原料成本，其原因一般是他们作品的原料不是太好，多为岫玉、玛瑙密玉等玉石料，即使有用白玉、碧玉材料的，等级也不会很高。

随着社会经济的不断发展，玉雕原料的价格逐渐走高，琢玉人对原料成本的考虑越来越多，由此带来玉工的施艺方法从"料就工"向"工就料"的方向转变。"工就料"的施艺方法是"以料为主"，最大特点为因材施艺、依形设计，琢玉的设计和雕刻必须服从玉料的材形，不能"随心所欲"。施艺方法的这一变化，首先对玉工的造型能力提出了挑战，要求创意不断更新，做到构思独特、构图优美、工艺精湛、手法洗练、寓意深邃、文化内涵丰富，具有现代审美感。因此，随形、留皮、俏色、留白等艺术处理方法应势而生，逐渐蔚然成风，形成当代玉雕一大特色。

另外，"工就料"的施艺方法带来了雕刻技法的变化，那就是使用有限的玉料，雕刻出具有丰富的文化内涵和受消费者欢迎的作品，一般不再沿用传统的圆雕技法，而是大都采取浮雕（深浮雕、浅浮雕）、镂空雕、阴阳细刻等技法。即使是鸡心佩、螭龙璧、勒子等仿古件，也不再是纯粹的古代玉器的仿制，而更多地吸收了平面设计的理念，将多种纹饰组合起来，突出古朴与典雅特色。

四、玉雕的基本规律

玉的雕刻是琢玉人赋予玉原石第二次生命，使之有了人的情感和不同寓意，成为兼具艺术和实用功能的玉器。为此，玉工必须遵循玉雕客观存在的一些基本规律，妥善处理玉质、玉色与技艺、题材的关系和作品中的人物形神关系，方可出佳作精品。

纵观古今玉器之精品，可以分析归纳出许多玉雕规律。这里，我们只介绍最基本的玉雕规律——"三七"法则。"三七"法则，指的是对应的两者之间的比例关系，它包括"三分形似，七分神似""三分皮色，七分玉体""三分细腻，七分流畅""三分辅，七分主""三分眼，七分玉"等。

（一）三分形似，七分神似

雕琢的真谛，不在于追求形象的完美和逼真，而在神态上的出神入化。"三分形似，七分神似"的形神兼备、主次分明的玉雕人物形象要求，体现了我国中庸文化"形为表、艺为趣、神为魂"的审美观。这是将中庸文化中"和"的思想融入玉雕的创作，尊重玉石生命的和谐感，在点与面的交会中，最大限度地放大玉石天然的美、灵秀的美、拙朴的美、粗犷的美。虽粗犷，却有形立；虽简约，却有情趣；虽点缀，却传神韵。

（二）三分皮色，七分玉体

和田玉的形成是先有玉，后有皮，玉是体，皮是衣。和田玉的美主要蕴含在自身的"体"中，而不在皮色上。但是皮色是和田玉籽料的标志，巧用皮色雕琢成形的玉器，往往较之无皮色的玉器更胜一筹。然而，雕琢不可为了体现皮色美而本末倒置，损害和田玉的天然质感。故应坚持"三分皮色，七分玉体"，玉为七，皮为三，欣赏玉质才是持玉者的主要目的，尤其是和田玉作品。

（三）三分细腻，七分流畅

精雕细刻是评判上等玉器工艺的主要标准之一，其强调的是玉雕技艺的细腻。细腻与流畅是雕刻线条风格的两个方面，一般来讲，二者和谐相处是"三分细腻，七分流畅"。即细腻的雕琢在玉体上约占三分为宜，细腻的线条占比太多，会使作品给人"刀痕累累"甚至"体无完肤"的不悦之感。七分流畅的大线条是用简约的手法，把玉材的自然之美、动感之美、阳刚之美以及生命感、年轻感都表现出来。

（四）三分辅，七分主

雕琢要把握一个度，无论是景还是物，在玉的整体面上都不能喧宾夺主。也就是说，展现题材的人、物、景、文等内容，占用面积不要超过30％。换言之，玉器上的图文是点缀衬托、锦上添花，这里的30％要为其余的70％服务，坚持以玉为主体，雕为辅助。大凡传世的玉器好作品，多为"三分辅，七分主"的典型代表。

（五）三分眼，七分玉

打眼、钻孔是玉雕技艺之一，虽然其操作起来较为简单，但要真正打好眼、钻好孔却非易事。眼打在什么位置，打多大，打几个，都直接关系到玉雕作品的比例与完美。如果一件作品上打的眼（孔）体积超过了作品的30％，那就损害了玉的自然之美。只有比例协调、重力均衡的玉雕作品，才能体现玉器的大气、意境、神韵，更何况，"琢"无痕是玉器的最高境界。

第二节　玉雕工艺史略

一、新石器时代的玉雕工艺

玉器和石器有着直接的联系，不仅玉是美石之因，而且因为玉器是由石器工艺发展演变而来的。原始社会的玉雕工艺在石器工艺的基础上，玉石、玛瑙或松石制成的装饰品等已较丰富。石器的制作，从打击的方法发展为作窝的办法，打击完后再进行琢制，使断面能更整齐，符合所需形状和用途的要求；有的还进行钻孔，以便于装柄或携带。石材的选择，已十分注意硬度、形状和纹理、色彩；制作上，应用对称法则，使制成的石器工艺品更为美丽，而装饰纹样则以几何纹为主。

人们在生产过程中拣取石料时，往往遇到纹理细密、色泽莹润的"灵石"，经过加工后令人爱赏，有的随身佩戴，有的在人死后随葬。因此，当石器工具逐渐为金属工具所代替时，玉器工艺渐渐地成为独立的工艺种类发展起来。如玉圭、玉璧、玉璋分别是由直形石斧、环状石斧、石刀演变而成的。我们祖先选择美石磨制玉器，最早见于内蒙古查海、兴隆洼文化遗址出土的一对白色玉玦，表明距今一万多年前的旧石器时代晚期中国玉业的萌芽与建立。

出土资料证明，新石器时代早期已有玉器。在浙江河姆渡新石器时代文化遗址中，发现有少量玉珠、玉管和玉玦等。但中国玉器的起源，应当比这更早。玉器脱胎于石器，又远远超越了石器。最初只是小玉块钻一孔用作垂饰，或像磨制石器一样，磨成玉制武器或工具。到了新石器时代晚期，才有雕刻花纹或磨得光滑的玉制品，器形也比较大，比较复杂，可算作工艺品。以磨制石器为主要标志的新石器时代，加工玉石器的技术是相同的。制石技术由打制发展到磨制，经历了数千年，制玉技术大致也经历了同样的过程。

新石器时代的玉器，品种较多，除玉铲外，其余的玦、璜、管、珠、坠等都是装饰品。红山文化的玉器很有特色，多为动物纹，有龙、虎、龟、鸟、蝉等，其中大玉龙最为精彩。

据目前考古出土品上留下的痕迹推测，新石器时代的制玉工艺大致有采玉、琢击、开璞、成形、钻孔、打磨、雕纹、镂刻、镶嵌、抛光等十多道工序，已经具备了后世制玉的基本流程。在不同的工序阶段，又有各自独特的工艺手法和制作工具。

采玉（图5-5），先民们除从河中捡得大量珍贵的籽玉料外，也可能已找到裸露在外的玉矿。然后，通过打击法（石凿击打）劈下玉料，或者像采石那样，使用火烧后再泼冷水使之炸裂的方法采料。打击法是旧、新石器时代石玉料片解最普遍的方法。由打击而生成片状粗坯，特征是薄厚不均，即打击面一边较厚，末端相对较薄。打击所使用的工具应为锤状工具。

图5-5　山中采玉人（何孝楠提供）

琢击可称为敲打，也是打击的一种方法。制作时，以石琢在玉器表面垂直打击整形。打击接触处形成点状疤痕，打下的石屑呈粉末状。众多琢击疤痕的组合，形成琢击面。琢击对粗坯形制的调整，既准确细致，又相当具有效率。另外，对向琢击也是一种有效的穿孔技术。这批玉器虽经研磨抛光，但表面仍留有深浅不一的细小琢击痕迹。

开璞（图5-6），就是去掉玉料外面被风化或氧化的玉皮，使内部的玉质得以暴露。开璞可以用石片或软性线状工具加解玉砂（硬度很高的石质细颗粒，如石英砂、方解石、石榴石等）和水进行切割。切割技术是指以片状坚硬工具或动物性纤维制成柔软的绳子，带动解玉砂和水，在玉石上反复运动，分割玉石器物。按切割用工具的不同，可分为片切割和线切割两种。线切割的作用力为向心性，片切割的前进方向作凹弧形，痕迹多为同一平面上的弧形痕迹。片切割是以硬度较高的石片，在玉料上做直线反复推拉切割，所以痕迹多为直线形。斧身所留台痕应为片切割痕迹。

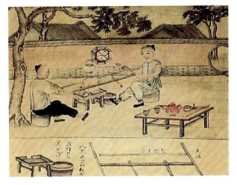

图 5-6　开璞（开玉图）

玉璞开好后，就要对玉料进行设计。再根据设计构想，利用合适的工具使玉器成形（将玉器的大致形状制作出来）。成形时，先民们会利用切割、打制、琢制、截具成形等多种方法。比如用较薄的石片或石刀加水蘸料进行片切割，用软性的线状工具加砂加水进行线切割，等等，有些地方甚至可能已经开始使用砣具切割。

新石器时代钻孔的方法主要有三种：用尖锤具小心锤凿成孔（凿孔法）；用钻头较尖的桯钻（实心钻）钻制而成（桯钻法）；用管钻（空心钻）钻制而成（管钻法）。桯钻法是使用形如圆棒的桯钻钻孔，分为单面钻与双面钻两种。单面钻因受钻面用钻时间较长而孔径大于不受钻面，孔形上大下小。双面钻，两个孔形基本相同。有的双面钻的两次转头相接处，因钻头较圆孔壁上留有明显台痕，较大穿孔孔壁经过打磨抛光处理。管钻法的使用，启发引导出了高超的镂空技术，具体有线锯拉切镂空和砣磨镂空等方法。掏膛技术在这一阶段使用得尚不太多，估计是因为工艺有一定难度，但它的出现是史前制玉工艺的一大进步，为后世真正意义上玉质器皿的出现积累了技术上的经验。

其实，最早的玉器钻孔方法是锥钻法。锥钻法是用锥形石质钻具在玉器的一面或两面钻孔。锥钻是最原始的钻孔工具之一，多用于薄片形玉器。锥钻孔的特点是孔径较小，孔洞呈漏斗状。单面钻者，因受钻面的钻孔时间较不受钻面的长，所以受钻面的孔径要略大于不受钻面的孔径。锥钻法又有两种特殊的钻孔法，一是先磨后钻，二是先琢后钻。先磨后钻是在需要钻孔的部位磨出一条沟，在沟的中央最深处以锥钻钻孔。先琢后钻是在需要钻孔的部位，先以坚硬的尖状工具用琢击的动作琢出圆形的凹窝，在凹窝中央用锥钻钻孔。

另外，新石器时代玉器在各个时期以及各个不同的文化区域，有着各自不同的纹饰特点，刻画方式也各异，出现了阴刻、浮雕、减地、剔地等多种技法。据考证，这些纹饰基本都是使用各种细石器，如细石叶、钉砣等制成的。

伴随着上述各道工序的是打磨工艺。新石器时代的玉器制作，要经过多次打磨。比如在成形阶段，要将已截割好或钻好孔的玉料打磨成形；在纹饰、造型结束后，要再进行细磨；等等。不同的打磨阶段，使用的砺石粗细程度也不同。打磨不但是制作玉器的必经阶段，也是抛光工序的前奏。

抛光是玉器制作的最后一道工序，也是让玉器莹洁光滑的最佳手段。目前发现的新石器时代玉器，几乎都经过了抛光。抛光的工具，有竹片或兽皮。竹片里含有弱酸性的"竹沥"，可以用于玉器的摩擦抛光；兽皮上则有动物性脂肪，也呈弱酸性，可通过来回摩擦使玉器光滑亮泽（图5-7）。

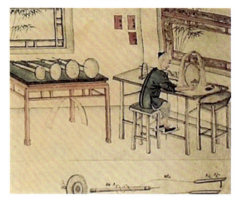

图5-7　抛光（皮砣图）

二、夏商周时代的玉雕工艺

夏代是中国第一个阶级社会，其玉器风格呈现出良渚文化、龙山文化、红山文化玉器向殷商玉器的过渡形态。

夏商周时期的制玉工序，虽然与新石器时代没有什么不同，但由于有了金属铜工具的参与，效率大大提高，玉器的切割、研磨、刻线、碾轧、勾彻等工艺变得比以往容易，因此，这一时期的玉器更加规整、精致。此期的切割成形，虽然依然有片切割、线切割和砣切割三种，但由于金属工具比其他工具更能胜任大型器物的切割，效率也更高，效果也更好，所以，线切割应用比前一时期减少很多。

钻孔技术也因使用了铜质工具，比新石器时代更为先进，尤其是管钻工艺，在长达十几厘米的细圆柱形器上两面对钻，已经可以做到对钻精准而且维持较直管壁。除了打孔，管钻在此时还被广泛应用于雕刻、镂空、去料成形以及掏膛等工艺中。

该时期玉器的雕纹，也变得更加流畅生动，尤其是弯曲线条的琢制，更加舒展自如，并且已经出现阴刻纹、双勾、阳线浮雕等多种技法，这是圆形金属砣具发挥功效的结果。

商代是我国第一个有书写文字的奴隶制国家，商代文明既以庄重的青铜器闻名，又以众多玉器著称。商代的玉器逐渐从实用转向欣赏，成为奴隶主所重视的装饰品，比前代有了较大的发展。周武王灭商时，商纣王披玉以自焚。武王所得到的商代玉器更是多得惊人，有"旧宝玉万四千，佩玉亿有八万"之说。

商周时期，镂空技术进一步发展，工艺也更加复杂，镂空位置准确，孔眼平滑，再无史前线拉锯的抖动不平痕迹。新石器时代难得一见的掏膛技术也在商周时期发展起来。玉质器皿开始较多出现，但因技术要求过高，这一时期的玉质器皿大多是硬度和密度都不太高的蛇纹石玉，质地较好的闪石玉质器皿依然较少。

另外，这一时期已经开始出现了用掏膛技法制作的活链玉器（图5-8）。活链技术迄今在玉器制作中，仍然属于难度较大的工艺，非一般玉工所能做。商周时期活链技术的发明，是制玉史上的一大创新，为后世活链、活环技术的发展进步奠定了基础。

玉器的打磨和抛光方面，商周时期也明显比新石器时代更为细致成熟。打磨不仅使用砂岩磨石，还用微粒极细的解玉砂，完成后的玉器更加光润明亮。

制玉工具和工艺的变革、提高，使许多新石器时代难以完成的"天物"在商周时期变成

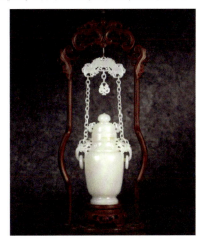

图5-8　白玉雕龙耳活链瓶（清）

了现实。比如，铜内玉兵器这种金属与非金属结合铸造的技术，在商代被发明了出来，堪称中国铸造史上一个了不起的创举。

显然，夏商周（主要西周）时代，是玉器工艺技术进一步完善、发展的时期。目前，已经发现的夏代玉器虽然数量较少，但已经出现了一些较大的玉兵器和精美的柄形器。商代玉器留传下来的不多，但从中依然可以一睹商代王室玉器的风采。按照古文献的记载，商代王室拥有的玉器数量十分庞大，并且制玉工艺达到了相当高的水平。周代王室的用玉情况虽然不明，但各诸侯国的玉器却十分可观，尤其是具有礼制意义的成组佩玉，大多精工细刻，显示了当时制玉工具与制玉工艺的先进和稳定。

这一时期，治玉工具、机构都发生了革命性变革，甚至已经形成了完备的玉府制度。砣机的发明和应用，是制玉工艺变革的前提和原动力。据考证，新石器时代最初使用的砣机尚是石制砣具。从新石器时代晚期开始，人类社会进入铜石并用时期，应该已经出现了少量金属砣具，但即便到了青铜鼎盛时期的商代，原始的石质制玉工具依然未被完全取代。这可能与青铜在当时被大量用于制造礼

器、器皿、武器，而不是大量应用于生产工具有关。甚至直到西周早期，铜石并用的制玉方式也还没有完全结束，只是因为有了金属工具的大量参与，许多原本无法细致完成的剖切、刻划、雕琢做得更加到位了。铜制工具的出现，奠定了中国琢玉设备、工具、辅料以及基本工艺的基础，以后的几千年中，只有工具和设备的改善，基本技法没有发生太大的变化（图5-9）。

值得一提的是，周代时已经开设了专门管理制玉的政府部门——玉府，并形成了完备的管理制度，史称"玉府制度"。玉府的职责范围较广，掌握着王的宝物制作、王的收藏、王的衣食起居等，但以玉为主，并下设"玉人"专门管理和玉有关的一切事物。

图5-9　砣机

此外，商周时期各地还分布着大量制玉作坊，有些甚至是王室财政支持的作坊。这些作坊的存在，为制玉工艺的传承和提高，以及制玉工具的改进提供了可能。玉府也罢，各地的制玉作坊也罢，都吸纳和培养了一批专门制玉的手工业者，他们不仅是职业的手工业者，更使古老的制玉工艺口耳相传，世代相袭。

商代的玉器种类十分丰富，除一部分仿制兵器和工具（如玉戈、玉刀、玉斧、玉觿等）外，大都为各种装饰欣赏品。1976年，从河南安阳殷墟五号墓（即妇好墓）发掘出755件精美的玉器，具体地反映了殷代玉器的制作水平。这些玉器的玉材玉色繁多，品种有礼器（璧、圭、璜、玦、琮、璋等），仪仗器（矛、戈、刀等），工具（斧、凿、铲、锯、纺轮、扳指等），生活用具（梳、笄、镯、坠、盘、匕、耳勺等），动物有龙、虎、熊、鹿、兔、牛、马、狗、凤、鸟、鸽、鹰、燕、鹦鹉、鸥鸦、鹤、鹅、蝉、螳螂、鱼、蛙、鳖等；人物有圆雕、浮雕、人兽合体等13件。这些玉器制作精美，其工艺不仅能表现出人物、动物的动态和特征，而且已能运用"巧色"的方法，反映出高超的技艺水平。

商代玉匠开始使用和田玉，并且数量较多。商代出现了仿青铜彝器的碧玉簋、青玉簋等实用器皿。动物、人物玉器大大超过几何形玉器，玉龙、玉凤、玉鹦鹉，神态各异，形神毕肖。我国最早的俏色玉器——玉鳖就出自商代。最令人叹服的是，商代开始有了大量的圆雕作品。此外，玉匠还运用双线并列的阴刻线条（俗称双勾线），有意识地将一条阳纹呈现在两条阴线中间，使阴阳线同时发挥刚劲有力的作用，从而使整个图案曲尽其妙，既消除了完全使用阳线的单调感，又增强了图案花纹线条的立体感。

夏商周时期，是中国古代制玉工艺史上十分重要的时期，砣具的大范围使用，金属青铜工具的参与，使得工艺技术发生了质的飞跃。此期，后世所有的基本工艺技术和工序均已出现，虽然有些尚具有某种原始性，器物制作还略显笨拙，技术也欠熟练，普及程度并不广，但是，工具与技术的改进，促进了工艺的发展，为以后铁质工具的广泛使用以及砣机工具的进一步改进打下了基础。

周代的玉器与伦理道德有着直接的联系，得到社会的特别重视。正如《遵生八笺》所说："上古用玉，珍贵似不敢亵。"玉已成为一种十分贵重的物品，祭祀朝聘，礼仪大典，都莫不以玉为必需品。自天子以至士庶，都以佩玉为尚。人们把玉当作修身的标准和个人的品德，视玉为君子化身，佩玉以标榜自己是有"德"的仁人君子，玉成为一种具社会道德含义的特殊物品。这种观点一直流传了几千年。周代的玉器，主要作为礼器使用，体现周代的等级名分制度。《考工记》曰："镇圭尺有二寸，天子守之。命圭七寸，谓之桓圭，公守之。命圭七寸，谓之信圭，侯守之。命圭七寸，谓之躬圭，伯守之。"所谓命圭，就是周王所命之圭，给各级官员在朝见时使用，以表示身份等级。这些圭的名称不同，尺寸大小不同，从形式上反映了不同等级的差别。《考工记》又记载，"天子用全"，即天子在行礼时用纯玉。"上公用龙"，上公一等用四玉一石。"侯用瓒"，侯一等用三玉二石。"伯用将"，伯一等玉石各半。周代，玉器作为礼器使用的圭、璋、璧、琮、璇玑、玦、璜等各种不同种类的玉器，有着不同用途。

圭 圭分大圭、琬圭、琰圭、谷圭，形体和使用都有严格规定。大圭，"长三尺，杼上终葵首，天子服之"，这是天子特用的圭。所谓"杼上终葵首"，是指它的形状，有解释为长方形之上端为尖头，也有解释"杼上"是长而薄的意思，"葵首"是广的意思。琬圭，以象德。琬是圆形，即圭的上端呈弧形。儒家解释因为它没有锋芒，有治德结好的含义。琰圭，圭的上端呈内向弧形，两角尖起，因此解释为征伐诛讨之象。谷圭，以和难，以聘女，谷圭的特征是装饰有谷粒纹。

璋 "半圭为璋"（东汉许慎《说文解字》）。据《周礼》记载，璋有赤璋、大璋、中璋、边璋、牙璋等五种，归纳为三类：第一类是"赤璋"，用于礼南方之神。第二类是"大璋、中璋、边璋"，是天子巡狩的时候用以祭祀山川的。大山川用大璋，有纹饰。中山川用中璋，有部分纹饰。小山川用边璋，没有纹饰。第三类是"牙璋"，是作符节器用的。

璧 璧是一种礼器。《周礼》："璧羡度尺，好三寸以为度。"羡是直径，好是孔，这是指它的尺寸大小。《尔雅》曰"肉倍好谓之璧"，是说璧的边宽要大于孔的直径一倍。如果边和孔相等，就称为环。孔倍于边，称为瑗。璧有多种，天子礼天用的是大璧，又称苍璧（图5-10）。子所执是谷璧，上面有谷粒状纹饰。男所执是蒲璧，上面有云纹的装饰。还有一种小璧，是专用以佩饰的，称为系璧，但质料较差。《说文》曰："石之次玉者，为系璧。"

图5-10　兽纹青玉苍璧（西周）

琮　琮是祭地的玉器。《周礼》注："琮之言宗也，八方所宗故，外八方象地之形，中虚圆，以应无穷，象地之德，故以祭地。"这也是儒家的一种解释。琮为圆筒形，而外呈方形，如同车钉。

璇玑　圆形，中有孔，周边有牙。有谓从天文仪器演变而来，其意义难以明了（图5-11）。

此外，还有玦、璜等玉器。玦似圆璧而有一缺口，有谓源于耳饰。璜是半圆形。《周礼·春官·大宗伯》曰"以玄璜礼北方"，实际是一种胸饰。

上述玉器除了作为礼器外，也作为陪葬品。《周礼·春官·典瑞》："驵圭、璋、

图5-11　璇玑（红山文化）

璧、琮、琥、璜之渠眉，疏璧琮以敛尸。"周代玉器还有作为装饰的佩戴品。宝鸡西周墓出土的玉鹿，大鹿向前奔走，小鹿回首张望，形象十分生动。洛阳东郊西周墓出土的玉人，头戴高冠，拱手而立，都非常精巧，反映了周代玉器工艺的高超。

总而言之，周代玉器作为伦理道德、等级名位的标志，是统治者的一种尊贵的特殊的工艺品，有着浓厚的封建伦理观念。"抽绎玉之属性，赋予哲学思想而道德化；排列玉之形制，赋以阴阳思想而宗教化；比较玉之尺度，赋以爵位等级而政治化。"郭宝钧《古玉新诠》中的这段话，是对当时礼学与玉器研究的高度理论概括。这是中国玉雕艺术经久不衰的理论依据，是中国人自古以来爱玉风尚的精神支柱。

战国的玉器，不仅产量增加，而且在生产制作上也比以前大大提高，不仅重视玉器的造型表现，而且发展出刻纹、浮雕、镶嵌等多种技法，能体现时代精神的是大量龙、凤、虎形玉佩，造型呈富有动态美的S形，具有鲜明的民族特色。纹饰出现了隐起的谷纹，附以镂空技法，地子上施以单阴线勾连纹或双勾阴线叶纹，

显得饱和而又和谐。洛阳金村出土的一对玉人，动态优美，线条婉曲，令人爱赏。

多节玉佩是战国玉佩中工艺难度最大的，玉带钩、玉剑饰（玉具剑）（图5-12）是新出现的玉器。这些都反映了战国时期玉器的突出成就。

图5-12　玉剑饰四件套（汉）

图5-13　玛瑙及蚀花石髓串珠

在玉器中，还有一种特殊的制品，叫作"蚀花石髓"（图5-13）。石髓也称玉髓，是一种半透明的具有各色蜡状光泽的矿物，硬度为7。一般呈肉红色，所以又称肉红石髓，它被用作各种装饰品。这种蚀花石髓，用的不是雕刻、琢磨的制玉方法，而是用化学处理，经过腐蚀产生装饰花纹。它是先用碳酸钠或碳酸铅一类的溶液作颜料，在石髓上绘制花纹，然后在炭火中烘烤。经过酸的腐蚀后，原来的肉红色变成白色，从而形成花纹。石髓的形状有枣核形、圆形、方形等多种。装饰花纹有圆圈纹、直线纹、十字纹、曲线纹等。春秋战国时期常见玉器有琮、璜、璧、镯、环、剑饰、佩饰等，其中以玉璧和龙形佩饰最多。

秦代，虽有被誉为世界第八奇观的兵马俑，但出土的秦玉寥寥可数。

三、汉唐时代的玉雕工艺

汉代玉器继承战国玉雕的精华而有所发展，并奠定了中国玉文化的基本格局。汉代的玉器可分为四类：一为礼玉，有璧、璜等；二为饰玉，有玉钫、玉灯、玉剑彘钩、玉觿、玉佩、玉鸠杖首、玉杯、玉马、玉刚卯等；三为葬玉，有玉豚、玉琀等；四为陈设玉。最能体现汉代玉器特色和雕琢工艺水平的是葬玉和陈设玉。

玉刚卯是随身佩戴物，它的辟邪意义大于装饰意义（图5-14）。其形简单，

图5-14　玉刚卯（汉）

上刻字句，如"正月刚卯既决，灵殳四方，赤青白黄，四色是当，帝令祝融，以教夔龙，庶疫刚瘅，莫我敢当"。

玉琀系殉葬用品，作蝉形，放在死者口中。玉琀多用八刀刻成，俗称"汉八刀"。蝉蜕有再生的含义，也是取其吉祥之意。

玉豚亦为殉葬用品，汉墓中出土最多。有单个的，也有成双的。除玉质外，也有用石料或石膏代替的。用玉豚殉葬的习俗，从两汉一直延续到隋代。

汉代的玉雕，在制作技艺方面有很大的提高。汉代以前的玉雕，大多以造型为主。汉时则发展了透雕、刻线、浮雕、粟纹等多种装饰加工方法。白玉双螭谷纹璧，璧身布满粟纹，璧的上半镂雕动物、卷草，精巧玲珑。

1966年，陕西咸阳曾出土玉马一件，由白玉制成，质地坚细温润。玉马昂首扬尾，作奔跃状。上骑一人，束巾短衣，双手紧拉鬃毛。玉马下有云状托板相连，马的姿态富有动感，而云状托板又增加了画面的安定感，是一件杰出的珍品（图5-15）。

图5-15 《玉仙人骑奔马》（西汉）

1970年，徐州东汉墓出土的玉鸽，仅黄豆大小，表现出大鸽喂小鸽的情景，令人喜爱。此外，北京丰台和山东即墨出土的玉舞人（图5-16），动态各不相同，但那飘拂的双袖，优美的舞姿，都反映出汉代玉雕达到了很高的艺术水平。东汉由于交通方便，新疆软玉源源不断地流入中原，琢玉事业得到进一步发展。器形除玉璧、玉环、鸡心佩、剑佩、带钩和玉蝉等外，各种用于殉葬的"明器"和各式容器、玩赏品大量出现，同时也大量出现用以"辟邪厌胜"的器形，而且各种器形和纹饰多有摹拟神话故事的，

图5-16 玉舞人（汉）

富有神秘色彩。两汉玉器，对以精致著称的春秋战国玉雕艺术是一次重大突破，对后世玉器有着重大影响。

魏晋南北朝时期的玉器，上承两汉，下启隋唐，是一个重要的过渡时期。受乱世薄葬风气影响，这一时期处于高度发达的汉唐玉雕间的一个低潮，出土玉器

极少，均具有汉代遗韵，无多少变化，唯玉杯、玉盏有创新。如李静训墓出土的隋代著名玉器金扣白玉盏，琢磨精细，质地温润，光泽柔和，金玉互为衬托，富丽高雅。早期玉器的美术价值和礼纹观念，在元朝时期消失殆尽。这与当时不爱琢玉、流行吃玉相关。这是受玄学的神仙思想和道教炼丹术的影响。玄学的"无"与佛教的"空"相吻合，反映在雕塑等工艺美术风格上，具有清秀、空疏的特点，制作工艺显得粗放，玉质不及两汉那样莹润，装饰纹样传承商代以动物纹为主的特点。

初唐、盛唐时期，工艺美术发展达到了我国封建社会时期的最高点（图5-17）。如今出土和现存的唐代玉器，数量虽不多，但件件都是珍品，碾琢工艺极佳，如八瓣花纹玉杯、兽首形玛瑙杯等。它们既是唐代玉雕艺术的真实写照，又是中西文化交流的实物见证。

从艺术风格来看，唐代开始脱离以往古朴的特色，具有近代装饰的风貌。从题材内容来看，大量采用了花草等植物纹样。从基本特色来看，唐代材料珍

图 5-17　玉飞天佩（唐）

贵，做工精巧。究其原委，这得益于唐代经济的高度发展、唐人的自信和开放的政策以及中外工艺美术品的交流和传统工艺美术品的发展，尤其得益于唐代人思想的解放，追求生活的情趣和多种装饰技法在生活中的应用。

四、宋元明清时代的玉雕工艺

宋代承五代大乱之余，虽不是一个强盛的王朝，但在中国文化史上却是一个重要时期。宋、辽、金既互相挞伐又互通贸易，经济、文化交往十分密切，玉器艺术共同繁荣。宋徽宗赵佶的嗜玉成瘾，金石学的兴起，工笔绘画的发展，城市经济的繁荣，写实主义和世俗化的倾向，都直接或间接地促进了宋、辽、金玉器的空前发展。宋、辽、金玉器中，实用装饰玉占重要地位，"礼"性大减，"玩"味大增，玉器更接近现实生活。如南宋的玉荷叶杯，北宋的花形镂雕玉佩，女真、契丹的"春水玉""秋山玉"，是代表这一时期琢玉水平的佳作。

宋代的艺术风格严谨含蓄，格调高雅，给人清淡的美感。这与宋代崇文相关。玉雕制作中，"巧色"的运用具有较高的成就，能根据不同色泽、纹理和形

状，雕琢出各种自然物象，制作精美，独具匠心。如玉雕子母猫（母猫为白色，六只子猫分别为黄、黑、玳瑁色），甘黄玉葵花杯（黄色花瓣、紫色花心），玉雕人物（黑发、白体、花斑衣）（图5-18）。

元代的手工业在不断战争中，最初遭到严重破坏。但是，元代十分重视对工匠的搜刮，把工匠作为俘虏，分配给政府和贵族使用，制造兵器者编为"军匠"，其他技艺者则为"系官人匠"或称"官匠""匠户"。工匠身份是世袭的，子女不能脱籍，婚嫁之事也不得自由，实际上成为"工奴"。元代的工艺美术发展极不平衡，有的畸形繁荣，有的凋零衰弱，如玉雕。

图5-18　《执荷童子》（宋）

元代的工艺美术作品体现出粗犷、豪放、刚劲等艺术风格，随形施艺手法也得到运用，其典型玉器为渎山大玉海，那海、神、兽畅游于惊涛骇浪中的形象，颇具元人雄健豪迈之气魄。

明代的雕刻十分发达，皇帝设置了专供朝廷用玉的官方玉作，同时不限制民间玉雕业的发展，从而使经济相对发达的江南地区形成了一个以苏州为代表的制玉中心，并出现了诸如陆子冈之类的制玉名家。当时的玉器工艺中心，也因此有北京和苏州两个。其中，北京主要以宫廷玉器制作为代表，而苏州则是南方玉器制作的集中地。

经历千余年的改进和发展，砣机这种琢玉最重要的工具，在明代得以最终定型，并一直沿用到20世纪60年代电动砣机出现之前。这一铁砣具的脚踏高腿桌式砣机的产生，使玉工一人操作便可完成大部分制玉工序，不仅节省了人力，而且由于动力的加强，砣头旋转速度的加快，制玉速度明显加快，从而使制玉工艺水平有了一个明显的提高。

明代玉器使用的玉材种类，有白玉、碧玉、青玉等，均来自新疆和田。明代宋应星《天工开物》中详细记载了玉料采集的情况："凡玉入中国，贵重用者尽出于阗（今新疆和田）葱岭……其岭水发源名阿耨山，至葱岭分界两河，一曰白玉河，一曰绿玉河……玉璞不藏深土，源泉峻急激映而生……故国人沿河取玉者，多于秋间，明月夜望河候视。玉璞堆积处，其月色倍明亮。"又说："凡玉由彼地缠头回或溯河舟，或驾橐驼，经庄浪入嘉峪而至于甘州与肃州。中国贩玉者，至此互市而得之，东入中华，卸萃燕京。玉工辨璞高下定价，而后琢之。"（图5-19）琢玉的方法，该书也有记述："凡玉初剖时，冶铁为圆盘，以盘水盛沙，足踏圆盘使转，添沙剖玉，逐忽划断。""凡镂刻绝细处，难施锥刃者，以蟾酥填画而后锲之。"添沙剖玉的做法，大体和近代相同，而蟾酥填画则已失传。

明代玉雕，除制作簪、珠、坠、环等佩饰外，还制作各种器皿，如杯、碗、壶、盆、洗、盂、花插等。

按照玉器雕琢风格，明代玉器可分为明前期、明中期和明晚期三个时期。其主要特点有以下三个方面：一是前期玉器制作承上启下。明代前期玉器的制作工艺，基本保留了宋元遗风，但也开始形成自己的特点。迁都北京以后，雕工趋向简练豪放。二是中晚期玉雕风格独具特点。明代中晚期以后，玉器的造型趋于程式化，镂雕作品多采用分层镂雕技法。晚期时，带有吉祥内容的作品大量增加。三是玉带工艺形成定制。中期以后，透雕玉带的碾琢逐渐程式化。晚期玉带板的制作，进一步程式化和装饰化。四是更加注重抛光工艺。明代制玉工艺十分注重抛光，光素无纹的玉以及多重镂雕玉器的主体部位大多琢磨光滑，抛光莹润，具有玻璃质的光泽感。但次要部位却往往处理潦草，甚至不打磨、不抛光，这可能是为了节省工时、降低成本，在精工和省时之间寻找平衡。五是金玉珠宝复合工艺大量出现。金玉珠宝复合工艺是明代在镶嵌工艺上的一个明显特点，是唐代"金玉宝钿真珠装"的延续，盛行于北京和工商业比较发达富庶的江南地区。六是明中后期兴起仿古热潮。明代中后期，仿古风气盛行，以器皿类玉器为主，大多仿青铜器，也有仿汉的佩饰，制玉工艺较为古拙粗犷。但这类器物也并非完全摹古，而是在似与不似的仿古中，形成了自己的风格。

图 5-19 水边采玉

明代的制玉工艺非常成熟，尽管这个时期的制玉技术与唐、宋、元没有太大区别，只是在雕琢风格及技巧上有些自己的特点，但它较好地继承了制玉手工业的方方面面，并且明显地推进了玉器的平民化、世俗化进程，因此对制玉史依然有不可小觑之功。

明末清初，苏州琢玉艺人陆子冈所制作的玉佩，开创了图文并茂、构图新颖、做工精湛的玉佩饰物之先河，至今仍被推崇备至，俗称"子冈佩"，它为玉文化添增了更加绚丽的色彩，被称为"吴中绝技"（图5-20）。徐文长题水仙诗有"昆吾锋尽终难似，愁煞苏州陆子冈"之句，虽是咏颂水仙的，却侧面反映了陆子冈琢玉技艺的高超，故宫博物院收藏了陆子冈的诸多作品。《茶晶花插》运用巧色琢出白梅和枝干，处理巧妙，结构自然，《青玉明月松泉图方盒》《琴式小盒》等也都是他的代表作。

清代，尤其是乾隆时期，中国古代玉文化发展到了最为繁盛的阶段，制玉工艺也集历代之大成，创造了中国古代玉雕史上最为辉煌的时期。其中一个重要因素是清代皇帝嗜玉，极重视宫廷玉作，特设内务府造办处，圆明园和紫禁城中均有"如意馆"，两个如意馆内部曾设有玉作，归属造办处管理。另外，当时有些地位尊贵的王府，也设置了自己的制玉作坊。

图5-20　《二乔观书》子冈佩

在制玉工具的质地方面，除沿用明式砣机和前一时期的上好解玉砂、镔铁刀之外，清宫在乾隆时期还引进了陕西关中地区所产的一种"钢片"，非常锋利。同时，制造出了一些专做某项活计的特殊工具，比如镞床。清代的镞活发达，大量的玉碗都是依靠镞活制作出来的。清代钻杆式工具也进一步完善，达到了使用的高峰，许多复杂的玉雕作品制作，都离不开钻杆工具。玉料较小的，反复固定不方便，此时便可借用钻杆式工具固定在砣机上制作；十分巨大的玉料由于本身具有"固定"属性，普通砣凳不便雕琢，此时，可随意拉动的手持式钻杆工具就能发挥作用——在手持钻杆上，安装实心柱状砣头或空心管状砣头，不同的纹饰使用不同的砣头工具，十分灵活。这既解决了大型玉料的雕琢问题，也创造了中国制玉工艺史上的奇迹。著名的清宫旧藏《大禹治水图》玉山，就是钻杆式工具所创造的奇绝瑰宝。

清代玉器的原料来源扩大，品种繁多。除了明代常见的白玉、青玉、碧玉外，还有黄玉、翠玉、水晶、紫晶、玛瑙、蜜蜡、青金等。玉器的品种，有玉壶、玉瓶、玉洗、玉炉、玉碗（图5-21）、玉盘、玉盒、玉罐、玉蓝、玉插屏、玉花插、玉笔架、玉笔筒、玉水注等；还有各种玉制动物，如玉鸭、玉鹅、玉鹌鹑、玉马、玉狗、玉羊、玉鸡等，以及各种巨型的玉山子。

清代乾隆时期，玉器的特色是多巨型玉雕，多精巧作品。故宫博物院藏品大禹治水图玉山子（后有专门介绍）及白玉嵌金红宝石碗是其代表性作品。白玉嵌红宝石碗用新疆和田玉做材料，白如凝脂，纯洁无瑕（图5-22）。碗呈浅腹敞口形，有两个桃形耳。碗的外壁用错金的方法饰以花草纹，红色的花朵上嵌有180颗闪光的红宝石。碗心有乾隆诗："酪浆煮牛乳，玉碗拟羊脂。御殿威仪赞，赐茶恩惠施。子雍曾有誉，鸿渐未容知。论彼虽清矣，方斯不中之。巨材实艰致，良匠命精追。读史浮大白，戒甘我弗为。"《高宗御制诗集》注："国家典

图 5-21　白玉莲瓣纹碗　　　　图 5-22　痕都斯坦白玉嵌红宝石碗（清）

礼，御殿则赐茶……乳作汁，所以使人肥泽也。"可知，这玉碗是在国家大典时，帝王在御殿用以赐奶茶的。

清代，兼蓄西域痕都斯坦玉器的琢玉成就，琢制了一批胎薄如纸、轻巧隽秀的"番作"玉器。清代玉器借鉴绘画、雕刻、工艺的表现手法，汲取传统的阳线、阴线、平凸、隐起、起突、镂空、立体、俏色、烧古等多种琢玉工艺，融会贯通，综合应用，使其作品达到了炉火纯青的艺术境界。

清代玉器的制作地，有北京、扬州、苏州等地。扬州玉雕多有大型作品，而苏州玉雕则以精巧见长。清代顾铁卿《清嘉录》："耗财供奉小财神，摆设争看缩本新。底事清宵作儿戏，门阑如驻冶容人。"清代苏州习俗，农历八月半左右，豪门阔户常设玉器玩物，开门供人观赏为乐。这当与该地玉雕工艺的发达有关。道光时期，苏州阊门外就有琢玉作坊200多家，盛极一时。

清代治玉分几个阶段：第一阶段为顺治至乾隆前期。这一时期清朝初创，百废待兴，无暇顾及玉器艺术品，加之新疆频频叛乱，玉路受阻，因此玉器制作并不十分兴盛。为解决玉料来源问题，此时甚至大量改制前朝玉器，加刻本朝年款。

第二阶段为乾隆二十四年（公元1759年）平定准格尔叛乱后至嘉庆中期。此期，充足的玉材和技艺精湛的工匠，加上乾隆帝自己的艺术修养，深刻地影响着玉器制造。因此，制玉业空前繁荣，技术成熟，达到了中国古代制玉的高峰，并形成了以"乾隆工"为代表的帝王玉玉雕新风尚。这一阶段制玉工艺精细，工序细化成了复杂的完整流程，并有良好的分工合作，这使得大型玉雕作品不断产出。同时，制玉工艺中较难的工种——琢字技术，在这一时期也步入了成熟与发达阶段。此外，乾隆时期的玉器还大量使用染色工艺，尤其喜仿伊斯兰玉器工艺，更加注重薄胎及珠宝镶嵌工艺（图5-23）。国力的强盛，皇帝的痴迷，也使玉雕创新品种层出不穷。

第三个阶段为嘉庆中期以后至清末。这一阶段,内廷玉器制造业渐趋萎缩,数量急剧减少,技术水平下降。同时,苏州、扬州的制玉业也逐渐式微。后又因玉材来源不济,玉器生产进一步下滑,碾琢技术降低,工艺粗糙。同治以后,只有玉首饰业有所复兴,其余无论是工艺水平还是产量,均无法和第二个阶段相比。

图 5-23　伊斯兰花口叶形双柄碗

制玉工艺发展到清代,是对以往各朝各代玉雕工艺的一大集成。此时,制玉的各项工具均已发明,各种技术亦已完善,清代玉工有条件全面继承以往各时代玉器的碾琢技术和积累的丰富经验,最终将玉雕工艺推向了前所未有的高峰。

第三节　玉雕工艺类别

按照玉器雕琢技法的不同归类,玉雕工艺一般分为平雕、圆雕、透雕、穿孔、巧作、上光等六类。平雕是在薄片状的玉石平面上雕刻纹饰;圆雕是立体的雕琢;透雕又叫镂空,是先用钻打透玉石,然后用线锯或铁丝弓子琢出各种既定的纹饰;穿孔是在玉件上钻出孔眼;巧作是借助玉材上的不同颜色,巧妙地雕出各种逼真写实的造型;上光也叫磨光,是使器物外表平滑有光泽。

我国古代各个时期的玉雕工艺不尽相同,各有自己的代表性工艺。红山玉器,几乎没有平面、打洼,往往有意磨出瓦沟纹。良渚玉器,表面平坦,多见明刻曲线纹和直线纹。夏代玉器,碾琢勾彻是用弓弦镂空琢制出扉棱。商殷玉器,双勾阴阳线,"臣"字眼。春秋玉器,细密繁缛,隐起主体纹饰不留空间。战国玉器,细劲勾勒,顶撞地纹,边缘扎手。秦代玉器,平面阴刻线纹。两汉玉器,表面饰短平线刻或游丝刻,殓葬玉器中流行"汉八刀"。唐宋玉器,带板中惯用"池面隐起"手法,突出主题纹饰。辽金玉器,深层立体透雕。元代玉器,带饰中主题纹饰多突起边框之上,边框四周多倭脚。明代中晚期玉器,粗犷砣工,带板多层透雕,俗称"花下压花"。清代乾隆玉器,细腻圆润,纤巧多变,富有装饰性,玲珑剔透,打磨光滑,集历代玉雕工艺之大成。痕多斯坦玉器,薄胎,浅雕。

一、常用的玉雕工艺

玉雕工艺手法较多，常用的主要有圆雕、半圆雕、浮雕、镂空雕、链雕、透雕、阴线雕、钮雕、薄意、跳刀、压丝嵌宝、内画、内雕、螺纹组合等。至于勾彻、隐起、花下压花、挖膛等工艺，都是圆雕、深雕技法的延伸。

（一）圆雕

圆雕又称"立体雕"，它不依附于任何背景，是艺术在雕件上的整体表现，观赏者可以多方位、全面欣赏玉器上的三维立体造型人物、动物乃至静物。它要求琢玉人从前、后、左、右、上、中、下全方位进行雕刻，是玉石雕刻最基本的技法（图5-24）。

圆雕构思有两种方法：一是因势造型，根据玉料自然形态、肌理所蕴含的美感进行创作。二是先有构思，后选用适当的玉料制作。由于圆雕作品极富立体感，生动、逼真、传神，所以，圆雕对玉材

图5-24　青花籽料圆雕《犀牛》

的选择要求比较严格，从长宽到厚薄都必须具备与实物相适当的比例，玉工则按比例"打坯"。圆雕一般从前方位"开雕"。同时，要求特别注意作品的各个角度和方位的统一、和谐与融合。唯有如此，圆雕作品才经得起观赏者的全方位"透视"。

圆雕属于立体造像。立体造像，是占有三维空间的实体构成的雕塑群体或个体，其特点是任何视点均能看到物体的各个侧面。它一般不带背景，主要通过自身形象与之和谐的环境，形成统一的艺术效果，以集中、简练、概括的手法扣住主题，体现其艺术感染力。圆雕作品通常可以四面观赏，但因宗教等某些特殊因素或环境的特别要求，少数圆雕作品只允许有一个或几个观赏面，如某些石窟、壁龛中的雕像等。

圆雕的第一个也是最重要的环节是"打坯"，大型的圆雕作品还需要在石材上"打坯"，以确保雕品的各个部件符合严格的比例要求，然后方能动刀雕刻出生动传神的作品。

（二）半圆雕

半圆雕是使用圆雕技法，刻成所要表现的主要部分，舍弃次要部分，形成一

半是圆雕的艺术形象；而另一半，有的仍是原石块或原器物，也有用图案、景物、平面等不同手段作衬底的。

半圆雕制作方便，可与浮雕等组合成一个画面，别具特色。在玉雕、石窟摩崖及数千年来的古铜器等艺术品中，半圆雕常和各种浮雕与线雕装饰纹样互相配合、同时出现，具有很高的艺术水平（图5-25）。

图5-25　半圆雕《马到成功》

（三）浮雕

浮雕是在平面或者弧面雕刻出凸起形象，使之脱离原来材料平（弧）面而表现立体层次的一种雕技。通常，浮雕对本来立体的人物、动物、山水、花卉等形象，压缩其体积或厚度，保持其长与宽比例关系不变，以此来表现艺术形象。通常，雕刻者利用物象厚度被压缩程度和凹凸面的不同受光后形成的明暗幻觉及各种透视变化，来表达作品的立体感和空间感，使浮雕在表现原则上更接近于绘画的方式，薄浮雕尤其显得如此。浮雕的空间构造，可以是三维的立体形态，也可以兼备某种平面形态；既可以附于某种载体，又可相对独立地存在。

浮雕是介于绘画和圆雕之间的一种艺术表现形式，在题材选择、形象刻画和工艺技法上形成了自己的特点。由于浮雕强调"平面效果"，一些在圆雕中无法表现的题材，可以在浮雕作品中得到充分和完美的表现。如圆雕难以表现的环境、风景题材，用浮雕表现却得心应手。题材的广泛性和接近绘画的表现方式，使得浮雕有着广泛的用武之地。

浮雕相对于圆雕而言，突出的特征是经过形体压缩处理后的二维或平面特性；二者的不同之处是相对的平面性和立体性而异。浮雕的空间形态，是介于绘画所具有的二维虚拟空间与圆雕所具有的三维实体空间之间的所谓压缩空间。压缩空间限定了浮雕空间的自由发展，在平面背景的依托下，圆雕的实体感减弱了，而更多地采纳和利用绘画及透视学中的虚拟与错觉来达到表现目的。相对圆雕而言，浮雕多按照绘画原则来处理空间和形体关系。

玉器浮雕的构思，多取画稿的方式。判断一件浮雕作品的好坏，首先要看它凸起形象有没有艺术效果，线条流畅与否。其次，应该注意形象下面的地——"地子"是否深浅一致，是否在同一水平面上。在人的视点与浮雕面的关系上，优秀的作品往往能达到非常巧妙的艺术透视效果。这就要妥善处置浮雕层次，使浮雕画面上的人及物，恰如其分地重叠若干次，能使之适应光线，造成观者错觉，产生浮雕形象的浮起和获得空间感。

根据物象表面突出厚度的不同，浮雕分为薄浮雕（又称"凹雕"）、浅浮雕、深浮雕（又称"高浮雕"）三种。薄浮雕一般是将形象轮廓之外的空白处剔掉一层相同厚度，使形象略微凸起，在玉石表层形成很薄很薄的一层轮廓，以线为主，以面为辅，线面结合，薄而有立体感，以疏衬密，地子深度一般不超过 2 毫米。

浅浮雕是用减地法做出形象的轮廓的工艺，但形象凸起较高，并因自身的结构关系而呈现出较大的高低起伏。细部形象用线刻表现，压缩大，起伏小，既保持了一种建筑式的平面性，又具有一定的体量感和起伏感。浅浮雕起位较低，形体压缩较大，平面感较强，更接近于绘画形式。它主要不是靠实体性空间来营造空间效果，而更多地利用绘画的描绘手法或透视、错觉等处理方法，造成较抽象的压缩空间，有利于加强浮雕适合载体的依附性。浅浮雕空间压缩

图 5-26　浅浮雕《天官赐福》（张寿宴）

程度的选择，通常要考虑表现对象的功能、主题、环境、位置和光线等因素。其中，环境和光线因素起决定性作用。浅浮雕的地子深度一般为 2—5 毫米（图 5-26）。

深浮雕的形象厚度与圆雕相同或略薄一些，形象因自身结构原因而有较大的高低起伏，层次交叉较多，立体感极强。深浮雕因其起伏较大，形体压缩程度较小，故其空间构造和塑造特征更接近于圆雕，甚至部分局部处理采用圆雕的处理方式。深浮雕往往利用三维形体的空间起伏或夸张处理，形成浓缩的空间深度感和强烈的视觉冲击力，使浮雕艺术对于形象的塑造具有一种特别的表现力和魅力（图 5-27）。

图 5-27　深浮雕《观音》（葛洪）

浮雕艺术到处都有，从古埃及到古希腊和古罗马的神庙及墓碑的雕塑中，均有所见。埃及的"负"浮雕形象，沉入材料的平面里，是世界上绝无仅有的。法国巴黎戴高乐广场凯旋门上的著名建筑浮雕《1792年的出发》，是深浮雕的杰作。在中国的庙宇、洞窟和君王的陵墓里，也有许多浮雕艺术。

（四）镂空雕

镂空雕是在浮雕基础上镂空其背景，表现物象立体空间层次的一种雕刻技法。它是吸收了镂雕、圆雕、浮雕和绘画的优点，融会贯通而形成的一种独特雕刻艺术。镂空雕有立体镂雕（圆雕式）、平面镂雕（浮雕式）之分。平面镂雕是一般镂雕，作品有一定厚度，刻画的形象层层叠叠、交错穿插。此种表现形式，亦称为"花下压花"。元代玉牌"春水玉"就是典型例子。立体镂雕是在圆雕基础上的多维空间表现手法，在艺术形式上，则以镂空雕刻画取胜。镂空雕是把玉石中没有表现物象的部分掏空，把能表现的部分保留下来，有的为单面雕，有的为双面雕。龙钮石章中活动的"珠"，就是最简单的镂空雕技法（图5-28）。

图5-28　镂空雕《五福捧寿香囊》（范栋强）

镂空雕起源于新石器时代的良渚文化、红山文化时期。春秋战国时期，镂空技法登峰造极，使用镂空工艺雕刻制作的玉璧、玉璜为惊世之作。明清时代更是蔚然成风，深得人们喜爱。如今，人们在玉雕艺术上，追求似与不似之境界和象外之象的意境，镂空雕技法在创新作品视觉方面又有新发展：平面设计雕刻，局部采用镂空雕法，一般在浅浮雕的大面或大素面基础上融入，使得作品视觉更具空间感；利用镂空雕技法组合作品，整合出新的题材，"对牌"最为突出；作品设计多层平面镂空组合，可呈现出立体视觉效应，与圆雕玉器分享视觉立体感。

（五）链雕

链雕是把一块石材镂空，雕出一整条活动石链的一种雕刻技法。它是从圆雕工艺中逐渐衍化而来的。链雕制作分为油条、起股、插节、活环、脱环、修整等步骤。链雕是高难度的玉雕技艺，古代多用于雕刻瓶、炉等摆件，作为提梁和瓶体等之间的装饰性链接，环孔较大。链雕对玉石的要求极高，要质细性坚，纯而无格。在链雕过程中，最为关键的在于雕环。其技法要求极细致，难度极高，稍有差池，就会造成链条裂断，一切努力付之东流（图5-29）。

链雕又称"活环"技艺，早在春秋战国时期就已出现。清高宗乾隆皇帝尤其喜欢这门既漂亮又精彩的手工艺，活环链雕技艺达到巅峰。链雕工艺精巧，纤细透剔，堪称绝技。它与立雕、镂空雕相结合，有如锦上添花。链雕"既难又险"，要求极高，制作艰难。首先要将原料仔细审核，要求色纯、料细、完整、无裂无杂质，色调统一有韧性。然后，去除瑕疵，保留好的皮色，用得恰到好

图5-29　链雕《富贵平安链条瓶》（董永梅）

处，以有皮气的籽料为作品增添亮点。掏膛工序也非常复杂，根据原料细腻程度、白度和纯度的高低，先确定取材部位，凭借适当工具与力度进行切割，削去多余的部分，掏的时候要恰到好处，薄厚相同，内腔与外形一致。活链则更为细致，给一条死链透眼、活开，形成一挂长长的链子，过程非常精细，需要玉工眼准、手稳、心静。取出链条的原料，安排每节圆环的位置，要求十分精准，不能出半点差错，否则前功尽弃。每根链条要环环相扣，若损一圈一环，则功败垂成。因此，链雕玉工一定要心灵手巧、艺高胆大，且具耐心和毅力。链雕选材难、制作难、风险大，这也是市场上少见链雕作品的原因。

（六）透雕

透雕是在浮雕作品中，保留凸出的物象部分，而将背景部分局部或全部镂空的一种雕刻技法。一般是指将底板镂空的浮雕，即将形象之间不表达具体内容的那部分剔除（镂空），这样可以从正面透过镂空处看到浮雕背面景物（图5-30）。

透雕与浮雕的区别在于，透雕可以从正面、反面看，而浮雕只能从一面去欣赏。透雕有两种情形：一是在浮雕基础上，镂空其背景部分，有的单面雕，

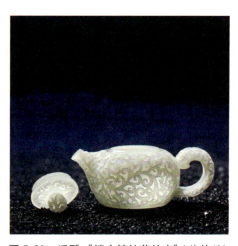

图5-30　透雕《镂空缠枝花纹壶》（范栋强）

有的双面雕。二是介于圆雕和浮雕之间的一种雕塑形式，也称凹雕、镂空雕或浮雕。因为透雕工艺复杂，制作难度大，采取钻孔透碾磨法，故镂空处上下层的线条错综复杂，在抛光时最为费时费力。然而，透雕的艺术效果最佳。如果玉工能够同时灵活运用冲、划、切、刮等刀法和浮雕、透雕等表现方式，以及具有丰富内涵的东方艺术语言，就能在造型的疏密虚实、方圆顿挫、粗细长短的交织和变奏中，表现出精巧入微、玲珑剔透的艺术效果，使作品产生音乐一般的韵律和感染力，成为珍品。

透雕与镂雕、链雕相比较，虽都具有穿透性，但透雕的背面多以插屏式来表现，有单面透雕和双面透雕之分。只刻正面者为单面透雕（又称"拉花"），将正面和背面的物象均雕刻出来的为双面透雕。透、镂、链三雕的本质区别在于：镂雕、链雕都是360度的全面雕刻，而透雕只在正面或正反两面雕刻。所以，透雕是浮雕技法的延伸，镂雕、链雕则属于圆雕的范畴。

（七）阴线雕

亦称阴勾花、阴雕，它是玉材上只勾线，不剔地子的一种浮雕装饰方法。有单阴线和两条并行的双刻阴线之分（图5-31）。另有线雕一说，也被称为阴阳刻，即用线条的形式雕刻出图案，其中，阴刻是指凸起的棱线，阳刻则与之相反，是指像沟槽一样的线条。雕刻时，阳刻要注意棱线最高点必须与玉表面齐平，阴刻则必须比玉表面低。鉴于此，阴线雕又称阴刻、线雕。

阴阳是古代中国人民朴素的自然观，是奠定中华文明逻辑思维基础的核心要素。阴与阳是天生一对，阴刻作为中国玉雕的传统方法，其关系正如阴阳两字，阴阳互体、阴阳化育、阴阳对立、阴阳同根，意味深远。远古时期，先人使用的石器上已出现阴刻线条、图案，可视为玉雕阴刻工艺的开端。

图5-31　墨玉阴雕山水牌

阴刻工艺，是指在玉料的雕刻面上，刻画琢磨出凹入此雕刻面的点、线、面，而表现出线条、字体或画面的一种雕刻技法。阴刻难度较大，讲究的是刀法笔意。在当代玉雕作品中，这些以玉为纸，以刀做笔，完美表达中国艺术意境美的阴刻玉雕，散发着浓郁的中国风，风格隽永，低调雅致。阴刻玉雕大多表现出柔美、顺滑、挺括、顿挫之感。花鸟、人物的柔美顺滑，线条枝干的舒畅挺拔，枯枝山石的顿挫老结，书法字体的抑扬顿挫，甚至笔画的起势和顿点等，都能通过一把刻刀淋漓尽致地表现出来。在线条处理上，阴刻充分运用刀的语言，一刀一刀的雕刻痕迹，既表达了玉工的制作节奏，又实现了刀法与原料纹理的高度融合，提高了玉雕技法的表现力和感染力。君子比德于玉，阴刻玉雕意成于心，寄意于形，形神兼备。阴刻是刀法笔意，走刀行云流水，线条峰回路转，既有雕刻之意，又显笔触之韵，行方寸之间，蕴大千胜景！

（八）钮雕

钮雕是专指印章上部钮饰的一种雕刻技法，起到装饰印章的作用，具有丰富的立体感。钮雕属圆雕范畴，具有三个特点：限于印章的规模，物象小（一般在10平方厘米以下）；只表现物象的上方而不需要全方位表现（下方位被印章所替代），这是与圆雕的最大差异；表现内容多为动物，特别是古代传说中的动物，显得古雅不凡。这些动物有螭、狮、龙、凤、虎、辟

图5-32　碧玉狮钮印章

邪、麒麟、蛇、鳖、龟、熊、蝙蝠等。因此，钮雕又称"兽钮"（图5-32）。

钮雕始于周代，其时简单、浑朴，甚至只钻一个孔，称"印鼻子"，用来穿绳系结，便于携带。古代印章属于达官贵族专用。按级别分玉玺、金印、银印、铜印；所刻印钮按级别有所不同，如皇帝用的玉玺和皇后用的金印都是刻螭虎钮，诸侯王公用的金玺刻驼钮等。印钮与印石的交界面为印台。印台有平台和自然台、有雕边和无雕边之分。平台一定要把台铲平，印边雕花纹。"边"是指台下印石面的上方四周。常见雕边花纹有断纹、双不断纹、龙形纹、水波纹等十余种，在技术上要求线条直、地底平。自然台就是自然形，把钮头刻在上面。有的钮头之外，再在石的四面作围堵，雕龙凤图形。

石章的使用，是推动印钮雕刻艺术发展的重要契机，使印章的装饰风格与题材呈现生机勃勃的气象。动物仍然是明清印钮的重要题材，清代的印钮中开始出现花果、植物一类题材。同时，现实动物题材（包括十二生肖）范围不断扩大。神话人物是明清石章印钮的新主题，如罗汉、寿星、童子、刘海戏蟾等。明清印钮雕刻继承了战国两汉时期圆雕、透雕技法传统，动物、人物造型构思巧妙，生动传神，雕刻技法繁缛缜密，风格臻于极致，刀法不露尚锋，线条流畅，透露了华美、精致的时代风气。

印章装饰由印钮延伸到印体，是石章时代艺术装饰观念质的突破。博古纹样的装饰，表现的是一种淡雅含蓄趣味，雕刻技法则相应地采用浅浮雕或者线刻，线条流畅繁密。山水题材进入石章装饰，是清代雕刻艺人和文人画相结合的创意。作品中，有时会引入人物或神话故事情节。晚清，在浮雕基础上又发展了一种浅浮雕——"薄意"形式。明清石章印钮与印体装饰是石雕艺术家的杰出创造。

（九）薄意

薄意是比浅浮雕还要浅的一种雕刻工艺，讲究线条简练、浑脱，重在画意表达，因雕刻层薄而富有画意，故称"薄意"。薄意雕刻刀法流利，刻画细致，备受行业内外欣赏和推崇。薄意玉器素以"重典雅，工精微，近画理"而著称，它融书法、篆刻、绘画于一体，是处于绘画与雕刻之间的独特艺术。优秀的薄意作品，往往具有超凡脱俗的艺术魅力，特别富有欣赏价值（图5-33）。

图5-33　薄意

薄意是从浮雕技法中逐渐衍化而来的，最早是寿山石雕的一种独特表现技法，因薄意线刻如画，故有"刀画"之称。薄意雕比浅浮雕更浅，雕线更薄，更重意境。意境既为世间景物之"实境"，又为见于言外、展示生命之美的"虚境"。薄意作品以简练的刀法和疏朗有致的画面，将山水、田园类主体形象地表现出来，余部均不作修饰，给人以想象空间，风格独特。

（十）跳刀

跳刀又称"接刀"。高古玉表面的长阴刻线，都由一段段短阴刻线连接而成，若断若续，故谓之"跳刀工艺"。该工艺是古代早期玉器时代玉雕工艺不发达所决定的，它是由砣具旋转轻起轻落所形成的。有时候，很短的一条阴刻线，在放大镜下也能看得出是由跳刀工艺刻出来的。较为明显可见的断续点，在弧线"拐弯处"及"成圆处"。跳刀工艺总体特征是，宏观上刀法柔细、形若游丝；微观上刚劲挺拔，粗犷有力，刀刀见锋，即每一刀收尾处刀锋锋利，呈"V"形收尾，而非现代工具所表

图5-34　跳刀

现的"U"形（图5-34）。

（十一）压丝嵌宝

在玉产品上刻槽线，把金银丝用小锤敲入槽内组成图案，使金银丝与玉表面在一个平面上，出现玉的金银错效果，这称为"压丝"。在玉器上压金银丝、嵌宝石，称为压丝嵌宝。嵌金银丝的方法是在制作玉器时，先用勾砣按纹饰刻出阴线，再用金银错技术，把金丝、银丝压入玉器的特定部位，并与被嵌入的宝石组合在一起，形成华丽的纹饰。嵌宝石是将各种宝石拼镶成纹样，然后镶嵌在玉器上（图5-35）。压丝嵌宝工艺是清朝乾隆年间随着痕都斯坦玉器兴起的一种工艺。古代玉器嵌宝石的少见。

图5-35　痕都斯坦式白玉错金嵌宝盖碗（清）

（十二）内画

内画是指在透明有腔的玉器内壁上，施以山水、人物、花鸟、草虫、肖像或瓶球类器物图画的一种工艺（图5-36）。内画工艺使用的工具是钩形毛笔，笔伸入玉器内腔，眼在器外观察落笔部位，勾画画面。内画工艺，一方面需要用笔技巧，另一方面需要美术基础，好作品是两者的完美结合。痕都斯坦玉器采用内画工艺的较为多见，其内腔写上真草隶篆、诗词章句，构制虚实相间的精美图形，亦不减大作之风。

图5-36　内画鼻烟壶

图5-37　内雕琥珀《金玉满堂》

（十三）内雕

内雕是在玉料上雕刻出里外两层或三层景物的一种高难度技艺，它需要玉工层层雕出景物或纹饰，球形物体且能转动欣赏，能为者极少，故业内称之为"绝治"（图5-37）。内雕表现的题材主要是栏间里的鸟、花、草等。内雕技艺始于民国初期，由于工具条件限制，技术尚不娴熟，迟迟没有得到发展，直到20世纪70年代以来，才取得突破性发展。

（十四）螺纹组合

螺纹组合是将工业螺纹和组装工艺用于玉雕大件制品的一种新技法，20世纪80年代开始盛行（图5-38）。其作用不仅为玉雕纹饰家族增添了一个成员——螺纹，而且把多件单体玉器部件组合成为一件完整的精美玉器。2015年以来，螺纹组合在玉器小件砗磲雕刻中也得到了一定的应用，从而丰富了砗磲产品形式，增强了砗磲艺术品的表现力。

图5-38　翡翠螺纹组合

玉雕工艺门类繁多，无法一一赘述。玉雕工艺诸门类有别，各有所需。就一件玉器而言，常常是多种工艺兼而用之。尤其是玉器精品之作，往往集多种工艺于一身，或以某一种工艺为主，其他工艺兼备。

二、独特的玉雕工艺

（一）薄胎工艺

薄胎玉器轻巧、秀丽，薄如蝉翼、轻若鸿毛、亮似琉璃，让人爱不释手，有"西昆玉工巧无比，水磨磨玉薄如纸"之说，乾隆皇帝则称赞曰："薄如纸而轻如铢。"制作薄胎玉器的工艺称为"薄胎技艺"，它是玉器工艺中最高深的工艺之一。薄胎技艺非常复杂，耗时费工，要达到"在手疑无物，定睛知有形"的境界很难，琢玉人须"艺高人胆大"，哪怕肉眼看不见，全凭感觉也能操作。薄胎玉器多以规矩器皿的形式出现，也有极少异形不规则薄胎玉器，制作难度更大。

薄胎工艺早在唐代就已出现，传说成吉思汗西征时，将西域玉匠及玉器带回，一度十分盛行。其主要器件为碗、杯、盅等器皿件。由于受佛教文化影响，其纹饰多为莲花纹、香草纹,工艺上以剔地阳工浅刻,再加浅刻阴线工勾勒为主要手法,器形丰满简洁,代表作有玉莲瓣纹杯等。宋代盛行仿古玉器,薄胎玉器少见记载。元代的薄胎玉器也很罕见,但传世的薄胎罐形龙纹香薰都是造型生动,胎体轻薄如纸。明代薄胎器皿有元朝遗风,如玉花形杯和陆子冈的青玉合卺杯等。清代薄胎玉器盛行,以痕都斯坦玉器(简称"痕玉")为代表。

"痕都斯坦"乃一地名,位于今天的印度北部,曾隶属蒙兀儿帝国的势力范围。痕都斯坦玉器华丽细腻,风格独具,艺术史名之为"蒙兀儿玉器"。同时,土耳其半岛的鄂图曼帝国亦有风格近似、精美不逮的玉器工艺。18世纪盛清之际,上述二者皆经过新疆东传至清廷,乾隆皇帝统称为痕都斯坦玉器,玉材为新疆和田玉和叶尔羌闪石玉。蒙兀儿及鄂图曼帝国王宪均信仰回教,痕都斯坦玉器遂洋溢伊斯兰风格,擅以纯净之玉色搭配繁复层叠的花叶纹,光洁丰美;有时器表镶嵌金丝及各色宝石,灿烂华丽;部分作品并追求薄可透纹的效果,精巧细微(图5-39)。

图5-39 蒙兀儿青玉盘

痕玉采用水磨技术,通体玲珑薄透,从内壁可看到外壁浮雕花纹,可谓鬼斧神工。在装饰手法上,采用浮雕、立雕、镂空雕等复杂组合工艺。浮雕纹样磨去痕琢形成凹凸的视觉反差,增强其艺术表现效果。痕玉传入后,深受乾隆喜爱,认为"制绝精巧","内地玉工,谢弗及也"。命人搜夺进贡,并令宫内玉匠仿制,欣赏把玩之余,更是每每咏诗咏赞。自乾隆三十三年至六十年间,他先后作诗30余首赞痕玉。目前所见清宫藏痕玉,一为当年输入,二为宫内玉匠仿制,称"西番作"。乾隆三十三年(公元1768年)至嘉庆二十二年(公元1817年)的五十多年间,各地进贡朝廷痕玉800多件;同时清廷驻外大臣也购买一些痕玉进贡乾隆。现存多件蒙兀儿帝国花式盘,分别收藏在北京故宫博物院和台北故宫博物院。其中有一件玉盘,是当时镇守伊犁的将军伊勒圆进贡的,颇为气派堂皇。对于乾隆而言,此盘可谓是"西陲大功告成,回疆新入版图"这次丰功伟绩具体而微的呈现,完全符合他志得意满的心态。因此,除了盘心有御制诗外,外壁则有刘统勋、刘伦、于敏中、董邦达、王际华、王维成、曹文埴、彭云瑞、沈初、董浩等人的唱和之作,可见乾隆皇帝曾将此盘向大臣们展示过。盘心御制"咏痕都斯坦满尺玉盘",诗文曰:"考工未藉玉人为,万里从风贡自驰。巧匠由来琢喀吗,金神曾是守勋池。规圆外复出瓜瓣,尺满中仍结葴蕤。不宝华器宝献善，王孙闱语廑吾思。"

薄胎玉器制作技术主要是串膛和做花，只有造型各部位厚薄一致，才能使玉质色泽一致。所以，薄胎玉器在造型中，任何部位都以厚薄均匀为原则。薄胎产品的串膛，尤其是大瓶，瓶口小、肚大的技艺难度大，使用膛钳工具的难度更大，往往串不均匀，或者串漏。串漏多出在器皿肩膀和底部。因此，设计薄胎产品，不能有工具够不到的地方。外部施以浅浮雕图案，两肩头和顶钮施以铁空花，使造型秀美、典雅、轻盈。在透明玉石制作的薄胎玉器的膛内作画（如瓶、球等物），称为内画。

（二）俏色巧雕

俏色巧雕是玉工巧妙地利用玉石的颜色、皮色、纹理，使之融合到创作题材之中，起到画龙点睛作用的一种技法。作为玉石工艺独有的一种表现形式，俏色巧雕是玉石行业难度极高的绝活之一。玉面五台分，皮沁千年纹，俏雕谁转世，匠心琢玉人。

天然玉石，原本形体各异，色彩相间，需要因形就势，由色施艺，这就是匠心独具的俏色巧雕。玉料作为一种天然矿物，开采出来未加工之前，往往玉质外有一层石质包裹物，俗称"玉皮"。这层玉皮远不如肉里的玉肉细腻致密，因此，雕玉之前先要去除无用的玉皮以及夹石、绺裂和色泽不好的部分，而保留下玉皮可以利用的一部分，通过巧妙构思，将之融入玉雕作品之中，完成各式各样的巧雕作品。玉石本身若有多种颜色共存，为了不破坏玉石原料的完整性和体积，或是为了让玉雕本身更具欣赏价值，玉工也会利用这多种颜色进行俏色巧雕。这是两种有所不同的俏色巧雕工艺。俏色创作最核心的本质是寻求变化，追求卓越。这种变化并非毫无章法，而是讲究因材施艺，更追求形式美和工艺美的结合。

"巧雕"的关键，是选取玉料和构图设计，是利用玉石表皮的色斑，配合创意设计与巧手雕刻，体现玉作浑然天成的趣味性。俏色巧雕是巧用料形、巧用颜色、巧施技艺，成就作品"色"与"艺"的完美结合，制造极富艺术性和人文价值、极具感染力的玉器（图5-49）。

俏色巧雕的选料必须慎之又慎，业内谓之"审料"。它不仅要研究原料的性质、规律，顺形、随色，弄清原石脏（杂质）、绺（断裂纹）实情，以决定它们的去留，还要弄清原石的各种颜色的实情，表面的还是内部的，单层的还是多层的，是本色还是残色（玉石折射出来之色），然后才能考虑怎样利用这些颜色，去掉哪些不能用的，保留哪些可以变废为宝的杂质，把原石的这些斑色、斑块充分地构思到图案中去（图5-50）。

图5-49　稀缺三色和田玉籽料《花开富贵》
（葛洪）

图5-50　和田玉籽料《太行神韵山子》
（苏然）

俏色设计贵在自然，琢磨中对于俏色的边缘清晰度的把握需要斟酌。如果俏色和料体色差较大，俏色雕琢就不能过于写实。否则，会使俏色出跳于玉料，与整体作品不和谐，有孤立感和失真感。此时，应给俏色的玉料边缘一定的过渡层，造成相对的模糊，以求趋于自然和真实，更有俏的趣味。俏色巧雕是玉石工艺独有的表现形式，俏色玉器具有独树一帜的造型和斑斓的色彩，是中国玉雕技艺的集大成。构思之巧、用色之妙的俏色巧雕作品，真可谓巧夺天工，深受人们青睐。

俏色巧雕又称俏色雕、巧色玉、巧作玉。何谓"俏色"？现在人们的理解是因形就势，由色施艺。这里的"形"和"势"，既指玉料的立体形状和走势，又指玉石皮色的几何形状和态势；这里的"色"，包含玉料的本色及其上面的皮色。其实，就"俏色"的本义而言，它是玉器雕刻中的一种色彩技法。俏色与巧色、分色，是三个不同玉雕技法的概念。玉雕行业内，评价雕工利用色彩的三个层次"一巧、二俏、三绝"，指的就是这三个概念。对三种技法的娴熟运用，也充分体现量料取材的构想。

"巧色"即巧妙运用颜色，指的是在玉器雕琢过程中，玉工充分设计、全面运用原料质地特点，亦即利用原石本身的特质进行精心设计，达到浑然天成的雕刻境界。常用巧色的玉雕工艺，能使瑕疵不但不成为瑕疵，反而能让制成的玉器独具自身的特点而更加生动。"俏色"是在"巧色"的基础上，将色彩的鲜艳之处"俏"出来。随着工艺技术的发展以及人们审美能力的提高，俏色逐渐超越巧色，它不仅将原石鲜艳的颜色保留并运用于雕刻题材中，而且将其鲜艳之处活灵活现地表现出来，使之成为整件玉器的抢眼之处，起到画龙点睛的作用。

"分色"是指雕琢过程中，把不同的颜色部分严格地区分开来、清晰地分别出来进行"巧雕"。这对制玉尤其是制作翡翠玉器来说，非常之难。因为翡翠颜色的形成与过渡，很多是渐变的，有一定的过渡带。这要求玉工不但雕刻技艺精湛，更要对翡翠原石各方面的特性非常熟悉而且敢于尝试。俗话说，"神仙难断寸玉"，要想了解翡翠原石颜色变化的趋势，绝非易事。可见，玉雕的色彩运用，关键在于一个"巧"字，分色巧用，做到"一绝、二俏、三不花"的境界，使作品挖脏遮瑕，突出玉石之美，表现玉石之璞。

俏色巧雕手法大大地提高了玉雕作品的观赏价值、收藏价值和经济价值，增添了玉器的魅力。许多优秀的玉雕作品，成功的第一感觉就是色彩的运用和文化底蕴。当观看、欣赏这些作品时，形象与抽象、现实与浪漫结合，创造出如诗如画的意境。"巧"中有"俏"体现"巧"，两者巧妙组合，显现出分色的艺术性。在实际玉雕中，充分利用巧色、俏色和分色，使作品的造型与颜色达到完美的艺术效果，是玉雕作品艺术性、价值观的重要体现。随着雕刻行业的发展壮大，"俏色"已成为玉器加工和欣赏的专用名词，哪怕较低档次的玉料，只要有"色"，且这"色"又用得"俏"、用得"巧"，就可能身价倍增。高档次玉料的俏色作品的价值更是难以估量。

说到底，俏色巧雕就是一个"巧"字。巧用料形，巧用颜色，巧施技艺，巧的是手法，是构思，是前提，只有"巧"得恰如其分、相得益彰，作品才有艺术感染力，才能令观者心领神会，回味无穷。

从玉石雕刻俏色巧雕的社会实践来看，面对形形色色不同形态、不同色相的玉料，玉工们各显神通，采用的俏色巧雕的方法各有不同。概括而言，俏色巧雕的具体方法有下列几种：

1. 遮瑕法

这是将玉料皮色上的瑕疵遮盖掉的一种俏色巧雕方法（图5-51）。玉料的皮色上往往存在一些"毛病"，谓之"瑕"或"丑"。玉工直接在皮子上的"毛病"位置画出构思、设计好的图案，以此遮掉玉料上的"瑕"。这种"遮丑"的俏色

图5-51　青白玉俏雕《鹿衔灵芝》（清）

方法，相对而言较为简单，它不必研究玉料皮子的颜色、形状，而是侧重于遮"瑕"后的整体效果，借助精细图案的设计和雕琢弥补创意上的不足。

2. 借用法

这是根据玉料上特定形状的皮色来制图的一种俏色巧雕方法（图5-52）。玉料上的皮色是有特定形状的，在充分观察和保留原皮形状的基础上，通过联想、细化，构思、设计适应特定玉雕皮色的图案，以达到俏色巧雕浑然天成的效果。

图5-52　《富甲天下》

3. 抛脏法

这是去除掉玉料上瑕疵部分的一种俏色巧雕方法。玉料上的瑕疵没有任何利用价值时，把它处理掉，或许会得到意想不到的俏色材料形体。在此基础上，运用俏色以达到巧雕效果，实现化腐朽为神奇的目的。

4. 原色法

根据玉料原色进行构思创作，但不是以皮色为创作基调，而是以作品的生动为初衷，达到俏色巧雕的艺术效果。此法常用于色彩鲜明、具有特色的玉料上。比如，玉料色彩与生活中趣味性植物草本、鱼虫等特别相似，即因色而宜地制成草木鱼虫等。

5. 参照法

它是运用皮色厚薄变化以及多层次、不同颜色的皮色来创作的一种俏色巧雕的方法。通过颜色厚薄变化的俏色，从实质到纱质的感觉都能表达出来。使用多层皮色的俏色，可以通过明显的色差突出层次的效果，而且在不同层次上可以表现出不同或者相关的主题，使人产生身在画外、意入画中的玄妙效果。

6. 蕴料法

这种运用独特的俏色巧雕制成的玉器，构思奇巧，雕琢精到，往往给人一种幻觉：玉器除裸露在外的部分外，里面还裹藏着更多与裸露部分相同的玉质。此类作品，一般在完整保留玉料形状的同时，达到蕴而不显、内有乾坤的艺术效果。

7. 组合法

对于色彩反差明显、色彩界限清晰、中间缺少过渡色的玉料，俏色巧雕常常按照各种色彩的轮廓去构思设计，刻画形象，组成层次清楚、干净利落、色彩丰富多彩、具有相互联系、数种图案组合的玉器。动植物、人物配饰、房舍、传统纹样等轮廓清晰的物像，适宜用于组合法俏色巧雕的玉器。

8. 过渡法

在作品的主题内容表现更注重印象效果的时候，大都可以运用过渡法俏色巧雕的技法，在主题与玉料的基底之间形成缓慢的过渡，避免色差变化突兀给人的不舒服感。这种过渡，既可以是玉料皮色的自然过渡，也可以通过人工打磨，使皮色逐渐变薄而产生过渡效果。过渡式俏色巧雕，多用在表现山水、风景、动物的皮毛等图案的玉器上。有时候，在创作实践中，一件作品可以同时采用组合法和过渡法俏色巧雕，例如房屋建筑等用组合法，高山流水用过渡法。当然，在两种方法的融合过程中，需要根据作品内容不断做出调整，才能使艺术效果相得益彰。

现实中，每块玉料的皮色和形状是固定的，艺术创作的思维空间却是无限的。所以在制作实践中，除比较直观地运用皮色外，还需要时时跳出常规思维方式，如将作品中刻画对象的色彩设定为与现实色彩相反的效果。寻求变化，追求卓越，是俏色巧雕创作最核心的本质，它通过有章可循、有法可依的变化，因材施艺，追求形式美和工艺美的结合。若要把俏色巧雕的技法用到得心应手，需要琢玉人具备较高的技艺素质和综合涵养，它不仅需要"专长"，更需要"博长"，唯有在对美学的不断追求和技法的灵活运用中，方能创造出更美、更精彩的佳作。

中国最早的俏色玉器作品为河南安阳小屯村出土的玉鳖，距今3000多年，工匠利用玉料本身不同的天然颜然，巧妙地雕刻成动物体外表的肤色和器官：玉料的墨色部分作成鳖的背和双目，灰白色玉料部分作头、颈、腹、足，白爪上还留着原始的黑色爪尖，神韵天成，妙趣横生，令人叹为观止。

俏色玉器的产生基于两个因素：一是玉石给定的颜色条件。玉石出现两个以上色彩，方可制作俏色作品。二是设计者用色和造型结合的能力。创作俏色玉器，一般以玉石的主色作底，即主色是玉石中基本的大体积的色彩，兼色作俏。兼色是杂于主色中的其他颜色，不混、不靠，物象逼真为好。

（三）剜脏去绺

俗话说，"十玉九瑕""无玉不瑕"。瑕为瑕疵，其表现主要为玉体上的脏和绺。脏是玉中有黑色、白色的米粒或块状杂质，也有雪花状、水线状、浆状等异形。绺是玉中的自然裂纹，无一定形状、方向和规律，它是受自然冲击或者受冷变化等多种因素影响所致。妥善处理玉中的脏和绺，化瑕为瑜，变腐朽为神奇的工艺，称为剜脏去绺。

剜脏去绺工艺的具体方法是因料施艺。因料施艺是玉石雕刻中的总体技艺法。玉雕为工艺创作，无定形，须想象，并注于玉石之上，无涂改性。每件作品均需从料性、颜色、形状、特征等出发，最大限度地利用玉料。尤其是在人物、花鸟、动物创作中，更要因料设计、独辟蹊径。玉雕历史悠久，因料施艺渐臻合理。古代玉雕以小件为主，制品单一，数量有限。随着工艺的进步、技艺的提高，因料施艺的技能越来越高，作品更加丰富，其大小、色彩利用、脏绺处理等，均为因料施艺而获得最佳效果。

剜脏，是把玉料中的杂质杂色处理掉，使玉料更纯洁、明亮。特别是大件玉料，难以找到通体皆无杂质无异色的，因此要尽其所能剜脏，余其形状，根据其特征设计作品，最大限度地用料。尤其应遵循大巧不工的设计理念，追求"唯美、唯艺、唯精"，通过精心设计，弥补其瑕疵。比如，利用黑色雕琢人物的黑发或者动物、鸟禽的黑眼珠；脏点均匀的可制作为写实的斑马或企鹅类动物，不均匀的可设计为花斑狗、金钱豹等；白色棉状或白花状的脏，可将其写意为漫天飞舞的冬天雪景；水线状的脏，硬度和透明度较高的，雕刻时可作河流的自然水状，或者设计为线状器物。

去绺是处理玉中裂纹的工艺。绺的种类多，有断裂纹、破碎纹、龟背纹、炸心纹、炸惊纹等。玉加工在选料和雕琢中，首先要注重纹绺的处理：顺绺或躲绺锯玉，去绺后再根据料形进行设计。雕琢中，若又出现纹绺（曰"纹线""水线"），应修改设计及做工，使其去绺改形，获取意外之效。玉雕作品无定形，剜脏去绺，虽有不利，却也能"因祸得福"，使作品形象生动，增加逼真之感，达到普通玉料所没有的效果。

（四）金镶玉

金镶玉就是在金器上镶嵌各种美玉（图5-53）。这种特殊的金、玉镶嵌工艺为我国所特有，历史悠久，工艺复杂，作品精美。在中国传统文化中，金和玉象征高贵与纯洁，金和玉完美结合后，赋予人尊贵吉祥与超凡脱俗之美感，亦有金玉良缘的寓意。或许如此，2008年北京奥运会奖牌就是采用的金镶玉样式。

据史料记载，西汉末年王莽篡位，

图5-53　18K金花丝镶嵌《眠鹤栖云》（吴灶发）

胁迫孝元皇太后交出玉玺。皇太后一怒之下，将玉玺摔在地上，摔坏了一角。王莽赶紧找来工匠修复，聪明的工匠用黄金修补了缺损的一角，使"金镶玉玺"光彩夺目，更加耀眼。从此，便有了"金镶玉"这门特殊的手工艺。

金镶玉的制作分三步进行：首先，选用玉料，设计图案，雕刻打磨，抛光完成；接着，石膏铸模，黄金熔化，金水倒入模具中，定型后取出；最后，两者完美结合，镶嵌在一起。

2008年北京奥运会上所有的金、银、铜奖牌，都采取传统的"金镶玉"工艺制作而成，奖牌上的玉为新疆和田玉。为保证奖牌用玉的质量及数量，有关方面在海拔近5000米的昆仑玉矿区进行了实地考察，采集了标本。奖牌所用的白玉，颜色要求白，不能偏灰，不能偏黄；青玉为灰黑绿色，不能太黑；青白玉是介于白玉和青玉之间的颜色，为灰绿色，要求均匀，不能出现斑点状、条纹状或条带状等瑕疵。奖牌用料质地要求细腻，密度大，落地不易摔碎；玉的净度要好，不能含杂质，不能有裂纹；玉的透明度要求一般。

为了使奖牌起到减震的作用，设计人员在金玉中间添加了一种阻尼材料，液态的阻尼材料灌进玉与金属间的缝隙后固化，让玉与金属"严丝合缝"。十多年过去了，奥运奖牌的精美设计依旧被世人传为佳话。

金镶玉是中国工匠们智慧的结晶，是中国的古老工艺之一，是玉雕行业高水平的体现，是中国人对金玉良缘的美好祝福！

三、中国玉雕的流派

玉雕的流派是指玉雕技艺创作方面的派别。中国玉雕的派别始于远古的玉雕工"南北"之分，待到宋元时期，"南工""北工"的风格、特点差异明显。南工讲究做工细腻及工巧，而北工则风格豪放粗犷；南工精致重雕刻，北工则讲究少用刀工；南工不惜费料成精品，北工则讲究节省玉料；南工更有时代感，北工则偏古朴典雅。彼时，南工成为主流风格，其作品约占市场八成以上的份额。

明清时期，尤其是各地玉雕大师云集京城的"乾隆工"的出现，极大地推动了玉雕技术的进步，玉雕形成京师、苏州、扬州三派三足鼎立之势。到了当代，不同地域的玉雕技法和表现形式，又慢慢地有了微妙的变化，随着时间的推移，逐渐形成了各自的特色，进而演化成了各种流派。

中华人民共和国成立以来，北京、上海、天津、扬州、苏州、广州、南京等地，相继成立了玉器雕刻厂、大师工作室等，琢玉大师的涌现，形成了新的琢玉流派。尤其是改革开放之后，中国玉雕伴随着经济的高速发展而迈上了快车道，各种玉雕流派纷呈，主要有北派、海派、扬派、苏派、南派等五大玉雕艺术流派。

（一）北派玉雕

北派又称"京派"。北派玉雕始于元代，尊道教丘处机为祖。北派是以北京为中心区域，涵盖北京、天津、辽宁、河北以及部分河南、新疆等地的玉石雕刻流派（图5-54）。北京是一座历史文化名城，北京玉雕沿袭了皇家文化，浑厚大气，简约中透着稳重，体现出雍容大方的气度。作品以大件为主，人物、器皿、花卉等品种均有独特的风格和气质。

图5-54 《人宝吉祥炉》（柳朝国）

在制作上因材施艺，创作出的作品巧夺天工，浑然天成。天津玉雕题材广泛，内容丰富，尤其擅长将玉石的天然颜色巧妙设计，精雕细琢，充分展现玉雕作品的艺术魅力。辽宁玉雕是一种民间玉石雕刻工艺，始于清朝末代，兴盛于当代，长期受到民间文化的滋养，吸收了各种艺术的精髓，擅长俏色利用、废料巧用等多种技法。

北派的玉雕，最早可追溯至新石器时代，彼时的山顶洞人就用玉器作为妇女的装饰品。北派玉雕发端于西安，后迁移到北京，到明代最为鼎盛，玉雕风格既有江南的婉约，又有北方的率真，雕琢细腻、讲究，包含了中国玉雕之精华，汇集了各派风格，演化成为北京大气磅礴、威扬四方的皇家气概，糅合了传统手法与现代工艺，简约中透着稳重，雄厚中体现皇家风范，气度中流露出对国学传统的一脉相承。北京是明清两朝古都，历代帝王用玉均由当地专设作坊制造，谓之"内造上用"。只有极有能耐的工匠，才有资格担任制作御用物件的重任，久而久之，便培养和造就出一大批能工巧匠。他们按照宫廷所需和所要求的构图模式、琢工要求，创造出一件件绝佳作品，无不彰显大国风范、帝王气度，演化成了北派玉雕的式样和典范。

北派玉雕国韵大气，以沉稳厚重、豪放粗犷、庄重古朴并具有鲜明的宫廷艺术风格著称，涵盖了深受皇家传统文化影响的北京玉雕，仿制明清简约古朴风格的河北玉雕，设计大胆、创意十足的辽宁玉雕，产业规模巨大、乡土气息浓厚的河南玉雕等北方各省市的玉雕派系。

北派玉雕的选料，主要以白玉、和田玉、岫玉等软玉为主，也有翡翠和玛瑙等玉石。在山子、器皿、人物、花卉、鸟兽、盆景以及首饰等玉雕品种上，都有鲜明的特征和细节。北派的器皿类最为传统的造型，有炉、瓶、薰等，其中瓶最讲究玉雕师傅的选料和整体设计。北派注重以和谐统一的材料、柔和自然的线条、高雅对称的纹路来呈现深远的画面和极富美感的艺术魅力。

北派玉器的雕刻讲究石料的因材施艺，善于融合原石的自然形态、颜色、质感、纹理及透明度等综合元素来创作构思，最大限度地展现作品的艺术性，浑然天成。

北派玉雕在技巧方面，善于搭配利用浮雕、镂雕、高浮雕等手法，令石料材质和雕刻技术巧妙地融合在一起，深层次展现作品的质感和匠心。北派玉雕的薄胎和"链子活"工艺首屈一指。北派圆雕工艺也闻名全国，器身与器盖比例合适，配件精致，修饰华丽、富贵，通体作品形同实用器物。

北派玉器一般器型浑厚，加工较简洁，刀法粗犷有力，阴刻线转折连接处不紧密，器物棱角较硬。有浮雕图案时，地子磨得不甚平，因此有"粗大明"之称。

（二）海派玉雕

海派玉雕，是体现上海地域文化特色和艺术风格的玉雕艺术流派（图5-55）。它的形成阶段为19世纪初，当时上海逐渐成为中国乃至世界贸易的重要港口，周边地区的一些玉器制品，都通过上海口岸向外输出，这种态势为上海玉器雕刻行业提供了广阔的发展空间，成为苏州、扬州等地的雕刻艺人谋求发展、施展才华的理想天地。他们在上海特定的文化氛围和人文风尚中，吸收了东西方文化融合的营养，于继承传统技艺的基础上进行创新发展，逐渐形成了具有海派玉雕特色的风格。为适应外国人的需求，扬州帮艺人生产以摆设玉器为主的"洋装派"；而苏州艺人专做玉首饰、花饰，以玉首饰和把玩件为主，被称为"本装派"；另有一支专做青铜器造型以及仿秦汉以来古玉为主的，被称为"古董派"。

20世纪60年代以后，随着国家对人才培养的重视和雕刻设施的改进，海派

图5-55　和田玉籽料《貂蝉拜月山子》（顾永骏）

玉雕得到进一步的发展。特别是90年代，迎来了玉雕创新繁荣的又一个春天。海派玉雕推陈出新，兼容并蓄，在江浙地区玉雕艺人的雕刻风格基础上，既融会扬帮、苏帮、南帮以及宫廷玉雕的工艺风格，又继承了中国明清玉雕精华，博采众长，在"细腻"上下功夫，形成了玲珑剔透、俊俏飘逸的海派玉雕风格。炉瓶器皿、人物、佛像、花鸟、走兽和天然瓶，成为著名的海派六大类传统雕刻品种。其中，以炉瓶器皿类最为著名，造型稳重典雅，纹饰古朴精美，富有浓厚的青铜器趣味，在玉雕行业中独树一帜。

海派玉雕以造型典雅、雕琢细腻而著称，最大亮点在于"海纳"和"精作"。"海纳"即海纳百川、包容万象。绘画、雕塑、书法、石刻、民间皮影和剪纸、当代抽象艺术等，一切美的、好的、有益的艺术元素和艺术表现手法，海派玉雕都吸取其精华为己所用，融入玉雕之中。"精作"，指的是海派玉雕精细、精致、精美，以雕刻技法之精湛、人物及动物造型之传神为特色。包括料色的应用、异想、巧作和精制，独具匠心；题材的传承、转化、创新和出挑，非常丰富；工艺的理解、发扬、运用和变幻，更加神化；思想的发现、嫁接、延续和突破，无愧于时代。

海派玉雕的美，主要体现在线条、比例、夸张上。用线条对人物脸部进行美化处理，而丝丝可见的发髻更把线条之美展现得淋漓尽致，使人物更加活泼生动。被古希腊哲学家称为"黄金比例"的1:0.618，海派玉雕师们既遵循，又不墨守成规，而是根据实际情况进行雕刻，顺势而为，巧夺天工。

海派玉雕强调推陈出新、博采众长，既继承了中国明清宫廷玉雕的精华，又融会扬帮、苏帮等工艺，在传统玉雕风格的基础上大胆创新，风格清新典雅，工艺精致细腻。当代海派玉雕的特点表现在题材上，不再局限于传统的福、禄、寿等题材，而是加入了时代特色，思想性题材独树一帜，使得作品内涵更加丰富深刻。海派玉雕在工艺上，则借助现代雕琢工具的优势，力求精益求精。

（三）扬派玉雕

扬派玉雕，是以扬州地区玉雕工艺大师形成的雕琢风格为特征的玉石雕刻流派（图5-56）。发源于四千年前的夏代，历史上属"南工"集中区域，素有"天下玉，扬州工"的美称。扬派玉雕，在商周时期以神秘威严的礼制工具为主，秦朝玉器主要是至高无上的权力的象征，唐宋时期以奢华璀璨的装饰用品为重，明清时期达到诸品皆备的大繁荣，成为全国玉雕中心之一。

扬州玉雕工艺精湛，讲究章法，将阴线刻、深浅浮雕、立体圆雕、镂空雕等多种技法融于一体，精雕细镂，逐步形成了体现、代表扬州传统玉雕特色的"浑厚、圆润、儒雅、灵秀"的基本特征。

扬州玉雕造型古雅，品种齐全，花色繁多，主要有山子雕、炉瓶器皿、人物、花鸟、走兽、仿古等六个类别，构图新颖，造型优美，做工精致，各以其独有的艺术魅力闻名遐迩。特别是大件作品最为著名，其中尤以山子雕及器皿件技艺独具一格，代表着扬州玉雕的最高技术实力和艺术成就。山子雕浑厚中见玲珑，刚健中见圆润，将玉料的外形自然美和题材内容融为一体，综合运用

图5-56　《群山祝福》（薛春梅）

立体雕、透雕、镂雕、平面雕等技艺，有着独到的韵味。扬州山子造型大气磅礴，景物主次分明，具有情节发展脉络，雕工多以深雕深挖见长，层次丰富，观赏性很强，就像一幅立体的山水画。

（四）苏派玉雕

苏州是个有着深厚文化底蕴的历史古都，苏州的玉雕技艺很早就已经扬名天下，直至今天，苏工玉雕在我国依旧有举足轻重的地位。

苏派玉雕又称"苏工""苏帮"玉雕。苏派玉雕发源于新石器时代，汉之后有了很大发展。从明代起，苏州成为东南经济文化中心，尤其是明中叶以后，苏州号称"江南首都"，不但生活奢华，而且引领时尚潮流，玉器等高档消费品市场极度兴盛，致使苏州的琢玉发展达到高峰，成为当时全国最具影响力的玉雕中心。明代，苏州玉雕的代表人物陆子冈，被人们誉为"鬼斧神工"，曾琢玉水仙，玲珑奇巧。另有刘谂、贺四、王小溪等人善琢玉，其仿古之作几可乱真。乾隆年间，苏州不但向朝廷提供玉匠、玉料，还担负加工玉器的任务。当时，宫廷专设造办处琢玉坊，几次召取苏州玉工赴京为宫廷制作玉器。这些苏州籍的玉工及其传授的门徒大多居住在京城前门一带，被誉为"苏帮"。

20世纪90年代前，苏派玉雕主要仿制花鸟、炉瓶、人物、山子雕等具有古代各个时期风格的作品，其特征是在雕刻工艺上沿用明清时代的传统技法，产品以销往海外为主。近二十多年来，苏派玉雕蓬勃发展，逐渐成为以富有人文气息而享誉全国的玉雕一大流派（图5-57）。

苏派玉雕继承了苏作"精、细、雅、洁"的特点，注重在仿古的基础上融入现代美学的一些创新元素，一般表现为"写意不写实"的雕刻技法，形成了

"新苏作"的概念。苏派玉雕造型突出、稳定,给人稳重感;制作方式丰富多彩,常用镂空雕或浮雕。苏工采用一面浮雕一面阴阳雕的作品较为多见。浮雕主要是从山水人物题材入手,阴阳雕刻主要雕刻诗句、祥云图案等,将一些时代特点融合在里面。苏州工艺的浮雕作品线条流畅,用刀稳健,线条深浅勾勒自如,可赋予浮雕图像很强的立体感。作品题材丰富,式样多变,追求奇巧,能吸收外来文化,贯通中西艺术。苏雕工艺精细,神态突出,图案精美。苏工善雕佩

图 5-57　和田玉籽料《江南秋韵佩》(杨曦)

饰、玉牌、鼻烟壶、花佩等物件,以"小、巧、灵、精"出彩,构思奇巧,巧色巧雕,作品有灵气,一刀一琢皆精致精细到令人叫绝。苏工的圆雕、平雕也很优美别致,图案线条刚柔结合,婉转流畅,毫不拖泥带水,不留碾琢痕迹,给人以方寸之间的地阔之感。

总而言之,苏派玉雕十分洒脱婉约,造型清新淡雅,给人的感觉宛如江南女子的气质,苏工雕刻常采用写意手法,作品往往给人留下无限的想象空间。

(五) 南派玉雕

南派玉雕又称"岭南派"玉雕,它是以广东的广州、四会、揭阳、平洲等地和福建一带的玉雕大师风格为主形成的一个派系。岭南是古代海上丝绸之路的要道,西方文明与华夏文明交流的窗口。汉代以来,商业和开放的优势,使岭南人逐步形成开放革新、兼容并蓄、务实求变的心理,反映在玉雕上是作品的多元性。再加上长期以来深受岭南地区传统竹木、牙雕工艺和东南亚文化的影响,岭南派玉雕在镂空雕、龙船、多层玉雕和高档翡翠首饰的雕琢上,造型丰满,宏伟大气,呼应传神,工艺玲珑,轻灵飘逸,形成了独树一帜的南派艺术风格。

南派作品多以写实为主,善于利用巧色修饰局部,注重细节的逼真刻画,做工精细。南派玉雕分为器皿(素活)、杂项(走兽类、花件等)、花鸟、人物等四大工种,尤以立体装饰摆件著名(图 5-58)。

南派玉雕擅长使用缅甸翡翠,先后发明的通雕座件、镂雕玉球、组合镶嵌等特殊工艺独步业界,成为重要的艺术遗产,具有很高的社会与文化价值。玉器花色品种繁多,风格独特,技法娴熟,以巧色技艺表现不同题材的作品,生动而富

有内涵，简单又充满写意。翡翠通雕对于形象和空间的处理堪称一绝，玉石表层被镂空雕成一个个图案花窗，可透视内层，内层再进行立体雕琢，内外互相呼应，将远与近、表与里、虚与实、繁与简、疏与密的关系结合转化，巧妙处理，相映成趣，具有玲珑剔透、精巧细腻的特点。

图5-58　和田籽料《天堂之花》（袁嘉骐）

南派玉雕工艺在传承的基础上注入了符合时代特征的审美语言，在吸取绘画、雕塑、书法、石刻等艺术精髓的同时，大胆地将现代审美情趣引入玉器的创作中，加入了透视、结构、层次、高光处理等学院元素，为玉雕界打开了一个全新的艺术形式的世界，丰富了玉雕的表现领域。

南派玉雕一般选料精细，讲究工艺技巧，所制玉器精巧玲珑、器形规矩、地子平整、边线流畅、一丝不苟，尤其是"三层透雕法"，镂雕十分精细。

中国玉雕虽然派别纷呈，但都在传承中国的玉文化，均体现了对美好生活的追求和对美好未来的祝愿、向往。无论哪一种玉雕流派，都不是孤立地存在的，而是在相互学习中共存，在相互比较中进步，都有许多值得欣赏的珍品。

今后，随着移动互联网技术的进一步发展，玉雕艺术的交流互动将变得更加方便、快捷，一切有利于玉雕艺术发展的积极因素都将会更加有益于相互之间的学习、借鉴。因此，我们有理由相信，未来的中国玉雕各个流派肯定会发展得更好。

第四节　制玉工艺流程

玉器制作是一个极其复杂的过程，切、磋、琢、磨是基本的工艺程序。"切"是解玉，用齿锯加解玉砂，将玉料分开来；"磋"是用圆锯蘸砂浆来修治玉料；"琢"是用钻、锥等工具来雕琢花纹，钻孔打眼；"磨"是最后一套工序，使用精细的木片葫芦皮、牛皮蘸珠砂浆，加以抛光，使玉器发出凝脂状的光泽。

这套技术在商代已为工匠们所掌握，现今玉雕技法大体与此相同。

其实，切、磋、琢、磨是古代玉器制作的大致方法，玉工把一块玉原石制作成一件精美的玉器，所花费的心思、耗费的时间、经过的工序有许多。因为古代制玉工具缺乏，而玉材质地非常硬，普通金属刀具刻不动，加工时，需要用琢磨法碾制。其方法是在一个桌凳上，安装脚踏皮带传动装置，带动一个砣子旋转。砣子有大有小，依加工需要更换，最小的砣子仅有钉子大小。砣子上加水，再加上极硬的解玉砂，在玉材需要加工的部位旋转碾磨。这个安装了制玉器物的桌凳又叫"水凳"，其加工速度极慢。因此，玉料贵重，制作成本高，玉器价格昂贵。

一、传统制玉工艺

从故宫博物院玉器馆现存的清代李澄瑶所著《古玉图说》中，我们了解到了中国传统制玉工艺的全过程。

（一）捣沙、研浆

过去制玉的砣，本身硬度无法琢磨玉石，它要依靠在砣与玉之间的"砂"（称为"解玉砂"）起作用，磨掉玉石上不需要的那部分。这种"砂"是从天然沙中淘出来的，分红砂、黑砂、黄砂。其中，黑砂硬度最高，可达8—9度。捣沙、研浆是将琢磨用的砂加工到需要的粗细程度。把捣制研好的沙放到器皿中沉淀，粗沙细沙便自然分层（图5-59）。

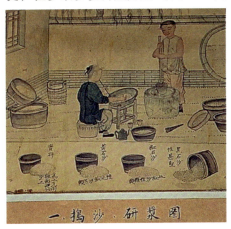

图5-59 捣沙、研浆图

图5-60 开玉图

（二）开玉

没有雕琢过的玉料——玉璞，外表常常包裹着一些粗松的石头。开玉就是把玉璞外表粗松的石头削掉。其方法是把玉璞用木架子架好，两个人各持一大法条锯（即钢丝）的一端，你推我拉，用这钢丝来切割玉璞。由于钢丝割不动玉璞，便在玉璞上方的树上挂一茶壶，壶里装着解玉砂和水，水和解玉砂混合后从壶底的一个小洞里一滴一滴地滴到下面的玉璞上，以增加大法条锯的锋利度。如此你来我往不停地摩擦、切割，把玉璞外的玉皮子清除掉（图5-60）。

（三）扎碢

"碢"古同"砣"，扎碢就是利用碢具分解玉料成方块或方条，经过设计、画样后，大片裁去多余的玉料，使玉器初具雏形。操作方法是，玉工坐在旋车前，旋车上架着结构复杂的一组工具——用长木棍（又叫木轴）的一端，装上圆形的钢盘（即扎碢）。钢盘周边薄得像刀口一样，非常锋利。木轴上缠绕着两根麻绳，绳子下端各系一片木板，这两片木板叫作登板，玉工的两只脚轮流往下踏登板，靠麻绳牵动木轴旋转。

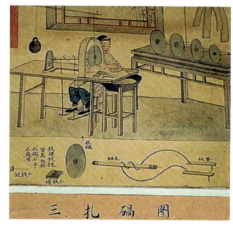

图5-61 扎碢图

玉工用左手托着玉料，抵住正在旋转的钢盘的刃边。车子上的一端放着一个盛了水和解玉砂的盆子，玉工就用右手去舀"水砂"，浇在玉料上。坚硬的解玉砂配上旋转而锋利的扎碢边刃，就可把玉料分解成需要的方块或方条（图5-61）。

（四）冲碢

利用冲碢把方块或方条的玉料上坚硬的转角部分冲成图形。这个工序也是玉工坐在旋车上完成的，方法是用一段厚竹枝，外面绕着厚钢圈（即冲碢），配着和了水的解玉砂，慢慢冲去玉块上的方角。至此，玉器作品大致成形。

（五）磨碢

磨碢与扎碢相似，只不过扎碢薄而锐利，磨碢厚些（0.6—0.9厘米），它用来磨细玉器的表面，使之细腻而且能够发出温润的光泽。

（六）掏堂

首先在玉器上钻出一个眼，然后用特制的砣，一点一点地把玉器内部的"肉"（即玉）磨掉，故掏堂又叫掏膛儿。鼻烟壶、瓶、碗、笔筒、杯子等玉器的制作都有这一工序。

（七）上花

用小型的扎碢（又称丁子），在玉器的表面磨琢花纹。不同的扎碢形式，会留下不同的线条。例如,中厚缘锐的碢具琢碾出来的线条,往往两端较窄浅,中段较宽深。考古学家发现,新石器时代红山文化玉器上,已有这种类似形状的线条。据此推测,使用碢具琢碾玉器已有五六千年历史。如今玉器上花,常用类似牙医使用的钻针,由马达带动并配合活动的胶管,相当得心应手,灵活随意。

(八) 打钻

雕琢镂空花纹的玉器时,需要打钻。打钻工具主要是弯弓和底端镶有金刚钻的轧杆。玉工坐在桌子一端,左手握着玉器,抵住轧杆下端金刚钻的下面,右手来回拉动弯弓,弯弓带动轧杆一来一回地旋转,杆尖所嵌的金刚钻就把玉材钻出一个圆洞了。

(九) 透花

透花即镂空花纹,以镂弓为主要工具。先把镂弓上的钢丝解开一端,穿过玉材上的那个圆洞,然后再绑好。玉工的右手握着镂弓,一来一回拉动,钢丝上滴加浸了水的解玉砂,依照玉材上画的线条、图案进行切割。这线条、图案是不会被水冲洗掉的,因为是用石榴皮的汁来勾画描绘的。掺和了水的解玉砂配合钢丝,在玉材上来回割锯时,线条、图案仍清楚可见。

(十) 打眼

有固定形状的玉器小件钻孔时,不便用手拿着打钻,就在大竹筒中装了水,上面安装中央挖了洞的木板,洞的形状与欲钻孔眼的小玉器形状相同。不同形状的小玉器要配上挖了不同形状孔洞的木板。玉工的左手握住小铁盅,右手拉着绷弓,一来一回地带动铁盅反复旋转,铁盅下端所嵌的金刚钻就会在玉材上钻出洞来。后来,技法逐渐提高,桯钻和管钻取而代之。

(十一) 木碢

木碢一般是用葫芦瓤做的用于磨光的碢,即把雕琢好的玉器外表仔细地磨光滑。木碢使用的工具结构,是凳板连系着木轴,带动一个圆形的转盘。这圆盘较厚,配用的解玉砂硬度较低(又称浸水黄宝料),一般用石英砂来细细磨光。

(十二) 皮碢

这是玉器的最后一道工序抛光上亮用的牛皮制件,呈现玉色,外形像是现在的车床。前面是转动的砣,右边有一个盛水的盆,收集从玉器上流下来的水和砂。

综上所述,在电力用于玉器制作之前,传统的琢玉台称为"水凳",实际上它是"架子工具",依靠人脚踏传递的动力旋转木轴,带动钻头,拌着解玉砂辅以水来磨玉,这是古代制玉通常的工序和方法。另外,还有一些特殊的制玉工序和方法。根据史书记载,这些特殊技法主要包括双钩碾法、"两明造"透玉雕、金错工艺、软玉法、软晶法等。

二、特殊制玉工艺

(一)双钩碾法

双钩碾法是汉代著名的琢玉技法,它的刻纹细如游丝,像头发,宛转流动,没有一点滞迹,一条条线由一串串细密的点组成。它是用直径细小的圆片状金属砣具刻制而成的,又称"游丝毛雕"(图5-62)。

(二)"两明造"透玉雕

"两明造"透玉雕出现在清代中期,它是在一块扁平或稍凸的玉皮上,正反两面透雕出两层不相同的纹样,两层中间完全透开,以四周边缘相连为一整体。"两明造"透玉雕制作的玉器纹饰镂空,正反相错,互相掩映,巧妙奇特,做工精细(图5-63)。

图 5-62 双钩碾法

图 5-63 两明造

(三)金错工艺

金错工艺是在制成的玉器上,碾成细线纹饰,然后嵌以金丝银丝,玉器需经过磨错,俗称"嵌金",实为"金错"。据传,"黄文错镂"和"金镂"也是"金错"的别称,故金错又称为"镂金"。金错玉器是雕玉和镂金的结合,是金错工艺的又一发展(图5-64)。

（四）软玉法

软玉法是使玉石变软，以便于雕刻的技法。方法是用荸荠数枚与玉一起置于木桶中，入沸水一昼夜，再用明矾三厘、蟾酥三厘涂于刻处，炙干再涂，药尽为止（图5-65）。

图5-64　金错工艺

图5-65　软玉法

（五）软晶法

软晶法是使水晶变软，以便于雕刻的技法。方法是用吉祥草同煮，视熟即可刻。但只可用铁或铜器，不宜用砂器煮。此法亦可用于软玉。

古代制玉的基本技法，现今玉雕业仍在继续沿用。但是，随着生产力的发展和生产技术的提高，当代制玉工具、方法、工序等有了很大改进。例如"水凳"，20世纪50年代以来，改为电动机动力驱动的"水凳"，效率得到很大提高，制玉工序也发生了不少变化。

三、当今制玉工序

"玉不琢,不成器。"琢玉成器的过程比较烦琐复杂。玉石开采或购买回来以后,呈现不规则形体状,有的体积较大,有的带有石皮,需要用大型锯片切掉石皮,或者切开大料,取得需要部位,这就是切料。接下来的流程主要包括相料、开料、选题、设计、划活、打坯、琢磨、精雕、碾磨和过蜡与装潢等十道工序。

（一）相料

相料亦称"相玉"。"相"即"看"。相料就是在块玉的原石上仔细观察，这是玉界行话。方法是先把玉原石用清水冲洗干净，在此过程中反复观察，坚持

"三看"：一看其皮的颜色与薄厚。二看有没有"露肉"部分。"露肉"即原料上露出石皮的玉质，玉工可以借此来判断内部的玉质颜色。三看玉原石形状，思考它适合站立式设计制作还是横卧式设计制作。

（二）开料

开料即问料，俗称"开窗"。相完料之后，在玉原石上选一处合适部位，用金刚石圆锯片切割下一块石皮，使其露出里面玉质。切割面积大小，视石皮薄厚而定，以见到玉质为原则。从"窗"中观察玉质颜色及纹理，以便玉雕作品选题构思。

（三）选题

选题即确定作品创作主题。通过对玉原石"开窗"观察，基本上掌握了玉质颜色和纹理形态，然后根据这块玉的形状及玉质颜色选择表现主题的玉雕作品。如果有一块造型美观、质地优良、颜色纯正的玉，再加上合理的设计、巧妙的构思和精湛的雕琢技术，这块玉的价值就会超出自身价值的数十倍。选题十分重要，是制玉过程中关键的一步。

（四）设计

对于玉的设计，必须内外兼顾，相辅相成。无论什么样的题材，首先考虑玉的多彩的外包石皮如何在玉雕作品中得到利用。其次要摆正主题和石皮陪衬的比例关系，如果完全剥离掉玉原石特有的石皮，那只能设计出普通玉器，玉的价值将会大大降低（图5-66）。

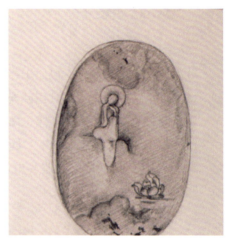

图5-66　设计

（五）划活

划活又称"画活"，指的是玉器的创作设计。这在琢玉工艺中是关键的一环，也就是在一块经过"量料取材"、形象已构思成熟的玉料上，根据确定的主题，用油性笔或铅笔或毛笔，勾勒出所要琢磨的艺术形象，即划（画）出设计制作的玉器的最初图形。然后，玉工沿着图形线条再打粗坯，使得粗坯快速成型，省略不必要的繁工，做到坯好工省（图5-67）。

划活一般分为粗绘和细绘两道工序。粗绘是在开始琢磨之前，把造型和图样直接绘在玉石上。细绘是在制作中，把局部细致的地方绘出来，以便于玉工领会设计意图。

划活的技巧，一般是从外轮廓勾勒到细部修琢，反复勾画多次，特别是在发现一些事先未能预见到的纹绺或瑕疵时，必须进行仔细的处置，有时甚至要改变原先的设计思路。划活时应该注意做到以下几点：

图 5-67　划活

一是掌握材料的特点。反复揣摩观察材料，弄清其纹理分布与走向，色彩的变化与位置，深度、脏色、瑕斑的分布，以及材料的体积、特征、形状、裂纹等情况。只有吃透这块玉料，才能取得这件玉器创作设计的自由和主动权。

二是确定好材料的正面。将材料顺置、倒立、左右翻转，从各个不同的角度进行观察比较，找出一个纹理、色彩、形状都比较好的面，作为产品的正面。

三是找好中线。划活时，应注意看准料的最高点、最宽点，算好各部位的比例，善于结合料形的起伏。按从头到尾、从前到后、由里到外的顺序，勾画出大的轮廓。凡是对称的形状，都需要根据中线的定位，校准中轴线、底砣线。

四是定位水平线。器皿、牌子等规矩的活件，需要横平竖直，所以，水平线必须定位好并画出来，以确保在琢磨的过程中符合标准。

五是拓活。制作对称图形上花浮雕时，需要将一半图形先划好，然后再将之反方向拓在玉料的另一边。划活时，应做到线条流畅，造型饱满，充分体现材料的特征。

（六）打坯

打坯，分打粗坯和打细坯两个阶段。打粗胚只是拉和錾，使用的是大砣片，未进入精修阶段，包括拉、铡、摽、抠等多道工序。琢磨技术成熟的好手，打坯手法要求做到稳、准、狠。稳，就是要求玉工手里拿的活要稳，无论轻活、重活，都要整个手掌攒住，切不可几个指头捏住。准，就是要看准玉料上划的墨线，用砣子对准，转动后，砣口要保持在一条线上。狠，就是要求一砣琢到位，不管是伸进多深，也不要分两砣琢（图 5-68）。

打细坯是进一步地减削体积、分量，物体形

图 5-68　打坯

象渐次明朗、具体、准确,关系清楚,最后定形。这阶段的打坯必须胸有成竹,大胆泼辣,推拉精准,不拖泥带水,为以后的修光雕刻省力。

(七) 琢磨

琢磨,是指具体制作玉器的过程。琢磨必须真切全面地体现,甚至创造性地发挥设计意图。玉器加工制作中的琢磨,主要是通过减法出造型。因此,减法的准确,对保证产品质量、提高生产效率作用很大。去多了损伤造型,去少了不能达到高效率。做工不到位,造型含混不清,达不到质量要求;做工太细,费时而又艰难,影响产品成本,对一般产品而言也是得不偿失。因此,运用琢磨工艺技术恰当地表现造型和质量,是玉雕的关键,也是最需要掌握的基本功。

玉石异常坚硬,必须用铁制圆盘——砣为工具,以水和金刚砂为介质,经过铡、錾、冲、压、勾、顺等工艺,一点一滴琢磨而成。它与雕刻的"刀子活"截然有别。玉石琢磨是一种十分严谨的技艺,高手琢磨的玉件,能达到"小中见大""以轻显贵"的艺术效果。

(八) 精雕

好的玉石在创作过程中会被不厌其烦地精雕细刻。精雕细刻不仅要正确使用工具,还要按由内到外、由深到浅、由后到前、先局部再全部的顺序雕刻,做到主题明确,线条柔顺,不留任何雕刻痕迹,底部清得干净,使玉石的质感、色彩自然与主题切合,达到巧夺天工之境界(图5-69)。

图 5-69 糖白玉俏雕《喜报三元笔架》

(九) 碾磨

碾磨,又称"抛光""光亮"。它是用紫胶、木、葫芦、牛皮及铜制的砣子,将玉件琢磨的粗糙部位碾磨平整,并通过运用氧化铬等一些化学粉剂原料作介质,使玉件显露出光洁、温润和晶莹的本质,达到光滑明亮的程度。对于玉器光泽处理的优劣,直接关系到作品效果的好坏。抛光之前的擦磨和顺光非常重要,玉器表面打磨后平整光洁,没有明显的印痕、磨痕,雕刻起来才能事半功倍(图5-70)。

图 5-70 碾磨

碾磨分为磨细、罩亮、清洗等三道工序。磨细是去除玉器表面的糙面，把表面磨得细腻。罩亮是用抛光粉蘸在旋转的抛光工具上，用力摩擦玉器的表面，以至平整、产生镜面光反射的明亮效果。清洗是依据材质和产品造型以及产品上的污垢特点，选择水洗、酸洗、碱洗、冷洗、热洗、酶煮洗、超声波洗等方法，把玉器上的污垢清洗干净。

（十）过蜡与装潢

抛光定形后的玉雕制品，通常都需过蜡。这是产品抛光后的重要工序，其作用是弥补抛光不足现象，也为了保持玉石的润度，保护产品表面不被污染（图5-71）。

对于玉雕工艺品而言，过蜡并不算结束，为了美化产品和保护产品，还需要装潢。装潢有座和匣两种，座是提高玉器身份，匣是放置玉器的包装，为玉配上适当的木座和锦盒，这才算真正完成玉器的制作。

图5-71　过蜡

第五节　玉雕工具

工具是工作时需要使用的器具。毛泽东在党的八届二中全会上的讲话中指出，生产力有两项，一项是人，一项是工具。可见，工具在生产劳动、科学研究等活动中，具有十分重要的地位。玉雕工具，是琢玉人在制造玉器过程中使用的器具，它与制成的玉器质量的优劣关系密切。玉器行业有"三分活，七分工具""做活就是要家什"的谚语。因为众所周知，一块普通玉石要变成精美的艺术品，必须经过加工。玉石加工又需要借助于一些包括设备在内的各种各样的工具，巧妙地使用工具，是创造完美形象的主要手段。而琢磨工艺全过程是旋转运动，一般使用固定工具，运用"以柔克刚，刚柔相济"的原理，工具与被加工物相互消长，工具需要随之变换。因此，琢磨中能用大工具的地方绝不用小工具，以提高功效。换句话说，就是能用铡铊的绝不用錾铊，能用錾铊的，绝不用勾铊，能用冲铊的绝不用磨铊，能用压铊的绝不用梃子。这些工具与活件接触的角度、力度以及灵活性，完全取决于玉工对整个作品形象的理解。

鉴于玉器工艺程式繁多，制作工具的大小、厚薄、形状，必须随着琢磨的需要而不断地改变、创造。所以，整修工具是贯穿在产品制作全过程中的重要基本功。整修和使用琢磨工具，必须坚持"选好、修好、备好、用好"四原则。选好，就是按玉器制作部位的不同和设备、安装工具的要求，正确选择适当的工具。修好，就是把工具牢固地安装在设备上，并且调整工具在运转轴上做同心圆运动。备好，就是动手琢磨之前，准备齐全足量的磨料和水、刷子等辅料及辅助性工具。用好，就是在玉器制作过程中，适时换用不同的设备、工具、工序。所以，掌握本工序要用的设备、工具的性能和修理、操作技术，是每个玉工的基本要求。

玉雕工具随着时代的进步在不断变化。奴隶社会制玉以青铜工具为主，封建社会由青铜工具逐步变为钢铁工具。石英砂硬度高于玉，因此自古就用于磨玉，又名"解玉砂"。当无齿锯前后推拉或铊、钻旋转接触玉材时，放进用水调匀的石英砂，随工具运动而琢磨成器。玉器的造型、花纹都是靠这种方法制成的。所以，先秦称琢玉，宋人称碾玉，今称碾琢，以示与雕刻工艺有别。

我国早期的琢玉工具比较简陋，动力主要是人力，工作效率低下，而现代的琢碾机器则大都以电动机取代人力，既提高了效率，又大大降低了玉工的劳动强度，同时，机械化程度的提高，使玉器加工的精细度大大提升。

一、古代的玉雕工具

"他山之石，可以攻玉。"古代早期"攻玉"不是雕刻，而是利用硬度高于玉的金刚砂、石英砂、括榴玉等"解玉砂"，辅之以水来研磨玉石，琢制成所设计的作品。所以，从严格意义上来说，制玉称为治玉或琢玉、碾玉、碾磨玉更加恰当。

制玉工艺脱胎于石器工艺。制玉工艺落后时期，由于缺少制玉工具，先民们在石器加工中，使大块石料变成小块石头所采用的方法，就是以石击石，或者把大块石料摔在地上，使之破碎，成为易于加工成玉器的小石块，我们可以将其称为"摔击法"。古代琢玉技巧是高超的，而制玉工具却是简陋的，从借用石器工具到改进制造制玉工具，虽进程缓慢，但锲而不舍。

"工欲善其事，必先利其器。"原始的制玉工具主要有钎铊、勾铊、压铊等。钎铊，即是装在人力旋动的直杆上的大小、厚薄不等的铁圆盘，以其黏附金刚砂，起摩擦作用，在工件上作截、斩、磨、压、顶、钻、杠、捣以及最后的磨光等操作。其特点在于，被琢之物曲折回转之处，以能够通直线、下工具为度，如瓶、炉的内壁，壶嘴的弯洞就比较困难。在过于纤细之处，又须防脆裂。所以，在必须精雕细琢之处使用钎铊时，至今仍用脚踏不用马达，以便于灵活机动地掌握其旋转的快慢和接触玉件的轻重，以防积年累月之功败于最后的细小处，造成不可挽回的损失。

据明末宋应星《天工开物》记载，早期制玉艺人是用"旋车"（又称"水凳"）加上解玉砂，借钢盘转动，推解玉砂来琢磨玉器。解玉砂有五种：红砂（赤砂）即矿物学中的石榴子石，在剖玉成形时用；黄砂即矿物学中的石英，用以剖面；紫砂即矿物学中的刚玉，硬度极高，仅次于金刚石，其色紫中带黑，亦称"黑砂"，盘旋琢玉时多用此砂；白砂，砂质很好，可在琢玉时用；珍珠砂，是把云南、西藏所产的红宝石研成细末，最后磨光时用。除了旋车和解玉砂外，还有一些辅助性工具，如打眼、钻孔、镶金刚石时用的钻，开玉时用的拉丝，做绣花用的锼弓，以及打磨用的木片、葫芦皮、牛皮等。

古代琢雕工艺，最重要的是钻孔与饰纹。孔由管器出或用钻琢出；纹则由铊具碾出或用刀具刻出。因此，古代琢玉工具又分为锯形器、铊具、钻、水凳、刻玉刀、锼弓等。

锯形器是用于玉材切割（剖玉）的主要工具，最早见于良渚文化时期。锯形器没有锯齿，材质大多为金属，也有些柔韧的动植物筋脉。锯玉时，需要两个人长时间坐着锯，你拉我推，通常锯上还放着装有解玉砂的壶。解玉砂从壶底小洞中不断流出，流到锯痕中，帮助锯形器分割玉材。这是用细线加硬砂来剖玉开片。

铊具是切割、琢磨玉器的主要工具（图5-72）。铊为铁质，铊具分为两大类：一为铡铊，用于小件玉器的切割和粗加工；二为密铊，用来对玉器进行细加工。历代铊具多有变化。新石器时代琢玉的工具已成雏形，用石、骨制作。良渚文化琮、璧等玉器上，已见铊具加工痕迹。商周时期的铊具，改用青铜制作，效率大为提高。战国时期发明了铁器，铁制

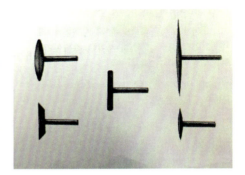

图5-72 铊具

铊具装置不断完善，铊头硬度逐步提高，使玉器制作工艺上了一个新台阶。直到民国初年，铊具无大的发展。铊具的出现具有划时代意义，它使制玉由原始手工

艺方式步入了半机械化时代。

钻是为玉器制作掏堂和穿孔用的工具，分为桯钻和管钻两类（图5-73）。桯钻是细棍状的实心钻，其所钻出的孔大多是上口大、下口小，孔底为尖细的斜坡形。早期的玉饰多用桯钻琢孔。管钻是管状的空心钻，其形如空心铁管。管钻打磨的孔，一头大一头小，常用对钻办法。这样制成的玉器管壁上会留下螺旋状的台痕。管钻还用于制玉掏膛，特别是明清时期的花瓶、壶、杯等玉件的掏膛工艺，多用管钻。管钻在新石器时代和商朝时期已广为使用。

图5-73 钻

水凳又称"旋车"，是一种磨玉工具（图5-74）。它类似于现在的玉雕机器，只是古代较为简单。隋唐时期的水凳，主体为木架子，由凳面、凳槽、锅架、支撑架、坐凳、踩板等部分组成，以皮带轴转动带动砣头旋转，辅助轴端的铊来磨玉。这种手足并用操纵的旋转琢玉工具，一直沿用到20世纪50年代。它之所以被称为"水凳"，是因为原始采用砣具时，琢玉已经使用了中介物质——解玉砂蘸水，以增强砣头的摩擦力来琢玉，后来的水凳同样采用了这一琢玉方法。水凳还常用于古玉器抛光工艺。

图5-74 水凳

刻玉刀是雕刻玉器纹饰的工具，其硬度比玉大，一般采用金刚石镶嵌在刀刃上进行雕刻（图5-75）。玉器制作中，在管、砣无法琢磨或雕刻难度大的花纹时，就用刻玉刀。良渚文化玉器上的细如游丝状的兽面饰纹，应该是用硬度高于软玉的燧石、石英刻刀绘就的。后世刻玉刀渐渐有了专用名称，如《海内十洲记》记载西海中的流洲，即有切玉如切泥的"昆吾刀"。据李时珍的《本草纲目》记载，昆吾刀就是金刚石。有学者

图5-75 刻玉刀

认为，明代陆子冈玉牌，其书体刻绘均系昆吾刀所为。

锼弓是用于镂雕的一种工具，形状似拉二胡的弓，所用的弦是金属丝做的（图5-76）。锼弓的使用方法是，先用钻在玉材上打孔，再用金属丝穿进去，佐以解玉砂，慢慢地锼磨。此法拉出来的空洞挺拔细腻，干净利落。因为金属丝细，且直线运动，故拉出的孔较为方正，有棱有角，不会给人一种圆软的感觉。

图5-76　锼弓

殷商时期出现了锼弓工具后，历代的镂空透雕玉器不仅多了起来，而且工艺更加复杂、精细。

二、现代的玉雕工具

现代玉器加工工具按其功能分类，有铁制工具、钻石粉工具、钻孔工具、抛光工具等。

铁制工具主要用于切削和研磨，主要有锎铊、錾铊、碗铊、冲铊、磨铊、轧铊、勾铊、钉铊、擦条等。

（一）铁制工具

锎铊安装在磨玉机上，转动起来带动金刚砂，相当于圆形锯，主要用于锎去无用的玉石部分（图5-77）。从工艺上区分，锎铊具有摽、抠、划三大功能。摽，是切棱挂角；抠，是从两个角度歪线切割，剜取中间部分；划，是前两者的反复运用。錾铊，小型锎铊，用于出坯。根据凹凸深度，进一步锎去无用的玉石部分（图5-78）。碗铊，用于旋碗（图5-79）。冲铊，用于冲磨大的平面（图5-80）。磨铊，根据大小不同的要求，可以磨出玉器造型的大样，如人头、手足等，使作品初具细致模样（图5-81）。轧铊，分膛铊、快口轧铊、平口轧铊等多种，有

图5-77　锎铊

推搬、叠挖、顶撞等功能，用于对造型做进一步细部加工（图5-82）。勾铊，用于勾出更加细致的纹饰（图5-83）。钉铊，它的快口既能用于切割，又能用于玉

器的碾轧；它的平面可以顶撞，向更里面掏掖等（图5-84）。擦条，用于摩擦孔眼不平滑的地方（图5-85）。

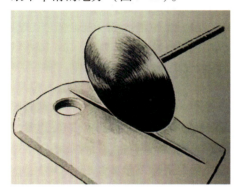

图5-78　錾铊制玉（古代）

图5-79　碗铊

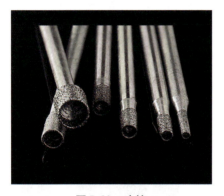

图5-80　冲铊

图5-81　磨铊

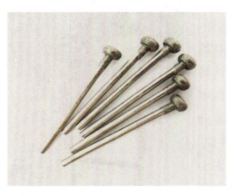

图5-82　轧铊

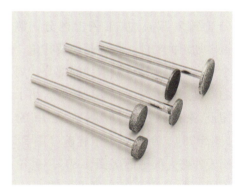

图5-83　勾铊

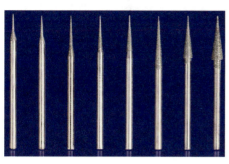

图 5-84 钉铊

图 5-85 擦条

（二） 钻石粉工具

钻石粉工具，又称"磨头工具""金刚石工具""人造钻石粉工具"等。钻石粉工具是指在琢玉工具的工作面上，涂有人造钻石粉的一类制玉工具。其形状、规格、功能与铁制工具一样，区别在于它不能像铁制工具那样，使用钢锉进行修理。它主要用于铡或碾轧磨。钻石粉工具的品种主要包括錾铊、铊片、斜钉、钉、喇叭、尖针、球形工具等。

斩铊，是用于把一件设计好的玉石，实现由平面到立体转化的工具（图5-86）。这一步至关重要，大形切不准，再加细工也不行，斩铊去肉存形，为后面雕刻打下坚实的基础。完成定位塑形后，需要进一步细化设计，为深入雕刻做准备。铊片是安装在台式机、转轴机、牙机上使用的一种工具。斜钉，主要用于打眼，还有杠棒功能——能磨能压，尤其是对肌肉块面起伏的处理，作用突出。斜钉具有倒喇叭的形状特点，可以通过拉、挤等手法进行穿透雕刻。钉子，是针对设计稿，对玉料进行准确定位和起型的工具，即对开脸、大轮廓的塑形和肌肉定位。钉子塑形不可逆转，下手一定要准确。喇叭，是为了强化结构转折的立体感而实现方中求圆的工具（图5-87）。球形工具，是为了雕刻人物肌肉起伏而挺拔又圆润、实现圆中带方目的之工具。它有圆形、鸭蛋形、橄榄形（图5-88）。尖针，是一种可以深入"骨髓"的工具，尤其是对脸部的细化雕刻，能为眼珠与眼皮层次，以及鼻翼、额骨等部位，营造更为深刻而精确的立体感（图5-89）。

图 5-86　斩铊

图 5-87　喇叭

图 5-88　球形工具

图 5-89　尖针

（三）钻孔工具

钻孔是玉雕工艺中不可或缺的一道工序。玉器挂绳和透雕需要穿孔，雕琢链、环、香炉等需要穿空或者掏料，这些都得依靠钻孔工具。钻孔有打眼、钻孔、套料取芯等三种不同情形。钻孔工具包括钻杆、钻弓和管钻。管钻又分金属管钻和钻石粉管钻两种。用金属制成的钻管称为金属管钻，不太软的金属管比较适用于较小的钻孔，需要钻较大孔时，应用薄壁的金属管钻（图 5-90）。

（四）抛光工具

抛光是玉器制作最后一道工序，业内惯称"光活"。抛光工具有：砂条 240、320（360）、1500、2000

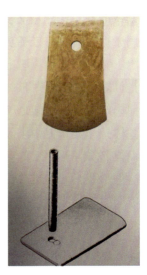

图 5-90　钻孔工具

（图5-91）；砂纸1000、2000；牛皮，上光用之（图5-92）；适量水，磨货时用来清洗；毛巾，保护玉器，防止移动；海绵，用于吸水和观看揉搓的程度；铁砂板，用以磨砂条；台灯，用于清楚、仔细地察看抛光细节。

图 5-91　砂条

图 5-92　牛皮

此外，玉器加工还需要有磨料和抛光粉等辅助材料。磨料对玉石起切削作用，有天然的石英砂、钢玉砂、石榴子石砂，也有人工合成的钻石粉、碳化硼、碳化硅等。目前，玉石加工业内主要用人工合成的磨料，很少使用天然磨料。抛光粉的种类很多，大多是各种氧化物。

三、当今的玉雕设备

20世纪80年代，人造钻石粉末电镀工具头的出现，催生了无级变速高效玉雕机的问世，玉雕技艺发生了根本性的改变。高速旋转的钻石粉工具头，像充满魔力的宝剑，锋利无比，削玉如泥，在大大缩短工时的同时，也无情地淘汰了传统的技艺，创造了许多新的雕刻工艺手法。20世纪90年代，又有许多具有现代科学技术的工艺运用到玉雕中，如

图 5-93　超声波制玉

超声波振荡、喷砂压磨成型、慢滚震动表面处理等，给古老的玉雕技艺带来了脱胎换骨的变化（图5-93）。

随着时代的进步和科技的发展，现代玉雕工具不仅种类多、功能广，而且逐渐配套成型，广为使用，主要有琢玉机、蛇皮机、开石机、软轴机、打眼机、抛光机、牙机，以及横机、密封切油机、数控雕刻机等。

琢玉机是玉器加工过程中最重要的机器设备，主要由机身、传动和轴三部分组成（图5-94）。电动机转动的速度，可以根据需要而调节，工具安装在主轴上，操作非常方便。另外，还有照明、吊秤、供水、砂圈、挡板等辅助设备。

图5-94　琢玉机

蛇皮机也是常用的一种磨玉机器，它由电钻、软轴和工具卡头三部分组成。电机转动会通过软轴传给工具卡头，使工具卡头卡住的工具头转动起来，琢磨玉器。这种设备轻便，可以手提，能加工产品的各个部位，灵活方便，使用广泛。

开石机是开料设备，主要用于分割原石，常用的开石机有丝子锯床、无齿锯床、半自动落式开料机、托盘开料机、钻石铊开料机。开石机结构简单，主要部件有主动轴承、冷冻装置、支撑和进料装置、防溅罩、电动机和皮带（图5-95）等。

软轴机又称吊机，主要用于台式机无法搭载的大型玉雕作品（如玉摆件），通常配合电磨等手持设备使用，完成电磨无法进行的细节工作。由于台式机的固定磨头在处理某些器形上不如手柄那样灵活，很多人会选择将软轴机应用于一些较小或较特殊的玉雕器形上。

图5-95　开石机

打眼机是打孔设备，目前机械打眼已经取代了手拉空心钻杆打钻，如把钻头卡在机床上打孔。最新式的是用超声波机床等专用设备打孔，不但能提高工作效率，而且可以打通形眼孔（图5-96）。

抛光机是用于玉器抛光的专用设备，其造型基本上与磨玉机相同。唯一不同之处，是在设备上增加了吸尘装置（图5-97）。其他抛光设备还有滚光桶、振动抛光机等多种。抛光后，玉器的清洗和过油过蜡，一般采用超声波洗机和烘箱。需要说明的是，机抛光容易将玉器的棱角磨掉，细节以及裂缝处的抛光较粗糙，容易留下雕刻的痕迹。所以，手抛光较为普遍，使用金刚砂、钻石砂打磨玉器。

牙机，又称"电子机"。它是玉工为了更好地适应玉器的精细雕刻工艺的需要，借用牙科医生的医疗设备来处理制玉中的细节问题，其灵活性为目前所有玉雕设备中佼佼者。

图 5-96　打眼机

图 5-97　抛光机

横机，又称"台式机"。它是直接从传统制玉设备"水凳"改造而来的，以电力轴动代替传统的脚踏手磨，使玉工的效率大大提高。该机主要用于出坯的切割等粗糙的工作，适用于绝大多数种类玉器的制作，至今仍在使用。

此外，还有密封油切机和数控雕刻机。前者是在切割机内加入机油、变压器油等，既可以降温（润滑的油脂类油泵，抽起润滑油循环冷却），又能提高切割精度。后者即为电动玉石雕刻机，根据其控制方式的不同，分为计算机控制和面板控制两种。

第六章

玉料和玉器质量的判别

第一节 概　说

我国玉器历史悠久，样式众多，产量巨大。玉料、玉器的质量和价值，有高低贵贱之分，认识和辨别其高下实非易事。因为玉器的优劣不仅取决于玉料的质地，而且取决于玉器的设计和雕工，这两个方面的情况都比较复杂，且不易掌握。

一、玉料、玉器鉴别的基本方法

总体来说，玉器是"山川之精气，人文之精美"，但因不同玉器的材质和图案以及雕刻技法存在差异，故玉器有好坏、优劣之分。总结前人的经验，鉴别玉料、玉器的基本方法是"五看一听"。一看玉的比重。比重越大，玉越珍贵。二看玉的硬度。硬度越高，玉石越佳。三看玉的色泽。红的为翡，绿的为翠，翡和翠为宝石，玲珑剔透也是难得。和田玉以新疆产的羊脂白玉为佳。四看做工。玉同艺术相结合，才能凸显它的价值。五看玉的时间。玉有古玉和新玉之分，古玉是文物，新玉则是艺术品。所谓"新玉"即"新工"，"旧玉新工"也属此类。未多经人把玩，或未入土过，没有天然色沁者，为近年来制作的"新工"。古玉则指清代之前的玉器，其中，汉代以前的作品为高古玉。古玉的刀法比较精美，文饰亦较古朴，即使不是出土的古玉，而只是传世玉，也极为迷人。"一听"，就是敲击玉器听其声音，脆者为佳，哑者为劣。

必须指出的是，玉器的鉴别，不能墨守成规，要随时注意吸收最新研究成果和注意考古发掘动态。随着近代以来大量科学考古的发现，我们对各代玉器的特点有了更为全面深入的认识，这有助于我们提高鉴赏水平。例如，20世纪30年代良渚文化的一些玉器出土后，当时的专家们都认为是周汉之物，新中国成立后的考古发掘证明这个看法过于保守。成千上万件玉器的出土可以使玉器的时代判定更为精确。如商代可分早中晚阶段，新石器时代可分早晚阶段。同一阶段，有的还可分出地域特征。所以，要不断吸收新成果，更新知识，才能不断提高玉器鉴赏水平。

二、古玉鉴定的标形器

古玉鉴定，从严格意义上来说，就是用标形器与被鉴定器对比。对收藏者来说，最大的难处就是找不到标形器。博物馆的展品虽然可以作为标形器，但因为标形器必须长期密切接触，才能成为长眼的利器。而博物馆的展品只可目视，不可接触，无法把它与被鉴定玉器仔细对比。

古玉鉴定要有悟性，悟性叫境界，也叫慧眼。悟性和智慧、文化水平的关系不大，但它是指引你的上帝之手。

玩古玉的人中，百分之九十的人终生入不了道，百分之二十的人摆脱不了"二把刀"，只有不到百分之一的人能"成手"。"成手"，就是鉴定准确率在百分之九十五以上、只有难断没有错断的人。

古玉鉴定，专业人士多从断代开始，教科书对文饰的研究有很多可借鉴之处。非专业人士多从辨真伪开始，但殊途同归。

三、古玉鉴定的步骤

古玉的鉴定，必须循序渐进，对玉质、包浆、沁蚀、玉质、形神、纹饰、刀痕等方面一一加以鉴别。"成手"看古玉，也许远远扫一眼就知道，这只能看个大致。鉴定却是很严谨的，没有微观就没有判断的证据。所以，鉴定要学会用放大镜。

（一）玉质

新疆和田玉是最美的也是文化承载量最大的一种玉，商代以后的贵族器物多选此玉。和田玉与今天的俄罗斯玉分子结构一致，仪器都难以区别二者。但是俄料多山料，和田多籽料。西汉和田料品种最全，质量最好，常见黄玉、羊脂玉等。辽宁岫岩玉，红山文化器物多采用此玉。古玉多数料精工细，需要注意辨识岫岩黄玉、和田黄玉的区别。河南独山玉主要有白青色和白绿色两种颜色，白青色多做仿古器，白绿色多做低档仿翠件，古玉器中少见此玉。各地产的地方玉，多为半石半玉，常见于高古器、良渚器、葬器等。阿富汗玉的密度、硬度低，很像玻璃，古玉器少见此玉。古玉鉴定中，如果发现玉质非新疆和田玉，则该玉器基本上可以判定为非皇家生前用的古玉。

（二）包浆

古玉包浆就是古玉上的氧化膜，它有软硬之分。软包浆是手头有肉涩感（北方话叫肉头儿）；硬包浆是有明显玻璃光。在一定条件下，软、硬包浆可以互相转化。手中长期盘玩或药液浸泡，可做仿包浆，有经验者对此会区分。自然状态的籽料也有包浆，一般硬度较高。

（三）沁蚀

沁蚀分为内沁和外沁。内沁是玉本身自带沁，是玉材本身的皮和杂质所致，即没有雕琢成器的玉内的"色"，也有称为"脏"的，它是在自然条件中形成的，不能作为鉴定古玉的依据，因为有老玉新工的玉器。外沁即受沁，它是玉材雕琢成器以后入土形成的腐蚀，亦称包浆。它从外入内，再由内向外发展，直至钙化。这种受外界各种金属因素腐蚀形成的外沁的深浅程度，与玉本身内在质地的软硬程度和入土时间长短，以及土质干湿差异直接相关。例如，籽料玉质密度高，在土里埋上几千年，也只有白色一层玻璃光，没有任何色沁（外沁）。扬州博物馆藏品汉化羊脂白玉的晗蝉（蝉玉）便是如此。鸡骨白色的形成，除了时间长短外，更重要的是玉本身半石半玉的质地，使之很容易钙化成鸡骨白。同样的古玉器，入土南北二地相同的时间，形成的受沁（外沁）也不尽相同。

（四）形神

神是艺术之"魂"，古人之"魂"必不同于现在之"魂"。当今再好的工匠，也仿不出古人之"魂"。此"魂"必从真品中领悟，不可自以为是。

（五）腐蚀

某些介质对玉表面有腐蚀作用，土中玉器的腐蚀痕迹多为点状分布，像天上的星星或星星的集中，而非连续片状。汉墓中的铁器腐烂后形成的硫酸铁、亚硫酸铁对玉的腐蚀作用最大。

（六）纹饰

纹饰千变万化且易仿，不宜作为判断真伪的依据。对纹饰的了解有助于断代。具体纹饰内容后面有专门介绍。

（七）刀痕

刀痕的研究对古玉鉴定有着极其重要的作用，它主要是区分玉器为手工雕的还是电脑雕的。这里讲的刀痕不是刀工，是各个时代玉器在线条、纹饰上的痕迹体现。刀痕研究，首先要掌握一点机械常识，如轴、轴套、转速、同轴度、跳动、偏摆，以及电动砣具、非电动砣具的结构特征与差别及砣具进化过程等。

轴和轴套相互依存，轴在轴套中转动，轴套是轴的支撑，轴和轴套发生摩擦。转动，古为手动，今为电动，一慢一快相差数百倍。出土的管状、柱状玉器，很可能就是轴和轴套。商代以前的轴和轴套多为玉石器，商周多为铜器，汉以后多为锻打后的铁器，故汉代砣机具精度大为提高，加工能力明显增强。这不仅表现在轴和轴套的配合上，而且表现在机件加工工艺性能和机械的结构精度、机械品种等多方面。

同轴度是砣盘中心和转轴中心的误差；跳动是砣盘每转一周的上下位移；偏摆是砣盘每转一周偏离其所处平面的误差。现代机械有误差，古代机械误差更大。从理论上讲，砣具应先于玉器出现，无砣具则无玉器。自从有了机器，高难度的玉器加工才有了可能。

汉代出现精美的高浮雕并不奇怪，这是中国玉器史上划时代的一页。唐宋时期的砣机具，结构、精度、种类更加完善，但少有突破。一直延续到清代，砣机具的精度才有了进一步的提高。现代电动砣机具精度高、速度快，刀更硬，进给力大，切削力强，故常显刀痕粗大、崩茬。又因现代砣具精巧、灵活，也不乏精细之作。

机械性能上的区别，必然导致工艺方法的不同和刀痕特征的不同。掌握了这些，就掌握了古玉鉴定的利器。战国以前的砣机具大同小异，一般只能进行粗加工，细部都是手工刀具加工的。那时的手工刀具，一刀只能划出一条白痕，一个局部就要千千万万刀，可见时间和人力的投入。细如发丝的阴刻线，细看也由多刀完成。如此工艺自然精细工整，只有葬器较为粗糙，孔、边没有精加工。汉代器物砣痕和手工刀痕交织，工艺能力大幅度提高。唐以后的器物以砣痕为主，仍能看出随着砣具的进步器物表面痕迹的变化。古玉即便有抛光，也不足以破坏表面刀痕。崩茬、刀痕粗大是现代电动工具所为。无刀痕是现代抛光，菊皮状是化学抛光。钻孔内壁有明显刀痕是电动钻头所为。砣痕和电动工具痕迹的区别，只能在实践中逐渐掌握。

第二节　软玉料真假、质量的辨识

判断玉石材料的真假，是鉴别玉器质量的重要内容。因为，无论是过去还是现在乃至未来，玉器的作伪经常是对玉石材料进行仿造或假冒。所以，识别仿造（假冒）玉石，是鉴定作伪玉器的重要方法之一。

真的玉石，不论是白玉、黄玉、青玉还是碧玉，其玉色一定鲜明，不邪不灰而无杂色者为最佳。就玉性和玉质而言，要求细而白润，纯而无杂。无论是什么颜色的宝玉，质越细越好，越细也就越显滋润。而混杂在玉石市场上的一些假玉（人工玉）与真玉相比较，其玉色、玉质、玉性都或多或少地存在着种种差异。只要我们掌握了正确方法，即使在没有鉴定仪器的情况下，也是能够辨识真玉假玉的。

一、民间流传的简易识别法

古玉鉴定的理论研究成果丰硕，但在古玉鉴定实践中难以"落地"（运用）。而玉工们在长期的实践中，摸索、总结出了一些简单易行的辨识真玉与假玉的方法，概括起来说，主要包括感官鉴别法、测试鉴别法和器具鉴别法三类。感官鉴别法是在没有仪器、工具的情况下，利用自己的眼睛、耳朵、舌头和手等感知器官，通过"看、听、摸、掂、舔"等方法判断玉的真与假。测试鉴别法是借助水、头发、玻璃等物来辨识真玉假玉。光照透视鉴别法是在有条件的情况下，使用强光手电筒、放大镜（显微镜）等器具鉴别玉的真与假，其准确性较之其他鉴定方法要更高一些。当然，如果玉商提供玉石的透光相片，也能从相片上看出玉石的特征来。

具体而言，鉴别真假玉"接地气"的方法有八种。这些方法虽不能肯定准确性有多高，但在没有其他鉴定办法的情况下可供参考。

（一）光照透视法

光照透视法是先在自然光线下观看玉的色泽、质感，看其是否符合真玉光泽蕴含在里面、不张扬的视觉效果。所谓"翡翠看水头，和田玉看油头"，在通透程度上，和田玉绝大多数微透明或半透明。然后，再到暗处拿强光电筒透视，若光线穿透有一定深度且透色分布均匀，有油脂光泽，颜色剔透，则问题不大。若不甚透明，色白无泽，甚至晶体内有小气泡，则是假玉。

强光手电筒的使用方法有三种。一是把强光手电筒紧靠在玉石表面，通过直射的强光来观察玉石的质地及浑厚度（图6-1）。在强光手电筒的照射下，和田玉呈现出的光线很集中，带有一种明显的透光性。大理岩或是玻璃以及石英岩等，往往呈现出比较混杂的光线。接着，将手电筒围绕玉石平移照射

图6-1 用强光手电筒观察玉石

一周，根据玉石透光的均匀程度判断玉石的内部结构是否均匀。二是用强光手电筒朝着玉石无皮的地方，在距离几厘米处呈45度角照射，通过不断地移动来观察玉石中的絮状结构，从而判断玉石的颗粒粗细、玉质细腻程度。三是将强光手电筒对准玉石，观察玉石内的杂质和绺裂。如果玉石内部有杂质，透光中便会出现暗点；如果玉石有绺裂，则光线会出现异常的折射反应。

（二）放大镜（显微镜）观看法

对于眼睛不太好的买家，放大镜（显微镜）观看法极为重要。和田籽玉表面有许多大小不均的凹凸状和无数细小的"汗毛孔"，这是在自然状态下形成的，绝非人力可为。若发现玉石表面没有"汗毛孔"、凹凸状这些特征或特征极不自然，那这块玉料就不是籽料，而是山料或其他玉料。另外，可使用放大镜观察玉石有没有裂痕。没有裂痕的是好玉，有裂痕者不太好，就算是真的玉，价值也不会高。

（三）适度敲击法

和田玉声音有其特点，悬空轻轻敲击时，声音清脆悦耳，舒扬致远。故而，有些极致密的好玉，我们叫它"钢板料"，敲击的声音犹如敲击悬挂的钢板一样。敲击法多用于翡翠玉镯及切片翡翠，发出清脆声音的则为好的玉石或翡翠A货，而声音哑的、不脆的甚至沉闷的，则可能是软玉中的岫岩玉或者翡翠B货、翡翠C货，或者是破裂的玉。还有出土的古玉，敲击时也往往无脆音。

（四）掂量法

掂量法非常原始，但在赌石时使用十分有效。其原理是，翡翠的比重较一般的仿品要大，常见的翡翠仿品有硅质砾石、大理岩、水抹子（钠长石）、角闪

石、砾石等。这些原料的仿品比重较小，用手掂量时，手感很轻。这种方法在中等大小的雕刻件中非常有用，在小挂件及手镯中也有使用，但要十分小心。掂量法是翡翠真假鉴别的最基本方法，辨识体量较大的软玉也可用此法。

（五）刻划法

刻划法的原理是利用翡翠硬度大这一特点来鉴别玉的真伪。民间人士认为，用玉去划玻璃，能刻划玻璃的即是真玉，它能区别硬度在 5 度上下的玉石。一般人较多采用小刀，刻划玉器不明显处或底座，以辨别真假。

（六）水泡法或水煮法

此法常用于翡翠赌石的鉴别及翡翠 C 货的识别。一些染色的翡翠，将其置于水中用高温来煮，常常能去除染料或浸泡出染料；而对赌石，水煮后经常能识别假皮、假门子、拼合缝等。有时，还能识别翡翠的裂隙、裂缝等。此外，将一滴水滴在玉上，如果水滴像露珠一样迟迟不散掉的是真玉；反之，水滴很快消散掉的是假玉。

（七）火烧法

火烧法不常用，若用在鉴别翡翠真假的过程中，必须小心谨慎。民间有时在区别染色的翡翠时，还可见到使用此法。染料经火烧后，一般会退去颜色。若把头发丝缠绕在玉上，然后用火去点燃，真玉上的头发烧不断，假玉上的头发会烧断。应当注意的是，头发丝必须在玉的上面缠绕紧，不然真玉上的头发也会烧断。

（八）手感法

手感法就是用手触摸玉，凭感觉做判断。真玉摸在手上会有冰凉冰凉的润滑感觉，假玉则感觉粗糙。在区别翡翠与玻璃制品时，此法十分有效。因为，翡翠 A 货的手感是非常凉爽，而玻璃则没有这种感觉。

翡翠价值昂贵，鉴别真假尤为重要。除了上述鉴别方法之外，本章第四节中还有翡翠鉴定知识的专门介绍。

二、假（软）玉石的辨别

假（软）玉石的品种较多，除了仿造（假冒）玉石外，常见的假玉有塑料胶、着色玻璃、电色假玉、合成玉、硝子等。另外，用岫岩玉、青海玉、俄罗斯玉、玻璃料等冒充新疆和田玉也是一种假冒行为。

（一）仿造（假冒）玉石的识别

所谓仿造（假冒）玉石，是将质地、颜色较差的原石或玉石通过加工处理，使其变成颜色美丽的品种，或以档次较低的天然玉石代替档次高的天然玉石，或用玻璃（包括加工、染色后的玻璃）代替玉石。

从现实情况来看，仿造（假冒）玉石主要有白玉、籽料、青金石、绿松石、砂金石等几个品种。

1. 仿造白玉

近些年，各种以仿制品充当高档白玉售卖的情况时有发生，最常见的仿制材料有石英岩玉、大理岩、岫玉，除此以外，还有玻璃、塑料等人造材料（图6-2）。我们掌握一些简易的识别真假白玉的方法，便可防止上当受骗。

图6-2　玻璃手镯

京白玉　属石英质玉，因最初发现于京郊而得名。京白玉常呈粒状结构，断面常可见石英晶粒反光，且石英质玉密度仅为2.65，"打手"分量远不如和田玉稳重。

康（卡）瓦石　曾经一度是蛇纹石质仿白玉的别称。蛇纹石质玉更为人熟知的名称是岫玉。其硬度低而无法刻划玻璃，从而与和田玉易于区别。现今康瓦石一词，泛指各类和田玉仿制品，仅以颜色区分，如白色岫玉、白色石英岩和白色大理岩等，统一称为白康瓦石。

阿富汗玉　又称巴基斯坦玉，市场简称阿玉或巴玉，实为碳酸盐质玉（图6-3）。阿富汗玉质地细腻者油性好，远观易与羊脂白玉混淆，但价格天壤之别。阿富汗玉密度2.7克/立方厘米左右，因而"打手"感觉轻，硬度仅为3，小刀或钥匙均能轻易在玉石表面刻划并留下划痕。部分阿富汗玉沿一侧观察，可见层纹结构。

料器　北京琉璃厂等古玩市场常用名词，最初专指玻璃制品，后延伸为所有人工合成材料的别称，玻璃和塑料是最常见的"料"，内部常含气泡及玻璃常见的流纹构造，易于识别（图6-4）。

由于人工作伪工艺的推陈出新，一些人工仿白玉制品越来越难以与天然和田玉区分。与此同时，各类白色玉材（如独山玉、叶蜡石、晶化玻璃等）不断涌入市场，导致和田玉的鉴定愈发需要与时俱进。幸好，当今大型仪器的引入，使得一些高仿制品无所遁形，如红外光谱已经成为和田玉鉴定中最为有效的无损检测方法之一。

图6-3 阿富汗玉仿白玉

图6-4 料器

2. 仿造籽料

籽料是和田玉料中的上等品，远比山料、山流水料、戈壁料珍贵。目前，市场上的籽料越来越少，于是就衍生了一些不择手段仿造籽料的卖家，以牟取暴利。真假籽料的区分，主要是通过观察其外表的毛孔、皮色和裂纹来识别。

看毛孔。真正的籽料，不论多么细腻，它的外层都会有密密麻麻的小毛孔。我们用放大镜去看，就会看到这些毛孔有粗有细，非常自然，和人体肌肤表面的汗毛孔非常相似。行内有句话："籽料去了皮，神仙认不得。"有无毛孔，是鉴别真假籽料的高招。通俗地说，判断真假籽料最重要的一点，就是看籽料的皮壳，而在皮上判断籽料是真是假，最明显的就是看毛孔，它就像和田玉籽料的身份证一样，是判断的依据。

无论是粗的还是细小的汗毛孔，都是在自然环境下形成的，给人的感觉是自然、舒服、不生硬。真毛孔分布自然，错落有致，深浅大小皆不一。这些深浅大小不一的毛孔，经过河水的长年冲刷，表面平滑，看上去也很自然。这与市场上仿造籽料的假毛孔有着明显的区别。

市场上仿造籽料毛孔的造假方法主要有三种：一是金刚针打；二是喷砂；三是滚筒。无论哪种方法造假出来的毛孔，看上去都呆板、别扭、生硬。但是，籽料上的毛孔，尤其是细腻到像人的汗毛孔那样的毛孔，必须用放大镜才能看得到。

籽料皮壳上面和毛孔相似的另一种叫腐蚀坑。玉石形成的时候，表皮存在杂质，如碳酸盐、石墨等，经历了水流的冲击后而形成的坑洞就是腐蚀坑。其特点是，形状和被腐蚀下去的碎片颗粒一样，有细脉状、鳞片状等，它是有深度的，这点同毛孔不一样。

需要说明的一点是，有些玉石因为雕刻的需要，设计师不得不对玉石籽料表面进行打磨，这就使得毛孔变浅甚至消失。所以，毛孔也不能作为断定籽料真假的唯一标准，还得兼顾其他。

看皮色。真籽料的皮色有很多种，颜色多样，皮色的边缘处会有种层次感，颜色有一个过渡，看起来非常自然。假皮会给人一种别扭、浮夸的感觉，颜色一通到底，皮色边缘处没有过渡。所以，看皮色也是分辨籽料真假的一种好方法。

看裂纹。很多人觉得，裂对籽料来说是一种瑕疵。其实，有裂的籽料也有一个好的作用，那就是可以帮我们分辨籽料皮色的真假。天然籽料皮色上的裂，颜色由浅入深，裂的深处颜色也深，越往边缘颜色越浅。而仿造籽料上人工染的皮色刚好相反，裂的边缘颜色深，越往里面颜色越浅。真假籽料的特征明显，这也是一种很实用的分辨真假皮色的方法。

3. 仿造青金石

已知可以仿造青金石的原料有碧石（含黏土矿物的绿色玉髓）、尖晶石集合体、岫玉、玻璃等。碧石着色（蓝色）的仿造青金，谓之"瑞士青金"，具体分三种。着色青金是一种尖晶石块体仿制品，用钴蓝将尖晶石染蓝而成；炝色青金是把岫玉炝色成蓝色；料仿青金是由蓝色玻璃制成的。此外，方钠石、蓝色石等都可以做青金石的代用品。

4. 仿造绿松石

仿造绿松石的主要有石料和骨制品两种。石料包括磷铜铁矿（含铁多的绿松石）、铝磷铜铁矿、铁绿松石等。骨制品是用牙齿或骨化石，经铁或磷酸盐着色而成，日本称其为"齿绿松石"。

5. 仿造砂金石

天然砂金石是石英岩，含云母片或铁矿物细小磷片。仿造砂金石则是用褐色玻璃与铜粉烧制而成的，亦称"加砂金石"或"假金星石"。玻璃与石英岩外观不同，故仿造砂金石极易分辨。

（二）加工改色玉石的识别

宝石、玉石都是矿物晶体，在自然界中，矿物晶体的生长往往需要几千、几万甚至几十万年，而且生长出的宝玉石晶体大多数质量不高，有着这样和那样的缺陷。由于优质的宝玉石较少，有的宝玉石非常稀罕，无法满足更多的消费者的需求，于是，随着现代技术的发展，人造宝玉石和加工改色宝玉石越来越多。这给宝玉石真假的鉴定造成很多困难。用现代技术加工玉石，主要是对玉石进行改色的加工，其目的是使玉石的颜色和透明度有所改善，以次充好。用现在技术工艺改色玉石的方法，有加热法、辐射法、染色法、镀膜法。

1. 加热法

加热法是利用物理变化原理，加热处理玉石，改善玉石的颜色和透明度。古代人大多采用此法，如传统的作伪方法中的"老提油""火烤法"等。不同的是，现代技术的加热所采用的设备是多种多样的，大多使用完全自动控温的现代化电炉，所用的燃料包括天然气、电力、太阳能、核能及人造的强烈光源。

加热改色的操作法，包括从极简单到异常复杂的，一应俱全。简单的如将一粒褐色的黄玉或钻石放在玻璃管中，在酒精灯上缓缓地加热，注意玻璃管中玉石颜色和透明度的改变。当到想要的标准时，立即停止加热，改色即告成功。但在大多数情况下，要有自动控温装置，可以批量加工。在加工过程中，为不使玉石受热不匀而炸裂，常将玉石包在不会发生化学变化、不怕高温的粉末中，同时也可在这类粉末中加入少量化学药品，作为还原剂、氧化剂或触媒，甚至通过纯氧或在抽成真空的环境中加高温等。

2. 辐射法

辐射法是用高能的辐射线来照射玉石，使其改变颜色。辐射法用的有 X 射线、高能电子流、中子流、质子流等，这些辐射线可以从粒子加速器或原子反应堆中得到。使用辐射方法照射玉石所产生的颜色，与玉石的天然颜色很相似，如白色的翡翠辐射可改色成为绿色翡翠。再如黄玉通过辐射后，既可以使无色的变为天蓝色或深蓝色，且颜色性能稳定，又可以使有色的变为黄色或橙黄色，但颜色易褪去，还可以使褪色的恢复蓝色或棕色，且保持颜色稳定。

通常情况下，辐射改色所产生的颜色难以区别，但不耐久，时间长了，颜色会变浅或变得不均匀。

3. 染色法

染色法是将玉石用有机染料和无机颜料溶液浸泡，使之改变颜色的一种方法（图6-5）。被染色的玉石，一般是多孔或多裂隙的低档石料，染色后颜色溶液会沿着裂缝渗入玉石体内。有时，可使用真空环境及加高压等现代化手段，加速染料溶液的渗入。由于玉石染色时，加入了外来物质染料或颜料（如廉价的白色翡翠泡在铬盐的水溶液中加热，使铬盐渗入翡翠中而染成绿色），宝石界通常视这类玉石为假货。尤其是价格昂贵的高档品如翡翠，由白色染成绿色，更是无人问津的典型假货。但一些低档的如玛瑙，市场上的绿色或蓝色全是经过染色的，价格通常较低廉，也能为消费者接受。

用染色法改色的宝玉石不难识别，因为其颜色常不均匀，在裂缝及孔洞附近的色浓而集中，颜色由外渗向内的趋势明显。用放大镜或显微镜观察，可以见到染料或颜色在裂缝中堆积的现象。

4. 镀膜法

镀膜法是把白色或颜色很浅的宝玉石原料如翡翠等，磨制为成品（如戒

图 6-5　染色假籽料

面），然后用不同的方法在这些成品的表面镀上一层艳美的薄膜，这样，劣质的玉石看起来就变成优质的了。镀膜方法可以借助加高温或加高压方式，如将无色或浅色的玉石成品，埋在混有加色药剂的粉末中，长时间地加高温，使得玉石的表面产生一种色膜。又如在浅色或极浅绿色的翡翠成品戒面上涂抹一种翠绿色的胶，干燥后形成一层包住戒面的滴翠绿色薄皮，人们称为"穿衣的翡翠"。

所有经过镀膜改色的玉石，由于镀层极薄，不能再抛光，因此成品磨光质量欠佳，并且通常颜色不均匀，有些部位常有颜色浓集而变深的现象。由于镀膜后宝玉石表面增加了外来的物质，故这类宝玉石是地道的"假货"。

（三）岫岩玉、青海玉、俄罗斯玉、玻璃料冒充新疆和田玉的鉴别

和田玉是软玉之王，产量稀少，价格昂贵，少数玉雕从业人员为了谋取不义之财，通常用价廉的俄罗斯玉、青海玉、岫岩玉甚至玻璃料来冒充和田玉。

产于辽宁的岫岩玉的质地、硬度和比重都不及和田玉，价格便宜得多。但是由于岫岩玉质地细腻，水头较足，呈卉状至油脂光泽，故有人把它做旧来冒充老的和田玉。对此，鉴别的最好办法是，用普通小刀在玉材上刻几下，吃刀者为岫岩玉，纹丝不入者为和田玉。如果身边没有带刀，可细看雕刻时的受刀处，和田玉受刀处光滑不起毛，而岫岩玉则起毛粗糙。此外，岫岩玉手感较轻，敲击时声音沉闷暗哑，不像和田玉手感重、声音清脆。鉴别其他普通玉石冒充和田玉的方法也大致如上所述。

产于我国青海和苏联中亚地区的青海玉和俄罗斯玉，因为与和田玉的矿石成分相似，硬度和白玉一样，且多为白色，看上去也似蜡状油脂光泽，因此很容易冒充和田白玉。但这种玉所含石英质成分偏高，与白玉相比，质粗涩，性硬，脆性高，透明性强，温润度低，白得不滋润，是"死白"，或者夹带有条线状、透明筋线（俗称"水线"），敲击出来的声音沉闷、不清脆。

坊间也有人以玻璃（俗称"料"）来冒充和田玉，这方面的鉴别相对不是太

难。一般说来，玻璃颜色一气呵成，没有自然变化，里面有料泡（有的可以通过雕工把料泡做掉）；其质料比较单纯，不像和田玉有玉茎，玻璃有绵状、萝卜丝状等自然结晶状；用放大镜观察，玻璃的毛孔比和田玉粗得多，断口呈亮碴贝壳状，并非和田玉的暗碴参差状；玻璃的硬度低，容易吃刀，贴在脸上感觉敏感的部位，其凉的程度远不及真玉，敲击时声音沉闷。

（四）其他常见假玉的辨识

现实中，常见的假玉有塑胶、着色玻璃、电色假玉和以玉粉、水晶加盐水制成的合成玉以及硝子等，鉴别这些假玉的方式方法各有不同。塑胶的质地比玉石轻，硬度差，一般比较容易辨认。着色玻璃也容易识别，只要把它拿到灯光或阳光下察看，就会看见玻璃里面有不少气泡。人工合成玉是仿深色老坑玉，它比天然玉的比重（3.3—3.4）轻，仅有2.8，只要拿在手上细细掂量一下就有数；若有天平秤，称一下也就辨得出真假了。

比较难以辨别的是电色假玉，这是经过电镀后，给劣质玉镀上一层美丽的翠绿色外表，很容易让人误以为是真玉，这就需要仔细观察（图6-6）。如果上面有一些绿中带蓝的小裂纹，就是假玉。这种电镀时留下的裂纹，行家称为"蜘蛛爪"。也有人说，将电色假玉放置热油中，电镀色便会消退，显露出其本来面目。

图6-6　电色假玉

用硝子冒充真玉，制成的玉器不易识别（图6-7）。因为硝子看上去比玉还洁白莹润。古人说："玉赛硝，必定高。"讲的是白玉要像硝子那样，才算是高级的。但是，假玉终究与真玉有别，只要注意从颜色、玉性、断口、杂质、比重和声音等方面来仔细分辨，还是能够避免上当受骗的。白玉的颜色，白色之中

图6-7　硝子玉

常微泛青色，极为洁白或纯白色者少；而硝子都为一种匀净的洁白或纯白色，强光灯下照射，硝子微有橘黄色光。真玉的玉性之一就是温润匀腻，如膏似脂；而硝子虽也觉莹润，却感觉精光外露，于莹润之中有贼光闪烁。放大镜下观察，白

玉的断口为石性特点，结构细密，暗碴无光，呈参差状或锯齿状；而硝子的断口为料性的特点，结构粗糙，亮碴有光，呈贝壳状。真玉是天然产物，体质很难全部均匀一致，内中有玉筋、玉花等；硝子为人工所制，则无上述表象。真玉质地坚实，无气泡可寻；硝子加工再好，常有气泡、气眼外露，即使质量好的硝子气泡极少，但在强光照射下，还是能看出真相的。白玉的比重为2.9—3.1，硝子在2.5左右，相比之下硝子要轻飘一些，拿在手中的感觉不同。真玉之声凝重悦耳、余音悠扬，而硝子声闷哑，通过轻轻的碰击，两者发出的声音有所不同。

三、软玉质量差异的判别

（一）软玉质量差异的判别

玉器行业识别软玉，主要从坑、形、皮、性、质等五个方面来观察。识别软玉的坑、形、皮、性、质，虽然凭的是感官经验，但它反映了人对玉认识的深化。因此，这五个字也就成为软玉质量鉴定的依据。

"坑"，是指玉的产地。和田玉虽产于新疆，但具体产地不同，玉的质量也不同。其著名产地有杨家坑、富家坑、塔石寨、墨玉县等。杨家坑产好山料玉；富家坑产白玉、青玉；塔石寨黑山产籽玉；墨玉县产碧玉。产地不同的玉，其外表特征也不一样，经长年使用，能够从外表特征感观玉的产地和质量，人们后来就习惯以产地即"坑"，作为玉质优劣的代称，如行话"坑子好"，就是质量好的意思。

"形"，是指玉的外形。玉有三种外形：一种叫山料玉，呈石块状；一种叫山料水玉，称"山流水"，是山料玉经风雨磨损失去棱角的状态，表面较平滑；一种叫籽玉，即经山水冲入河底呈卵石状的玉。山料玉的质量出入很大，"山流水"和籽玉受风化影响，玉质较纯净，多是好玉，尤其是籽玉的润美，是其他种类的玉不能比的。

"皮"，是指玉的外皮。玉本无皮，玉皮是指玉的表面。玉的表面有一定特征，这种特征反映了玉的质量。好质量的玉应该是皮如玉，皮好，里面玉质也好；皮不好，里面玉质也不好。

"性"，是指玉的结晶构造。玉的结晶颗粒形状多种多样，排列也不尽相同，由此表现为不同的性质，称为"性"。玉的结晶形状排列，可表现为阴性、阳性、硬性、软性、鸡皮性、片性、爆性、干性、冻性、糠性等，阴性和阳性是玉的生长特点。愈是好玉，愈没有性的表现，玉性实际上是玉的缺点，好的籽玉无性的表现，即"籽玉无性"。

"质"是质地。鉴定玉的好坏，首先应当重视质地。人们常说的羊脂玉，除去颜色白以外，还要如羊脂一般的细腻滋润才最好。同样是羊脂玉，每块玉的白和润的程度不同，也能对比分出优劣。质地特别好的羊脂玉并不多见，有的玉色闪青，有的玉有性，有的玉透明度欠佳，有的不洁净。如果观察发现玉的质地有"阴"（玉的部分或全部呈现阴暗色）或"灵"（如煮过的荸荠）或"油"（非凝脂的油性感觉）或"嫩"（透明度大而不灵，有娇嫩之感）或"灰"（色不正）或"干、僵"（不透彻、不润）或"瓷"（如瓷状）或"松"（结构不紧凑）或"面"（质松）或"爆"（在制作中易起鳞片）等缺点，该玉的质地就差，不能视为好玉。简单地说，和田白玉大致可从以下角度去选用：首先观察白度等级够不够；再看玉液的润度够不够，即玉质是否细腻，玉花和水线所占比例多少（仅占一两条，没有什么问题），杂质多不多，玉面有无裂缝；喜欢皮色者，最后再看玉的皮色是否艳丽，秋梨皮、枣红皮、鹿皮、撒金皮等都是和田玉的名贵品种，但要防止假皮。而且，要学会鉴别籽料的皮色优劣。所以，人眼识别、对比是衡量玉质优劣的标准。

（二）籽料质量差异的判别

籽料是和田玉中最好的品种，价格昂贵。小的籽料和田玉，可以加工制成籽料原石，串作玩赏用；大的和田玉籽料，经过设计和琢磨，可以制作各种精美的玉器。但是，不管怎样使用籽料和田玉，都必须认准籽料货真价实，切不可把山料当籽料，花了冤枉钱。退一步讲，即使真籽料，也有质量好坏之别。所以，学会鉴别籽料，尤其是有皮色的籽料，就显得十分重要。鉴别籽料，归根结底就是要懂得籽料的看皮之道。

玉是体，皮是衣。皮可作为鉴别和田玉籽料还是山料的标志。皮往往有色，色的巧妙运用谓之巧雕，巧雕水平最高的又称为"俏色巧雕"。俏色巧雕的结果如何，皮色的好坏起着关键作用。因为从玉雕成品来说，皮色是作品的画龙点睛之笔。皮色用得好，整个作品看起来就与众不同，皮色与作品结合巧妙者为上品。实践证明，成品的皮色不仅要看皮色本身，还要看皮色的布局和整体是否恰当，故有"观玉瞧三皮"之说，此乃籽料的看皮之道。三皮指的是皮聚、皮熟、皮艳。换而言之，即是看皮色是否集聚、老熟，颜色是否亮艳、讨人喜欢，以及皮色下的玉质皮色巧雕如何，等等。

皮聚是从皮色的分布来说的，皮色不仅要"聚"，还要"集"，而且聚集的位置要好。皮色聚集有不同的种类，洒金的皮色分散均匀，整体看上去一气呵成，也可以说是一种聚。最漂亮的皮色是画面玉，呈现天然的图案，就像一幅自然画作（如一座山、一个动物），此乃天成，几乎不用雕刻便极具欣赏价值。玉材裂缝处沁入颜色而形成的皮色，是因脏而成，既不美观，雕刻又很难利用。所以，长在玉肉上的皮色，比沿着裂缝生长的皮色要好得多。皮色不能脏、乱、差，否则看起来不舒服，不可取。从皮色生长的位置来说，长在玉肉上的皮色为活皮，可取；长在僵皮或石皮上的皮色为死皮，不可取。看清了皮色的种类和生长的位置，认准了好的皮色，可以让籽料变得更美，把那些刺眼不顺的东西掩盖掉。

皮艳是从颜色上来说的，皮的颜色要正。玩家较喜欢的有红皮、黑皮、洒金、黄皮等皮色，但皮色千差万别。如红皮就有枣红皮、橘红皮、酱红皮、红皮等区别，大多数人喜欢很红的皮色，不太喜欢咖啡色。黑皮也有黑油皮、乌鸦皮、油烟皮等区别，多数人喜欢很黑的黑油皮，不太喜欢黑不黑、灰不灰的油烟皮色。从美观角度来说，皮色的颜色要亮（鲜艳）而不暗，越正越好，看上去暗的皮色，下面可能有黑色（即压黑）。

皮熟是从皮色的质地上来说的，皮色要老气、老熟，看起来油润，与玉肉融为一体。看上去干的、不舒服的皮色生嫩，甚至有假的感觉，则不好。

玩玉者难免追求完美。但现实中，皮色聚、皮色艳、皮色熟的美玉很难觅，理应退三分而求之，则可得美玉也。

第三节 传统作伪古玉器的鉴定

一、历代古玉器作伪的主要方法

鉴定传统作伪古玉器，首先必须了解和掌握传统作伪古玉器的四种主要方法，即以石充玉、老玉新作、新玉旧作、玻璃仿玉等。古玉器分为传世古玉器与出土古玉器。因为玉器易碎，传世古玉器极为罕见，尤其是唐以前的传世古玉器，则更为稀有珍贵。出土古玉器较为多见，也分为两种情况：一是因战乱而埋于废墟之中的，二是殉葬品，以后者为多。玉器在地下埋藏千年，完好无损，且质地更加细腻，光泽更好，因此出土古玉器的价值更高，仿造者往往仿制这类古玉器以获利。而传世古玉器一般很难伪造，且不易获利。

（一）以石充玉法

古代有许多极像玉的美石，如磝、硫、瑶、瑕、璎等。伪造者常将这种似玉而非玉的美石打制成器皿，充当玉器，没有一定的鉴别能力是极易受骗的（图6-8）。还有几种石头，样子很像玉中的劣等品，如碱、瑁、璃、燮、碍等，用它们琢成器物，以石充玉，识别不清，就会上当。江苏句容的茆山石，色白而有光泽，有冷白色、淡青色几种，看上去酷似真玉，硬度也与玉相近，制成的器物能以假乱真。山东莱州产的莱州石，

图6-8 以石充玉

颜色有白色、碧色两种，白色比碧色质地好，温润光泽，也有白中带黄、碧中带冷色的，其质量好的可与真玉媲美。江苏六合的灵岩山生产一种美石，质量好的胜过一般玉石，世人常用此石制作念珠、手戒、钏镯、炉壶一类的器具，应仔细辨认。

（二）老玉新作法

一件古老的玉器，在现代被改造雕刻成新的玉器，就是"老玉新作"。这种作伪法较为多见。作伪者往往将已破碎的没有什么用处的大件古玉器，改造成新的形状或花纹的玉器。如古玉璧，若残缺一半，可将其改为玉璜；若残缺四分之一，可改为玉玦；若里口残缺，可磨去一层改为玉瑗；若外部残缺，可磨去一层改为玉环。诸如此类，凡残破玉器，取其部分，均可制成其他物件，只要制作得天衣无缝，以假乱真，均可获取重利。若残破得无法制作器皿，可将几段分别连接成一件，也可卖个好价钱。比如，一件破碎成数段的玉如意，即使能一眼看出是伪造，但做工精细，镶嵌完美得法，仍不失为一件有价值的文物。另有大件古玉器不甚精美者，如玉的质地很不均匀，有精有细，可将其细腻部分截取下来，制作成其他仿古器物。即使行家里手或经验丰富的古董商，也不能否认它是件古玉器。这种赝品市面上多见。

真的古玉器，其土斑色沁都是自然形成的，雕刻刀法古朴自然；若是老玉新改者，光泽不太自然，刀刮痕迹明显，花纹线条不太流畅、自然。两者比较容易区分。

老玉新作的另一种方式，是混淆新旧玉器的区别，即玉器鉴定界常说的"伪

造新旧之法"。为达到混淆目的，伪造者往往把熔化的蜡浇到旧玉器之上，反复数遍，直至玉显出新貌为止。或者将旧玉放在布袋内，中间杂以麸屑，长时间用手揉搓，直至其显出新貌。采用此法后，新玉和旧玉无明显差别。

此外，还有两种老玉新作的情况，一是利用古玉器纹制玉器，二是在造型简单的古玉器上加刻纹饰。这些手法所制玉器，因为有真有假，故在鉴别时不应一概肯定或否定，应视具体情况分清真假。

（三）新玉作伪法

作伪者利用当时的新玉料，从形制纹饰、工艺色沁上仿制，伪造出土的古玉器。这种作伪方式，归纳起来有敲打法、火烧法、砣碾法、砂磋法、水煮法、油提法、水浸火烤法、狗羊尸骨血渍法、叩锈法、璜斑法、黄斑法等。

1. 敲打法

长期埋在地下的古玉器，往往受酸碱物质的侵蚀，或在流传过程中受人为的磨损，多少会带有伤痕。所以，作伪者往往敲打仿古玉的边缘突出部分，使之有伤痕、裂缝，伪造成为带伤痕的古玉器。或者将玉器上的耳、脚等敲断之后再粘接。真正的古玉器周身布满古迹，土色斑斓。用敲打法修补雕琢的仿古玉器，往往留有光洁的新痕迹。为了掩饰被敲打玉器断裂口的新痕，有的作伪者常在这些部位进行染色处理，但有时反而欲盖弥彰。

2. 火烧法

火烧法又称"煨头"，即采用火烧加热、突然冷却的方法，使仿玉器裂痕累累，玉色变为灰白，极似古玉中的鸡骨白（图6-9）。古玩行业又称其为"伪石灰石"。它们和古玉真品的区别是，伪品上面有火烧后形成的细裂纹，真鸡骨白则无。

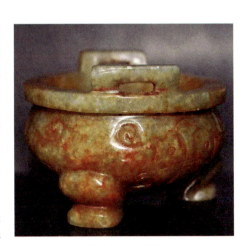

图6-9 火烧玉

3. 砣碾法

砣碾法是用细小的砣碾或钢钻在玉器表面碾出大小不等的、坑坑洼洼或者不规则的痕迹。此法伪造的古玉器，其色泽往往过于鲜亮，粗看好像是长期磕碰而导致遍体鳞伤，如果在放大镜下仔细观察，就可以分辨出由大小不等的纹点和丝线组成的斑状痕迹。

4. 砂磋法

把新仿的玉器抛光后,再用砂磋磨,使其失去新器的光泽,或是一部分抛光,另一部分仍留有粗糙的面,冒充古玉器。此法伪造的古玉器,无古玉的水锈、土锈等自然的痕迹,光泽也过于鲜亮。如果用放大镜观察,这种毛细划道分布较有规律,且线条分明,与真品的模糊痕迹明显有别。

5. 水煮法

有些古旧的玉器由于在墓葬中与水银相互作用,表面会形成局部或整体的黑色,这种有"黑斑"的玉器,行话称为"黑漆古"。仿造"黑斑"有两种方式:一是仿作者往往将新仿的玉器用水煮热,架在铁篦上用火烧,同时往上浇蜡油,不限时间,直到黑斑形成为止。二是将玉料按古式做成,然后包上泡湿的旧棉花,放在微火上烧烤,待棉花干后再泡湿或用水浇湿,再烤,如此反复进行,直到黑色入骨不浮在表面又不发白,黑斑形成。

水煮法仿制的古玉器多温润鲜亮,沁色不自然,整块玉都是黑色且均匀如一,无层次,不如真的古玉器那样黑白分明。带水银沁的"黑漆古"旧玉真品放在阳光下映照,有银星闪动。

还有一种水煮之后再加工的作伪方法。该方法作伪而成的玉,称为"梅玉""风玉"。梅玉,即以质地松软、质量较差的玉石制成器物后,用浓度高的乌梅水煮,松软处呈现出像水冲后的痕迹。然后用提油法上色,冒充"水坑古"。风玉是用浓灰水和乌梅水煮玉器后,趁热取出,放在风雪之中,时间约一昼夜,则玉纹冻裂。玉质坚硬者,裂纹细若毫发,用其冒充玉石中的牛毛纹。但是,真玉牛毛纹有曲折,粗细不匀,伪者则不然。

6. 油提法

此法始于清乾隆年间。它是将油煮至半沸,把玉器用绳系好,悬于热油之上,将玉器所要造伪的部分浸入热油之中,待颜色侵入玉器后,再煎其他部分。此法伪造之物无法辨别真假,只是所花费的代价太高,故现已无人采用。

7. 水浸火烤法

又称新、老提油法。老提油法最早见于宋代宣和、政和年间,它是将新玉雕琢成器皿,用一种产于甘肃大山中的虹光草的红似鸡血的草汁,加硇砂少许,将玉器浸于其中,数十日后取出,再用竹枝火熏烤,使红沁颜色渗入玉器肤理(见清陈性《玉纪》)。此法作伪的古玉真假难辨,行家称其为"老提油",至清代该法已少见(图6-10)。

新提油法产生于清代苏州,作伪者将质量较次的夹杂着石质的玉进行染色,伪造好玉。如欲将其变成红色,就放在红木屑中用文火慢慢烘烤加热;如想将其变成黑色，则用乌木火熏烤。

8. 狗羊尸骨血渍法

此法是利用狗羊的尸骨血渍，造成玉器的满斑痕迹（俗称血沁），如此伪造的古玉称为"狗玉""羊玉"。狗玉就是"狗血玉"（见清刘心瑶《玉纪补》）。狗玉作伪的方法是杀狗不让它出血，在狗尚有体温时，把玉放置在狗肚中，将狗腹缝补结实使其不透气，然后埋入人来人往的大道下面，几年后再将玉取出来，玉的上面就有土花血斑痕迹，形似古玉。这种作伪方法

图 6-10　仿血沁的玉

虽较诡异，但玉器上面仍呈现新玉的颜色及新的雕琢痕迹。羊玉，就是用色泽好的美玉琢制成古器，植入活羊腿中，用线缝合，数年后取出，玉上面就呈现血色纹理，如同传世古玉。但仔细观察，便会发现其不如真者温静。

9. 叩锈法

此法产生于乾隆年间，无锡伪作者常用此法。将制成半成品的玉器，以碎铁屑相拌，再将烧开的醋猛浇其上，放在湿地中十多天后，再埋入人来人往的大路下，数月后取出，玉器则为铁锈侵蚀，遍布金橘皮纹，纹中的铁锈颜色深红且带土斑。因土斑的灰色不易褪去，故此法伪造的古玉器与古玉非常相似。

此法伪造的古玉器，没有土斑的则只有浮于表面的红色，这是人为将外面的颜色强使入内的结果；有土斑的但玉器上的灰土施盘功后也不变化，而红色容易盘褪者，均为伪品。

10. 瑿斑法

瑿，玉之赤色者。瑿斑即玉器中有红色的斑痕。除了前面所述"狗玉""羊玉"等伪造斑血沁外，还有多种采用药物浸泡、煎煮、火烤相结合的方式，对新玉进行仿古。其中一种方法是，将玉器烧红后，用血竭（药名，木本，其脂涂流出成胶状，凝结后成竭，赤血色）或其他红色颜料涂抹，待冷却后再烧、再涂抹一遍。如此数遍，直到颜色直沁入玉中为止，其显出的斑与真品极为相似。另一种方法是，用血竭、紫草、透骨草各数两，与玉器一起置于罐中，注入清水，以浸没玉器为宜，放在火上煮，像煎中药一样用温水煎煮。数日后，颜色就会沁入玉内。取出后冷却，再用蜡草将玉器表面的浮光磨去，涂上川白蜡，在手中把玩数日，其颜色与光泽同旧玉器几乎没有差别。还有一种方法是，用血竭一两、密陀僧（即氧化铅）一两、砂（即碱）数分，磨成细末放入罐内，再投入动物脂

油。另将玉器在杏子水内煮数小时，然后将玉器捞出放入油脂罐内，于微火上煮数十天，待其颜色沁入玉器肤理后取出，擦去浮光，涂上川白蜡，用手或软绸布轻轻擦磨数十遍，其颜色、光泽与真品无异。

11. 黄斑法

古玉长期被埋藏在低洼地、河滩、盐碱地等自然环境下，表面往往凹凸不平，或带有众多的黄土痕，故称黄土锈。作伪者因此而在新玉上伪造黄土锈以冒充古玉。其方法是将新作的玉器遍涂胶水，然后埋入黄泥土中，时间越久黄斑越像。此法伪造的玉器，色泽往往过于鲜明，不如古玉色泽温润黯淡，其玉质及雕刻工艺也没有古玉的时代特点，雕刻的纹饰也显现新的痕迹。

（四）玻璃仿玉法

仿玉玻璃最早出现于战国时期，湖南长沙曾出土战国时期的绿色玻璃制造的璧和玻璃图章。这是目前所知中国最早的仿玉玻璃实物标本（图6-11）。

宋代，普通平民使用仿玉玻璃簪代替昂贵的玉簪。明代，曾出现过一种称药玉的玻璃，即和众药而仿玉器的不透明玻璃器。此外，尚有玻璃制造的仿玉带板和罐子玉。明代曹昭《格古要论》载："雪白罐子玉系北方用药于罐子内烧成者。若无气眼者，与真玉相似。但比

图6-11　玻璃手镯

真玉则微有蝇脚，久远不润，且脆甚。"点出了仿玉玻璃与真品玉器的区别。因此，我们鉴定一件标本是否玻璃仿品时，可以将标本拿到阳光或灯光下检验，如果看见里面有不少气泡，就可以鉴定为仿玉玻璃。

二、作伪古玉器的辨识

作伪古玉器不同于仿古玉器。仿古玉器，是指后代人依照前人的器形、纹饰来制造玉器。仿古玉器已有2000多年历史。一般说来，仿古玉器的制造，没有欺骗别人的意愿，只是崇尚古人，喜爱古玉器而已。古玉器的作伪则不一样，它是以新人之意将新的东西以人工染色、腐蚀等方法伪造古玉器，或者以普通的玉器伪造有名的玉器，并以不合理的高价出售给别人，作伪的手法如前所述，形形色色，五花八门。

辨识作伪古玉器，是鉴赏玉器的一项重要内容，同时也是一项十分复杂而实际的工作。在没有仪器进行有效测试的情况下，可以利用我们掌握的科技文化知识，进行客观、科学的理论分析，对古玉器的真伪予以识别。因此，它要求鉴别者具有丰富的实践经验、广博的历史文化知识和专业的玉器知识。古玉器的辨伪，一般来说，应从历代玉器的制作特点、加工特征（工艺）、玉材差异这三个方面着手。但在鉴别古玉器真伪的实际过程中，必须仔细审读玉器的造型、艺术风格、纹饰、质地差异，以历史文献和考古出土玉器为依据进行识别。有鉴于此，辨识者就需要认真学习和掌握历代玉器的用材和制作特点、加工特征、工艺特色、雕刻工具等知识，了解古玉器作伪的手法和伪品古玉器的形态，并在鉴别时查阅相关的历史文献，比对同时期相关的出土玉器，全面地鉴别古玉器的真伪。

（一）从古玉器的材料加以识别

从玉质来看各地区、各时代玉材的不同，尤其是新老玉器质地的差异，是鉴定古玉器真伪的一个重要方面（详见本章第二节中有关内容）。历代玉器被广泛使用的玉石材料，主要有白玉、青玉、黄玉、碧玉、岫岩玉等。而目前赝品有相当一部分使用的是新开发的石料、矿料，或用黄岫岩假冒黄玉。在实践中，必须掌握和分清真伪玉器在用材上的差别，分清同一种材料的新旧差别。硬度、密度的不均匀性和可渗透性，是玉材的基本结构。当掌握了玉石材料的这些基本结构特性以后，就能够分析出古玉在特定环境和条件下，埋藏的时间长短对玉器本身造成怎样的影响，有哪些氧化腐蚀特征，并掌握其演化过程中的各种特征规律。而赝品不根据材料的特性，也不根据真品的各种特征，只是根据真品的表面效果进行模仿，违反了自然氧化和演变的规律，与真品有本质上的差别。另外，真品玉器材料具有老化特征，这种受浸蚀而老化的现象，与赝品使用新材料或老旧残料进行最新切割磨制加工而成形后所暴露出来的新工艺面，会产生明显的色差或破坏原有的氧化皮层。还有，目前赝品使用的是质量极差、价格极低的玉石杂色料或石性严重的次料进行伪造，成形以后再进行人为强化腐蚀，造成玉器表面形成极厚的氧化腐蚀皮层。这种皮层容易脱落，并且脱落后根本没有洁净透润的质地。这种花地杂色料是历代古玉不使用的，只是现代骗人用的一种石料。但是，不能把区别玉器材料作为辨别玉器真伪的决定依据。因为，从古至今使用的都是千百万年形成的同一种材料，在辨伪中只能把识别材料作为单件辨伪的依据。如果材料上无法有效地确认差别，就应该从其他方面继续搜寻真伪的差别证据。

（二）从古玉器的造型、纹饰的主要特征加以识别

新石器时代的玉器形制，主要有琮、璧、圭、斧、璜、琥、动物及各种配

饰。这些器物在造型上的主要特点为板状、有孔。动物造型比较简单，重点刻画头部等关键处，身体近几何体。由于当时的工艺不发达，有孔玉器的孔基本都是对穿，在孔的中部有对钻交接的棱台痕迹。片状玉器平面并不平，平面的中部常见微微隆起，边缘较薄。反之，孔圆、孔壁直、器物平面平整的玉器，可能是伪品。

商代玉器的形制特点是，动物造型玉器的轮廓为长方体，或近似立方体，或呈三角状近似圆柱体。片状动物形玉饰边缘，则略带弧形或长方形。片状玉器边缘往往有齿状小牙凸出。从历代造型来看，战国、秦汉玉器造型规矩，纹饰有卧蚕纹、乳钉纹、云兽纹等，有时刻有铭文。人物、鸟兽已由象形而趋于写实，玉佩饰流行，璧、环、璜等雕琢纹饰趋于细腻。汉代的动物造型，民间就有"汉兽不回头，回头不到汉"的说法。

唐宋玉器多为圆雕，出现了玉雕佛。宋代的玉雕人物、鸟兽、瓶、炉等造型新颖，花纹仿古铜器纹饰。选料多为黄玉，白玉大多泛青，做工精美，自然逼真。

（三）从古玉器的艺术风格特征加以识别

玉器艺术是工艺与美术的完美结合体，古玉完美地体现了工艺效果。而赝品在这方面有明显的缺陷和不足，要么结构、造型美，而工艺却达不到相应效果。再说，中国历史上每一个时代都有自己特有的艺术风格，这些风格反映在同时代不同的艺术品上，也就是说同时代的不同艺术品，其题材、手法、风格往往是相同的。当玉器发现较少时，若有同时代其他艺术品风格参照，可以间接推断时代。例如，良渚文化玉璧上的鸟纹，也见于一些陶器上，商周玉器上的龙纹、兽面纹，与同时代青铜器上的纹饰风格一致。汉代玉器中的四神见于画像石上。"汉八刀"刻成的玉翁仲，其琢制风格与石刻艺术可以类比。

特别是不同时代玉器的线条、花纹存在差异。新石器时代的玉器，往往留有线切割痕迹。商代花纹的最大特点是，花纹常用平行阴刻双线，标"双沟线"；玉器上的纹饰，与同时代的青铜器纹饰相似。尤其是用阴线构成的人形和动物形纹饰。有的用双阴线刻成，其中的一条用"勾撤"法雕成，线条较直，但转弯处角度大，刚劲有力。在放大镜下观察时，会发现这种阴线很粗，现代的高速运转的工具造不出来。没有这种阴线刻特征的玉器，就可能是伪品。商代牙璋的柄部有些平行直线，是为在柄的两侧雕刻对称的齿而划的线，由于先划线后琢齿，所以真品的齿都打破了线，作伪者不了解这一点，而在牙璋上随意划上些平行线，与齿无打破关系，一看就知道是伪品。周代琢工较精，弯线条增多，出现加工修整和抛光。汉代琢玉工艺精细，镂刻精致。另外，认识和掌握历代玉器绘画风格、表现风格，以及各时代玉器的造型风格、结构特征很重要，有些玉器可以从造型结构上确认真与伪，但有些高仿赝品极难识别。在这种情况下，要从其他方面搜寻真与伪的差别证据。由于民间玉器的风格、造型极其古怪复杂，因而不能完全以器型风格确定其真伪，而只能作为感觉效果判断的一项参考。

（四）从古玉器的玉色加以识别

历代古玉普遍存在着巧色及带色料玉器的现象，但这种材料在原有的基础上，又经历长期地下环境的浸蚀，局部色料部位被首先氧化腐蚀。我们必须掌握这方面的特征规律。

玉器被氧化浸蚀，大部分是由于某部位的硬度、密度及耐腐蚀性差造成的，特别是由于内部应力造成的玉器裂纹，这种状态会被首先渗透或浸蚀，它与赝品人为制造的假效果有结构上的差别。现代赝品利用色料、边角脏料假冒玉器的氧化，特别是利用材料本身的氧化石皮假冒，这种造伪已成为当前最重要的模仿手段。实际上，这类赝品被假冒的部位，其硬度、密度结构和色差，与真品存在本质上的差别，必须识别哪些是色料杂料和天然氧化皮仿造的赝品，哪些是真正腐蚀受沁。真正的古玉，无论受到哪些氧化腐蚀，受沁都会产生硬度变化、色差变化、渗透过渡等现象，而人为制造的赝品，其现象就不一样。要在广泛的实践中掌握真品氧化腐蚀受沁的特征规律，在此基础上区别哪些是人为的强化作伪，哪些是玉器的真正腐蚀受沁。

（五）从制玉工具在玉器上留下的痕迹加以识别

不同时代机械化程度的高低，决定了不同时代制玉工具的不同。用不同的工具制玉，必然会对产品的工艺质量和标准造成程度不同的影响。有史以来，制造玉器的设备、工艺和工具材料在不断地改革、发展、提高，因此，不同的历史时期也就产生了不同的工艺技术特征。当我们掌握了真品的基本特征，就会认识到现代赝品哪些部位工艺不对，哪些工艺技术有缺陷。

从古至今，玉器的加工始终是半手工半机械化方式，我们在实践中必须分析工艺效果，哪些是机械设备本身的性能造成的，哪些又是人为手工操作的不稳定性造成的，从这方面来区别玉品的真伪。同时，我们要有能力认识玉工磨制水平的差异所造成的某些工艺效果，识破赝品故意制造的工艺误差或某些工艺技术缺陷，对比真伪玉器工艺死角部位的差异。

现代加工工具的材料和研磨材料的成分与传统之间的差别，造成纹饰线条方面的工艺磨制产生明显不同。这种不同是设备工具及材料造成的，不是现代设备能够模仿的。古玉器的加工磨制主要采用游离沙式的研磨方式，这与现代赝品的固定磨削式成形的玉器有明显的工艺差别。要掌握历代古玉在工艺磨制程序方面的规律，以及各种工艺技术处理手段方面的特征规律，对比赝品哪些部位的程序和处理手段有差别。

（六）通过作伪手法加以识别

古玉器作伪的种种方法，本书中已有专门介绍，不在此赘述。这里提醒大家注意的有两点：一是古玉器赝品上的一些伪装的工艺效果，常常是用现代设备和技术进行模仿而形成的，如玻璃光效果，要分析和掌握真伪玉器的玻璃光效果的差别，以及一般光亮的差别，并分析出光亮方面的技术和材料差别，以及造成这种差别的原理，从而区别真伪亮度效果差异。在光泽方面，战国、明代、清代的许多玉器虽都有玻璃光泽，却有区别：战国玉器光泽含蕴，明代玉器光泽亮而刚硬，清代玉器光泽滑软。我们在识别古玉器中，应当注意加以区别。二是要掌握赝品用氢氟酸进行腐蚀所产生的各种状态。这类赝品残留的毒气对人体危害较大，不能在房间内摆放或随身佩戴。

（七）以历史文献记载和考古出土玉器为依据予以判别

我国历史文献中有关古玉的记载是确凿无疑的。所以，中国古代各朝名物制度，对玉器鉴定具有重要参考价值。例如，我们在考察玉衣制度时，必须查阅汉代典籍中有关玉衣的记载。《周礼》一书中则对玉礼器的形制、用途有详细记述。唐代典籍中所述的玉带制度，告诉了我们一些玉器的产生年代与形制、规格。若发现规格与制度不合，就要考虑伪器的可能性。

古玉器辨伪中，将考古出土玉器作为依据是无疑的。古墓葬内有大量随葬玉器，只要是经过近代科学发掘的墓葬，其时代是可以判定的，这些玉器的年代也是可以确定的。各代古墓和遗址出土的古玉是鉴定古玉的重要依据。考古发现可以纠正一些文献的错误记载，也可以补充文献的失载，避免犯经验主义的错误。为此，我们必须掌握生坑、半生坑、半熟坑玉器的主要特征。

生坑玉器，是指玉器出土以后没有进行过任何清洗处理，本身黏附着各种沉积物质，而且附着力极强。而赝品是人为制造出玉器表面的附着物，这种人造附着物质，黏结密度及黏结力根差，这是辨别真伪的一方面。生坑玉器应该没有任何人为处理留下的痕迹。

半生坑玉器，主要指玉器出土后经过人为的清洗处理，已失掉了生坑玉器的种种出土特征。一般情况下，死角部位或某些腐蚀残损部位，能够留下沉积物质。由于清洗，有些部位会出现轻微划痕，工艺棱角会产生轻微的人为致残现象。而仿造半生坑玉器的赝品，主要采取制造表面氧化层的工艺方法，保持工艺棱角部位的锋利度，死角部位的沉积物质附着力却很差。要特别注意并有能力区别半生坑玉器，因为当前仿造半生坑玉器的赝品，有相当数量已流入市场。

半熟坑玉器，是指玉器出土后经过几十年的收藏，手感及透润程度并没有达到相当的熟旧程度。这类玉器表面有氧化质感并有轻微的磨损、轻微的棱角碰伤，有些死角部位仍然存留沉积物及其他各种特征。对这种玉器必须进行全面的分析。仿造成这类玉器的赝品，主要是采取球磨振荡设备及喷砂设备，制造表面氧化质感效果，使整体结构及工艺棱角产生圆滑过渡。这类玉器的仿造难度很大，与真品对比会找到赝品的很多漏洞。

熟坑玉器，是指玉器经过长期收藏把玩，工艺棱角有相当的圆滑过渡，手感极好。在把玩中，人体的汗液、酸、碱、植物蜡等渗透到玉器深处，使玉器内部折射光加强，再反射到玉器表面，形成半透明状态的油透感。另外，经过人为长期盘磨，玉器表面会产生不同时期的划痕重叠现象，有些残损会产生残痕圆滑过渡。而赝品不具备这种时间和条件，因此只能采取加强表面光亮度的手段进行假冒。当前，有一定数量的假熟坑玉器，仿造效果普遍不佳。

此外，熟悉各种器物的始作期、流行期与衰微期、消失期，以及器物群体的组合也很有必要。因为有些造伪者，对玉器历史知识一知半解，所造玉器常常露出许多破绽。譬如，长管形玉琮出现和流行于良渚文化，牙璋只存于商代，玉舞人流行于战国到秦汉时期等，这些都是较好的断代依据。

在此需要说明的是，玉器的鉴定有仿古和作伪的区别，有传世古玉和出土古玉的区别，有新玉和老玉的区别，还有玉器制作年代与玉器出土年代的区别。其中，传世古玉真赝混杂，是古玉辨伪鉴定中最难的课题。新老玉器的划分，目前也没有一个明确的判断标准，特别是有些古玉琢成后，流传了几十年、几百年才埋入地下。所以，出土的古玉也并不一定就是死者同时代之物，这也需要鉴定。因此，我们首先要懂得玉器的断代方法，掌握并具备一些基本知识，了解现代技术是怎样通过仪器对玉料和玉器进行鉴定的。

三、古玉器辨伪的一般方法

（一）古玉辨伪的"三要""七看""一闻"

1. 三要

一个时期以来，古玉收藏家和英美等国家的博物馆，都比较注重收藏汉代以前的高古玉器。鉴别这些高古玉器的真假，应当坚持"三要"。

首先要学习古玉专著，汲取丰富知识，作为鉴别的资本。这些专著包括清末吴大澂的《古玉图考》，杨伯达的《中国美术全集·玉器》，河北美术出版社出版的《中国玉器全集》，周南泉的《古玉器》，昭明、利群的《中国古代玉器》，张文广的《玉器史话》，香港专家李英豪的《鉴别古玉》《民间古玉》《护身玉》《保值白玉》，台湾专家李更夫的《玉器鉴定全集》等。

其次，要直接接触高古玉器，通过仔细观察，凭借感觉来鉴别。看多了，手摸多了，就能感觉出区别。真古玉器的玉质老旧，手感沉重，外表柔滑，沁色自然，刀工利落，包浆滋润，新玉器则不然。而且，真古玉有土沁、石灰沁、水银沁、尸血沁、朱砂沁、铜沁、表面氧化层等，赝品的沁斑有的是油炸的，有的是火烤的，有的是化学药水浸蚀的，弄清楚真品和赝品在颜色、光泽、厚薄诸方面的差异和区别，尤为重要。

再次，要掌握玉器表面线条、表壳特征。玉器表面线条有V形、U形、半圆形等区别，U形是现代机器工制作的特征。线条槽口表面的表壳，在颜色、包浆等方面一致的为真古玉；若线条槽口两侧有毛道崩裂现象，即为现代机器工所为。此外，用玉粉经人工高压合成的伪玉，颜色和硬度近似和田玉，鉴别时应特别留心。

2. 七看

鉴别真玉假玉应当坚持的"七看"，是通过仔细观察玉器的材质、包浆、沁色、造型、做工、氧化、艺术风格，识别优劣和真伪。"七看"鉴别的关键，在于一个"看"字。要看清楚、看明白，不可马马虎虎、粗枝大叶地看，不能只看个大体、大概，否则，是不能真正准确地判别玉器的好坏和真假的。

一看玉料材质。高古玉器的取材，主要来自新疆的和田玉，大都取材于河床中的籽料或山流水料。这两种玉料因剥离矿床时间长久，在不同的外界环境下，自身已形成了玉皮和沁，杂质已尽去掉，只保留玉的精华部分，其晶莹光洁、温润纯厚的质感，让高古玉更增添了一份高贵的品质。必须指出的是，不同地区不同时期产出的玉料，以及同一地区不同类别的玉料，其质量有别，价格也各不相同。材质本身无假，但有品类区别。看玉料质地可以判断玉料的品名、产地及时期，以防张冠李戴。有些假玉的形、皮能以假乱真，但其材质可以看出问题。因为，不同时期与地区所出古玉，在用料特点上有明显的差异性。如战国时期常用"水苍玉"，元代多用灰白玉。玉料亦有老坑和新坑之分，新开采的和田玉料与和田古玉，在质地上多有微妙的变化。所以，玉料质地特征也是鉴别真伪古玉的重要根据。如青海玉料在20世纪90年代才盛行，若有古代产的青海玉制作的玉器，那肯定是假货。现代伪古玉制作多选用一些质量极差、价格极低的玉石杂色料或石性严重、有绺裂的次料进行伪造。这些玉料多为和田糖玉、河磨玉、东北黄玉、岫岩玉等。现代伪古玉中，也有相当部分是近三十年来才开始大量开采使用的玉材，如昆仑玉、青海玉、俄罗斯玉、韩国玉等。所以，辨伪者接触的器物若是这几种玉质所琢制，其为伪古玉的可能性就大大增加。鉴别古玉必须要掌握历代玉器的用料特征和主要玉材的特质，分清真伪古玉在材料上的差异和特点，以及同一种材料的新旧差别。

二看包浆。包浆通常是指玉在各种环境中，由其他物质在玉器表面黏附形成的一种物质，是一层皮壳，是器物表面因氧化形成的自然保护层。它是历史遗留在古玉上的痕迹，是鉴定一件玉器新与老的关键。古玉除了被腐蚀外，都会有包浆，它是玉表面发出的很柔润的一种自然光泽。包浆是由于温度变化，玉器因"出汗"而产生的内分泌现象，长时期周而复始凝结于玉器表面的一层保护膜。包浆形成主要有三种情况：一是指由于人们长期把玩，灰尘、汗水、油脂等物逐渐凝结于玉器表面的皮壳。二是指玉在墓葬中，由土壤中可溶性矿物、腐烂杂物黏附于玉器表面而形成的一种物质。三为玉的表面长期氧化而形成的氧化膜。相对应的现代仿古玉伪作包浆亦大致有三种方法：一是以麸皮等特殊物质，进行长期磨盘；二是人为短期强化腐蚀，造成器表形成极厚的乳化腐蚀皮层；三是采用喷砂及球磨振荡设备，使玉表产生氧化质感效果。

总体来讲，真品古玉包浆柔和、自然，滑熟可鉴，幽光内敛且有古旧之感。而伪造包浆不然，有的过于光亮、轻浮，油性过重，有的没有层次感，也有的冗厚没有光泽，经过盘弄会自然脱落，还有的分布过于均匀。需要指出的是，人为抚摸玩赏强化腐蚀而形成的包浆，同自然包浆有本质上的不同。人为包浆由油渍等杂物凝聚而成，再经化合才能形成。自然包浆是一种物质经氧化作用转化为另一种物质的蜕变现象，是自然质变层，是岁月留下的迹象，是不可伪造的岁痕。真的高古玉都有包浆特征，具有强烈的年代感、沧桑感。出土品的包浆，是凝结在玉器表面的物质。这种物质在放大镜下观察，呈斑驳状或透明状，有的是矿物质溶化后形成的，有的则是墓土。无论哪一种，都十分自然，凝结较实，并伴有墓葬气味。这种气味，有的即使刷洗也不能尽去，这也是气味辨伪的一个重要方法。假器就不是这样，包浆松散，无墓葬味，无透明矿物质，即使有泥土包浆坚固的，也是胶一类物质所为，一烧、一洗即知。凡出土红山文化古玉器，不管出土于何年代，不管受沁到何种程度，稍加擦拭包浆即显露出来，凡无包浆的红山玉器都不能认定为真品。最重要的是，打孔及砣工中的包浆应该与外面的包浆一致，并且浑然一体，有的还会有局部的氧化突起同时存在。

三看沁色。高古玉之所以"能动人之心"，就是因为它在地下沉睡了几千年之后，受地下各种化学物质的影响，从而产生各种各样匪夷所思的色彩、质地的变化。这种变化，古人称为"沁色"。显然，沁色是指玉在自然环境中长期与水、土及其他物质相接触后，部分或整体发生的颜色变化。如古玉存放于红色漆器内，可能变红色沁，存放于黑漆内，则可能是黑色沁，黄土内埋藏的古玉可能产生黄褐色沁。沁色难以人为形成，变化丰富多彩。古玉埋入土中的时间、地点不同，以及受沁的深浅程度不同，所致沁色会有很多变化，故业内流行"千种玉，万种沁"的说法。清人陈性在《玉纪》一书中，对此有过较为详细的描述："……有受黄土沁者，其色黄，名曰玷黄。有受靛青沁者，其色蓝，名曰玷青。有受石灰沁者，其色红，名曰孩儿面。有受水银沁者，其色黑，名曰纯漆黑。有受血沁者，其色赤，名曰枣皮红。有受铜沁者，其色绿，名曰鹦哥绿……"

古玉的沁色多出现于玉质较粗糙或有绺裂的部位，且沁入肌理，过渡自然，有层次的变化。而现代伪古玉的沁色，多系酸咬碱蚀、火烧油炸、烟熏染色等方法仿制，这样的"沁色"只会浅浅地附在表面或是顺着玉裂沁到缝隙里，颜色单一而无变化，没有过渡和层次感，细看玉质嫩如孩儿肤，深浅不一，显得很不自然。

短时间作假的沁色，如有的俄罗斯玉通过染色伪装成和田玉，看上去光滑、娇艳、漂亮，仔细看看便可以判断出是非。在强白灯光下观察，沁色通常是在玉的接触部位薄弱或自然解理、绺等部位产生的。然后，沿解理或裂隙部分扩大渗透，严重的可浸透全器，这叫"满浸（沁）"。盘玩之后颜色鲜艳，大多沁色颜色由灰白变红。特别要注意的是，通常情况下，真的沁色比较单一，都浸入玉体内部，与玉浑然一体。而假沁则多浮在玉的表面，且玉表也没有各种深浅不一的凹陷变化。那些颜色较暗、较乱的沁色和鲜艳沁色也是值得怀疑的。真品即使玉有解理、裂隙，但不是接触部位，不一定有沁色。采用化学或物理方法仿造沁色，通常为满沁，也有局部沁，特点是沁色较多，火烧伪沁并不一定在玉的薄弱或裂隙处进行。通过强白灯光下观察可知这一点。但也有用高科技沿玉解理或绺处进行激光伪造沁色的。例外的情况就是，玉的存放环境干燥或玉质致密，可以无沁。

关于古玉的沁色，很多经验不易用文字表达准确到位。辨伪者还需要多结合实物，观察各种真伪沁色的特征，熟悉各种做伪沁的伎俩，方能找出伪沁色的破绽。

四看造型气韵。原始社会、奴隶社会和秦汉时期，以及唐、宋、元、明、清等各个时期的玉器造型均有所不同，若了解这些时代古玉的经典造型，就能从古玉的造型上对个体玉器的真假做出判断。

玉器的造型,是随着社会的演进和人们对事物认知程度的不断加深而不断发展变化的,蕴含了丰富的文化内涵和深厚的美学意义,反映了当时的历史背景与社会文化。在中国玉器发展史上,各个时期都有鲜明的造型特点。比如,红山文化玉器有动物形玉饰类和几何形玉饰类。动物形玉饰又分为现实动物和幻想动物。现实动物如玉鸟、双龙首玉璜、兽形玉、玉龟、鱼形坠、玉鹗等;幻想动物如兽形玉和玉龙、兽形玦等。几何形玉饰有勾云形玉佩、马蹄形玉箍、方圆形边似刃的玉璧、双联玉璧、三联玉璧、棒形玉等。红山文化时期的玉器,最具代表性的是玉龙,体卷曲,形似"C"字(详情见本书第四章第四节中的"玉龙的历代变异")。良渚文化玉器以体大自居,显得深沉严谨,种类较多,典型器有玉琮、玉璧、玉钺、三叉形玉器及成串玉项饰等。所以,造型也是鉴别真伪古玉的重要依据。

现代伪古玉的造型主要有三种情况:一是依据真品,照章仿制,即根据公开发表的古玉图录或馆藏品仿制。此时,需要辨伪者对考古出土或馆藏的标准器熟稔于心,但凡遇到与上述标准器造型近乎完全相同者(尤其是器形复杂的器物),都要认真考察。因为,造型复杂、纹饰丰富的玉器,能在考古资料或博物馆藏品中找到完全相同的另一件的概率是微乎其微的,其很可能就是参考真品依式琢成的"有形无神"的山寨品。在文物市场上,我们常能见到伪造的三星塔拉玉龙、妇好墓玉跽坐人、陈国公主组玉佩等。二是凭主观臆想伪造。这类仿品大多造型不伦不类、怪异奇特,纹饰堆砌混乱,丝毫不符合古人的审美观点。如市场上多见的所谓红山文化人兽合体玉器等皆为低劣的臆造品。这类仿品,有一定水平的辨伪者不难将之剔出。三是在照章仿制的基础上加以合理想象,在局部造型、纹饰上予以调整。这类仿品看似鉴别难度较大,实则不然。因为在制作时,这类仿品大多是细心摹拟,比较拘谨,且脱离古代玉器制作特定的历史文化条件。作品造型呆滞,缺乏生气,难以捕捉到古玉固有的气韵和艺术风格,最多仅能达到形似而已。从造型为主要着眼点鉴别真伪古玉,要以科学考古发掘品和馆藏器物为标准器,分析造型的发展规律和时代特征,从气韵、审美以及社会文化背景等方面,对作品的造型进行综合考察和分析。

五看雕工技艺。看雕工技艺就是看制作工艺痕迹,这是识别古玉的重要依据之一。鉴古专家指出,"远看造型,近看玉,拿起看刀工"。"刀工"就是雕工,因为制作工具不同,制作工艺也就不同。中国玉器制作工艺有着近万年的历史,经过了史前时期的石器工具阶段,商周至明清时期的铜、铁等金属质料工具阶段,以及现代的电动磨玉机和镀有人造金刚石粉的合金工具阶段。由于历代制玉工具在形状、质地、效能、精准程度等方面的不同和具体操作上的差异，各个时期的玉器体现出不同的工艺特点，留有不同的制作痕迹。如新石器时代的玉器，就不应当出现纤细利落的砣痕，而应是以各类硬石质磨具反复研磨成的毛糙状态。现代工艺相较史前至清代者之差异尤甚，辨别真伪古玉便可由此入手。

古玉制作工具效能较低，转速不均且慢，多以湿砂为中介物；人力手工操作，精准程度较差；制作周期较长，加工力度小，削磨量较少，中介物质细，工具、中介物、玉料三者可以充分接触、研磨。所以，古玉工艺多细腻自然，干净利落，线条顺畅，抛光均匀柔和。而新玉或伪古玉，多以高速运转的电机带动镀有人造金刚石粉的合金工具钻磨而为，效能高，磨削快，加工时间较短；另因仿古作伪者急功近利，技术不到位，玉器表面多会磨出毛道，线条边缘会出现崩碴；玉器抛光不均且泛有"贼光"，大弧面上会出现"小坡面"。

以制作工艺为着眼点辨别真伪古玉，要熟悉、掌握历代古玉的主要制作痕迹，诸如砣痕、线切割痕、钻孔（桯钻和管钻）、抛光、打磨等特点。从玉器的线条、镂空处、轮廓边角、钻孔内壁以及器物的背面（沙面）等部位进行观察对比，得以去伪存真。以砣痕为例，砣具在历代玉工手中，主要用于碾琢线条、切割开料、开窗镂空等工序。老砣工碾琢出的线条，大多自然顺畅，呈两端尖浅、中间宽深状；阴刻线条边沿两侧没有崩碴，槽底呈现出磨砂状；部分粗工会有重砣、歧出、过界的现象。而现代伪古玉的阴刻线边沿两侧往往出现均匀崩碴，槽地干涩且有毛道。此外，在古玉嵌饰的背面以及窄长条状镂空处，亦常能见到由细密匀称、向外做离心推进的多条圆弧构成的半圆形磨砂砣痕，这在大多数现代伪古玉上是不多见的。

新石器时代晚期的玉品，特点是钻孔多为喇叭状，长孔多为对钻而成，孔为中间细、两端大，孔壁可见粗细不等的螺丝纹，且表面光滑。机械孔壁则较规整，留有细密均等的螺旋纹。另外，孔口边缘也可发现硼碴，这是穿孔鉴定的重要方法。而战国铁器发明以后，穿孔则较规整，但孔壁螺旋纹不及机械孔壁螺旋纹细密均等。新石器时代与商周之时，抛光多用解玉砂、兽皮等。10倍或20倍放大镜下，可观察到粗细不均但较为顺畅的细凹线，间或也有杂乱无章的细凹线，区别于机械抛光或仿照古法抛光的细密均等、较为平行的细凹线。这种工艺是鉴定古玉真伪的重要依据之一。需要强调的是，这种情况必须用放大镜才能观察鉴定。

六看氧化现象。氧化是指玉在各种自然环境下，与空气、水及其他物质所产生的化学变化。氧化有三种现象：一为钙化程度轻重不一的鸡骨现象；二为蚀孔、蚀斑现象；三为氧化严重成粉状。

从矿物学角度看玉器，它的质地致密程度是不同的，也夹杂一些其他物质，在长时间的化学作用下，质地弱的部分，特别是玉器表面，可出现不同程度的浸蚀形成的小孔洞，有的口小腹大，在放大镜下可以观察到孔内由于化学变化而形成的闪亮结晶体，这一点是目前任何方法都不能伪造的。另一种氧化情况较重，通常在玉器表面钙化形成白斑，程度轻重不一，但自然地覆盖在玉器局部或全部。程度轻的，表面仍有光泽；严重的则浸蚀成粉末。重要的一点是，玉的薄弱部位通常氧化较重，火烧假玉器就不是这样。目前，用酸类物质浸蚀伪造的玉器，表面通常呈大面积凸凹不平的浸蚀，蚀孔、蚀斑明显。这样处理的古玉，蚀孔常常是外大里小，无结晶体，呈斑驳状。此种方法需要注意的是，有个别作伪者利用天然氧化成的玉料制作成器，这就必须从加工痕迹上看氧化是否具有普遍性。

七看艺术水平。艺术水平是最难仿制的因素之一，在中国玉器制作工艺史上，每个时期都有不同的特点和鲜明的艺术风格，而且，成熟的、不成熟的或成长中的艺术风格并存。熟悉各个时代、各个地区的玉器艺术水平，是鉴定古玉的先决条件。为此，我们不仅要看玉器理论书籍，而且要多看玉器图录及博物馆、收藏家的实物资料。另外，还要从历史的角度去思考。列宁说："对任何一个历史问题的研究、判断、结论，都必须把这个问题放在当时的、具体历史条件和社会文化中去考虑。"在古代玉器艺术水平中，成熟的艺术是当今难以仿制的，那些艺术水平高的玉器更难仿制，鉴定起来也相对容易，仿制品是有形无神的。例如汉代玉人、物、马、兽类，特别是圆雕作品，那种圆润、饱满、流畅的线条，迄今仍极难仿制。可以说，愈是技术含量高的大件作品、圆雕作品、器形复杂的作品，愈容易鉴定。原因是制作难度大，仿制品容易留下破绽；相反，那些器形简单的、艺术含量低的玉器，仿制特别容易，鉴定起来倒更难。

我国古代玉器的雕刻不外乎阴雕、阳雕、浮雕、镂雕。这些技法在红山文化时期已经成熟，但是同样这些技法，各个朝代又有自己的个性。由于受当时的生产工具的影响，每一个时代对玉器的加工都有一定的方法，并出现一定的特征。比如石家河文化的减地阳线，殷商的双钩拟阳线，西周的一面坡阴线，汉代的游丝玉雕、汉八刀。特别是汉八刀工艺，真的汉八刀都是下刀既准又狠，起刀收刀干净利落，而且多为"斜刀"，即一面浅一面深。而现代工艺使用高速旋转的雕机，因为转速不同，在所加工的玉器上肯定留有不同的痕迹，特别是阴刻线等尤为明显。线条槽口两侧边上有"爆刀发毛"现象，多数为现代机器工所为。

3. 一闻

"一闻"是闻气味。辨气味识别古玉的方法不易掌握，玉器埋藏环境的不同，气味也不同，大多有墓葬味、土腥味，还有传世味。一般玉器的气味，以新近出土最为浓烈，熟悉这种气味最好的办法是，多嗅老窑陶瓷特别是新近出土的陶瓷气味，尤以战国、汉代陶器为重要，它们的气味与同墓出土的玉器相同。这种方法，限于新近出土或近期出土的玉器，对于鉴别那些伪造出土古玉特别灵验，它们不仅没有墓葬气味，相反，有种刺鼻的化学气味或单纯的土气味。使用此种方法，要多实践、多对比，才能有所收获。需要注意的是，带有泥土杂物的玉器，不论出土早晚，必须有墓葬味（即浓浓的土味），若用温水一浸或哈一口气，然后放到鼻子上一闻，其味更大。而且，每次试验都会存在土味，无味则必假。

综上所述，古玉鉴定"七看一闻"是相辅相成的，鉴定古玉者应该从上述八个方面去综合鉴定古玉真假。在古玉鉴定的具体过程中，对于不同的问题要作不同分析，书本知识应该学习借鉴，但不能照搬硬套。当然，更不能怀着捡漏的急切心态，武断地下结论。要不然，漏没有捡到，反被漏捡。

（二）民间歌谣、口诀鉴别法

民间歌谣是民众的口头创作，最贴近生活的歌谣，直接表达了人民大众的思想感情和意志愿望。原始歌谣标志着我国诗歌的起源，在文学史上具有重要意义。歌谣种类很多，按内容分，有芒歌、情歌、盘歌、玉歌、风俗歌、革命歌、童谣等。玉谣是民众抓住玉器的外表、造型、纹路等典型特征创作出来的民谣，是判断鉴定各个时代玉器的依据之一。但古玉鉴定专家杨震华也指出，切不可以把玉谣当作鉴定古玉的唯一标准。

历代以人物为题材的玉器鉴别歌谣：

商人面凹颧骨高，臣字眼形额窄小；西周眼梢过眼眶，身多弧纹直线少；东周纹饰小蛇形，翁仲个个像鸡笼；宋代童子脑壳大，两耳贴腮鼻似葱；元人猴脸眼有珠，颈部断刀托起头；明代玉人鼻如蒜，嘴巴刻成短弧线；清人五官一把抓，上下唇凸高颧骨。玉雕人物纹饰多，其他也应细琢磨。

历代玉器龙纹鉴别歌谣：

商龙有角阴刻线，臣眼有足尾匀卷；周龙无足身细长，脊齿长眼多弧线；战国龙体形弯曲，角耳区分不明显；汉龙马首杏核眼，眼梢加长游丝线；唐龙尾秃身体粗，腿关节处山羊胡；元龙双眼位一侧，发向后飘颈断折；明龙脖细虾米眼，鬓发上扬或前翻；清龙乱发锯齿眉，头部偏短角距宽。龙纹演变几千年，鉴别且勿看一点。

历代玉器凤鸟纹鉴别歌谣：

西周凤鸟弧线多，阴线均有一面坡；汉凤嘴尖头高昂，颈曲腹挺尾垂长；唐凤冠似鸡冠花，眼长尾长欲飞翔；宋元双翅平飞状，颈弯冠似花朵样；明清顶为如意冠，形似孔雀眼细长。凤鸟纹饰多变化，别样特征也记下。

历代玉器螭纹鉴别歌谣：

战国螭有枝角纹，尾巴与身不大分；汉螭面短腿外凸，单阴脊线游丝纹；宋螭尾叉向内卷，元螭发向两边分；明螭首为方斗形，清螭独角发后伸。螭纹特征仅一斑，持玉赏鉴须细心。

古器物鉴定家傅大卣先生提出，鉴定古玉器必须注意各个时期玉器的用玉特点（包括用材、颜色、透明度等），他归纳了几句古玉鉴定口诀：汉兽不回头，回头不到汉（汉代雕刻的玉兽，很少有做成回头状的，成为断代的一个标准）；唐创新，宋仿古（唐代玉器多为创新的作品，宋代玉器多为仿古的器形）；远看形，近看玉。

四、古玉鉴别的化学分析法

鉴别古玉的真伪，可通过对玉器的成分、结构、颜色等进行分析测试，得出科学的结论。常用的化学分析法有如下几种。

（一）普通化学分析法

用玉件的碎片进行多项分析和单项分析，以确定玉器的化学成分。

（二）光谱分析法

从玉器上刮下一些粉末（只需火柴头大小），进行光谱化学分析，根据组成物质的原子受激发后直接发出的可见光谱，确定化学成分。

（三）极谱分析法

即用极谱仪分析古玉的化学成分。此法对分析古玉中的 Cu、Pb、Zn 等微量元素，最方便可靠。

（四）激光显微光谱分析法

用激光作能源，并在显微镜下使样品气化成光谱，用汽化后的光谱可以测定元素种类和含量。此法可进行古玉矿物的微区分析，即用玉器的极少碎片，便可得到所需要的化学成分。

（五）原子吸收光谱分析法

原子吸收光谱分析法是基于试样蒸汽相中被测元素的基态原子对由光源发出的该原子的特征性窄频辐射产生共振吸收，其吸光度在一定范围内与蒸汽相中被测元素的基态原子浓度成正比，以此测定试样中该元素含量的一种仪器分析方法。

（六）X射线荧光光谱分析法

根据所发射的X射线特征光谱与原子序数的关系，来进行元素定性和定量分析的方法。此法的特点是，作品用量少（样品要求同光谱），操作简便，可直接对样品进行无损伤的快速测定。

另外，还有电子探针法、红外吸收光谱分析法、核磁共振法、电子自旋共振分析法、穆斯堡尔效应等现代技术可以鉴别古玉。

五、现代玻璃仿玉的识别

现在宝玉市场上，常有许多玻璃宝玉石，这类玻璃宝玉石原料和性能都比较特殊，有些就是专为制造宝玉石的代用品或冒充品而生产的，我们称为"特殊玻璃"。例如，含铍的玻璃在加工成翠绿色后，可作为祖母绿的仿冒品；乳白色的玻璃可用来仿制或冒充白玉；白玻璃局部染成绿色后，又是翡翠的仿冒品；等等。此外，有一种焊料玻璃，可以用来充填修补钻石、高档翡翠和某些宝石的裂隙、孔洞，使之看起来完美无缺。

当前的玻璃仿玉，主要有黄色玻璃、黄绿色玻璃和绿色玻璃三种，分别用来冒充黄玉、岫玉、翡翠。如市场上大量半透明或不透明的绿色玻璃，常用来做成椭圆形戒面，圆环，鸡心形、水滴形及其他形状的项链坠和玉佩、马蹬戒指等一类翡翠假品或代用品（图6-12）。

图6-12　玻璃假货

对于玻璃仿玉，后面将介绍利用有色玻璃制成玻璃手镯冒充翡翠手镯的识别方法。除此之外，可采取如下简便方法来识别。

（一）触摸法

玉石传热比较快，玻璃传热较慢，因此用手触摸时，结晶的玉石有一种冰凉感，而玻璃则有温感。更灵敏的方法是用舌尖舔，凭借凉或温的感觉来判断真伪。

（二）放大镜观察法

放大镜可以发现玻璃的表面和内部常有弯曲或旋涡状的细线纹，其外观很像蜂蜜或胶水倒入清水后搅拌，由于混合不均匀而产生的现象。此外还可以观察到，玻璃内部经常出现多少不等的气泡，有圆珠状、椭圆状、子弹头状、拉长状及扁平状等。

（三）琢磨质量法

玻璃仿玉，磨制质量都很粗糙，有的甚至将熔化的玻璃液倒入模子中浇铸而成，一些刻面不够光滑，常有凸起和凹坑，刻面之间的交棱亦不平直。

（四）折光仪测定法

玻璃是均质体，只有一个折光率，折光仪测定时只有一个读数。而大部分的天然宝玉石都是非均质体，测定时会同时出现两个读数。

此外，有颜色的玻璃仿冒品，用二色镜检测，绝无二色性。

第四节　翡翠的鉴别

天然翡翠为玉中之王，它分为特级、高品级、普通级三级。特级翡翠，艳绿色（祖母绿色）、苹果绿色，玻璃地（半透明、质地细腻），均匀鲜艳，无杂质，无裂纹。高品级翡翠，绿色，油青地，微透明，间杂半透明的祖母绿色细脉和斑点翠。普通级翡翠，藕粉地、豆绿色、浅绿色，白色细腻，微透明。不透明翡翠，一般只做玉料首饰。

翡翠不仅有等级高低之分，还有真假之别。

一个时期以来，市场上仿制假冒翡翠玉石的产品层出不穷，有的甚至能够以假乱真，让人防不胜防。所以，学习和掌握翡翠的鉴别方法是翡翠消费者必须具备的基本功。

一、真假翡翠的辨别

真假翡翠，主要通过检测其质地、硬度、翠性、密度（比重）、色彩等来加以判别。天然翡翠质地透明或半透明，表面油润亮泽，仔细观察，可见近圆形的稍透明"盐粒"和围绕其周围的纤维状物质。天然翡翠是硬玉，摩氏硬度是7度，用锋利的刀具刻划，不会留有痕迹；假玉硬度低，利刀可刻划出痕迹。天然翡翠对着强光观察，可见其中有其他矿物颗粒的翠色闪光，称为翠花或翠性；用玻璃、塑料、瓷料制成的伪品，都没有此种"翠性"特征。天然翡翠结构坚硬紧密，无气泡，密度（比重）较大，敲击时声音清脆；假翡翠结构较松或有气泡，密度（比重）较小，敲击声音沙哑不清脆。真品翡翠的翠色浓艳纯正。而用白玉、蛇纹石、澳洲玉、韩国玉、云石甚至杂石冒充的伪翡翠，是经脱色后，灌入高硬塑料浆并做加色处理，或浸入绿色液体制成"加色翡翠"，在强光下观察，可见其绿色纹路杂乱而细小；有的虽不显纹路，但浑浊不清，光泽差；重量比真品轻。伪品放入煮熔的蜡液中，所灌入的颜料会慢慢析出。这样检验，既不会损坏被检样品，又可鉴别出真假。用塞尔西滤色镜观察，加色翠在镜下为紫红色，天然真品颜色不变。

二、翡翠成品的鉴定

成品鉴定，就是从颜色、透明度、光泽、杂质、矿物结构等方面入手，进行分析研判。至于比重和硬度，对于有经验的鉴定者来说，是可以一目了然的。这种鉴定的主要目的，是识别成品翡翠的裂绺、夹杂、正邪，是否假冒品，有无假色等。

我国目前使用的几乎所有玉类，只要颜色相似（主要是绿色），都有可能与翡翠相混或作为翡翠的仿冒品。这类玉石包括：软玉（和田玉）、岫玉、独山玉、石英岩质玉、硬钠岩玉、水钙铝榴石玉以及大理岩等。对于有经验的人而言，仅凭肉眼观察，一般也可以从中识别出翡翠的真假。若有仪器设备，可根据折光率和比重进行鉴别，做到准确无误。在所有玉石中，翡翠的折光率最高，为1.66，其他玉最高的是软玉，也只有1.62；翡翠的比重也最大，为3.24以上，其他玉比重最大的仅3.1，这可用比重3.3左右的重液二碘甲烷区分，翡翠在此重液中会缓慢上浮甚至会下沉，而其他玉类则迅速上浮。

唯有水钙铝榴石玉例外，它的折光率和比重都可以超过翡翠。但是，在查尔斯滤色镜下它为红色，而翡翠为灰绿色，因此更容易区分。

（一）翡翠成品鉴定的方法

鉴定翡翠成品的方法主要有经验鉴定法和实验室鉴定法两种。

经验鉴定法是方便、经济而又实用的传统方法。它通过肉眼的直接观察，有时可稍许借助一些简单的工具（如放大镜、聚光电筒、比重天平称、滤色镜、硬度笔等），而做出正确结论。经验鉴定法可以概括为六个字：色、透、匀、形、敲、照。

"色"即颜色。翡翠颜色以绿色最好，红色及紫色等颜色的价值要低很多。此外，翡翠中还有一类独特的多色玉石，较为罕见，为市场追捧。如果其中含有绿、红、紫、白四种颜色，则称为"福禄寿喜"；若含红、绿、白三色，则称为"福禄寿"。这些均是翡翠中稀罕的玉石。

"透"即透明度要高，质地要纯净，没有杂质斑点等。如果是半透明或不透明的翡翠，则品质要差许多，高档翡翠玉石都是全透明的。

"匀"指翡翠的色泽要均匀，色彩深浅差不多。如果色泽不均，色彩深浅明显，则会影响翡翠品质。

"形"，翡翠对"形"的要求并不高，玉石雕琢往往随形施艺，制成各种不同风格、题材的玉器。不过，翡翠的形体越大则用途越广，也更为珍贵。

"敲"是通过敲击听音的方法来鉴定翡翠。如果翡翠内有绺裂，其声音必然模糊不清；反之，则声音清脆。

"照"是通过强光照射或放大镜察看来发现玉料中的瑕疵，从而鉴定玉质好坏。杂质瑕疵多，即使颜色再好、透明度再高，价值也是偏低的。

实验室鉴定法是在实验室里，运用专门设备仪器鉴定翡翠真伪的方法。实验室鉴定是更科学、更客观的鉴定方法，它能弥补鉴定者因经验不足而可能出现的鉴定错误。

（二）翡翠手镯真假的鉴定

翡翠手镯是女性最钟情的饰品之一，价格也较为昂贵。因此，缺少诚信的商家往往以假玉制成手镯来冒充翡翠手镯，牟取暴利。为避免上当受骗，建议去诚信商铺、商场、商店、玉雕工作室购买，同时索取权威鉴定证书，并且要掌握识别假冒伪劣翡翠手镯的方法。从市场上发现的假冒翡翠手镯的实际情况来看，较为多见的是用石英岩（东陵玉）、水沫玉和玻璃，加工制成手镯以骗人。

石英岩玉含有90%以上的石英，是由颗粒状石英集合体组成的致密块体。一般来说，石英岩玉是白色的，可以伪装成白色的翡翠手镯。也有不法商人将白色石英岩玉染成绿色，这种染色的石英岩玉手镯颜色分布均匀，底子也很干净，没有色根，染料也会沿裂隙分布（图6-13）；还有人用绿色的东陵玉和绿色或湖水绿的质地坚实细腻的透明度高、杂质少的岫岩玉手镯冒充翡翠手镯。但是，东陵玉的绿色是油绿上面往往会有一些光亮的小点，密度也低于翡翠；最重要的是，石英岩玉和东陵玉都没有翡翠的翠性特征——内有"苍蝇翅"的棉絮状。岫岩玉的内部，有的是白色云雾状团块，也不是翡翠的翠性。而且，岫岩玉的分量要比翡翠轻很多，硬度亦低很多。

图6-13　假色翡翠

水沫子玉是翡翠的伴生矿，水头很好，一般呈半透明至全透明（图6-14）。所以，它常常被用来假冒冰种翡翠或者玻璃种翡翠。有时候，水沫子玉会有些偏蓝色的斑点，甚至会用来伪装价格昂贵的飘蓝花的翡翠手镯。可是，水沫子玉也没有翠性，它的折射率、密度、硬度都比翡翠低。

图6-14　水沫子玉手镯

利用有色玻璃制成的玻璃手镯冒充玻璃种翡翠，价格很实惠，容易让人以为"物美价廉"而上当。其实，玻璃手镯的硬度和相对密度都比翡翠低很多，拿在手里掂掂分量就比较容易区分出来；仔细观察，有时候会在玻璃手镯中发现一些小气泡等异常。

翡翠成品实验室的鉴定方法在此不作介绍。

三、翡翠原石的辨伪

原石鉴定比成品鉴定复杂得多，这也是翡翠鉴定的主题。原石鉴定涉及的知识面很广，它是知识与经验的结晶，其实质就是翡翠辨伪。翡翠的辨伪，主要是弄清楚翡翠替用伪劣品的不同种类及其识别方法。

翡翠替用伪劣品，不仅是指假色、假料、假皮，还有翡翠原料作假、翡翠染色和镀膜作假以及翡翠不当加工、人造假翡翠等各种不同类假货，名目繁多，不尽相同。

(一) 假色的识别

翡翠的假色，是通过化学或物理方法人为处理后产生的。作假的颜色主要以绿色为主，有时也有红色、紫色。其作假方法主要是染色、炝色、电镀、托底、火烧等。这类人为作假的颜色特点是呆滞、邪而不正，有烧黄似的痕迹，颜色总在裂绺处存在。

炝绿是假色翡翠中最普遍的一种。因存放过久，或加染过程中化学药剂应用不当，其绿色往往发邪，常有闪蓝发黄的感觉。炝绿的颜色是由表到里、内浅外深，其绿色是由无数嵌入小裂绺纹内的染色形成的，有绺处绿色深，无绺处绿色浅或无，绿色为细丝状存在于翡翠中，这是炝绿的最大特点之一。在滤色镜下观察，人工作假的绿色会变成红色；酸浸或高温鉴定时会出现异味和绿色消失。

(二) 假料的识别

假料是指用非翡翠物质冒充翡翠。此类多为玻璃、烧料、杂石或一些绿色的玉石，如绿玉髓、绿玛瑙、澳洲玉等。用料石冒充翡翠是旧翡翠中常见的一种伪造品，大至镯子、烟嘴，小至戒面、元珠。料石制品虽为绿色，却呆板；体内常有明显可见的气泡；比重轻，手感明显轻飘；断口为砾贝壳状，滴水珠于抛光面上，玻璃、烧料会立即散开，翡翠则不会。目前，这类假冒品因为极容易与翡翠相区分，已不多见。

(三) 假皮的识别

假皮是把一些翡翠山料的氧化层粉碎，然后用胶将其粘住。因此，质软、有胶性、没有细粒自然排列的表现是这一类假品的最大特点。鉴定假皮类翡翠，要注意观察皮壳各部位的颜色、沙粒、质地的变化，有无胶合隐痕，在阳光下观察皮壳各部位色调光泽的变化。

(四) 原料作假的鉴别

翡翠原料分成籽料和山料两类。籽料就是翡翠的砾石。这种砾石是在自然界中风化破碎后滚下山坡，被洪水或溪水带入山沟及小河中形成的。在滚动搬运过程中，翡翠碎块的棱角逐渐被磨损，原有裂纹或疏松的部位也被磨掉或崩落。同时，表面被风化生成一层厚薄不等的外皮。这样，翡翠碎块就变成了一个有外皮包裹、形态近于圆或椭圆的砾石了。籽料作假的时有所见。

籽料由于有外皮包着，内部质量无法直接看到，所以要根据外皮的颜色、精细、厚薄、花纹等来推测。市场上出售的翡翠籽料有三种情况：一是切成两半或将外皮全部剥去，这叫明货，容易看出质量；二是没有任何切口的一块砾石，只见外皮不见内情，这叫"赌货"，买它如同赌博；三是在籽料上切一个或几个小窗口，可以从窗口推测整个翡翠的质量，这也是一种赌货，不过风险比购买完全不开窗（没有切口）的翡翠小一些。

籽料受人欢迎，又有便于作假的外皮，以至翡翠原料作假的主要是籽料。作假主要的方法是：作假门子（假窗口）、假外皮、多层石等，在门子上作假是最常见的。作假的具体方法因情而异。假如籽料上所开的门子（窗口）处质量很差，于是在窗口处涂上翠绿色染料，再切一片透明度好但颜色浅淡或无色的翡翠薄片，粘贴在窗口上，然后打磨好并加贴假皮，顾客如不注意，从窗口看是色绿水好的高质量翡翠籽料。假如是水好颜色差的籽料，就在其一头钻一个至几个孔，孔钻到接近另一头的表皮，在孔中灌入翠绿色的胶，用泥沙堵好孔口，在另一头表皮处开窗，从窗口向内看，一片绿，很迷惑人。

还有"掏心术"作假法，即把一块特别高级翡翠籽料的中心高绿部分全挖出，只在靠外皮处留下一薄层绿，然后在挖走的内部填入劣质翡翠碎块甚至铅块，堵好孔口加贴假皮，在留有薄层高绿处开窗让顾客观看。多层石作假，是将一块水很好但色淡或无色的翡翠籽料切成两半，中间夹上一片翠绿玻璃后粘上，或用染成绿色的胶粘上。

所有作假门子（假窗户）或黏合的多层石，都不可避免的有黏接缝，而且会破坏籽料的外皮。因此，必须造假皮粘上，黏接处比较容易看出，而且假外皮细看起来很不自然，易于判别。因此，凡是有黏接缝或假外皮的翡翠籽料是绝不能购买的。

山料是从山上的翡翠矿中直接采出的，它没有外皮，形状不规则，有很多棱角。山料没有经过大自然的搬运分选，质量欠佳，多裂纹，结构疏松粗糙。因此，山料远不及籽料受人欢迎，作假的山料也较少见。

（五）翡翠染色作假的鉴别

染色又称炝色，是最常见的翡翠作假的方法。无论是翡翠原料还是雕琢好的翡翠成品（如戒面、戒指、花牌等），都可以用染色的方法作假，手段多多。

染料染色。这是将颜色浅淡或白色的翡翠原料或翡翠成品，用加高温度的方法使缝隙扩张后，立即浸泡于绿色染

图 6-15　染料染绿

料的溶液中，或加大压力，将染料溶液压入缝隙中，使它们染成美丽的绿色（图6-15）。这种染色法所用的绿色染料，分无机的和有机的两种。

辐射致色。即用激光或高能辐射线轰击低档翡翠，使它的绿色变深变好的作假法（图6-16）。

染翡翠为红色、紫色。除了染绿外，还有将翡翠成品（如手镯、花牌等）染成较浓艳的红色或紫色的作假法。

染色作假的鉴别方法主要有以下三种：

1. 使用查尔斯滤色镜的分色鉴定

即将铬盐染成绿色或辐射致绿的翡翠置于查尔斯滤色镜下，它会变成粉红至红棕色，而天然的红色翡翠，则为灰绿色。

图6-16　辐射致色翡翠

也就是说，凡是在查尔斯滤色镜下变红的绿色翡翠，都是"假货"。

但是用有机染料染绿的翡翠，在查尔斯滤镜下不会变绿。

2. 用高倍放大镜或显微镜观察

这是最好的方法。观察时，可见染色翡翠的绿色浮于表面，没有由内向外的色根，相反却可见到颜色（染料）沿裂隙从外面进入的现象。当放大倍数达20倍以上时，可以看出颜色（染料）都展现在裂隙中及矿物颗粒与颗粒之间。如果将翡翠泡入水中或浸入油中（折光率为1.66的油最佳），再用高倍放大镜或显微镜观察，上述现象更为清楚。如果翡翠太大无法浸泡，可将水或油滴在绿色部位后，用放大镜或便携式（钢笔式）显微镜观察。

3. 用滴盐酸或用微火烧灼的方法

如果货主允许的话，可在翡翠的绿色或红色、紫色部位滴几滴盐酸，或者用火柴的微火烧灼，真品的绿色不变，而假品的绿色会逐渐褪色。在翡翠原料切开的窗口处进行染色最为常见，可在窗口处滴上水或油观察，加几滴热盐酸也会使作假的绿色褪色，若将原料切开，这时的绿色会环绕表面而成环带状分布。

（六）翡翠戒面镀膜作假的鉴别

翡翠戒面镀膜的方法是，在透明度较好的白色翡翠戒面上，用涂抹或喷雾的方法涂上极薄的一层特种的绿色胶，干燥后看起来就成了高档的水足好色的翡翠戒面，所用的镀膜原料据说有英国的808翡绿胶（图6-17）。由于胶膜将翡翠戒面全部包裹，人们戏称这是"穿衣服"的翡翠。鉴别镀膜翡翠的主要办法有下列五种：

一是用放大镜仔细观察。天然翡翠戒面抛光的馒头状表面上，往往有一些微小的针孔，而镀膜翡翠则光滑如塑料制品。膜层的硬度像塑料一样低，上面必然有少数极细的划伤纹，这种划伤纹任何方向都有，用放大镜观察时，最明显、易看出的是环绕放大镜视野中心，有类似同心圆状的密集划伤纹。天然翡翠表面光洁，没有这种状态的划伤纹。镀膜欠佳或时间较长后，膜层可能有破洞，就像衣服破了洞露出人的皮肤一样，这就更容易知道它是镀膜的假货了。

图6-17　镀膜翡翠

二是用浸了酒精或二甲苯的棉球，擦拭翡翠的表面。镀膜翡翠会使棉球染上绿色，这是膜层溶解于酒精及二甲苯中发生的化学反应结果。

三是用小刀或钢针划、刮翡翠戒面。天然玉品无碍，镀膜翡翠的膜层会被划裂刮破，甚至可以剥下绿色的小薄片。

四是用手摸戒面。镀膜者如摸塑料一样有些拖手，天然真品则很滑溜。

五是用微火（火柴、打火机）或烟头烧烫戒面，膜层一烧烫就化了，而天然真品无变化。

（七）翡翠B货的加工与鉴别

由于翡翠造假的方法越来越多，造假的程度也各不同，为了便于说明，目前宝石界已广泛采用翡翠A货、翡翠B货、翡翠C货这三个名词。A货是翡翠成品只进行过正当的加工，其颜色和质地都是天然的，也就是俗称的"真货"；C货是明显作了假的翡翠，例如将翡翠染色或镀膜，是典型的假货；B货的情况比较复杂，可以认为它是用不完全正当的方法进行过加工，而加工的程度也各不相同，有些加工深的就是假货，有些加工不深的则半真半假。

B货的加工，可以是小块的原料，也可以是雕琢好的成品（如玉镯、花牌、戒面等），通常以成品为主。这些需加工的翡翠，主要是内部杂质太多，透明度欠佳（水不好），但是都有绿色，只是绿得不够均匀，或者绿得太深、发暗。总的看来，只属于低档的翡翠。

1．B货的加工

加工B货时，最复杂的可分为三步：第一步是将加工的翡翠泡入冰醋酸、双氧水或酒精中,并加热到300℃左右,时间根据需要而定,有的可能长达数月之久。这时,翡翠内部的黑点杂质等大部分被酸液溶解带出,原有的绿色部分会向周围扩散而变淡,整个翡翠的绿色变得更加均匀亮丽,地子的透明度也大大改善。原翡翠中影响质量的白色石脉等异物,可能变成疏松的粉末状,用细钢针等工具可以不费力地将它们清除干净。与此同时,组成翡翠的矿物硬玉等晶体因受到酸液的腐蚀,晶体及其结构遭到程度不等的破坏,严重的会产生大量细丝状的裂纹甚至大块的龟裂,并可能留下小的空洞和缝隙。

第二步是把酸液浸泡的翡翠洗净,将环氧树脂或专用的无色油状"光学填充剂"加高压注入翡翠中,填充因酸蚀产生的缝隙、空洞和龟裂。环氧树脂或光学填充剂事先加有固化剂,注入翡翠后不久即硬化成固体,不会再泄漏出来。由于填充剂无色透明,用肉眼甚至放大镜都很难发现它的存在。

第三步是打磨外表。翡翠成品经酸液等浸泡后,其表面很有可能变得粗糙,光亮度降低,因此,常常再在翡翠表面涂一层石蜡或环氧树脂等物,然后进行机械抛光。这样,一块(粒)地子通透、绿色鲜亮均匀、外表闪闪发光的高档(B货)翡翠就产生了。

并非所有翡翠B货的加工,都经过上述三个步骤,有的仅用酸液或其他的液体浸泡后即完成,内部未注入填充剂。由于浸泡时间、加温的高低都不尽相同,翡翠晶体及结构所受损伤的情况也各异。也有的用劣质的白色翡翠为原料,在酸液中长时间浸泡,使地子较通透并产生大量网状裂纹后,又注入绿色燃料使之染色。这就变成B+C货了。用放大镜(最好20倍以上)观察,可以见到绿色成网状分布,而且整个翡翠晶体结构被严重破坏,似一片云雾状,根本见不到晶粒及纤维状交织的现象。

2. B货的鉴别

总体来看,B货的鉴别是比较困难的。可靠的两种鉴别方法是,在显微镜下观察和用红外光谱仪拍摄翡翠的红外光谱图。此外,荧光测试法和听音法可以作为一般或辅助鉴定方法。

显微镜观察法。使用显微镜在高倍放大(40倍以上至100倍)下观察,是普遍使用的方法。翡翠B货因受酸液或其他液体浸泡溶蚀,其中矿物晶体的形态和排列方式被破坏,严重的成为混沌的云雾状,并产生大量细小的网状裂纹甚至大的龟裂。如果注入了树脂,在显微镜高倍放大下,这些填充物可以清楚地看出。如果显微镜有偏光设备,可在正交偏光下观察,翡翠晶体、残存的破碎晶体、充填的树脂,在正交偏光下干涉色各不相同,更易看出。翡翠内部原有的绿色,因酸泡而溶蚀有向周围扩散的现象,甚至翡翠内残存的少量酸液都可能在高倍放大下看出。

光谱图鉴别法。利用红外光谱仪拍摄的红外光谱图，可以清楚地显示出翡翠中有无作为填充物的树脂（环氧树脂、光学填充剂），甚至能查到树脂的名称。对于未注入树脂的翡翠 B 货，其内部残存的酸液或处理液也会在红外光谱图上显示痕迹。但是，红外光谱仪价格极其昂贵，操作及光谱图的解释都需要相当长时间的专门培训才能掌握。因此，普通人或一般单位无法置备，只是在高档或极高档的翡翠交易时，才可将货物送交有红外光谱仪的机构去研究论证。

荧光测试法。将翡翠用紫外灯照射，天然的未经酸处理的翡翠（A 货）不发荧光，内部充填有环氧树脂、石蜡或光学填充剂的翡翠 B 货，往往可能产生蓝白色的荧光。由于内部未注入填充剂的翡翠 B 货一般不发荧光，而有些填充剂的也不发荧光，因此，只能做出这样的结论：凡用紫外线照射时产生荧光的翡翠，那一定是 B 货；而不发荧光的，则不一定，须用显微镜进一步检查。

听音辅助鉴别法。翡翠 B 货因被酸泡，内部被溶蚀出缝隙空洞，因此，把两个手镯或两个雕件互敲时，发出的声音就不够清脆，而有空、哑之声；A 货翡翠互敲时，则声音清脆悦耳。然而，此法并不可靠，天然的翡翠 A 货在质地欠密实或有裂纹时，互敲时亦有空、哑的声音；而翡翠 B 货酸蚀不太严重时，也可能互碰声依然清脆。

（八）人造翡翠的鉴别

翡翠是细小的多晶粒集合体，具有非常特殊的结构，使用人工合成迄今仍未见有成功的报告，制出的都不是翡翠，而是颜色相似的其他物质。目前，市场上用翡翠仿冒品的人造物质有三种，即绿色玻璃、绿色料器与马来翠。绿色玻璃的鉴别法如前所述。绿色料器其实是一种不透明的玻璃，它的外观似瓷器，见不到任何翡翠特有的粒状及纤维状结构。而且，绿色及光泽都很不自然，没有原料，只有铸造的成品，稍有经验者一眼即可认出。马来翠与高档翡翠很相像，曾经作为冒充品卖过高价。现在，马来翠仍常见于珠宝店中。

马来翠是什么物质？一种是脱玻化的绿色玻璃；另一种是染成绿色的极细粒石英岩。这两种物质的马来翠，鉴别的方法都一样，即用十倍以上的放大镜，在透射光中观察，可见它内部有晶粒和纤维。而绿色都成为细线纹，分布在密集的细小晶粒的边界上，晶粒内部均无色。因此，整体看来像是绿色的网，或者有绿色边缘的蜂巢。若用查尔斯滤色镜观察，马来翠为灰绿色，不会变红。马来翠的折光率约 1.54，比重约 2.64；翡翠的折光率为 1.66，比重为 3.25 以上。若用折光仪鉴定宝石的折光率，或将宝石投入比重为 2.9 的重液三溴甲烷中，立即可将二者区分。

第七章

玉器的选用和养护

第一节 玉器的选用

一、选用玉器的原则

玉器的造型繁多，质量有优劣之分，购玉者的兴趣爱好和经济条件也不尽相同，因此，人们在购买玉器时应当有所选择。

（一）选玉的总原则

玉器的选用，总体上应当坚持五个原则：一是根据经济状况量力而行。特别是以增值、盈利为目的者，购置价格昂贵的玉器时须谨慎，以免失算之后带来难以承受的损失。二是按照自己的兴趣爱好，挑选自己称心如意的玉器，不必赶时髦。三是明察秋毫，货比三家。购买玉器时，在未经慎重考虑和选择前，不要轻易出手，更不要一见钟情，应当仔细观察，多看几家同类型玉器，力求购买货真价实、称心如意的玉器。防止"捡漏"不成反受其害、价廉物不美甚至上当受骗买了假玉（玉器鉴别知识另有专门论述）。四是有备而动。购玉前，先要学习掌握欲购玉器的相关知识，了解其市场行情，做到心中有数。然后，再有选择地去玉器市场或玉雕工作室购买。五是买玉成交时，索取购玉的发票（收据）、名玉鉴定证书等相关凭据，以便事后需要时，能够维护自己的合法权益。

（二）单个玉器选用的"五不"原则

对于具体的玉器选用来说，应当坚持的原则是"五不"：

来历不明的古玉不用。古玉传至今日，主要有两条渠道。一为历代传承下来的传世古玉；二为出土古玉，大多是死者的陪葬品。前者说得明白，后者往往难以言说，来历不明。

染色翡翠不佩戴。有些颜色艳丽的翡翠器件，并非天然形成，而是经过了人为的化学处理。这类翡翠器件业界称为B货、C货或B+C货，价格便宜，但其残留在翡翠上的化学物质对人体有损害，不可长期接触皮肤，否则必然受其害。

五彩缤纷的异常玉石不戴。天然玉石的颜色有很多，单单是翡翠来说，就有绿色、红色、黄色、白色等。有些商家用不同颜色的玉石串成"多宝手串"吸引大家购买。这类五彩缤纷的玉石手串虽然漂亮，却陷阱颇多。有的不良商家，是把劣质玉石用化学染料染色，然后将真假彩色玉珠串在一起出售于他人。所以，购买"多宝手串"须谨慎，发现玉石有染色可疑的坚决不买、不戴。

"捡漏"来的便宜玉不用。主人不识货，把高档的古玉器当作一般货出售，买家称为"捡漏"。在科技发达的今天，这种"捡漏"现象越来越少见，即便真的"捡漏"到好的古玉，原主人也不会以很便宜的低价出售于他人。因此，自称"捡漏"得来卖低价的古玉，应谨慎购买。

绿得异常的翡翠不用。有一种说法是，翡翠越绿越高档，这种不分是非唯绿色为准的观点是错误的。如果一味地追求颜色，而不顾玉石的水种的话，只会买到颜色呆板、质地干枯的拙劣翡翠，甚至还可能把碧玉乃至染色作假的玉石当作高档翡翠买回来，损失一大笔钱。

二、新老玉器的选择

新老玉器的划分，目前尚无一个明确的年代标准。软玉中的白玉，自商代开始传入中原地区，因此，很多古玉是白玉；翠玉虽自清代开始使用，流行于清代中、后期，距今有200年以上的历史，但很少有人以古玉视之。为此，正确选用新老玉器，必须首先明白新玉与老玉的区别，准确地选好新玉或老玉。

老玉器上面生"锈"。行话称"锈"为"沁色"，即玉器经过长时间的地下埋葬，因受土中所含各种物质的作用而产生的色泽变异。老玉的沁色，因环境及周围物质的不同而有差别，如黄褐色，系泥土或随葬的沉香所"沁"；青蓝色，受随葬的衣服及其他织物的染料所"沁"；绿色，受随葬的铜器所"沁"；白色，受墓坑中所填的石灰所"沁"，受石灰所"沁"轻的玉器，颜色发红；黑色，受随葬水银所"沁"；酱紫色，是古玉与尸骨接触所致。随葬的古玉，往往不止受一种物质所"沁"，它在墓穴中可接触的物质很多，其"沁色"也往往有多种。老玉以不被"色沁"而保留原色原质者为最佳。老玉的"沁色"因地区不同，颜色也不一样。如陕、甘、川、晋等地的西土玉，一般是黄色沁，而苏、浙、赣等地的南土玉，一般为白色沁。

老玉器的表面钙化。老玉因年代久远而被风化、侵蚀，受温度、压力及矿物等的影响产生钙化，形成一层皮壳。一般是年代越久，皮壳越明显。没有钙化和皮壳的则可能是新玉了。

老玉的雕刻痕上有"沁色"及侵蚀。如果刻痕上很干净，而其他部分有"沁色"侵蚀，或刻痕很新，则可能是"老玉新改"的伪器。

老玉中的硬玉老种呈细状结构。若用十倍放大镜去观察，勉强可辨认，玉质极为致密、柔嫩。硬玉新种呈中等到极粗料状结构，肉眼极易辨认矿物的颗粒，玉质疏松、粗糙。

判断一件玉器是新玉还是老玉，必须从上面的标准以及玉器的形制、工艺等各方面进行综合考察，切不可片面地、孤立地只根据某一方面的特点简单地加以肯定或否定。

三、佩挂件玉器的选择

玉器中的佩挂件是供人们随身佩戴之物。为了健康和安全，最好选择未经化学处理过的天然玉石作为长期佩戴的玉器。这样，既有玉器吸收身体浊气之保健功效，又可以促进玉器变得通透，一举两得。但是，玉器佩戴很有讲究，倘若不懂佩戴知识，有违佩戴常规，就可能贻笑大方，有损玉器保养和自身的形象。

（一）佩挂件玉器的种类

佩挂件玉器种类繁多，主要的佩挂件玉器的种类有：玉手镯、玉项链、玉牌、玉龙、玉动物、玉人佩、玉带钩、玉剑饰等。

玉手镯 是常见的手饰用品，最早用作佩件的玉手镯并非圆形，宋朝开始才见圆形玉手镯。

玉项链 最早源于原始社会母系氏族向父系氏族转变的"抢劫婚"风俗。男子把战争中俘获的女子作为妻子，为防止她逃跑，就用一根金属丝或者绳子，套住其脖子。后来，随着人类社会文明的进步，这种古老的风俗渐渐地演变为恋情中的男子向女子示爱的一种方式。玉项链一般是由圆形珠相连而成，大体上分串珠式项链和花式项链两类。串珠式项链又分等大珠与渐变珠两种。

玉牌 在清朝最为流行，基本上有点身份的人，都要戴上一块玉牌。玉牌上有一小孔，可以系在腰间佩戴。

玉龙 最早见于中原和东北地区的新石器时代的文化遗址中，龙是中华民族精神的象征，它的身上寄托了力量、希望和中华民族对美好生活的憧憬。

玉带钩 是富贵人的最爱，其形状多样，有龙首、鸭首、马首，器身有琵琶形、螭形等，有的还在上面镶一些宝石之类的装饰物。所以，每一件出土的玉带钩都是精品。

玉动物 是以大自然为参照物而雕刻成各种动物状的佩件玉器，古代使用较多，故在出土玉器中最为常见。

玉剑饰 主要是用于装饰宝剑的玉器，春秋时期最为流行。

玉人佩 是直接反映人类自身形象的佩件玉器，它有全身、半身、人兽、人面等不同形制，主要用于祭祀活动。

玉佛像 是祈盼福顺、安宁、康泰的心理寄托对象，常见的佛像有弥勒佛、观音菩萨、如来佛（释迦牟尼佛）、济公活佛等。男戴观音女戴佛是佩戴玉佛像者的选择。观音菩萨慈悲柔和，性格直率的急躁男子佩之，有助于其变得性格温顺平和，于日常为人处世有益。而笑脸常开的大肚弥勒佛，快乐而有度量，戴上则有助于女人心胸豁达，性格开朗，有益健康。

（二）佩挂件玉器的选择

佩挂件玉器是戴在身上的装饰品，选购时不仅要考虑经济条件，更要考虑是否有益健康。经济条件好的可选择蓝田玉、和田玉中的籽玉。这两种玉是水产玉，与人体气息、体温相得益彰，互相感应。长期戴在身上，人体的37度恒温，可以改变玉分子运动，使玉器变得通透润泽，真正实现"人养玉"。当然，条件好的人选购翡翠也是可以的。

翡翠玉料天然A货硬度大，质地细腻，加工和抛光性能好，深受人们喜爱，具有较高经济价值。翡翠里的结晶物——絮是不可能消除的，里面的分子结构也不可能因人体而改变。翡翠亲油脂的特性，决定了人在长期佩戴后，它受人体皮脂的"滋润"，会变得更光泽和润泽。如果佩戴的是B货或C货翡翠，或者岫玉、汉白玉等一类低档玉料，当空气中的一些硬度较大的泥沙、灰尘落到它上面，被有意无意间去擦掉时，就和翡翠产生直接摩擦作用，结果越磨越花，逐渐失去光泽且表面起毛。若是A货翡翠，则愈擦愈光亮。如果玉器中原本含有的翠绿成分先前未显示出来，经过较长时间的佩戴、摩擦，便可能渐渐显现出来。

串珠式玉项链的选购，主要看每粒玉石的颜色和质地是否均匀一致，最好是用一块料上取下来的珠子，珠子不宜过大，否则，佩戴起来很沉重。玉珠不宜穿得过紧，以免佩戴起来显得僵硬。项链的长短，依佩戴部位和方式不同而有别。

有些玉商为了提高玉佩件的品相，往往利用高能电子加速器进行辐射处理，将其中的微量元素激活变为同位素，从而改变颜色，提高身价。例如呈浅蓝色、身价不高的黄玉经过放射性处理后，可以变成身价不菲的极似天然的海蓝宝石。不过这种经辐射处理过的矿石，有些要经过一年半载的衰变后，其放射性降低到人体所能承受的安全剂量才可佩戴。有些要经过三五年甚至更久，才能达到人体安全佩戴的要求。鉴于此，购买玉佩件时最好进行放射性安全检测，以防辐射处理过的玉器戴在身上有害健康。

（三）佩挂件的佩饰选用

俗话说得好，好马配好鞍。要把美玉的美全面地展现出来，还需要有与其相配的佩饰：挂绳、配珠。这里面很有讲究。

挂绳，可以说是美玉的标配。美玉对挂绳有很多要求。比如质地，一般会选用纯棉质地的手工编织挂绳，不仅质感好，而且美观。挂绳的粗细，要根据玉的具体情况来定。如果玉器比较小巧，最好用较细的挂绳；而像玉牌、把件等就需要用精致、粗一点的挂绳。挂绳之颜色，较为常见的有红、绿、黄、黑、咖啡色等几种。在国人观念里，红色代表喜庆、张扬，黑色代表沉稳、中庸。这主要依个人性格、喜好而定，但要注意的是，挂绳的颜色最好能与玉色体现一种和谐之美。

搭配不可少。有人喜欢素雅搭配，有人喜欢华贵搭配。华贵搭配往往会选用配珠，一般用来搭配美玉的配珠，主要有青金石、绿松石、蜜蜡、紫檀木、红珊瑚等，都是很不错的组合，它们可以把和田玉澄澈纯净的质感衬托出来，并给人一种很美的视觉享受。

一般而言，和田玉的配珠有这样一些组合：青玉配红珠，白玉配黑珠，泛黄玉石搭青金。天然金刚作为配饰，以自身的质朴烘托出和田玉的华贵；绿松石配珠，可谓是点睛之笔；用橄榄核做成的串珠，为和田玉营造出一种众星捧月的主角光环。

美玉配好珠，切不可颠倒了主次。比如，用光感强烈或者有玻璃光泽的珠子来搭配和田玉，就会显得喧宾夺主，起到的不是烘托作用。所以，用翡翠珠子来搭配和田玉就不太合适。每块美玉，只有找到适合它的配饰，才能彰显出佩玉人的品位。

四、赏玩玉器的选择

（一）玉器赏玩的意义

玩是人类与生俱来的本性，玩玉是一种高尚的赏玩，也是学习、交流的一种方式。赏玩的玉器通常材质贵重、工艺精湛、意蕴雅洁，是人们爱不释手的把玩品。古代，赏玩玉器是达官显贵、豪门士绅和文人雅士的专利，也是他们用以显示身份、地位、趣味的手段之一（图7-1）。明清时期，赏玩玉器之风甚烈，在社会中、上层人士出入行走间，赏玩玉（佩饰玉）如影随形，是聚会交流的重要谈资。当今，赏玩之风虽不盛行，但在"先富起来的一部分人"中占

图7-1 和田玉籽料《逐日》（樊军民）

有一定市场，他们相聚之际，常常手握心爱的上档次的赏玩玉，摸搓、捻转、盘玩和操试，时而彼此做些赏玩玉知识的交流，甚至相互欣赏彼此赏玩的珍品。

古今国人喜欢赏玩玉，主要是为了玩赏怡情，同时兼顾养生保健。中医学认为，人体健康与否，全靠气血调养。气血通畅则健康无忧，而手足密布经络穴位，经常按摩手足穴位，有理气活血的功效，可以促进气血畅。而摸搓手中玩物，恰恰是在不经意间按摩了手上的穴位，长期坚持可以祛病保健。另外，随着赏玩时的反复摸搓，手上的汗渍油迹便会慢慢地沁染到玉体的内部，日积月累形成"包浆"，留下主人的痕迹。这些包浆、痕迹，正是雅玩清客们所迷恋和钟情的"杰作"。

（二）好的赏玩玉器标准

注重观赏玩耍、兼顾健身功能的赏玩玉器制作，选用的玉材往往是具有深厚历史文化意蕴、盘玩手感和视觉效果俱佳、容易上手、出包浆的白玉、翡翠、碧玺、蜜蜡等；在题材上，以宗教人物和有吉祥寓意的传统样式为主；在雕刻上，以便于把玩为主旨，大小形状、高低起伏和凹凸变化，皆以手掌为参照，强调艺术观赏性，以陶冶性情为要旨，侧重于精神的愉悦性。所以，在作品题材、雕刻

工艺、呈现方式、艺术样式等各方面，均力求妙思巧饰、精工良材和新颖生动，为赏玩者呈现多重享受和快乐。

真正称得上玩玉的人，把玩玉当作一种享受生活乐趣的形式。他们不把玩玉与财富、身份相关联，完全出于爱好喜欢而已。至于说什么形制、什么题材、什么材质的玉，他们并不特别在意，关键是凭借自己的审美去选择，犹如日常生活中的青菜萝卜各有所好一样。但从总体来说，好的赏玩玉器宜小、宜柔、宜巧，以玩不出掌心为佳，似人体中的一个组成部分，具有可摸又耐看的感官形色意味。具体而言，上等赏玩玉器应该材质好、设计美、雕琢精致。

1. 材质好

肤如凝脂。好玉要有质感，或丰或骨，或艳或素，或涩或畅，绰约若处子，如唐伯虎的《牡丹仕女图》及题诗："牡丹庭院又春深，一寸光阴万两金。拂曙起来人不解，只缘难放惜花心。"香艳而诱惑。好玉一定要有白色的好皮肤，一白遮百丑。

2. 臆造曼妙

玉材有形但无相，设计是琢出好相玉的关键。因材施雕，千姿百态，美意纵横，心骛八极。遇到差的玉，不可藐视。"天生我材必有用"，一旦慧眼睁开，定会"化腐朽为神奇"，出好相之玉器。敬天惜物，物尽其用，就像女子虽外貌平凡，但知书达理、才情横溢，也能迷倒帅哥一样。

3. 雕琢精致

"玉不琢，不成器"，好玉也必须精致雕琢。雕琢是美容，精致是耐看。好玉起承转合恰到好处，该凸的凸，该仄的仄，该紧的紧，该疏的疏，令人观之不舍，从正面看到侧面，从头看到脚，再从下看到上……美不胜收，感叹天公的造化。

如此看来，材质欠佳不重要，慧眼疲倦不重要，手艺不佳不重要，让你感动、让你怦然心动的就是好的赏玩玉器。

五、陈设玉器的选择

观赏性的陈设玉器是战国、秦汉时期较为多见的玉器品种。这类陈设欣赏玉器的品类甚多，主要有大型的璧环类，包括出廓饰璧、圆雕摆件等，题材包括人物、动物、车马等；另一类是玉组板、镶嵌玉件、玉兽头牌饰等。观赏性的陈设玉器中，还有兼具实用和陈设功能的玉器，如容器、编钟、插屏等。这类陈设品通常器形硕大，纹饰繁复华美，具有很高的艺术价值，是玉器品类中的佼佼者，弥足珍贵。

　　隋唐时期的供观赏陈设的玉器品类不多，在传世品中仅能见到一些圆雕玉兽件。

　　宋辽金时期，供观赏陈设的圆雕玉人和动植物玉雕明显增多，往往寓有谐音古语和民俗内容。例如，鱼表示"吉庆有余"，羊表示"吉祥"，童子和石榴表示"多子多福"，松鹤表示"长寿"等。

　　元代最具特色的观赏陈设玉是玉炉顶。此期的玉炉顶多为镂雕作品，题材以春水、秋山、鹭鸶、一路连升等图案最为多见，其风格粗犷豪放，极具民族特色。明清时期，制作有大量的供观赏陈设用的玉制艺术品。随着玉材来源的不断增加，所制玉雕体积呈现越来越大的趋势。明代的观赏陈设玉，主要有玉山子、玉插屏和圆雕人、兽等。清代玉器品种和数量繁多，以陈设品最为发达。清代陈设玉器中，既有玉山子、玉插屏、如意、玉兽等大型陈设玉制品，又有圆雕人物、动物，如八仙、刘海、观音、弥勒、麻姑、寿星、仕女、童子、渔夫、鹿、羊、象等小型陈设玉制品。这些陈设玉，不论是选材还是纹饰雕工上，都汇集了当时的艺术精华。就个体陈设玉器而言，以玉雕凌霄花、玉如意、玉山子、玉插屏等为佳。

　　玉雕凌霄花，最早出现在宋代，采用折枝镂空手法精雕而成，花朵妩媚娇嫩，并以纤柔的细阴线刻划出花筋叶脉，极富生命力。金代玉雕凌霄花，以镂雕表现层次，以浮雕突出重点，整体结构和谐均衡。元代的凌霄花玉嵌饰也以透雕琢制，四朵交叉缠绕，两侧卷以藤蔓，较宋代略显肥厚。纹饰一般背面光素。宋凌霄花玉佩上有六对可供嵌缀的穿孔。明清时期的凌霄花，玉嵌饰更趋写实与俏丽。

　　玉如意是一种供玩赏的玉器，寓意着一切祈求和希望都能如愿以偿。玉如意产生于魏晋时期，真正繁盛的时期是在明清，造型上就像一个长柄的钩，钩头就像贝叶一样，比较扁。"如意"一词来源于印度语。作为玉器品的如意，清代时最多，明代少见。清代，创造出了首、中、尾的三镶、五镶形式的如意，其中有一种少见的如意，先在如意的头上按图案琢出槽，然后再镶入五颜六色的宝石，这种做法比较复杂，但成品十分美观。玉如意的表面一般都刻有龙纹，有的还在如意上镶上宝石，用宝石组成吉祥图案。清代时，玉如意成为皇宫里皇上和后妃的玩物，宫里摆有各种玉如意表示吉祥，这些玉如意大多做工精美。玉如意是比较高贵的玉，清代的皇帝经常把它作为赏物赐给大臣。

　　玉如意通常呈长条状，一端呈勺形或心形，整体呈З形，也称如意头。明代的绘画作品及工艺品中，出现了手持如意的人物。到了清代，出现了大量用整块玉料雕琢而成的如意，还有把玉嵌在木托上的如意玉。玉如意上的纹饰可分为福、寿类吉祥图案和文人相聚类图案等。其雕刻方式除高、浅浮雕方式以外，还有阴线刻等。如意头的形式多样，呈灵芝形、双柿形等，而柄多呈枝干状，大多精雕细琢。

玉山子是一种圆雕景观，制造时先绘出平面图，而后进行雕琢，因而玉山子又常以图命名（图7-2）。清代的玉山子，在设计上集山林、瀑泉、楼台、亭榭和人物为一体，山石表面琢出长线条的棱边，极似绘画中的披麻皴。另外，又将山石边沿、人物衣褶及树木轮廓等处都琢得棱角锐利。

图7-2　青玉《万松山房图山子》（清）

玉插屏有方形、圆形、长方形或其他形状，插于木座或玉座上。作品一般较厚，没有透雕锦地。图案有高浮雕、浅浮雕、透雕、阴线、戗金及描金等。玉质较好，多为青碧玉制成，个别的有玻璃光，一般为蜡样浮光。浮雕具有构图细致、边棱锋锐的特点，图案的题材广泛，有花鸟、竹树、风景、古迹、历史典故、吉祥图案等，还有百寿字、文人诗句、纯文字插屏。清宫中较典型的插屏题材繁多，如渊明爱菊、灯下观书、灞桥风雪、枫林坐晚、采药图、观梅图、进玉图、汉柏图、五大夫松、水阁观荷、春夜宴桃李园、话菊图、赤壁泛舟、秋织图、春耕图、达摩渡海、远浦归帆、平沙落雁、烟寺晚钟、江天暮雪、山市晴岚、竹石古诗等（图7-3）。

图7-3　青玉《梅花图屏》（清）

六、收藏玉器的选择

收藏玉器的历史，可以追溯到西周、春秋时期的诸侯国芮国。数年前，陕西韩城梁带村芮国墓地就出土了大量佩玉，其种类之繁多，制作之精美，色彩之鲜艳，令人叹为观止。梁带村出土的大量玉器中，有些就已经是那时的古玉了。这说明，芮国的贵族不仅对玉有痴迷般的喜好，而且收藏古玉。

如今，玉器的收藏情况比较复杂，不仅有古玉器收藏，亦有现代玉器收藏。至于收藏的玉器种类和收藏者的情况，本书中另有介绍，这里只就古代玉器收藏家对收藏玉器的选择和尔今收藏界专家对中国玉器收藏选择的看法做一简述。

（一）古代玉器收藏家的选择

古代玉器收藏家均把玉质的优劣放在第一位。何为优质玉？何为劣质玉？仁者见仁，智者见智。汉晋时期，曾经有过关于重玉质还是重玉色的讨论。"玉质"，儒家提出玉有"温润而泽""缜密以栗""叩之其声清越而长，其终诎然""气如白虹""精神见于山川"等特色，有别于其他石类。儒家提出"玉有德"的主要根据，是玉质的诸多优越性，实为"石之美"的演绎，所谓"玉德"，亦即玉的质地美。

关于玉色，儒家提出玉有"孚尹旁达"的特征。这四个字的本意为，"玉之为物孚尹于中而旁达于外，所以为信"。今释为君主有信其言其政，可旁通达远。然《集韵》这部字书又诠为"玉采也"，"采"同"彩"，即玉的颜色，后学多从之。辩论的结果便落实在"首德次符"这一基本点上，德为质，符为彩，也就是说玩玉、赏玉、藏玉的人，都要首先重视玉德，即玉之质地的优劣，尔后再看其色彩之美丑。这种古玉审美观，像一条红线贯穿于我国古玉鉴赏收藏史的始终。

但是，自宋代以来，尤其进入明清，这种传统的古玉审美观，事实上在实践中已发生了动摇，也就是说，明清两代古玉收藏家，几乎无一例外地都是非常看重古玉沁色之美，已达到置玉质于不顾的偏颇境地。这虽有悖于古玉审美传统，但这又是一段有据可查的严酷历史。首先著书立说的便是嘉庆、道光时的古玉收藏家、鉴赏家陈性，他爱玉成癖，因一生潦倒无着，不得不将其母授父传之八十一件古玉送到质铺。他的藏书专著《玉纪》，今传者似为残本，但从中可以看出，陈氏既总结了前人藏玉的观点和经验，又加以发挥。可以说，此书为我国藏玉界重沁派的代表性著作，对晚清和民国时期的古玉收藏家影响深远。与之相对的是，晚清金石学者吴大澂于光绪年间，将其所见所藏之古玉，以《周礼》等先秦古籍为指导，做了系统而深入的考证，将其成果集纂成《古玉图考》公之于世，此书不仅震撼了国内收藏界和学术界，还深深地打动了日本及欧美汉学家的古玉观，被学术界尊为圭臬。这两本专著，代表了我国古玉收藏界的两种不同理论观点和收藏活动及其考辨鉴证实践。

（二）当下收藏中国玉器的选择要点

1766年由詹姆士·佳士得所创立的国际知名拍卖行佳士得拍卖有限公司，

以精美绝伦的艺术品、无可比拟的服务和专业知识，以及拍卖、私人洽购和网上拍卖三大渠道，致力打造顶级艺术品收藏平台，赢得良好的社会信誉。该公司的中国瓷器及艺术品部专家 Vicki Paloympis 认为，选择收藏中国玉器必须掌握以下九个方面的要点。

1. 了解自己的爱好

中国玉器看似简单，但其玉质和形态多变，颜色、用途及其价值也不尽相同。例如，公元前 4000 年至前 2000 年的新石器时代玉器，主要为斧刃及仪仗器等工具。由于大部分仪仗玉器的用途不明，亦无文献记载，因此极具考古价值。明代玉器常以不同颜色的玉石制成，光泽柔和，而清代的玉器则以剔透白玉居多。但是，收藏玉器者有自己的兴趣爱好。Vicki 表示："喜欢清代白玉花瓶的藏家，未必喜欢安思远私人珍藏的新石器时代玉制斧刃。当我开始研究玉雕时，就被瑰丽的大型玉雕吸引。但随着知识渐长，我开始欣赏小型玉雕的精致之处。小型玉雕能展示工匠的鬼斧神工，他们为一颗细小的石头赋予无限细节及生命力。"所以，开始收藏后，必须认清自己喜欢的珍藏类型，这一点对收藏中国玉器尤为重要。

2. 留意细节

一件人物或动物的小玉雕，远看可能无甚特别，但只要将两三英寸高的玉雕放在掌心上近距离欣赏，作品上的雕刻便会给你带来截然不同的感受。Vicki 说："玉器充满生命力。"而生命力的表现更多在于细节。

3. 认识中式玉器形态

中国艺术家对瓷器、陶器、玉器、珐琅器及漆器等不同材质的艺术品，皆有一套特定的美学标准。学习中国艺术品的美学比例及形态，对收藏有莫大裨益。Vicki 建议，新进门的玉器藏家应当从自己熟悉的玉品材质、形态入手，"熟悉这类玉器后，就可以开始涉猎其他不熟悉的范畴"。

4. 发掘隐藏信息

中国玉器的图案，往往蕴含着丰富多彩的寓意，弄清楚这些图案隐藏的信息，才能懂得玉器的珍贵。如清朝的白玉碗不但玉质通透、雕工精美，具明清玉器的特征，而且内里暗藏充满寓意的装饰图案，这些图案往往带有吉祥的意思。Vicki 对饰有牡丹及蝴蝶的清乾隆白玉福迭富贵活环耳碗的解释是"牡丹及蝴蝶，意指名成利就、福气连连"。这些图案令玉器更罕有，也反映出藏家的背景或喜好。

5. 评估艺术品的质素及结构

中国玉器雕琢工匠，对物料特性了如指掌，因此能准确地发挥超凡工艺，如索维尔珍藏的白玉鹤寿延年水丞，便展示出工匠的精湛雕工，巧妙地将玉器的沁斑雕成鹤背上的桃。Vicki 说："大师级工匠与新手的分别，就在于对玉器的了解，这种特点亦是质量的保证。"

6. 了解构图

2012 年 9 月，佳士得以 482500 美元拍卖出的清乾隆碧玉笔筒，完美地展现出中国艺术家的匠心巧手。Vicki 指出："笔筒，展示中国玉雕工匠登峰造极的技巧。"笔筒满布雕刻，将文人置身群山之中的景致，逼真地呈现在眼前。她说："笔筒上的每一片叶、石头、海洋及阅卷人，都尽展工匠的超凡雕刻技艺。笔筒只高六七英寸，但却有完整的故事。当你细看笔筒时，就会明白中国玉雕工匠备受推崇的原因。"

7. 研究作品主题

有藏家喜欢耳盗，有人则可能喜欢以著名诗词、画面或动物为题的玉器作品，更有藏家喜欢航海主题的玉器。对于刚入门的藏家，可考虑先收藏 18 世纪流行的玉器佛像。康熙、雍正及乾隆皇帝均为虔诚的佛教徒，因此，许多巧夺天工的玉器佛像，皆于当时制成。

8. 了解市场

以 2011 年为例，中国玉器市场非常兴旺，不论是白玉还是碧玉，价钱都非常高昂。不过，现时的买家倾向收集 18 世纪的剔透白玉，对其他颜色的玉器兴趣渐减。这种情况为新进藏家提供了理想的契机。Vicki 说："如果你是收藏新手，又知道市场对白玉求之若渴，你可以从碧玉或明代玉器等不同范畴入手，因为价钱会比较相宜。"

价钱不高的玉制鼻烟壶也是不错的入门选择。"鼻烟壶的定价往往比较相宜，但质素及特点却与其他类型的玉器不相伯仲。"而且，鼻烟壶都也有花卉、吉祥字句、牡丹及蝴蝶等玉器常见的图案。Vicki 指出："如果我是新进藏家，我会选择小巧精致、有吉祥寓意的玉雕。因为体积小巧，所以价钱亦相对较低。选择小巧优质的玉器是明智之举。"

9. 收集自己所好

藏家要尽情享受收藏的乐趣，就必须喜欢自己的收藏。了解市场固然重要，但最重要的还是能通过每日欣赏自己喜欢的珍藏而得到满足感。

七、翡翠的选择

（一）坚持"六不买"的原则

面对市场上琳琅满目、让人目不暇接的翡翠饰品，我们在选择购买普通翡翠成品时，必须把握以下"六不买"的原则。

1. 用途不明的不买

翡翠买了派什么用途？在没有想清楚这个问题之前，不要急于购买。因为不同题材、不同价位、不同品类的翡翠，适合不同的用途。例如，礼品送人，就应选择性价比特别高的，题材是对方喜欢的翡翠。只有想明白用途之后购买，才能有目标地在比较中找到心仪的翡翠。

2. 没特色的不买

一般而言，每一件翡翠都有它自身的特点、长处，因为每一块翡翠都是独一无二的。但是，这些特点明显程度不一，有的特别不群，有的特别普通。也就是说，在买一件翡翠之前，不论它是贵还是便宜，一定要想想为什么要买这一件而不是其他，所选购翡翠有什么优势，是色好，或是种好，或是工艺精，或是在常规题材中独树一帜，或是同样价位中性价比最高，或者构思精妙带巧色，或者题材新颖、寓意独特，等等。如果什么特色也没有，经不起时间的考验，那最好放弃。

3. 厚度太薄的不买

除非是高色料的，普通的翡翠挂（花）件大都是边角料做的，镯芯料的算是用料很足了。如果厚度很薄，那有可能就是边角料的边角料了，体积小，重量轻，价值不是太高。如果仅仅为了佩戴，或是价格的优势，可以适当在其中取平衡点。

4. 真假难辨的不买

现在，网络上出售翡翠的平台很多，经销商也良莠不齐。购买时请选择品牌供货商，尽量在实体店与网店结合的平台购买翡翠。不要低估翡翠制假造假的水平，对那些价格低廉却很完美，说不清道不明的，看着怪怪的，不能提供证书的翡翠，请慎重购买。宁可信其假，不可信其真，"捡漏"这种事现在已经可遇不可求了。购买翡翠只能是在同等价位里追求最高性价比。

5. 色邪的不买

对于翡翠来说，色实在是很重要，因为体积小，第一眼看到的肯定是色，然后才是其他。色有好多种，关键要正，绿是绿，黄是黄。暂且不谈价值，色浅些倒也无所谓，但灰暗或诡异颜色的尽量不要购买。

6. 杂质太多的不买

买翡翠，透光看是最直接的检验方法。不要完全相信专家的说法。杂质多、底子脏的翡翠，非常影响价值。也不要迷信冰种就是好，脏兮兮的冰也不是好冰。

（二）全面把好翡翠质量关

翡翠的颜色、透明度、音质、翠性、石花、裂痕和黑斑、净度、加工水平等情况，决定了翡翠的质量高低，购买者应当注意从这些方面去明辨是非，选择性价比理想的翡翠。特别需要注意的是，要能识别人工处理过的翡翠。

1. 看颜色

颜色是影响翡翠价值的最重要因素。翡翠中翠绿色具有较高的价位，其次为红色、紫色。绿色中又以鲜嫩、略带黄色调的秧苗绿为最佳，其次为宝石绿、江水绿、油绿，均以绿分布均匀者好。整体而言，颜色纯正、鲜明、均匀、浓淡相宜、杂质少的翡翠为佳。可用聚光电筒检查，是否有隐藏的杂色。纯正，指的是翡翠主色和次色的比例，以绿色

图7-4　绝色翡翠《九龙灌浴》

翡翠为例，纯绿色者为最佳，绿色中带黄或带蓝者较次，带灰者则最差（图7-4）。鲜明，是指翡翠的颜色越鲜艳、明亮，越吸引人，而内含灰色或黑色的比例越多，颜色就越暗淡。均匀，指翡翠的颜色分布越均匀越佳，价值也越高。颜色的深浅度是越浓越好；然而，颜色过浓却会造成相反效果，降低翡翠的素质。所以，浓淡相宜为最佳。

俗话说，色差一等，价差十倍。对于高低档的翡翠来说，价差十倍恐怕还不止。这就要求我们学会仔细观察、分辨翡翠的颜色。首先是灯下不观色。任何珠宝都不应当在灯下进行颜色的质量评定，翡翠尤其如此。因为翡翠的颜色，特别是闪灰、闪蓝以及油青之类的翡翠颜色，在灯光下的视觉效果，要比自然光线下的颜色效果好很多，不真实。在灯光下，只能看翡翠的绺裂，看水头的长短，看照映程度或其他特征。应于自然光线下，察看和评定翡翠的绿色。

"多看慎买"为经验之谈，多看是一个选择和进行比较的过程，也是一个积累和验证经验的过程，是买的前提。"慎买"是要在看多了、看好了之后再买。买什么？"宁买一条线，不买一大片。"这是针对翡翠原石中的绿色形状特点来说的，"一条线"为带子绿，"一大片"是靠皮绿，两者为绿色形状的不同表现形式，是"线"的立性与"片"的卧性之区别。"线"的厚度是已知的，而深度是未知的；"片"的面积是已知的，而厚度是未知的。它提醒人们，不要被翡翠表面上绿色的多或少所迷惑，要认清绿色"立性"与"卧性"的本质。这并不

是说真的见了有一大片绿色的翡翠也不买，而是提醒我们不要对绿色的厚度有过分的奢望。

此外，记住"龙到处才有水"。所谓"龙"，其实是指翡翠中的绿色。通常情况下，在质地的粗细程度或者透明程度上，有绿色的部位比没有绿色的部位地子都要好一些。当然，有时翡翠绿色和地子之间的这种差别表现得过于强烈时，就应了一句俗语："狗屎地子出高绿。"翡翠的地子与翡翠的绿色互为依存，关系非常密切。一般来说，绿色种水好的情况下，地子通常也不会太差，反之亦然。而俗语主要提醒人们，不要忽视翡翠绿色的特殊性。虽然不是每一个"狗屎地子"都会有高档的绿色，但是，"狗屎地子"中可以出现上等的绿色。《礼记》云："大圭不琢，美其质也。"事实上，高档的翡翠绿色，通常也都是以"素"身的形式来表现其自然本质的。例如旧货中的扳指、翎管之类都属于"素活"。如果雕有花纹图案，其美丽的花纹之下必有蹊跷。故而，业内流传有"无绺不遮花"的说法。现代的翡翠制品同样如此。

2. 观察透明度

在强光下观察，透明度愈高愈好。翡翠的透明度直接影响光线的折射，从而影响翡翠整体的美感。当光线进入透明而质地细腻的翡翠之中，会反射出美丽的光芒，使翡翠晶莹通透，美感大大增加。如果光线遇上透明度低而质地粗糙的翡翠，就会反射出呆板的光线，令翡翠的吸引度大减。

3. 听声音

听翡翠声音的方法是轻轻敲击悬空的翡翠，声音清脆悦耳者为佳。

4. 对光观察翠性和石花

翡翠中有其他矿物颗粒的闪光即翠性，有团块状白花称石花，两者均以少为好。观察翡翠翠性、石花的方法，是对着亮光仔细辨别。

5. 看裂痕和黑斑

裂痕有的是原矿中存在的，有的是加工时造成的，以少为好。翡翠上出现裂纹，其等级大跌、价值大减。因为，翡翠饰件有裂纹，稍一碰撞便可能会沿着裂纹整件裂开。故在购买翡翠饰件时，需要格外小心。一般来说，用电筒照射翡翠件，很容易判断有无裂纹。黑斑是翡翠中的黑色斑点，也以少而小为好。

6. 观净度

净度是指翡翠内含有瑕疵的情况。翡翠内的瑕疵，主要有白色及黑色两种，乃其他矿物包含在翡翠之中而造成。相对来说，黑色瑕疵比白色碍眼。翡翠内含的杂质越少越佳。翡翠制成品的加工，分光身和雕花两大类。光身成品由于表面没有遮掩，故对原料的要求较高，除了不能有裂纹外，切工的比例、制品的厚薄以及是否对称亦非常重要，足以影响翡翠制成品的外观。例如，切工良好的"蛋面"，不能过厚或过薄；"卜"位处要在正中，且比例要适中。评价花件，主要衡量其美感及雕工的精细度，通常有裂纹的硬玉会以雕花方式处理，以掩盖其瑕疵。

7. 看加工水平

翡翠的加工水平，以表面平滑、抛光好、形态正为佳。

8. 注意识别人工处理翡翠

人工处理的翡翠，业内称为B货、C货或B＋C货，其价值无法与天然翡翠A货相提并论。

第二节　玉器的用法

一、玉的品性和功用

玉的独特优良品质，决定了它在中国人心目中得天独厚的优越地位，深受国人喜爱，也被人们赋予了众多功能，广泛地运用于社会生活的方方面面。

（一）玉的品性

数千年的玉文化滋润，是中国玉雕艺术经久不衰的理论根据，也是中华民族爱玉风尚的精神支柱。古往今来，国人爱玉、用玉的概念和得益，原因多多，可以归纳为十六个字：德、善、灵、美、文、雅、静、恭、亲、实、玩、养、稳、交、贵、融。

德者　君子比德于玉，故而佩玉之人为人处世，会因此而自有分寸，严于律己、宽以待人、品行端正、心胸宽广、心地仁厚。特别是在物欲横流的今天，玉代表的美德殊为难得。

善者　佩戴玉石可自倡行善举、蔽邪念。玉随身转，身与心连，心为善牵，可谓善用其心。故善感人恩、善宽己怀、诸恶莫为，善莫大焉。对于事业而言，因玉在身，可善于所为、善事自职、善精以业、善联讯息、善取义资。

灵者　玉石是集天地之精华的产物，因佩戴之人与之有关照心理，故显玉的灵性。久戴，可招祥纳福、祛邪避灾。

美者 玉，温润以泽，精光内蕴，其含蓄的外相美，用超凡脱俗之喻一点不为过。别以为它只能承载传统，实际上它的时尚感从古至今都得到了适时的体现。虽然玉石不耀眼、不张扬，但与任何衣物搭配匀相宜，且耐人寻味。这是其他珠宝都不具备的。另外，玉石有着丰富的玉质和各种动人的玉色，佩其于身，令人"蓬荜生辉"。

文者 玉文化是中华文明的一块厚重基石，在中国人的躯体中，存有崇尚玉石的传统基因。因而，玉是中国历史文化的最佳载体之一，更是挚爱传统文化人士的首选。它的雍容，它的积淀，它的神秘，以及它不媚俗、不艳浮的风骨，不仅具翰林文苑之风，更有君子人文之质。

雅者 玉石最具雅士风格，清高而不孤傲，朗逸而不招摇。佩之，使人平添雅韵之气。

静者 玉，外润内敛，静若处子。有它在身，能助人镇定思考，安心处事；不论阅物还是阅身，抑或阅心，均有超然度外、顺其自然之感，令人心境坦然、静安如潭。

恭者 玉石的含蓄，能让人感其谦虚逊让之美品，所谓"垂之如坠，礼也！"

亲者 玉石的温情极具亲和力，上可近帝王，下能接黎民，雅可如水墨，俗当易生脸，故现今佩戴玉石，并无尊卑禁忌。

实者 佩戴玉石，会因它的坚韧、厚重感而心觉踏实，久而久之，就会成为一种良性的、小小的心灵寄托，它的存在时时提醒人们，任何时候都要像玉一样实实在在、坚实、恒久、长绵，历久弥笃。

玩者 赏玩玉石可以清心，令人愉悦。玉石是所有文玩中最耐上手把玩的实体，没有折旧，历久弥新。比起耍牌、邀酒、网游，实在是高妙。玉与人相亲，必心手合一，趣味无穷，修身明性。

养者 佩戴或把玩玉石，会从心理上化解烦躁，排遣工作压力。玉石能打发闲暇时光，休息时手中摩挲着美玉，任思绪信马由缰，既放松身心，又缓解疲劳。通过盘玩或佩戴，可令玉体触碰穴位，使玉石中有益的微量元素释放出来，达到保健、祛病、健身的功效。同时，人与玉的接触，又是人养玉、玉养人的良好互动。

稳者 当今社会纷纷扰扰，佩戴在身的玉器，可提醒你放平心态，遇事不躁，戒急用忍，善调己心，不骄不夸，不扰不乱，遇事融通。

交者 佩玉人必爱玉，爱玉人必易为友。因佩玉人之间更有共同语言而易结为良友。故以玉会友，是一大幸事也。

贵者 玉石几千年来，都是贵气的化身。王公贵族因它而拥贵，民间社会由它而祈福；并且，玉石具有富贵不移、富而不露的优良品德。佩戴身上，会因此贵气绵延。至于玉器极品的经济价值，路人皆知，不言而喻。

融者 玉石不排斥他物，金、银、珠宝，各类饰品均能搭配或镶嵌，使之交相辉映。人的一生，也是玉的一生，你不离它，它就不弃你！

（二）玉的功用

不同时代、不同时期、不同对象，玉器的功能不尽相同。古玉器的功能是那个时代的需要，到了辛亥革命之后，时代不从古，新玉器的用途就有所不同，最明显的是新玉器完全失去了古玉器的政治功能，礼仪、宗教功能也已大大削弱。

当今，玉已能为寻常百姓所拥有，人们以有玉相伴为美为贵。虽然与过去历朝历代相比，玉器的艺术性、装饰性以及用途多有改变，但玉器所包含的思想、道德、宗教、政治等方面的特定意义，依旧深深地影响着人们，这是人们爱玉的精神根源。改革开放以来，中国珠宝玉器行业得到恢复和发展，古老的玉器行业更是大放光彩。众多的玉器不仅作为东方艺术介绍给全世界，更为广大国人所钟爱。中国玉以其浓厚的中国传统文化特色，展示出无穷的魅力，在世界文化艺术领域独树一帜，绽放出夺目的光彩。

古玉器的装饰、经济功能在今天的新玉器上，主要表现在佩戴、赏玩、摆设、收藏等四个方面。

二、佩挂件玉器的用法

玉器的佩戴俗称佩玉，佩戴的玉器谓之佩挂件玉器。佩玉是为了赏心悦目，祈愿吉祥。为此，必须掌握戴玉知识，遵循其规律佩之，方可得成。

不同类别、不同规格的佩挂件玉器适合不同对象在不同场合使用。佩挂件玉器的种类主要有玉手镯、玉牌、玉龙、玉动物、玉人佩、玉带钩、玉剑饰、玉佛像等。爱玉者可根据自己的兴趣爱好去选择。总的来说，玉项链、玉手镯和玉佛像佩戴者较多。

（一）佩玉的注意事项

佩挂件使用中应该注意的是，佩玉可以贴身，也可以不贴身。玉喜洁，贴身佩玉应当勤洗澡、勤换衣服。玉性怕浸水，洗澡时要把玉放在干燥阴凉的地方。玉饰无污秽时不用擦洗。

佩戴大的玉饰，起初的一两个月内，有的人（并非所有的人）会出现少许脱发、皮肤皲裂、大便有点干燥等症状；严重者会有眩晕和四肢无力的感觉；女性当月的月经或许会推迟，甚至会引发痛经。出现这些情况不要害怕，这是玉质与人体相互感应的结果。只要多吃些补血的菠菜、红枣之类的食物，这些现象就会慢慢消失。正因如此，佩戴玉器不宜频繁更换，以免身体受到不必要的负面影响。而且，玉器佩戴三年之后方为"熟玉"，熟玉才有养人之功效。现实中，资深的玩玉行家，总是久久不肯替换佩戴多年的熟玉，究其缘故，不仅仅是感情因素——相信玉有灵性，相信人与玉的机缘。按照中医的说法，玉为阳之精，气燥而盛。人佩戴玉饰，实际是以人的气血平玉之燥气。玉五行属金，金生水，肾属水，玉以金气补人之肾虚，可以健旺阳气，使人生机勃勃。由此可见，佩玉其实是一个有得有失的过程。

未成年的小孩不宜佩戴玉饰，因为孩子的气血不足以养玉，佩玉反而得不偿失。古人男子及冠，女子及笄，方能佩玉。否则，男孩易气血不足，女孩易月经失调。严重者，无论男女，都会影响第二性特征的发育。

古玉不宜佩戴。因为古玉大多是出土文物，有的还是陪葬品，在深土中长期积累的阴气很重，甚至玉上有血沁者，正常人体接触后容易引起阴阳失调而生病，甚至会梦魇。鉴于此，出土后不久的古玉不宜佩戴。若有出土古玉"开光"之说，绝不可信。

如果佩戴的玉器不慎受损，无法修补，则应将其用红色纸或布，包裹起来埋到地下，谓之"葬玉"。此举于情于理皆通。

（二）玉佛像的佩戴

佩戴玉佛像的人，应遵循"男戴观音女戴佛"的传统观念。佩戴佛珠者，应当尊重佛、爱护佛、礼遇佛，尤其是佩戴开光后的佛珠有一定禁忌，不能随心所欲。佛珠不要放在裤兜里，更不要放在屁股后的裤袋内。拨动佛珠计数时，应置于腹部以上位置。佛珠挂在脖子上或挂在墙上时，应将佛塔向上。他人的佛珠，不可随意触摸；自己的佛珠，也不要给与他人把玩。不要随意乱动或摆动佛珠，不要将佛珠翻转后再计数，佩戴者应当保持严肃、郑重的态度，同方向拨动、不间断地循环计数。触摸过肉、鱼、葱、蒜等荤腥之物的手，应该洗净后接触佛珠。去厕所等不干净的地方，应将佛珠放在上衣口袋里。夫妻行房时，应将佛珠收起来。不要在吸烟饮酒时，将烟酒吐到佛珠上。佛珠不戴时，应置于洁净之处，有条件的宜放在佛堂内或佛像前。

（三）玉项链的佩戴

玉项链的等大珠项链（一串上的玉珠大小一致），珠子粒度较大的适合男士佩戴，但不宜加上玉挂件一起佩戴。等大珠项链粒度较小的和渐变式的适合女士佩戴。较短的串珠式玉项链为颈饰，适合女性戴在颈部；长一些的项链较为多见，适合挂在脖子上；更长一些的称为"毛衣链"，适合在穿着较厚的衣服时佩戴在衣服外层。

（四）玉手镯的佩戴

玉手镯是国人使用时间非常早的一种饰物，有单戴、双戴、混戴等多种佩戴方法。当然，佩戴过程中的一些安全事项是大家必须注意的，以防万一。

1. 富贵戴双镯

《红楼梦》电视剧中的林黛玉，手上戴着两只玉镯子。可见，双戴玉镯是古代女子流行的戴法。因为富家小姐凡事都有人伺候，平时十指不沾阳春水，不用担心做粗活的时候会碰坏玉镯，因此怎么美就怎么戴。这一方面显示其富贵身份；另一方面，当镯子相互轻轻碰撞的时候，环佩叮当间能够尽显女人的万种风情。在古代，没有出阁的富家女子是不能轻易露脸的。一旦出行，常常通过双玉镯之间碰撞出清脆悦耳的声音来提醒别人——有小姐要到了，赶快让行。

玉镯双戴的用法，以两只玉镯戴在左手为宜。因为左手使用的少，戴着的两只玉镯安全性有基本保障。再说，如果双手各戴一只镯子，会让人联想到手铐，这对佩戴者运势容易产生不利的影响。此说虽有风水讲究之嫌，缺乏科学依据，但"玉"作为吉祥物，还是尽可能避免如此戴法比较妥当。

2. 玉镯单戴多

如今社会流行一种说法："玉镯不双戴。"现实情况也是如此，玉镯双戴者难得一见，普遍是一只玉镯单戴在左手上。因为平时工作和生活中，人的右手使用频率远远高于左手，如果玉镯戴在右手，那它被磕碰的概率肯定大于戴在左手，而且玉镯戴左手也符合传统戴法。

在古装剧中，我们还会看到这样的情形：女儿出嫁前一晚，母亲将女儿拉到一边，说几句心里话之后，拿出一只玉镯给女儿戴在左手上。这是因为左手离心脏最近，寓意母亲和女儿心系一起。所以，镯子戴在左手是比较明智的选择，既有安全性，又有便利性。若是富家女子，单戴一只高档的翡翠玉镯，"藏而不露，富而不显"，倒更加能够凸显她的韵味。

3. 玉镯与珠宝"混搭"佩戴

有些人在戴玉镯的同时，还会在手腕上戴上其他珠宝手链或者手串，"混搭"出自己的风格。但不是所有的珠宝都适合跟玉镯"混搭"佩戴，如钻石之类的高硬度珠宝就不适合，因为它很容易刮伤玉镯的表面，造成损失。所以，"混搭"应选择硬度稍低于手镯玉料的珠宝。

4. 佩戴玉手镯的注意事项

一般来说，佩戴者怀孕后，最好及时把镯子取下来，妥善保存好。因为女人怀孕后难免会发福，倘若到时候手镯卡在手腕上取不下来，恐怕就只能找人砸了，那损失可大了。当然，如果你真的非常喜欢戴玉镯，经济条件也允许的话，不妨另买一个稍大圈口的手镯佩戴，但要注意安全，以防使用中手镯脱落掉下来损坏或者失落。

翡翠手镯B货、C货、B+C货不宜佩戴，因为它们在制作过程中，使用的大量酸洗液和染色剂等化学试剂，难免会残留在手镯的表面上，长期贴身佩戴，会有致癌的风险。所以，翡翠手镯只能用纯天然的A货。

三、赏玩玉器的盘法

赏玩玉器的盘法就是盘玉的方法。盘玉是一种"功"，像茶道一样，是对某种事物的欣赏和研究达到的一种境界，并形成一定的程式化。它是民间流传的一种赏玩玉石的方法。

（一）盘玉方法

盘玉实为养玉。所谓养玉，指藏家除了要对玉器进行日常的擦拭外，还须将它贴身而藏，并且要不断地盘玩。人们在盘玩玉器的过程中，对玉器有着养护之功能，使色泽晦暗的玉石颜色发生很大的变化，化蛹为蝶，绽放出自身的灵性和色泽。

养玉是玉器藏家的至乐之趣，也是一种超然物外的享受。养一方美玉细细盘玩，于静谧中细品往事前尘，让自己的心也沾上一点玉的灵气。岁月流逝如水，衰老的只是容颜，而我心一如玉石，走过沧桑，走过雕琢，走过爱恨，走过情仇，再回眸时，早已是百炼成玉，有着玉的温润、玉的细腻，也有着玉的淡定和从容。玉之美，美在德行与灵性。养玉在身，可以让人镇定身心，宁神而静志；养玉在心，可以让人淡泊名利，宁静而致远。

玩玉的人，把"养玉"叫作"盘玉"。"盘玉"非常讲究，盘法若有不当，一块美玉可能就会毁在自己手中。盘玉分为"文盘""武盘""意盘"三种方法。

1. 文盘法

藏玉在身，通过佩戴、把玩，让玉器与恒温的人体长久接触，以达到养玉之目的，此乃"文盘法"，又称"缓盘法"。新采之玉适合文盘。文盘是古人养性的一种方法，把玉器放在一个小布袋里，贴身而藏（如系于腰间或置于贴身的衣裤兜内），用人体较为恒定的温度来温润它。

起初，每天早上玉件会变得油润些，这时用手盘玩几下，享受玉的温润。但这起初的油润是表面的现象，是它吸附了人身上油脂的结果，如果你洗一下的话，它又会恢复原状的。之后会发现，玉器越来越易出油，即便刚洗后，一盘马上就变得很油了，这样出来的油脂光泽显得较温润浑厚。

文盘不会伤及玉器，但耗时费力，效果甚微，往往三五年才能奏效。若是入土时间太长的古玉，盘玩所需时间往往十来年，甚至更长。若是夏商周三代的古玉，则需要五六十年的时间，始易复原。

2. 武盘法

武盘法又称总盘法，它是借助人力不断地盘玩，以快速达到玩熟之目的。一般来说，玉器文盘一年之后，方可武盘。这种盘法是用干净的白布（不可用有色布）包裹玉器后，久久连续不断地摩擦；过一段时间再换上一块新白布，仍旧不断摩擦。玉器受热产生的高温，可以将玉器中灰土的浊气和燥性逼出，使其色沁不断凝结，色光愈来愈内蕴，玉的颜色也越来越鲜亮，玉的质地晶莹润泽，变得更坚硬。大约一年时间，就可以恢复玉器的原状。这种盘法不可操之过急，以免玉器毁于一旦。

3. 意盘法

意盘法是藏家在盘玉把玩的时候，想着玉的美德，并从玉的美德中不断地汲取精华，以养自身的品性。如此，玉器得到了养护，养玉之人的心灵也得以净化，时间久了便可达到人玉合一的高尚境界。可见，养玉与其说是人养玉，倒不如说是玉养人。意盘是玩家高境界的玩法，也就是古人所谓的"时时摩挲，意想玉之美德，足以化我之气质，善我之性情，使我一生纯正而无私欲蒙蔽，至诚所感，金石为开，而玉自能复原矣"。

意盘是一种极高境界，需要面壁的精神。人玉合一，精神通灵。历史上，很少有人能够到达这样的境界，何况浮躁的现代人？但愿真心爱玉、赏玉、藏玉的人，努力采用意盘法养玉，享受到"玉养人"的回报。

（二）盘玉技巧

盘玉与做其他事一样，都有个技巧问题。无论文盘、武盘还是意盘，均须注意盘玉的技巧。玉器到手，应当先用常温清水浸泡2～3个小时，待表面附着物软化后，用牙刷刷洗干净，再放入热水（新玉70度左右，老玉50度左右）中浸泡，直到热水与玉件慢慢自然冷却为止，借此让玉的毛细孔得到充分舒张，将内部污垢吐干净。如此进行两三个循环（之后每3个月到半年进行1次这样处置，夏季1～2个月进行1次），然后开始文盘。选一条质量好的不易掉色的中国结的绳子，将玉件绑在腰际"内外裤"之间（不让玉器接触肌肤），闲暇时拿在干净的手上盘玩。不可把玉器放在脸上和鼻子上去抹油，那油会将玉门（毛细孔）

封死，盘出来的玉光泽显得很闷。盘玩后，也不可以用猪鬃刷，因为刷出来的包浆会感觉带有贼光，应当用柔软的白色纯棉长毛巾擦拭。

夏季，经1个星期（冬季2~3个星期）盘玩后，每天晚上洗澡时，用温清水（约40度）先浸泡一段时间再刷洗干净，千万避免与肥皂直接接触。之后，要保持玉件的清洁，及时洗刷玉件上的汗液。因为汗液带有盐分、挥发性脂肪酸及尿素等，玉件接触太多，佩戴后又不清洗干净，时间长了玉件便会受到侵蚀，外层受损，影响原有的光泽度。白玉尤其如此，容易变成淡黄色，不再纯白如脂。玉件接触到香水、化学剂等物质，也必须及时清洗。

（三）籽料原石的把玩

人们用玉，有许多种不同的方式，如佩玉、赏玉、玩玉等。佩玉多为随身的玉饰物，赏玉以摆件为主，玩玉则以把玩件居多。玩玉在于精神上的修身养性，提升自己的品位，陶冶自己的情操。和田玉籽料原石的把玩，与赏玩玉器的盘法有异曲同工之趣。

和田玉籽料原石，既具备一切和田玉的优秀品质，又比一般的和田玉山料和山流水料更为晶莹、致密、细腻、温润，品质更好，更具有稀缺性和珍藏性。总体来说，和田玉籽料原石的价值越来越高，的的确确是人们精神享受与物质拥有的双重财富。

和田玉籽料原石的玩家们，历经长期玩玉的洗礼，深切感悟到把玩和田玉籽料原石的诸多好处。和田玉籽料原石是大自然鬼斧神工打造的美石，外观非常美丽，不论白玉、青玉还是其他色玉，都让人观看后油然而生愉悦之情。和田玉籽料原石非常滋润，犹如雨后新晴的大地原野，人不断地触摸把玩，使其越来越滋润，非常养眼。和田玉籽料原石有强烈的肌肤感，其润滑胜过婴儿的皮肤。随着年龄的增长，人的肌肤越来越粗糙，而在把玩和田玉的过程中，斗转星移，人们的皮肤会变得细腻、圆滑、柔润。在轻轻松松把玩和田玉籽料原石的时候，人的手及其指头不断地运动，不断地得到锻炼，不断地触动手掌上的各个穴位，从而有效地调节人的神经系统、血液循环系统等，有益人的身心健康。把玩和田玉籽料原石，会使人聚精会神、心无旁骛，专注于手在和田玉籽料原石之上的感觉，以至忘忧、消愁、解闷，没有了烦恼和不悦。"君子比德于玉"，人在长期把玩和田玉期间，会潜移默化地接受传统与文化的教育，有利于养成良好的生活习惯。和田玉籽料原石是表天地人之道，吸日月之精华的自然宝物，随身携带，随时把玩，是天地与人玉之合一，是人与自然的完美结合。尤其深居闹市的人，佩戴和把玩和田玉籽料原石，就能保持与大自然的接触，感受大自然的气息，何乐而不为？

四、玉器摆件的讲究

玉器不只是佩戴于身，更是中国人家宅（包括企业）里非常重要的陈设品之一，大件的玉雕摆件置于家中，不仅显示儒雅、富贵，也更具镇宅、纳祥之效。在中国传统风俗习惯中，用于镇宅、安家的玉摆件，常有观音、关公、麒麟、貔貅、金蟾、白菜等。这些陈设玉器的摆放，也有一定的讲究与忌讳。

（一）玉器摆放的位置

室内摆放玉器，为的是增光添彩，辟邪招财，保佑平安。但是，室内摆件玉器选择的位置不当有可能事与愿违。

1. 金蟾的摆放

金蟾为三足灵物，传说金蟾所到之处为金钱集聚之地。它能口吐金钱，是一种旺财的瑞兽、招财的吉祥之物，故有"得金蟾者，必大富"之说。此外，传说三足金蟾能化煞、辟邪、除小人、保平安（图7-5）。

摆放金蟾时，应当根据器形的不同状况分别置之。口中衔钱的金蟾，头朝室内摆放，财不外流。口中不衔钱的金

图7-5　和田籽料《三足金蟾》（葛洪）

蟾，头朝外摆放，以示聚外财而发迹。无论哪种形态的金蟾，都应在它的尾部压上铜钱、银币等物，表示金蟾为主人双倍吸财。金蟾的头，不可朝向厕所、垃圾箱等污秽之物，以示对其尊重，也不宜对着佛像。如果金蟾的头朝向鱼缸、水池等物，则有财化为水而流走之意。金蟾应放在生气旺位，即经营场所放在房屋旺位，家庭位于本命旺位，忌放在建筑物的横梁底下。金蟾不需上香，可以摆水果、清水或五帝钱（六帝钱、十帝钱）供之。切不可让小孩或外人抚摸玩弄，以免影响金蟾灵气。

2. 麒麟的摆放

麒麟是由中国人的思维方式复合构思所产生、创造的动物，传说它是天上的神物，常伴神灵出现，是神灵的坐骑。其外表形状是麋身、牛尾、马蹄、鱼鳞皮、一角角端有肉，黄色（图7-6）。

相传麒麟聪慧、祥瑞，喜欢助人，有"仁兽"之称。麒麟平时慈祥，但是

一旦遇到坏人，则怒且凶猛，保护主人。在风水学中，麒麟有旺后代的作用，所以民间有"麒麟送子"一说。若为催财，麒麟应置于财位上，摆放在流年三煞方位或者头朝大门外的方向上。若为催官，摆在驿马方位置上。若为催子、旺文昌，可分别放置在客厅和书房。传说，麒麟还能镇宅驱邪，招财进宝，化煞转祸为祥！

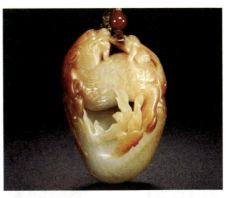

图7-6　和田籽料《麒麟送书》（郭万龙）

3. 貔貅（别名辟邪）的摆放

青玉貔貅色泽古雅，质地细腻缜密，造型冷肃威严，刻画细腻生动。摆放家中，既作陈列装饰，又可镇宅辟邪，一举两得。民间传说貔貅浑身珠光宝气，能给人带来财气。貔貅应放在风水吉位、三煞方位上，不能太低，也不能高于主人的头部，否则看不到主人；其嘴巴应斜对门或窗外的行路，不可正对大门（此为门神、财神执掌之地）或者朝着镜子（貔貅忌讳镜子产生的光煞）、厕所。放在房间里，可置于窗台上，但不可对着床或卫生间。传说貔貅是龙的儿子，应保持其前面常供一杯水及食物（高度不超过貔貅的头），或者每天烧一盘香。貔貅不宜移动，若要搬动，必须用红绸布包起头部。

4. 观音的摆放

观音菩萨为西方三圣之一，具有无量智慧，大慈大悲，普度众生，普救人间疾苦。观音菩萨应供奉在洁净的尊位（主要位置），如门朝南开，则坐北朝南；反之，坐南朝北，不宜对着房门（免门冲）或向着饭桌（除非长期吃素食）；不可背靠或朝向卫生间等不洁之处；也不要在窗前、卧室、角落、临近卫生间、柜子底层等不洁之处供奉（图7-7）。

5. 关公（关羽）

图7-7　和田玉籽料《观音摆件》（苏然）

三国故事中的关羽，手持青龙偃月刀，过五关斩六将，勇猛超常（图7-8）。据传，经过佛家开光、道家符咒后的玉器关公，摆在家中有守财、防小人之功效。也有把关公奉为财神像放在家中或企业里，朝夕上香供奉，求取好运，财源广进，家肥屋阔。如今的关公像，有两种不同喻义的形象：一为刀光向上，表示关公的忠义之心；二为刀光向下，表示招财进宝。关公供奉在企业的大堂内（居室大厅），应处于离大门三分之一距离的中心位置，案台一米高左右为宜，供品为双份酒，酒杯必备，七天换一次，焚香专用财神香，早晚各一炷。关公为猛将，杀气重，不宜供奉在孕妇房间内。

图7-8　《忠义千秋关公牌》（林金波）　　图7-9　和田玉《白菜摆件》

6. 玉白菜的摆放

玉制白菜有两个寓意：一是取自"白菜"的谐音"百财"，有聚财、招财、发财、百财聚来的含义。二是取自白菜的外形和颜色，寓意"清白"，有"坚贞纯洁""清清白白"的意思。白绿相间的翡翠白菜，表示两袖清风，做人清白（图7-9）。玉白菜一般摆放在家里，具体位置无特别讲究和方位禁忌，但需要注意的是，置于小孩拿不到的高位合适，以免玉器受损。

（二）玉器颜色与摆放的朝向

如今，为了辟邪消灾、招财进宝，选用玉器置于私企单位和家中的越来越多。按照风水学研究，不同颜色的玉器和不同方位的摆放，直接关系到摆放效果。为此，应遵照下列规矩正确摆放。

坐西向东的住宅、商铺、厂企及坐西向东摆放的玉器，选用黄色系列为宜。因为"五行生克"原理表明，东方"五行"属木，是木当旺之地方，而木克土为财，即土是木之财，黄色则是土的代表色。反之，建筑物坐东朝西，应选择绿色系列玉器为宜。因为"五行生克"原理表明，西方"五行"属金，是金当旺之地，而金克木为财。即木是金之财，而绿色是木的代表色。

建筑物坐北朝南，应选择白色系列玉器为宜。因为"五行生克"原理表明，南方"五行"属火，是火当旺之方，而火克金为财，即金是火之财，白色是金的代表色。

如果建筑物坐南朝北，应选择红色系列玉器为宜。因为"五行生克"原理表明，北方"五行"属水，是水当旺的地方，而水克火为财，即火是水之财，红色是火的代表色。

建筑物朝东南方向，选用白色玉器吉利；朝东北方向，宜用黄色玉器；朝西南方向宜用白、土黄色、咖啡色玉器；朝西北方向宜用绿色玉器。

五、玉器的收藏

玉器收藏是收藏业中的一个重要分支。玉器收藏与书画、陶器、金属器物等其他艺术品的收藏有所不同。首先，"玉"是人们心目中美好、高尚的字眼。玉既有自然质地之美，又有丰富的精神内涵，是德行高尚的君子的象征；中华民族崇尚的谦和、礼让、含蓄、典雅的情操，是玉之美、德之光的折射。其次，玉是石之美者，玉器的原料是天然、稀有、独一无二的；有些玉还具有宝石特点。玉器原料本身就有很高的价值，而其他艺术品不具备这些条件。最后，玉器收藏具有多样性，既有古玉收藏，又有新玉收藏，还有籽料原石收藏。

玉器收藏，分为民间收藏和国有收藏两大类。民间收藏又分为两种情形：一种是以投资为主要目的的收藏，为经济服务；另一种是真正意义上的藏家收藏。后者能够正确理解收藏品，真心热爱艺术品的艺术风格，切实感悟到藏品的文化精神。但是，不管哪种情形的民间收藏，它都是国有收藏的重要补充，对于承载中华文化、传承中华文明、促进社会经济发展，均具有重要作用。无论是民间收藏还是国有收藏，都是对历史文化遗产的保护、传承和弘扬。

玉文化在中国几千年文明史中有着独特的文化内涵。玉一直为帝王将相、文人墨客所宠爱和收藏。安阳殷墟妇好墓中出土的湖北石家河新石器文化时期的玉器，可视为商代王室对玉器的收藏。但是历代王权更替之时，将前朝之旧物收藏于国库的做法，是一种自发性的行为，可能仅仅因为其价值或纪念性质，与今天的人们有意识的收藏不尽相同。

（一）玉器收藏源远流长

中国自古就有收藏玉的传统。黄金有价玉无价，尤其是和田玉，从先秦直至今日，始终是官家和民间收藏的热点。新石器时代，出现了祭祀神灵的祭玉，象征权力的瑞玉，以及多种形制的装饰品等。这些玉器具有特殊的意义和美丽的光泽，深受人们的喜爱和重视而成为收藏品。红山文化、良渚文化等墓葬遗址中，出土大量随葬玉器，磨制精美，放置有序，有的墓葬群中出土了 3000 多件，这些玉器大多是墓主人生前使用和收藏的。

商周时期，统治阶层开始对前代流传下来的玉器倍加珍爱而收藏。河南安阳殷墟妇好墓出土的 755 件玉器，根据器形、纹饰，可以断定其中有红山文化时期的玉器，这成为商代收藏古代玉器的例证。

春秋战国至汉代，随着玉器加工工具的进步，玉器的收藏规模进一步扩大，收藏的主体还是统治阶层。河北平山战国中山国出土了 800 多件玉器，有的上面墨书"集玉""集它玉"等文字，表明玉器是中山国王的收藏品。

隋唐社会，玉器制作兴起，出现了富有生活气息、适合一般百姓使用的玉佩饰、玉器皿等，民间藏玉于是兴起。从现在出土的资料看，除了皇家墓葬有玉器外，一般贵族官僚墓中也有玉器出土。

宋代玉器的世俗化、生活化趋势已经完成，加上学术圈里金石学的兴起，鉴赏和收藏玉器成为一种时尚。宋代宫廷藏玉丰富，宗正寺玉牒所、修内司等为宫廷制作了大批玉器；同时，民间玉作坊、玉器市场也很发达。宋代大画家李公麟，同时也是一位收藏大家，他编纂了一个收藏目录，把他珍藏的 58 件古青铜器、16 件古玉器登记在册，对每一件器物的尺寸、重量、何处购置等一一做了描述，最重要的是他还将器物的形状、铭文做了记录。李公麟编纂的目录已佚失，幸运的是同时代的学者吕大临将李公麟的皮藏记载在了《考古图》一书中。这些玉器，对后人的研究有重大价值。因为这些文字不是单纯的描绘，而是实物的记录，并且较为真实地反映了当时古董市场的情况。这 16 件古玉器，包括璧一、琥一、剑饰三、带钩二、玉佩六，当时人们最为关心的"六器"如琮、璜、圭、璋则付阙如。由此可见，玉器的收藏是受客观条件限制的，是"可遇而不可求"的事情。即使李公麟这样的饱学之士，如果没有琮、璜、圭、琥的出土，他也不可能有这样的收藏。所以，古董市场是左右收藏门类、品质的客观条件，直接影响人们对古代物质文化的认识。

辽、金、元时期延续宋代的藏玉风尚，在江宁朝阳北塔辽代地宫出土的玉器中，有新石器时代、商周时代的玉器，也有宋代、辽代玉器。元代学者朱德润的《古玉图》收录了 26 件玉器，以绘图的形式，详尽记述了每件玉器的尺寸、色泽、纹饰、来源以及收藏者，具有很高的研究价值。《古玉图》是约 3 米长的手卷，之所以命名"古玉"，即认为图中玉器都是古老的，在文字介绍里，关于沁色，常常提到"色如赤冠而内质莹白""古色如红枣""黑古斑斓""有水银色"等；关于雕工有"雕镂古朴"之说；关于古玉的判断有"土花亏蚀处""文藻磨蚀殆尽"之语。

明代之际，随着商品经济的繁荣，城市里出现了出售玉器的集市，古董店又大量出现，玉器收藏的队伍因此而更加扩大。除了宫廷收藏外，上至达官贵人，下至贩夫走卒，都纷纷加入收藏的行列。当时一些学者，对玉器的关注度明显增加，玉器研究成果斐然，如宋应星《开工天物》、曹昭《格古要论》、高濂《燕闲清赏笺》、文震亨《长物志》等，可见当时民间藏玉之一斑。

清朝玉器自乾隆朝始，进入中国玉文化最后一个辉煌期。乾隆帝爱玉成癖，专门在宫廷造办处设立玉作，大量琢制精美玉器，加刻"乾隆年制""乾隆仿古"等款识。皇帝之喜好，带动了全国性的玉器收藏热潮，北京著名的琉璃厂古玩街、廊坊二条玉器街，就形成于乾隆年间。乾隆以后，随着国力衰退，以及后来皇帝对玉器兴趣的减弱，宫廷玉器不再风光。但是，民间玉器生产和收藏热情依然不减，突出的表现就是一些收藏家对经手的、收藏的玉器进行整理研究，著录成书，其中吴大澂的《古玉图考》以实物、文献结合的方式研究古玉；瞿中溶的《奕载堂古玉图录》、端方的《陶斋古玉图》、陈性的《玉纪》，以及晚清、民国时章鸿钊的《石雅》、郭宝钧的《古玉新诠》、王国维的《说珏朋》、李凤雅的《玉雅》、刘大同的《古玉辨》、赵汝珍的《古玩指南》、邓之诚的《骨董琐记全编》、黄浚德的《古玉图录初集》、卢芹斋的《中国古玉》等，都从一个侧面为宫廷藏玉，尤其是民间藏玉做了大量的考释、辨别、研究，成为中国玉文化研究的宝贵财富。

中国的玉文化，离不开民间收藏。民间收藏对文物保护、传承有着重要贡献。中国历史上许多珍贵文物，包括国家级文物如司母戊鼎等，都是通过民间渠道保存、延续下来的。只官藏，不民藏，一条腿走路弊端颇多。如阿房宫、圆明园所藏珍贵文物不计其数，却由于多种原因而毁于一旦。如果没有成百上千的古玩爱好和收藏者，如果没有民间收藏家千辛万苦的努力搜求，穷几十年之苦，倾千万金，寻根问祖，寻古玉，谈龙迹，广集历代古玉，并加整理、研究，发挥其社会文化功能，就没有张伯驹、孙瀛洲、陈万里等文物大家的出现，中国的许多宝物或流散国外，或湮没，或被当作废物一样遗弃，我们很难有机会一睹它们的庐山真面目。

目前，中国的玉器收藏，仅次于书画和瓷器收藏。

（二）玉器收藏的基本条件

玉器收藏的基本条件是多方面的，既要识玉，又要能鉴别真伪，还要会谈价格、有鉴赏玉器的能力。

首先要识玉。

中国文物学会玉器专业委员会名誉会长、故宫博物院研究员、玉界泰斗杨伯达先生强调，"审美"素养是玉器收藏的先决条件。他指出，从中国的收藏史来看，过去的朝廷官员、文人士大夫，是收藏的主要群体，偶尔也可在文献记载上见到普通庶民的收藏。收藏需要文化与经济上的双重准备，离开这两方面，就无法收藏到高品质的藏品。有些人提出用科技手段的鉴定来代替研学，这是一个伪命题，因为从玉文化研究角度来看，玉器收藏与鉴定并不是一个概念。玉的收藏包含材料与工艺的双重美，但是当今美学的教育分量太少，"美盲"是无法收藏玉器的，素质与学养达不到，收藏玉器会吃大亏。可见，识玉是玉石收藏爱好者入门的第一个阶段。

人们常说千种玛瑙万种玉，玉石的种类非常之多，足以让人眼花缭乱，能够清清楚楚地分辨出所有玉的品种几乎难以实现，实际上也无须如此，常见的或者值得收藏的毕竟有限。市场上常见的玉有和田玉、青海玉、俄罗斯玉、黄口料等，其中和田玉的价值最高，能够分辨出和田玉是关键。

其次能鉴别真伪。

鉴别真伪对于新手来说十分困难，需要大量的实践和学识的积累，需要脚踏实地去学习，方能练就精准的眼力。辨识真伪一方面要从玉器本身入手，根据玉器的材质、造型、纹饰、神韵、刀法、砣痕、钻孔、抛光、沁色、包浆等方方面面，了解真品的特点；另一面还要熟悉作伪技术特征和市场作伪状况，要做到知己知彼，才能更有把握。

再次会谈价格。

玉器的价格很难判断，例如一件古玉，不同的人可能根据自己的经验、学识开出不同的价格。当然有的行家看一眼玉器，心里就有了判断。要想建立起自己的价格体系，先要有一个参考，注意近期的拍卖行情和文物店的明码标价，其他器物的交易信息也可以作参考；自己还要在交易中多作价格对比。

最后要有鉴赏玉器的能力。

鉴赏能力显示了一个收藏者真正的水平，考验了收藏者的品位、修养、眼光，培养鉴赏能力才是收藏者们最重要的工作。每件玉器艺术品都包含着不同的工艺水平、艺术风格、文化内涵等，能够让人们从中得到独特的审美体验。

（三）玉器收藏的基本要点

谨慎地从事玉器收藏，是对收藏者的自我保护。作为收藏活动，如何才能做到谨慎行事呢？中国社会科学院考古所研究员、中国收藏家协会学术研究部主任、中国文物学会玉器委员会副秘书长古方表示，选购玉器，首先要看材质和工艺，然后要看时代特征和大师风格，以及可能存在的仿制、伪造特征，这都需要藏友在实践中日积月累。要说辨伪技巧，得按具体的材质、器形、时代、工艺及作伪手段来谈。笼统地说技巧，反而会误导人。但是有一些基本要点还是可以分享，让藏友避免轻易上当。

1. 收藏者应当懂得怎样规避风险

在购买玉器的实践中，若要避免失误，必须具备对收藏玉器的判断力。判断力源于收藏者对玉器基本知识的学习和掌握。最好是置有权威的工具书，可随时对比参考。比如《中国出土玉器全集》（15 卷，科学出版社 2005 年出版），它收录考古出土玉器 4000 件，均为各个时代的标准器，是目前最为全面的参考书。归根到底，玉器收藏是个人行为，任何一件玉器的买卖，最终还要依赖于自己的判断和决心。只有不断丰富知识，提高眼力，才能收藏到好的玉器。

2. 收藏者应当理性地从事玉器收藏活动

所谓理性，一是适当投入收藏资金。收藏是一种兴趣爱好，同时也会耗费大量钱财。投资任何艺术品都是有一定风险的，要量力而出，只把闲钱投入，绝不能将生活费也放进去。否则，本来是陶冶性情的事，最后有可能变得郁郁寡欢而伤神伤身。二是要有"误判"的心理承受力。古往今来，再高明的玉器收藏家都有"打眼"收赝品的时候，"交学费"是不可避免的，要有高价买假货的心理准备。三是收藏活动中坚持理性、冷静应对，既不固执，也不冲动。所谓固执，就是自认为眼力好，连专家的意见也听不进去，结果吃了大亏。一般来说，专家以从事学术研究为主，不参与买卖交易，所持立场是中立的，对所鉴定的器物往往给予客观公正的结论。所谓冲动，就是看到称心的玉器不加冷静思考和判断，生怕漏掉了，急急忙忙掏钱买。结果，不是买了假货就是价格高了。特别是要不为卖家编造的故事所动，凭眼力识货，以专家意见为参照。因为，很多卖仿古玉的贩子，会编造美丽动人的故事来强调器物的真实性。常见的举动是指天发誓，亲眼看见玉器是从古墓中盗出来的，或者是拍着胸脯说，玉器是从祖上传下来的，真假难辨。过于心急是冲动和不理性的一种表现，千万要不得。必须要知道，中国传统的收藏大家，都把收藏古玉作为一种闲情逸致，他们穷其一生所收藏的古玉，也不过一二百件。而现在有些所谓的收藏家财大气粗，认为只要投入巨资，就能收到大量古玉，这是违背收藏规律的。

3. 收藏者应当确立正确的理念

理念是理想和信念，是行动的指南。正确的理念是成功的必备条件。当下收藏者的理念，应当坚持传统与现实的融合，具有前瞻性。在如今的市场条件下，不是买便宜的藏品，而是买成长性；不是买价格，而是买品质。这要求收藏者具备最重要的素质：对于收藏品未来的成长性有明确的判断。比如说，有些收藏者十年前买的东西，到现在也没涨多少，而有的人同时买的东西却涨了几十倍，其区别就在于不同投资藏品的不同成长性。

收藏当代玉器，要有发现的眼光。从玉材的珍稀程度看，收藏羊脂玉当然是首位的；其次，好的黄玉与好的墨玉存量很少，价值也很高；再往下就是白玉……这个基本的收藏顺序，是已经形成的传统的玉器收藏观念。这样的观念，也得到了专家与市场的认同。但是，对一个投资当代玉器的收藏者来说，除了要认识传统的收藏标准以外，还需要有发现的眼光。所谓发现，就是发现新的价值，发现新的投资空间。

就拿同样是当代艺术品的书画来说，十几年前，油画市场十分低迷，人们认为，中国的当代油画根本没有前途，只有中国画的未来才是好的，当时人云亦云者多多。结果，今天的中国当代油画市场风生水起，画价不断攀升。当代玉器也发生了类似的问题。前两年青海曾经产出过一种叫"戈壁黄"的黄玉，玉质非常好。但是，由于青海玉在人们固有的收藏认识中位置不高，一提青海玉，很多人都不以为然。然而，当大家开始觉悟起来，认识到这种玉的价值时，"戈壁黄"已经没有了。同样，前两年青海出产一种青玉，非常细腻，被称为"青海青"。刚开采的时候，产量非常大，价格很低，好多人视而不见，认识不到"青海青"的价值而粗放地使用。而眼下，好的"青海青"已经产出很少，其价值逐渐显现了出来，令众多收藏者悔不当初。"人云亦云"，对于当代玉器收藏者来说，就是眼睁睁地看着机会从自己身边溜走。

收藏中，还存在着一个朴素的观念，那就是大家都认为好的，那一定有它的价值。而对于一个收藏者来说，除了有专业知识外，还要对艺术门类的发展具有前瞻性。比如说，一个玉雕创作者到了大师级，他作品的收藏价值已被认可，价格也很高。一个收藏者若能在大师还未成名的时候出手收藏，从他早年已具有的潜质中看到未来的价值，那收藏者就能以最小的投入获取最大的利益，这才是投资的真谛。

总而言之，收藏者应通过正规的途径，用眼力去买东西，其核心是捕捉潜质，发现成长性。收藏者唯有通过这样的思路走入市场，方能赢得收藏。

4. 收藏者应当确定收藏专题

收藏专题是收藏方向，指的是收藏的玉器类型有针对性。因为，中国玉器历史悠久，一般人的财力和精力都很有限，不可能面面俱到地收藏各个朝代的每一类玉器。所以，应该有针对性地收藏。

从目前海外古玉收藏情况来看，有以下四种专题类型：一是从造型和纹饰方面来收藏，有动物、人物造型和几何形等；二是从工艺方面来收藏，有圆雕、平雕、透雕等；三是从断代方面来收藏，可分为史前、商周、春秋战国、汉代、唐宋元、明清等；四是如果财力允许，可收藏各个历史时期的典型玉器，一旦成功，那就是一部实物中国玉器史了。

古玉器优劣的评价因素，一般包括玉种、工艺、品相、稀缺性和传奇故事等五个方面（亦即价格体系五要素）。全要素齐备的古玉器甚少，即使具有其中一二项要素的古玉器，也可称为"异宝"了。例如，被行家们视为"四种异宝"的天然九色的玉料、游丝雕琢的工艺以及老土大红和多种沁色的出土玉器等。

"天然九色"的玉料。天然便有多种颜色，古人常常用"九"来形容多。"家有九色玉，胜得百两金。"可见，古人对具有多种颜色的玉料是多么看重。若再将其制成玉器，到了今天，自是无价之宝。

"游丝雕琢"工艺。这是说某些古玉的琢工精细之极，其纹饰雕刻的线条细若游丝，且婉转流动，毫无滞迹，细入秋毫。这种工艺在今天也算极为高超，何况是几千年前的古件？实属少而又少的极品，当然是无价之宝。

"老土大红"出土玉器。"老土"，是指刚出土的古玉，或是出土后未被"盘摩"的古玉。若其出土时便带有满布的鲜红色沁色（即所谓的"鹤顶红"），则被称为"老土大红"，是极其难得的异宝。

"多种沁色"出土玉器。"多种沁色"，指的是一件古玉器上有多种颜色的沁色。若这些沁色既鲜丽又和谐，而且深入肌里，则为奇珍。若只是在表面浮着，则表明年代相对要近许多，价值要低一些。

5. 收藏者应当坚持"六注意""八避免""四做到"

（1）收藏玉器"六注意"。

收藏玉器需要"六注意"，是因为玉器的种类和形制繁多，又有大量的造假作品，有心长期从事收藏业的人士，除了需要阅读有关资料、书籍，掌握一定的理论知识之外，在实操中还必须注意下列六个方面的有关事项。

一是注意多看实物比较。

玉石翡翠品的投资，是一门实践性很强的学问，必须常接触实物，最忌讳纸上谈兵。如果有条件，可去文物博物馆和大型商场、旅游商店的工艺品柜台以及古玩市场等处，了解玉器的具体情况，记住各种玉器形制、品色方面的特征。去旧货市场或街头地摊，看看那里的小件玉器翡翠饰物，也颇为有益。投资者不太懂行，从小件玉做起比较适宜，它的价格便宜，十几元、几百元即可买到，通过了解各种小件玉器，逐渐积累关于玉石翡翠的质地、颜色、手感等方面的经验，为扩大投资打基础。

需要谨慎的是，很多城市的旅游景点、庙会门前、街头巷尾，都有卖小件玉器饰物的小摊，那些半透明、淡青色的小饰物，大都是极普通的青玉、岫玉甚至石头做的，价格非常便宜，翡翠饰物也真真假假，鱼目混珠。可通过对比实物的方法鉴别，看出哪些是经过染色的，哪些是玻璃或烧料做的，不断增强识别真假玉器的能力。

二是注意做好长期投资的心理准备。

玉石翡翠属工艺品，其价格主要取决于材质和制作工艺，而这些标准都比较客观而固定。所以，玉石翡翠品的价格在国内外一向稳中盘升，少有大起大落，不像书画作品那样，随着作者名声的涨落而变化很大。所以，除非投资者有非常便宜的进货渠道，否则不适合做短期投资。

三是注意不要过分相信自己的肉眼识别能力。

玉石翡翠的鉴别，虽然可以直接用肉眼和凭借个人经验来进行，但可靠性毕竟有限，即使是鉴定专家，单凭经验也有可能看"走眼"。十几年前，上海某古玩珠宝收藏收购站就发生过这样的事：一名中年男子，拿出拇指甲大小的碧绿可爱的宝石，说是祖上留下来的，现因分割遗产要出售。柜台的老师傅们挨个仔细地端详了这块宝玉后，都认为这样大又没有瑕疵的"翡翠"非常难得，准备以数万元的高价收购。恰在此时，那个中年人由于心虚胆怯而紧张得出汗，掏手绢擦汗时带出来了几粒口袋里同样颜色、同样大小的"宝石"，引起老师傅们的警惕。后经查明，这些"宝石"是中年男子以极便宜的价格从澳大利亚买来的"澳洲石"，冒充翡翠高价出售。

当今社会诚信相对缺失，各种人造材料日新月异，假玉品防不胜防，光靠经验鉴定容易出问题。收藏家和投资者在购买较大件的玉石翡翠之前，一定要尽可能通过专业鉴定机构或专家，用专门仪器对玉质进行科学鉴别，得出颜色、透明度、光泽强度、比重、硬度的分析指标，以此为依据来判断玉质好坏和玉料来源。在没有充分把握的情况下，宁可暂时放弃，绝不贸然下手。

四是注意立足国内，眼盯国外。

中国的玉石制品货源主要集中在国内，投资者既可以直接从商家购买，也可以在民间找寻收集。而玉石制品的消费主要在国外，尤其是海外华人圈和西方的博物馆。近年来，虽然国内消费逐渐扩大，但其价格主要还是以海外市场为准。所以，投资者若有条件的话，可以直接参与国际市场的拍卖活动。即使没有条件，也要密切关注国际市场的行情，供自己交易玉制品时参考。

五是注意以制作工艺作为收藏的主要标准。

在书画、瓷器、玉器这三类国粹艺术中，玉石制品的价格受年代的影响最小，而受工艺水平的影响最大。一个年代久远但工艺简单的玉器，虽然有极高的考古学价值，但在国际市场上的价格却不会很高，因为它缺乏很高的艺术欣赏价值。而一个现代玉器，只要工艺精湛，就可以卖价很高。故选择玉器制品时，一定要把工艺标准放在首位。

六是注意兼顾古代和现代玉器。

之所以要把古玉作为投资收藏的一个范围，是因为古玉比现代的工艺品毕竟多了一个能够升值的不确定因素，说不定什么时候就会引发关于某一时期的古玉热来，使收藏品的身价陡增。现在有一些文物商店和拍卖会，也有少量经过特批的古代玉器出售，可供国内收藏者购买，但不准带出国境。经过正式渠道售出的古董价格当然很贵，但其来源毕竟较为可靠。民间偶尔也有购得此类古董的机会，但一定要搞清楚它的来源，以免上当受骗，或者违反国家的文物管理政策、法规。

现代玉石类的工艺品很多，可从商场及旅游商店买到，但价格都很高，短期投资价值并不大。但玉器是最容易保存的收藏品，在保存和欣赏过程中，它的价值并不会损失。所以，只要是做工精致、有特色、有一定收藏价值的玉器，早晚都会增值的。

（2）收藏玉器"八避免"。

收藏玉器"八避免"，指的是收藏者在收购藏玉时，不能使用强光电筒看玉；不能用现在的审美观去衡量老玉器；不能藏玉言必羊脂、言必白玉、言必和田玉；不能认为老玉总比新玉好，"地残折半价，人残不值钱"；不能收藏老玉唯"件头"好；不能混淆和田玉的新老标准。这八种收藏活动中的不当行为，我们称为"八避免"。

一是避免用强光手电筒相老玉。

强光手电是相玉的重要工具，它可以观察玉器内部的微观状态，但不可以用它来评判老玉器的优劣。因为在强光手电照射下，现代俄罗斯玉、青海玉也是很少有隔路，很少有杂质，很少有絮状玉花。在这样的标准下，绝大多数老和田玉老翡翠都要归于一般的现代俄罗斯玉、青海玉之下了。看老玉正确的方法是像古人一样，用肉眼、自然光（至多是太阳光）去看，看不出太大问题的，就是一块好玉、美玉了。

二是避免用新玉的眼光去看老玉器。

有些人缺乏经验，对老玉不了解，平时所见又都是新玉器，难免用看新玉的眼光去看老玉器，既要求老玉器够年份，又要向新玉器一样看起来够漂亮，这是不现实的。我们应当用古代人的审美观念，客观地看待老玉器。因为，绝大多数的老玉器都有一定年份，其颜色、形状、器形、题材等往往不太符合现代人的"胃口"。老玉器身上多少带有一些旧气，有的布满了磨损痕，多数是出土器物，有了一些沁色。尤其是老翡翠，十翠九隔，隔路多是老翡翠器件的正常现象。只有学习传统文化，以古人的审美眼光来"品味"老玉件，以传承先人物质文化遗产的心态去收藏鉴赏老玉件，才会越品越有味，越看越"漂亮"。

三是避免玩玉言必和田玉或羊脂。

中国"四大名玉"包括新疆的和田玉、陕西蓝田的蓝田玉、河南南阳的独山玉及辽宁岫岩的岫玉，这些都属名贵软玉。然而，现在的玉器藏家们，一般只重视和田玉，对其他玉料不屑一顾。和田白玉固然是好东西，但它的产量稀少，价格昂贵，特别是羊脂白玉。那些玩玉言必羊脂的人起点虽然高，却严重地脱离了现实。现代的和田产羊脂玉，每克市价上万元，已经是可遇不可求了，何况是老羊脂玉？想想都不可能的事，何必去追求呢！再说一些上好的和田青白玉，身价同样不菲。在古代，一些文人雅士和达官显贵，以清清白白做人自居、自榜，也有以佩戴青白玉件为荣的。事实上，一些老青白籽玉的润度、密度，往往在一般的白玉之上。更何况，高古玉中地方玉的比重非常大，如红山文化、良渚文化玉器大都是地方玉。所以，只重视白玉，看不起青白玉，是一个认识上的误区。而且，事物也是在发展变化着的。近年，明清老岫玉的价格已经启动，新黄龙玉等更是后来居上。所以，藏玉观念也要与时俱进。

四是避免认为老玉比新玉好。

"天残不折价，地残折半价，人残不值钱"，这是十多年以前老玉器的收藏规则。所谓"天残"，主要是指玉器先天带来的不足与原先加工时就已经存在的瑕疵，瑕不掩瑜，故天残不折价；所谓"地残"，主要指出土玉器在地下受到土壤中有关成分的侵蚀而形成的沁色等，前人认为过分的沁色影响了玉器的美观，故地残折半价；而玉器被人为损坏即是"人残"，就不值钱。当年老玉器藏品丰富，好中选优是人之常情，如今老玉器日益稀少，这个规则应该改为"天残、地残不折价，人残有残值"。否则，就不符合当今的收藏现实了。更何况，对地残形成的沁色，现在的收藏者反而更喜欢。

五是避免藏玉不重视"官器"。

收藏界历来重视"官器"，瓷器尤甚。令人难以理解的是，老玉器收藏中，许多像明代玉带板、清代官饰白玉翡翠翎管、背云佩、玉龙勾等很明显的官器，竟然不受一般人重视。这里面蕴藏着机遇，值得大家反思。

六是避免佩戴老玉唯"件头"好。

许多收藏爱好者均认可花片、牌子、手镯、手链等老玉"件头"，古为今用,挂在脖子上、胸前或腰间,戴在手腕上,都是再好看不过的饰物,这无可厚非。但那些不能佩戴的件头老玉器,至今尚未被社会认可,导致那些高雅的文房、大气的摆设件、精致的镶嵌件、素雅的头钗、雍容的烟壶、华贵的龙勾等皆不入许多人的法眼。但是,随着时间的推移和对老玉收藏以及文化遗产认识的加深,上述观念一定会逐渐发生变化,那些以往不被人看好的非"件头"古玉的价格,必然不断攀升!

七是避免"老玉不及新玉"的误判。

一个时期以来,确实存在老玉贵不过新玉的现象,此乃不重视老玉的历史文化价值观点在收藏市场中的一种异常反映。同样的新疆和田玉,一般新玉的价格要贵过老玉,甚至有时一块玉料的价格就高于老玉器,这极不正常。业内有人评说,现在老玉的价格"还不到它真正价值的十分之一"。单单从老玉的手工制作的工艺价值和工艺来看,据有关资料记载,一般一块像样点的老玉,当年其制作的工时至少需要一个熟练玉工工作一年以上。换而言之,目前许多老玉器的价格均未达到它的制作费,更不用谈它的材料价格、工艺价值和历史文化价值了。好在近年来,国家越来越重视非物质文化遗产的保护和传承,大力倡导传统文化的回归。据此,我们有理由相信,新玉的价格贵过老玉的不合理现象终将逆转。

八是避免把和田玉的新老标准混为一谈。

数千年来,和田玉都是指产地在新疆和田(于阗)的玉器,这是传统的狭义的和田玉概念。2003年11月颁布的《珠宝玉石国家标准》,统一把和田玉定义为所有矿物成分为透闪石的玉石。从此,和田玉成了一种泛称(广义),不具备地理含义。换句话说,此后珠宝玉石界标注的和田玉,不一定是来自新疆和田地区了。特别是从2003年年底以来,鉴定机构对新疆和田料、俄料、青海料、韩料等,一律给出"和田玉"的鉴定结果。所以,不要以为有"和田玉"鉴定证书的玉就是新疆产的。现在,一些卖家往往会钻这个空子,大言不惭地告诉你,我这玉器随便你去哪里鉴定,保证是和田玉(这是广义的,而不是狭义的"和田产的玉")。相对而言,明清玉器除了翡翠、岫玉等外,基本上都是正宗和田产的玉。

(3)收藏玉器"四做到"。

中国文物学会玉器专业委员会副会长殷志强教授认为,有意在当下高价位面前获得好玉、美玉的收藏者,至少可从以下四个方面加以注意:

① 拿定主意。是真的深爱玉,还是一般爱玉,或是无所谓,主意一定要拿定,立场一定要坚定,切忌三心二意,见异思迁,见风使舵。

② 目标明确。介入玉器收藏的目标一定要明确,是用于佩挂装饰的,还是

用于居室陈设的，或是用于投资收藏的、贩卖谋利的，或是用于科学研究的，或是兼而有之的。目标明确了，玉器收藏的目的也就清晰了，可以有的放矢地进行收藏，从容不迫地选择，不为一时冲动而造成损失，不为市场波动而朝三暮四，不为一时风尚而左右摇摆，不为人云亦云而迷失方向。

③ 避热就冷。玉器是商品，但不是一般的商品，是艺术商品、文化商品，玉器除商品属性外，更多的是文化、艺术价值。但只要是商品，就具有商品的属性，就有价格的升跌，就有市场的波动。玉器不是生活必需品，而是精神需求品。精神需求品的另一特性，是经常受时尚影响而左右摇摆，上下波动。目前，玉器市场既受时尚的影响，也受投资者需求的影响，因此玉器品种、价格出现了"热"与"冷"的现象。避热就冷是一个好的方向。当今"玉无价"热的背后，还藏有许多"冷门"可供选择，"玉低价"还有机会获得，古玉不如老玉贵是其一，因为人们鉴别水平的低下，加上社会诚信度的下降、市场的不开放，古玉还在冬眠中没有醒来。老玉不如新玉贵是其二，因为老玉的玉料、加工费较低，生产成本已不计了，只计交易成本，所以老玉的价格相对还较低。经济实力一般的人士可避热就冷，不凑热闹，不赶时尚，选择古玉、老玉或非和田玉收藏，前提是必须大大提升鉴别能力和文化水平。

④ 通盘考虑。在玉器市场一片利好声中，也出现了一些值得注意的非理性现象。例如，交易中过分看重和田玉籽料、玉皮色，甚至有皮色决定价格的现象，还有在和田玉交易过程中，"赌石""赌玉"现象时常发生。尽管和田玉交易的风险要低于翡翠，但一些人缺乏理智，抱着赌一把、捞一把的心态，在玉石交易市场轻率出手，发财的大有人在，血本无归的也不在少数，倾家荡产、家破人亡的不是没有。有时，为了获得皮色好一点的玉料，加价数万元至数十万元，大大增加风险。因此，在玉价特别是和田玉料价格高位运行的情况下，好玉者更要理性投资，全面衡量，通盘考虑。若自己不开玉器加工厂，还是收藏成品玉器为好，这样风险可以低一些。

（三）玉器收藏的现状

1. 收藏与收购并存

当今，收藏玉器与收购玉器并存，两者相互联系又相互区别。收藏玉器是一种较为长期的行为，看重的是高艺术水准的作品，重在艺术享受，其主要价值在于文化艺术意义；收购玉器是一种较为短期的行为，看重的是作品的未来升值空间，其主要价值在于投资盈利，重在物质享受。当然，从买卖角度来看，收藏也是一种收购行为，收藏的玉器在客观上也存在升值空间，好的藏品升值空间往往大于收购作品，但需时日。

收藏家与收购者具备的条件也有别。收藏家不仅有钱有闲，还要有品位，鉴别能力强。收购玉器者往往整天忙于生意、交际和应酬，没有时间去整理和欣赏，玉器知识缺乏，也难以建立起完整的收藏系列。这些人买了玉器后，只知道它的货币价值，不作深入研究，完全忽视了玉文化的丰富内涵。

2. 五类收（购）藏人

随着社会经济发展和人们生活水平的提高，收藏、收购玉器的人空前增多。从目前收（购）藏玉器人群的目的和动机来分析，大体上可以分为五类：

（1）古玉经营者，也就是古玩商。他们不一定懂鉴定理论，但懂市场，有一些专家认为有问题的玉器，他们觉得有客户需要，就敢买敢卖，这也是学术与市场的不同之处。

（2）古玉爱好者，也就是收藏家。这些人经济状况不一，多少都有藏品，有一定鉴赏知识，也有较长的收藏经验，在购买玉器时较为慎重，其中有相当一部分人只买不卖，是终端收藏家，也是玉器收藏界的主力。

（3）出于投资和保值动机的购买者。这类人不大懂得玉器知识，只是看到或听说玉器市场交易火爆，出于投资获利或者保值手段而购买玉器。

（4）以购买艺术品避税者。很多私营企业家出于避税目的而购买玉器，视玉器为硬通货，往往在拍卖会等正式场合购买，有正规手续，可以随时出售或抵押。他们出手大方，一些古玉虚高的价格就是被他们炒起来的。

（5）买玉送礼者。他们常常按自己的心理固定价位去寻找玉器，每年10月到第二年春节前是此类玉器交易的高潮。在一段时间内，这些人支撑着玉器市场红火的生意，约占玉器市场交易额的50%。近年来，随着反腐斗争的深入，买玉送礼者有所减少，此类市场交易明显降温。

收藏家古方表示，从收藏行业发展来看，以投资为主要目的的收藏，终将让位于真正意义上的藏家收藏。成熟的藏家，能够正确理解所藏器物，真心热爱藏品，切实感悟藏品的文化精神。而以实际行动引导藏友提升收藏理念和品位，促进收藏文化的发展，恰恰是业内鉴赏家的一大心愿。

3. "转让"是收藏、购买玉器的主渠道

无论收藏玉器还是购买玉器，主要进货渠道有两条。一条是最常见的"转让"方式。2002年，新修订的《文物保护法》颁布，承认了民间收藏的合法性，而个人合法获得文物的基本方式，就是朋友之间的馈赠与转让。当然，这里的"转让"包含着交易的性质。目前，市场上90%的玉器是通过"转让"方式来完成交易的。

另一条渠道是从市场上购买玉器，以古玩市场和拍卖市场为主。一般来说，在大的拍卖市场上拍卖的玉器，可信程度较高。但是，由于成交价是竞价的结果，所以往往都很高，不能代表市场价格。需要提醒大家的是，很多拍卖公司对拍卖品是不保真的。往往有的拍卖公司会在"拍卖规则"中特别声明："本公司对所有拍卖品的真伪、品质以及拍品所存在的物质或权利瑕疵，不承担任何担保责任。本公司及工作人员或其代理人，对任何拍卖品采用任何方式（包括图录、幻灯投影、新闻载体等）所作的介绍和评价，均为参考性意见，不构成对拍卖品的任何担保。买方应亲自审看拍卖品原物，并对其竞买行为自行承担责任。"

对于收藏家而言，我们提倡要讲究特色，而不应单纯地追求高价位，这是两个不同层面的东西。比如说，有的收藏者会以白玉白菜为专题，收藏各种技法、风格的白菜题材作品；有的收藏者专门收藏某一位大师的玉雕作品；有的收藏者专门收藏玉牌、瓶素等某种类型的器物；等等。无论是哪一种的收藏，都要有特色、收精品，并要在可能的情况下，尽量收藏价值更高的作品。实践证明，如此收藏才会收到理想的效果。

4. 当代玉器收藏趋热，呈现三个特点和"三玩"倾向

（1）三个特点。

中华人民共和国成立后的相当长时间里，普遍认为文物收藏是国家的事，不承认民间收藏。2002年，国家颁布了新的《文物保护法》，承认了民间收藏的合法性，民间收藏转让受到法律保护，这为民间收藏与发展提供了法律依据。后来，民间收藏异常活跃，逐渐成为一个重要的文化现象。遍地开花的中国古代艺术品拍卖，收藏市场的火爆，并非单纯的商品交易使然，也不能仅仅归结为利益驱动，也不是传统意义上的"盛世收藏"，它更多地体现出一个民族对自己文化的认同和尊重。

今日民间收藏，人数众多。据近年初步统计，目前收藏队伍达到6800万人，玉器收藏者将近2000万人。故宫博物院副院长兼紫金城出版社社长王亚民指出，中国古玉的收藏，不仅是高品位的文化修养，同时也是回报率较高的投资方式，市场从无序走向规范，有助于引导民间古玉收藏的健康发展。在收藏人群中，不乏各行各业专家，他们由于受过良好的教育，对当今世界的发展有一个理性的思考，对中国传统文化的优越性有更加深切的感受。他们的收藏已经成为一种自觉的、理性的艺术探求和文化寻根活动，使得整个民间收藏呈现出新的特点。

首先，研究性的专家群体开始形成。现在许多收藏家，对所收藏的文物不仅是"玩玩"，更重要的是通过收藏，增加有关文物知识，提高自己的研究水平。一些收藏家根据多年的收藏实践，理论联系实际，著书立说，写出了高水准的学

术专著和论文。这些藏家的努力和研究，使得他们在一片质疑和否定声音中，发起了全国民间元青花研究会、全国民间古玉研究会，成为中国古瓷器、古玉器研究的生力军。

其次，民间收藏家成为新的文化理念的创造者。许多收藏家根据长年累月的收藏实践以及深入研究，尊重权威又不迷信权威，从盲从、怀疑和挑战中走向成熟。他们敢于打破旧框框，提出新观点，使一些传统观念受到冲击。譬如，过去人们的观念里，红山文化的C龙只有四件，现在看来这种观点过于武断；过去认为，乾隆玉器是中国玉文化的巅峰，现在看来这种说法有一些问题；过去认为随葬玉璧就是国宝，后来发现更为精美的玉器不计其数；过去认为玉器从器形到纹饰是仿青铜器，现在看来谁仿谁还需要进一步探讨；等等。中国玉器史上的许多真相，正在被民间收藏家所发现和披露，中国的玉器史、雕塑史到了重新认识和改写的时候了。

最后，珍藏文物具有明显的抢救意义。许多收藏家具有很好的学术素养和艺术鉴别能力，他们的收藏已经不是那些"瞎买瞎撞"的低水平重复。在文物的保护和传承上，他们以收藏文化为己任，付出了辛勤的汗水和经济上的代价，不断地办展出、办博物馆、开研讨会，这是保存古文化遗存，并让它成为教育群众、传承历史的有效办法。"藏宝于民，利国利民。"正是由于他们的努力，许多非常珍贵的文物被留在了国内，避免了外流。

（2）"三玩"倾向。

由于历史和现实的原因，人们从前对古玉的收藏一般较为重视，且认识较多，而对当代玉器（又称新玉）收藏重视不够，这是收藏的片面性造成的。现在的情况有所转变，当代玉器收藏逐渐热了起来。这是因为作为收藏品的当代玉器与其他门类相比，确实有它的优势：第一，当代玉器是大自然的珍稀原料与当代人文工艺创意结合于一身的收藏品；第二，当代玉器有着非常好的鉴定、鉴别依据，有国家标准可以参照，解决真伪问题有据可依；第三，当代玉器是中华民族文化传统的延续，拥有浓厚的文化特质；第四，现在玉器原材料的珍稀程度，伴随着储量减少而日渐凸显，稀缺性构成了收藏与投资的要素；第五，与古玉相比，当代玉器没有年代的争议，价值的分布要点更为清晰，因此越来越受到收藏者的青睐。

现实的当代玉器收藏品中，存在着"三玩"的倾向，即玩儿料、玩儿工和玩儿皮。

① 玩儿料。

玩儿料就是注重玉器使用的玉石原料档次。因为玉器收藏与其他艺术收藏门类不同，比如，收藏青铜器的人不会收藏原材料，因为制作青铜器的原材——青铜，与青铜器有天壤之别，其自身并无多少价值；书画在人文价值填充之后才具备了艺术与收藏价值，笔墨与纸等原材料的价值可以忽略不计。而玉器有所不同，收藏者常将好的经加工的玉石原料与好的玉器相提并论，作为收藏品。这是由于好的玉石原料有极高的欣赏性、稀有性和财富价值，跟工艺加工没有关系，本身就具备了收藏特性。更何况，同样的工艺水平，使用不同的玉器原料，其价格自然会产生差距。一件玉器作品的价值，要从材料、历史、工艺、创意等多个方面去判断，当代玉器尽管没有历史差异的因素，但材料的评判却是必需的。因此，大家收藏形美、质美的玉料和要求玉器用材档次高，也就很正常。但是，社会上有些人提倡收藏玉器不如收藏玉石，说玉器已成型，而玉石想雕什么就雕什么，这种观点也有偏颇。因为，从玉石到玉器有三个不确定因素：原石切开后，玉质如何不确定；玉质不错，设计如何不确定；设计不错，雕琢如何不确定。"玉不琢，不成器"，如果有人就是愿意收藏美丽的玉石，那则另当别论。但它永远是原石，没有人文价值。

② 玩儿工。

过去，收藏界有一种"重料轻工"的倾向，指对一件玉雕作品，轻视其艺术价值，而重视其材质，甚至将材料作为价值判断的主要依据，这就有点"玩儿料"的味道。如今，这种观念已在发生改变。随着人们对当代玉雕收藏认识的逐步提高，大家在收藏过程中既看原料，也看是谁做的、做工如何，即对玉器工艺的要求以及人文价值的要求越来越高，这便是所谓的"玩儿工"。

③ 玩儿皮。

玉器市场一般认为，好的新疆玉高于俄罗斯玉，俄罗斯玉又高于青海玉，这无可非议。但是，这不等于市场不认同好的俄罗斯玉和好的青海玉。材质差异与价格差异，构成了类似台阶般的级别差异，有些缺乏诚信的玉商为了获取暴利，会利用低级品种仿冒高级品种，仿皮或冒充产地的事情也时有发生。仿皮就是仿籽料，这对于那些喜欢"玩儿皮"的收藏者来说具有误导性，他们认为有皮的肯定是和田籽料。从另一方面来看，籽料经历了大自然的分选过程，其品质总体而言确实比山料要好很多，并且通常会带有玉皮。可是，事物都是相对而言的，很难说一块差的带皮籽料会比一块好的山料好多少。试想，如果一块玉料去掉了皮只看肉，那么，一块好玉的评价标准一定是只要玉质好就是好东西。所以应该说，籽料价格高是高在品质，至于皮色，恰当利用是对的，而过分强调皮色，甚至把皮色的价值无限放大，就不值得提倡了。

老实讲，收藏者如果以皮色作为收藏依据，其实质是个人的一种收藏偏好而已,这种行为本身无可厚非,但从玉的整体收藏标准来衡量的话,其核心评判标准还应该是玉质的好坏和做工是否精细。玉质的优劣,不仅仅是看玉色白(即白玉),而是玉质温润、油性好。然后是颜色。有句成语叫"珠圆玉润",而不是"珠圆玉白",每种颜色的玉都有优劣之分。据统计,清宫里的玉器,白玉只占十分之一。不同的东西,用不同颜色的玉来做才对。如清宫的玉山子,都用青玉来雕,青山绿水,给人真实感。另外,百年以上的白玉,有自然氧化现象,微微发黄,不会像现代玉那么白。有人推崇白玉,是因为现在的青海玉、俄罗斯玉以白玉居多,而它们的成分、结构与和田玉很接近,足以鱼目混珠,且成本较低。

5. 玉器收藏的误区

纵观当今的玉器收藏状况,由于收藏者的素养知识参差不齐,收藏的动机和目的各式各样,以致玉器收藏领域存在着若干错误倾向,必须引起藏家们的警惕。其主要表现是,急功近利、盲目求白求古、捡漏心理,以及对和田玉的白色、籽料、山料、原石硬度、重量以及玉品工艺等的认识错误。

(1) 急功近利。

很多藏友在市场上看到心仪的玉,便急于想买下。商家看准时机,添油加醋地编造一番故事,让人误以为这块玉真有来头、有典故,升值潜力大,不买就亏了。于是,买家头脑一热,乖乖地掏钱。虽然编故事的伎俩只能对付某些"菜鸟"买家,但这样的事屡见不鲜。还有些人将藏品价格与港台或欧美的同类器物相比较,以为海外玉器价格较高,自己的藏品就很值钱,这种比较是没有根据的。他们不知,海外的大收藏家往往看重藏品的传承历史,比如20世纪90年代的美国纽约佳士得拍卖行,曾经拍卖著名收藏家赛克勒的玉器,其中一件战国玉舞人卖到29.9万美元的高价。这件玉舞人早在20世纪20年代就到了美国,其后的几十年间又不断地展览、发表,知名度甚高,这方能卖出高价。而国内收藏活动,基本上是20世纪90年代才起步的,真正的藏品少,而且传承史普遍较短,更没有很大的知名度,价格上怎么能与海外同类器物相提并论呢?

(2) 盲目求白求古。

有人认为玉越白越值钱,这种认识是不科学的。这里说的白玉,主要是指产于新疆的和田白玉,它洁白温润,气质高贵,是收藏的宠儿。然而,青海玉、俄罗斯玉、韩国玉中都有白玉,而且,广义上的和田玉也包括这三种玉。但是,这几种玉与和田白玉质地不同,价格相差很多,以致一些商家往往拿青海白玉或俄罗斯白玉冒充和田白玉。所以,收藏者一定要仔细鉴定,别把两类白玉混为一谈,以免上当。

认为古玉比新玉更有升值空间也是欠妥的。古玉在艺术品拍卖中价格屡创新高，致使一部分人只认古玉而无视新玉。其实，这要综合来看，如果古玉没有很好的题材和历史内涵，其价值不一定比新玉高，一些现代玉雕大师的作品也屡创拍价新高。收藏者应理性收藏新玉和古玉，找准投资热点，必有升值空间。

（3）捡漏心理。

买一件好玉一夜暴富的捡漏心理要不得。过去曾经大量发生"捡漏儿"事，那是在信息闭塞环境下，以一个个散落的零碎的被分割的市场为特征的。真品玉件持有者缺乏相应知识，不懂货，而一些从业者又还是外行，为"漏儿"的形成创造了条件。如今已经进入信息化社会，各地市场的变化、行情的动态随时可以相互传递，这就注定了"捡漏儿"时代的终结。同时，少数人以伪劣假冒玉件勾引怀有"捡漏儿"心态的人中招。所以，收藏者必须要通过正规的商店、拍卖会或者品牌的拍卖公司等途径，去选择当代玉器收藏品，这才是当代玉器投资收藏的正确路径。

当然，玉器投资者应当保持良好的心态，不求速富，但求长久，"只要买对，不怕买贵"。随着物价等多种因素的变化，有些今年买的玉看似贵了，待到明年再回头看时，发现还是值得的。遇到文物鉴定问题，多与专家、行家交流学习，眼力高了，投资收益自然就会水涨船高。关于玉器的价格，虽然市场上的变化较大，但一般而言，每三个月到半年左右，市场上就会有一个大概的公认价格，低于这个价格的玉器，要多加注意，绝不能有贪图便宜的心理。切记，"便宜没好货，好货不便宜"。对于每个收藏家来说，这是真理。

（4）带皮的就是籽料。

看到有皮的玉就认定为籽料的观点是错误的。由于诚信缺失，市场上一度形成了造假皮之风，用山料甚至其他不好的玉料，放在机器里滚成籽料外形，再烧上皮子，没有经验的买家很容易将之当作带皮籽料而上当。有的藏家认为，不带皮的玉不是好玉，至于需不需要留皮、什么位置留皮，这和雕工的艺术眼光有关系，应当根据所雕刻的题材或皮色的位置来确定，皮色不好的话就要去掉，只保留好的玉质。如果皮色美，就可以保留皮子加以巧妙利用，俗称"巧雕"，俏色用得好会锦上添花，大大提高玉的价值。

（5）轻视山料。

时下，很多人对和田籽料甚为追捧，却轻视山料，认为山料不润、颜色干白，宁可要一个籽料的小坠，也不要山料的大把件，这有点极端。和田籽料的价格，限制了很多人的购买力。山料的价格这几年涨得也较快，相对少之又少的籽料来说，其数量较多，选择好的山料作为投资对象，升值潜力也是蛮大的。

（6）求大求美。

近年来，有一些收藏家喜欢收藏体形大的、圆雕的、造型奇异的高古玉。殊不知，这正是仿古作坊投其所好制作的仿古玉。唐代以前，由于运输能力所限，玉料的块度较小，而且玉器的用途以佩戴为主，因此体形不大，基本上是片状，很少见陈设玉。目前，市场上很多看上去大而美的高古玉都是仿品，应将之与标准器仔细比较，以免误判。即使当代玉器，大的炉瓶、山子、摆件也相对较少。

（7）和田玉硬度可以划破玻璃。

不少人在买玉器时，喜欢拿来划一下玻璃，看到能划动玻璃而自身无损的话，就断定为和田玉，这是不科学的。因为，玻璃的硬度通常为摩氏 6 度，而一般玉石、玛瑙、红绿宝石及一些人造宝石的硬度都在 6 度以上，就算同等硬度的材料，也能互相划刻而无损。

（8）以重量计价。

和田玉籽料玉器的价格，不能单纯以重量来计算，还要看综合因素，比如玉色、材质、工艺、沁色等。一件有历史故事或特殊意义的古玉，或工艺大师雕刻的新玉，其价格都远大于重量所体现的价值。

（9）追求精工细雕。

精心细工雕琢的玉器，其收藏价值毋庸置疑。可是，有些藏家只认雕工，认为没有雕工的玉就不美，这就有些偏颇了。"良玉不雕"俗语是有道理的，大家都知道田黄石很昂贵，而篆刻大师用田黄治印留边款时，都尽量少刻字，惜石如金。玉器更是如此，面对有漂亮皮色的籽料，玉雕大师往往都不忍下手，顶多只是去掉杂色，或者只打个孔用于佩戴，很多籽料都保持着原貌出现在各个拍卖会中，原石陈设也是一种美。

（四）软玉收藏

收藏的玉器，按其使用的玉料、玉性区分，有硬玉（翡翠）和软玉两个大类。收藏的软玉器，从其制作年代来看，又有高古玉器、古玉器和现代玉器之别。不同玉料和不同时代的玉器收藏，其价值和意义不可同日而语。

软玉器中的高古玉、古玉和现代玉的年代界别，目前众说纷纭，依据各有不同。较为普遍的划分方法是，战国和汉以前的玉器称为高古玉，明以前的玉器称为古玉，清以来的玉器为现代玉器。按照电力工具出现的时间来区分古玉与现代玉的时期，汉后至没有电力雕刻工具前称为古玉，之后的统称为现代玉器。收藏软玉应当注意从玉器的玉料、工艺、文化等方面，加以区分高古玉、古玉、现代玉。

1. 高古玉、古玉、现代玉的玉料

不同时期用于玉器制作的玉料，因为那个年代玉料的开采、运输和制玉者的认识等缘故而不完全一样，我国出土的玉器，所选用的玉材复杂，多为和田玉、南阳玉、岫玉以及未知的其他地方玉，很大一部分的玉根本分辨不出它的产地及品种。尤其是高古玉，其入土时间较长，受时间及墓葬的复杂情况影响较大，会被土壤和其他矿物影响本身的分子机构，从而改变本身的质地。所以，玉器出土后，土蚀、土沁及风化的现象特别明显。

高古玉时期，南阳玉应该是被广泛使用的，这是由其所在的地理位置决定的。南阳玉产于河南南阳的独山，古代运输能力有限，周围的工匠们多半会就地取材，采挖地理位置较近的南阳玉。这样，相较于从遥远的新疆取材玉料，更能降低成本，提高工作效率。这是原因之一。原因之二是南阳玉的硬度为6—6.5度，密度在3.29左右，这些数值与和田玉相近；呈色有77个色彩类型，这与岫玉的多色性相近。根据这些特点，目前所出土的硬度较高、呈色纷杂的大件玉器，应该就是南阳玉所制作的。

长期以来，大部分出土的高古玉，人们按照玉质、器形、出土地点等因素，将之归为和田玉、南阳玉或岫玉，硬度高的就归为和田玉，呈色复杂、硬度相对较低的归为南阳玉或岫玉，这种归划方式是不完全科学的。有资料证明，古代的玉矿数量达到上百个，在高古玉时期，玉矿的种类及数量应该超于我们目前所知，有很多玉矿的储藏量很少，可能只有几吨至几百吨不等，玉料筛选后成材的更少。而从出土的玉器中，我们会发现一些玉的硬度高、密度大、呈色多样、分子结构不清。由于墓葬地的复杂环境，单从呈色和分子结构两个方面是分辨不出玉材的具体种类和产地的。就此我们有理由认为，当时先民们所采用的玉材，也许是我们所未知的、现在已经枯竭或随着地壳变动消失的玉矿。

先民们最早发现的和田玉矿、南阳玉矿以及岫玉矿，由于矿产储备量大，直到今日仍然在开采。但是，由于古代开采技术及工具十分落后，深度开采是不可能的，所挖采的玉只是位于地表下较浅的位置，这些位置的玉开采一空后，玉矿就会被暂时搁置。这一点我们从现在所出土的玉器中可以看出，有部分的和田玉硬度、密度不够，土蚀、土沁现象严重，被发现时就有开裂、断裂或粉化现象。但是，也有同时期或同地点出土的和田玉器，土蚀、土沁现象轻微，基本没有钙化或者仅有极微薄的一层。仔细清理后，钙化层就会消失，没有断裂或粉化的现象。

红山文化时期，人们普遍采用岫玉以及一种硬度较高的黑色石头。那时期，人类文明刚刚开始，受生产力水平的限制，基本没有开采玉矿的能力和技术，所选用的材料是捡拾附于地表的岫玉以及黑石。由于岫岩所处的位置地壳活动频繁，玉材大多硬度不高，具有多样性和多色性，所出土的红山时期玉器多为岫玉的特性，属于软玉系列，土蚀、土沁及粉化现象严重。所以说，古代曾经存在几百个玉矿的说法是可信的。这个时期的玉器在选材方面要高于一般的古玉。

后来，随着生产力水平的提高，人们在开采玉矿的工具及技术方面有所进步，于是，有新的玉矿被发现及开采，部分被搁置的玉矿也被重新使用。其中，和田玉矿被重新重视起来。因为，高古玉时期附在地表浅处的、质地较差的玉材已经被开采完，再加上古玉时期开采技术的进步，人们可以挖采到距离地表较深的玉材。所以，古玉时期玉工们所选取的和田玉矿质地普遍比较优良。

古玉时期所出土或传世的玉器，材质方面多选用和田玉，偶尔会选用质地较好的南阳玉及岫玉，这比高古时期的用料要考究很多。一是因为随着社会及文明的进步，人们的欣赏力提高，能分辨出玉的等级；二是生产力水平提高，开采、运输及雕刻工具逐步改善。所以，古玉时期的玉器经得起雕琢、把玩及自然风化，土蚀、土沁的现象减少，断裂或粉化的现象基本不存在。

现代玉的选材不用细说，开采技术及工具先进，所选玉材的质地优良，经得起风化，却面临着玉矿资源枯竭的窘境，上好的和田玉矿、黄白老玉矿及析木玉矿资源已经开采一空，偶尔有新的玉矿出现，玉的质地、成色都较差，经不起雕琢、把玩。

高古玉时期与现代不同的是玉料的取材及用法。当时的人们认为，玉的皮料及沁色都属于杂质，是不纯净的部分，所以取料时会将这些部分剔除掉，剩下的玉材就由大小来决定雕刻什么样的器物。由于受生产力水平限制，这一时期选择玉材的范围比较小，选用的玉材质地大多较差。

2. 高古玉、古玉、现代玉的工艺

从艺术角度来分析，这三个时期的玉器存在着明显的工艺差别。由于生产力水平落后，高古玉时期的雕刻工具比较单一，雕刻技法简洁又不失精湛。因为开采技术的限制，玉材的产量很低，所以，高古玉被当时的王室权贵所垄断，在玉器的制作工艺、文化气息上有很深的内涵，创造出多种雕刻技法，比如汉八刀、游丝毛雕等。使用这些技法制作出来的玉器，无论是透雕、浮雕还是阴线划刻，都十分精湛，每件玉器的器形、图形，都包含着很深的文化底蕴及很高的艺术品位，这是现代人无法比拟的。

在开采及雕刻技术十分落后的时期，仍然能制作出美轮美奂的玉器，除了玉工们自身较高的技艺及艺术内涵外，还有可能是受到当时社会的法律所制约。如果将象征王权的、资源稀缺的玉材制作成了残品，那么，最高统治者或许会因此而震怒，玉工也会为此而招来杀身之祸。这种情况在王权统治时期是十分常见的。

红山文化时期以来，玉器的用途扩大，除了佩戴和用于日常生活（比如灯架、香炉、餐饮具等）之外，还有很大部分的玉器被作为一种礼器用于祭祀或随葬。当时的社会，人们对玉充满了敬畏，甚至将学问与其贯通融合，更有学者把玉与礼学思想结合起来进行研究。

古玉时期的玉器延续了高古玉时期的一些雕刻技法与器形，但随着诸侯割据，各王争霸时代的开始，出现了百姓生活动荡、文化及生产力水平提高缓慢的现象，有的雕刻技艺得不到好的发展和传承，逐步消失在漫漫历史长河中。

唐代玉器的发展比较昌盛，玉石的开采技术进步，所使用的玉材绝大部分为和田玉，少部分是地方玉。唐代的玉器，虽然有很浓的唐朝历史韵味渗透其中，但我们还是可以从中发现高古玉时期的雕刻技法及风格。此时，玉器仍然被皇室权贵所垄断，故在玉器的选材及雕刻上，均是相对比较精致完美的。皇室权贵垄断玉器的时期，止于宋代。宋以后，随着社会文明的发展和生产力水平的提高以及玉矿开采技术的进步，玉材的产量随之增加。当时，只有顶级的玉材与雕工精美的玉器才会被进献至皇室，其他质地与雕工参差不齐的玉器大都流入社会。这样，宋代比较富足的平民，便可以购买到或定制玉器，但其质量无法与皇室相比。那时流行女儿出嫁时，由娘家配上一副龙凤镯赠予新人，祝愿双方今后生活美满、万事吉祥。更有自小定亲时，双方长辈将玉制作成鸳鸯对儿，作为二小信物保存。由此可见，玉在当时是人们所喜爱、珍视的重要饰物之一。从明清时期开始，玉石的开采、运输技术越发进步。明代，开始对外开通海陆贸易，大量珍贵玉原料及宝石源源不断地进入国内，冶金技术也得到提高，雕刻工具随之大大进步。

明清二朝帝王都极为爱玉，有力地推动了该时期玉器的发展。其中，尤为突出的是康熙至乾隆年间，国富民强，文化艺术鼎盛，玉器的用料及雕刻技艺达到了前所未有的高度。该时期，玉工们不仅雕刻当时风格的玉器，更喜欢将高古玉常用的艺术图形与当代的玉器器形、图案结合在一起，从而提升玉器的历史内涵及文化艺术涵养。在出土及传世的清朝时期的玉器上，我们可以看出，玉的选材精细，多为硬度、密度较高的和田玉，土蚀、土沁的现象极少，所用的雕刻工具十分先进，雕刻技法更是独特细腻。

现代人所谓的玩玉，根本不可能达到古人所说的人玉合一、古玉通融的状态。古代的玉工无疑是真正的艺术家，他们除了有很深的雕刻功底外，还独立钻研，创造新的雕刻技法，升华自身的文化内涵及艺术修养，玉工对待玉的态度是崇敬而虔诚的，视制作玉器为一种神圣的使命。

专家指出，现代的雕刻师往往只是迎合市场需求，不肯花大力气去钻研、思考如何创新，一味地使用仿古图形，以致雕刻出来的玉器形似而神不似，缺少高古玉或古玉的那种神韵。"玉不琢不成器"，如果优质的玉材得不到完好的使用，中国独有的玉器雕刻技法，以及传承至今的玉文化或许将会就此而褪色。

3. 高古玉、古玉鉴赏

高古玉从文化上讲，神秘、抽象、高雅，特别稀少，而古玉传世的相对较多。与现代玉器比较，古玉是七分工、三分料，现代玉是三分工、七分料，即现代玉重视原料，轻视工艺，艺术性缺乏，而古玉尤其是高古玉的雕工，在整件玉器价值中占了很大的比例。从文化韵味来讲，现代玉蕴涵浅，而高古玉和古玉比较深，它承载了几千年的中华文明，精美绝伦。清末民国初，古玉鉴藏家刘大同先生在《古玉辨》中对高古玉有一段高度评价："夫宝玉之可贵者，晶莹光洁，温润纯厚，结阴阳二气之精灵，受日月星三光之陶熔。其色沁之妙，直同浮云遮日，舞鹤游天之奇致异趣，令人不测；较之宝石，徒有光彩而少神韵，能夺人之目而不能动人之心者，则远胜十倍矣！"可见，高古玉尤其是受沁高古玉在人们心目中的至高地位。

沁色是受"阴阳二气""日月星三光"的影响产生的，而高古玉的受沁是一种自然现象，与人为的染色有着本质的区别，它让高古玉变得千姿百态，赋予古玉新的生命，又是那么的美不胜收，于是有沁色的高古玉就成了人们刻意追求的目标。往往一块高古玉，因为沁色美而身价骤增百倍。

总之，高古玉以其"物稀为贵"的收藏价值，以及那个时期质朴的雕工、生动的造型、独特的韵味、高雅而神秘等因素，备受历代藏家的追捧，尤其是受到现代收藏家的青睐。

一个时期以来，古玉尤其是高古玉收藏蔚然成风（图7-10）。收藏家们看好高古玉的收藏价值，把高古玉收藏视为玉石收藏的最高境界，认为远古代玉器与现代玉器的用途不一样，在当时它不

图7-10 玉仿古铜纹环柄扁杯（明）

是商品。古代对玉的开采十分困难，玉的加工又缺少利器，玉雕的能工巧匠也很少，所以玉器被王室所垄断，为少数人拥有，如"玉"字所示，是王者怀中的物品。良玉美器成了人的身份标记，玉器形状或纹饰表明人的身份等级和礼制。王者生前用玉，死后作为随葬的礼制的玉器本身为数不多，在考古挖掘中出土的玉器则更加稀少。

另一方面，高古玉的文化含量高，与当时社会的装饰、审美、财富、权力直接关联，是贵族身份、地位的象征，它在表达力量、意志和审美观的同时，也在兴替演进中处处显示着历史痕迹。每一件古玉都反映了当时不同地域的政治制度、经济状况、审美观念等。可以说，高古玉和古玉是一种高层次的文化载体，这是现代玉无法比拟的。

对于古玉，可以工精、质优、色巧、形奇为标准进行收藏。一般说来，新玉的鉴定侧重于玉材、质地与雕工；而古玉的鉴定，则要识别玉器的制作时代、历史上的作用和占有者的身份等。古玉一般刀法比较精美，纹饰比较古朴，鉴赏古玉，更应重视的是其文化内涵和历史价值。需要提醒的是，一个时期以来，古代玉器和高古玉器的伪作时有所见，收藏者必须注意加以鉴别。

4. 高古玉的收藏

高古玉的收藏，应重视其文化内涵和历史价值。不同历史时期的高古玉有着不同的特色。反之，我们可以根据高古玉的特色来鉴定其年代。

夏代的玉器，其风格应是良渚文化、龙山文化、红山文化玉器向殷商玉器的过渡形态。有关夏代的考古资料较少，尚需不断累积，其文化也正在不断被揭示出来。商代玉器早期的不多，传世与近年出土的商代玉器，以商代中、晚期居多。商代玉雕，已经有具体的纹饰规范，其雕工的顺序应是在作成粗坯后，先在预定的位置打孔，再用线锯沾解玉砂做成器形。所以，镂空部分虽经修整，但仍可看到先打孔、后镂空的痕迹。在商代大多数的人物、动物玉器圆雕中，造型极写实，刻虎似虎，雕象似象，琢人似人。但是，在造型表面，则刻上一些由卜兆纹组合而成的怪兽、图腾图案，与动物的毛色、人类的衣饰毫无关联。此为商代玉器的特色。

西周玉器，在继承商代玉器的双线勾勒技艺的同时，独创一派的坡粗线成细阴线镂刻琢玉工艺。这在鸟形玉刀和兽面纹玉饰上有明显的表现。它虽然继承了殷商双阴线或阴线减地的雕法，但是，创造性地演变为阴线斜刀的琢玉风格已经形成。以片状玉，做动物剪影形成的造型，还是承袭殷商而来，其中大部分为片状玉器，仅有少数立体雕作玉器。纹饰的线条流畅自然，布局均匀。在刀法上，使用斜刻的宽阴线与细阴线结合，使玉器纹饰有阴影的层次感。这些都是西周初发展起来的新刀工，俗称"大斜刀"。

春秋时期的玉雕，过渡气氛浓厚，但仍不失时代的独特风格。玉器开片整齐，各并行线间雕琢对称，未有滑刀交叉之现象，显示玉工技艺的成熟。刀法上，早期也采用西周玉雕中最常使用的"大斜刀"。尔后，各国形成各自的玉雕风格，纹饰有的用细阴线，有的用浅浮雕，有的则有强烈的立体感。

现今出土的战国时代玉器数量较多，分为四类：一是以殓葬为主要用途的玉器。这类殓葬玉材质不佳，刀工不整，甚至常有以大理石、滑石、粗陶仿制璧、琮之属，较少文物价值。二是遵循儒家"事死如生"的观念，将死者生前所喜爱的玩赏、收藏、配饰用玉等随葬死者。这类玉器，足可代表战国时期玉雕的风格与艺术品位，是真正战国时期玉器的代表。三是为了葬式风光，于葬前临时赶制的玉器，形式包罗万象，有实用器、配饰器、玩赏器，还有一些与死者身份不相属、明显越礼的礼仪器及盟书等。这类玉器虽非以殓尸为目的，但制作手法多极为粗糙，与殓葬用玉多相类似，未见使用痕迹。四是由于工具的进步，其钻孔已甚平整，游丝雕亦甚精细，造型更是多样，为中国玉器史上一大高峰。

秦代虽有被誉为世界第八奇观的兵马俑，出土的秦玉却寥寥可数，但雕工精细。秦玉艺术，还有赖于今后考古的新发现。汉代玉器继承战国玉雕的精华并有所发展，奠定了中国玉文化的基本格局。汉代玉器可分为礼玉、葬玉、饰玉和陈设玉四大类。最能体现汉代玉器特色和雕琢工艺水平的，是葬玉和陈设玉。汉代葬玉很多，但工艺水平不高，反映汉代玉器工艺水平的是陈设玉。这些写实主义的陈设玉，有玉奔马、玉熊、玉鹰、玉辟邪等，多为圆雕作品，凝聚着汉代浑厚豪放的艺术风格。此时，汉皇室装饰玉有衰落的趋势，多见小型的心形玉佩。

仿制高古玉的现象由来已久，若要正确辨识高古玉的真假，就必须掌握仿制的高古玉特点。一般来说，仿制高古玉的玉料质地较差，往往以次充好；制作工艺（包括雕工、沁色）十分粗糙；其皮色都是通过人工染色或者做旧方式做出来的；器形大多是以市场上十分罕见的为主，纹饰和款识多数是仿制者自己杜撰出来的。凡是熟悉高古玉所处年代的器形特征的收藏者，就能够对高古玉的真品、仿品做出初步判断。

5. 硬玉收藏

硬玉翡翠是玉中之王，翡翠玉器本身价值不菲，根据翡翠原料的要求和雕刻工艺的难度差异，收藏翡翠有不同等级的划分。其中，翡翠蛋面最昂贵，其次是手镯，再次为观音和佛，以及豆、瓜、摆件。

翡翠蛋面

翡翠蛋面也称翡翠戒面，是整块翡翠玉石中最珍贵的一部分，无论水头、颜色还是质地，都是翡翠中最精华的一部分，必须是毫无瑕疵、裂纹的原石才能做成翡翠蛋面。翡翠蛋面通常镶嵌成翡翠戒指、翡翠吊坠、翡翠耳钉等各种首饰。翡翠戒面的形状，主要有蛋面椭圆形、圆形、长方形、马眼形、马鞍形、菱形和随意形等，越大越好（图7-11）。

作为翡翠蛋面的玉料，首先，要求颜色浓艳纯正，即正阳又起荧光，底水通透而温润为宜。其次，要求透明度好。最后，要求亮度高。因此，符合蛋面要求的玉料很少，物以稀为贵。

蛋面的形状大同小异，卖点就在成色上，颜色是第一感观，所以，蛋面颜值高为第一要素。蛋面还不能有缺点。例如，绺裂、白棉、黑点等问题，在花件、手镯、珠链上都是很正常的，但在蛋面上绝不可出现。在种、水、色外，蛋面的瑕疵要尽量少，越少则越珍贵。

图 7-11　翡翠蛋面

此外，优质蛋面还要求形态饱满，做工规整，对称性良好。底面不平整或左右不对称会降低它的价值。例如，具有一定厚度及弧度的蛋面，其光学效应比相对扁平、厚度薄的蛋面要好。有时，为了翡翠通透一些，采用挖底的工艺来加工蛋面，但同时也因厚度的减薄而影响了翡翠本身的价值。一般来说，两面双凸形的蛋面为好，平底的为次。挖底越多、蛋面越薄则价值越低，圆润、饱满、匀称的蛋面"身材"是最美的。

半圆形的典型蛋面，评价如上所说，而方戒的情况则有所不同。方戒没有弧面，评估其优劣，要看是否厚桩，平面是否平整、光滑等。如果是葫芦或心形等有雕刻工艺的戒指，则要看做工是否精细，形状比例是否匀称等。

翡翠蛋面凝聚着翡翠的精华，集万千宠爱于一身，通过贵金属镶嵌成项链、耳钉、耳坠，或低调奢华，或雍容贵气，万里挑一的一小颗彰显了翡翠的绝代风华。然而，一颗小小的翡翠蛋面，看似简单，实则非常不容易，从开料到打磨，对种、水、色、裂纹、瑕疵等要求极高。真可谓，得一翠戒于指间，凝聚了芳华，绽放了音容。

翡翠手镯

翡翠手镯对原料整体质地的要求次于蛋面，而且对款式要求极低。具体讲，翡翠手镯对原料的最低要求有两点，一是要体积足够大，至少原料的直径肯定要比翡翠手镯的直径大；二是要整块翡翠原料没有什么裂纹。好的原料附加性的条件是，带某些颜色（主要指绿色、紫罗兰色、翡色等），又有些水头，这种

图 7-12　翡翠手镯

好料制作出来的翡翠手镯价值和价格更高（图7-12）。

翡翠观音、翡翠佛像

翡翠观音、翡翠佛像一般用料较小，一些不能做成手镯的和有明显瑕疵的料子，能够雕成翡翠观音或翡翠佛像。因为，光溜溜的圆条造型手镯无法掩盖瑕疵，而观音、佛像，可以依靠其造型来掩盖原料的某些细小的不良品质。当然，翡翠观音的原料要求也不一般，取料应大气洁净，面部有瑕疵或是开相不佳都会严重影响其价值。好的观音挂件造型比例匀称，面相慈祥而智慧，衣褶飘逸

图7-13　翡翠观音

有吴带当风之感，姿态手势柔美，发丝璎珞刻画细致，给人以崇高的精神力量（图7-13）。好的翡翠观音，晶莹剔透，圆润细腻，慈眉善目，寓意福乐安康，是许多人争相收藏的宝物。质地好、雕刻精细的翡翠观音，也是上好的收藏品。

弥勒佛像是翡翠玉石中最常见的一种雕品，也深受大家喜欢。弥勒佛是大乘佛教中释迦牟尼佛的继任者，也被称为"未来佛"。传说，弥勒佛为了救度众生常怀慈善之心。佩戴佛像能够保佑本人的运势，可以招来四方运气，给人带来福气。

收藏翡翠玉佛时应当注意三点：一是玉佛的眼睛。眼睛是心灵的窗户，怀有一颗慈悲豁达之心的玉佛必然慈眉善目，眼观八方，将喜怒哀乐、人间百态尽收眼底。所以，玉佛的眼睛必须是清澈透亮、笑意盈盈的。两眼的大小要一致，不能出现任何瑕疵。二是玉佛的下巴。民间一直都有下巴圆润更有福气的说法，而且越圆越有福气。故在选择翡翠玉佛时，也要选择下巴圆润细腻，轮廓齐整的。三是玉佛的肚子。弥勒佛有一个圆滚滚的大肚子。"大肚"谐音"大度"，大大的肚子才能显示佛的慈悲仁爱之心，心宽体胖的人才会有更多快乐。当然，为了整体美观，玉佛的肚子也不能过大，肚子和脸不能在一个平面上，肚子要比脸高，两者整体比例协调才具有欣赏价值。

翡翠福豆、福瓜

古诗曰："娉娉袅袅十三余，豆蔻梢头二月初。"翡翠福豆质地莹润，曲线流畅，豆蔻年华，青春如歌，旖旎岁月，相约携手共惜。精致的豆蔻花开，让人眷恋那青春岁月亭亭玉立、含苞欲放的美丽年龄。翡翠福豆有着多重的吉祥寓意：四季平安，多子多福，硕果累累，豆蔻年华。翡翠福豆既是吉祥物，又是时

尚的饰品，非常适合年轻女孩收藏和佩戴（图7-14）。

翡翠福瓜有着简洁、多变的造型，或圆滚或细长，点缀着一点藤蔓纹叶子，小巧玲珑，正面光滑，展现出福瓜的晶莹剔透，真切可人。而翡翠福瓜的圆润饱满体型使它有着"金玉满堂来"的美满含义。翡翠福瓜与叶子、藤蔓组合，

图7-14　18K金镶钻冰种翡翠福豆

叶通"夜"，与福瓜巧妙搭配有着"一夜有福"的美满含义。然而，由于制作翡翠豆、瓜的原料，一般都是稍有裂纹的翡翠料子，所以翡翠瓜、豆的价值要比蛋面、手镯、佛观音等低得多。

翡翠摆件

翡翠摆件虽然体积最大，翡翠原石却是料子最差、裂纹最多，无法用来雕刻前面几种饰品，才用来做摆件（图7-15）。所以，这种翡翠价值最低。但翡翠摆件代表着东方习俗，具有中国文化内涵，每一件都有着一段旧事、一个美丽的传说，散发着独特的魅力，故也有一定市场，具有一定的收藏价值。

图7-15　翡翠《多子多福摆件》

第三节　玉器的保养

"人养玉，玉养人"的说法流传久远，它表明了人与玉的气质关系是"互养互惠"。"人怎样养玉，玉如何养人"，说来话长。"玉养人"的问题，本章第二节"玉的功用"中已作介绍，这里只讲"人养玉"的相关知识。

"人养玉"指的是人对玉器的养护。不同玉料的玉器，养护的方式方法不尽相同。从玉料来说，和田玉和翡翠玉的养护方法有别。就玉器而言，古玉器和新玉器以及佩挂件、赏玩玉的养护方法也不完全一样。

一、人养玉的真谛

人养玉的真谛，概括地来说，就是"洗""盘""修""补""避"这五个字。

"洗"。玉石在一系列加工过程中，会沾染上很多污垢，有些甚至被打了蜡。所以，玉器拿到手后，不要立即佩戴，应该先用毛刷蘸着清水刷洗干净，然后浸泡在70度左右的热水里，待热水冷却后，再将玉器拿到通风的地方自然晾干。这样，玉器表面的细孔就会舒张开来，从而清洗掉内部的污垢。以后，每隔两三个月清洗一次。夏天，若是经常沾染汗液，可以每隔一月清洗一次。

"盘"。"盘"是盘玉。盘玉并非将玉器放在手上使劲地摩擦，或是用手汗将它盘出油来。那样的话，油脂很容易被清洗掉或是擦拭掉。要想盘出的玉拥有细腻油滑的手感，还得通过日常佩戴和不经意地把玩，才能"心想事成"。

"修"。玉石如果出现破损或者产生小细纹等瑕疵，要及时修复，避免彻底裂开。倘若玉石不小心遭到阳光暴晒，失去了水分，可以将其放在潮湿的避光处，静置一段时间后，就能自然而然地恢复过来。若是在旁边放一杯水，效果更佳。

"补"。市场上购买的玉器，基本上都经过抛光程序。过度地抛光，会使玉石表面和内部颗粒间的水分子流失，这样的玉石，光泽虽然明亮，却也比较干枯。最好的补救方法是，将玉石放在潮湿的泥土里，过一段时间后，再用生竹子抛光一次。

"避"。"避"就是避阳光、避碰撞、避酸碱……这些养玉防护的方法，后面有所论及，且浅显易懂，在此不赘述。

二、软玉器的护养

软玉和硬玉不同的玉性，决定了软玉器的保养与硬玉器的保养方法有所区别。在此，软玉器的养护我们以和田玉及其佩玉、赏玩玉、出土古玉为例，分别介绍有关养护知识。

（一）和田玉养护的注意事项

玩玉、赏玉、藏玉是一种修身养性的活动，和田玉是古今人们藏玉和玩赏的首选。在日常把玩欣赏和田玉的过程中，难免会沾上灰尘、油污等赃物，如不及时保养、清洗，可能会让宝玉受损。所以，平时养护和田玉，应当注意下列事项。

1. 避免阳光长期直射和遇热

平时，不要把玉件放在经常被阳光照射到的地方，以免长时间暴晒遇热膨胀，分子体积增大，影响玉质和色泽。玉件应置于相对湿润之处，或者附近放个盛水的小杯子。

2. 避免沾染灰尘、油污

玉是爱干净的，平时要避免灰尘。如果积了灰尘，要用软毛刷清洁；若有污垢或油渍附于玉面，应以温淡的肥皂水刷洗，再用清水冲干净，最后用清洁的手，对玉器表面进行摩擦、盘摸，以保护和田玉石自身表皮的洁净与温润。玉器表面若有油腻，应当用干净的白棉布将其快速擦拭，或将玉件放入痱子粉或干面粉中，让其吸除油脂，然后用沸水煮一会儿再进行清洗。玉制品表面倘若受到强酸、强碱的溶剂侵蚀，一定要尽快反复清洗、浸泡，随后将其擦干，以免玉石表面受到腐蚀。

把玩盘玉时，应将手洗干净。人体的汗液中带有盐分、挥发性脂肪酸以及尿素等物质，接触了太多的汗液，若未及时擦拭干净，玉器的灵气、色泽都会受到影响。

3. 切忌接触化学物品

日常生活中使用的洗洁剂、肥皂、杀虫剂、化妆品、香水、美发剂等，若不小心沾上和田玉，必须及时抹除干净后清洗，以防其损伤玉器，也可以送到玉器美容公司进行超声波清洗。

4. 定期清洗

即使玉件上无明显不洁，也应一两个月清洗一次。其方法是，将玉器置放于清水中，用软布或软毛刷轻轻地拍打、摩擦表面，清洗后用布擦拭至有光泽即可。

5. "补水""恢复"的保养措施

补水，指抛光过度，致使玉石表面吸附水及分子层间的水损失，表面结构受到一定的损伤，这叫作非金属"疲劳"。其特征是，玉石表面呈现干枯的光亮。对此，比较好的处置方法是"盘玉"和"土浸"。"土浸"就是将玉件埋在一定湿度的地下泥土里一段时间，以达到补水的效果，也可以用生竹子再抛光一次以补水。

恢复，是将一度受到太阳光（紫外线）强烈照射的玉器，放到阴暗潮湿的地方一段时间，即可恢复玉石表面的吸附水，再用软布擦拭，玉器便可恢复一定的润度和光亮度；若是将玉器摆放于阴潮的柜台内，放置一杯水以补水，也能够达到上述效果。

此外，玉器手件、挂件若在一段时间内不佩戴，应当用干净整洁的绸布将其包好，单独放置于干燥、整洁的首饰盒内，不要与其他金属首饰或是玉器混合放置，以免碰擦受损。当然，如果条件允许，可以事先在和田玉的玉皮上施一层薄薄的"蜡"，从而起到保护和田玉的效用。

（二）佩挂件玉器的护养

当今佩挂件玉器已经逐渐成为大众时尚，受到人们的喜爱和追捧。在购得一块称心如意的好玉之后，若要它持久完美无缺，焕发出绚丽的光彩，做好天长日久的保养工作就非常重要。佩挂件软玉器的保养，除了应遵循和田玉养护要求外，还必须做到下列两点：

首先，避免玉器与硬物碰撞受损，这是最重要的养护。尤其是在人体运动中，特别需要注意保护、保养佩戴在身的玉器。因为，玉器碰撞之后，容易产生裂纹。有时候，虽然眼睛看不出来，其实玉表层内已形成了暗裂纹，这就大大地损害了玉件的完美度和经济价值。而且，随着时间的延长和玉器本身受到的震动，这种暗裂纹有可能渐渐"露真容"，让人眼睛看出破损来。

其次，佩挂件的系物必须牢靠结实。对于玉佩等悬挂饰物，应当经常检查系绳是否牢实，发现隐患及时更换，防止丢失或坠地而损坏心爱的宝物。

（三）赏玩玉器的保养

玩玉是盘玩把弄玉器过程中的"养玉"，若要真正地盘玩出一块"美玉"，除了应当掌握盘玉的多种方法外，还必须做好玩玉前的准备工作，注意玩玉过程中的一些相关事项。

盘玩的玉器禁忌比较多，忌酸、忌火烤、忌油污、忌冷热无常。尤其是在盘玩时，要防止玉器掉落在坚硬的砖、石等物上受损。亦不可将盘玩的玉器放到脸上或者鼻子上去抹油，否则会将玉门封死，以致盘出来的玉光泽显得沉闷。擦拭玩玉上的污物、汗渍，只能使用柔软的白色纯棉毛巾。

玉器经常佩戴并时时摩擦，天长日久会使玉石呈现一种特殊的油亮光泽，就像表面渗出一层油来，即所谓"出浆"，这种因为和田玉特殊的结构和硬度所致的"出浆"，不可清除。

（四）古玉的保护

中国人对玉的特殊喜好举世无双，有人形象把玉比作大地的舍利。尤其是被誉为中华文明第一块奠基石的高古玉，有着高深莫测的神秘色彩。古代，君子无故玉不去身，君子于玉比德焉。而玉的温润色泽象征仁慈，坚硬质地象征智慧，不伤人的棱角表示公平正义。民间相信玉能护身、驱邪，代表着正气和灵性。

爱玉者必须精心养玉，对古玉更应该"钟爱有加"，因为一旦损毁，不可复而得之。古玉养护的方法，需要特别注意的是"八怕"。其中"七怕"也就是刘大同在《古玉辨》中所说的"三忌"（"忌油""忌腥""忌污浊气体"）、"四畏"（"畏冰""畏火""畏姜水""畏惊气"）。

1. 怕油

古玉器应避免接触油腻，如机油、柴油、汗油、花生油等。因为古玉器在地下或传世过程中，长期受水浸土蚀等影响，玉质的微细孔隙中自然渗入土质或杂质，而油脂可封堵玉质的微细孔隙，使玉质中的灰土不能"吐"出来，以至玉器不会莹润，透不出所谓的"清光"。把玩养护古玉之目的，就是尽量使其杂质"吐"出来，使玉器还原。有些人将玉器抹上些花生油，或在鼻上、面额上摩擦，让玉器沾些人体油脂（汗油），使玉器显得油亮、温润。实际上，这是收藏把玩古玉器的一忌。但是，生坑之玉不怕脸上汗油，因为它的表面还未成熟。

2. 怕腥

一般的新玉器，靠人汗精气、盘烫发热，促使它的新陈代谢。而古玉器则不然。古玉器与腥物接触，不但会使玉器含有腥味，也会伤至玉质。因为腥气或腥液中含有的化学成分如卤盐等，会对玉器产生一定的腐蚀作用，导致玉质受损，故玉器要避免与腥物相触。

3. 怕污

古玉器忌污秽的道理与忌油相似，即污秽会堵塞玉器的微细孔隙，使玉质中的灰土不能"吐"出，甚至会反受其浊害。因此，一些大收藏家在玩玉前，都会洗净双手。古玉器的本身肌理里，有土中侵入的"污泥浊水"，它靠人的盘玩而使玉"吐"灰。如再遇污泥浊水，会延长盘玉——使玉恢复脱胎的时间。需要说明的是，古玉中的污泥浊水，经过人的盘玩已经演变为微量元素，它不但不会给人带来不利，反而会使人吸入自身缺少的某些元素。

4. 怕寒

古玉靠人气汗水和盘玩摩擦而发烫生热"吐"灰，如遇冷水，玉肌会紧闭而影响"吐"灰，进而妨碍出土古玉恢复变熟复原脱胎。古玉器时常靠近冰块或被冻，则沁色就没有润感，谓之"死色"。有人将玉器放在冰箱中冷冻，使其外观"通透"，实为错误之举。它会伤及玉质，使玉器冻伤，甚至产生裂纹而不可挽救。

5. 怕火

出土古玉会变白，这是在长期的泥土中，让地火慢慢蒸烧造成的。如出土古玉遇明火或非常靠近火或热源，则可能使"色浆"（表面光泽和透明度）尽褪，明玉会变白带黑，使古玉受伤，让一块真正出土古玉带来伪造地火的假成分。高温中的古玉器，还可能导致裂纹的产生。这也就是外面常常看见的一些珠宝店的玉器柜台中之所以放着一杯水的原因，它不仅可以增加玉器的美观度，更能调节柜中的温湿度，从而减少射灯对玉器的负面影响。

6. 怕姜水

古玉器与姜水接触，往往会使得已有的沁色黯淡无光。切勿为了除去玉器上的腥臭味而用姜水浸泡或洗刷。姜水浸得太久了，还会使玉器浑身起麻点，以后即便不断"盘玩"，也难以补救。

7. 怕化学品

化学元素多种多样，地下土中自然的固有物质和化学元素，可使出土古玉产生色沁，而市场上的化学品，会使玉腐烂、变色、变形和发生异味。

8. 怕惊气

惊气是指佩戴者受惊或不慎时，将玉器掉落在地或碰撞于硬物之上，使得玉器内部结构受损，哪怕是肉眼看不见的微细裂纹，也是玉器的隐患。因此，玩玉者讲究平心静气，戒惊戒躁，这也是佩玉者修身养性的内容。

三、翡翠保养误区及"变种"后的处置

翡翠，依靠逆天的颜值和温厚的品质，成为当今国民的偶像。翡翠保养与和田玉有所不同，人们在实践中存在的一些误区必须加以纠正，同时要学会翡翠变色、变暗、变干、变黄后的处置方法。否则，翡翠的美观度会受影响，投资保值也会大打折扣。

（一）翡翠保养的四大误区

（1）用肥皂水清洗翡翠。翡翠通灵欲滴，人见人爱！当翡翠表面蒙上灰尘，光泽略显暗淡之后，有人就用肥皂水等清洁剂洗涤，这是不合适的。因为，翡翠是忌讳化学剂的，化学物质粘到翡翠表面，会对其造成侵蚀。

（2）把翡翠放在强光下照射以求漂亮。太阳光照射下看翡翠，确实更能显出翡翠的通透光亮。但是，翡翠是在低温高压下结晶而成的，忌高温是翡翠保养的一条大法则。强烈的太阳光会使得翡翠分子体积变大，失去原有的光泽，这也是为什么翡翠在夏季质地和色泽会变淡的原因。

（3）先戴翡翠后换衣服。翡翠的镶嵌方法很多，包镶最安全，但将腰围包住，影响了它的视觉效果。爪镶亮丽迷人，却容易勾到衣服。因此，正确的佩戴顺序应该是，先换穿衣服后戴翡翠。若翡翠爪子勾到衣服或者皮包，要及时解开

并加固。

(4) 常用超声波清洗。超声波对于 K 金宝石的洗涤效果很好，尤其可以把宝石镶嵌的缝隙中的尘埃油垢洗干净。但超声波的频繁震荡清洗，容易让镶嵌的小钻石脱落，而且超声波清洗时会破坏翡翠结构。

(二) 翡翠 "变种" 后的处置

翡翠戴久了，会变黄、变暗、变色、变干，称为"变种"。翡翠"变种"有两种情形：一是天然的 A 货翡翠"变种"；二是经过处理的 B 货、C 货翡翠"变种"。总的来说，密度比较大的 A 货翡翠，抗磨性和耐久性都非常好，是不容易"变种"的。相反，密度小、抗磨耐久性都差的 B 货、C 货翡翠，容易使内部晶体间隙的液态吸附物挥发掉而"变种"。就像衣服一样，毛绒线衣服容易脏，而其他布料衣服不容易脏。

除了材料疏密与"变种"相关外，还有就是因为"跑水"，即玉石结构中的水元素流失，导致玉石干涩、变色而"变种"。这种现象，在岫岩、松石等质地稀松又富含水的玉石中常见。如"冰种飘花水手镯"往往由于长时间不佩戴而出现"跑水"变种，花容失色。但是，贴身佩戴，质地不好的镯子、吊坠、戒指等饰品，因为长期接触皮肤，必然会受到人体的汗渍沁蚀而变色。至于说"翡翠变色，证明身体不好、有病"，则无科学根据，纯属无稽之谈。

翡翠变干、变色后的处置方法，应区别不同情况分别予以对待。天然的 A 货翡翠变干、变色，只需要经过切割、雕刻、抛光等物理处理加工，即可恢复其"原来面貌"。若是 B 货、C 货的翡翠，则应舍弃，因为继续佩戴有损人的身体健康。

第八章

玉器的欣赏

第一节 玉器之美

中国玉器是具有民族特色的艺术品，是世界雕塑苑中的一朵奇葩，其中包含着中华民族的智慧、宗教观念、美学思想等丰富的内容。欣赏玉器，必须要懂得欣赏的内容，多角度、全方位地欣赏，才能完全感受玉器之美。

一、玉器欣赏的"六要素"

玉器欣赏是一门科学，内容广阔而深奥。概括起来，欣赏玉器必须立足于"六要素"，方可全面领悟到玉器的大美。

要素之一是看材料。材料是体现玉器品位、玉器收藏价值的首要前提。优质玉材对于一件玉器至关重要，如玉质、玉色、光泽、致密度、绺裂、玷污等都是影响玉材等级的要素，不应忽视。

要素之二是辨造型。造型是玉器审美的构架，也是决定玉器档次、玉器收藏价值的一个重要因素。造型是由功能及玉坯形状决定的，其比例要适当，匀称而不呆板、均衡而又稳定者是美的作品。

要素之三是鉴纹饰。纹饰是玉器的装饰，它的美丑容易被人们觉察、感受。一般来说，纹饰服从于器形的需要，或者它们两者都取决于社会功能的需要。装饰要看结构、章法、繁简、疏密等处理，凡结构、章法有条不紊、统一和谐的就具有鉴赏价值。

要素之四是析工艺。玉器工艺是由料变为器的技术条件，它的性质比较稳定，不易被人真正认识，是鉴赏上的一个难题。凡做工利落流畅、娴熟精细，必然是美的或比较美的；反之，板滞纤弱、拖泥带水，则是玉器品质、收藏价值锐减的标志。

要素之五是品艺术。艺术美是每件玉器所追求的最高境界，也是最难做到的。凡气韵生动、形神兼备的都是艺术美的表现，反映了高档玉器的品位和极高的收藏价值；反之，徒具形骸、一味仿古者，都是违反艺术美的作品，鉴赏价值就逊色得多了。

要素之六是观创新。好的仿古玉器含有两大艺术形态：创新与仿古。从艺术创新的角度看，有新意的玉器固然值得鉴赏和收藏，但对于受现代化思潮影响的玉器，收藏要慎重对待，以免陷入"唯新"的误区。当然，对仿古玉器也不能全盘收罗，应视具体情况而论。

二、玉器的意境美

玉器的欣赏，既要欣赏其玉质、玉色、玉形之美，更要欣赏玉器的意境之美，从玉器中看到生命，看到中国文化的大智慧，于尺山寸水之间感受宇宙大地的广阔，体会中国传承万年的文化精髓。

意境是我国美学思想中的一个重要范畴，它体现了艺术的内在美。意境指的是在诗、词、书、画、戏曲、园林等门类艺术中，借助于匠心独运的艺术手法熔铸所成的情景交融、虚实统一的艺术境界和情调（图8-1）。意境能深刻地表现宇宙生机或人生真谛，使审美主体之身心超越感性具象，进入无比广阔的想象空间，从而达到美的享受。

图8-1　和田籽料《雪霁》（袁嘉骐）

意境这一美学思想的形成，是中国哲学在艺术领域的表现。老子曰："道可道，非常道；名可名，非常名。无名天地之始，有名万物之母。故常无，欲以观其妙。常有，欲以观其徼。此两者，同出而异名，同谓之玄，玄之以玄，众妙之门。"因此，艺术之妙、之美、之最高境界，就在于以可道之言、可明之物、可象之形，来表达自然界中不可道、不可名、不可形的"道"。

玉器的意境美，美在它的内涵。我们欣赏中国玉器杰出的代表作，会发现其所展现出来的意境内蕴，必然是符合艺术美学思想关于形神兼备、灵动之趣、含蓄隐忍、小中见大、大巧若拙、虚实结合、和谐之美、以艺载道等方面要求和标准的。

（一）形神兼备

中国艺术门类之一的玉雕艺术，在表现形式上追求超越形似之外的神韵。玉雕艺术与中国的书画是分不开的。在创作的过程中，画稿几乎决定了作品最终的形态。无论是人物、动物还是山石、花草，都画得出神，刻得到位，如诗一般"含不尽之意于言外"，具有"意外之韵"，表现出"不似似之"，既不具象，又不抽象，徘徊于有无之间，斟酌于形神之际。以神统形，以意融形，形神结合乃至神超形越，这是玉雕人追求的高境界。唯有如此，一件形神兼备的玉雕作品才有打动人心的巨大力量。

（二）灵动之趣

在中国艺术的发展中，灵动之趣穿透了艺术的寂寞世界，它让生命灵动起来，成为天地的强音。艺术家的精神跃动，往往是通过具有飞动灵魂的作品表现出来的。

玉雕创作中，要展现灵动之趣，先要在原石上刻划出有意味的线条，然后将此化为具体的艺术创造形式，在静穆中求飞动，从常态中超然溢出，纵肆狂舞，追求一股生命的清流。总之，静处就是动起，动处就是静思，在动静变化中达到最畅然的生命呈现。

玉雕作品是静止的，一味静则呆滞、无生气，无生气则无韵味。静，不是艺术追求的目标，艺术作品需要有动的韵味。玉雕创作是玉雕人在启动自己蛰伏的心灵、活跃自己的创意，在宁静中追求灵动的韵律，变化不已，运转不息，进而达到灵动之趣。

（三）含蓄隐忍

东方民族注重含蓄隐忍的审美观念，我们民族的特性是说话委婉、重视内涵、强调涵养、看重言外之意。细观我国的玉雕艺术之美，总有一种曲径通幽之感,这也就是含蓄隐忍之美!

中国的玉雕艺术,是通过婉转的传达而产生优雅的美感,在作品的内部激起一种张力,创造一个回荡的空间,展示丰富的艺术内容。

(四) 小中见大

一花一世界,一草一天国,它道明了中国人以小见大的智慧,体现了东方美学的一种观点。中国的园林是"小中见大"美学观点最好的例证,而历来被称为"尺山寸水"的玉雕,更是如此。大到几米高的山子,小到几厘米的玉牌,皆有这一观点的体现。

以小见大是玉雕创作中普遍遵循的原则,在狭小的设计空间里海纳百川,容天下之大。尤其是玉雕山子,通过独特的设计,使鉴赏者能够在其景致的引导下,感受一个生机盎然的世界,从而表现出山子美妙的灵魂。

玉雕山子恰如宇宙天地的微缩版,它是一个顺乎自然的表现场景的小世界。没有这种场景的展现,也就没有由小至大的转化机制。这种精巧的雕刻场景,作用于鉴赏者的心灵,使其产生超出山子画面自身的远思逸致。鉴赏者之所以能够在心中完成这种转换,不仅在于玉雕山子特殊场景的创造,更在于创造者与鉴赏者有共同的文化心理,这是中国玉雕的一个特点,也是我国传统文化的特质之一。

(五) 大巧若拙

玉雕的设计,在很多方面借鉴了中国书画的元素,所以必然受到书画文化的影响,在一些题材内容的设计上,遵循"外枯而中膏,似淡而实浓"的原则。如用枯树、怪石之类的形象来体现深刻的意蕴。

丑中求美,怪中求理,在荒诞中追求生命的意义,这是玉雕艺术家们吸取传统文化的精髓,以枯木见春,以怪石见美,于迷离中闻清香。以巧追巧并不能见巧,拙中见巧方是大巧。尽管枯巧的形象并不具有美的形式,没有美的造型,但它的内在是丰满的、充实的、活泼的,其衰朽隐含着活力,其怪异隐含着生机,其丑陋隐含着美好,以唤起人们对生命活力的向往和追求。这些,隐含了深刻的哲学道理:稚拙才是巧妙,巧妙反成稚拙;平淡才是真实,生命的低点孕育着希望。

(六) 虚实结合

欣赏一件优秀的玉雕艺术品时,我们往往会用虚实结合来形容,而虚实结合是中国美学中的一个重要概念。虚实结合即虚中有实,实中有虚。在虚实二者之间,中国艺术对虚更为重视。因为,实从虚中传出,想象空灵,固有实际;空灵清澈,方有实在之美。所以,欣赏中国的玉雕艺术品,不但要看雕刻的是什么,更要看画面之外的东西。通过画面的有限形式,想象无限的空间,是中国玉雕追求的艺术效果。

玉雕作品的空灵，并不是设计简洁、画面空空，而是有灵气往来的空灵，关键问题不在于雕琢的画面多少，而在于艺术家的匠心独运。玉器设计雕琢得好与不好，重要的一条是看能否见到空灵。好的作品就是在密处也能见出空灵，不好的作品即使再清空也难有高诣。在动中求动，不如静中求动，实中求景，不如空中求景，在虚实结合之处构建一个令人想象的空间，使得景中有景，象外有象。

优秀的玉雕作品，令人身临其境，慢慢地融入虚实结合的妙境中，发现一种勾魂摄魄的美。中国玉雕中的空灵世界，永远在创造者和鉴赏者的心里存在，于设计与鉴赏间增加人们玩味的空间，若隐若现，似淡似浓，令人回味无穷。

（七）和谐之美

玉雕作品的和谐之美体现在构图上。合理的布局，匠心独具的设计，就会呈现一件具有和谐之美的作品。而真正的和谐之美，是由表象的形式落入创作者心中的和谐。玉雕作品通过艺术的形式，将和谐之美展现为情景交融。中国传统美学认为，情与景的统一便是和谐，而玉雕艺术中的简单表述，就是造型比例的适中、远景近景的呼应、繁复工艺与留白处结合的合理等。反映到玉雕作品上，就是使鉴赏者看得舒服，看得美。

中国艺术强调人与天地宇宙的和谐，在与自然的亲和中感受到无限的快乐。将自然界一切可利用的元素展现在玉雕作品上，忘却知识，忘掉利益，挣脱束缚，使自身进入一个全新的世界中，产生强烈的灵魂震撼，感觉到未有过的经验，体验到一种深及心脾的愉悦。这样的一种状态，方能出现上佳的作品，而不是一味地模仿、重复。而欣赏中国传统的玉雕艺术，如同饮一杯清茶，平淡中有悠长，宁静中有飘逸。

（八）以艺载道

中国古代有"以艺载道"之说，技艺只是一种媒介、一种手段，是达到"道"的工具。一切艺术形式，都必须超越"技"而走向"道"。玉雕艺术传承千载，因其有内在的含蕴，有特殊的寄托，栖息着创作者的灵魂，蕴含着几千年中国传统文化的精髓，故能够源远流长，延绵不绝。

三、玉器的材质美

玉器之美，除了体现在玉器艺术的内在美之外，还表现在玉器之材（亦即玉石）的材质美上面。

中国人的心目中，玉象征着瑰丽、高尚、坚贞、圣洁。几千年来，人们敬玉、爱玉、赏玉、戴玉、玩玉、藏玉，对玉怀着一种特殊的情感。其根本原因，是由于玉的材质美。我们有理由认为，玉美学是玉文化的基础和前提。玉因其美，才从石头中分化出来，故称玉石为"美石"。对玉的丰富的美学要素的发现和相关神话传说的配合，使玉实现第二次分化，从装饰品跃升为神器、礼器。因此，玉美学受到广泛重视，得到充分发展（图8-2）。

图8-2　和田玉籽料《凤耳》

汉以前，我国就重视玉的质地美。在百家争鸣的文化争议中，玉色美渐为人知。东汉王逸提出赤、黄、白、黑四色的审美标准，发展了孔子"孚尹旁达"的色彩主张，从而挑起玉美学中德符（符即色）关系的争议。由于儒家思想的影响，历史上对玉的审美是"首德次符"。随着玉文化的发展，唯重玉色的人不断增加。其实，玉的材质美，美在玉质、玉色的两个方面。

（一）玉质美

软玉以质地细腻、致密、纯净为特征。玉的质地美，早在汉以前就被认定了。孔子提出的玉德美，多数是对玉的质地特征进行拟人化的思维结果。古曰"美玉无瑕，白玉无瑕"，表明玉具有质地细腻、纯净、无瑕之美。

玉质美，首先是玉有"坚缜细腻"之美。玉料质地坚硬、缜密，细致而滋润，细粒致密，岩石经磨蚀后表面显滑润，故称"坚缜细腻"之美。此处之坚硬，是将玉与彩石进行比较的结果。其次是玉有"温润以泽"之美。玉料滚石、卵石呈致密块状，表面为矿物的断口显强油脂光泽，再加上磨蚀成光滑曲面，

图8-3　《赛江南》（孙永海）

故呈"温润以泽"之美。再次是玉有"无瑕之美"。和田白玉为单一透闪石矿物组成，无杂质，故显"美玉无瑕，白玉无瑕"之美（图8-3）。

软玉是一种交织成毛毡状结构的透闪石或阳起石纤维状微晶集合体，这种结构决定了它具有许多优良的特性。玉的质地优劣，随着晶粒大小、分布均匀性以

及含杂质种类和数量等的不同而变化。玉质美，除了与玉的质地优劣相关外，还与透明度和抛光性有直接关系，即质地越细腻，其透明度越高，抛光性越好，表面反光性也越强，既增加了玉的美感，又提高了玉的质量。

纵观和田玉的质地，细腻、坚硬、缜密、滋润、亮丽照人，能给人一种温润与凝重感的美的享受。

（二）玉色美

东汉王逸提出的四色审美标准，发展了孔子"孚尹旁达"的色彩美主张，为玉色美的评价开创了历史先河。根据现代审美原则，应该从整齐一律、调和对比和节奏韵律三方面来认识玉色美的特征。玉色有单色和双色、多色之别，无论色单与否，只要符合审美特征，均为玉色美。

1. 单色美

色彩中的某一单色，如蔚蓝的天空、碧绿的湖面、清澈的泉水、明亮的阳光等，能使人产生明净、纯洁的美感。和田玉色彩十分丰富，有白如截脂、绿如翠羽、黄如蒸粟、赤如鸡冠、黑如纯漆等五个色系。

白色系列。在和田玉中，白色玉有不少品种：羊脂白、雪花白、梨花白、象牙白、鱼肚白、糙米白、鸡骨白等。其中，以细润莹洁的羊脂白最佳，又称羊脂白玉，历史上称其为"白玉之精""玉英""玉王"。和田玉成分纯净，不含色素杂质。羊脂玉中99.5%为透闪石，故颜色为非常纯正的白色。白如截脂，恰如其分。

绿色系列。在青白玉、青玉中常呈浅绿白色、淡绿色、灰绿色；在碧玉中为绿色至暗绿色。深绿色玉石产出量大，属常见玉料。青白玉、青玉、碧玉，随着颜色的加深，氧化铁的含量有所增高（图8-4）。碧玉中普遍含铬、镍、钴等超基性岩特有的元素。碧玉中的矿物质除透闪石外，开始出现阳起石或含铁较多的透闪石，因而呈现不同色调、浓淡各异的绿色；黑斑和玉筋明显的含少量杂质矿物，如钙铬榴石、铬尖晶石、磁铁矿、绿泥石等。

图8-4　和田碧玉《弥勒佛》（仝杰）

黄色系列。黄玉中有黄色、米黄色、蜜蜡黄、栗黄色、秋葵黄、葵花黄、鸡蛋黄、半色黄、黄杨黄等。其中，以栗色黄、蜜蜡黄者为上，其他黄次之。明代周履靖《夷门广牍》指出："黄玉如栗色者为贵，谓之甘黄玉，蕉黄色次之。"黄玉其色黄正而娇，越浓亮越珍贵，其价值不在羊脂玉之下，且比羊脂玉还少见，多为含氧化铁引起之色。

黑色系列。和田玉中的墨玉（黑玉）有呈灰黑、黑色（黑色有时不均匀，呈浸染状、黑点状、云雾状）、纯漆黑等颜色。优质者"黑如纯漆"，因罕见而珍贵。墨玉又称黑玉，或在黑玉中出现青玉，也有在青玉、白玉中出现墨玉的。呈色原因，主要是在透闪石粒间存在微鳞片状石墨杂质。黑色的程度有强有弱，深浅分布均有差别。

褐红色系列及其他色。和田玉中，有因色似红糖而称糖玉者，多呈紫红色、褐红色、血红色（罕见）。在糖玉中的透闪石粒间，分布有褐铁矿，说明糖玉是由于氧化铁污染透闪石而形成红色或褐红色，含氧化锰可呈紫红色。

2. 双色美

调和与对比，反映了矛盾的两种状态。调和是在差异中趋向于"同"（一致），对比是倾向于"异"（对立）。

玉色调和美。色彩中的红与橙、橙与黄、黄与绿、绿与蓝、蓝与青、青与紫、紫与红，都为邻近的色彩，合在一起即为调和。同一色中的层次变化（如深浅、浓淡）也属于调和，在变化中保持一致。例如，天坛的深蓝色琉璃瓦与浅蓝色的天空及四周的绿树，配合在一起显得很调和，杜甫诗曰"桃花一簇开无主，可爱深红爱浅红"，玉色的调和之美是同理。

玉色的对比美。对比，是把两种极不相同的东西并列在一起，使人感到鲜明、醒目、振奋、活跃。如色彩中的黑和白、红和绿、黄和紫、蓝和橙，都是对比色。古诗词中，常见对比色用语，如"接天莲叶无穷碧，映日荷花别样红""万绿丛中一点红""白催朽骨龙虎死，黑八太阴雷雨垂""黑云翻墨未压山，白雨跳珠乱入船"。玉色的对比美，也屡有所见。例如，一块羊脂白玉上有墨玉条带；又如，羊脂玉双鹿的脚、蹄和梅花为红色，与鹿身的白色形成对比。

3. 多色美

多种颜色搭配，呈现五光十色的缤纷之美。比如，一块出土的古玉上，沁色中呈多色彩。再如，同一块玉上的颜色变化规律不同，可产生不同的节奏美和韵律美。

5. 节奏美

这是指在色条、色块疏密有致的变化中，显示出来一定的节奏美感。至于如何判断玉石颜色变化的节奏，何为2/4，何为4/4等，仁者见仁，智者见智。

四、玉器的意象美

玉的意象，是伴随着人类对玉的审美观提升而形成的，是先民们对玉的美质美色的人性化想象之产物，它体现了一些由来已久的玉文化特点。玉的意象内涵主要包括玉为爱情之信物、言行之镜鉴、道德之标准。

（一）爱情之信物

人们为了相互表示爱慕，传达出彼此内心的感情，于是"托物言志"，即把玉作为传递爱情的一种信物（图8-5）。我国第一部诗歌总集《诗经》中的一些涉玉诗篇，反映的就是将玉视为爱情之信物。如《诗经·卫风·木瓜》："投我以木瓜，报之以琼琚。匪报也，永以为好也！投我以木桃，报之以琼瑶。匪报也，永以为好也！投我以木李，报之以琼玖。匪报也，永以为好也！"这里的"琼琚""琼瑶""琼玖"，均为美玉之名。再如《诗经·王风·丘中有麻》：

图8-5　和田玉籽料《龙凤对牌》（杨曦）

"彼留之子，贻我佩玖。"这也是以赠送美玉雕琢的佩件，来表达自己的爱慕之情。这里的玉代表至死不渝的爱情，记载他们从相识、相信、相知、相爱，到相濡以沫的生活过程。人们将玉的外在形态之美与玉的内在美，蕴含在爱情中，赋予玉浪漫、温馨的情调，使玉这一物象经过主体独特的审美活动，创造出主观情思与客观物象相融合的"玉意象"。它既是现实生活的写照，又是诗人审美创造的结晶和情感意念的载体，是生活的外在景象与诗人的内在情思相统一，让玉在诗人爱情的遐想中大放光芒。

传说，当年李隆基送给杨玉环的爱情信物就是蓝田玉，由于它的纹理结构像冰块撕裂一样，所以后来人们用杨玉环的小名芙蓉来命名，也叫"冰花芙蓉玉"。冰花芙蓉玉，清爽亮丽，它象征着美好的爱情。人们用玉来承载彼此的爱情，其原因是玉有"美""坚""纯""德"之品性，是"吉祥物"。

玉之美。玉的温润晶莹、色泽典雅、肌理清澈之美令人陶醉。而有情人总认为，自己的情人是西施是宝玉，完美无瑕，如《诗经·召南·野有死麕》中"白茅纯束,有女如玉"，作者在此以玉言女子之美。可见,玉之美不是一种特殊的工艺审美对象之美,而是成了美的标准,甚至是美的机制。因此,当我们惊叹俊男倩女的美艳,不知如何言说之时,便说他们"美如玉"(图8-6)。

玉之坚。美玉经得起时间的考验,把玩的时间越长越使人怜爱,用玉能充分表达情人间山盟海誓、白头偕老的忠贞爱情。如《诗经·郑风·子衿》"青青子佩,悠悠我思",充分显示出对情人剪不断的幽思,只能依靠"青青子佩"来传达自己对爱情忠贞不渝的情怀。又如《诗经·郑风·有女同车》"将翱将翔,佩玉将将",则反映出这位女子温柔腼腆,坚守礼节,走路富有节奏,锵锵之声不绝入耳。

玉之纯。玉是纯洁无瑕的,即使有瑕疵也露在外面,让人一目了然。如《诗经·小雅·白驹》"生刍一束,其人如玉",表达思妇想念外出丈夫的复杂心理,如玉般的丈夫深深牵动着她的心。这里的玉,既指丈夫外表的俊美,也指其道德的高尚。

图8-6 和田籽料《仕女》(韩庆龙)

玉之德。男女双方之所以互赠佩玉,是因为玉是个人品德操守的象征,以此来显示自己是有德之人,"比德于玉"。

玉之祥。玉在古代作为一种礼器,本含有乞求吉祥的寓意,人们以玉企盼吉祥,保佑自己的心爱之人免除灾祸,永远幸福,反映出人们对美好幸福生活的向往。

(二)言行之镜鉴

佩玉之人必爱玉,真心爱玉者为人处世往往会注重修养,严于律己,宽以待人,端正品行,胸怀宽广,心地仁厚。特别是在以德治国的今天,佩戴在身的玉器,可提醒自己遇事不躁,戒急用忍,善调己心,不骄不傲,乐善好施,减少不健康心理、不良情绪对心理的干扰,做个具有玉性的人(图8-7)。

图8-7 玉鱼莲坠(宋)

(三)道德之标准

"君子比德于玉"是儒家的玉石观,影响深远。所以,"古之君子必佩玉",佩玉成了君子有德的标志。玉的外表温和而润,本质却至坚至刚,与君子的道德追求境界正相吻合。

传统的"君子比德于玉"的道德观念，把人品之德、仁、智、义容纳在玉之色泽、质地、形状上。于是，有了"君子无故，玉不去身"之说，玉质佩饰也就成了显示身份与教养的标记。如《诗经·小雅·都人士》曰："彼都人士，充耳秀实。"这里的"充耳"是古代的饰物，悬于冠冕两旁，下垂耳际，用玉制成，"秀"是玉的另一种称谓。由此可以看出，彼都人士是京城中的贵族男子，出身于有礼法的大户人家。

《诗经·秦风·小戎》："言念君子，温其如玉。"温是温润，是人体对玉器肌理的一种不涩、不干、不湿、不裂的感觉，故引申为人格的宽缓柔和、温良恭俭，这正是儒家对君子的基本要求。"温其如玉"是指"言念君子"的思妇，称赞她的夫君温和文雅、体贴敦厚的性情和德行高尚的品质。玉德成为君子的德行，说明玉之美在时人看来，已不仅仅有外在的形式之美，还有内在的精神价值。此处，玉之内在美则言其"温"，以玉之温润质感，言人性格的温和、内秀、儒雅，比喻人的内在德行。

总而言之，数千年的玉文化，是中国玉雕艺术经久不衰的理论依据，也是中华民族爱玉风尚的精神支柱。古往今来，国人爱玉已形成优良传统，究其原因，最根本的是由玉的特性决定的。

附：玉雕作品欣赏

蒋喜《云天下》欣赏

作品原料为和田玉籽料，两面皮质天然而成，可见天地自有章法。《云天下》上圆下方，蕴含中国古代朴素的宇宙观。方为做人之本，圆是处世之道，其中玄机，以沟通为上。

作者结合现代人的几何审美，以金字塔作为沟通媒介，镂空"四灵"坐镇塔底，繁中窥简，凸显内部结构。两者浑然一体，层层向上，直达云天，贯通古今。

作品的四面是西汉风格的青龙、白虎、朱雀、玄武，栩栩如生，大气雅致，以纳天地祥瑞。"四灵"盘踞之处，嵌以《易经》"乾"卦之辞：元亨利贞。始也，通也，和也，正也，乃为四德，象征世间万物生长。

作品自上而下写意式渐变，既蕴含着对传统哲学的思考，又渗透着现代人的审美情趣。古今之变，东西之渐，于此可见一斑。

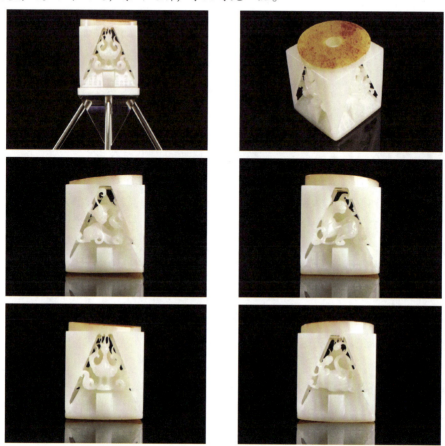

杨曦、张军《秋语江南》欣赏

作品材质为和田籽玉。作者以简约、洗练的块面和线条刻画出小桥、流水、人家的风情，层叠的民居依河而建，银杏叶在房前屋后轻盈地飘落，展现出江南民居前荡漾着的一片浓重的秋色。在艺术处理上，作者有意将远处房屋轮廓镂空，形成强烈的虚实对比，尤显精巧灵动。

经多年调查了解，大英博物馆选定中国五位玉雕大师的六件当代玉雕艺术作品入馆永久珍藏，分别是瞿倚卫作品《别寻方外去》、杨曦作品《秋语江南》《莲相》、马洪伟作品《角》、杨光作品《活

环沉香炉》、俞挺作品《碧玉薄胎茶壶》。2017年10月2日，大英博物馆邀请的中国玉雕访问团抵达英国伦敦，受到馆方热情接待。大英博物馆出具的正式收藏函中写道："我们非常荣幸在馆内第一次展出生活在21世纪的雕刻大师们的玉雕作品。这些当代玉雕作品告诉我们在今时今日的中国，玉器依然占据着重要的地位。"

第二节　玉器的纹饰

我国玉器发展的每个历史时期，其风格特点都有所不同，尤其是各种纹饰的雕刻技法、构图、表现的主题，都有所区别。玉器的纹饰是玉器图案、玉器审美、玉器价值的构成部分，意义重大。玉器上的纹饰，因为用途不同而丰富多彩，它的种类和演变具有明显的时代特征。我们了解玉器的纹饰及其使用，不仅从中可以欣赏玉器的风格，品味历史的韵味，而且可以提高鉴别玉器以及收藏玉器的水平。

一、历代古玉纹饰概要

商代玉器的雕刻风格，在于穿孔以及雕刻的线条，玉器雕刻的纹路多是直线，流畅利落，阴纹多，阳纹少。而玉器雕刻穿孔也非常有特点，呈外大内小状，类似喇叭花形，也就是"马蹄眼"（图8-8）。

图8-8　马蹄眼

与商代相比，周代玉器的风格有很大区别。例如，雕刻的纹路线条多为弯曲的，整体雕刻工艺精致，琢玉的技法以及造型在不断发生改变。

玉器发展到春秋战国时期，雕刻工艺更为成熟，雕刻的图案层次错落，非常讲究。此时，玉砂开始被使用，纹饰的技法要比商周时期更加精湛。

汉代的玉器雕刻风格，比较有名的叫"汉八刀"，刀法虽然非常简洁，但苍劲有力。小件玉器的琢工非常精细，而大件则比较粗糙。

唐代社会风气开放，对外贸易往来频繁。该时期女性的地位有了非常大的提高，故玉器雕刻出现了花卉、飞禽走兽以及人物飞天等图案，尤其是猛兽的雕琢，纹饰非常精细（图8-9）。

宋元时期的玉器非常细腻，雕刻的器形多为小件，大型玉器比较少。由于该时代的书法、绘画尤为繁盛，玉雕器形及纹饰多有借鉴，故作品大都比较注重形似以及形与神的契合。

最具明代玉器风格的是三层透雕，亦即现在的镂空雕（图8-10）。明玉雕刻立体感非常强，雕刻刀法粗犷而有力。明后期玉器上的纹饰，以松鹤、八仙、岁寒三友、山水人物为主，杯、壶、碗等器形上多见福、禄、寿等字样。

清代玉器多注重原料的品质，雕刻非常精致。通过巧雕、镂空雕、半浮雕等多种雕琢技法，令玉雕作品更具立体感。清玉器的纹饰题材空前丰富多彩，仿古器与佩饰件上的纹饰内容明显有别。

图8-9　白玉莲瓣纹碗（唐）

图8-10　和田玉籽料《兽面纹镂空香薰》（瞿利军）

二、古玉纹饰的时代特点

随着新文物的出土，各朝各代的玉器越来越多地被人们所知晓。纵观每个朝代的玉器，其纹饰随着时代的进步不断演变发展，丰富多彩又各有特色。

（一）新石器时代玉器的纹饰

新石器时代的一些古玉，已有精细的纹线，也有浅浮雕，亦即减地凸雕。这些纹饰中，不少是由凸起的线条组成的，转折自如，层次不同。比如，龙山文化的变形兽面纹、红山文化玉龙胎等。良渚文化的玉璧大多数是光素，但制作者已懂得灵活掌握几何学的同心圆原理，玉琮外祀内圆，四边饰以细致的纹饰，结构颇为复杂；有些玉珍、玉玦等可穿孔佩戴。

龙山文化和良渚文化玉器的纹饰中，主要是阴刻直线，既深且粗，犹如凹拗，底部较上祀为宽阔（图8-11）。另有一些用硬金刚石之类划出的阴刻线，曲且细。红山文化的玉龙则有阴刻直线网纹，配合简练而劲健的形制，器形曲线尤其流畅，不过，较少用线雕。比如红山文化的正取边缘磨翅，中心表面磨得凹下（俗称"打洼"），压地隐处的边棱打磨模糊，使人不觉得有明显的雕琢痕迹。有些要靠"手感"或光照才易发现。

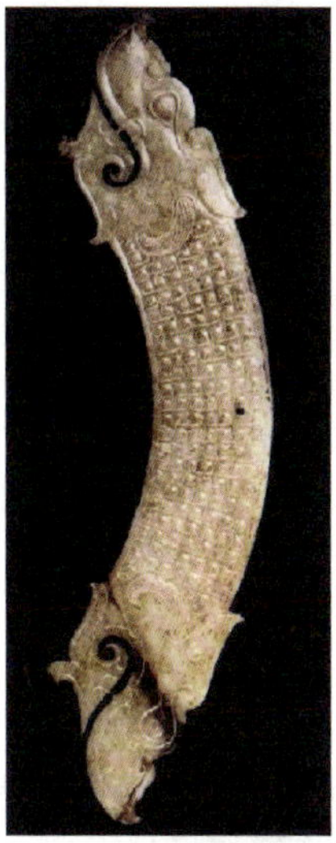

新石器时代玉器中，有一些制作技术非常高超，有些斜面棱线皆触之有感，却视之不见，甚为朴拙。良渚文化中，有半圆雕和透雕，而且从一些玉璧上的开锯痕来看，那时已用细线加硬砂研磨来开片了。

图8-11　阴刻直线网纹

（二）商、周玉器的纹饰

商代玉器中有不少人物形象，传世玉器中有很多人面纹玉片、玉雕人像，甚至有整身圆雕的玉人，也有鹰爪人首的形制。鹰是那时的图腾，是商代氏族和祖先的标志，亦是古代人祭制度产生的特有形制。商代的古玉，不少人形玉器或人面纹玉片的图像与其他动物纹饰一样，其轮廓与动态比较夸张。

人眼和兽眼均为双绘线，瞳孔突出，是为"臣"字眼，耳部的卷涡则为圆角或方角，发作平行线，鼻润上卷似云头

图8-12　七璜连珠组佩之玉璜（西周）

纹（图8-12）。商玉纹饰的曲度与卷头并不统一。若非人形而是背形的玉器，除了"臣"字眼之外，有些眼部是双阴线圆形，或者近似平行四边形。玉兽的顶部大都有一个担，好比蘑菇。片状玉器带有双重齿牙，多为方形，牙上有小凸齿，接连排列，作为边缘部位的装饰。

周代民间玉器的纹饰与商代大有不同，不少是用双明线勾撤法，多弧线，但欠刚劲，而且勾撤的坡度颇大。

西周中期的纹饰有双钩垂直阴线，有些不再是两侧压地，而是一侧压地，另一侧为阴线。西周的民间玉器，每每赋予人层次感，没有以前板状体玉器的纹饰那样平面化。另一特色是在直沟外侧有整排的细阴线，表面与外面磨光，使反光

度各异，给人以莹润之感。特别是曲线具有韵律，与商代强直古拙的韵味有别。

东周和西周的玉器上，所见的纹饰大约有30种，主要特点是写实，由单个纹饰构成完整花纹，花纹由器物本身造型所决定，其中以长尾鸟纹、鱼纹、蝉纹较多见。另外，有些装饰性的纹饰不受器形局限，可以随意为之，像云纹、蟠虺纹和雷纹等。

（三）秦、汉玉器的纹饰

秦及两汉早期，许多玉器的纹饰延续了战国玉器的纹饰风格。西汉晚期，玉器风格出现了变化。东汉时期的动物纹样、云水纹样有了较特殊的使用。常见的汉代玉器饰纹有谷纹、蒲纹、柿蒂纹、云纹、涡纹、龙纹、螭纹、鸟纹等（图8-13）。

图 8-13　龙纹玉璧

图 8-14　双凤谷纹（西汉）

谷纹在战国玉器上已大量使用（图8-14）。汉代继续沿用，使用中又分为三种不同情况：一是卧蚕类谷纹。战国玉器上的谷纹，谷粒较小，排列紧密，谷粒顶部较尖。汉代谷纹中出现了谷粒较大、排列略松、起凸很浅、谷粒上部较浑圆的装饰方法。二是乳丁类谷粒，形为凸起的圆形颗粒。战国玉器上的乳丁类谷粒纹使用较少，多见于楚文化玉器，谷粒一般较小。汉乳丁纹玉器较多出现，有些玉器上使用了大乳丁纹。而凸起较矮、轮廓模糊的小乳丁纹，先出现在秦代玉器上，后在一些汉代玉璧、玉珩上经常出现。三是带有阴线勾连的谷纹。汉代玉器上，谷纹间的勾连阴线有多种形式，其中，"丁"字形勾连折角形勾连，是最常用的两种连线方式。

汉代玉器上的蒲纹用法，同战国玉器类似，大致分两类。一类为细密的蒲纹，用较深的阴刻平行线，夹角呈60度，分三组交叉排列。在线条及交叉点之间，留出位于较高处的六角形空白，似凸起的谷粒，但顶部留出一个小平面。另一类为较疏朗的蒲纹，线条的组织方式与上一类相同，但阴线浅而宽，线条间的空白处凸起不甚明显（图 8-15）。

图 8-15　蒲纹璧（汉）

图 8-16　柿蒂纹铜镜（汉）

柿蒂纹形似柿蒂，分为多瓣。每一瓣的主体呈横向的椭圆形，前部尖凸，似蒂而有变化。这类饰纹多呈环形装饰，常见于剑首、柱形杯的杯足或其他圆周式装饰的玉器部位。汉代柿蒂的花瓣略宽厚，以五瓣、六瓣为多，偶见四瓣，一般都是较浅的凸起，饰于玉器凸起或弧面下凹的部位（图 8-16）。

人们常将战国及汉代玉器上的某些二祀排列或四祀排列的装饰图案列为云纹类。实际上，自古以来，人们对这类图案有各种不同的称谓，这些称谓依据并不充分，也不能形象地表明纹饰的形状。常见的汉代云纹类纹饰，大致有以下几种：一是钩云纹，形似在两个小的半圆环间以弧线相连，有些图案以阴线构成，有些则以凸凹结合的方式构成。二是云雷纹、云矩纹。所谓云雷纹，是以直线折成近似"回"字状的多层祀形图案排列而成的装饰纹。云矩纹是由不完全封闭的长祀形状图案排列组成。三是云水纹。它是一种连弧状或波状的图案组合，呈凸凹状，似云水流动，或呈云团状，这类图案只见于佩饰类玉件上（图 8-17）。四是三叉云。汉代玉器上有很多三叉形图案，形状多为在一个柄状图案的端部，向前祀及两侧歧出三个叉，两侧歧出的图案略向回钩。有一些图案出现于其他装饰图案中，被称为三叉云。

图 8-17　玉螭凤云纹璧（战国）

涡纹的形状似旋涡，图案的外周多为一个较大的圆环，自圆环向内旋出多组旋转状弧线，线端又有多种勾连变化，圆环的中心有一些小的图案（图 8-18）。

图 8-18　涡纹玉璧　　　　　　图 8-19　龙纹玉玦

龙纹是汉代玉器中使用较多的纹样（图 8-19）。西汉早期玉器中的一些龙纹，同战国玉器上的一些龙纹类似，如一些玉锁两端的龙首，上唇厚大而上卷，整体上近似祀形，环形璧中心或饰玉龙，其形似国、唇似刃，为弧形的斧锁。西汉中期，龙纹形状有了很大的变化，可分为三类：第一类是侧面兽身龙纹。这类龙纹，龙身或似兽身，或将兽身拉长，有些龙的身上饰有鳞片纹。龙尾多似虎尾，长且端部回卷。第二类是龙首纹，又可分为正面龙首及侧面龙首，以侧面龙首居多。侧面龙首的额头端部，是向前的尖状，头顶有一个角，往往为弧状。正面龙头主要见于饰有龙纹的玉璧，玉璧上分出内外几层环形区，或于外区饰几组龙首纹。作品的风格与战国玉类似。江苏扬州老虎墩汉墓出土的一件玉环，其正面龙首，形似蝇头，整体似长祀形，下唇极长。第三类是铊身龙纹。龙身递长，或为曲身的玉佩，或为环状的玉佩。环状的玉佩往往带有一个龙足，呈后蹬状。

螭纹是战国器物中出现的一种头形似虎头的动物纹样，这类纹饰在玉器中大量出现，一直沿用到清代（图 8-20）。汉代玉器中，装饰琮纹的作品非常多，具有鲜明的时代特点。后世作品装饰的烟纹，大多是在汉代铜纹的样式上演变而来的，整体上相似，局部有很大变化。汉代螭纹的特点主要表现在头形、五官、身形、角、足、尾等方面。额头的上部横宽，近似于长祀形或椭圆形。下部为鼻，异形变窄而明显前凸，呈横条形、斧袖形、凸样形、锥形等不同的样式。耳有多种：短耳，向两侧根出；几式耳，两耳各呈"几"字形；叉式耳，两耳似双股叉，自头顶上竖起；环形打洼耳，两耳根部各有一个圆形的洼坑。

鸟纹多见于镂雕玉璧或细阴线刻纹璧（图 8-21）。鸟纹分为头、翅、尾三部分。头部特点为长颈、小头、钩嘴，头顶或有一截短的钩形翎，或有一较长的"米"字形翎。鸟身较长，略细，翅较小，呈钩状，绝无展翅之劲。鸟尾较长，有一支主干，其上分出钩卷的仪，尾上无细部的羽毛刻画。鸟形多为回首或昂首前视状。

图 8-20　青玉螭纹玉具剑（汉）

图 8-21　和田青花料龙鸟纹玉玲珑（战国至汉）

汉代玉器上出现的装饰纹多种多样，除上述外，常见的还有兽面纹、绳纹、网格纹、小的阴线装饰图案等。兽面纹多呈浅浮雕状，在平面上略有凸凹变化，两肩水平，端部或向上折，呈绳纹状，局部竖直，嘴不明显，面部布满小勾云纹。绳纹用于图像分界处、动物的眉尾部，有的较细，似扭丝，有的较粗

图 8-22　绳纹玉手镯

（图8-22）。网格纹的面积较小，多见于组合图案或兽面图案的局部点缀。小装饰图案有各种样式，饰于兽身、螭身、鸟身的肌肉活动处。汉代玉器装饰中较多地使用了细阴线和大坡面阴线。这两种阴线在战国玉器上已较多地使用，汉代又有了发展变化。很多地方似接似断，断断续续，一些人称为"跳刀"线，谓其如钉头跳跃划出。大坡面阴线与所谓的"汉八刀"琢玉法类似。汉代出现了许多加工方法简练的玉器，如玉猪、玉蝉、玉人、玉带钩等，将玉材进行较简练的切削后，便确定器物形状，再进行简单的大坡面阴线勾勒，界出局部特点。这两种阴线的使用，在汉代玉璧的兽面纹加工中最为明显，这类兽面纹往往是用细阴线勾出兽面及两侧龙身，再于兽面的眉、鼻、嘴等处勾几道深槽。

（四）唐代玉器的纹饰

唐代器物上的某些花纹非常有特点，人们对于一些唐代作品往往是通过花纹来识别的。这些花纹主要有龙纹、兽面纹、花鸟纹等。

唐代玉器上的龙纹，是用来表现云朵的花纹，频繁出现于刻碑、金银器等。

常见的分为两类，一类是多齿骨朵云，云头似为"凸"字形状，其后有一条须状云尾；另一类云头似"品"字形，其后亦带云尾。前者云头边沿呈波齿状，后者云头边沿较光滑，云头中部凸出的部分呈梯形，其上有细密的阴刻线。唐代的某些玉雕动物尾部，也呈这种样式。

唐代带有龙纹的玉饰很多，典型作品为上海博物馆收藏的龙纹玉璧。这类纹饰龙形，一般头细长，上颚长而尖，端部略翘，龙身似蛇但较短（图8-23）。

兽面纹是古代器物上最常见的装饰纹样，其结构随时代、地域不同而略有变化。至今出土的唐代兽面纹玉器少有，仅见于西安何家村唐代窖藏器物中的一对玉锡。玉锡开口处嵌有相对的金兽面。它向我们提供了唐代兽面纹的典型样式，其兽面形状介于汉代兽面样式与宋代仿古兽面样式之间，整体呈祀形，阔嘴，有排牙，如意形鼻，重眉，眉上有较长的阴线纹。

图8-23　龙纹玉璧

唐代玉器及其他工艺品中，花鸟纹出现得最多。齐国太夫人墓出土的作品，亦以花鸟纹为多。花鸟纹的种类很多，有牡丹花、多瓣团花、荷、野菊等。有些花瓣呈圆形的内凹，也有些花瓣边缘饰短密的细阴刻线，花蕊也很有特点，呈桃状或椭圆形饰网格纹，或为三角形见饰细阴线等。花叶以大尖叶为多，呈相叠的"人"字形排列，叶中心往往有一个锥形梗，边缘有细密的短阴线。有些花叶似银杏叶而紧密排列，有些大花叶尖部呈旋状。唐代器物上还见有卷草纹装饰，以西安市曲江池玉记盒为代表。这类卷草纹的每一单元，都可分为头部、尾部，头部为一大一小两枚，分卷两侧，尾部呈"S"形，头部的两枚间往往还饰有花蕊形装饰。唐代的鸟纹，鸟眼呈三角形、小圆环形、核形等不同形状。翅宽而短，有的翅尖前翘，有的翅尖指向身后，翅上有细长的阴刻饰线。鸟尾则如同花叶的排列，其上饰有一种燕雀纹。

图8-24　和田玉螭纹镂空玉璧（汉）

另外，螭纹是中国玉器中最常见的动物纹，想象成分非常大，历代螭纹造型多有变化（图8-24）。至今，唐代遗址中尚未发现螭纹器物，但不能断定唐代不用螭纹。故宫博物院藏有一件螭纹佩，所雕螭附巨眉，眉上有细密的阴刻线。作品年代曾被一些学者鉴为唐代，是否准确待考。

（五）宋代玉器的纹饰

宋代玉器上的许多装饰纹样，具有明显的时代特征。其中，有些纹饰特征还影响到元、明以至清代。因此，了解这些纹饰及其使用，对研究、识别宋代玉器是非常必要的。宋代玉器的纹饰主要有云纹、鱼纹、鸟纹、卷草纹、兽面纹、龙纹、螭纹等。

宋代玉器、铜器上的云纹很多，大致可以分为三歧云、单歧云、双歧云、灵芝云等四种（图8-25）。三歧云分为云头、云尾两部分，云头部分有三朵小卷云，两朵在下，卷向两侧，另一朵在两朵的相连处，云尾如飘拂状，端部极尖，尾的中部有一道纵向中线。单歧云也分为云头、云尾两部分，云头近似梅瓣形，向右侧卷，云尾短而尖，如飘拂状。双歧云的云头部分分叉，卷向两侧，短尖

图8-25 云纹

尾，飘拂状。灵芝云纹近似于宋元时期灵芝的雕法，近似长祀形，两端内卷，中部凹下。

鱼纹的特征主要表现在身形、嘴、眼、鳞、鳍、尾等几个方面。身形一般较古朴，有鳞鱼略显僵硬，无鳞鱼则长身，后半身加弯，体形很活。嘴部用粗阴线琢出，鱼类玉佩的鱼嘴与头之间有一道深槽隔开。鱼鳃部有一道较长的阴刻弧线，从眼部或略高于眼部处连下。鱼眼小圆坑，明线双环，阴线单环，圆环眼内加一道弧线。鱼鳞一般为细阴线网格，也有以短弧线琢出的半月形鳞，背鳍多呈锯齿状，每一齿上都有短小的双阴线，膀鳍上有阴刻直线，典型的鱼尾为扇状或两峻状；扇状鱼尾微有扭折，表现得较灵活，尾上有细长而均匀的阴直线，边缘呈锯齿状；两峻式鱼尾形如"人"字分向两侧，其上有细长的阴线。

鸟纹主要表现鸟的形状、种类以及具体的嘴、眼、羽毛、尾的形态（图8-26）。一般来说，宋代玉鸟头部较简单，大头细颈，尤以鸳鸯最为突出。有些鸟头上有

一根翎毛，嘴呈三角形，端部尖，后部宽。眼部表现有细长的丹凤眼、小圆坑眼、阴刻三角形眼。羽毛多为阴刻细长线，翅上有一两道阴刻横线，较精的作品羽部呈凸起的核状。琢刻细致的羽毛，羽部呈鳞状排列，鳞瓣上阴刻"小""绊""I"等纹样，鸟的尾有卷草式（分叉卷向两侧，如蔓草）、连珠式孔雀尾（每一珠内有弧形凹下）、细密的阴刻线尾、三带式锯齿状尾。卷草纹较为简单，其形分叉，卷向两侧，中心或有一小凸样。

图 8-26　鸟纹

宋代玉器上较多地出现了兽面纹，还有兽面玉佩（图 8-27）。因此，了解宋代兽面纹的结构，对识别宋代玉器是十分必要的。宋代兽面有多种不同类型，如四川广元宋墓出土兽面五片，兽面由阴刻线勾出国眼、横眉，眉内端上卷，勾云形鼻，勾云两端下卷。安徽肥西宋墓出土玉匜柄上端所饰兽面，直鼻，鼻

图 8-27　和田白玉兽面纹玉斧（汉）

与眉相接，眉纹如绳纹，眉外端上折而内弯，具翼如勾云上卷。眼近似于祀形，其上有一阴刻小囹。四川广汉文化馆收藏宋代兽面两片，其一为如意鼻，圆凸眼，眼上有阴刻小环，张嘴，嘴中有獠牙，兽面周边有密集的阴刻短线。其二为如意鼻，水滴形眼，眼上有阴刻小圈小耳，耳中部凹下如折合，兽面额顶及面颊饰密集的短阴刻小线。故宫博物院收藏的宋代玉璧上的兽面，短脸，一云影鼻，两端向下内勾，水滴形眼，眼上有阴刻小圆圈，绳纹眉，额顶有密集的阴刻短线。

宋代龙纹极有特色，种类也较多。一般来说，嘴角大而靠后，上唇薄而长，唇上挑成前卷，长发呈飘拂状，龙须与肩处似有一道阴刻粗线相隔，腿部上端似有火焰纹，龙身网格鳞或无磷，铊尾三趾足。

螭纹的头形窄长或横宽，五官集中于头前部，结构简单，耳于额顶内卷；长发后飘状，"人"字形肩，腿弯处有阴刻卷勾。

（六）元、明、清玉器的纹饰

元代玉器纹饰中，最常见的是春水玉的服趣天鹅纹、秋山玉的"伏虎林"、龙纹、涡纹、云纹、鸟纹、花卉纹等，每一种纹饰都有时代的特征（图 8-28、图 8-29、图 8-30）。以秋山玉为例，柞树叶大而圆，虎纹多为波形的细长尾，虎身有两排双阴线纹。元玉中的龙纹特征最明显，长发后飘，多道细阴线刻腿毛、秃尾；有的胸部有一些满皱纹。动物身上的横节纹，最早出现在西汉的马上，宋代极少，到元代就比较常见了。

图 8-28　古龙纹玉璜

图 8-29　涡纹罍

图 8-30　青玉雕花卉纹玉薰炉

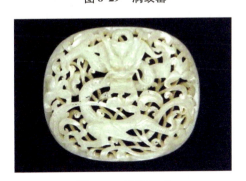

图 8-31　清代玉龙

明代玉器的纹饰，仿古器物以兽面纹为主，如玉樽、玉花觚、玉炉等都以兽面纹装饰。玉璧则在凹面浮雕蚴虎纹，这也是常见的一种纹饰。明代后期，器物上的纹饰以松鹤、八仙、岁寒三友（松、竹、梅）、云头纹、细枝花卉、芦雁寿莲、山水人物等为主。而在杯、执壶、碗、带板等器形上，多有福、禄、寿等字样。这是明末纹饰的一个特征。

清代玉器的纹饰题材极为丰富多彩，除了仿古器形以龙纹（图 8-31）、蚴虎纹、兽面纹、谷纹、蚕纹为主外，在佩饰上则以常见的太平景象、太子玩莲、和合二仙、刘海戏蟾、三阳开泰、犀牛望月、马上封侯、麻姑献寿、双鱼吉庆、鸣凤在竹、大吉大喜、鱼龙变化、苏武牧羊、鸳鸯戏莲、松鹤延年等题材为主。同时，还有大禹治水、会昌九老、渔樵耕读等山水人物图案。

三、古玉纹饰的主要种类

中国玉器上的各种纹饰具有鲜明的时代特征，是鉴定玉器的重要标准之一。古玉器上的纹饰特色多样，或朴实无华，或精雕细琢，或寥寥数刀简练勾划，或繁缛到无以复加……从历史的角度看，纹饰的种类和演变也反映了古玉器一个方面的特征。

古玉的历史久远，纹饰种类繁多。从现今出土的古玉器上的纹饰来看，主要有谷纹、乳钉纹、云雷纹、蒲纹、蟠螭纹、虺纹、夔龙纹、饕餮纹、兽面纹、剪影状动物纹、几何形纹、龙纹、鸟纹、云纹、兽面纹、兽角纹、折线纹、重环纹、对角双格纹、双连弦纹、三角纹等21种，这些纹饰出现在不同历史时期的玉器上。即使同一纹饰，在不同年代，其形状特征都不尽一样，难以一一叙说。所以这里只介绍各种纹饰总体上的共性形态。

谷纹是整齐排列的蝌蚪纹饰，像圆形凸起的小谷粒，有的呈螺旋状，为历代玉器主要辅纹之一，流行于战国、秦汉时期。

乳钉纹形如凸起的乳突状圆钉，是最简单的纹饰之一。常见于战国、秦汉时期。

云雷纹是由若干连续回旋形线条构成的图案，圆形转角的称云纹，方形转角的称雷纹，在商周时期的玉器和青铜器上最为盛行。

蒲纹是成排密集排列的六角形格子纹饰，常见于战国和秦汉时期的玉璧上。

蟠螭纹，又称螭纹。传说中的一种没有角的龙谓螭，卷尾，螭屈。蟠螭纹盛行于春秋战国时期的玉器上，至宋代发生头部构造变化，嘴较方、细长、眼较大，肥身肥臀，明清仍见之。蟠螭纹像四脚蛇或壁虎类爬虫，梯形头，无角，四只脚，圆形长卷尾。

虺纹是蛇状纹饰，无角，无腿（图8-32）。

夔龙纹是一足或两足龙形怪兽，圆眼，方嘴，方形卷尾（图8-33）。

饕餮纹是一种贪吃的怪兽头部形状（图8-34）。

兽面纹是怪兽的脸的形状。常见龙、牛、羊等动物玉件上，纹饰多采用阴刻线或挤压法，由琢出的直线及折线构成。

图 8-32　蟠虺纹和田玉勒（春秋）

图 8-33　夔龙纹（西周）

兽角纹呈动物角的形状，主要有龙角、牛角和羊角三种纹饰。龙角顶端有一圆球状装饰，恰似未开的蘑菇，故也称蘑菇形角。

剪影状动物纹饰，形状像什么动物就叫什么纹饰，如龙纹、虎纹、凤纹、鹰纹、鸟纹等。

龙纹是历代玉器的主要纹饰之一，最早见于红山文化。一般为蛇身，或素身或饰有鳞纹，有足无足者均有所见。

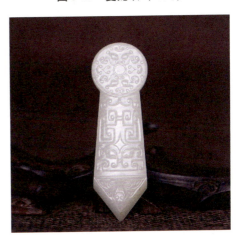

图 8-34　饕餮纹

鸟纹为鸟状纹饰，一般羽毛为阴刻、细长，鸟尾有孔雀状或卷草式，眼部呈"臣"字形、三角形、丹凤眼等。

云纹形式很多，有单歧云（由云头、云尾两部分组成）、双歧云（云头部分分叉）、三歧云（云头部分有三朵小卷云）以及灵芝云等。

几何形纹饰是由曲线或直线构成的几何形图案，如圈纹、弦纹、勾连纹、云雷纹、旋涡纹、平行线纹等。

人面纹包括人物纹饰或人首纹饰，如玉舞人、妇人、翁仲、仙女、汉人、胡人等。此外，还有工艺与组合纹饰。

折线纹是阴刻直线，顶端折回，主要用作动物身上的装饰。

重环纹是以两条阴线琢出环纹，饰于龙及其他动物之身。

对角双格纹以双阴线琢刻方格，相连两格对角线，等距连续排列，主要饰于龙及其他动物身上。

双连弦纹以单阴线琢刻出"人"字形连弧短线，饰于龙身及兽身上。

三角纹以阴线琢刻出三角形，多见于龙身、玉璜及器物柄部。

第三节　玉器形象、图案的寓意

持有、购买、欣赏玉器，必须要懂得玉器题材的寓意，方得精神上的享受、心理上的满足！

我国玉石雕刻历史悠久，举世闻名，玉文化极其深厚。《三字经》曰："玉不琢，不成器。"玉必有工，工必有意，意必吉祥，这是古训。玉石图案的吉祥造型，来自人们的信仰、民间传说、动植物的谐音和暗喻等，是中国传统文化的组成部分。纵观古今玉器图案，往往运用了人物、走兽、花鸟、器物等形象和一些吉祥文字等中国传统图案造型，以民间谚语、吉语及典故、神话故事为题材，通过借喻、比拟、双关、象征及谐音等表现手法，构成"一句吉语一幅图案"的美术表现形式，反映了人们对美好生活的追求和向往，充分体现了玉石文化的精髓。玉器上的中国传统图案，内容丰富，形式多样，大体有吉祥如意类、长寿多福类、家和兴旺类、安宁平和类、事业腾达类和辟邪消灾类等。

一、玉佛像的寓意

佛文化是中华传统文化的组成部分，其在玉石的雕刻题材中得到了广泛的运用。

玉佛的品类有挂件、摆件、把玩件，属于传统的雕刻题材。玉佛的形象有弥勒佛、如来佛、济公活佛、观音菩萨等。其中，弥勒佛亦称"未来佛"，是最常见的佛像。弥勒佛有着一颗慈悲心，拥有高深的智慧，能帮助世人渡过苦难，深受民间百姓的喜爱。每当人们看到大腹便便、面带笑容的弥勒佛时，就有一种放松的感觉。玉制观音菩萨也深受人们的喜爱，百姓认为观音可以给人带来福顺安泰，能让人逢凶化吉、辟邪消灾。观音成为人们在遭遇不公平、不如意时寻求的一种精神慰藉。

总体而言，玉佛像是吉祥美好、高雅纯洁、幸福安康的象征。具体来说，玉佛像的寓意包括慈悲宽容、忍辱负重、乐观豁达、驱邪避凶、吉祥如意、富贵平安、代代有福等。

二、人物图案的寓意

玉跪人 "玉"与"遇"谐音,"跪"与"贵"谐音,玉跪人即遇到贵人(图8-35)。

童子 童子天真活泼,逗人喜爱。与童子有关的题材非常多,如送财童子、欢喜童子、麒麟送子等。

关公 关公名羽,字云长,三国名将,文武双全,忠勇仁义,以勇猛和武艺高强著称于世,是家喻户晓、妇孺皆知的人物,后人尊其为"武圣""武财神",道教尊其为"关圣帝君"。民间相传拜关公,能保佑官运亨通,平步青云,能保佑生意兴隆,财源广进,能保佑学业有成,学贯古今,能保佑家业兴旺,人生平安。台湾地区的"拜关公"尤为盛行,有关帝庙3000多座。

图8-35 玉跪人(汉)

刘关张(桃园结义) 刘备、关羽和张飞是三位志同道合、意气相投的仁人志士。他们为了共同干一番大事业的雄心壮志,于桃花盛开的季节,在园林中举酒结义,对天盟誓,"有苦同受,有难同当,有福同享",共同实现人生的美好理想。

达摩 达摩是南宋时期天竺僧人,航海到中国,在洛阳、嵩山传教,曾在嵩山少林寺面壁九年。民间有"面壁九年成正果,风风火火渡江来"的说法。他是中国禅宗的始祖。常见相关题材有达摩渡江、达摩过海、达摩面壁等。

刘海 原名刘海蟾,号海蟾子,五代后梁陕西人,燕王刘守光的丞相,后睹异人垒钱之危而悟道成仙,化鹤而去。道家南宗奉其为祖,常现招财童子相,后人当作吉星福神。现今画面刘海做童稚状,蓬发大口,身着博袖之衫,戏钓三足金蟾,寓意有福有钱。传说刘海每戏一次金蟾,金蟾就吐一枚钱币,故有招财之意,整个画面取富贵幸福之吉祥寓意。刘海是大善人,与铜钱或蟾一起,叫刘海戏金蟾、步步得金钱,或叫仙童献宝。

寿星 寓意长寿。寿星公即南极仙翁,福、禄、寿三星之一。

渔翁 传说中的一位捕鱼的仙翁,每下一网,皆大丰收。佩戴渔翁玉器,生意兴隆,连连得利。

伯乐相马 伯乐为秦代著名相马者,韩愈说:"世有伯乐,然后有千里马。

千里马常有，而伯乐不常有。"伯乐过虞坂见骐骥伏盐车下，马见伯乐而长鸣，伯乐见马而泣之，千里马拉盐车，真是大材小用。

竹林七贤 三国时期魏国末年的七位名士，即嵇康、阮籍、山涛、王戎、向秀、刘伶、阮咸。七人曾在河南修武的竹林聚会，肆意酣畅，说古论今，称为"竹林七贤"（图8-36）。

三、动物图案的寓意

麒麟 祥瑞兽，只在太平盛世出现，是仁和慈祥的象征。民间有"麒麟送子"之说，寓意麒麟送来童子，必是贤良之臣。麒麟和龙头、狮头组合在一起，寓意避邪迎福、避邪吉祥。

图8-36 《竹林七贤》笔筒（清）

喜鹊 表示日日见喜。喜鹊面前有古钱，"喜在眼前"；喜鹊和三个桂圆，"喜报三元"；天上喜鹊，地下獾，寓意欢（獾）天喜地；两只喜鹊寓意双喜临门；喜鹊和豹子一起寓意报（豹）喜；喜鹊和莲一起寓意喜得连（莲）科。

天鹅 由于天鹅的羽色洁白，体态优美，叫声动人，行为忠诚，人们不约而同地把白色的天鹅作为纯洁、忠诚、高贵的象征。

鲤鱼 鲤鱼跳龙门图案，比喻中举、升官等飞黄腾达之事，后来又比喻逆流前进，奋发向上。

金鱼 "鱼"与"余"谐音，表示富裕、吉庆和幸运，寓意金玉满堂。

金蟾 "蟾"与"钱"谐音，常见蟾口中衔铜钱，寓意钱咬钱、钱滚钱，富贵有钱。传说金蟾是龙王的公主，会吐钱，三足灵兽。古人认为金蟾可以致富，是旺财瑞兽。金蟾送宝与桂树一起，寓意蟾宫折桂。金蟾常有三脚蟾与四脚蟾之分。

鸳鸯 画面通常由鸳鸯、荷花、荷叶组成，表示夫妻和好相处、相亲相爱、白头偕老之意。

鹭鸶 羽色绚丽，雌雄偶居不离，古称"匹鸟"，象征夫妻恩爱，永不分离，寓意一路平安。鹭鸶与莲在一起，寓意一路连科。

蝙蝠 寓意福（蝠）到和福气。五个福和寿字或寿桃组合一起，寓意五福献寿，五福临门，福气满满。蝙蝠和铜钱组合一起，寓意福在眼前。蝙蝠与日出或海浪组合一起，寓意福如东海。蝙蝠与天官组合一起，寓意天官赐福。

貔貅 传说貔貅是龙王的九太子,主食金银珠宝,自然浑身宝气,因此深得玉皇大帝与龙王的宠爱。不过,有一天,貔貅吃多了拉肚子,忍不住而随地便溺,惹玉皇大帝生气了,一巴掌打下去,结果打在屁股上,把屁眼封住了。从此,金银财宝只进不出。可见,貔貅是招财进宝的祥兽(图8-37)。

图8-37 和田玉《貔貅把件》(钱建锋)

瑞兽 与蝙蝠、铜钱、喜鹊组合一起,寓意福禄寿喜。

勇狮 表示勇敢。两头狮子组合,寓意事事(狮)如意。一大一小两头狮子,寓意大事小事统管,比喻位高权重。

猛虎 比喻威武勇猛,显示一种实力。

大象 表示吉祥或喜相。大象与瓶组合一起,寓意吉祥平(瓶)安;大象与如意组合一起,叫吉祥如意;行走状的象,寓意走向(象)成功;大象上一只猴子的组合,表示封侯(猴)拜相或者说太平有象、稳稳封侯,寓意平稳升官。

凤 祥瑞的化身,与太阳、梧桐组合一起,寓意丹凤朝阳。凤是百鸟之首,象征美好、和平,被作为皇室最高女性的代表,与龙组合一起,是吉祥喜庆的象征。

图8-38 玛瑙《辟邪书镇》(张清雷)

辟邪 传说中有一种神兽,头有角,似狮,带翼,一角者为天禄,两角者为辟邪。有除邪避恶之意(图8-38)。

仙鹤 寓意延年益寿。鹤有一品鸟之称,又意一品当朝或高升一品。仙鹤与松树组合一起,寓意松鹤延年。仙鹤与鹿和梧桐组合一起,寓意鹤鹿同春。

鳌 传说大海中的龙头大龟。仙鹤站在鳌身上,寓意独占鳌头,科举成功。

鹌鹑 表示平安如意。鹌鹑和菊花、落叶组合一起,寓意安居(菊)乐(落)

图8-39 和田籽料《安居乐业》(赵显志)

业（叶）（图8-39）。

蝉 又名"知了"，即知道了，寓意读书一听就会，功课进步。蝉挂胸前，寓意一鸣惊人；蝉挂腰间，寓意腰缠万贯。

龟 长寿的象征，寓意长寿健康。龟有平安龟或长寿龟之分。龟与鹤组合一起，有"龟龄鹤寿"之说，寓意龟鹤同寿；带角神龟为长寿龟；龟与龙组合，寓意长寿、荣归（龟）。

鸡 "鸡"与"吉"谐音，寓意吉祥如意。常见图案为一只大鸡与五只小鸡一起，寓意五子登科。若是翠雕锦鸡，寓意锦绣前程。

马 表示马上有钱，马到功成，马上平安（古诗曰："马上相逢无纸笔，凭君传话报平安。"）马与猴或蜜蜂组合一起，寓意马上封侯（猴）；马与元宝或古钱组合的图案，寓意马上发财。

羊 "羊"与"祥""阳"谐音，寓意吉祥如意。三只羊组合一起，寓意三阳开泰，吉运之兆。

猴 寓意升官发财。猴与马组合一起，寓意马上封侯（猴）；猴与印组合一起，寓意封侯挂印；大猴背小猴，寓意辈辈封侯之吉祥美意（图8-40）。

狗 表示做事敏捷、忠诚，有吉祥狗、富贵狗、欢喜狗的说法。

猪 胖乎乎的小猪，富态十足，寓意天生就是富贵命。

图8-40 和田玉《封侯拜相》（钱建锋）

鼠 表示机巧聪敏，仁慈乐观；配有金钱图案的，为金钱鼠，象征富贵发财。

牛 寓意扭（牛）转乾坤、牛气冲天。

兔 有玉兔灵芝、灵兔喜瑞的寓意。

蛇 代指小龙，表示福禄玉蛇，金蛇飞舞。

老鹰与螃蟹 寓意"畅通无阻"。生意场上大展宏图，八方来财，富甲天下；官场上，英雄独立，横行天下。

四、植物图案的寓意

松 长寿的代表，俗语"寿比南山不老松"。

竹 表示竹报平安。竹，青翠挺拔，奇姿出众，四时常茂，寓意蓬勃向上，志高万丈，步步高升。竹也有"君子"之美誉。

梅　梅花冰肌玉骨，凌寒留香，令人意气风发，也是传喜报喜的吉祥象征。梅和喜鹊组合一起，寓意喜上眉（梅）梢。

兰花　美好、高尚、纯洁、贤德、俊雅之类的象征，因为兰花品质高洁，又有"花中君子"之美称。兰花与桂花组合一起，寓意兰桂齐芳，即子孙优秀的意思。

松、竹、梅组合　寓意做人应当品德高尚，高风亮节，有君子之风。松、竹、梅并称为"岁寒三友"（图8-41）；

图8-41　和田玉籽料《岁寒三友》（房文杰）

松、竹、梅、兰并称为"四君子"。松是常青、挺立、坚毅的象征；竹是高尚气节、谦虚胸怀的象征；梅花具有不怕艰难、坚毅顽强等品格；兰花低调而内敛，为"君子之花"，有"王者之香"，是高尚人格的象征。

菊　表示吉祥、长寿。菊与喜鹊组合，表示"举（菊）家欢乐"；菊与松组合，寓意松菊延年。

寿桃　王母娘娘的仙桃，食之能长命百岁。寓意长寿，生活甜蜜。

葫芦　取谐音，寓意福（葫）禄（芦）。葫芦和小兽（寿）组合，表示福禄寿的美意。葫芦还有魔力的寓意。

豆角　也称福豆。有四季发财豆、四季平安豆。

佛手　取谐音，有福寿之意，也叫招财手。

百合　百合与柿子组合，寓意百事（柿）如意。

荷莲　莲，寓意君子，佛座亦称莲座；荷，出淤泥而不染，中通外直，濯清涟不妖。荷莲与梅花组合，寓意和和（荷）美美（梅）；荷莲与鲤鱼组合，寓意连（莲）年有余（鱼）；荷莲与桂花组合，寓意连生贵（桂）子；一对莲蓬组合，寓意并蒂同心。

柿子　寓意时时如意、事事如意、百事大吉。

葡萄　葡萄果实累累，比喻丰收、成功。

石榴　石榴籽多，寓意多子（籽）多福。

牡丹　端丽妩媚，雍容华贵，色、香、韵集于一身，"牡丹，花之富贵者也""国色天香""花开富贵"。寓意繁荣昌盛，和平幸福。牡丹与瓶子组合，寓意富贵平（瓶）安。

菱角 比喻伶（菱）俐。和葱组合，寓意聪（葱）明伶俐。

灵芝 寓意长寿如意（图8-42）。

花生 俗称"长生果"，有长生不老之意。和草、龙组合，寓意生意兴隆（龙）。

树叶 表示事业（叶）有成，金枝玉叶，玉树临风。翠绿的树叶，勃勃生机，寓意生命之树长青。

辣椒 "椒"与"交""招"谐音，寓意交好运发大财，招财进宝，红红火火。

图8-42 和田玉籽料《灵芝》（胡锡涛）

玉米 玉米颜色金黄，寓意金玉满堂，生意兴隆；玉米颗粒多，寓意子孙满堂，多子多福。

白菜 "白"与"百"、"菜"与"财"谐音，即聚百财于一身，财源滚滚来；亦寓意清白传家。

瓜果 瓜，生长成熟后，里面有许多籽，寓意子孙满堂延绵不断。

五、神仙图案的寓意

盘古 上古传说中开天辟地、创造世界的神，生于天地浑浊时期。初始天地黑暗，像一个鸡蛋，盘古挥动手臂打破鸡蛋般的世界。瞬间，部分清和轻的东西上升为蓝天，部分浊而重的东西沉降为大地。天地分开后，盘古立于其间，支撑了一万八千年，直至天地巩固，不再生长愈合。盘古死后，他呼出的气变成风云，声音变成雷霆，眼睛变成日月，头发变成星辰，四肢五体变成大地的四极和五岳，血液变成江湖海洋，经脉变成道路，肌肉变成土地，汗毛变成花草树木，汗水变成雨露，牙齿和骨骼变成地下矿石宝藏。

女娲 上古大神，是中华民族人始之初的三皇之一，相传是人类的始祖，她"炼石补天，捏土造人，立极造物，别男女，通婚姻，造笙簧"。民间传说，水神共工与火神祝融作战落败，一怒之下头触不周山。不周山乃撑天之柱，天柱折断，于是山体崩塌，大地向东南倾斜，海水向陆地倒灌，水灾泛滥，猛兽肆虐，人类遭受了空前的灾难，面临着灭绝的危险。女娲炼五色石补天，折断鳌足支撑四极，战洪水，驱野兽，使人类安居乐业。"女娲补天"有国泰平安、天下太平之意。

财神 招财进宝之意，或者叫天降财神。财神是传说中给人带来财运的一位神仙，身佩玉财神，财源滚滚来（图8-43）。

和合二仙 "合"与"和"同音，寓意家人、夫妻相处和睦，"和合如意"。传说"和"与"合"均为唐代僧人，即寒山与拾得，后封为和仙和合仙。和合二仙姓虽相异，但亲逾兄弟。后来两人同时爱上一女子却彼此不知。寒山及至

图8-43 和田玉籽料《财神》（仝杰）

临婚，始知真情，于是断然弃家出走，至苏州枫桥削发为僧，结庐修行。拾得知情后，亦舍此女外出，探得寒山茅庐之所，乃折一盛开荷花前往礼见。寒山见拾得远道寻来，喜出望外，恐其饥馁，急捧一食盒出迎，二人喜甚，俱为僧侣，开山立庙，称之"寒山寺"。"寒山""拾得"二仙形象，常出现于画幅及工艺品中，两人蓬首笑面，笑口常开。

八仙 八仙分别是铁拐李、汉钟离、张果老、吕洞宾、韩湘子、何仙姑、蓝采和、曹国舅。另有"上八仙"之说，分别是王母、杨戬、寒山、拾得、刘海、白猿、太白、寿星。

八仙过海 八仙过海寓意各显其能，图案为八个神仙各持法宝，在波涛汹涌的大海上各显法力。八仙故事多见于唐、宋、元、明文人的记载。"八仙庆寿""八仙过海"的故事流传最广。

暗八宝 分别是铁拐李的葫芦、吕洞宾的宝剑、汉钟离的蒲扇、张果老的渔鼓、何仙姑的笊篱、蓝采和的阴阳板、韩湘子的花篮和曹国舅的横笛。传说这些玉器图案可以避邪气，呈吉祥。

罗汉 罗汉乃金刚不破之身，能逢凶化吉。有十八罗汉、一百零八罗汉造型。释迦牟尼佛曾令十六罗汉留在人世间普度众生，后增加到十八位罗汉。十八罗汉形态各异，各司其职。罗汉是玉雕中的常见题材，据说佩戴或供奉罗汉可以保平安、祛邪恶。

玄武 玄武是龟和蛇的合体。苍龙、白虎、朱雀、玄武分别代表东、西、南、北四个方位。玄武主招财，自古以来都被视为守护神。

如来 即如来佛，是娑婆世界的教主。佛可保佑平安，寓意有福（佛）

相伴。

佛头 如果人物身体没有露出来，只露了个人头，即为深（身）藏不露，也叫出人头地。

观音 观音菩萨心性柔和，仪态端庄，世事洞明，是西方三圣之一，救苦救难的化身。观世音菩萨是最为常见的玉雕题材，人们常佩戴或供奉在家中，祈求平安吉祥。常有慈悲观音、南海观音、净瓶观音、诵经观音、滴水观音、送子观音、千手千眼观音、佑安康观音、保平安观音、赐福观音等称号。

西王母 又称王母、金母、王母娘娘，住在昆仑之巅的金宫玉殿，左有瑶池，右有翠水，每逢蟠桃成熟的三月三日，王母就大摆寿筵，邀众仙赴会瑶池庆寿。为此，人们将王母视为长生不老的象征。

群仙祝寿 图案为众多仙人各持礼物，为王母娘娘祝寿的场面。传说三月三日王母娘娘寿诞之日，各路神仙前来祝贺，以此取其吉祥喜庆之意。

天官赐福 天官是天上赐福人间的神仙。"天官赐福"亦称"受天福禄"。旧历正月十五日为上元节（元宵节），民间传说此日天官下降，赐福人间。通常由天官和展翅飞翔之蝙蝠（或长条的画幅卷轴）构成图纹，借"蝠""幅"的谐音寓意"福"。

后羿 民间有"后羿射日"的传说。

嫦娥奔月 嫦娥，神话中后羿之妻。后羿从西王母处得到不死之药，嫦娥私自偷吃后飘然飞天，住在月中广寒宫，与捣药的玉兔和砍树的吴刚为伴。人们将嫦娥称作月神。

龙 祥瑞的化身，能兴云布雨，利益万物，顺风得利。龙，曾被历代皇室御用，民间视作英勇、权威和尊贵的象征，神圣、吉祥、吉庆之物。龙与凤组合，寓意成双成对或龙凤呈祥；龙与马组合，寓意龙马精神；龙与地虎组合为望子成龙。龙头出水，寓意神龙出水，大显神威。

螭龙 传说中没有角的龙，又叫螭虎或草龙，极为善变，能驱邪避灾，寓意美好、吉祥。在古老文化中，螭龙代表神武、力量、权势、王者风范。

钟馗 常有钟馗捉鬼（钟馗驱邪）的造型（图8-44）。白脸者为财神、福神、门神，黑脸者为鬼见愁。传说唐明皇患病时，梦见大鬼吃小鬼。明皇问之，大鬼自称钟馗，生前应试武举得会元，殿试时因貌丑而被黜，受到不公平对待，忿极，触石阶而身亡，为此决心消灭天下妖孽。明皇醒来，召画工吴道子绘出钟馗图像，敕令于岁暮之时悬挂以祛邪魅。钟馗吃鬼、钟馗打鬼、钟馗嫁妹、钟馗役鬼、钟馗斩狐等，均有镇邪除恶的寓意。民间在屋内挂钟馗的画像，以此镇宅、辟邪、挡灾。

驯鹿　长寿的仙兽，图案常是与仙鹤和寿星一起保护灵芝仙草，表示长寿、繁荣昌盛、福禄之意。驯鹿与官人组合，寓意加官受禄。

麻姑献寿　图案为麻姑仙女手捧寿桃。麻姑，古代神话故事中的仙女。葛洪《神仙传》曰：麻姑，建昌人，修道牟州东南姑余山。东汉桓帝时，应王方平之召，降于蔡经家，年十八九，能掷米成珠。自言曾见东海三次变桑田。后世遂以"沧海桑田"比喻世事变化之急剧。相传三月三日西王母寿辰，麻姑在绎珠河以灵芝酿酒，为王母祝寿。故旧时，祝女寿者多以绘有麻姑献寿图案之器物为礼品。

图 8-44　和田玉籽料《钟馗》（王平）

六、其他图案的寓意

帆船　意喻事业一帆风顺，顺顺利利，终得大利（图 8-45）。

花瓶　寓意平安。瓶与鹌鹑、如意一起构图，寓意平安如意；瓶与钟、铃组合，寓意终（钟）身平安。

风筝　寓意青云直上，春风得意。

长命锁　多用于孩童，寓意小孩子平安、聪明伶俐。

十字架　寓意上帝祝福。

路路通　寓意神通广大，各路畅通。

谷钉纹　青铜器和古玉器常用的一种纹饰，寓意五谷丰登，生活富足。

图 8-45　和田玉籽料墨碧《业开千秋》（卢伟）

花和月亮　寓意花好月圆。

蝙蝠、寿桃、两枚古钱组合　寓意福禄双全。蝙蝠象征"福"，寿桃象征"寿"，两枚古钱象征"双全"。

蝙蝠、金钱组合　寓意福在眼前，好运将至。

獾子和喜鹊组合　寓意欢（獾）天喜地。

麒麟与书组合　寓意麒麟献书。传说孔子救麒麟得天书，努力学习终成圣人。

花瓶中插三只戟组合　寓意平升三级，吉庆有余。

荔枝、桂圆、核桃组合　寓意连中三元（解元、会元、状元）。

荷花、盒子、小童组合　寓意和合二仙，相处和睦。"荷盒"谐音"和合"。

朽木和新芽组合　寓意枯木逢春。

湍急的水流与逆流而上的鱼儿组合　寓意鱼跃龙门，近在咫尺。

第四节　玉佛像的鉴赏

一、玉佛像的手印

佛像是玉雕作品中最常见的题材之一，玉佛像有许多品类，不同类别的玉佛像除了造型不一样外，佛的手印也有若干种，有十指并拢的，有手掌向前的等，手印不同，表达的意思不尽相同。最经典、最原始的五大手印谓"释迦五印"，即无畏印、降魔印、与愿印、禅定印、说法印。此外，玉佛像手印还有很多，仅仅密教手印就多达几百种。

（一）无畏印

无畏印即佛屈臂，手上举于胸前，手指自然舒展，此手印表示佛为救度众生的大慈心愿。据说，该手印能使众生心安，无所畏惧，故称为无畏印。

（二）降魔印

降魔印是佛以右手覆于右膝，指头触底，以示降伏魔众。相传释迦牟尼佛在修行成道时，有魔王不断前来扰乱，以阻止其修行。后来，释迦牟尼佛即以右手指触地，令大地为证。此印又因以手指触地，故又称触地印。

（三）禅定印

禅定印是佛以双手仰放下腹前，右手置于左手上，两拇指的指端相接。这一手印表示禅思，使内心安定之意。话说当年释迦牟尼佛在菩提树下修习成道时，就是结这种手印的。

（四）说法印

说法印是佛以拇指与中指（或食指、无名指）相捻，右手上举于胸前，掌心向外，左手大拇指、食指（或中指、无名指）扣成环形，其余三指微伸，象征佛在说法之意，表现佛陀于鹿野苑初转法轮时的状态，所以称为说法印，也称转印。

（五）与愿印

与愿印是佛手自然下伸，指端下垂，手掌向外。此手印象征佛陀顺应众生祈求以作印相。此印相具有慈悲之意，往往和无畏印配合。

（六）密教印

玉佛像的密教印类别众多，数以百计，此处仅对其中的合十印、智拳印、期克印、金刚吽迦罗印以及阿弥陀佛的九品印等作一简介。

合十印。四臂观音、八臂观音、千手观音，常是双手稍稍相合于心口，十指并拢，或在掌心中间捧一颗如意宝珠，表示合十法界于一心。

智拳印。又称菩提印或毗卢大智印，佛以两手分别作金刚拳，即四指握拇指于手掌中，再以右拳握左手食指于胸前。此手印代表大日如来的无上智慧。

期克印。佛以中指与拇指相抵，竖食指。此印是密宗的降魔印。

金刚吽迦罗印。佛的两手各结期克印，相交于胸前。这是明王护法最常用的手印。

阿弥陀佛的九品印。常见的是做接引姿势，右手接与愿印，左手持金莲台置于胸前；也有双手相叠，掌心托金莲台的姿态。

二、玉雕无相佛

佛教在我国的普及度很高，很多人都把佛作为实现愿望的祈求对象。玉佛像的佩戴者，往往怀有祈盼人生福顺、安宁、康泰的心理，希望在遇到困难和挫折时，能够逢凶化吉、消灾避难，是人们寻求的一种精神慰藉和支撑。玉佛像在身，可助人修行养生、宁心静气、接近自然，是佩戴者通向静心法门的净友。正因如此，在所有玉雕题材中，玉雕佛是销量最高、受众最广的题材之一。

佛像雕件不同于人物玉器，通常塑造的是慈悲庄严、豁达超脱的佛菩萨形象，有慈祥庄重、金刚怒目、大肚无忧、笑口常开、超凡脱俗等姿态。佛是觉悟了的人，人是未觉悟的佛。于是，玉雕无相佛这个题材便出现了（图8-46）。几年前，一位玉雕师创作了一组没有开脸的翡翠佛像题材作品，这在玉雕行业还没有先例。这种新颖独特的创作题材一时成为佳话，引来众多玉雕师的跟风模仿。从那以后，玉雕无相佛逐渐进入市场。

众所周知，有相佛的面部创作绝非易事。佛神态、表情等都体现出安详、包容、慈悲等特征。有相佛的创作技巧，主要在于低眉、慈悲相、微微笑、造型圆满……如果不能巧妙地处理好这些要素，则很难创作出传神的有相佛。

图8-46　和田玉籽料《无相佛》（金国忠）

那么，创作无相佛就很容易了吗？也不是。无相佛虽然不用通过面部来表达佛的神态和情绪，但它所展现出来的意境依然不可缺少。这就要求玉雕师通过佛的肢体动作表达整体意境，比如体态的高低、坐卧、仰俯等，再加上佛身所处环境，从而创作成功能够表达意象、描述思想的无相佛作品。

佛经云："凡所有相，皆是虚妄。若见诸相非相，即见如来。"佛本无相，以众生相为其相。佛像只是佛的载体，它代表了佛陀、佛法以及佛教文化的传承。真正的佛，是尽虚空，遍法界的。所以，无相佛也是玉雕创作对佛教理念的体现。

不过，当今的市场上，一些玉雕师技艺有限，雕不好有相佛，就只好改雕无相佛，进而造成市场上粗制滥造的无相佛题材泛滥。这种浑水摸鱼、滥竽充数的做法给市场造成了很不好的负面影响。

佛家用有相佛接引众生，让众生通过有相的佛慢慢认识无相的佛。所以，玉雕师创作也该如此，当自己能够雕好有相佛后，再着手创作无相佛也不迟。

三、释迦牟尼佛涅槃像

佛祖释迦牟尼涅槃像有"世界第一大玉卧佛"之称，为中国吉尼斯之最（图8-47）。该像长8.9米，高2.45米，宽1.35米，重32吨，由80位缅甸工匠师历时3年精雕细琢而成。玉佛身上镶嵌着1500多颗红、蓝、绿、紫宝石和水晶。衣纹上的金黄色和手指甲、脚趾甲，都由24K的纯金鎏金而成。

玉佛雕刻的是佛祖释迦牟尼80岁的涅槃像，于2004年6月6日从缅甸请到位于中国江苏省昆山市的千灯延福禅寺。为了让这尊玉佛安身，千灯镇政府筹集资金于2009年在延福禅寺内重新修建了古老的玉佛殿。

图8-47　释迦牟尼佛涅槃像

延福禅寺始建于梁天监二年（公元503年），距今已有1500多年历史。该寺由年老无嗣、曾做过县主簿的千灯镇人王束舍宅捐建，僧从义开山建寺。五代开平二年（公元908年）重修寺院，赐名为"延福禅寺"。后晋天福二年（公元937年）敕赐"般若寺"。宋大中祥符元年（公元1008年），真宗赵恒皇帝改赐"延福教寺"。此时，该寺规模宏伟，共有禅房1008间、出家僧人800名，整个寺中种植着无数的银杏树，是有名的佛教圣地，前来烧香拜佛的香客络绎不绝。元末寺毁。明洪武年间（公元1368—1398年）重建。永乐二年（公元1404年）、户部尚书夏原吉浚治吴淞江及千灯浦时，曾借宿于此寺。万历年间（公元1573—1619年），寺僧瞻月重修法堂、山门。明末寺毁。清初，寺僧大野密音重建佛殿、经阁。同治年间（公元1862—1874年），清军与太平军交战时，该寺毁于一旦，仅存后房数间及僧人数名。新中国成立后，延福禅寺的僧人转业，建筑物改办医院。

1997年，延福禅寺恢复开放。昆山市佛教协会会长秋风法师和四众弟子含辛茹苦、齐心协力，四处募集资金，开始了历经5年的延福禅寺的修复和重建工作。延福禅寺现占地20亩，拥有天王殿（山门）、大雄宝殿、玉佛殿、东西厢房和一些配套建筑设施。

四、世界最大的玉石、玉佛

目前，世界最大的玉石，产自我国玉石之乡辽宁省岫岩满族自治县哈达碑镇花玉岗山上，它重达260.76吨，人称"玉石王"。

"玉石王"的发现颇具神奇色彩。1960年7月22日下午，岫岩玉石矿矿工班长王秀等人在东山采矿场采玉。他们在花玉岗的山坡上发现了这块巨大的玉石体。当时，它的大部分埋在泥土里，顶部露出地面。他们怀着喜悦的心情，向深处开掘，直到晚上收工时，也没有挖到"玉石王"的根部。这天夜里，天降暴雨。次日早晨，矿工们拿着工具来采玉场上班，跑到山坡上一看，大家都惊呆了！"玉石王"已经"跳出"地面，而且还挪了个地方，坐落在山坡的平台上。大家感到既惊喜又神奇！

原来，这天夜里的大暴雨引发山洪，洪水的冲刷、浸泡使"玉石王"周围的泥土流失、松软，整个玉体倾出地面，翻着跟头，滑落到了山坡平台上。

矿工们赶紧打来泉水，将刚刚出土的"玉石王"清洗了一番。这时，"玉石王"显出天生丽质，整个玉体晶莹璀璨，七彩斑斓，有翠绿、杏黄、朱红、海蓝、乳白、淡青、墨绿诸色，阳光下异彩纷呈，美丽极了！

后经测量，"玉石王"长5.5米，宽4.5米，高2.5米，下部略似屋脊，有两间房子大小。经过辽宁省计量测试研究所测试，"玉石王"重量为260.76吨，比曾经轰动世界的缅甸玉石王重8倍，成为当今名副其实的世界"玉石王"。

岫岩发现"玉石王"的喜讯，很快报到了国务院。周恩来总理十分高兴地批示："玉石王"是国宝，不可多得。一定要保护好"玉石王"。当时，有关部门想把"玉石王"运到北京，雕刻长城全景，但当时运输能力有限，一直未能成行。

为了保护好"玉石王"，玉石矿给"玉石王"搭起了凉棚，以防风吹日晒，一天24小时派民兵守护。1976年周总理逝世后，岫岩县玉石矿的矿工们在周总理遗像前举手宣誓：一定要保护好"玉石王"！并付诸行动。有一位玉雕工人还用"玉石王"旁边的一块玉，雕刻了一枚周恩来像章以作纪念。后来的30多年，"玉石王"一直作为当地旅游的一大景观，吸引着不少中外游客。

1992年2月，鞍山市人民政府决定，将"玉石王"运到鞍山开发利用。这次搬运动用了大型牵引车6辆、坦克牵引车4辆、其他各种车辆150多辆，参加运输人员400多人。沿途翻越四座大岭，跨过五条河流，通过76座桥涵，排除障碍240多处，行程172千米，历时8天8夜，于1992年11月5日正式运抵鞍山，创造了起重运输史上的奇迹。

"玉石王"运抵鞍山后，市政府决定将其雕刻成世界最大玉佛。该工程邀请我国著名玉雕大师李洪才设计，在他的指导下，岫岩县玉器厂的120多名能工巧匠，历时18个月完工。与此同时，玉佛苑建设工程于1994年5月28日拉开帷幕。28个月以后，融宫殿、园林、庙宇建筑风格于一体的古朴典雅、气势恢宏的玉佛苑落成。一尊法相庄严、生动瑰丽的玉佛，坐落于主体建筑玉佛阁内。从此，集玉文化与佛文化于一身的鞍山玉佛苑成为世人关注的焦点。原国家领导人李鹏、朱镕基、姜春云等到鞍山视察时，都来玉佛苑观赏玉石王大佛的精湛工艺。全国人大常委会原副委员长费孝通、万国权在观赏玉石王大佛后，分别挥毫题书"中华玉宝""祖国珍宝"。

玉佛苑，位于鞍山市东山（玉佛山）风景区内，占地面积46000平方米，三面环山，一面临水。玉佛苑由玉佛阁、配殿长廊、三洞式山门、钟鼓二楼、玉带桥等建筑组成，各具特色，相得益彰。玉佛苑主体建筑——玉佛阁高33米，有佛教三十三重天之意，宽66米，进深58米，采用双层重檐歇山式结构，层次分明，雄伟壮观。玉佛阁内的大型藻井上，刻有以24K黄金贴就的九龙护珠图，在华灯映照下显得金碧辉煌。藻井四角高悬着四盏莲花宝灯，上面镶嵌着上万颗水品宝珠，庄严而又高雅。玉佛阁的装饰布局，充满浓郁的佛教文化气氛。整体玉佛苑，以其现代中蕴含古朴、别致中显现凝重的建筑风格，集玉文化与佛文化于一身的丰厚文化底蕴，展现于世人面前，呈现出独特的魅力（图8-48）。

图8-48　玉佛苑

2001年1月，玉佛苑晋升为国家首批AAAA级旅游景区。2002年5月26日，世界最大玉佛、观音圣像同时开光。次年8月18日，中国佛教协会副会长圣辉大和尚膺任玉佛寺首任方丈。2002年12月12日，这尊玉佛被英国吉尼斯世界纪录总部定为"世界最大玉佛"。

第九章

玉工及其行业组织

玉工是从事玉器雕刻制作的人,即琢磨玉石的工匠。玉工的职业是随着玉器的面世而诞生的,历史悠久,古籍中早有记载。《尹文子·大道》载:"魏田父有耕于野者,得宝玉径尺……邻人无何,盗之以献魏王。魏王召玉工相之。"《淮南子·氾论训》:"剑工惑剑之似莫邪者,唯欧冶能名其种,玉工眩玉之似碧卢者,唯猗顿不失其情。"唐陈子昂《观荆玉篇》:"勿信玉工言,徒悲荆国人。"《三国演义》第六回:"秦二十六年,令玉工琢为玺。"明宋应星《天工开物·玉》:"玉工辨璞高下定价,而后琢之。"

从玉器制作的情况来看,玉工的职责主要包括玉器的设计和玉器的雕刻,两者是玉料之外决定玉器作品质量和价格的因素。数千年来,玉器的设计和雕刻,常常都是由一人完成。如今,随着社会分工的不断细化,玉器的设计和雕刻也就分别由不同的专业人员来承担。于是,玉工队伍中就有了玉器设计和玉器雕刻的分工。当然,两者兼而为之亦大有人在。玉工队伍的专业化、精细化发展,对于玉器业的前景应该是有益的。

第一节　玉器的设计

对于玉石雕刻来说，玉器设计至关重要。玉器设计是美石注入灵魂、唤起生命的过程，好的设计，比例恰当，构图合理，化繁为简，自成灵韵。玉器设计师的审美高度，决定了作品的美度，唯有经过巧妙构思与精心安排，赋予玉材以文化内涵及艺术处理，再经过精雕细刻，才能成就一件完美的工艺精品。

玉器设计是难度较大的艺术创作活动，设计师不仅需要具备一定的美学理论和较好的专业绘画基础，而且需要掌握所设计作品的文化内容、结构等多方面的知识。玉器设计必须有扎实的绘画功底和丰富的创作经验，能够抓取事物的闪光形象进行艺术设计，这就需要将长期的创作技法、形象设定、直观感觉、灵感顿悟等诸多要素，在短时间内熔于一炉。设计师的艺术，能够让一块如同顽石的璞玉，变成焕发生命力的绝美玉器。

一、玉器设计的原则

玉器设计的原则是玉器设计的行为指南和准则。从不同角度来说，玉器设计原则的内容亦不相同。就个人而言，最早提出自己从事玉雕原则的人，是明代玉雕巨匠陆子冈。他坚持"三不"：玉色不美不治；玉质不佳不治；玉性不好不治。由此可见，这位前辈对玉料选择标准之严格和他卓尔不凡的气质与地位。当代玉雕新作翡翠山子珍品《会昌九老图》的设计、指导者方东亮工艺美术大师，提出了新的玉雕设计"四原则"：一是顾客欢迎什么就做什么，认真听取"上帝"和"财神"的话。二是量料取材，因材施艺。只有量料取材，才能巧夺天工；只有因材施艺，才能做到好料、好设计、好做工，卖个好价钱。三是什么最值钱就做什么，要兼顾作品的艺术性和商品性，不能忘记社会效益和经济效益。四是制作者擅长什么就做什么，注意人尽其才，扬长避短。

对于玉器设计的原则，玉工见仁见智实属正常，然而，不可否认的是，玉器设计的根据是玉料特点，玉器设计之目的是使造型舒适、流畅、讨人喜爱。因此，玉器设计必须发挥原材料的特征，并与造型相结合，突出原料的质地、光泽、颜色、透明度等特点。通过设计，将这些特点及其外表形象、各种图案的组合，包括线条的粗细、刚柔、曲直和玉质的美丽、造型的生动，都充分地展示在玉雕作品上。因而，玉器设计的总体要求是，依据玉石材料的性质、形状、颜色和玉工的构想来进行，做到用料洁净，即"挖脏遮绺"，使作品无严重的脏和绺；用料合理，把玉料质地最好、最美的部位放在最显眼的位置，并占用料的最大体积；根据玉料的质地，施以最恰当的工艺；形象逼真、生动，富有情趣，主题突出，并且要不断创新，符合不断变化的时代风尚；同时，在体现艺术美的前提下，通过设计获得尽可能大的商业价值。所以，玉工在玉器设计过程中，必须遵循以下六项基本原则。

（一）挖脏除绺、弯脏遮绺、巧用脏绺、物尽其用

对于玉石中的瑕疵、脏绺，运用"挖脏遮绺"的技法，通过设计者的巧妙构想和设计，想方设法驾驭并装点它，使玉石的绺、裂等瑕疵部位，都能恰到好处地被遮蔽掉或者清除掉。"遮绺"，不一定是全去掉"绺"，而是巧妙地去掉一部分，另一部分掩盖起来。具体地说，就是使得浮现在玉石上的浅的绺纹，巧妙地与题材以及形象所需要的纹样、图案相吻合，将其掩盖或藏在不显眼的地方。比如，制作花瓶之类产品，便将它遮在花梗、花叶连着的下方。"挖脏"是把不好的全去掉，即除脏，但对于可以利用的脏不能任意"挖掉"，而是要有藏、躲、利用的意识，物尽其用。

一般来说，可以将玉石上的裂纹等瑕疵，自然地设计成山石缝隙、山的溶洞、果皮肌理、云彩、水波、动物皮毛纹路等不同图案。比如人物作品，一般可借助衣裤饰物，用勾砣随衣纹转折走向，将绺深勾，浑然一体。好的构思和设计，可使玉石表面的瑕疵化丑为美。

另外，裂痕设计比在水线上设计的难度更大，水线如果不是绺，就可以把它利用起来，做云彩、做树枝、做水、做花草图案等。

20世纪30年代，北京曾经发生过这么一件事情：玉器业有个老板保留着一件一尺开外的翠瓶，因为瓶身上有一条横贯恶绺，若沿恶绺进行分割，瓶身的宝贵翠绿就保留不住，价值受损。后来，有人给他出主意，围绕这条恶绺，琢了两条戏珠的长龙，以龙身巧遮恶绺。结果，这个翠瓶一下子身价倍增，很快就脱手了。

高档的玉器精品种，是不允许有丝毫脏绺存在的。20世纪50年代末，北京市玉器厂琢制的一件白玉巨龙花薰作品价值连城，原因就在于它工艺精致，而且不带丝毫脏绺。

（二）因材而异，小料做大活或宁小勿大

小料做大活的手法很多，常见的是把玉料的实体做大。例如，一些带链子的

产品，通过玉链把作品拉长；同时，一料多用，集两种或多种造型于一身。还有一种"集活"法，就是充分利用玉料外轮廓的高点，尽可能多而巧妙地安排些活，做到以活挤活，活上摞活，使其产生一种图面要比工料实际大得多的感觉。

玉器器皿的设计，要求宁小勿大。因为这类产品不仅对尺寸的要求有一套严格的规范，而且对玉料的要求也极严格，不允许带有任何瑕疵。所以，选料设计时，多半只取玉料的完好部位，其余都要尽可能除掉，这样做出的玉器虽然体型小了，但精美无瑕，以小胜大。

（三）显工显活中注意章法

显工显活，是说玉器作品设计时，即使是简单的作品，也要多设计一些纹饰和造型，避免使人对玉器产生单薄的感觉。但在显工显活时，要讲究艺术章法，造型图案和艺术画面要主次分明、疏密得当，有层次感，有透视感，有静有动等；否则，就会让人看得眼花缭乱，产生一种杂乱无章的感觉。

（四）因材施艺与按需用料相结合

玉器雕琢一定要因材施艺，根据玉料的颜色、硬度、纹理和形状来设计雕琢题材，选择适合玉料特征的题材，把握雕琢玉件题材的特征，遵循以下玉雕设计的要点：一是最大限度地利用玉料，根据块度和玉料外形设计，不能浪费玉料。二是利用好颜色，使其产生最佳效果，尽量摒弃玉件上的绺裂瑕疵，合理巧妙地运用俏色，做到"挖脏遮绺"。这就需要在雕琢时，不断修改玉雕设计，多次在雕琢的玉件上描图。大型贵重的玉料雕琢，必须先画在纸上反复斟酌酝酿，设计完成后再落在玉料上，再根据题材图案的线条进行加工；小件玉器加工直接在料上勾样。三是玉雕设计人员不仅要懂得美术设计，还应了解各种玉石的特性，如韧性、脆性、硬度、裂纹发育情况、瑕疵延伸情况等，这样方能保证其设计意图的最终实现。

因材施艺要求玉工在设计玉器作品时，针对玉材的不同特点，采取机动灵活的设计方案和尽可能完美的艺术形式，使玉材在颜色、光泽、透明度、质地等方面均达到"完美"的程度，凸显出玉材的特点。玉器既是艺术品，又是商品。所以，玉器的造型设计必须依据原料的物性来进行，不能随心所欲，浪费玉料，或者材艺不配，达不到理想的效果。

按需用料，是因为玉料的内涵与外貌不尽一样。不同的玉料，因其性质、形态的差异，适合设计不同类型的产品，施以不同的技艺，这是早已形成的不成文规矩。就拿新疆的白玉、黄玉、墨玉来说，皆质地细腻油润，有一定韧性，无绺的大块料宜于精工，可设计镂空花薰等名贵器皿；质地次些的新疆玉的其他品种，可用来设计一般的炉瓶；毛病多的，可用来设计人物、鸟兽作品等。翡翠质地细腻坚硬，以水地带绿的最为珍贵，宜于精工细琢；无绺的大块料，一般都用来设计炉瓶薰等器皿；次一点的料，可按质依形设计人物、鸟兽等作品。

（五）量形施艺与破形使材兼而顾之

玉器设计的一个重要特点，是按照玉料的自然形体构思设计。因为，玉料有大有小，形态各异。有的是开采时爆破形成的不规则形态的山料，有的是长年在山谷、河床中经冲磨形成的卵石状籽料玉，还有如珊瑚类呈树的干、枝等形态的。量形施艺，即以玉料形体作为设计的先决条件，也就是只在现成的料体上构思，不逾越这个条件另搞拼接、组合一类的其他设计。玉料的各种自然形体，正好为艺人提供了丰富的联想条件，历史上许多珍贵的玉器佳作，实际上都是这样量形施艺而成的。

量形施艺，要求设计时依据玉料形体的条件，充分利用原料体积的高点，贵重的玉料，尤其应该如此。有的作品尽管需要除掉一些料，但应注意造型构图，力求做到在重量上减少而体积上并不显小，处理好甚至会产生比原料要大一些的效果。同时，量形施艺要求设计时根据料形酝酿题材。一块料，是适合做浑厚古雅的花瓶还是适合做挺拔清秀的花瓶，是适合做袒胸露腹、笑容可掬大肚弥勒佛还是适合做体态优美、衣纹飘逸的嫦娥奔月，是适合做体态丰满的大象还是适合做机警敏捷的梅花鹿等，均要反复进行推敲。如果设计者既充分利用了玉料的形体，又有巧妙的构思，那么其作品必定是成功的。

依据量形施艺原则设计玉器作品时，不可以保留不能给人以美感的原料的本来形态。恰恰相反，这样的非美感玉料自然形体必须采取"破形"的手法，损其本来的面貌，以求得更好的造型效果。这是"破形使材"应当遵循的原则。

总之，我们所指的量形施艺，是在充分利用原材料形体的前提下进行构思设计，雕琢出美的作品来。倘若不成，则根据设计的造型采用"破形留神"的手法，达到所设想的艺术效果。

（六）单色美与多色俏各得其所

璞玉之色不尽相同，有单色玉、多色玉之分，设计时应"单色适用，分色巧用"，做到尽用其材，美用其材，画龙点睛，锦上添花。

单色玉，是指整个一块玉料呈单一颜色。单色玉料设计，首先要按玉料色调的特点以及由色调所产生的情感选择适合表现的题材与内容。例如，用洁净清雅的白玉琢制观音，要比做哼哈二将更为适合；当然，也可表现白仙鹤、白孔雀之类的题材，这样比较符合欣赏者的心理习惯。反之，用来表现山鹰，就不会收到理想的艺术效果。

其次，在设计一件单色玉料的作品时，应注意将玉料的旺色安排在作品的正面和突出部位，以显示玉色之艳丽（图9-1）。

图9-1 和田玉籽料《童子拜观音牌》（张克山）

图9-2 南红玛瑙俏色《福娃挂件》（宋世义）

多色玉，是指玉料中含有多种自然形成的色彩，它们既无一定形状，又无一定规律（图9-2）。在这些玉料上进行设计，难度较大，需要"多色找俏"，即采用独特的手法——俏色的设计。

俏色，是把玉石上的多种天然色彩，运用得很恰当、很绝俏，使玉料颜色与玉器造型浑然天成。俏色设计，是玉雕工艺的一种艺术创造。这种艺术创造只能根据玉石的天然颜色进行设计。

俏色的设计，应注意顺色取材。顺色，是指俏色与所表现对象的色调基本相似或相近。顺色取材是依据少而精和恰到好处的原则，尽量将俏色安排在作品的主要位置，充分而巧妙地利用玉料固有的色调和形体，使料的质、色、形与题材内容相吻合。

在玉器俏色设计的境界表现上，有"一绝、二巧、三不花"之说。"绝"是玉器俏色设计中的最高境界。它在艺术上表现为绝无仅有，绝处逢生，犹如万绿丛中一点红，令观赏者拍案叫绝。"巧"是指对一件作品里主色外的一两种异色的匠心独运的设计，能达到返瑕为瑜的效果。"不花"是指对玉石多色的设计能合情入理，十分贴切，使人看了没有眼花缭乱的感觉。

二、玉器设计的艺术要素

玉器设计的艺术要素,是玉器设计满足社会用玉者美好诉求的重要条件,体现的是玉器的内在文化寓意和外观的种种美感。满足艺术要素是达到玉器设计终极目标的标志之一。

(一) 玉器设计的艺术要素内涵

玉器设计的艺术要素内涵,主要包括玉器的动感之美、内在之美、阴柔之美、阳刚之气、稀缺之珍五个方面的内容。

1. 动感之美

宝玉是有生命的,玉工的责任之一,是把玉的动感和生命活力表现出来。流畅的线条,能较好地表现生命的动态、青春与活力。玉雕工艺在表现上,宜动不宜静,宜简不宜繁,宜少不宜多。即使雕琢静物,也应尽量表现出动感,让玉活起来,葆有生命魅力。

2. 内在之美

灵玉无色,和田玉的品质无与伦比,没有色彩缤纷的媚态。和田玉的美,不以色示人,不以色悦目,不以色为贵。它表里如一,秀外慧中,是外在美与心灵美的统一。和田玉内在美的体现,需要玉工在外在的有形物质上,附加内在的文化寓意,使观者欣赏到和田玉丰富的内在美。

3. 阳刚之气

和田玉的力量和大线条的美,表现出阳刚之气。和田玉的阳刚之气是一种壮美,至坚至强,朴实无华,贴合中华民族谦逊、内敛的性格。

4. 阴柔之美

举世无双的温柔性和精美绝伦的天生丽质,是和田玉阴柔之美的集中表现。和田玉质地细腻温润,它的柔韧性和油润性为世界玉种之冠,其年轻的肌肤感和阴柔之美让人充满爱意。在阴柔之美中,读懂玉仁、玉洁的品德,在表现阴柔之美时,更体现和田玉刚柔并济的特性。

5. 稀缺之珍

和田玉是稀缺资源,非常珍贵,在古代只有封建统治者才能拥有。当时制作玉器,是不计原料成本的"以材取样",浪费严重。就当今而言,这是很不科学的,必须改变。也就是说,在玉器生产创作的材料、技术方面,应当最大限度地充分利用玉料,杜绝浪费现象。

（二）玉器设计艺术要素的呈现

玉器因为造型美、工艺美、材质美而赢得人们的喜欢。鉴于此，玉器制作前的艺术构思和工艺设计，就必须围绕这"三美"缜密考虑、精心设计。但是，工艺设计不同于艺术构思，它由制作者来表达，是设计"勾样"的具体化，它应在把握作品题材的特定内容和表现形式、特点的前提下，坚持"二要三少"原则谋篇设计构思，以呈现玉器的造型美、工艺美、材质美。

1. 玉器设计艺术要素呈现的"二要"原则

"二要"，即要重视白玉材料的洁白和润美，要凸显白玉作品的圆润感，造型简洁不触手。而造型面的圆润，既是对原材料的要求，更是对雕刻技艺的要求，不能因为原材料的缺陷而导致作品艺术形象的不丰满、不完整或者造型面不自然的凹凸与坎坷；同时，也不允许在工艺的具体操作上出现这方面的失误。

2. 玉器设计艺术要素的"三少"原则

"三少"，就是少支离破碎，少穿枝过梗，少玲珑剔透。从整体上讲，白玉工艺品都应该体现出它的独特个性。这种个性，可以把白玉体如凝脂、温润而泽及精光内蕴的沉稳品质，通过艺术形象表现出来，使艺术的形象美与材质美融为一体。

一般艺术作品，诸如书画、摄影等，也有少支离破碎和少穿枝过梗这方面的要求，即整体结构要完整，不容许败笔的出现。玲珑剔透，是人们形容艺术作品精致，达到登峰造极程度的用词。然而，用于白玉作品的描述却是一败笔。因为，白玉作品如果过于剔透、细挑，就适得其反，容易丧失白玉本身的气质和圆润。因此，白玉作品要达到造型、工艺和材质等三个方面都美的要求，就必须使作品凸显"润美"与"洁白"，并重视天然皮色的俏色运用，以增强艺术效果。

三、玉器设计的造型构图

玉器雕琢，是一个集设计、构思、创造于一体的艺术加工过程。首先要做的是，根据玉料大小、颜色、质地、纹理进行构思和设计。玉石有千般颜色、万种玉质，玉雕设计必须因材施艺，才能最大限度地表现玉的美质。当然，玉器的加工技术精湛也非常重要，机械再精良，而操作机械的人技术不好，设计再好也不能出精品。精巧的构思加上精湛的技术，才能雕琢出精美的玉器。

玉雕追求的是艺术之美，它要求玉器设计者必须了解玉器是山川之精英、人文之精美的正确含义。山川之精英，是指雕琢玉器的玉料颜色要美丽，质地要温润。不仅要选用好的玉料，还要设计适合各种玉料的雕琢题材。人文之精美，指的是玉器的造型美观，雕琢精湛。由于历代玉材的不同，琢玉工具和琢玉技巧的不同，加上审美情趣和风俗习惯的不同，玉器的用途和所扮演的角色不同，所以每个时期玉器的造型及主题风格也是不尽相同的。许多玉雕作品超凡脱俗，能给人们带来意境之美，让人赞叹不已。

可见，玉雕艺术是人们利用玉石这种特殊的雕刻材料，通过对璞玉形体、颜色和质地的观察，然后设计、构思出要雕琢的形象，绘图描样成型，有条件的还要利用俏色，最后经过琢磨等精细加工，将璞玉雕琢成玉器，借以表达创作者对世界、对人生的感悟的艺术。

（一）相石

相石是玉器设计的第一步，它是通过对玉石材料的外观形状、颜色、玉质和绺裂等状况的仔细观察后，根据石质、石纹、石形和石色，选取玉器制作所需要的玉石的过程。相石包括选石和审石两个环节。

选石，就是选取石头。选石是从外形看起，石头一般分椭圆形、长形、扁平形、圆形、锥形等。椭圆形、长形石材可直竖亦可横放，各种技法均可施行，一般玉工都喜欢选用。扁平形石料宜选用薄意、浮雕、透雕等技法。圆形石料宜于花果篮、器皿或盆类等立体雕刻。锥形石头多用于把玩类雕件的制作。对石形的选择和运用无固定模式，与创作者的艺术素质及技艺水平和实践经验有关。有经验的艺人，不但会选取适合发挥自己艺术特长的石头，而且还会在众多的原石中，选取适合销路需求和便于加工的石头。这些被选取的原石，应该具备一定的形状、色泽、纹路，并少有裂纹和砂隔，以利于雕刻和加工。

审石是相石过程中关键的一环，它是通过对所用石头的审读（审玉）而真正了解玉料，此乃作品成功的根本。实际上，审石是一个触景的过程。每一块璞玉，都是大自然的馈赠，都有其从属的种类、特征差别，包括它的大小、形状、颜色、透明度、绺裂等。这些特征既有天然玉石自身的灵气和特有的质感之美，又有天然的瑕疵，当人眼触及这一自然景物时，要进行的一项重要工作，就是发现其中的美好和缺点。然后，通过联想和想象等心理活动，对其优缺点进行取舍，扬长避短，在巧妙掩饰、改变玉石瑕疵的同时，把它的灵气和美的质感充分展现出来，从而组成一幅美的图案。这就需要设计者们认真仔细地相玉，把璞玉看清、看透、看明白，运用"挖脏遮绺"方法，将瑕疵隐藏起来或者化"腐朽"为神奇。有位画家论作画时说："每朝起看云气变幻，绝近画中山。山行时见奇树，须四面取之。树有左看不入画，而右看入画者。前后亦尔。"（清龚贤《画诀》）审玉也是如此，须从不同角度（方向）反复进行审视，才能发现璞玉的亮点和污点。但是，玉雕毕竟不是画画，画画有许多随意性，空白的画纸任你挥毫泼墨，而玉雕只能在有限的璞玉上"量料取材""因材施艺"。俗话说，"长铁匠，短木匠，凑凑合合是玉匠"，玉石雕琢必须以玉料为基准，寻找与之适合的题材并力求显现玉石本身的自然美，努力发现玉石蕴藏的价值，提高玉石的利用率，从而创造出精美的玉器作品。

相石如同作家创作构思一样，在整个创作过程中占据相当重要的位置。玉雕艺人中流传着"一相抵九工"的谚语，这是玉雕实践经验的精髓。玉器设计之初，认真仔细地相石——观察玉料，不仅可以减少工时和避免玉料浪费，而且能够因材施艺，按照玉石的形态、色彩、纹理、质地等特色，抓住玉石的整体特征，布局造型，规划适合的题材，产生非同一般的创意。

（二）绘图

绘图即描样，行话称为"画活"。它是经过审玉和创意构思之后，玉工已在心中对即将问世的玉器形象完成了腹稿，确定了大致要表现的主题（如人物题材、花鸟题材、香炉器皿等），而将这种朦胧未现的图案，用画笔绘制在玉石材料上或图纸上，使其显现出来。这是玉雕作品创作的关键所在，是一个由虚转实的重要过程（图9-3）。

绘图有粗绘、细绘两个阶段。粗绘是在玉器开始琢磨之前，根据考虑成熟的题材、主题以及描绘方式，直接用笔墨线条将其造型和图样绘制在玉石上，表现出大致的形象，

图9-3 绘图

尽量做到布局合理、选材恰当、错落有致、简繁得当，并反复进行修改。例如设计人物，可以先画出人物的眼、嘴、鼻、发等细微处，再画出人物的形态轮廓、头脚、身子的基本形态，并从不同角度审视比例和动作的一般性及特殊性，在需要做凸凹的部位，标上专用符号或保留符号，把基本形象确定后交技工切割粗磨。

细绘则是在已具雏型的块体上，适当地做些小改动，或者把局部细致的要求真实地描绘出来，如手指甲、衣服褶皱、飘带、装饰等具体的部位，以便制作者领会设计意图。最重要的是开面，一定要把眼睛、眉毛、耳朵、嘴唇等绘得活生生。细绘一定要做到繁而不乱，层次分明，人物与景色明暗有强烈的对比，错落

有致，疏密相间，互为烘托。

（三）俏色

"俏色"是出众而漂亮的颜色，可以是红色，也可以是黄色、紫色、蓝色，或者是翠色。这就是说，俏色并非是一种固定的颜色，只要它突出而亮丽，即可称为俏色。

俏色的巧妙利用，能够拔高主题，丰富主体，深化主体，是雕刻设计的中心。如俏色红，可成为火或者鲜血，灰黑色可成为乌云或烟雾等，形成生动、逼真的具体形象。

块体上能够利用的俏色，必须艳丽突出，有吸引力，方可依据这个俏色进行构思。若块体上没有俏色，可以利用水皮色或雾色等作为俏色加以利用。"一俏值千金"，俏色在玉雕设计中具有举足轻重的地位。

四、玉器设计创新

玉器设计是艺术设计的一个门类。为了调动其他门类的艺术设计者共同参与玉饰设计的积极性，促进玉器设计的创新发展，通过"大赛"形式实现玉器设计创新，不愧为一种新思路、新实践。

2018年6月，"蒋喜杯"龙凤玉饰"对牌"创新设计大赛拉开了序幕。该大赛由中国工艺美术玉雕大师蒋喜协同工信部工业文化发展中心工艺美术创新研究院、江苏省科普美术家协会、金浦九号苏州设计小镇共同主办。大赛旨在汇聚艺术设计的新锐力量，承启玉石设计行业的传统思路与模式，推动玉饰产业的全面创新，将传统艺术与现代流行相融合，让精美的苏作工艺既能有好作品进入艺术的殿堂，又能有好产品进入百姓生活。

"蒋喜杯"的参赛对象，包括全国高校艺术设计专业师生，国内外设计师、设计爱好者等。大赛征集内容涵盖两个备选主题：一是龙凤玉饰对牌设计，以龙凤玉饰对牌为主要表现对象（不局限于龙凤形象），通过创新设计，除了表现传统的玉德与品质之美外，还旨在充分发掘玉饰的现代美学因素及其与人们时尚生活的关联性，探索玉饰文化的发展趋势和玉饰文化的当代表现。备选主题二是"喜·玉人生"对牌设计，包括成长"习·玉"、自我"嘻·玉"、亲人"惜·玉"、友人"袭·玉"、龙凤"囍·玉"、人生"戏·玉"……围绕一个人的不同成长阶段、人际关系、人生际遇等，通过玉饰对牌这一物质载体，引发情感共鸣或感思感悟，以物寄情，以物喻人，以设计唤醒玉饰对牌的生命力。

大赛征集作品的要求：必须专为本次比赛原创设计，之前从未展出、刊发和作为商业用途；围绕玉饰对牌展开设计主题；符合时尚趋势，具有潜在的商业开发价值。

"蒋喜杯"分设金奖、银奖、铜奖、优秀奖、组织奖。金奖即创意大师奖，银奖即最佳创新奖，铜奖即最具潜力奖，优秀奖即优秀设计奖，组织奖为大赛的优秀组织者奖；获奖人员颁发工信部工业文化发展中心工艺美术创新研究院权威认证的获奖证书，并邀请参与设计高峰论坛一次。

为了保证评奖的公正、公平，大赛组织了由中国工艺美术大师蒋喜先生、中国工艺美术大师吴德昇先生及相关艺术院校专家、教授等共同组成的专家评委团。并且，要求参赛者做出书面承诺：本人郑重承诺，我所申报的参赛作品完全由本人自主原创，本人除保留作品的署名权外，其他的包括编辑出版、复制、展览、展示等权益均归组委会所有。

本届赛事将进一步立足苏州设计小镇设计产业优势，围绕"设计·礼赞生活"这一主题，挖掘当下新生代原创力量，让非遗文化通过艺术与设计进一步深入寻常百姓生活，将传统文化与现代科技、艺术价值与实用功能、创意设计与市场需求相结合，为百姓生活提供艺术化的设计与产品，创造新的生活品类，用艺术设计来"礼"赞生活。主办方希望通过大赛这一平台，促进文创产品的落地与对设计人才的培育扶持，致力于将苏州设计小镇打造成设计人才的成长摇篮。

第二节　玉器的雕刻

一、一代"玉神"陆子冈

明末最为著名的琢玉巨匠陆子冈，出身于江苏太仓的一个官宦世家，后迁至横塘，长于琢玉中心苏州，多年服务于皇宫。陆子冈的生卒年月不详，据明陆继儒《妮古录》记载：乙未（公元1595年）十月四日，于吴伯度家，见百乳白玉觯，觯盖有环贯于把手上，凡十三连环，吴门陆子冈所制。据此可以推算陆子冈大约生活在16世纪下半叶。

陆子冈从小无其他喜好，专爱玩玉与卜算。到了成家立业的年纪，他违抗父命，拒不肯迎娶富家千金，被赶出家门。随后，陆子冈与王小溪、贺四等朋友，来到苏州郊外横塘的一家玉器作坊学手艺谋生。

有一天,陆子冈从玉贩那儿高价收购了一件"高古玉器",并通过卖玉人认识了当时玉界的仿造高手——它山师傅。它山的深厚仿造功力令人叹服,陆子冈心慕手追,拜他为师,从此刻苦钻研玉艺。数年之后,陆子冈技艺博通,成为一代全才,被各路显贵视作上宾。

陆子冈作品,起凸阳纹、镂空透雕、阴线刻划皆尽其妙,尤其擅长平面减地之技法,能使之呈现浅浮雕的艺术效果。陆子冈出品的玉器十分名贵,苏州当地人们直接将他的玉器称作"子冈玉",和当时唐伯虎的仕女图相提并论,红极一时(图9-4)。

陆子冈名扬天下之后,引起了明穆宗的关注。为考验他的才艺,皇帝命他在小小的玉扳指上雕《百骏图》。陆子冈艺高胆大,花了几天时间,就在玉扳指上刻出重峦叠嶂的背景和一个大开的城门,马却只雕三匹,一匹驰骋城内,一匹正向城门飞奔,一匹刚从山谷间露出马头,好像万马奔腾,驰骋山城。陆子冈以虚拟的手法表达了百骏之意,在有限的空间中以虚写实,寓百骏于想象,妙不可言。

图9-4　子冈牌

穆宗见之大喜,不仅对这位玉师予以封赏,更对他信任有加。从此,陆子冈作品成为皇室专宠,他也从民间玉雕高手成为宫廷大匠,登上了人生巅峰。就连他学艺时的伙伴王小溪等人,也都相继进入皇家工坊作业。

古代士农工商等级森严,手工业者地位相对较低,即使名家的玉雕也很少留名。陆子冈却与众不同,敢于刻名,而且所有作品均留落款。

为了不影响整体感觉,陆子冈刻款的部位十分刁钻,器底、壶盖下、壶把内侧等不显眼的地方,往往是他雕刻大名之处。万历年间,明神宗命他雕一把玉壶,明令不准落款,他竟然凭借手上功夫,巧妙地把名字内刻在壶嘴的里面,骗过了皇帝的眼睛。

又一次,皇帝命他雕一匹马,陆子冈雕好落款后献给皇帝,皇帝非常高兴地奖赏了他。陆子冈悄悄地在玉器上留名,一次次瞒过了皇帝,且一次次受奖,这令王小溪非常嫉妒,他便暗中给皇帝打了"小报告"。皇帝对玉技高超无敌手的陆子冈,恨之切也爱之切,陆子冈这才保住了性命。

万历二十一年（公元1593年），陆子冈的知己徐渭在潦倒中去世。查继佐《罪惟录》记载，曾为幕府官员的他，离世时却只有一条柴犬陪伴，穷得床上连草席都没有。陆子冈对此唏嘘不已，感慨万千。此后不久，万历皇帝又一次召他入宫雕琢玉龙。陆子冈想起徐渭在官场受到的诸多不公，为了隐泄愤懑，便将自己的名字刻在了龙口之内。岂料，这次又被王小溪识破举报。万历帝龙颜大怒，陆子冈终以"叛逆罪"问斩。终身无子无徒的陆子冈，一身绝技随之湮灭，令后人望玉兴叹。

斯人虽逝，其名犹存。"玉神"时代虽已终结，但陆子冈留下的不解之谜，至今还为世人津津乐道。

据传，陆子冈琢玉十分讲究，有所谓"玉色不美不治，玉质不佳不治，玉性不好不治"之说。而玉质越佳，往往硬度越高，雕刻的难度越大。到底陆子冈是用什么工具把玉器刻得如此纤巧的呢？史载，陆子冈大胆创新，将传统的"沙碾法"改革成"刀刻法"，他手下绝活皆出于其独创的精工刻刀"吾昆"。但这吾昆刀从未示人，操刀之技也秘不传人，至今"子冈玉"的雕刻技艺仍属绝技，难以完整仿效。

陆子冈所制玉器，均富有变化，意之所到，即能成器。其玉器所用材料，多为新疆青玉，少用白玉，主要功力放在巧作上。玉器的立雕、镂雕、浅浮雕和阴阳刻纹等，线条流畅，古雅有致。

陆子冈不仅是著名的高级玉匠，更是一位艺术家。他扩大了玉雕艺术的题材和内容，使玉器从神秘转向世俗。在他的创作中，飞禽走兽无不入画，杯盘壶炉皆可制作。陆子冈玉雕一改明代玉器的陈腐俗气，以精美的玉料、高超的玉雕技法，将印章、书法、绘画等艺术融入玉雕艺术，把中国玉雕工艺提高到一个新的艺术境界。

对于陆子冈的制玉绝技，史书有所记载。张岱在《陶庵梦忆》里称为"吴中绝技"，并言陆子冈之治玉"可上下百年保无敌手"。《苏州府志》记载："陆子冈，碾玉妙手，造水仙簪，玲珑奇巧，花如毫发。"称赞他雕的"玉水仙簪"精美无比，深受当时妇女的推崇。

著名书画家徐渭《咏水仙簪》云："略有风情陈妙常，绝无烟火杜兰香。昆吾峰尽终难似，愁煞苏州陆子冈。"此诗虽不是真正赞美子冈玉雕作品的，但从另一侧面印证了陆子冈巧夺天工的琢玉绝技。

陆子冈一生创作了众多玉雕作品，有精美绝伦的婴戏图玉执壶、环把带盖玉卮，有巧夺天工的文房玉洗、玉笔筒、茶晶花插，有"玲珑奇巧，花茎细如毫发"的玉簪，更有令人爱不释手的玉牌子。"子刚"款的玉牌子为长方形、圆形或椭圆形，一面刻诗文，一面刻画，携名款，均为浅地子阳文，材质精细，清新淡雅，顶端有孔，可佩戴。陆子冈琢玉真品具有明显的明代玉器特征，如器形都为生活用器，多用连环锁链；纹饰图案多为长寿吉祥和龙凤、麟螭一类的神兽；制法上用浅浮雕、浅地子、剔地阳文、镂雕以及规整中略带粗犷的琢痕，地子凹凸不平；等等。

目前所能见到的带有"子刚"或"子冈"款的玉器很多，仅故宫博物院就收藏了数十件，国内外其他博物馆及私人手中亦收藏不少。就故宫博物院藏的这批"子刚"款玉器而言，大部分是清宫旧藏，有壶、杯、洗、盘、墨床、笔格、笔添、磬、佩、璜、带钩、簪等。款识有阴有阳，有篆隶亦有楷体，图案

图 9-5　子冈牌

题材也多种多样，风格混杂，琢制水平高低相差悬殊，做工均无一相似（图9-5）。

陆子冈传世的作品主要收藏在北京故宫博物院、首都博物馆、上海博物馆、天津艺术博物馆、台湾等地，作为一代"玉神"，制牌、镂空、浅雕等技术，仍在当代玉工之间薪火相传，发扬光大。

二、宫廷里的苏州玉工

苏州玉器雕刻历史十分悠久。早在宋代，苏州玉器业就已经十分发达，成为玉器的重要产地。北宋崇宁年间，朝廷在苏州设立造作局，主要职责是"造作器用"，"如牙角、犀玉、金银、竹藤、装画、糊抹、雕刻、织绣"。有玉匠在局内服役，专为朝廷制作玉器，供皇室享用。至明代，琢玉高手陆子冈所制玉器玲珑奇巧，名噪四方，大大提高了苏州玉器雕刻的声誉。根据明末宋应星《天工开物》所记："凡玉由彼地缠头回或溯河舟，或驾橐驼，经庄浪入嘉峪而至于甘州与肃州。中国贩玉者，至此互市而得之，东入中华，卸萃燕京。玉工辨璞高下定价，而后琢之。良玉虽集京师，工巧则推苏郡。"苏州的琢玉工艺已被推为全国之首。到了清代，苏州更是全国首屈一指的琢玉中心，其中专诸巷和天库前吊桥一带，琢玉之声昼夜不停，比户可闻。

"专诸巷中多妙手""专诸巷益出妙手""专诸巷里工匠纷""专诸多巧匠"，这些都是乾隆皇帝御制诗中的句子。诗中经常提到的"专诸巷"是位于苏州城

西北部阊门之内的一条南北向的小街道，自明末以来，这里集聚了诸多手工艺人，尤其是制玉工匠，因此"专诸巷"几乎成为苏州玉器的代名词（图9-6）。

苏州玉雕行业如此辉煌，与苏州经济的强大和深厚的文化积淀密切相关。

图9-6　专诸巷

明清时期的苏州，是中国经济文化最为发达的城市，文人骚客对其奢华富丽的描画向来不惜笔墨："东南财赋，姑苏最重；东南水利，姑苏最要；东南人士，姑苏最盛。"这里不仅商贾辐辏，百货齐聚，工技比户，物通南北，而且世风醇厚，文化发达。正是由于这样的原因，苏州在社会生活方面成为流行时尚的引导者，在文化艺术领域同样独领风骚。经济史的研究表明：明清时期的苏州本身不仅是巨大的消费市场，还是强大的手工业中心，更是商品集中与分销中心。苏州产品拥有区域内、全国以至海外的广大市场，各类手工业产品的生产在有利的市场刺激下不断提高技术与质量，从而确立了苏州产品引领市场的地位。这些都使得苏州由传统消费型城市转向生产型城市，由输入型城市转向制品输出型城市，由区域中心城市成长为全国性中心城市，产生了具有全国范围的影响力，这种影响甚至可以直达朝廷。特别是清代康熙朝以后，仅就与宫廷生活关系之密切而言，恐怕没有哪个城市能与苏州相比。

苏州玉工的技术优势和乾隆皇帝的关注，正是乾隆时期大量苏州玉工被召北上服务于北京宫廷的直接动因，也是苏州织造招募本地玉工承接宫廷玉器制作任务的最为重要的原因。

乾隆十二年（公元1747年）十二月，乾隆皇帝在审查苏州织造送来的活计时发现玉别子上所刻的字非常好，感到很满意，于是传旨："将刻玉别子的刻字匠之内选好手的急速送二名来。"时任苏州织造的安宁、图拉根据谕旨，选得刻玉别子刻字好手金振寰、顾觐光二人于十三年四月送至宫中应役。此后，每隔几年，宫廷就会向苏州织造署征调一批玉工，这种状况持续了三四十年。

乾隆四十六年为改刻太庙尊藏的玉册、御宝，需要大量的玉匠和刻字玉匠。当时造办处官员给乾隆皇帝的奏折中说道："奴才等伏思，新制册宝奉为永远尊藏，字画款式必须镌刻工整，惟精练玉工方能胜任。若即在京募选匠人，恐刻手草率，不能合式。倘将册宝送交苏州织造遴匠镌刻，似较迅速，但刻成之后若照寻常交办事件赍送来京，殊于体制未协。相应请旨，敕下苏州织造全德，在苏州玉工内精选好手八人，即速送京，令其敬谨承办，俟镌刻全竣后仍令回苏，庶镌造不致需时而办理益昭慎重。"根据现存活计档不完全统计，乾隆时期造办处从苏州征调的玉工多达十八批次，近四十人，其中知道具体姓名的即多达二十七人，而实际征调的批次和人数肯定比这还要多，是相当可观的。

造办处向苏州征调的玉匠，都必须是"好手"，技艺的精熟程度是决定取舍的唯一标准。苏州玉工到达北京宫廷后，造办处还要对其进行"试看"，也就是把要做的玉器活计发给其试做，以检验其技术的优劣，疏忽不得。造办处将"试看"合格的苏州玉工，呈报给乾隆皇帝。甚至，有时试做的活计会呈给乾隆御览，由他做出判断。

苏州织造选送到造办处的玉工多被安排在"如意馆行走"或"启祥宫当差"。如意馆是隶属于造办处下的一个制作部门，昭梿《啸亭续录》记载："如意馆在启祥宫南，馆室数楹，凡绘工、文史及雕琢玉器、裱褙帖轴之诸匠皆在焉。"因其作坊设在紫禁城中的启祥宫，故常以"启祥宫"代称之。如意馆建立于乾隆元年（公元1736年），所承做的活计多是皇帝极感兴趣、特别重视的种类，故在造办处各作坊中地位非常重要，是造办处内综合性的首席作坊。在如意馆内应艺的工匠都是技艺精湛者，因此苏州织造选送的好手玉工绝大部分都被乾隆皇帝指定直接进如意馆当差。

苏州玉工的薪资同其他南匠一样，包括每月钱粮银、春秋二季衣服银和本地安家银。至于苏州玉工在造办处服务的期限，和在京内织染局服役的南匠实行"分为两班，令其在京轮流当差，半年一次更换"的"轮班制"全然不同，苏州玉工在造办处应艺的时间并没有固定的期限规定，如果允许，可以一直在宫中干下去。从活计档的记载来看，乾隆时期苏州玉工在宫廷服务时间长短不一，短则一二年，长则竟达二十年之久，几乎是终生行走在宫内。如刻字匠朱彩，乾隆初就已经在造办处当差，直到乾隆二十二年乾隆皇帝还让他改刻白玉穿心盒上的花纹，在宫中应艺至少二十年。玉工姚宗仁于雍正七年（公元1729年）进入造办处，在乾隆二十年以前，乾隆皇帝经常指名让他设计玉器活计，在宫中应艺至少二十六年之久。而大部分苏州玉工申请回籍的原因或是年高体衰，或是疾病缠身，或是父母需要养终。苏州玉工在造办处的差事相对而言是比较稳定的。高水平的玉工长期供职于宫廷，其技术与宫廷审美、知识高度融合，这也是乾隆时期宫廷玉器高度发达的原因之一。

乾隆时期，苏州玉匠的征调都是乾隆皇帝亲自下达谕旨或经过他批准的，这就决定了其对供职于造办处的苏州玉匠的情况非常熟悉。在制作玉器活计的时候，乾隆皇帝可以根据每位玉匠的技术特长，把不同的活计"指名"安排给他认为最合适的玉匠来完成。在活计档中，经常会有苏州玉匠被指名做某项活计的记载。如姚宗仁在乾隆初年至二十年间就经常被乾隆皇帝指名设计玉器，他设计的作品深得乾隆皇帝的认同。刻字玉匠朱彩在乾隆二十二年（公元1757年）以前被指名在各类玉器上刻了大量款识、御制诗，就连玉别子上的字也被指名由他刻作。不仅如此，乾隆皇帝还充分利用他的技术特长，让他刻器物上繁复细密的线性纹饰，甚至让他在作品上留下"小臣朱彩""小臣朱彩奉敕恭镌"的名款。而玉匠张君选于乾隆二十六年五月由苏州织造选送来京后，也先后被乾隆皇帝指名制作白玉东方朔献寿陈设、白玉双鹿（图9-7）等。这既是一种控制手段，也是一种责任的明确，更是一种激励的方式。

图9-7　白玉《双鹿》（清）

众多优秀的苏州玉工，带着他们的精湛技艺来到宫廷，对宫廷制玉技术和相关人员产生了一定的积极影响，苏州成熟的制玉技术和相关知识，通过他们传递到宫廷中。苏州玉工在宫廷中通过技术咨询、培训等方式，传播他们所拥有的技术和对技术的感知，同时在宫廷这个特殊的环境中进行着技术创新的尝试。

向苏州玉工寻求技术咨询的不仅仅是一般玉工，乾隆皇帝也在列。如公元1753年，乾隆皇帝在鉴赏一件白玉双婴耳杯时，发现这是一件表面有鲜艳钳红色而颇为高雅的玉器。乾隆皇帝认为此杯是早于西汉的古玉，可是他在抚摸玉杯之后又感到"留手"不平，再仔细观察，发现表面附着一层钳红色土花，并非出自玉之内肌，便产生了疑问，但又难以解释其中蹊跷，于是召内廷玉工姚宗仁进行咨询。姚宗仁出自苏州玉雕世家，熟知伪古之法，此时已在内廷从艺二十多年。姚氏看后便面带微笑而又斩钉截铁地说，此杯是他祖父所制。乾隆皇帝如梦初醒，方知此杯不是炎刘以上之物，而是几十年前苏州所制仿汉伪古玉。乾隆皇帝为此特意写了一篇《玉杯记》。乾隆皇帝在文章中记述了姚宗仁所讲其父传授的"淳炼之法"（即染玉之法）。这种染玉方法经杨伯达先生考证为"玻洒烫"。

乾隆皇帝对玉器沁色和俏色一向很重视，活计档中多次出现乾隆皇帝就玉器沁色或如何利用玉料颜色进行指示的记载。与姚宗仁的那次交流，对乾隆皇帝的影响很大，在以后的玉器鉴赏中，他不断将此次交流所得应用在有关的鉴赏实践上。三十多年后的乾隆五十年五月，他在承德避暑山庄见到一件汉代玉辄头，古色斑斓，抚不留手，竟不自觉联想到了早年从姚宗仁那里得到的玉器染色作伪的技术知识，"今之为伪古玉者，色似油污，镌纹不深，且质体粗笨，不过省其工而眩一时"（图9-8）。而在第二年四月的《咏汉玉辋头瓶》诗作中更是直接将此方法用于真假染色的辨别对比之中。在他看来，这件汉玉铜头瓶的染色并非当今工匠所为，而是几百年前所作，水平之高是当今玉器染色无法比拟的。诗

图 9-8　汉代玉辋头

云："玉固坚也有缺时，缺而粘缀谁为之。就其土浸精炼染，半真半假出匠师。然其假亦数百载，远胜油污今所为。"并在诗注中特别提到"染玉之法亦有其道，今之伪为者率以油渍，与污者圬墙了无以异，详见昔所作《玉杯记》"。自觉不自觉地将古人的做旧染色技法与姚氏染色技法进行了对比。

为宫廷和皇帝提供技术咨询，是苏州玉工经常性的工作之一，如让顾继臣认看玉石种类和好坏，让姚宗仁判断汉玉陈设的品质等。通过提供技术咨询的方式，苏州玉工可以将自己所拥有的制玉技术和知识传递给宫廷甚至乾隆皇帝，在鉴赏、交流的同时，技术和知识得到了传播。

口传心授、师徒相承是中国传统手工技艺行之久远且极为有效的传承机制。玉器制作作为中国传统手工技艺的一种，其技术和知识的传授，同样主要是通过人际传播的方式实现的，苏州和宫廷间的制玉技术交流亦莫能外。这就使得造办处不单单做玉器活计，还负责所需匠役的技术培训。宫廷不只是技术实施的场所，同时也是技术汇集、传播、交流的场所。

乾隆四十四年（公元1779年）九月二十七日，太监鄂勒里传乾隆皇帝谕旨："启祥宫学镟玉匠己会，着平七回南。"平七是来自苏州的镟玉匠，乾隆皇帝为什么不将他留在造办处而是让他回籍呢？造办处官员随后的回应为我们解开了谜团："镟玉匠等现在虽会镟里堂，其外身做法尺寸尚未熟练，请旨将平七再留数月，依学镟玉匠等学会外身做法时再令伊回籍。"于是乾隆皇帝同意"明春再着平七回籍"。

显然，平七此次从苏州来到造办处的任务就是教授镟玉技术。镟玉是制作玉容器（如碗、盆、杯、花插、笔筒等）十分关键的技术，也就是如何将玉器做成中空的容器，如何镟制玉器的外身。平七无疑是掌握这种技术的高手。仅这次的培训工作，就进行了整整一年时间，从乾隆四十四年初至四十五年春。

平七此次到宫廷传授镞玉技术，对宫中后来的镞玉技术、材料供应、工具使用等，都产生了直接又深远的影响。而镞玉匠平七的技术培训，只是档案记载下来的一个特例，却反映出宫廷乃至乾隆帝对传统手工技术传播特性的认知。就技术层面而言，手工技术传播最主要的方式，还是口传心授式的人际传播，必须经过技术工匠的迁移，完成从此地到彼地的转移。这就是为什么大量苏州玉工被征调进入清宫造办处的原因。正是大量服务于清宫的苏州玉工将经过长期积累的苏州成熟的制玉技术带到了宫廷，完成了制玉技术由地方向宫廷的转移。

苏州玉工登上宫廷这个舞台后，其精湛的制玉技术和宫廷独特的审美意趣有机结合，成就了乾隆时期宫廷玉器的繁荣局面。一方面，苏州玉工是一个人才济济的群体，他们大多来自文化积淀深厚、技术传统悠久的江南各地，掌握着许多玉器制作方面的特别技术，形成了以苏州为中心但影响辐射全国的态势，因此，清代宫廷尤其是乾隆宫廷内的南匠玉工，基本上都是由苏州织造从江南地区选送的。这些玉工，不但将精湛成熟的苏州制玉技术带到宫廷，而且还能够充分发挥其优势，满足宫廷融合各种技术并有所创新的需求。

另一方面，宫廷也为这些玉工施展才艺提供了充分保障。充足的材料供应，不惜工本只求完美的质量管理机制，包括皇帝、画师、玉工在内的强大设计团队，所有这一切都使这些苏州玉工得以摆脱传统家庭式手工作坊的种种限制，一心一意地投入创作之中。宫廷成为南北玉器制作技术和理念融通交会的舞台，苏州玉工的北上，形成了和宫廷间的良好互动，极大影响了以北京为中心的北方玉器制作，使得元明以来形成的南北玉器精细与粗犷的风格分野渐趋一致，呈现出全新的面貌。

三、新中国玉工的摇篮

1949年新中国诞生的时候，百废待兴，处于奄奄一息的玉器行业尤其如此，个体经营的玉雕界的老匠人所剩寥寥，后继无人。

20世纪50年代中期，国家开始对手工业进行社会主义改造，汇集民间琢玉艺人建立玉器生产互助组、合作社，进而扩大规模成为玉器生产的工厂，玉器行业开始进入蓬勃兴起时期。后经"文革"初期的几年动乱，到80年代，我国玉器行业再度进入辉煌发展的阶段。

改革开放以来，随着玉器生产企业公有制性质的改变，单位里的一些生产骨干和技术人员纷纷辞职，或从事个体经营，或转业改行另谋生路，导致原先蓬勃生机的玉器企业衰落以致解体。如今，除了扬州玉器厂外，当年兴旺发达的那些玉雕企业虽然不再辉煌，或者早已解体，但是，它们为20世纪八九十年代以来我国玉器业的蓬勃发展培养了人才，奠定了基础。今天的许多顶级玉雕大师，几乎都是当年那些玉器厂的技术工人。为此，我们应该铭记以往这些玉雕厂，它们给玉雕人留下了珍贵的回忆。

（一）北京玉器厂

北京玉器厂诞生于1958年，坐落在崇文区龙潭湖畔。这里，曾经是京城手工业的集聚地，被誉为"工艺美术的发祥地""特种工艺的摇篮"（图9-9）。

当年，北京玉器厂占据着"执牛耳"的地位，不仅是北京工美集团下属"四大名旦"之首，还是全国规模最大、技艺最好、作品最佳并在全国评比中获得奖项最多的玉器生产基地，连续八届荣获中国工艺美术品百花奖金杯奖，60余年间累计培养造就了9名中国工艺美术（玉雕）大师，28名北京市级工艺美术大师，创作出大批堪称国宝级的玉雕珍品。其中，潘秉衡、何荣、刘德瀛、王树森享有"北玉四怪"之称。

图9-9　北京玉器厂

改革开放后，北京玉雕厂没能跟上时代奋进的步伐，也缺乏应对玉雕作品市场化的政策，影响力日渐衰微。如今，北京玉器厂的建制尚存，但整体的技艺水平已大不如前。

（二）上海玉石雕刻厂

1955年12月31日，上海蓬莱玉石雕刻生产合作社在上海第九中学礼堂成立。1958年12月18日，上海蓬莱玉石雕刻生产合作社正式更名为上海玉石雕刻厂。厂里的大多数职工，包括全部技术骨干都是扬州人，他们乡音难改，工人们也只好跟着师傅说扬州话。扬州人是上海玉雕厂的主心骨。后来，厂里办起技工学校，培养专业人才，逐步走出师傅带徒弟的模式。尤其是雕刻设备和技术的改进提高，给海派玉

图9-10　上海玉石雕刻厂

雕安上了腾飞的翅膀（图9-10）。

在这期间，海派玉雕在诸多技艺上实现了突破，并正式确立了海派玉雕的艺术风格，为海派玉雕今后的发展确立了方向。其中，最先实现突破的是海派玉雕的标志性创作——炉瓶，其领军人物正是当时炉瓶界的"四大天王"——孙天仪、魏正荣、刘纪松、周寿海四位大师。

从1984年至今，海派玉雕正式步入了成熟期。改革开放不仅让全国迎来了一个繁荣的春天，还给海派玉雕带来了前所未有的机遇，机制和体制的改革，让很多人的聪明才智得以充分发挥。上海玉雕厂的玉雕师们，纷纷脱离了体制的束缚，走向社会，开创了自己的玉雕工作室。进入新世纪，海派玉雕的能工巧匠们像"八仙过海"那样，各施才华，大显神通，形成了当今百花齐放的局面。

（三）南方玉雕工艺厂

在广州玉雕史上，有一个闪耀着光芒的名字——南方玉雕工艺厂。南方玉雕工艺厂的职工，来源于1956年成立的莹光玉器生产合作社和璧光玉器供销生产合作社。1967年，两个合作社合并；次年，越秀装潢厂也合并其中，组成了南方玉雕工艺厂（图9-11）。

图9-11 南方玉雕工艺厂

在当时的环境和管理下，南方玉雕工艺厂的经营并不理想，新从业人员增长缓慢，国家鼓励"上山下乡"，对传统手工业的继承没有给予太多的重视。1972年尼克松总统访华，随身带了100多人的记者团。这些老外们对中国的金饰和传统手工艺十分感兴趣，于是，他们买下了所有能看到的金饰与传统手工艺品。周恩来总理见状，深感中国手工艺蕴含的文化力量，看到了它对促进外贸、提升国民生产总值具有的巨大潜力，因此，他建议发展手工艺行业，得到了毛泽东主席的赞同。玉雕业由此出现了转机，也逐渐成为年轻人喜欢的职业。

南方玉雕工艺厂大多数老师傅的手工艺，都是家族传承的，一人进厂，全家跟进的情形很普遍。但从20世纪70年代开始，情况发生了可喜变化。1972年以后，每年都有上百名中学毕业生分配到南方玉雕工艺厂。这时，玉器生产已开始有机械化操作和钻石工具，车间也安装了电风扇，生产条件的改善，迎来了大量女性进厂当工人。1976 年，南方玉雕工艺厂有 900 多名职工，鼎盛时工人达到 1300 多人，其规模在工艺行业中名列前茅。

进入 20 世纪 90 年代以后，随着经济体制改革步伐的加快，市场越来越开放，市场化操作越来越成熟，要求企业产供销、出口创汇一肩挑，而此时的南方玉雕厂老师傅们，退休的退休，经商的经商，技术人员大量流失，招收新工人也越来越困难。特别是广州的玉器街开张后，在这里摆档的收入，远远高于工厂里的工人收入。于是，许多年轻工人纷纷辞职到玉器街开店，自产自销，做起了个体户的小老板。

1999 年，南方玉雕工艺厂进行改制，成立南方玉器珠宝实业公司，从繁华的上九路搬到了东华西路。这里虽然距离玉器街远了，但是未能改变工厂的命运。2005 年，公司只剩下 76 名职工。不久，一个辉煌的传奇黯然终结，南方玉器珠宝实业公司不复存在。

（四）扬州玉器厂

扬州玉器厂的前身，是 1956 年 2 月由八位老玉雕艺人联合创建起来的生产合作社，他们担负着传承和发展玉器手工艺的重任。1958 年，合作社上升为地方国营企业。目前，扬州玉器厂是全国玉器重点生产厂家之一，2006 年被国家商务部命名为首批中华老字号企业。2019 年，该厂更名为扬州玉器厂有限责任公司（图 9-12）。

图 9-12　扬州玉器厂

如今，扬州玉器厂有限责任公司环境优美，玉雕品种齐全，技术力量雄厚，是集生产、科研、销售、观赏、展示为一体的外向型经济实体。2011 年，由国家文化部命名为首批"国家级非物质文化遗产生产性保护示范基地"，也是全国玉雕行业首家"全国工业旅游示范点"，负责起草《GB/T 28802—2012 玉器雕琢通用技术要求》国家标准，在业内率先通过了 ISO 9001 国际质量体系认证。作品白玉《宝塔炉》、碧玉《石刻聚珍图》等四件作品被国家征集为珍品，永久收藏。

"天下玉，扬州工"，这是对当年扬州玉器的褒奖。扬州琢玉历史久远，距今已有 5000 多年。现今，扬州玉雕被列入国家级非物质文化遗产代表作名录。为更好地保护、继承和弘扬这一历史悠久的传统文化遗产，挖掘扬州古城的文化底蕴，扬州玉器厂建立了培养玉雕技艺人才的玉器学校和设计生产的玉雕研究所，以及近万平方米的玉器艺术品展示中心，拥有中国工艺美术大师（玉雕）称字号的4人，省级工艺美术大师、省名人8人，市级工艺美术大师8人。强大的创作团队，潜心钻研创作玉雕精品，为扬州玉器厂形成自主创新的思想理念、奋发进取的企业精神奠定了坚实的基础。

（五）苏州玉石雕刻厂

苏州玉石雕刻厂成立于1956年2月。1960年7月27日，苏州玉石雕刻厂、百花玉石雕刻厂联合提出并厂要求，于同年9月1日经苏州市工艺美术局同意合并，定名为苏州玉石雕刻厂（图9-13）。1970年，红木雕刻厂、玉石雕刻厂、漆品雕刻厂、装潢设计公司等四个单位合并，定名为苏州雕刻厂。

1972年8月，苏州玉石雕刻厂又从苏州雕刻厂分出，恢复原名。1974年5月，苏州玉石雕刻厂因原址间邱巷10号拥挤，经市工艺美术工业公司调配，搬迁至白塔西路33号。

图9-13　苏州玉石雕刻厂（20世纪60年代）

20世纪80年代，苏州玉石雕刻厂进入最为兴旺的时期，拥有职工240名，厂房面积6356平方米，资产总额768万元，涌现出了一批优秀技术人才和优秀作品，"炉瓶""麒麟吐水"等玉器都获得荣誉产品称号，大件作品《翡翠石子寿星仙子》重达93千克。1980年，苏州玉石雕刻厂正式对外开放，以工艺美术为特色的旅游商品工艺精湛，造型美观，且有

图9-14　苏州玉石雕刻厂（20世纪80年代）

浓厚的地方特色，深受中外游客欢迎（图9-14）。尔后，在市场经济的推动下，苏州玉石雕刻厂成就了以一批大师为代表的新时期苏帮玉雕领军人物。如今我们熟知的蒋喜、杨曦、瞿利军、葛洪、程磊、唐伟琪等人都来自苏州玉石雕刻厂。

90年代末前后，伴随着中国经济体制的改革，一些优秀的技术人才在国有企业得不到应有的待遇，纷纷离厂，成立了自己的工作间，使得苏州原有的整体玉雕力量开始分崩瓦解、四分五散，工厂逐渐走向衰落。2004年，苏州玉石雕刻厂彻底解体。

四、当下的地域玉雕工

我国源远流长的玉雕工艺，在不断的传承和发展进程中逐渐形成了具有地域性特征的一些玉雕作品。不同地域的玉雕都有什么特点？它们又是以何种形式发展的？我们不妨简单地作个分析比较。

自古至今，玉雕都有南北工之分。北方工以北京为中心，又称京作；南方工以苏州为中心，又称苏作。南北方工的工艺差别很大，主要表现在风格上。具体来看，南北方玉器存在的差异有三个方面。

首先，南北玉工差异表现在工艺上。南方工艺细腻，要求极致完美，重细节部分的逼真精细，特别表现在玉器摆件上；北方工艺多用简练刀法，通常在玉石上留出较大面积，形成"疏可跑马，细不透风"的特点。

其次，南北玉工差异表现在造型上。如清代典型的"松鼠吃葡萄"主题（寓意多子多福），北方玉工通常用一大片叶子为底，突出表面葡萄的形状，而南方玉工就多把葡萄整体细致地雕出来，并把葡萄底下的玉石掏空。

再次，南北玉工差异表现在用料上。南方工向来"不惜好料"，为了一件精品，可以牺牲不必要的部分；而北方工多"惜料"，尽量保留玉料的完整。如用一件50克左右的玉石来雕"松鼠吃葡萄"，南方工手里的成品最多20—30克，而北方工手里的成品估计有40多克。但由于和田玉材料逐渐减少，大部分收藏者往往以称重来作为衡量玉雕价值的标准之一，令南方玉工也逐渐关注这个问题，借鉴北方工"惜料"的特点。

从玉雕的流动性来看，南方工历来都是市场主流。有人估计，市场上南方工与北方工的作品占有率起码是8:2，市场普遍认可南方工，对北方工并不熟悉。其根源在于历史原因。众所周知，清代时，南方工深受帝王重视，在乾隆时期到了登峰造极的地步。

当代，南方工比北方工影响力大，还因为南方多聚集大师级人物，其作品的整体价格高于北方大师；南方玉雕人才比北方多，后继有人。特别是集中名家的苏州、杭州、扬州、上海等地，更是成为中国最重要的玉雕中心。大部分北方的商家或买家在买得好料后，往往不惜成本到扬州找工艺师雕刻；新疆和田玉的主要加工地就集中在苏州、扬州和河南。而北方从业者日益减少，许多北方的年轻从业者纷纷跑到苏州、扬州、上海等地学玉雕。这种趋势令北方工在市场的份额越来越少,难成规模。南方玉雕产业发展甚好,影响力广。

但是,也有业内人士认为,北方工大气、质朴,具有传统的古风,艺术水平不可低估。同时,随着南方个别产业链的扩大,部分玉工也会跟随"浅工之风",部分玉商品雕刻功夫不到位。这种状况,降低了部分南方工玉雕的收藏价值。因此,对于收藏者来说,应该不分南工、北工,而是挑选自己喜欢的风格和精品之作进行收藏。

当下,我国各个地域玉雕工的情况比较复杂。大体上来说,按照玉器风格特征划分,有皇家传统下的北京玉雕工、独具乡土气息的河南玉雕工、兼具南北风格的扬州玉雕工、细小精巧的苏州玉雕工、堪称新潮的上海玉雕工、浑圆厚重的新疆玉雕工、独具一格的辽宁玉雕工、高翠汇集的广东玉雕工、色巧工细的云南玉雕工、现代艺术"学院派"玉雕工等,各地玉雕工独树一帜,均有自己的特色和优势。

(一)皇家传统下的北京玉雕工

改革开放后的北京玉器行业,经历了化整为零,从国有、集体到民营的转制,逐渐由盛而衰。新兴的业态多为小型的工作室与加工企业。以从业人员看,北京的中国工艺美术玉雕大师为全国之最,但老师傅居多,中青年较少,缺乏年轻领军人物。从风格来看,北京玉器行业受皇家文化的传统影响,同时融合北方少数民族豪放的风格,由此形成了北京玉雕厚重沉稳、典雅大气的风范。

北京工比较大气,从业人员似乎越来越少,以至市场上并不多见北京产的玉雕。但工价、精品并不亚于上海。尽管北派工艺水平不低,市场影响力却不及上海和苏州。如今的北京工有"三太"之说,即工价太贵,工时太长,鲜明代表人物太少。

(二)独具乡土气息的河南玉雕工

河南的玉器制作主要集中在南阳和镇平。其中,镇平是中国玉雕从业人数最多的地方,号称有十万之众。自古以来,河南镇平玉雕工艺品以其质地优良、设计新颖、工艺精湛、做工细腻、造型逼真而驰名中外,成为中国最美、最珍贵的瑰宝之一。从作品的风格上讲,镇平玉雕博采南北之长,融入了上海、扬州的特色,既有京津派的雄浑豪放,也兼苏扬派的婉约细腻。造型生动逼真,雕刻精细入微,从而形成自己独有的中部风格,具有浓厚的乡土气息。总体来说,产品缺少艺术性,大部分玉器加工制作比较粗糙,玉手镯尤甚。但也不乏好的作品,如一些白玉的小把玩件。河南玉雕最有特色的是依据原料特征巧雕的独山玉创意作品。

河南工向来讲究快,往往不会对细节多加雕饰,一般都是切完大形后就直接上细工,跳过出坯子的工序。河南工匠大都非科班出身,入行是为了谋生而非艺术,所以80%以上是熟练工的弟子。

市场上常见的河南工的玉雕,普遍特点是料子和工都比较勉强。比如说,河南工籽料雕件,料子也有一定的白度,2级左右,制作时又没有把绺裂脏杂去净,成品看上去总有"萝卜快了不洗泥"的感觉——批发者追求"快"字。至于工价,很多时候,产品基本体现不出工钱的分量。

(三) 兼具南北风格的扬州玉雕工

扬州虽不产玉,但其独特的地理和人文地位,使得扬州的玉雕工艺源远流长。据史料记载,扬州的玉雕历史可以追溯到4000多年前的夏代。古籍《尚书·禹贡》中有"雍州贡琳琅""扬州贡瑶琨"的记述。

扬州玉雕是中国玉雕工艺的重要流派。千年以来,扬州先辈艺师们呕心沥血,继承发展中国玉器优良传统,创制了数量众多、形式各异、工精艺巧的玉器珍宝。扬州玉雕创造性地将阴线刻、深浅浮雕、立体圆雕、镂空雕等多种技法融于一体,形成了浑厚、圆润、儒雅、灵秀、精巧的基本特征,以其独有的艺术魅力著称于世。

古代,扬州的便利交通及富庶市民,为玉雕的形成与发展创造了便利条件。来自全国各地的珍贵玉石在这里加工之后,顿时身价倍增。在我国玉雕业中,扬州是企业所有制形式保存较全面的地区,国营、私有、股份制并存,形成了独具特色的玉雕产业基地。扬州玉器厂至今仍具有重要的行业地位,其他私营企业及个人工作室也较为发达。扬州玉雕从业人员不超过1万人,玉雕加工企业却有数十家。由于其地理位置及文化的特殊性,扬州仍保存了独有的玉雕风格,既有南派的精细,也具北派的豪放,与苏州的精巧风格并不相同。其加工的产品,以软玉为主,兼做翡翠及其他。

扬州玉工善雕山子和大型器皿,玉雕工艺精湛、造型古雅秀丽,其中尤以山子摆件最具特色。扬州山子造型大气磅礴,景物主次分明,具有一定的情节发展脉络。雕工多以深雕深挖见长,作品层次丰富,观赏性很强,就像一幅幅立体的山水画。扬州山子雕从清代《大禹治水图》《会昌九老图》沿袭到如今,似乎雕山子已成扬州玉雕的一大特色,从设计构图到景物的雕刻技法已经形成模式,加上几乎不变的题材,如古代神话、古典文学故事等,构成了特有的扬州玉雕风格。不过,扬州山子虽然雕刻精致,但也一直被模式化的"风格"所凝固,摆脱不了陈旧的框架。

（四）细小精巧的苏州玉雕工

历史上，苏州就是重要的玉石加工基地，以软玉材料为主，翡翠加工不多。苏州玉雕的基本特点是小巧精细，地域风格明显。苏州玉雕主要以制作中小件为主，有仿古有现代，有传统也有创意。其中，创意玉器主要分布在苏州城区，当代创意风格的玉雕牌子、把玩件等小件多出于此。

苏工一般采用一面浮雕一面阴阳玉雕的方式。浮雕主要是从山水人物题材入手，阴阳雕刻主要雕刻诗句、祥云图案等，将一些时代特点融合在里面。苏州工艺的浮雕作品线条流畅，用刀稳健，线条深浅勾勒自如，可赋予浮雕图像很强的立体感。作品一般题材丰富，式样多变，追求奇巧，能吸收外来文化，贯通中西艺术。

苏工的造型特点是突出、稳定厚重，制作方式丰富多彩。常采用镂空或是浮雕等方式进行雕刻，在玉雕手法上继承了明代手法，在新时代的发展下也融合了很多现代的新元素，形成了一种特殊的玉雕面貌。

苏州城外的光福镇、东渚镇以加工较大的器皿闻名，这些器皿以精巧的薄胎与镂空为主要特征，纹饰古朴、精细，具有苏州人文特色，大量的获奖作品就诞生于此。

如今玉器市场上，苏工的玉器占有举足轻重的地位，其玉雕手法不仅是对我国古代玉雕技艺的继承，也在不断创新的过程中找到了属于自己的雕刻特点。在目前的市场上，苏工雕刻师的作品大量涌进市场，凭着自身的优点，在市场上打下了一片天。于是，市场上有一种说法，苏工代表着好工。的确，苏工的普遍水准比较高，其中精品的比例也比较大。但是，如果用苏工的普品和其他地方的精品来比较，苏工普品往往会落下风，但是，谓之"苏工""苏帮"的苏州玉雕精品就很强大了。至于低价，大概是因为苏州玉石加工企业比较集中，苏工普品的工费在性价比上还是有一定优势的。

（五）堪称新潮的上海玉雕工

上海玉雕以白玉为主，也有少量的翡翠制品。上海白玉制作的范围较广，从大的山子到小的牌子都有，比较少做的是器皿类。

上海玉雕的小山子非常精细，构图既不同于北京，也不同于扬州，是小型、多点透视的山子，创意非常好，以历史故事或当今题材为内容，厚重又柔美，形成了独特的海派风格。上海玉雕以牌子及手把件为主流，以精、细、美为特征。上海玉雕的风格既有传统又有创意，工艺精湛，是玉雕界值得学习的榜样。

如今的上海玉雕工，也逐渐地显现出其缺点，许多玉雕人物件虽然雕刻工艺精细，表现手法有特色，但大多作品反复克隆、模仿，作品没有个性。如弥勒佛、刘海、和合、财神等，除了小部分如帽子、执物、陪衬有些不同，主体的人物、姿态、造型、衣褶等都一样，可以说"换汤不换药"，这样也形成了所谓的现代"海派"特色。

（六）浑圆厚重的新疆玉雕工

新疆最早的玉雕技术是从北京、扬州、上海学习引进的，经过几十年的发展，已经形成了自己独特的艺术风格。新疆拥有产地优势，以白玉为代表，其主要制作小把玩件以及器皿等，当地镶金、嵌金等地域工艺特征明显，西亚艺术风格的影响清晰可见。新疆玉雕器物造型浑厚，刀法简约，形成了浑圆厚重的风格。这几年来，市场发展吸引了许多人入行，新疆的玉雕业得到了快速发展，培育了一批玉雕新人。

新疆玉雕不成熟的地方是，很多成品料好工差，甚至成品卖不出原料的价钱。新疆有原料的优势，相对其他地方而言好料子比较好找，经常可以看到精品的料子被糟蹋成普通成品。至于普遍工价，感觉和苏工普通价格差不多，性价比低于苏工。不过也有例外，只是普遍水准较低而已。

（七）独具一格的辽宁玉雕工

辽宁岫岩玉雕，是以辽宁省岫岩地区为中心而发展起来的一项民间玉石雕刻工艺。岫岩玉雕兴于清末民国初，盛于当代，属中国北方流派。岫岩玉雕长期受到北方民族民间文化的滋润，吸收了地方民间木刻、石雕、泥塑、刺绣、剪纸、影人、彩绘艺术等方面的精髓，融合渗透，逐渐形成了具有浓厚地方特点的艺术风格。

辽宁的玉雕产业，主要集中在岫岩和阜新两地，因为岫岩有河磨玉的产出，而且块度比较大，所以给当地的玉雕创作带来了一定的创作空间。

岫岩玉雕的人才，历史上是从北京学艺过去的，近些年来，河南的师傅也前往做工，同时，当地也借鉴了很多石雕领域的技艺，使得玉雕作品遍布全国，总体工艺水平略显粗糙。但常常有不错的创意出现，玉雕精品与当代生活的关联性也很强，一些传统玉雕中常出现的当代题材、动物题材等，在河磨玉的雕刻中常常可以看到。

（八）高翠汇集的广东玉雕工

广东作为中国重要的玉石加工地，以翡翠加工制作为主，如玉雕的小牌子等。广东的玉雕制作集中在平洲、四会、揭阳三个地区。

翡翠集散地的广州和平州，有加工，有制作，也有流通。平州地区主要是手镯的半成品制作，尚未成为玉雕制造产业基地。广州玉雕工艺造型典雅秀丽、玲珑剔透；南玉碧绿透明，玉质滋润、斑斓多彩，玉雕艺人又善于利用其色泽、纹理因材施艺，独创巧色玉的工艺特点，使广州玉雕成为迷人的艺术瑰宝。广州玉雕的产品主要有座件、首饰两大类。首饰是传统产品，座件最能体现广州玉雕特色，如花鸟、人物、兽口、炉薰、花瓶是传统大类，还有蟹笼、鱼笼、花塔、仿古兵器、车船等。除此之外，广州还有玉雕小茶具，不但有壶和杯的配套，还带有一个玉盘，玲珑剔透，十分惹人喜爱。这种产品在中国玉雕艺术中是少有的。

四会是一个制作以翡翠大中型摆件为主的地区，工艺较粗，总体水平不高。这一地域从事加工制作的有福建人、河南人和广州人。其中，广州人的作品涉及各种题材；福建人以佛像制作为主，一般不使用传统玉雕的台机，而全部使用吊机，他们是将木雕的技法融入玉雕当中，工艺很好，但整体与构图比较传统，品种单一，略显呆板；四会的河南人数量较多，主要以花卉、人物与传统题材加工制作为主，整体水平一般，但对于花卉的雕刻，河南工有一定的特色。

高档首饰与花件，主要集中在揭阳阳美，现在全国 80% 左右的高档翡翠雕件都出自这里。以翡翠行业著称的揭阳，本来是翡翠原石和翡翠雕刻集散地，但近几年，这里有一半来自上海、扬州、河南、福建的人士开始雕刻白玉。他们经验丰富，玉石原料一到手，就与同行朋友交流、研究，根据材料的质量、纹理，凭着对材质的了解，一刀切下去决定作品的命运，或手镯，或挂件，或摆件，确定雕刻思路，再交给玉雕艺人去细细思量，因材施艺。因此，揭阳的工艺胜在工艺精湛，构思巧妙。然而，市场上对揭阳工的整体评价比河南工要低，作品价格也上不去。

市场上见的最多的是广州加工的金镶玉，比如碧玉饰品等。在玉石饰品加工上，广州工艺确实精美而廉价。另外，还可以经常见到广州工的小雕件，一般是选用精品俄料完整干净的边角白料子，工艺精细，原料考究，价格一般也不贵。同时，制作一些低档的和田籽料，整体工艺水平不高，是大众化产品。

（九）色巧工细的云南玉雕工

20 世纪 90 年代以来，一大批来自全国各地、代表各种流派的玉雕师被吸引到云南瑞丽，他们在玉雕工艺上相互碰撞交流，激发了新理念、新工艺、新技法的产生和运用，形成了集南北玉雕工艺流派之长的俏色巧雕和随形施艺的"瑞丽工"，使之成为全国玉界较具影响力的流派之一。

近年来，瑞丽工受到玉界和收藏界的极力推崇。究其原因，不仅仅在于它的用色巧妙和雕工细腻，更重要的是，时下瑞丽已经聚集了相当一部分有思想、有技术的"瑞丽工"，他们开始打破常规，从"复制型"雕刻逐渐向"原创性"雕刻迈进。尤其是瑞丽工的阴阳线雕，一鸣惊人。

（十）现代艺术 "学院派" 玉雕工

近些年，玉工与对应的高校之间逐渐形成了广泛的交流与融合。一方面，玉工们走进美术学院进修学习；另一方面，美院的一些师生投身到玉雕领域，或者是把玉石作为一种媒介来进行创作。同时，中央美术学院、广州美术学院和四川美术学院等一些高等美术院校，也都开设了玉雕的工作室或工作坊。如此交流和碰撞出的火花，便产生了一系列可以称为"学院派玉雕"在继承传统工艺基础之上的创新之作。

学院派玉雕将中国传统手工艺和西方古典学院造型，以及当代审美观念有效地结合在一起，创作出了既不失传统玉雕工艺和语言，又具有现代形式美感或后现代观点态度的当代玉雕作品。

学院派玉雕，以主题鲜明、工艺细腻、内涵深厚著称。在具体表现手法上运用大面积的弧面，细节的线条极其流畅；或是精准地处理面与面的衔接，对局部细节部位的表现更细腻；抑或是在传统技法中融入西方的透视，作品的故事性、工艺性、艺术性，通过工艺演绎得更加突出。

随着时代的发展，如今的玉雕产业开始产生变化，行内人熟知的以宫廷风格著称的"北派"、以清新典雅为标志的"扬派"、以精致巧雕为特点的"海派"、以各层镂空球为绝活的"南派"，如今各自的特点并不那么鲜明。近二十多年来，又出现了"苏派"手把件、新型北派"古典"式和广式的大字"翡翠件"等作品。尔今，又有"学院派"的"写实雕"、创意型的"境界雕"，冲击着传统流派。

总体而言，当代玉器与玉雕工艺水平的发展堪称是近百年来最好的时期。不过，玉雕技艺是中华文明传统文化的集中体现，我们如今要传承的是文化，而不是模仿和重复。所以，现今新崛起的玉雕大师，要做的就是打破传统图案。这并不是说我们要抛弃传统，而是应该去思考传统图案是否还能够满足当今社会的审美意趣。在复古的基础上创新，在创新路上不忘几千年玉雕文化的传统，这才是未来玉雕业的健康发展之路。

第三节 玉工的职称

职称是组织机构授予思想水平和工作能力与其所从事的职业相匹配的一种称号。玉工职称是玉工技术水平、能力高低的标志,是由政府的人(事)社部门授权的专业机构或者玉器行业组织,经过一定的程序而评定并授予玉工的一种称号。

玉工的职称种类较多,因评定的组织机构不同,其权威性和社会的认可度也有差异。总的说来,由各级人民政府人(事)社部门授权的专业机构评定的玉工职称,较之于社会行业组织评定的玉工职称,其含金量和公正性要高;全国性评定的玉工职称和上级组织机构评定的玉工职称,与地方性评定的玉工职称和下级组织机构评定的玉工职称相比较,情况也同样如此。

一、玉工职称的类别

玉工职称名目繁多,就其名头来看,可以分为综合性命名的玉工职称和专一性命名的玉工职称两个大类。综合性命名的玉工职称是包含玉工职称在内的多种工艺美术类别综合为同一名称的职称,专一性命名的玉工职称便是专门授予玉工的单一类别的职称。

(一) 综合性命名的玉工职称

中国传统工艺美术的门类多,主要包括工艺雕塑、刺绣和染织、织毯、抽纱和编织、艺术陶瓷、工艺玻璃、编织工艺、漆器、工艺家具、金属工艺和首饰、其他工艺美术等十一个大类。这些传统工艺美术各类的职称,早先统一谓之"工艺美术师""中国工艺美术大师""民间工艺家"。而玉工的有些职称就包含在其中,此类玉工职称谓之综合性命名的玉工职称。

1. 工艺美术师

工艺美术师的条件是:掌握本专业理论和专业知识,以及本专业有关的标准、规程、法规,了解相关专业知识及本专业最新技术状况和发展趋势,能将新技术成果应用于工作实践;有较丰富的专业技术工作经验,作品设计意念新颖、风格鲜明,能独立完成本专业的研究、设计项目,业绩较显著;公开发表、出版本专业有一定水平的论文、著作；有指导初级专业的技术人员工作的能力；能运用外语获取信息和进行学术交流；有良好的职业道德和敬业精神。符合这些条件且经过规范程序评定者，则授予工艺美术师。北京、上海、江苏等地还评定符合条件的玉工，享有"特级工艺美术师""高级工艺美术师""研究员级高级工艺美术师"的称号。

2. 中国工艺美术大师

中国工艺美术大师，是授予中国工艺美术创作者的国家级称号。早期，我国曾将在工艺美术领域取得重大成就的人士，命名为老艺人。工艺美术大师的评选始于1979年。自1996年起，评选工作停顿了9年。2007年，国家发展改革委员会等九大部委举行第五届工艺美术大师的评选活动，把工艺美术行业分成十一类进行。1979年以来，国家有关部、委先后授予315人"中国工艺美术大师"称号，从事玉雕工作的有30人，其中北京9人、上海8人、江苏5人、河南4人、新疆2人、辽宁1人、河北1人。

需要说明的是，随着时间的推移，"工艺美术大师"从国家级称号延伸至省（直辖市、自治区）级、地（市）级称号，一些省市自行设定条件，授予本地区合格者"工艺美术大师"称号，此乃地区级"工艺美术大师"。

3. 民间工艺家

民间工艺是广大人民群众在社会实践中创造的文化，而创造灿烂的民间工艺精品者为民间工艺家，他们是艺术家族中的重要组成部分。工艺家是指从事艺术精品创造活动的人物，通常指的是在诸如写作、绘画、摄影、表演、雕塑、音乐、书法及舞蹈等艺术领域有比较高的成就，具备一定的美学水平，达到一定美学程度的人。他们具有较高的审美能力和娴熟的创造技巧并从事艺术创作劳动，其特质表现为敏锐的感受力、熟练的艺术技能、强于他人的想象力、异于常人的丰富情感、独特别致和创作个性、卓越的创造能力、先于常人的创新意识、丰富生活阅历和积累。

可见，民间工艺家是扎根于社会民众，在手工艺创作中取得突出成就，享有较好声誉的民间艺人。民间工艺家同样有国家级、省（直辖市、自治区）级、地（市）级的不同差异。

（二）专业性的玉工职称

专业性的玉工职称是授予专门从事玉石雕刻职业者的职称，诸如"玉雕大师""玉石雕刻大师""玉雕艺术大师""玉石雕刻艺术家"等。全国性的冠之"中国"二字，地方性的则冠之地区（省、自治区、直辖市、地级市）名称。

二、玉工职称的评定

（一）全国性的玉工职称评定

"中国工艺美术大师""中国民间工艺家"，原先由中华人民共和国轻工业部命名，后由国家发展和改革委员会授予。"中国玉雕大师"是由中国珠宝玉石首饰行业协会组织评定的。

（二）地方性的玉工职称评定

省（直辖市、自治区）级、地（市）级的玉工职称评定，各地、各个时期的评定方法不尽相同，情况比较复杂。这里，我们以江苏、苏州为例，简单介绍一下评选的方式方法等有关情况。

1. 江苏省工艺美术大师和江苏工艺美术名人

2015年发布的《第六届江苏省工艺美术大师和工艺美术名人评审办法》（以下简称《办法》），根据《江苏省传统工艺美术保护条例》规定，经江苏省人民政府批准，由江苏省经济和信息化委员会组织开展第六届江苏省工艺美术大师和工艺美术名人评审工作。

《办法》规定了评审工作设立的组织机构是评审工作委员会、评审工作办公室和评审工作监督组。

评审工作委员会由省政府办公厅、省经济和信息化委员会、省财政厅、省人力资源和社会保障厅、省文化厅、省工艺美术行业协会等部门负责人员组成，省经济和信息化委员会负责人担任主任。评审工作委员会是本届评审工作的领导机构，负责审定评审工作办法、评审结果以及评审工作中的重大事项，听取评审工作办公室、评审工作监督组有关工作情况汇报并指导开展相关工作。

评审工作办公室由省经济和信息化委员会消费品工业处和省工艺美术行业协会秘书处有关人员组成，省经济和信息化委员会消费品工业处负责人担任主任。评审工作办公室在评审工作委员会的指导下负责本届评审的具体组织工作。

评审工作监督组由省纪委驻省经济和信息化委员会纪检组和省经济和信息化委员会人事处有关人员组成，省纪委驻省经济和信息化委员会纪检组负责人担任组长。评审工作监督组负责对本届评审工作进行监督，按照有关规定对举报和信访案件进行处理。

此外，《办法》还设定了评审专家的条件及评审工作的具体做法和要求，明确规定了申报范围、申报资格（省工艺美术名人的要求略低于省工艺美术大师）、申报要求以及申报评审程序和评审监督等内容。

2. 苏州民间工艺家

为了更好地保护和传承苏州民间优秀的传统工艺美术，激励和引导广大民间艺人进一步繁荣创作、传承与创新，推动苏州工艺美术的健康发展，从2004年起，苏州市设立了苏州民间工艺家的职称，一般每两年评选一次。

苏州民间工艺家的评选活动由苏州市政府的人社部门组织实施，发出评选工作的通知，由苏州市的民间艺人对照条件自行申报，按规定提供相关资料和本人近期的代表作品；经过各县（市）、区和苏州市二级职能部门审核，群众和专家评议，初定名单予以公示，然后报评审领导小组批准，召开苏州民间工艺家颁奖会议。会议一般由苏州市政府、市委组织部、市委宣传部、市人才工作领导小组、市人社局、市文广新局分管领导和市工艺美术行业协会、协会的领导，以及各级工艺美术大师、工艺美术企业、玉雕工作室的代表参加。

三、中国工艺美术（玉雕）大师

"中国工艺美术大师"是国家授予在中国工艺美术界十一个门类从业人员中取得重大成就的业绩突出者的最高荣誉称号。截至2018年，全国玉雕界已有30名艺人获评中国工艺美术大师。这里，我们以获评大师荣誉称号时间由近至远的顺序，对他们的情况逐一做个简介。

王冠军　1957年生，河南新密人，中国玉石雕刻大师，高级工艺美术师，中国玉雕艺术大师，中华玉雕艺术大师，国家非物质文化遗产（密玉俏雕）代表性传承人，郑州市新密华龙玉器厂厂长，郑州市密玉俏色艺术文化有限公司董事长。2018年获评中国工艺美术大师。

袁新根　1954年生，上海人，国家非物质文化遗产（海派玉雕）代表性传承人，上海市工艺美术大师，上海视觉艺术学院专业指导老师，上海玉文化专委会首席专家委员，石之慧工作室创始人。袁新根精专花虫鸟鱼雕刻，在业界享有巧雕大王"虾圣"的美誉。作品以用料丰富、形态各异、生动形象、雅俗共赏为特色。2018年获评中国工艺美术大师。

蒋喜　1964年生，江苏苏州人，中国玉石雕刻大师，国家非物质文化遗产（苏州玉雕）代表性传承人，研究员级高级工艺美术师，1988年成立苏州蒋喜石之美者（美石坊）玉雕工作室。在对古代玉器风格和雕刻技法深入研究的同时，蒋喜收藏有不同文化时期的玉、石器达万余件。其学术专著《美石者》备述古今玉石雕刻在切、磋、琢、磨等工艺上的传承创新成果，完成了苏帮玉雕制作从实践到理论的飞跃；著作《太湖沉宝》追述了从旧石器时代到商周时期太湖流域石器文明的发展历程，阐明了对千年玉文化的认识。从业以来，蒋喜成功地复制了诸多古代琢玉工具，并借此恢复了失传已久的"汉八刀""游丝毛雕"等特殊琢玉刀法，其首创发明、设计、雕刻的美石坊标志性作品龙凤对牌系列、《美石三宝》、辟邪类题材，既包含浓郁的古代玉文化特殊内涵，又体现了现代文明的审美情趣，形成了独具古韵今风的苏帮特色和美石风格的艺术魅力。2018年获评中国工艺美术大师。

樊军民　新疆乌鲁木齐人，中国玉雕大师，高级工艺美术师，高级技师，新疆职业大学和田玉玉雕文化学院客座教授，新疆维吾尔自治区珠宝玉石标准化技术委员会委员，中国非物质文化遗产保护协会玉石雕刻专业委员会副主任，品德轩玉雕艺术工作室创始人。1996年，独立出资成立了乌鲁木齐启泰玉石雕刻厂并出任厂长。2002年4月，乌鲁木齐启泰玉石雕刻厂与新疆徕远经贸投资（集团）有限责任公司合作，成立新疆徕远玖德文化发展有限责任公司并担任公司总经理。2018年获评中国工艺美术大师。

崔磊　1972年生，天津人，青藤玉舍工作室创始人，中国玉石雕刻大师，中国玉石雕刻艺术家，高级工艺美术师，上海特级玉石雕刻大师，国家非物质文化遗产（海派玉雕）代表性传承人。2012年获评中国工艺美术大师。

洪新华　1959年生，上海人，弘艺轩玉雕工作室创始人，享有"罗汉三杰"美誉，国家非物质文化遗产（海派玉雕）代表性传承人，中国玉石雕刻大师，上海海派玉文化协会副会长，中国珠宝玉石首饰行业协会理事，上海工艺美术学会玉文化专业委员会首席专家委员，同济大学宝玉石学科兼职教授。2012年获评中国工艺美术大师。

于雪涛　1973年生，天津人，中国玉雕艺术大师，中国青年玉石雕刻艺术家，上海特级玉石雕刻大师，非物质文化遗产（海派玉雕）代表性传承人，中国工艺美术学会玉文化专业委员会专家委员，中国工艺美术协会专家评委，上海市海派玉雕协会副会长，上海工艺美术学会玉文化专业委员会首席专家委员，天津市工艺美术协会常务理事，天津市工艺美术学会特邀研究员。2012年获评中国工艺美术大师。

张铁城　1967年生，北京人，中国玉石雕刻大师，中国玉雕艺术大师，国家非物质文化遗产（印玺制作技艺）代表性传承人，享受国务院特殊津贴专家，北京市东城区政协委员。2005年承制故宫博物院授权的"清二十五宝玺"的首次仿制，同年承制北京奥组委授权的"北京奥运徽宝"2008年典藏版的制作。2006年负责部分北京奥运会和残奥会金镶玉奖牌的设计制作以及奥运会表演项目武术的全部奖牌的制作。2009年开始主持故宫博物院"乾隆花园"内部装饰陈设玉石部分的修复工作。2010—2011年修复的"寻沿书屋"陈设赴美国纽约、波士顿、密尔沃基等城市展出,引起轰动。2010年参与上海世博会徽宝——"和玺"的制作。2012年获评中国工艺美术大师。

赵国安　1953年生,河南新密市人,河南省聚宝楼玉文化发展有限公司总设计师,河南省第十三届人民代表大会常务委员会委员,中国工艺美术协会第六届常务理事,中国玉石雕刻大师,特级中华玉雕大师,河南省珠宝玉石首饰行业协会会长,新密市珠宝玉石首饰行业协会会长。2012年获评中国工艺美术大师。

高毅进　1964年生,江苏扬州人,第十一届、十二届、十三届全国人大代表,享受国务院特殊津贴专家,国家级非物质文化遗产(扬州玉雕)代表性传承人。其手法独特、构图清新洒脱、造型生动逼真的和田玉籽料作品《遇百财》,在拍卖会上以621万元成交,图案为一只螳螂栖息在白菜叶上,惟妙惟肖。2006年获评中国工艺美术大师。

姜文斌(1963—2014)　北京人,北京市特级工艺美术大师,中国玉石雕刻大师,曾任全国青联委员,2006年获评中国工艺美术大师,2007年被北京市工艺美术协会授予德艺双馨大师称号。

刘忠荣　1958生,上海人,连续三届获评上海市劳动模范,高级工艺美术师,中国玉石雕刻大师,复旦大学上海视觉艺术学院指导老师,国家非物质文化遗产(海派玉雕)代表性传承人,曾受到李鹏总理接见,虫草玉典工作室创始人。1984年,玉雕作品《青玉兽面壶》被征集为中国工艺美术珍品,收藏于中国工艺美术馆。2006年获评中国工艺美术大师。

柳朝国　1945年生,北京人,北京朝阳雍玺玉器厂厂长,中国玉文化研究会玉雕专业委员会顾问,中国北派玉雕领军人物,国家非物质文化遗产(北京玉雕)代表性传承人。柳朝国擅长动物和器皿造型的设计,艺术特点表现为北派玉雕的宫廷艺术风格:大气磅礴、豪放雄浑、沉稳庄重、富丽典雅、用料严谨、技艺精湛娴熟。2006年获评中国工艺美术大师。

马进贵(1947—2018)　新疆乌鲁木齐市人,中国玉文化研究会金丝玉专业委员会名誉会长,1964年考入新疆玉雕厂从事玉雕工作,1966年被派往上海玉雕厂学习,师从林知文老艺人并深受教诲,为以后技艺发展打下坚实基础。1970年又被派往北京玉器厂深造,师从柳朝国大师、蒋通老艺人,深得二位大师在制作玉雕器皿方面的真传。他的作品以金银错嵌宝石工艺为代表,器皿造型以中国传统造型为主,结合伊斯兰文化之特色,形成了与众不同的鲜明的艺术风格。马进贵曾任新疆宝玉石协会副会长、新疆宝玉石商会常务副会长、乌鲁木齐玉沅珠宝有限公司总经理。2006年获评中国工艺美术大师。

宋建国　1947年生，河北辛集人，画家，中国玉石雕刻大师，北京市特级工艺美术大师。1988年创办玉雕工艺技校。1990年，河北省劳动厅评定宋建国为行业职业技师。1997年创办玉雕研究所。2006年获评中国工艺美术大师。

吴德升　1961年生，上海人，1978年毕业于上海玉石雕刻厂工业中学，随后进入上海玉石雕刻厂学艺。其间，曾得到中国工艺美术大师萧海春的指导，因出色的琢玉成绩，于1984年获得提前晋级的殊荣。后在对中华传统玉器深刻领悟的基础上，潜心研究西方雕刻史，汲取了西方雕塑大师人物作品的精华，赋予中国传统人物雕刻更深的内涵，玉雕人物作品技艺特别精湛。1993年成立德升琢玉工作室。2003年成立戴家祥德升玉雕艺术工作室。2006年获评中国工艺美术大师。

吴元全　河南南阳人，毕业于西安美术学院，第十一、十二届、十三届全国人民代表大会代表，高级工艺美术师，中国玉石雕刻大师，享受国务院特殊津贴专家。1996年被联合国教科文组织授予"中国民间艺术家"称号，全国劳动模范。中国珠宝玉石首饰行业协会副会长，中国工艺美术行业协会常务理事，河南省珠宝玉石首饰行业协会常务副会长，河南省工艺美术行业协会常务副会长，南阳市珠宝玉石首饰行业协会常务副会长，南阳市美术家协会主席，南阳市拓宝玉器有限公司董事长。2006年获评中国工艺美术大师。

仵应文　1954年生，河南镇平人，毕业于天津美术学院雕塑系，中国玉石雕刻大师，中国民间工艺美术家，先后荣获"全国工艺美术优秀工作者""新长征突击手""河南省双文明建设标兵""河南省科技先进工作者"等称号。1988年4月，被轻工业部评定为第三届优秀工艺美术专业技术人员。1996年，联合国教科文组织授予其"中国民间艺术家"称号。现任河南省应文玉文化研究院院长。2006年获评中国工艺美术大师。

薛春梅　女，1965年生，江苏扬州人，中国玉石雕刻大师，研究员级高级工艺美术师，享受国务院特殊津贴专家，国家非物质文化遗产（扬州玉雕）代表性传承人，江苏省政协委员，江苏省劳动模范，扬州市人大常委。薛春梅擅长山子雕，特别擅长雕刻孩童、仕女、山水、人文、宗教等题材的作品，惯用流畅的线条来达到细腻隽永的效果，既彰显工艺美，又将人物内心世界、个性特征表现得淋漓尽致，被业内誉为"纤手神功"。2012年7月，中央电视台第四频道《留住手艺》栏目报道了薛春梅个人简介及其玉雕作品。

杨克全　1960年生，山东阳信人，回族。中国玉石雕刻大师，中国珠宝玉石首饰行业协会常务理事，辽宁省阜新市玛瑙宝石协会副会长。2003年11月，辽宁省人事厅授予其"工艺美术专业工程师"称号；2005年8月，辽宁省宝玉石协会授予其"辽宁省特级玉雕大师"称号；2006年6月，辽宁省文化厅授予其"民间艺术家"称号。2006年获评中国工艺美术大师。

袁广如　1941年生，北京人，1958年从事玉雕工作。工艺雕刻高级技师，北京特级工艺美术大师，中国工艺美术学会会员，中国玉文化研究委员会理事，"燕京八绝"传承人，参与创作2008奥运玉玺与2010世博玉玺，享有"京派玉雕第一人"美称。2006年获评中国工艺美术大师。

江春源　1947年生，江苏扬州人，中国玉石雕刻大师，国家级非物质文化遗产（扬州玉雕）代表性传承人。从事玉器设计制作60多年，拥有丰富的玉雕艺术实践经验，其创作的《螳螂白菜》为上海世博会江苏馆镇馆之宝。江春源坚持刻苦自学，深入生活，不断吸取中国书画等艺术之长，将其融合、运用于玉雕创作设计之中，形成了自己独特的艺术风格，设计的花卉、鸟兽、炉瓶及其他玉器杂件，生活气息浓厚，产品造型立体生动，题材设计和技法多有突破传统之处。1997年获评中国工艺美术大师。

袁嘉骐　1954年生，广东韶关人，国家一级美术师，中国玉石雕刻大师。主编《玉器专业技术培训大纲》《现代玉器艺术思考》等图书。2004年，创建个人玉雕艺术馆。曾任湖北省工艺美术研究所副所长、玉雕专业本科学科带头人及硕士研究生导师，湖北省非物质文化遗产（绿松石雕）代表性传承人，享受国务院特殊津贴的专家，湖北省"五一劳动奖章"获得者，中国收藏家协会宝玉石专家委员会，中国商业联合会和田玉研究会高级顾问。1997年获评中国工艺美术大师。

常世琪　1945年生，辽宁人，高级工艺美术师，中国玉石雕刻大师，享受国务院特殊津贴专家，全国先进工作者，中国工艺美术学会理事。常世琪是中国第一位被国家授予微雕玉雕双艺大师者，曾任湖北省工艺美术研究所总工艺师。成功研制被称为"稀世微雕宝珠"的微雕佛珠，并获1990年国家专利。1992年，以2厘米人发刻308字创吉尼斯发雕世界纪录。2000年始，将微雕技艺用于玉雕作品之中，在白玉、翡翠、水晶、玛瑙等作品上直接进行微雕，使人们在欣赏玉雕艺术的同时又欣赏到微雕绝技，填补了中国玉雕工艺史中玉器上没有微雕艺术的空白，创造出了微雕玉雕相得益彰的新型工艺美术品种，使玉雕作品更具欣赏和收藏价值。1993年获评中国工艺美术大师。

顾永骏　1942年生，江苏扬州人，玉界享有"山子雕第一人"美称，国家非物质文化遗产（扬州玉雕）代表性传承人。玉器创作中，顾永骏借鉴中国画的表现手法，杂糅中国画的构图、线条，自成一体，外界评价其作品有"书卷之气，大家之气"。1986年设计创作的大型碧玉山子雕《聚珍图》，深受中国佛教协会会长赵朴初赏识，欣然为之题字"妙聚他山"。该作品在香港展出引起轰动，媒体称其是继中国清代乾隆年间制成的《大禹治水图》之后二百年来仅见的玉器珍品，被中国工艺美术博物馆收藏。1993 年获评中国工艺美术大师。

郭石林 1944 年生，北京人，毕业于北京市工艺美术学校（现为北京艺术设计学院），后进修深造于中央美术学院雕塑高级班，一直从事玉雕工作。北京特级工艺美术大师，中国工艺美术学会会员。郭石林任主设计师和主雕刻师带领团队创作的玉雕作品《四海腾欢》（翡翠插屏）高 74 厘米，宽 146 厘米，比颐和园珍藏的清代宫廷翡翠插屏大 4 倍以上，插屏总面积 1.08 平方米，登上了"器型最大、龙形最全、起隐最多"之三鼎。玉器《四海腾欢》被称为"材质美、气魄大、工艺精"的稀世珍宝，受到国务院表彰。1993 年获评中国工艺美术大师。

宋世义 1942 年生，北京人，中国玉雕大师，高级工艺美术师，全国轻工业系统劳动模范，国家级非物质文化遗产（北京玉雕）代表性传承人。宋世义毕业于北京工艺美术学校，专工国画人物和工艺雕塑。20 世纪 60 年代步入玉雕行业，师从王树森等前辈玉雕艺人。曾先后在清华大学美术学院、中央美术学院学习、进修。《宋世义玉雕》纪录片于 2018 年在中央电视台第九套播出。1993 年获评中国工艺美术大师。

李博生 1941 生，北京人。1957 年毕业于北京七中，1958 年进入北京市玉器厂工作，先后师从北京玉雕行业"四大怪杰"中的何荣、王树森学艺。第七届、第八届全国人大代表，北京工艺美术大师联谊会副会长，北京工艺博物馆馆员，高级工艺美术师，北京工艺美术总公司特级工艺美术大师。1988 年获评中国工艺美术大师。

蔚长海 1941 年生，河北省人，北京市特级工艺美术大师。艺术特色一是用料严谨，小料大做；二是做工精细，雕琢柔润，因材施艺，作品富丽堂皇；三是玉器厚重古朴，稳重大方，浑然一体；四是风格简练而典雅；五是坚持创新，题材多样。1988 年获评中国工艺美术大师。

王树森（1917—1989） 北京人，北京玉雕艺术家，北玉"四大怪杰"之一，作品善于"小中藏大""薄中显厚""平面反鼓"，具有立体感。曾在中央美术学院雕塑系学习，终身从事玉雕创作。1955 年被评为玉器行业老艺人，并聘为工艺美术研究所研究员。1978 年在香港举办中国工艺品首饰展卖会，作品高绿翡翠龙凤福寿玉佩被视为珍品，轰动工艺美术界。生前任北京玉器厂技术顾问、中国美协会员、北京工艺美术学会理事。1979 年在全国工艺美术创作设计人员代表大会上被授予"中国工艺美术家"称号，同年获评首届唯一的中国工艺美术大师。1986年被北京市命名为"特级工艺美术大师"。

第四节 玉器行业的社会组织

玉器行业的社会组织，就其名称而言，有谓之"协会""商会""专委会"的，有谓之"学会""研究会""联合会"的。这些玉器业的社会组织的业务主管部门，分别是文化、工商联、国土资源、民族事务等政府机关。不同名称的玉器行业社会组织，尽管参与的会员身份不尽相同，但他们所从事的工作均与玉石雕刻密切相关，或为玉雕匠人，或为玉器经营者、收藏者，或为玉文化研究者，是"美石"将他们聚集在一起的。当然，名称不同的玉器行业社会组织，其工作宗旨也有差异。从玉器行业社会组织的区域性来看，既有全国性的，更有省（直辖市、自治区）级和地（市）级的，总体数量较多，情况较为复杂。

一、玉器行业协会、商会

行业协会、商会是报经政府批准在民政部门登记注册的社会组织，其职责是会员单位（个人）相互沟通和联系政府的纽带、桥梁，是服务于会员的工具和协助政府管理会员的机构。从全国范围来看，没有独立、自成一体的玉雕行业协会、商会，只有涵盖玉雕业的综合性行业协会、商会。主要是中国工艺美术协会、中国珠宝玉石首饰行业协会、中国民族民间工艺美术家协会、中国非物质文化遗产保护协会、中国商业联合会（简称"中国商会"）。而地方性的玉雕行业协会、商会较为多见。

协会、商会的会员成分交叉重叠，不尽一致。玉雕匠人只可以参加协会，从事玉器经营者方可参加商会，既雕琢玉器又经营玉器者，协会、商会皆可加入。

（一）全国性的玉器行业协会、商会

1. 中国工艺美术协会

中国工艺美术协会成立于1988年，是在民政部注册的国家一级社团组织。协会的工作宗旨是：遵守国家法律、法规和国家政策以及社会道德风尚；按照社会主义市场经济体制和现代化建设的要求，发挥政府和企业之间联系的桥梁和纽带作用，热忱地为行业、企业和会员服务；保护传统工艺，传承民族文化，创造

现代工艺，发展工艺产业，实现工艺美术事业和产业的共同繁荣。全国人大常委会原副委员长李铁映曾担任过协会名誉理事长，协会还聘请了多位省部级老领导担任顾问和各省、自治区、直辖市工艺美术协会的名誉理事长。

中国工艺美术协会下设首饰、地毯、漆器、玉器、人造花、特艺、刺绣、象牙雕刻、外贸等专业委员会和机构。协会常设机构为秘书处，下设办公室、业务部、展览部、国际部、宣传部、会员及信息部等7个部室。

中国工艺美术协会理事长单位为中国工艺（集团）公司，协会的最高权力机构为会员代表大会。全国工艺美术行业从业人员1000多万，其中包括365位中国工艺美术大师、3200位省级工艺美术大师和5000多位高级工艺美术师。

中国工艺美术协会下设玉器专业委员会（简称"专委会"），它是中国工艺美术协会（以下简称协会）的分支机构，在协会的领导下，结合玉器行业特点，进行有关玉器行业的各项活动。专委会的宗旨是在遵守国家各项法律、法规，遵守社会道德风尚和协会章程的前提下，本着"创新、探索、研究、交流"的原则，为玉器行业会员服务，维护会员的合法权益，宣传和贯彻国家的政策、法规，提高玉器行业的技艺水平和管理水平，打造玉器行业整体形象，促进我国玉器行业的繁荣与发展。专委会的会员包括团体会员、个人会员、名誉会员。凡申请并获准加入协会的从事玉器产业及其上下游产业链、服务业的社会团体、企事业和科研教学的会员单位，均为专委会团体会员；凡从事玉器产业的策划、设计、制作、研究、教学、经营的技艺人员、管理人员，以及实业家、经纪人、推广人等人士，申请获准的为专委会个人会员；专委会聘请的名誉会员是热心帮助我国发展玉器事业的海内外知名人士。

专委会按照民政部和上级管理部门的有关要求和《中国工艺美术协会章程》的规定开展下列工作：促进全国玉器行业的联合，协助政府部门制定行业技术标准、服务标准，并推动贯彻实施；引入法律援助机制和知识产权制度，建立行业自律机制，规范行业自我管理行为，促进企业平等竞争，维护行业利益和消费者权益；组织各种类型的专题研讨、交流活动，举办行业作品及成果的展示、技能竞赛；编发行业资料，并整合社会与业界资源，面向社会和市场开展产品研发、信息沟通和技术咨询等服务；推进名牌战略工作，培育玉器行业名牌产品；通过新闻媒体，加大对玉器行业的宣传力度，打造行业整体形象，提高知名度和影响力；实施人才战略工程，促进产、学、研联合，开展玉器行业专业技艺人员的继续教育和专业培训，提升行业的设计、制作能力和水平；加强与国内外同行及相关组织、机构和个人之间联系，开展多渠道、高层次、全方位的交流与合作；承办政府有关部门交办或委托的工作。

2. 中国珠宝玉石首饰行业协会

中国珠宝玉石首饰行业协会（原中国宝玉石协会），简称"中宝协"，成立于1991年，隶属自然资源部，为社会团体法人。中宝协是中国珠宝业、玉器业、首饰业三个行业联合成立的一个社会组织，目前的单位会员超过2600家，其中特大型规模企业逾200家。根据专业分工不同，中宝协下设17个分支机构。

中宝协以"服务企业、发展产业、规范行业"为宗旨，在梳理行业政策、打造良好的政策环境等方面，做了大量卓有成效的工作。首先是开展行业自律工作，签订多项自律公约，开展中宝协团体标准体系和珠宝知识产权保护体系建设，为行业向高质量发展保驾护航。其次是大力促进行业品牌建设，积极开展中国珠宝首饰行业信用评价服务、中国珠宝玉石首饰行业放心示范店工程等，为中国珠宝品牌的持续提升奠定了基础，积蓄了能量。最后是特色产业基地建设。在中宝协的积极推动和倡导下，中国珠宝玉石首饰特色产业基地建设成果显著。29个珠宝特色产业基地，或以珍珠养殖或以玉石加工或以镶嵌首饰为特色，在国内珠宝业中形成集群效应，为当地经济发展带来了生机和活力。

近年来，中宝协依托行业优势，抓住发展机遇，紧紧围绕"三大服务平台"和"三个创新工程"开拓各项工作。先后筹建了中宝协基金平台和中宝协云平台，整合资源，优化配置，服务企业和消费者。中宝协每年主办的上海、深圳、北京三大国际珠宝展，已经成为国内最权威的珠宝展览会，在不断提升行业整体形象的同时，也为企业塑造品牌、展示文化与实力，提供了最佳平台。

在国际交流中，中宝协积极发挥组织和协调作用，大力开展国内外经济技术交流与合作。目前，已和100多个国家的驻华使馆建立了密切的沟通渠道，与20多个国家、地区的同业机构在教育、培训、展览等多方面建立了合作关系。

中宝协通过主办《中国宝石》《巴莎珠宝》等刊物和建立中国珠宝玉石首饰行业协会网站、微信公众号，为广大会员企业提供各种资讯性服务，大力普及珠宝知识，宣传珠宝文化。通过持续开展教育、培训、考试、比赛等活动，综合发掘珠宝人才，推进行业服务深度。经过长期不懈的努力，中国珠宝玉石首饰行业协会现已成为中国珠宝界最具权威和影响力的社会团体组织之一。

3. 中国民族民间工艺美术家协会

中国民族民间工艺美术家协会是由国务院批准设立、民政部登记注册、国家民委主管的国家一级社会团体，是由从事民族民间工艺美术研究和致力于民族民间工艺美术保护的个人及单位自愿结成的全国性、联合性、非营利性社会组织。该协会成立于2014年，其宗旨是积极发挥桥梁和纽带作用，团结全国民族民间工艺美术从业人员，为促进民族之间工艺美术事业的发展和繁荣，为祖国的富强和进步，为中国的文化自信贡献力量。

中国民族民间工艺美术家协会成员，包括从事玉器业的被授予"民间工艺家"称号的对象。协会的工作原则：一是进一步树立整体形象，致力于提高协会在民族民间工艺美术行业的公信力、凝聚力、引领力、带动力和影响力；二是要走出一条中国民族民间工艺美术传承、创新、可持续性发展的道路；三是提倡"尊重优秀文化，坚守工匠精神"，继续致力于更好地保护、发展、繁荣我国各民族的工艺美术事业。

4. 中国非物质文化遗产保护协会玉石雕刻专委会

中国非物质文化遗产保护协会（简称"非遗协"）成立于2013年11月，隶属于文化和旅游部，是一家以保护和传承我国非物质文化遗产为己任的社会团体法人机构。"非遗协"于2018年10月27日在杭州成立玉石雕刻专业委员会（简称"专委会"）。作为全国性非遗大类项目，该专委会的成立将整合工艺美术行业玉石雕刻领域资源，调动平台资源，积极发挥自身作用，促进玉石雕刻艺术与玉雕文化进一步推广和传播。可见，此举是非遗保护的一件大事，为玉石雕刻非遗文化保护增添了新的力量，搭建了一个重要平台，必将对我国玉石雕刻领域的保护工作起到重要的作用。它不仅能够继承、弘扬中华玉文化优秀传统，团结社会各方面力量，是全面推动玉雕行业持续发展的重要平台，更是宣传贯彻国家非物质文化遗产保护、文化创意产业政策和法规的重要阵地，必将促进工艺类非遗项目的保护、传承和发扬，为非遗保护的发展和探索新路径提供新经验，为中华传统优秀文化传承体系建设发挥新的更大的作用。专委会的成立，既是传统文化产业向精品高端工艺延伸的必经之路，又是拓展玉雕产业转型发展的里程碑，对传承和保护千年历史的非遗技艺内涵有着重要意义。

5. 中国商会

中国商会全称中国商业联合会，其前身为中华人民共和国商业部（后为国内贸易部），成立于1994年，是经中华人民共和国民政部注册登记的具有社团法人资格的全国性行业组织，由从事商品生产、商品流通、饮食服务业的企事业单位、有关社会组织以及从事商品交流活动的个人自愿组成，下设工作机构14个，分支机构16个，在编工作人员近百名，直接会员3000多家，间接会员80000多家。这些会员中，包括部分地方玉器商会和玉器经营企业的团体会员。2000年国家机关机构改革时，原国内贸易局撤销，中国商业联合会重组，接受并安置了分流的部分公务员，并接受政府委托，直接管理13个事业单位，代管39个全国性专业协会，主管31家国内外公开发行的报刊。

商会的宗旨：团结国内外商界的一切力量，积极参加国家经济建设，繁荣我国社会主义市场经济；立足商品流通，开展相关的商业经济活动，促进对外经济联系与合作；坚持商业诚实信用原则；坚持为企业整体利益服务，维护会员的合法权益，搞好行业自律，协调职能，充分发挥桥梁、纽带作用。

（二）地方性的玉器行业协会、商会

地方性的玉器行业协会、商会的情况比较复杂，尽管只有少数地区设立了玉器行业协会、商会，但组织内部及活动开展情况大不一样，难以一一表述。这里，我们仅以苏州市的玉器行业协会、商会为例，做一简介。

1. 苏州市玉石雕刻行业协会

苏州市玉石雕刻行业协会是一个全市性、行业性、非营利的社会组织，于苏州市民政局社会组织管理处登记注册，成立于2014年7月（前身为2008年3月成立的苏州市工艺美术行业协会玉雕专业委员会）。协会以苏州地区从事玉雕生产经营的企业为主体自愿组成，现有直属会员350家，下辖平江分会、沧浪分会和琥珀专委会，二级会员总数600余家。协会办公地址位于苏州市西北街88号。

协会宗旨：遵守国家宪法、法律、法规和国家政策，遵守社会道德风尚；继承苏作玉雕优秀传统，弘扬工匠精神，树立当代苏作玉雕在国内外的形象；凝聚和整合行业力量，服务企业，规范行业，发展产业，通过联合、开拓、创新，提升苏州玉雕的技艺水平和市场影响力，促进玉雕行业和事业的繁荣发展。

多年来，协会充分发挥桥梁、纽带作用，加强苏州市与其他地区玉石雕刻行业之间的交流与合作，积极开展各项服务活动，已成为发现和提升玉雕人才的孵化器、玉雕产业发展的推进器、国内外技艺交流的重要平台。协会通过培育和推荐人才形成了一支高层次人才队伍，现有国家级非遗代表性传承人1人，省级非遗代表性传承人3人，市级非遗代表性传承人4人，中国工艺美术大师1人，江苏省工艺美术大师11人，江苏省工艺美术名人4人，苏州市工艺美术大师5人，其中研究员级高级工艺美术师、高级工艺美术师职称21人，中、初级工艺美术师近百人。

协会创办的"子冈杯"精品博览会以"弘扬传统文化，凝聚专家大师，推动内外交流，引导创新创意"为宗旨，不断做精做美工艺文化，做高做宽服务空间，至今已连续举办十一届，从面向苏州市到面向全国、面向国际，产生了立足苏州、辐射全国，具有国际影响的效应，成为引领当代苏州玉雕，乃至全国玉雕中小件创意发展的范式之一。

多年来，协会梳理总结玉雕创作成果，编纂出版《琢玉——"子冈杯"获奖作品集》10册，编撰出版《苏州玉器》10期，受到业内外读者广泛关注。

2. 苏州市玉石文化行业协会

苏州市玉石文化行业协会经苏州市民政局批准，于2008年3月成立，是苏州地区玉石雕刻、生产经营及玉文化推广宣传的行业性社会团体法人。目前，有会员单位1000余家。协会下设相王路玉雕专业委员会、南红专业委员会、光福玉石分会、琥珀蜜蜡专业委员会，并在北京、和田、太原、成都、石家庄、烟台、深圳、无锡、常州、杭州、西昌、深圳等地设有办事处。协会内设秘书处、展评部、会员部、财务部、宣传广告部、技术培训指导部、职称（作品）评审委员会、行业自律委员会。

十多年来，协会已培养建立起了一支高素质的玉人才队伍。目前，有中国玉雕艺术家1名，中国玉石雕刻大师7名，中国玉石雕艺术大师14名，中国高级工艺美术师4名，中国工艺品雕刻高级技师194名，中国青年玉雕艺术家25名，苏州工艺美术师22名，江苏省玉雕艺术大师3名，江苏省玉雕大师79名，江苏省玉雕名人21名，苏州玉雕大师53名，苏州玉雕新秀41名；另有陆子冈玉雕品牌工作室10家，诚信经营玉雕示范店10家。其中，1人被苏州市政府评定为重点人才，享受政府津贴。协会的"陆子冈"商标，已被确认为苏州市知名商标。

中国苏州玉石文化节由中国轻工联合会、中国工艺美术学会、江苏省珠宝玉石首饰行业协会、苏州市姑苏区人民政府等联合主办，苏州市玉石文化行业协会等承办，一年一届。自2009年起，已连续举办十届。其间，组织开展中国（苏州）"陆子冈杯"玉石雕刻精品评展，自2011年起，已连续举办八届，均成为全国有影响的玉石文化品牌活动之一。

十多年来，协会通过组团的形式参加全国有影响力的玉石雕刻类评展活动20余次，获金、银、铜和特别奖累计超过500人次，一批玉雕优秀人才和玉器新作脱颖而出，苏帮玉雕重振昔日之雄风。目前，已形成全国各大玉雕赛事和玉文化活动中都无法或缺苏州人的格局。

在玉石文化节期间，协会组织了一系列活动。诸如玉文化专家"进社区、进学校、进机关"活动，人大、政协代表走进玉雕工作室活动，与苏州电视台合作《今天来显宝》节目，中国工艺美术大师收徒仪式，"陆子冈杯"精品展等。

苏州市玉石文化行业协会先后八次，分别邀请北京、台北两地故宫专家，以及中科院、国家博物馆、北京大学、南京大学、苏州大学及香港大学的专家教授，围绕陆子冈艺术风格与当代玉雕产业发展的专题进行研讨，八场研讨会的题目分别为《苏、沪、扬三地大师共话玉雕艺术的传承与创新》《玉文化高层研讨会》《陆子冈玉雕艺术与中国玉文化》《陆子冈艺术风格和艺术人生对苏帮玉雕的影响》《陆子冈与苏作玉雕艺术》《苏帮玉雕创新与传承》《和田玉·苏州工》《子冈牌与书画艺术》。众多专家汇聚一堂，共商子冈文化，深入挖掘和弘扬苏邦玉雕艺术文化底蕴和历史传承，塑造"陆子冈"品牌。

另外，协会还先后与法国美术家协会、加拿大玉雕艺术协会、新西兰国家工艺美术馆进行了文化交流。苏州陆子冈艺术馆也已于 2014 年 10 月在苏州第六届玉石文化节期间正式开馆，同期成立中国画艺术创作院苏州院。

3. 苏州市玉器商会

苏州市玉器商会于 2015 年经苏州市民政局批准成立，致力于团结玉雕行业从业人员，共同谋划发展，利用各地优势，实现资源的优化配置。

明清时期，苏州就是全国玉器生产加工的重镇。改革开放以来，随着经济的不断增长和人们生活水平的不断提高，苏州市玉石文化产业发展迅速，行业规模不断壮大，从业人员日趋增多。目前，苏州已成为全国主要的玉石雕刻和玉石经营市场，各地来苏从事玉雕加工、经营的超过十万人，主要经营场所集中在十全街、相王路、园林路、齐门路、白塔路，主要市场有观前文化市场、南门文庙市场、城东苏州古玩市场以及城西光福镇、东渚镇。玉石产业每年的交易额达 200 亿元，而且每年以不同的速度增长。苏作玉雕已重振昔日雄风，在全国占有举足轻重的地位。苏州玉器行业的发展完全由市场经济指导。为了更好地有序引导、产业规划、健康发展，成立行业商会无疑成为优选措施之一。

苏州玉器商会于 2016 年 6 月 7 日正式成立，拥有团队和个人会员 600 多个（位）。商会成立之后，作为主管起草人参与中国标准化协会共同制定《和田玉及其玉器鉴定评估准则》。2017 年 10 月通过了初审，争取在 2020 年颁布。苏州市玉器商会人民调解委员会已于 2018 年 7 月成立，以化解会员之间发生的矛盾纠纷，协调行动，共同发展。商会于 2016 年 6 月、2017 年 10 月两次举办"赤诚之爱，无瑕之爱"慈善拍卖活动，所得善款 448.43 万元交苏州教育基金会与姑苏区慈善机构。2018 年 6 月，部分党员关系已挂靠苏州市总商会联合支部，建立健全了商会的党组织。

4. 苏州市姑苏区相王路玉雕商会

玉雕是苏州文化工艺最具代表性的艺术门类之一，是"文化苏州"的有机组成部分，也是名城苏州的重要文化遗产，古往今来在海内外均享有很高声誉。而相王路、十全街一带则是苏州玉雕的重要发源地和集散地。最近几年这一带又以玉雕产业的高度集聚，见证了苏州玉雕的空前繁荣。据不完全统计，相王路、十全街一带现拥有各类玉雕商户和工作室 3000 多家，从业人员达数万之多，形成了集玉雕设计、制作、营销等为一体的完整的产业链，覆盖了整个玉石产业，包括原料采购、生产加工、销售经营、运营传播、学术研究等各个领域。相王路一带玉雕产业的集聚发展，还吸引了一大批来自南京、扬州以及北京、上海、浙江、河南、山东、安徽、新疆等全国各地的玉雕人才落户苏州，融入苏州玉雕创作大家庭。相王路已成为苏州玉雕的人才摇篮，这片沃土上诞生了一个又一个玉雕大师。相王玉雕已成为当代苏州玉雕绵延不绝的根脉所系。与此同时，相王路一带的玉雕吸引了众多海内外玉雕购买者、爱好者的目光，可以说相王路一带是买玉、赏玉必到的地方，堪称国内玉雕市场的风向标。相王玉雕已成为苏州名副其实的特色鲜明的文化产业和文化品牌。玉雕产业同时带动了周边地区服务业、旅游业的蓬勃发展，推动了姑苏区文商旅片区经济的深度融合，并为社会创造了大量就业机会，吸纳了数以万计的劳动力。正是在这样的背景下，苏州市姑苏区相王路玉雕商会应运而生。商会涵盖了相王路一带的代表性玉雕商户和工作室，孙永海当选为第一届会长，会址在姑苏区相王路198号（图9-15）。

图 9-15　苏州相王路玉雕商会

一年多来，商会通过召开会员代表大会、理事会以及各种不同形式的座谈会，使全体会员明确成立商会的目的意义，心往一处想，劲往一处使，协力同心，把商会搞好。同时，通过座谈和走访会员单位的形式，了解会员的诉求，有的放矢地开展商会工作。为了倡导行业自律，开展诚信经营，商会向全体会员发出《行业自律书》，其主要内容是：弘扬"工匠精神"，创作优秀作品；恪守职业道德，坚持守法经营；诚实守信为本；提倡文明经营；尊重知识产权，鼓励自主创新；等等。2018年，商会开展了诚信商家和优秀商户的评选、授牌活动。在姑苏区及双塔街道的331行动和市区环境综合整治活动中，商会制定了玉雕行业《安全生产经营条例》，要求全体会员严格遵守国家和地方颁布的关于安全生产的法律法规，规范安全生产的管理制度，增强安全生产经营意识，重视安全生产经营管理。此举为会员单位的洁净、安全生产经营起到了有效的推动作用。

商会成立之初，便创办了"相王路玉雕商会"公众号，主要用于自我宣传和对外发布信息。时至今日，已发布10多期商会活动和商会会员的信息，其中包括"吴楚玉器与青瓷特展"和《刘长龙：做玉雕是件挺浪漫的事儿》《李卓：生命感是我一直追求的东西》等信息；推出了苏州玉雕雕刻名家韩庆龙、顾健峰、吴世峰、白立建等人的文章，介绍吴楚玉器的工艺特征，宣传苏州玉雕的独特工艺及承载的文化内涵,在业界和社会上获得一定的关注度。岁末年初,商会组织会员参加姑苏区工商联开展的"一家亲"迎新春联谊活动,加强与兄弟商会的沟通交流,进一步增进会员单位的凝聚力。

  商会在服务会员单位方面,紧紧围绕玉雕技艺的探讨与学习、玉雕产品的经营与销售两个主题,于2018年10月26日至29日,组织会员参加了为期4天的第二十届西博会·中国(杭州)国际珠宝玉石艺术品博览会暨工艺美术大师作品精品展,并在2018年11月23日成功接待了由上海市松江区知识分子联谊会组织的20多位企业家来苏考察苏州玉雕,双方建立了长期交流与合作机制。值得一提的是,商会成立后,打造了与南京金网艺购和阿里拍卖合作的玉雕专业销售平台。南京金网艺购是一家集文化艺术投资和文化艺术消费于一体的国内领先的艺术品电子商务平台,双方本着"互惠、互利、高效、优质"的合作精神,于2018年11月12日签订了协议文本,结成战略合作伙伴,共同开拓市场。2018年底开始,商会与阿里淘宝合作共建阿里苏州玉雕产业基地,并与阿里拍卖成功签约。随之,苏州玉雕基地频道、苏州相王玉雕拍卖账号等成功上线,为商会会员单位搭建了一个新型的产品销售平台,提升了苏州玉雕在海内外的知名度。2019年春节前夕,商会组织了一场当代苏州玉雕名家专场拍卖会,共拍出近百件玉雕作品。2019年4月22日下午,商会特邀阿里巴巴集团阿里拍卖资深专家来苏,讲授玉雕的产品与市场走势,以及拍卖产业带基地建设与拍卖技巧,50余家玉雕商户参与分享,并且一起共商苏州玉雕阿里拍卖产业带基地建设事项,收效甚好。

  目前,商会正在加快阿里拍卖苏州玉雕产业带基地建设,努力做好苏州玉雕产业带的拍卖工作,动员更多会员单位加盟拍卖,扩大成交量,不断创新营销模式。同时利用商会资源优势,拟与苏州文旅合作打造"苏州相王玉雕博物馆",探索新经济形势下的文旅融合发展新路径,并且筹备"相王杯"全国中青年玉雕大赛,拟通过举办"相王杯"玉雕大赛,提升相王路玉雕商会的知名度,推动苏州玉雕乃至中国玉雕的创新与发展。

二、玉文化学会、研究会

  玉文化学会、研究会是研究玉器历史文化及其行业现状,预测玉器行业未来发展状况的非营利性质的社会组织。全国性的玉文化研究组织,主要有中国玉文化研究会和中国文物学会玉器专业委员会,地方性的玉文化研究机构较多,无法一一介绍。

(一) 中国玉文化研究会

中国玉文化研究会是经国家有关部门批准、民政部登记注册、文化和旅游部为主管单位的社会组织，它是由全国著名的文博考古单位、相关教育培训机构、玉文化研究者、玉文化研究组织、玉雕艺术机构、玉器收藏爱好者等单位和个人，自愿组成的非营利性的国家一类社会团体，2014年12月成立于北京。

玉文化研究会的宗旨：团结国内外玉文化爱好者、研究者、收藏家、鉴赏家、雕刻家以及文博考古单位和相关大专院校、玉文化研究机构、玉雕艺术机构，开展玉文化研究的相关工作，提高玉文化研究水平，传承和弘扬中华优秀文化传统，促进社会主义文化大发展、大繁荣。

玉文化研究会的业务范围：进行玉文化学术研究和学术交流；组织、举办展览、展示活动；开展玉文化创作及评比表彰，促进玉文化事业的发展；普及、推广玉文化知识，开展玉文化服务和教育培训，提供信息服务、技术支持、人才引进、交流合作、法律咨询等服务；做好玉文化宣传、出版、档案和专业网站的建设；承接政府部门委托的相关工作。

中国玉文化研究会内设玉雕专业委员会、丝路玉石研究中心、古玉鉴藏委员会、玉石珠宝文化传播委员会、艺术馆等。

1. 中国玉文化研究会玉雕专业委员会

中国玉文化研究会玉雕专业委员会是经中国玉文化研究会依法批准于2016年1月成立的，报文化和旅游部、民政部备案的国家二级社会团体。本团体由从事玉雕艺术及相关的企事业单位、院校、社会团体及玉雕大师、专家、研究员、教授、高级工艺美术师等机构和个人自愿结成的学术性、非营利性社会组织。

玉雕专业委员会的工作宗旨是：弘扬中华传统玉石文化，传承和发扬玉雕技艺，培养和发掘优秀玉雕人才，促进玉文化产业交流，推动中国玉器产业健康、稳定、持续发展。作为政府政策与行业发展的纽带、桥梁，为玉雕行业提供更多、更优质的专项服务。

2. 中国玉文化研究会丝路玉石研究中心

2018年8月18日，中国玉文化研究会丝路玉石研究中心成立。这是中国玉文化研究会着眼国家大局，敢于社会担当的又一实际举措。适逢"一带一路"倡议提出五周年，丝路玉石研究中心将立足于国家"一带一路"全局，梳理、重塑中华玉石文化，开展丝路玉石文化交流，传播中华文化，讲述中国故事。

改革开放四十多年来，我们的玉石文化取得了前所未有的成绩，我们的考古发现和民间的玉收藏取得辉煌的成就，全国的玉雕作品数量超过了以往历史总和，珠宝玉石首饰行业的年产值突破了6000亿元。但是，随之也出现了很多新情况、新问题，最突出的就是玉文化已经被边缘化，影响力一直没有走出国门。

3. 中国玉文化研究会古玉鉴藏委员会

为适应国家弘扬中华优秀传统文化、提升国家软实力以及文化产业发展战略的新趋势，中国玉文化研究会古玉鉴藏委员会于2018年7月15日在京成立。古玉鉴藏委员会主要由古玉收藏家、鉴赏家、学术研究者以及爱好玉文化的相关人士组成。

该会承担着中国玉文化研究会在古玉鉴藏、学术研究、展示交流、鉴藏家队伍建设等方面的相关职责，是中国玉文化研究会在古玉文化领域的一个主要窗口。古玉鉴藏委员会活动的方针：建好古玉鉴藏研究的高端人才队伍，加大玉文化研究力度，抓好民间古玉精品征集、展示、交流平台建设，兼顾国家、单位、个人利益，为国家文化战略服务，为民间古玉鉴藏研究服务，为本会藏家发展服务。

古玉鉴藏委员会工作的目标：鉴藏一流的藏品，凝聚一流的人才，研究一流的文化，做好一流的业绩，用天下玉友是一家的情怀，团结广大玉友，与相关组织、机构合作，形成合力，实现共藏。古玉鉴藏委员会将充分利用平台和藏品优势，下大力气建立民间古玉精品库，发挥民间藏品价值，服务国家文化战略；通过建立科技检测平台、古玉鉴赏评估平台，用眼学与科学相结合的办法来组建古玉鉴定队伍，突破鉴定的瓶颈；通过学术研究、论坛、著作出版等形式，加强玉文化的研究和交流；通过不断引导和培训，提高鉴藏者的眼力、水平，适时组织实施民间古玉标准的制定和古玉鉴藏家的评选；通过整合社会资源，打造不同特色的古玉鉴赏研究基地，力争在古玉收藏鉴定交流中走出一条新路。

4. 中国玉文化研究会玉石珠宝文化传播委员会

玉石珠宝文化传播委员会于2016年6月16日在北京成立，属于国家二级社团。该会宗旨：团结国内外玉石珠宝文化爱好者、研究者、收藏家、鉴赏家和相关院校、玉文化研究机构，开展玉石珠宝文化传播与研究的相关工作，规范办会、文明办会、团结办会，弘扬中华优秀传统文化，促进社会主义文化大发展、大繁荣。该会的主要职责：充分发挥团体的组织、协调、宣传作用，传承和发扬中国玉文化的精髓，开展玉石珠宝文化的综合研究和文化塑造工作，致力于从历史价值、现实价值、艺术价值和人文价值的角度，来研究和拓展玉石珠宝文化的核心价值，建立和完善玉石珠宝文化研究传播体系。该会的业务范围，包括组织"丝绸之路、玉石之路"科研文化大考察，开展玉石珠宝文化培训讲座，组织国内外玉石珠宝文化传播与交流活动,举办展览展示,编辑出版图书杂志和论文专辑等。

5. 中国玉文化研究会艺术馆

2017年12月16日,中国玉文化研究会艺术馆在京隆重开馆。这是中国玉文化研究会遵循习近平总书记发出的"坚定文化自信,推动社会主义文化繁荣兴盛"的伟大号召,在新时代社会主义建设、文化自信、玉文化弘扬传承的大道上,迈出的坚实一步。

艺术馆的开馆启用,为底蕴深厚的中国玉文化增添了新的艺术魅力,是中国玉文化研究会的一张全新文化名片。艺术馆约150平方米的玉器展厅不定期地展出来自中国玉文化研究会古玉鉴藏家的收藏精品、当代中国玉雕艺术家的玉雕艺术品、各地区各玉种的玉雕精品。艺术馆还举办各种形式的玉文化学术研讨会,组织开展鉴藏家古玉藏品交流和当代玉雕精品交流活动。

(二)中国文物学会玉器专业委员会

中国文物学会成立于1984年,是一个以开展文物研究、宣传、保护和合理利用等活动为主的全国性学术团体、社团法人单位。该会是由全国文物工作者、专家、学者、收藏家、相关的文物专门机构,以及支持、关心、热爱文物事业的各界人士,自愿组成的非营利性的学术性的全国社会组织。学会在民政部注册,业务主管单位为国家文物局。

学会的宗旨:遵守宪法和国家颁布的各项法律、法规、政策,以及社会职业道德的规范。团结一切关心、热爱、支持国家文物事业的各界人士,宣传、贯彻、实施《文物保护法》,提高全民族的文物意识和文物保护意识,开展文物考古研究、文物保护研究、文物科技研究、文物修复研究、文物交流与市场研究,促进国家文物事业的健康发展,为弘扬民族文化和两个文明建设服务。

学会的任务:在国家民政部、国家文物局的领导下,对文物的征集、保护、维修、科技、管理、利用等,组织专题调查研究,向有关方面反映情况,提出建议;开展国内和国际的文物学术交流活动;编辑、翻译文物资料和书刊,录制、拍摄文物资料和音像制品;举办文物展览,宣传文物知识,培训文物专业技术人才;开展文物修复、复制、仿制、鉴定、咨询等工作。

中国文物学会下设玉器、青铜器、民族民俗、文物复制、文物修复、文物影视、文物保护技术与修复材料、历史文化名楼、古酒遗址保护、书画雕塑等专业委员会和收藏鉴定、世界遗产研究、传统建筑园林、文物保护宣传工作等委员会。

部分地区的文物学会中，也下设玉器专业委员会。

三、中国玉雕研究院

中国玉雕研究院经中国民间文艺家协会批复，于2016年6月4日在上海大学成立。该院组建的宗旨是搭建中国玉雕研究平台，研究中国玉雕的发展历史，跟踪中国玉雕的发展动态，把握中国玉雕发展的理念、趋势、机制和特点，就中国玉雕分布区域、传承体系、生存状态、创意水准、发展趋势等进行实证调研和发展策略研究，努力把研究院建成全国乃至国际领域关于中国玉雕研究的学术中心、人才培养基地和公共服务支撑平台，成为国家文化战略决策的智库和社会文化服务中心之一。

四、中国玉雕大师联合会

玉雕大师联合会是由享誉玉雕大师称号的人自愿参加形成的社会组织，全国性的玉雕大师联合会称为"中国玉雕大师联合会"。各地的玉雕大师联合会（联盟）较多，不在此赘述。

中国玉雕大师联合会是一家非营利服务机构，隶属于智者艺术传媒集团，为智者艺术传媒集团全资子公司。

该会主要业务是：玉雕大师工作室整体包装、策划、销售服务，会展策划服务，玉雕师培训服务，会员招募，世界非遗授权评定，中国传媒文化传承人评定服务等。

中国玉雕大师联合会拥有的独立品牌："智者金标"茶品系列，"智者原创"智墨玉酒具系列，"拓疆者"腕表系列，"遇贵人"和国玉系列，"玉人玉雕"瑞兽系列，"熙御"珠宝镶嵌系列，"堰御"金镶玉系列，等等。

第五节　玉器的奖项

玉器奖项之多，难以计数。玉器奖项既有全国性的，又有地方性的；既有专业部门的，又有社会组织的；既有单一的，又有综合的，不一而足。至于奖项的含金量，有大有小，有高有低。作为玉工来说，不可小奖即安，应有拿大奖的奋进目标；对于用玉者而言，不可见奖就不惜重金购买，必须了解奖项的含金量大小后再出手。

一、全国性的玉器奖项

全国性的玉器奖项，是在全国范围的玉器行业中评定产生的，具有全国有效性，是玉器奖项中的佼佼者。全国性的玉器奖项名称，一般是"中国"两字开头。这些全国性的奖项，有的是全国性的玉（石）器行业组织直接组织评选的，也有的是全国性的玉（石）器行业组织主办、由地方玉器行业组织或者人民政府承办。

（一）天工奖

"天工奖"是中国玉雕石雕类最具权威性的专业奖项之一，被业内人称为玉雕界的"奥斯卡"。天工奖是中国珠宝玉石首饰行业协会于2002年创立的一项全国性的玉石雕作品专业展览评比活动，每年一次，至2019年已举办了17届，累计入围作品两千余件。参展参评的作品，包括当代玉雕、石雕两大类，材质上包括和田玉、翡翠、岫玉、玛瑙、琥珀、水晶、寿山石、青田石等。天工奖分设金奖、银奖、铜奖、最佳创意奖、最佳工艺奖、优秀作品奖。

天工奖评选以公益性定位，以重文化推广、重业界交流、重人才发现、重产业引导为活动特色。天工奖参评作品需要经过初评、终评的层层选拔，汇集了全国玉雕、石雕从业者当年的最新创作成果，对引导和推动全国玉（石）雕的创新性发展具有重要作用。参加天工奖评比活动的作品，一般先在中国珠宝玉石首饰博览会上亮相，这就为全国玉石雕行业提供了一个展示作品、发现人才、引导收藏、促进消费的平台，在国内外具有权威性和较大的影响力。

天工奖的特点有以下几个方面：一是权威性，是高规格的全国性专业奖项；二是史实性，以当代玉雕、石雕作品凝铸历史；三是导向性，突出艺术性、工艺性和创新性；四是参与性，以玉石为纽带，增强业界凝聚力。专家指出，对于中国玉雕行业和北京国际珠宝展，天工奖居功至伟，如何评价都不为过。每年11月的北京国际珠宝展规模不断扩大，展览面积早在2009年前就已达到3万平方米，在此过程中，天工奖发挥了重要作用。2009年，天工奖展区在展会三层，场面十分火爆。在天工奖的带动下，中国各地的玉商都来参加珠宝展，天工奖展区的周围，聚满了著名的大玉商，如东方金钰、七彩云南、健兴利、东方晓明等。而且，原来经营黄金、宝石首饰的厂商，也进入翠玉领域，如荣百首饰和深圳多个金厂的展位，均摆上了翡翠、白玉，单价上亿元、几千万元的满绿手镯、项串等顶级玉器充斥会场，令人目不暇接，感叹不已。中国最高档次的翡翠首饰，几乎都集中到一个展会上来了，真是奇观奇迹！这场珠宝展的三万平方米展区面积中，经营玉石的面积超过一半，这在世界珠宝展的历史上前所未有，可谓一个项目带动了一个展会。

2016年的北京国际珠宝展的面积扩大到4万平方米，除占据了1号馆三层全部之外，又新开辟了7号馆、8号馆。天工奖在新开的8号馆举办。这个本来可能冷清的新馆，竟然因为天工奖的到来而火爆了，70多个展柜摆满了天工奖获奖作品，与天工奖展区相邻的中国玉雕大师的专项展区也有十几个展位，围绕四周的全国各地大师们自己租赁装修的个人展区不计其数。五天的展会，8号馆内熙熙攘攘，人声鼎沸，蔚为壮观！没有天工奖就没有今天北京珠宝展的规模和特色，这话一点没错。

近几年，天工奖的评选活动往往由中国珠宝玉石首饰行业协会与地方人民政府联合主办，由地区性行业组织和政府有关部门联合承办。

（二）百花奖

玉雕"百花奖"是从综合性的中国工艺美术百花奖中分设出来的，后来成为专门为玉雕设立的一个独立奖项，也是中国工艺美术百花奖所包含的十一个门类中唯一独立设奖的，是当代玉器行业从业人员梦寐以求的最高荣誉之一。玉雕百花奖是由原国家经委、轻工部于1981年批准设立的，一般由中国轻工业联合会、中国轻工珠宝首饰中心联合主办，百花奖分设金奖、银奖、铜奖。1989年，百花奖评选因故中止。2005年，百花奖在广东揭阳阳美玉器节上得到恢复。两年后移到广州珠宝展举办，获得巨大成功，一直延续至今，先后举办了16届。

恢复评选后的玉雕百花奖，对于天工奖有着很大的促进作用。在广州百花奖活动期间，中国珠宝玉石首饰行业协会来到广州活动现场参观调研，5个月后的2008年11月在北京珠宝展上举办的天工奖，就迅速扩大了规模，作品展出由12个展位扩大到24个，另外还单独开设了12个展位的大师作品展，这是玉雕大奖姐妹花之间相互竞争所产生的结果。

二、始于地方的全国性玉器奖项

当今的全国性玉雕奖项中，除了上述由中国工艺美术协会、中国珠宝玉石首饰行业协会直接在北京设立主办的那些奖项外，还有一些奖项是先由地方性行业组织或玉雕企业设立，进而成为由中国工艺美术协会、中国珠宝玉石首饰行业协会与地方行业组织或地方人民政府联合主办的全国性玉雕奖项。如"百花奖·玉缘杯""神工奖""子冈杯""陆子冈杯"等。

（一）百花·玉缘杯

"百花·玉缘杯"是2006年由中国工艺美术行业协会设立的百花奖与扬州玉器厂的中国驰名商标"玉缘"牵手，联合冠名的全国玉（石）雕精品专业性评审奖项。每年举办一次。近年来，"百花·玉缘杯"是在由扬州市人民政府与中国工艺美术行业协会联合主办的中国玉石雕精品博览会上评定，参评作品一般来自全国多省市以及中国香港、新西兰等地，具有参与地区多、地域特色鲜明、精品新作多的特点。"百花·玉缘杯"设立金奖、银奖、铜奖、优秀奖。

（二）神工奖

玉雕"神工奖"创办于2007年，立足于上海，面向全国，体现广泛的参与性。后来发展为"中国玉石雕神工奖"。到了2017年，又升级为"中国翡翠神工奖"，成为全国性的翡翠雕刻最高奖项之一。2018年，神工奖再度升级，包括翡翠雕刻和首饰设计两大部分。

神工奖每年举办一次，至2018年，神工奖已举办11届。2018海派玉雕艺术大展暨"七宝杯"第十一届中国玉石雕神工奖的参赛作品盛况空前，具有三大特色：一是充满创意，在传承的基础上新意迭出，鲜明地反映了当代一些人们关注的热点问题。二是流派纷呈，风格鲜明，突出了海派玉雕活态传承的生动局面。三是工艺精湛，达到了很高的艺术水准，具有很强的艺术魄力。十一年来，神工奖找到了它在未来的更加明确的方向，促进了中国玉文化产业的发展，集权威性、专业性、地域性于一体。

（三）子冈杯

"子冈杯"评选活动始于2008年，起初是苏州市工艺美术行业协会玉雕专业委员会（以下简称"苏州市玉雕专委会"）组织开展的，在每年一届"子冈杯"玉石雕精品展期间，评出金奖、银奖、铜奖、优秀创意奖、优秀工艺奖、优秀作品奖等奖项。

苏州市玉雕专委会以弘扬苏作玉雕优秀传统，推动行业提升发展为立足点和落脚点，为当代苏州玉雕发展指路引航，在搭建推动创新创优平台，培育人才提档升级，加强苏作玉雕文化传播，记录当代苏作玉雕传承发展等方面做出了显著业绩，成为新一代手艺人提档升级的孵化器、玉器文化产业发展的推进器、国内玉雕技艺交流的重要平台。如今，一年一度的"子冈杯"玉石雕精品展已经逐步发展成为引领苏州，乃至全国玉雕行业创新发展的一个新地标。

"子冈杯"从苏州出发走向全国，历经四个发展阶段。2008—2011年，第一届至第四届由本市或本省行业组织主办,展品以苏州地区为主,举办地在苏州工艺美术博物馆;2012、2013年,第五、第六届由苏州市人民政府特邀中国工艺美术协会共同冠名主办,展览规模扩大,展览规格提高,举办地移至市郊中国工艺文化城,"子冈杯"从此开始走向全国;2014、2015年,第七、第八届由中国工艺美术协会、中国文化产业协会和苏州市经信委主办,先后在太湖国际会议中心等地举办,参展地域不仅涵盖全国主要玉石产地和玉雕制作基地,而且吸引了世界上以制作玉器闻名的新西兰和中美洲等国家的众多玉雕家,使"子冈杯"评选活动成为国际性的盛会。2016、2017年,第九、第十届"子冈杯"与"苏艺杯"携手,走进苏州国际博览中心,由中国工艺美术协会、中国文化产业协会与苏州市经信委共同主办,并联合多方社会机构共同承办,不仅规模扩大、品位提升,而且市场效应相继凸显,成为社会各界争相观摩与选购的盛会。

"子冈杯"十年,从立足本市到面向全国,从立足国内到面向国际,成为激发思维灵感、促进技艺交融的新平台,构筑起以大师率先垂范、团队奋发向上的新氛围,确立起创意示范引领、创造空间拓宽的新地标,呈现出技艺传承发展、人才脱颖而出的新局面。

"子冈杯"评选活动的开展,其作用与意义日渐显现,主要体现在以下四个方面:

一是引领创意,推动提升。20世纪90年代以来,苏州玉雕一直以仿古玉雕为主。随着社会发展和人们生活方式、审美情趣的变化,一成不变的老形式、老题材已难以吸引民众的目光了。"子冈杯"顺应时势,高举"弘扬传统文化,凝聚专家大师,推动内外交流,引导创意创新"的大旗,积极作为,不断做精做美工艺文化,做高做宽服务空间,成为激发思维灵感,促进技艺交流,发现和提携人才的重要平台。十年磨一剑,积涓流成江河,苏州玉雕不仅提升到了一个新的层面,也使苏州玉雕伴随着"子冈杯"的声名享誉大江南北。

二是立足苏州,辐射全国。苏州并不是盛产玉石地区,却在改革开放后的三十多年时间里发展到三万多琢玉大军,包括来自浙江、河南、福建、安徽、四川、新疆,以及江苏徐州、扬州、连云港等诸多城市的创业者、从业者,形成了人才云集、风格兼收的时代地域特征。"子冈杯"充分发挥苏州一地玉雕集聚的优势,以创新引领产业,以大师率先示范,逐步辐射影响全国,并吸引了世界上其他以制玉闻名的多个国家玉雕家的参与。

三是精心谋划,打响品牌。苏州玉雕以"子冈杯"为引领,凝聚力量,海纳百川,显现出与时俱进、不断提升的时代精神。"子冈杯"始终将参展作品的质量与品位放在首位,尤其对于苏州一地,引导参展者从创作思路到形式内容的改进与完善，组织玉雕大师到展览现场精心布置，保证每一届展会都有一批新作品涌现，保障展览的特色与氛围，从而形成光彩夺目的新亮点，使观众感到年年办展会，年年耳目一新。"子冈杯"评比严格按照评选要求及比例，尤其突出题材内容的艺术性与时代性，并实行跨地域、跨行业专家评审，做到好中选优、宁缺毋滥。由此营造了良好的竞争氛围，无论是名闻遐迩的名家高手，还是初露头角的青年才俊，都可在此一显身手。从历届参展作品的形式、题材及其内涵所发生的质变，可以看出苏州玉雕人才艺术素养的日渐积累与丰厚。

四是八方相助，共襄盛举。加强同业之间的互动交流，与各地区兄弟协会携手合作，是提升展览规格与层次的重要一环。每一届"子冈杯"都得到了各地同行的赤诚相助、鼎力支持。初始，周边地区如上海、扬州等地的玉雕大师就前来助阵；继而，在苏创业的各地玉雕大师，纷纷邀请家乡的玉雕同道来苏参展；近几年，随着与各地玉雕相互观摩交流机会的增多，许多省市玉雕协会纷纷组团前来参展，形成了百花竞艳、百舸争流的多彩玉器文化展示氛围；世界多国玉雕家的参与，更是带来了不同文化背景下的别样体验。全国各地玉雕同行携起手来共襄盛举，有利于增进交流、优势互补，有利于相互学习、共同提高，更有利于在各种风格流派的碰撞之中激发思维灵感，对引领当代苏州玉雕发展，乃至全国中小件玉雕的创作创新，具有很大的推动作用。

（四）陆子冈杯

苏州玉石文化行业协会于2010年设立玉器"陆子冈杯"奖，每年一届，通过展评分别向获奖作品的玉工颁发金奖、银奖、铜奖、优秀奖、最具创意金奖、最佳工艺金奖。2012年以来，中国工艺美术行业协会、中国轻工珠宝首饰中心、江苏省珠宝玉石首饰行业协会联合主办"中国·苏州陆子冈杯"奖项的评比活动。

"陆子冈杯"汇集了全国各地的作品，材质涉及和田玉、琥珀、蜜蜡、金华玉、黄蜡石、南红等。过去八届的"陆子冈杯"精品展中共征集作品7468件，累计评出特别金奖4件、最佳创意奖5件、最佳工艺奖5件、金奖649件、银奖1030件、铜奖898件，以陆子冈为灵魂的苏作玉雕惊艳了全国。

（五）玉星奖

辽宁省岫岩县是我国四大名玉之一岫岩玉的产地，享有"中国岫岩玉都"之美誉，国家天文台因此将1995年前发现的第21313号小行星永久命名为"岫岩玉星"，开创了我国以县及其特产命名小行星的先例。于是，2010年中国珠宝玉石首饰行业协会把在岫岩县设立并主办的玉雕奖命名为"玉星奖"。玉星奖每年一届，设金奖、银奖、铜奖、最佳工艺奖、最佳创意奖、优秀奖。该奖项一般由中国珠宝玉石首饰行业协会玉石分会与辽宁省岫岩县人民政府承办。

（六）玉华奖

"玉华奖"是中国珠宝玉石首饰行业协会于2012年在河南省南阳市设立的一个面向全国的奖项，每年一届，设金奖、银奖、铜奖、最佳工艺奖、最佳创意奖、优秀奖。该奖评比活动一般由中国珠宝玉石首饰行业协会主办，玉石分会和南阳市人民政府承办。

（七）玉英奖

2014年，中国民间艺术家联合会、中国艺术产业研究院、合肥市文化广电新闻出版局、安徽省文化厅非物质文化遗产研究中心联合主办第一届"玉英奖"。此后，玉英奖每年一届，奖项分金奖、银奖、铜奖、最佳工艺奖、最佳创意奖。

三、一以贯之的地方性玉器奖项

地方性的玉器奖项，一般是由某一城市的政府有关部门，或者玉器行业、相关社会组织单独或联合举办，参评的作品往往开始时大都出自举办地的玉雕人之手，后来发展为外地作品纷纷参与。这类地方性玉雕奖项的主办者，既有省（市）级的，也有地（市）级的。全国地方性玉器奖项数量较多，难以一一述说，这里仅举几例。

（一）艺博杯

"艺博杯"是一个具有综合性的奖项，由江苏省工艺美术行业协会于2010年在南京设立，一年一评，分设金奖、银奖、铜奖。该奖项的参评作品，涵盖了玉器、漆器、紫砂、刺绣、红木、水晶等11类手工艺品。

（二）云峰杯

"云峰杯"奖于2013年设立，是由华南理工大学广州学院与云峰集团公司共同打造的一个珠宝首饰设计行业的奖项。该奖项面向全国珠宝首饰设计者，旨在挖掘、培养珠宝首饰行业的设计专业人才，同时，服务于国内珠宝教学和生产单位，以促进我国珠宝首饰行业的发展。"云峰杯"奖每年举办一次，分设冠军、亚军、季军、最佳俏色奖、最佳工艺奖、名人时代奖等。

（三）玉魂奖

"玉魂奖"由广东省珠宝玉石首饰行业协会创办于2012年，是广东省内高水平的珠宝玉石行业的玉雕奖项，每年举办一届，获奖作品被推荐参加天工奖的评选，在行业内具有广泛的影响力。

近年来，广东省珠宝玉石首饰行业协会常与举办地政府携手联合主办云魂奖的评选活动，承办单位为该奖项颁奖活动所在地的华林街道办事处或者其他有关组织。玉魂奖分设金奖、银奖、铜奖、最佳工艺奖、最佳创意奖、优秀奖等。

（四）琢越杯

"琢越杯"是2016年由广东省雕刻艺术研究会在岭南平州设立的一个地方性的玉器奖项，其目的是为了彰显岭南玉雕文化的魅力，打造平州玉器的品牌。"琢越杯"奖既是高水平、大规模的评奖活动，更是一场展示与宣传平州玉器的广东玉雕业界盛会。"琢越杯"奖的评选一年一届，分设金奖、银奖、铜奖、最佳工艺奖、最佳创意奖等。

（五）相王杯

苏州"相王杯"玉石雕刻作品评选，由苏州相王路玉雕商会创办于2020年，以"创新设计与传统玉雕相结合"为主题，广泛征集全国各玉雕从业者的优秀作品，在评选中展示和推介，旨在推动现代创意设计与传统玉雕手工艺制作的思维碰撞。该评选活动希望可以用艺术语言加强对话和融合，促进玉雕从业者积极主动地创新，提升玉雕创作中最为重要的"题材创新"这一关键能力。这种主题鲜明的文化交流打破了行业界限，赋予传统玉雕更多样的演绎方式。苏州"相王杯"以评选的形式，结合直播、视频等新媒体的宣传，推广苏州玉雕传统文化，树立玉雕艺术家和工作室形象，对玉雕产业的布局和发展有重要意义。该奖项一年评选一次，分设最佳创意奖、金奖、银奖、铜奖和优秀奖等。

参考文献

1. 郭宝钧：《古玉新诠》，中央研究院历史语言研究所，1948年版。
2. 刘大同：《古玉辨》，中国书店，1989年版。
3. 古方、李红娟：《古玉之美》，山东人民出版社，2008年版。
4. 华义武、姚江波：《古玉鉴定》，吉林出版集团有限责任公司，2010年版。
5. 殷志强：《中华玉文化研究文集》，江苏凤凰文艺出版社，2017年版。
6. 苏州博物馆、苏州文物商店：《古玉发微》，文物出版社，2015年版。
7. 马未都：《马未都说收藏·玉器篇》，中华书局，2008年版。
8. 杨伯达：《中国史前玉文化》，浙江文艺出版社，2014年版。
9. 华闻：《中国玉》，当代中国出版社，2009年版。
10. 田自秉：《中国工艺美术史》，东方出版中心，2010年版。
11. 陆建芳：《中国玉器通史》，海天出版社，2014年版。
12. 周征宇、廖宗廷：《玉之东西 当代玉典》，中国地质大学出版社，2016年版。
13. 杜学智：《中国赏石》，人民日报出版社，2015年版。
14. 曾道解（译者）：《玉器》，湖南文艺出版社，1999年版。
15. 伍英：《中国古代雕刻》，中国商业出版社，2015年版。
16. 郭福祥：《苏州玉工在宫廷》，《紫金城杂志》，2016年第8期。
17. 李晓东、冯帆：《从玉文化展读懂中华文明》，《光明日报》，2017年11月3日。
18. 徐梦梅：《玉文化板块与玉源》，《新民晚报》，2015年1月11日。

后 记

我与玉结缘，始于 2008 年。

是年，我在陈大为任法人代表的苏州市新文化科教培训学校（现为苏州市新文化艺术培训中心）任副校长，与中国科技大学人文学院副院长、博士生导师汤书昆教授达成共识，合作在我校开办中国艺术品鉴定师、评估师培训班。该项目是由国家人社部职业技能培训中心授权北京大学、清华大学、中国人民大学、中国科学技术大学、中国人民解放军国防大学等五所高校在全国范围内开展的，培训授课内容之一是古玉鉴定。因此，我有幸请来了国家文物鉴定委员会玉器组委员、清华大学和北京大学文博系兼职教授、央视文物鉴定专家杨震华先生授课，并且聆听了她对古玉知识的精彩讲解。由此，我对玉的崇拜、敬仰、神秘和亲切之情油然而生。

六年之后，我在苏州市历史文化研究会的一次会员大会上讲话时表示，准备写一本有历史知识内容的书。会后，研究会的会长、苏州大学社会学院老院长王国平教授对我说：你就写写苏州玉器吧！的确，这是个好题材。

众所周知，苏州玉器历史悠久，明清时期尤为发达。苏州玉匠陆子冈有"玉神"之称，享誉全国。清乾隆年间，皇宫里的玉工主要来自苏州，且受到乾隆皇帝的喜欢。如今，苏州的玉器行业红红火火，兴旺发达，玉器商店和玉雕工作室数以千计，从业人员十万余，"子冈杯""陆子冈杯"玉器奖项影响全国。毫无疑问，苏州玉器值得一写。更何况，我在苏州有人脉优势，苏州工艺美术行业协会会长（原苏州工艺美术局局长）朱丹和苏州玉石雕刻行业协会会长、苏州工艺美术馆馆长马建庭是我的好友，玉器雕刻行业内还有若干朋友。于是，我借阅了玉石雕刻行业协会编辑出版的多本《苏州玉器》杂志和有关玉的书籍、资料，拟订了目录，包括上篇、中篇、下篇每个章节的写作纲要……正当我全力以赴投入《苏州玉器》这本书的写作时，忽闻我的一位熟人早已在谋划编写该书了。于是，我忍痛割爱，改变初衷，扩大范围，决定写一本中国玉器知识方面的书。

然而，伴随着中华民族走过漫长历程的中国玉器，有着悠久的历史文化，它是玉雕艺术家们将大自然的灵性、气韵、意象、神采铸进玉石中的作品，展现出来的是高度的工艺技巧和艺术水平，其内涵深邃莫测，外延无限宽广。面对中国玉器知识的汪洋大海，我该如何为自己的这本书立意？在朦胧之中，我走进了苏州市图书馆、苏州大学图书馆，同时也打开网络新媒体，查阅玉、玉器、玉文化的有关文献、资料、信息。渐渐地我发现，这些玉知识的载体，研究玉和玉器历史的书比较多，介绍玉器作品的书更多，未见涉及玉知识面广、读者适应面广的综合性图书。由此，我有了写一本科普类读物的想法，旨在给不同层面、不同身份、不同角色的广大爱玉、赏玉、玩玉、藏玉、用玉者，欣赏、研究玉文化的人，以及玉雕艺术者提供一些知识性的帮助，同时也给玉器行业同人们的创作提供一些参考和借鉴。在此理念的引领下，我广泛地搜集古今玉界大家们长期研究的丰硕成果，与地矿系统跨界专业人士毕建钢数次探讨交流，有选择地加以筛选、整理，融入自己的思考和认识，结合当今我国玉器业的现状，兼顾玉和玉器以及玉器行业组织等方面的知识，前后历时四年多，在编委会同人们的帮助下，经毕建钢审定，终于心想事成，即将迎来拙著的面世。

中国作家协会委员会委员、江苏省作协主席范小青老师和中国文化艺术发展促进会收藏文化专业委员会主任、著名玉器鉴定专家古方老师，在百忙之中为书作序。国家文物鉴定委员会委员，北京大学、清华大学兼职教授，央视文物鉴定专家杨震华为书题词。中国书法家协会会员、清华大学艺术学院特聘教授、中国书法家协会书法培训中心教授、全国公安文联理事、全国书法家协会理事钱玉清题写了书名。苏州市新文化艺术培训中心办公室主任章静娟鼎力相助，打印了该书的文稿，为其出版提速做了贡献。在此，一并向他们表示真诚的谢意！

限于理论水平和玉器研究时间，书中欠妥之处在所难免，敬请读者指正。

房余龙

2019年8月29日